舍我其谁：胡适

第一部

璞玉成璧
1891—1917

江勇振 著

新星出版社 NEW STAR PRESS

献给　丽丰

乐群、龙泉、青龙；荷亭、玫瑰、影茵

目 录

图片目录

前　言

　　胡适是中国近代史上著述最多、范围最广，自传、传记资料收藏最丰、最齐的一个名人；同时，他也是在众目睽睽之下，最被人顾盼、议论、窥伺，却又最被人误解的一个名人。这当然跟他自己处处设防、刻意塑造他的公众形象有很大的关系。在这个意义之下，我们可以说，在中国近代知名的人物里，胡适可能既是一个最对外公开、又最严守个人隐私的人。他最对外公开，是因为从他在1917年结束留美生涯返回中国，到他在1948年离开北京转赴美国的三十年间，作为当时中国最具影响力的思想界领袖、舆论家及学术宗师，他的自传资料产量与收藏最为丰富与完整。这些自传资料，他有些挑出来出版，有些让朋友传观，有些除了请人转抄以外，还辗转寄放保存。然而，在另一方面，他又是一个极其谨守个人隐私的人。他所搜集、保存下来的大量的日记、回忆以及来往信件，其实等于是已经由他筛选过后的自传档案。从这个意义上说来，那就好比说他已经替未来要帮他立传的人先打好了一个模本（a master narrative），在他们为他立传之先，他已经把那些他不要让人窥探或分析的隐私，以及他思想成熟以后所放弃的主张和想法，都一一地从他的模本里剔除了。

胡适一生中所收集保存起来的自传档案，卷帙浩瀚，对研究者来说，当然是一大挑战。然而，最大的挑战并不在于数量，而毋宁在于它是一个筛选过的传记模本。面对这个传记模本，研究者必须能取其所用，而不为其所制；要能不落入那"浮士德式的交易"（Faustian bargain）的窠臼；要能既赢得资料，又不赔去自己的灵魂。换句话说，研究者必须要能入胡适的宝山，得其宝，而且能全身而出，不被宝山主人收编为他的推销员。

胡适的日记与书信，都不属于那种秘而不宣、写给自己看的私领域的产物。一般所谓的私密文件，比如日记与书信，用在胡适的身上，已经是在公众的领域。就像我在一篇文章里所强调的，胡适的日记不但不属于秘而不宣之物，而且它更是他"知识男性唱和圈"里一个重要的环节。这是因为胡适的日记并不只是留给后人看的。就以《留学日记》为例，他在留美的时候，就把日记寄给许怡荪浏览、保存和选刊。在他一生中，他不只让朋友借他的日记去看，有时还主动把日记借给朋友。更重要的是，胡适的日记所记载的，和他个人或家庭的生活几乎毫无关系。即使我们用他所用的"札记"这个字眼来形容他的日记，即使他在《留学日记》的《自序》里，说那是他"私人生活、内心生活、思想演变的赤裸裸的历史"，但整体来说，我们与其说胡适的日记是他个人心路历程的记录，不如说是他和友朋唱和的记录。从这一点说来，他的日记实际上是他的来往书信和学术著作的延伸。如果借用崔芙·柏洛芙屯（Trev Broughton）对十九世纪末期英国传记文学所下的断语，我们可以说，胡适的日记，就和他所有的自传写作一样，是"一个社会和文化的行为（activity），而非一个单纯的文学成品（literary event）；是脉络（context）、是介于文本之间（intertext），而非文本"。①

无怪乎美国名作家威廉·盖司（William Gass）会说："如果我已经顾虑历史会怎么写我；如果我知道在我走了以后，我所留下来的涂鸦会让人家拿去审视、赞叹和品评，我可能就会开始埋下一些能帮助我开罪的伏笔、重新

---

① 　Trev Broughton, *Men of Letters, Writing Lives: Masculinity and Literary Auto/Biography in the Late Victorian Period*, p.12；请参阅拙著 "Performing Masculinity and the Self: Love, Body, and Privacy in Hu Shi," *The Journal of Asian Studies*（May, 2004），pp. 305-309，以及《男性与自我的扮相：胡适的爱情、躯体与隐私观》，熊秉真等编，《欲掩弥彰：中国历史文化中的"私"与"情"——公义篇》（台北：汉学研究中心，2003 年），页 197—200。

排比片段、把故事稍微改编一下、报一点小仇、改写，让自己看起来像样一点。于是，就像莎士比亚戏剧里的独白，它们等于是说给全世界听的。"① 琳·卜伦（Lynn Bloom）说得更直接，她认为专业的作家所写的东西，没有一件真正是属于私人性质的。她说："专业作家没有下班的时候。"②

作为胡适传记的"模本"，最典型的莫过于他的《四十自述》了。试问到现在为止，哪一个为胡适立传的人，对胡适早年生涯的叙述不是跟着《四十自述》亦步亦趋？胡适在《四十自述》里脍炙人口的故事，从他母亲的订婚、慈母兼严父、三岁入塾读书、发现白话小说、无神论的萌芽、在上海进了三个学堂却没有一张毕业证书、《竞业旬报》的白话撰述、叫局吃花酒到酒醉打巡捕进巡捕房、闭门读书考上庚款留美、以致于"逼上梁山"的文学革命，都几乎被依样画葫芦地搬上了坊间林林总总的胡适传里。套用胡适在世时喜欢用来批评人"人云亦云"的话来说，这就是被胡适牵着鼻子走的结果。

《四十自述》当然是了解胡适早年生活最重要的资料。这就好像他的《留学日记》是了解胡适留美生涯不可或缺的史料一样。只是，俗话说得好，"尽信书不如无书"。套用后现代、后结构主义的话来说，就是必须解构（deconstruct）。《四十自述》，顾名思义，是胡适在四十岁的时候所作的回顾。任何人作回顾，都不可能避免以今释古、选择记忆、隐此扬彼的倾向，更何况是胡适这样一个已经替未来要帮他立传的人先打好了一个传记模本的高手呢！对当时功成名就、时时放眼历史会如何为他定位的胡适来说，他自然有他觉得应该凸显的，以及不妨让它随着大江东去的往事。为他立传的我们，如果不能识破胡适的取舍、渲染与淡出，则当然只有落得被他的《四十自述》牵着鼻子走的命运。任何有心人只要把《四十自述》拿来跟胡适在上海求学时期的日记，以及他在《竞业旬报》上所发表的文章对比，就可以很清楚地寻出《四十自述》斧凿、嵌入、建构的痕迹。

同样地，尽管《留学日记》是了解胡适留美生涯最重要的史料，它的局

---

① William Gass, "The Art of Self: Autobiography in An Age of Narcissism," *Harper's Magazine*, 288.1728 (May, 1994), online edition from Academic Search Elite, p. 7.

② Lynn Bloom, "I Write for Myself and Strangers": Private Diaries as Public Documents,"in Suzanne Bunkers and Cynthia Huff, eds., *Inscribing The Daily: Critical Essays on Women's Diaries* (Amherst: University of Massachusetts Press, 1996), p. 25.

限性也是不言而喻的。没有其他资料作佐证、给脉络、供背景，日记是不可能自己说故事的。我们必须用胡适的《留学日记》作基础，去参对当时的报纸，特别是康乃尔大学的学生报，以及胡适当时所作的演说与发表的文章。不但如此，我们还必须把胡适放在当时美国和中国的政治社会以及中国留学生的组织和活动的脉络下来观察与分析。只有如此，我们才可能栩栩如生地描绘出留学时期的胡适。

胡适是二十世纪中国思想界的第一人。有名的中日古典文学名著翻译大家英国人韦利（Arthur Waley, 1889-1966）说得好，他 1927 年 10 月 18 日在《北京导报》（*The Peking Leader*）上发表的一篇文章里，称许胡适是当世六大天才之一。他说：

> 首先，他绝顶聪明，可以说是当今世界上最聪明的六个人之一。同时，他天生异类，他的思考模式（cast of mind）完全是欧洲式的。任何人只要跟他作几分钟的交谈，就会心服口服，说他的聪明绝不只是教育和后天的产物，而只能说是天生的异禀。

胡适在 1926 年 7 月 17 日启程，经由西伯利亚、俄国、欧洲大陆到英国去。后来又在 1927 年 1 月 11 日转道美国。韦利这篇文章发表的时候，胡适已经在五个月前就从美国回到中国了。胡适在英国的时候跟韦利过从相当频繁，以他的日记作依据，就有九次之多。韦利说中国人常常表示他们无法忍受西方人对中国文学与思想的了解。然而，他认为中国人应该检讨他们自己作的努力实在太不够了。他认为中国人很少花心思去了解西方人到底在这方面作了多少的努力。他说："一个人如果要想为某一门知识作出贡献，他必须先知道那门知识的现况；要使山加高一点儿的方法，是在山顶上加块石头，而不是老是在山脚下堆巨石。"

韦利说胡适不同于其他中国人的地方，在于他了解西方人，所以他知道他们要的是什么。他说西方人碰到胡适，就好像是第一次跟中国的知识分子有了真正的心智上的接触一样。问题是，胡适不是一般的中国知识分子。他说胡适天生异类，虽然形体上是中国人的样子，但根本等于就是西方人。所以韦利说:"如果胡适只是一个一般的中国教授,唯一跟他的同侪不同的地方只是他会说我们的话,这只'会说人话[注:英语]的鹦鹉'(*oiseau qui parle*)或许还可以比较如实地为我们呈现出当代中国的心态(mind)。事实是,他压根儿就不具有代表性。"[①]

韦利一句话就点中了关键的所在:胡适不是中国知识分子的典型。换句话说,我们不能透过胡适来了解二十世纪中国的知识分子,因为他根本就是天生异禀的奇葩。要想用胡适来作为二十世纪中国知识分子的典型,就仿佛把天才当作一个社会的典型一样地荒谬。然而,这并不表示研究胡适就等于是象牙塔、孤星式的研究,没有其普遍的意义。事实恰恰相反,胡适在中国近代思想史上的重要性,就正在于他是龙头;他具有指标性、前瞻性与规范性。作为一代宗师,他订定了当时中国史学、哲学、文学研究的议题、方法和标准;作为白话文学的作者和评论家,他不只是推行了白话文,他根本上是规范了新文学的技巧、形式、体例与品味;作为一个政论性杂志的发行人、主编、撰稿者,他塑造了舆论;作为中国教育文化基金会最具影响力的董事,他透过拨款资助,让某些特定的学科、机构和研究人员得以出类拔萃,站在顶尖的地位。[②]

二十世纪前半叶的中国,能带领一代风骚、叱咤风云、臧否进黜人物者,除了胡适以外,没有第二人。正由于胡适是二十世纪中国思想界的第一人,正由于胡适是当时中国思想、学术、舆论界的领袖、宗师与巨擘,他的一生正是用来管窥二十世纪前半叶中国学术、知识、舆论界最理想的透视镜。我撰写这部《舍我其谁:胡适》的理想,是希望能在栩栩如生地呈现出他的学术、思想、生活与事业以外,透过这部传记,来重建胡适所处的社会与时代的风貌——不管是他生于斯、长于斯、功成名就于斯的中国大陆,还是他留学、访问、持节出使以致于流亡的美国,甚至是他龙困浅滩以致于终老埋骨的台湾。

胡适的一生是灿烂的。在他人生的巅峰,国际是他的舞台。他一生中与

① Arthur Waley, "Hu Shih's Exceptional Genius," *The Peking Leader*, October 18, 1927.

② 请参阅拙著 Yung-chen Chiang, "Performing Masculinity and the Self: Love, Body, and Privacy in Hu Shi," *The Journal of Asian Studies* (May, 2004), p. 307.

之往来唱和，在思想上平起平坐的，是奥林帕斯巅峰上的杜威、罗素、王国维、梁启超等等众神以及山腰上的众仙；在他的大使任内，往来的冠盖，有美国罗斯福总统、访美的王公将相、美国的国务卿及其司长、各国驻美使节以及美国显贵富豪的社交圈。有多少人，人云亦云，说胡适"肤浅"，说他西学根柢薄弱，浑然不知他们自己就是庄子的寓言里所说的蝉与斑鸠。他们不识鲲鹏之大，坐井观天，正坐庄子所谓"朝菌不知晦朔，蟪蛄不知春秋"之讥。试问，在胡适出生百年后的人如果能看出胡适"肤浅"的所在，其所反映的不过是学术的渐进，而不是哓哓然贬抑胡适者个人的聪明与才智；反之，在胡适出生百年后的我们，既有坐拥群书之利，又有坐在研究室里，随时手打键盘，上图书馆期刊网搜索、阅读论文之便，如果不能超越胡适，则该汗颜的是自己，而不是反其道而行，津津乐道地细数胡适的"肤浅"。

一个不能向天才致敬、虚心反求诸己的社会，就是胡适所说的"侏儒的社会"。1927年4月10日，如日中天的胡适为韦莲司对他所在的"侏儒的社会"所下的定义是："人人都盲目地崇拜着你，甚至连你的敌人也一样。没有一个人能规劝你，给你启发。成败都只靠你一个人！"[①] 胡适百年以后，都已经过了半个世纪，不去追问胡适对杜威的了解如何，不去细思实验主义说的是什么，不去读读胡适所读过的书，不去追寻胡适思想的来源、时代与脉络，而仍然只会施施然、人云亦云地说胡适肤浅、西学根柢薄弱、觉得自己比胡适高明，那就比胡适口中的"侏儒的社会"更等而下之了。

胡适说他在1920年代中期，曾经跟鲁迅兄弟在闲谈中，谈起他对《西游记》的"八十一难"最不满意。他说应该这样改作："唐僧取了经回到通天河边，梦见黄风大王等等妖魔向他索命，唐僧醒来，叫三个徒弟驾云把经卷送回唐土去讫，他自己却念动真言，把当日想吃唐僧一块肉延寿三千年的一切冤魂都召请来，他自己动手，把身上的肉割下来布施给他们吃，一切冤魂吃了唐僧的肉，都得超生极乐世界，唐僧的肉布施完了，他也成了正果。"如此结束，最合佛教精神。胡适这段话是写在他1930年4月30日给杨杏佛的信上。他接着说："我受了十余年的骂，从来不怨恨骂我的人。有时他们

---

① Hu Shi to Clifford Williams, April 10, 1927,《胡适全集》，40:259.

骂得不中肯，我反替他们着急。有时他们骂得太过火了，反损骂者自己的人格，我更替他们不安。如果骂我而使骂者有益，便是我间接于他有恩了，我自然很情愿挨骂。如果有人说，吃胡适一块肉可以延寿一年半年，我也情愿自己割下来送给他，并且祝福他。"① 我们如果把这一段话当成胡适的自况，就不免有不知诙谐之讥；这段话必须以寓言来读，是胡适教人挣脱"侏儒的社会"的法门。

"侏儒的社会"与"胡适肤浅论"是相生相成的。就像"朝菌不知晦朔，蟪蛄不知春秋"一样，侏儒当然不识天才。但那是有眼无珠的社会自身的损失，天才既已如孤鹜归去，秋水长天，也只不过是落霞余晖最后的一瞬。如果天才还肯回眸，那是他割肉反馈的布施之心未了；善哉！善哉！历来鄙夷胡适的人，上焉者直指他肤浅，下焉者用歇后语谑称他为"胡一半"——"下边儿没有了"——以其主要著作都只出了上半部也：如《中国哲学史大纲》以及《中国白话文学史》。他们不能体会胡适的"一半"，其实"开山"的意义远胜于"定论"。这固然可以归之为见仁见智的问题。然而，他们所不求甚解的，是胡适的"一半"是他知识论、方法论推至其极致的必然结果。

胡适说他是实验主义者。其实，他是一个实证主义者。他的"大胆的假设，小心的求证"的基础是"事实"，是用"上穷碧落下黄泉，动手动脚找东西"的方法去找出来的"事实"。这句傅斯年说的话，胡适引以为共鸣的佳句，其实就是他的夫子自况。问题是，"上穷碧落下黄泉"，如果不能适可而止，可以演变成一个无止境、不知伊于胡底的历程。当然，找资料、作研究可以是一种让人乐在其中而不思蜀的乐趣，可以是一种让人心甘情愿地浑然忘却找资料只不过是研究过程的手段而已。胡适脍炙人口的考据癖，就是一个最好的例证。考据的乐趣，郎格卢瓦（Charles-Victor Langlois）和塞诺博（Charles Seignobos）形容得最为生动。他们在其所合著的《史学导论》（*Introduction to Historical Studies*）里说：就像集邮、益智拼图、拼字有其中的乐趣一样，考据学家也自有其辨伪、解谜、拆障之乐；不管多么钻牛角尖，问题越难，解决以后的成就感也就越大。他们用了一个法国考据家的

---

① 胡适致杨杏佛，1930 年 4 月 30 日，《胡适全集》，24:44-45.

话来形容这种乐趣："是的，毫无疑问，这是一种雕虫小技。但世界上有多少其他的工作，它用来回报我们的辛劳的方式，是让我们常有机会狂呼：'我找到了（Eureka）。'"[1]

找资料、作考据与下诠释、作综合当然是相辅相成、不可须臾剥离的过程。然而，它们也代表了两个不同的层次。用建筑来作比方，资料就是建材，诠释与综合的完成就是建成的房子。胡适当然很清楚他选建材的目的是为了盖房子。比如说，他在 1920 到 1921 年六个月的病中，开始对整理《诗经》产生兴趣。1921 年春天，他认定研究《诗经》"必须下死工夫去研究音韵、训诂、文法，然后从死工夫里求出活见解来"。[2] 一直到 1922 年 8 月间，他才又有时间重新拾起这个工作，兴致勃勃的他，连题目都订好了，就叫做《胡适诗经新解》，他认为至迟两年可成。[3] 然而，才不到半个月，他就发现自己想得太容易了："研究一个字，其难如此……这部《诗经新解》真不知何日可成了。"他从这个经验悟出了一个道理："从前我们以为整理旧书的事，可以让第二、三流学者去做。至今我们晓得这话错了。二千年来，多少第一流的学者毕生做此事，还没有好成绩；二千年的'传说'（tradition）的斤两，何止二千斤重！不是大力汉，何如推得翻？何如打得倒？"[4]

"大力汉"的胡适，一辈子发了好几次宏愿要把他的哲学史写完。到了1940 年代，他已经改用中国思想史来称呼他未完的凤愿。我们从他写给王重民的信，可以知道他在搜集各类书籍，准备着手写他藏诸名山之作。他不但订好了两汉、三国为《中国中古思想史》的第一期，而且也发愿，说他要重写汉魏思想史。然而，那些累积了二千年、二千斤重的"传说"，还是得他这个"大力汉"亲自出马去推倒。然而，他才着眼汉初，就发现连"太学"这个题目都没有可资利用的材料："《博士考》一个题目，我欲借此作汉代经学变迁的研究。偶一下手，始知谨严如王静安先生，亦不能完全依赖！……本意只想为王先生《博士考》作一跋，结果也许还得我自己重写一篇《两汉

---

[1] Charles-Victor Langlois and Charles Seignobos, *Introduction to Historical Studies*, p. 123.
[2] 《胡适日记全集》，3:6.
[3] 《胡适日记全集》，3:724.
[4] 《胡适日记全集》，3:740.

博士制度考》。"①哪知半年以后，《水经注》就开始吸引了他的注意，仿佛着魔似的他，还以为只要费六七个月时间，全力为之，就可以竟全工。到1944年3月，他还很乐观，虽然他同时也提醒自己还有更重要的工作在等着他："作《东原年谱》，我久有此意。但为《水经注》案搁置《中国思想史》太久，此案结束后，恐须用全力写书，不能再弄'小玩意儿'了！"②试想，《中国思想史》都还没开始写，他居然又动念想写《东原年谱》！

　　胡适一定很清楚，即使自己是"大力汉"，也不可能独力推翻、打倒那两千年的传统。然而，他必须坚持科学实证的精神；他不能在还没有作校勘、训诂、辨伪的工作之前，就去作综合、解释的工作。套用余英时的话来说，没有先经过"小心的求证"，胡适没有办法推出他"大胆的假设"；③但是，这是他实证主义的盲点，完全不是杜威实验主义的论点。如果胡适学术的起点和终点都是中国的考证学，那是因为中国传统所留下来的东西，都必须要先由他亲自"下死工夫去研究"、实证主义地去重新整理过，然后再"从死工夫里求出活见解来"。胡适注定没有写出他发愿要藏诸名山的中国思想史，我们可以想象他晚年的掷笔之叹："予不得已也！"

　　胡适晚年之所以会有"予不得已也"的掷笔之叹，"胡适肤浅论者"之所以能施施然夸言胡适肤浅，"胡一半论者"之所以能继续眉飞色舞地传诵其自以为是的刻薄无比的盖棺论定，正是因为胡适还有一个更深层的才情的因素，那是人所不知、众所不察的。英国的柏林（Isaiah Berlin）爵士在他的《刺猬与狐狸》（*The Hedgehog and the Fox*）一书里，引用了古希腊诗人阿给勒克司（Archilochus）的一句话："狐狸知晓许多事情；刺猬就知道一件大事。"他说思想家、文学艺术家有两种类型：第一种类型有一个中心的思想或系统，其完整性与一致性不一定必须完备，但这中心思想或系统是他们用来理解、思考、感觉事物的根据；第二种类型则没有定见，他们所追求、探索的事物可以完全是不相干，甚至是互相矛盾的。前者是刺猬；后者是狐狸。

---

① 胡适致王重民，1943年4月5日，《胡适全集》，24: 603.
② 胡适致王重民，1944年3月31日，《胡适全集》，25: 65.
③ 余英时，《重寻胡适历程：胡适生平与思想再认识》（桂林：广西师范大学出版社，2004年），页213—216。

柏林爵士用"刺猬与狐狸"这两个隐喻来分析托尔斯泰。他说历来的学者和批评家都误解了托尔斯泰。就以托尔斯泰的《战争与和平》为例，大家都说这本小说在文学艺术上举世无双。然而，其所表露出来的历史哲学，则荒诞不经、不忍卒睹。柏林爵士说这是对托尔斯泰的误解。他说我们如果要了解托尔斯泰，就必须认识到："托尔斯泰从才情上来说是一只狐狸，但一直以为自己是一只刺猬。"①

柏林爵士说托尔斯泰洞识人间众殊相的能力无人能及。他能精准地刻画出各个具体殊相的特征，能捕捉出其韵味、感情与律动。不管描写的是一个人、一个家庭、一个社区或者是一整个国家，他都能够把其独特、复杂、微妙的每一个面相栩栩如生地为我们呈现出来。然而，像狐狸一样火眼金睛的托尔斯泰所坚信的，却是一种刺猬所执著的单一的理念。柏林爵士说："他所宣扬的不是万象（variety），而是一真（simplicity）；不是意识的多重性，而是化约到单一的层面。在《战争与和平》里，这个单一的层面是好人的典型，是一个独特、自发、开放的灵魂；后来，则是农民，或者是那摆脱了烦琐的教条和形上学的束缚的素朴的基督伦理；一种朴实的、准功利主义的标准。在这个标准之下，事事相连，事事都可以用这个标准来作衡量的准据。"② 换句话说，托尔斯泰的才情是"彻底地属于经验主义、理性主义、冷眼面对事实（toughminded）、写实主义的。然而，其感性的来源是自己明明是一只狐狸，却偏偏执拗地要像刺猬一样，热切向往地追求着一个一元的人生观"。③

胡适跟托尔斯泰一样，是狐狸才、刺猬心。柏林爵士用来描述托尔斯泰的才情的话完全适用于胡适："彻底地属于经验主义、理性主义、冷眼面对事实、写实主义。"胡适跟托尔斯泰不一样的地方，在于托尔斯泰以刺猬自居，而胡适则以狐狸自视。托尔斯泰以刺猬自居，所以他一味地追求一个单一的理念来作为人生、社会、历史发展的基础，尽管与此同时，他拒绝所有玄学的冥思，排斥所有编年排比的历史，睥睨所有大放厥词谈历史定律的夸

---

① Isaiah Berlin, *The Hedgehog and the Fox: An Essay on Tolstoy's View of History* (New York: Simon and Schuster, 1966), pp. 1-2.

② Isaiah Berlin, The Hedgehog and the Fox, pp. 39-41.

③ Isaiah Berlin, The Hedgehog and the Fox, p. 75.

言。胡适以狐狸自视，所以他会说"多研究些问题，少谈些'主义'"，所以他喜欢教诲人家，说社会的改革、人类的进化是一点一滴造成的。

胡适的"非主义论"和"点滴进化论"很自然地会让人觉得他彻头彻尾是一只狐狸。自诩为实验主义的胡适，照理说当然应该是一只狐狸。然而，胡适是不是一个实验主义者，或者，更正确地说，胡适是如何挪用实验主义，是一个人云亦云了一个世纪，早就应该被厘清的问题。胡适有所不自知，他是刺猬心。他跟托尔斯泰一样，喜欢把人间的事物"化约到单一的层面"。这个"单一的层面"可以是科学、民主；也可以是"人性化"、"社会化"；还可以是文学的进化论，或是白话"活"文学千年的"自然演化"。胡适这种对"单一的层面"的追求，跟他的"非主义论"与"点滴进化论"是不相冲突的。就像他在《〈科学与人生观〉序》里所说的："我们信仰科学的人，正不妨做一番大规模的假设。只要我们的假设处处建筑在已知的事实之上，只要我们认我们的建筑不过是一种最满意的假设，可以跟着新证据修正的。"

对于这个从事实出发，到建立假设，以致于作为人生准则的正当性，胡适的解释是："我们如果深信现有的科学证据，只能叫我们否认上帝的存在和灵魂的不灭，那么，我们正不妨老实自居为'无神论者'。这样的自称并不算是武断；因为我们的信仰是根据于证据的：等到有神论的证据充足时，我们再改信有神论，也还不迟。"换句话说，那"待证的假设"在胡适的眼里，就成了"待证的定律"。所以他会大胆地说："我们带着这种科学的态度，不妨冲进那不可知的区域里。正如姜子牙展开了杏黄旗，也不妨冲进十绝阵里去试试。"[1]

问题是，这种从事实出发、到建立假设的刺猬心，是唯证据、精准、秩序是问的，是容不下一丝的疑窦与不确定性的。刺猬心的胡适，是不可能放心地责成"第二、三流学者"去推倒那"二千年"、"二千斤重"的"传说"的。这个重任是只有作为刺猬的"大力汉"自己才可能胜任的。试想：连王国维的《博士考》他都不满意，"结果也许还得我自己重写一篇《两汉博士

---

[1] 胡适，《〈科学与人生观〉序》，《胡适全集》，2:205.

制度考》"！刺猬求证据、精准、秩序之心到如此地步，还有什么不是胡适必须亲自出马勘定的呢？

胡适在大使下任以后，接受了"美国学会联合会"（American Council of Learned Societies）两年的资助，从 1943 年开始，每年美金六千元，供给他从事"中国思想史"的撰述计划。眼看着两年就要结束了，胡适没有任何成绩可以交出。他在第二年度的报告里，一开始就承认这是一份细数自己"壮志未酬与不务正业"（frustrated objectives and dissipated time）的报告。胡适说自己"不务正业"，是因为他把八个月的时间都拿去审理《水经注》一案了。审理这个公案的乐趣难以用笔墨来形容，他说他在那八个月里，几乎专注到了"废寝忘食"的地步。既然交不出成绩，他说他的良心告诉他不可以再继续接受"美国学会联合会"的资助。然而，仿佛晚年的胡适终于心里有了自悟：狐狸才、刺猬心，可以是一个诅咒（curse）；这个矛盾一日不解，狐狸就会继续当道，刺猬永远出不了头。

> 只要我继续使用中文的史料，我必须招认我有一个无法克制的强烈的智性上的嗜欲（temptation）：为了稽核一个事实或厘清一个疑虑，我可以用上几个星期甚至是几个月的时间去作打破沙锅问到底的工作。于是，这就妨碍了我写中国思想通史的正务。①

胡适"为了稽核一个事实或厘清一个疑虑"、"打破沙锅问到底"的狐狸才，注定终究"妨碍"了他想要写中国思想通史的刺猬心的"正务"。然而，这也是胡适"予不得已也"的另一面。他的刺猬心促使他必须在万千的事实中理出头绪、找出其"单一的层面"。不到这个境界，他没办法动笔从事综合的工作。怎奈他的狐狸面，动如脱兔，即使刺猬面的他，驷马都难追。他越纵容他的狐狸才去任意驰骋，积累的"事实"就越多，他的刺猬心也就越发望洋兴叹。

狐狸才、刺猬心。这是胡适年龄越大，越发无法挣脱的矛盾；而这也是

---

① Hu Shih, "Second Report on My Work," 胡适外文档案，E-52-130，藏于中国北京社会科学院近代史研究所。

《舍我其谁》故事里重要的一环。

　　这套《舍我其谁：胡适》的传记，预计共分五部。第一部，即本部，从1891到1917年；第二部从1917到1927年；第三部从1927到1937年；第四部从1937到1942年；第五部从1942到1962年。这第一部，在十个月沉醉于斯的撰写过程里，不觉写了将近五十万字。不识者或有下笔不能自休之讥。其实不然。就像胡适在1922年想写《胡适诗经新解》时的掷笔之叹："二千年的'传说'（tradition）的斤两，何止二千斤重！不是大力汉，何如推得翻？何如打得倒？"胡适一生的思想，亦复如是。从胡适在世时就已经层层积累起来的所有误解、传说、人云亦云甚至胡适云众亦云，也不啻是"何止二千斤重"！研究者不下死工夫，何如能"从死工夫里求出活见解来"？《舍我其谁：胡适》写五部、每部五十万字的构想，下笔不能自休非其咎也。所有的误解、传说、人云亦云、胡云亦云，套用胡适自己的话来说，都须要先去"推翻"、"打倒"。然而，这只是第一步而已。在抽丝剥茧、解构之余，还必须更上一层楼，要去重新分析、重新诠释并重新编织出一幅不为胡适预设的图案所羁，而且比它更全面、比它更花团锦簇的胡适的一生。所有这些，都不是三言两语所能道尽。"予岂好辩哉？予不得已也！"

　　本书从研究到写作的过程中，得到许多人的协助。台北南港中央研究院近代史研究所的谢国兴，胡适纪念馆的杨翠华、黄克武、潘光哲等历、现任馆长鼎力支持；胡适纪念馆的柯月足小姐、郑凤凰小姐，文哲所的杨贞德教授，中国社会科学院近代史研究所的张显菊女士、茹静小姐，以及北京大学图书馆北京大学文库的邹新明先生，多年来都在帮我调阅资料，给予诸多的方便。北京的徐进良先生、韩子荣书记夫妇在起居、找资料上，给予我多方的协助，不胜感激。我任教的德堡大学（DePauw University）所提供的研究资助，是我多年来得以长期从事胡适研究的经费来源。大学的休假制度，更是让我能够规划写作的要素。陈宏正先生慷慨的资助，让我能够跟学校安排协商，多享有了一学期不须要教学的时间全力完成这《舍我其谁》的第一部，在此特别申谢。最要感谢的，是我的妻子丽丰，谨献上此书。

序　幕

　　半夜时分，胡适坐在书桌前，在一盏煤油灯下，一手翻着书，一手夹着一根强盗牌的香烟不时吸着，额上微露着青筋，全神贯注。当时，他住在《竞业旬报》社在上海公共租界里的爱尔近路（现在的安庆路）庆祥里的一个房子。他的房间在二楼。房间里没有书架，书就堆在一张空着的床铺上，堆得满满的。他常往上海二马路（现在的九江路）外国墓园附近的旧书店里跑，左一部、右一部地买书回来。他常吸的香烟，是英商英美烟草公司出品的，烟盒上原来只印有英文牌名，叫 Pirate，是海盗的意思。广州人叫它老刀牌或"派律"，即 Pirate 的广东话发音，后来才印上老刀牌的中文字。烟盒正面印的画面是一个站在甲板上的海盗，左手握着一把弯刀，刀尖抵着甲板，右手叉着腰，腰间还插着一把腰刀。反面印有两幅画面，上幅像是一名军官指挥着三名水手开炮，下幅则是炮弹在几艘多桅高帆船之间的海面上爆炸，溅起水花的画面。据说，强盗牌香烟是 1902 年开始出品的，后来改名为老刀牌，1952 年再改名为劳动牌。

　　强盗牌香烟有很多促销的手段，其中之一，就是在香烟盒里附赠的手绘彩色画片：有人物、山水、动物等等，可以收集成套，背面印有香烟广告。

1

我们今天还可以在网络上查到强盗牌香烟所附赠的五十二张以鸟为画面的一组扑克牌画片。胡适就利用这画片，在上面写着某日购得某书共几百几十几卷，限几日读完，插在书桌显明的地方，一伏案就看到自己在画片上所立的期限。他是用这种方法来督促自己读书。当时住在楼下房间的叶德真看到胡适这样一往直前，深夜还不休息的读书态度，大感惭愧。他于是也去买了香烟，等夜晚读书疲惫想睡的时候，拿来作为刺激提神之用。从那天以后，他只要看到楼上的灯还亮着，就告诉自己不能先睡。叶德真在他日后所作的回忆里说，从他跟胡适的交往中体会到："一个人的成功，真不容易，有天才而不能苦干不行；没有天才，苦干也还不行；既没有天才，又不能苦干，那就更糟。"

叶德真在这段回忆里所描述的，是 1908 到 1909 年之交的胡适。当时的胡适到上海已经四年了，上海话说得溜口，普通话也说得流利了。他喜欢读诗，也喜欢作诗。据叶德真的回忆，胡适当时手头所常把玩着的，是一部苏东坡诗集。他说胡适很喜欢李后主的《浪淘沙》："帘外雨潺潺，春意阑珊，罗衾不耐五更寒。梦里不知身是客，一晌贪欢。独自莫凭栏，无限江山，别时容易见时难。流水落花春去也，天上人间。"叶德真说，他自己也因为听胡适

图 1　胡适十八岁时摄于上海（1）。（胡适纪念馆授权使用）

图2　胡适十八岁时摄于上海（2）。应该是与图一同时所摄。
（胡适纪念馆授权使用）

吟诵这首词而心生欣赏。当时，胡适是《竞业旬报》的主编，叶德真替旬报写稿，交给胡适，不妥当的地方，胡适会老实不客气地帮他修改。叶德真读《汉书》，胡适会拿《汉书》里的典故来考他。当时叶德真只认得几个英文，胡适还教了他半年的英文。

胡适从1908年8月起，开始担任《竞业旬报》的主编，每出一期，社中送他十块钱的编辑费，但吃住则由社中负担。后来，在1909年2月以后，胡适又兼在中国新公学教英文，每天上六点钟的课，一星期教课三十个钟头，月薪八十元。然而由于学校财政困难，薪水常不能全领到。由于《竞业旬报》不能按期出版，中国新公学又常欠薪，胡适偶尔会用典当物品来买书。有一回刚把皮袍质了八元，却忽然病了。躺在床上几天，连书也读不得。这时，社中住的人也渐稀，又加上连日风雨，更使客寄他乡的游子感慨多端。在胡适病中，叶德真常上楼去看他，聊天以排遣。等胡适病稍好了，需要喝牛肉汁，可能就是从英国进口的补品保卫尔（Bovril）。由于价昂，正在犹豫，才想到前些天典当皮袍的钱还有，于是由叶德真替他去黄浦滩的一家铺子买了一瓶，用掉了三块多钱，即三块银元。[①]

这进口的保卫尔的价钱确实不便宜。我们记得胡适在《竞业旬报》担任主编的时候，虽然吃住由报社供给，编辑费每个月却只有十块钱。即使他后来在中国新公学教英文，每个月也只有八十元，而且还领不到全薪呢！当时中国的物价及民众购买力的低落，由此可见。当时，在城隍庙吃一碗酒酿园子只要两个铜元；肉面，四个铜元；乘电车，一个铜元；米价每担三元六角；学徒满师后工钱一个月一元；普通职员，六元。当时铜元和银元的兑率大概是一比一百二十八。强盗牌香烟的价钱在胡适在上海的年代待查，但据说在1920年代，一包（十支装）三个铜元。[②]

叶德真的这段回忆最宝贵的地方，在于它为我们绘出了一幅年轻困顿时候的胡适的肖像。《四十自述》里固然有胡适描述他在上海困顿、拮据的一段游子生涯，然而，在胡适的自述里，他所着墨的，荒唐更甚于困顿。这幅肖像最令人注目的地方，是胡适的用功与上进。诚如叶德真所说的，胡适后来的成功是天才加上努力的结果。胡适一生当中常常思索天才和努力在一个人的成功上所占的比例问题。这是天才所特有的焦虑：知道自己有天才可恃，却又唯恐被天才所误。越焦虑，就越加倍努力；越努力，就越发与其天才相得益彰。

---

① 以上的叙述是根据叶德真，《读〈藏晖室札记〉后的感想》，胡适档案，现藏于中国社会科学院近代史研究所，365.6.

② 有关当时物价及铜元、银元兑率，请参阅陈存仁，《银元时代生活史》（香港，1973），页3-4，11。

第一篇

从"糜先生"到敝裘髭髭少年郎
（1891—1910）

客里残年尽，严寒透窗帘。

霜浓欺日淡，裘敝苦风尖。

壮志随年逝，乡思逐岁添。

不堪频看镜，颏下已髭髭。

——胡适，《岁暮杂感》己酉除夕（1910 年 2 月 9 日）

第一章
"糜先生"初长成

　　胡适是在 1908 年 8 月搬进《竞业旬报》社的。虽然他不可能预知他在上海的学生生涯就要结束，他的困顿将会加剧，但是敏锐善感的他，定然可以从周遭所发生的事物中，对茫茫的人生滋生出无所适从之感。他念了两年的中国公学，从那年春天起发生风潮。原来由学生自治管理的学校，由于经费短缺，从 1907 年开始接受两江总督的专款补助，一年以后，又得到大清银行的贷款建校舍。既然接受了政府的拨款与贷款，中国公学于是成立了董事会，由董事会任命校长以及行政主管。这与中国公学原来不设校长，而由学生公选斋务、教务、庶务等等干事来主持校务的自治传统相违，冲突自难避免。胡适在 1908 年春天写的一封信里，已经提到冲突的恶化。这封信是写给当时他在绩溪里仁村的思诚学堂教书的朋友程玉樑（字春度）的："公学近日几起大风潮，苟非监督［即校长］明白事理，则公学已破坏矣。"[①]到了 9 月，冲突终于白热化，由于校长和行政人员拒绝承认学生有参与学校行政的权利，并进而禁止学生集会演说。这些举动激起学生全体签名罢课，

---

① 　胡适致程春度，1908 年春，《胡适全集》，23:7-8.

校方于是开除学生领袖，并威胁将罢课学生集体解散。这种压迫的手段激起了绝大多数学生的公愤，于是决定集体退学，另成立中国新公学。

中国新公学成立后，胡适却没有入学。他当时如果继续上学，第二年就可以毕业，拿到一张毕业证书。然而，由于他二哥事业失败，把他们家在上海的瑞兴泰茶叶店让给了债权人，他们家只剩下了汉口一家无利可图的酒栈，叫两仪栈。他没钱住宿舍，于是搬进了他担任编辑的《竞业旬报》社里去住。他在1908年12月30日给程春度的信上说："弟来年以家境之困迫，人事之错迕，遂决计暂且辍学，专为糊口之计，鄙意此为万不获已之举。盖不如此，则弟读一日书，中心一日不安，吾寿或且日促一日。且弟年尚少，一二年后俟境遇稍裕，再来读书，正复不晚。年来以此问题大费踌躇，今决计向此途，此心反觉泰然自得。此时种种留学西洋研究文学之妄想已不再入梦矣。明年唼饭处大约仍在上海，近拟与新公学订约教授戊己两班英文，每日四时，月可得八十元，此外或尚可兼任外事。惟此约尚未订定，故行止尚未大定，大约上海一方面居其多数。盖弟意在上海有三利：人地两熟，一也；可为吾绩旅沪旅淞诸人作一机关部，二也；课余之暇尚可从人受学他国文字，三也。弟来年境况大略如是。足下闻之，千万勿为吾悲。人各有志，吾行吾素而已。"[①] 胡适在《四十自述》里也提到他在中国新公学担任低级班的英文老师，但没有写下明确的时间，只是在叙述他于1908年8月搬进《竞业旬报》社的同时，笼统地说："正在这个时候，李鹤琴君来劝我在新公学作教员。"然而，这封给程春度的信是1909年1月21日写的，他说他当时跟中国新公学已经订了约，但还没有签。看来，他开始在中国新公学教英文恐怕还是1909年初以后的事。

这封信里最值得注意的地方，是胡适说："此时种种留学西洋研究文学之妄想已不再入梦矣。"换句话说，他当时早就有了留学西洋的念头，只是一旦辍学，他的留学梦想来是更加不可能如愿了。眼看着清廷即将招考第一次庚款留美学生，郁郁不平的胡适在《竞业旬报》第27期的《时闻》栏里写着："学部现在又要考试出洋留学生了，那一班想作'外国状元'的东西，

———————————
① 胡适致程春度，1909年1月21日〔农历12月30日〕，《胡适全集》，23:11.

都一个一个的赶进京去了。听说这一次考试，先要考一考各种普通学，好像考举人的要考一次录遗，才得进场。普通考过了，再考各人专门学。又听说这一次投考的人，有百余人，内中有几十个被部里驳去，不许应考，唉，何苦呢！何苦呢！"① 其实，胡适自己也是一个"想作'外国状元'的东西"，只是时间未到，他自己是在 1909 年第二次招考庚款留美学生的时候"赶进京去"考上的。

更有意思的是，胡适还在下一期里批评美国退还庚款的动机以及其应该运用的方法。他说："看官要记得庚子那年的赔款，美国也派着许多万。后来美国的政府怀着诡计，就想把那些赔款一齐退还中国〔按：不正确，不是一齐退还中国〕……列位中国国民要晓得，这赔款的钱，是谁种下的祸根？这一年一年的赔款，可不是我们国民的血汗钱么？如今美国退还了这么多的赔款回来，政府就应该拣那受害最大、担任最多的几省，摊派了，每年减少几成，使我们国民的担子，轻一些儿；官民的勒索，少一些儿；关卡的厘金，减一些儿；各项的加捐，少一些儿。"② 更令人玩味的是，胡适已经有了要出洋留学研究西洋文学的梦，却又在《竞业旬报》里，说中国文学的伟大，是没有一个其他国家所能企及的："我们中国最擅长的是文学，文哪！诗哪！词哪！歌曲哪！没有一国比得上的，我们应该研求研求，使祖国文学，一天光明一天，不要卑鄙下贱去学几句'爱皮细低'〔a, b, c, d〕，便稀奇得不得了，那还算是人么？"③

这种看见别人去考庚款留学，自己却因为辍学无缘叩门投牒一试，油然心生酸溜溜之处的心情是不难理解的。这并不是胡适第一次吐露出他有出国留学的想法，在这半年以前，他已经在一封家书里提起，也就是我们在下一段会提起的那一封。然而，更令人玩味的，是他在这里批判美国退还庚款的动机，以及他说中国的传统文学没有一个国家可以比得上的论调。这些论调

① ［胡适］，《时闻：内国近事：考试留学生》，《竞业旬报》，27 期，1908 年 9 月 16 日，《胡适全集》，21:44.

② 适广［胡适］，《中国的政府》，《竞业旬报》，28 期，1908 年 9 月 25 日，《胡适全集》，21:61-62.

③ 铁儿［胡适］，《白话（一）：爱国》，《竞业旬报》，34 期，1908 年 11 月 24 日，《胡适全集》，21:106-107.

都是留学归国以后的他所深恶痛绝的。就像他 1929 年 10 月 10 日在杭州火车站买了一张庆祝"双十节"的报纸，猛然看见"中国本来是一个由美德筑成的黄金世界"这句大胆的话，吓得他"连忙揩拭眼镜，仔细研读"，这才发现原来是国民党宣传部长叶楚伧说的话。[①] 他后来每听到这种过度颂扬中国国粹或传统的论调，都会嗤之以鼻，叱其为"夸大狂"、"迷梦"、"反动"。

然而，十七岁时颂扬"祖国文学"最为伟大的胡适，其实可能是言不由衷的。如果《四十自述》里的回忆是可靠的，那么在编辑《竞业旬报》的时候，梁启超的《新民说》就已经把他从这些夸大狂的迷梦里救醒过来了。他说："《新民说》诸篇给我开辟了一个新世界，使我彻底相信中国之外还有很高等的民族，很高等的文化。"[②] 他在用英文写的《我的信念及其演化》（"My Credo and Its Evolution"）里，说得更为激动和彻底，他说是梁启超的这些文章"的棒喝，把我从我国的古文明是自足的，除了武器与商业机制以外，没有任何东西须要向好战、物质的西方学习的这种迷梦里惊醒过来；它们为我呈现的，是一个彻底不同的新的世界观"。[③] 当然，人的回忆是靠不住的，胡适的《四十自述》和《我的信念及其演化》都是他四十岁以后写的，他当时的想法与境遇跟十六七岁的他当然大不相同；胡适十六七岁时所说的那些"夸大狂"、"迷梦"、"反动"的话，也许并不是言不由衷的，而很可能就是他当时的信念。如果所有的回忆都是建构、过滤、筛选之下的产物，则在有意、有心之下所作的回忆更须作如是观。梁启超当时给他的影响只不过是播下了种子，毕竟他出国以前所能看到的西洋文学的书还是有限。梁启超给他开辟的新世界的这颗种子，还必须等他到了美国留学才能生根发芽。无论如何，这个胡适在上海时代所形成的"彻底不同的新的世界观"为何？就是我们在下一章所要分析的一个主题。

胡适当时的问题不止在经济、学业与未来，同时还面临他母亲要他回家成婚的压力。原来在 1904 年到上海上学以前，他母亲已经让他跟江冬秀订了婚。他在一年前回家养病的时候，他母亲已经跟他提起要他及早完婚的想法。现在，

---

① 胡适致程春度，1908 年春，《胡适全集》，23:7-8。

② 胡适，《新文化运动与国民党》，《胡适全集》，21:436.

③ 胡适，《四十自述》，《胡适全集》，18:61.

他母亲以为他会在 1908 年夏天毕业，于是催促他回家完婚。7 月 31 日，胡适写了洋洋洒洒的一封长信，举出六大理由，斩钉截铁地拒绝了。除了用家里经济困难作为一个主要的借口以外，胡适用的是"以情动之"的妙诀：

今日接得大人训示及近仁叔手札，均为儿婚事致劳大人焦烦。此事男去岁在里时大人亦曾提及，彼时儿仅承认赶早一二年，并未承认于今年举行也。此事今年万不可行。一则男实系今年十二月毕业，大哥及诸人所云均误耳。此言男可誓之鬼神，大人纵不信儿言，乃不信二哥言耶？二则下半年万不能请假。盖本校定章若此学期有一月中请假一小时者，于毕业分数上扣去廿分；有二月中均有请假者扣四十分，馀以次递加。大人素知儿不甘居人下，奈何欲儿以此儿女之私使居人后乎？（一小时且不敢，何况二三礼拜乎？）

三则吾家今年断无力及此。大人在家万不料男有此言，实则二哥所以迟迟不归者，正欲竭力经营，以图恢复旧业。现方办一大事，拮据已甚，此事若成，吾家将有中兴之望（此事亦不必先行禀知，以里中皆非善口，传之反贻人猜疑，贻人啧啧烦言也）。若大人今年先为男办此事，是又以一重担加之二哥之身也。且男完婚，二哥必归，而此间之事将成画饼矣。大人须念儿言句句可以对越上帝，儿断不敢欺吾母。儿今年尤知二哥苦衷，望大人深信儿言，并以此意语二嫂知之。

四则男此次辞婚并非故意忤逆，实则男断不敢不娶妻以慰大人之期望。即儿将来得有机会可以出洋，亦断不敢背吾母私出外洋不来归娶。儿近方以伦理最人，安敢忤逆如是，大人尽可放心也。儿书至此，儿欲哭矣，嗟夫吾母！儿此举正为吾家计，正为吾二哥计，亦正为吾一身计，不得不如此耳。若此事必行，则吾家四分五裂矣，大人不可不知也。若大人因儿此举而伤心致疾或积忧成痗，则儿万死不足以蔽其辜矣。大人须知儿万不敢忘吾母也。

五则大人所言惟恐江氏处不便，今儿自作一书申说此中情形，大人可请禹臣师或近仁叔读之，不识可能中肯，以弟［儿］思之，除此以外别无良法矣。大人务必请舅父再为男一行，期于必成，期于必达儿之目的而后矣。

六则合婚择日儿所最深恶痛绝者，前此在家曾屡屡为家人申说此义。为人父母者，固不能不依此办法，但儿既极恨此事，大人又何必因此极可杀、极可烹、鸡狗不如之愚人、蠢虫、瞎子之一言，而以极不愿意、极办不到之事，强迫大人所生、所爱之儿子耶？以儿思之，此瞎畜生拣此日子，使儿忤逆吾所最亲爱之母亲，其大不利一；使儿费许多脑力宛转陈词以费去多少光阴，其大不利二；使吾家家人不睦，其大不利三；使母亲伤心，其大不利四；使江氏白忙一场，其不利五；使舅父奔走往来，两面难为情，其不利六；有大不利者六，而犹曰今年大利，吾恨不得火其庐、牛马其人而后甘心也。儿言尽于此矣，大人务必体谅儿子之心，善为调停，万不可待至临时贻无穷之忧。男手颤欲哭，不能再书矣……

尤有一事，男不敢不告于大人者，男自得此消息至今消瘦甚矣。昨日拍有一照，他日寄归，大人当亦伤心，儿何憔悴至此耶！

……儿以昨日作两书，今日又作致江氏书，天气太热，作字太多，致背脊酸痛，今不能多作书矣。今万言为一句曰："儿万不归也！"

儿子嗣穈饮泣书[1]

这时，胡适还不满十七岁。

徽州家乡

胡适1891年12月17日（清光绪十七年十一月十七日）出生在上海大东门外。他的本名是洪骍，乳名叫嗣穈（音：门），家乡是安徽绩溪。[2] 在清朝的时候，绩溪属于徽州府。徽州府位在安徽最南部，其治下有六县，绩溪

① 胡适禀母亲，1908年7月31日，《胡适全集》，23:8-10.
② 以下描写胡适从出生到1895年的叙述，主要是根据胡适的《四十自述》以及他的 "The Reminiscences of Dr. Hu Shih," (Chinese Oral History Project) (Glen Rock, N.J.: Microfilming Corporation of America, 1975), pp. 1-26. 请注意，《口述自传》一定要用英文本，因为中译本有许多错误和不精确，甚至缺漏之处。

为其一，是徽州府最北的一县。安徽南部多山，有名的黄山就在这里。这里的河水是向东南流，注入钱塘江。徽州是一个高移民的社会。先说移入，避乱是北方人移民迁徙到徽州的第一个原因。徽州多山，"东有大鄣山之固，西有浙岭之塞，南有江滩之险，北有黄山之阨"，"其险阻四塞，几类蜀之剑阁矣，而僻在一隅，用武者莫之顾，中世以来兵燹鲜焉"。[①] 然而，徽州也是一个向外迁徙的高移民社会。由于徽州多山，耕地稀少，一年收成，只够三个月的粮食，因此，粮食得靠外供应。徽州人出外经商的人于是很多。一千年来，徽商闻名全国。他们四出经商，往东去浙江，往东北去江苏，往北则是长江沿岸的城镇。他们到了一个村落，就会开一个小铺子。等小铺子变成一个杂货店以后，这个村落也就成为一个小镇了。所以中国有一句俗话说："无徽不成镇。"

很多徽商从做小生意起家，刻苦积累，成为大商贾。徽商所从事的买卖，盐是其中之一。几百年来，徽商垄断了盐的贸易。另外一个主要的买卖是当铺。从前当铺所扮演的脚色，相当于现在的银行。"徽州朝奉"指的是当铺的掌柜，但后来成了徽州士绅或徽商的泛称。胡适在一篇《四十自述》的增订残稿里说徽商有"徽骆驼"的绰号，他说那是"嘲笑徽州人的笨做省用，实在是很恭维我们的民族的"。注意，也许是无心或笔误，胡适在这里是用"民族"这个名词来称呼徽州人的。可能就因为如此，胡适把徽州人比作中国的犹太人。[②] 这个犹太人的比拟，并没有在《四十自述》里出现，更没有在胡适晚年在美国哥伦比亚大学所作的《口述自传》里出现。当然，在当年美国社会仍然歧视犹太人的脉络下，胡适不用犹太人来比拟徽州人是可以理解的。在《口述自传》里，胡适用了另外一个说法来描述徽州人遍布中国各城市的现象，他说："这就是为什么你在旅行的时候，常会看到姓汪、程的，他们一律都是徽州姓。其它像叶、潘、胡、余、俞、姚等姓，也多半是徽州来的。"[③]

---

① 唐力行，《徽州宗族社会》（合肥：安徽人民出版社，2005），页 2。

② 胡适，《四十自述残稿六件》，耿云志主编，《胡适遗稿及秘藏书信》（安徽合肥：黄山书社，1994），5:496-497.

③ Hu Shih, "The Reminiscences of Dr. Hu Shih," p. 4.

徽州治下辖有六县，即：歙县、黟县、休宁、祁门、绩溪与婺源。其中，胡适的家乡绩溪在经济上是最落后的。绩溪可能是徽州府治下人口最少的一县，不但村庄少，而且名族聚居的村庄数仅为歙县或休宁的18.54%。这与绩溪的地理条件的限制是分不开的，乾隆《绩溪县志》说："绩邑与歙为接壤，而独受多山之累"，"山压水冲，遍绩有难耕之确土"。绩溪人外出经商也比歙县与休宁为迟。前引的乾隆《绩溪县志·风俗》篇中说："惟绩鲜挟资之游人。"① 绩溪人多半在家经商，很少出外闯天下。唯一把绩溪人带出乡里去作买卖的，是茶行的生意。胡适家做的就是茶行的生意。

胡适在《四十自述》的增订残稿里说，他出生的绩溪县上庄村叫做上川，"人都叫它做'上庄'"，在绩溪县城以北五十里。全村都姓胡，"都是我们一族"，属于中国南方常见的单姓村。根据胡适的说法，在太平天国乱前，上庄男女老小有六千人。种地是他们的本业，出外经商则是他们的副业。上庄人显然很有经商的本领，胡适说，在太平天国乱前的极盛时期，上庄一村在上海有"九鼎十三万"的说法，"就是有九个'鼎'字的大店，十三个'万'字的大店"。② 胡适家的茶行生意，是由他的高祖开始的，到了胡适这一代已经有了一百五十年的历史。他高祖创业的地方在上海附近的川沙镇，这个茶行开业的资本只有一百银元。他们的经营方式，就是每年春天在家乡附近的山区收购茶农的茶叶，然后再运到川沙的茶行去卖。在胡适的祖父及其伯祖的努力经营之下，他们在川沙镇上又开了第二家茶行，目的是在防止别人跟他们竞争。1843年，他们又在上海开了一家支店。胡适的祖父显然很会做生意，除了茶行以外，他还开了一家酒肆，叫做大醋楼，胡适说是"徽州酒馆（通称'徽馆'）的创始者"。③ 太平天国之乱，上海的支店被毁，川沙本店也受损。根据胡适父亲胡传的估计，在1880年的时候，川沙、上海两家店值三千银元。这就是胡适一家四房、二十几口衣食的来源。因此，胡适先世的背景是在商业方面。他们家第一个在科举功名上下工夫的，是胡适父亲胡传的大伯。只可惜他在科场上并不顺遂，只拿了秀才，是他们家破天

---

① 唐力行，《徽州宗族社会》，页23，24。
② 胡适，《四十自述残稿六件》，《胡适遗稿及秘藏书信》，5:499.
③ 胡适，《四十自述残稿六件》，《胡适遗稿及秘藏书信》，5:498.

荒的第一个秀才，胡传则是第二个。这好像是上庄的宿命，胡适说："科举一途好像瞧不起我们的村子，开族以来，村子里只不过□个举人。"[①] 胡适写这篇改订稿的时候想不出上庄出过几个举人，只好留白了。

在汽车运输、高速公路发达的今天，我们很难想象从前徽州人出外经商是徒步的。就以跟胡适的故乡上庄村接壤的宅坦村为例。宅坦村，古名龙井，自古以来村民外出都要靠步行，翻过崇山峻岭才能抵达歙县和旌德的水码头。然后至新安江去杭州，再转水路至金华、衢州及江西的玉山、铅山，或是沿徽水（青弋江主要支流）北溯至芜湖，再经由长江去南京、苏州、上海和武汉等地。这也是宅坦的徽商外出经商的主要路线。一直要到1933年芜屯公路通车，宅坦人外出方可免去艰难的跋山涉水，不过从村落到绩溪县城还得靠步行。[②] 宅坦村如此，上庄当亦如是。胡适1904年到上海去念书的时候，就用了七天的时间，多半是走路的。1928年，他接受苏雪林的一篇访问里，就有一段很生动的描述。当时胡适住在上海英租界的极司非而路（今万航渡路）49A号。胡适在这篇访问里，是从请苏雪林吃的徽州面饼谈起的：

> 仆人送上一杯咖啡调的牛乳和一盘切开的烤面饼，先生说我今天起身迟了，所以到此刻才用早点。我是徽州人，用的也是徽州点心，请你们不要见笑，我还愿意将这东西介绍给你们呢；这烤面饼是面做的，馅子是香椿、萝卜干，不易霉坏的材料，这是我们徽州人的"国宝"。我们徽州人在商业上的成功，都要归功于这"国宝"。
>
> ……
>
> 先生拈起一片面饼对我们说道：我们徽州是多山的地方，大凡山国的出产都是微薄的，不足供居民生活的需要，于是居民不得不冒险到外边求谋生之道了。我们徽州人的习惯，一家若有两个或三个以上的男孩，把一个留在家里耕种田地。其余的孩子，到了十三岁，便打发出门学生意。出门时不要带多少川资，只用几尺蓝老布做成一个袋，两端缝合，中间开一个口，每袋一端，装进五个这样的"国宝"，就算是孩子长途的粮

---

① 胡适，《四十自述残稿六件》，《胡适遗稿及秘藏书信》，5:499.
② 唐力行，《徽州宗族社会》，页65。

15

食了。[这个蓝布做的褡裢，胡适在那篇《四十自述》的残稿里说叫做"信马"，显然是徽州话。①]好在这"国宝"的馅子都是干材料，过上十天八天也是不要紧的。到了宿店的时候，一点火，袋里掏出一个"国宝"，在火上烘烤一会，吃下去就算一顿饭。至于宿费，每夜只需大钱二十一文，由徽州走到杭州，二百文川资，绰有余裕。徽州人穷得不能聊生的时候，有句安慰自己的口号，说是"不要慌，十天到余杭"！②

胡适认为徽州人因为耕地少养不活人口，而必须冒险出外经商的传统，对徽州人在思想上产生了正面的影响。由于在城镇经商，他们就有机会接触到最新的思想和教育上的潮流。他们又常把孩子带到城镇里去受教育。因此，徽州人的思想视野一般说来是比较宽广的。他接着推论说，这也是为什么中国思想界里的几个重要人物都是徽州人。例如：十二世纪的朱熹、十八世纪的江永和戴震以及十九世纪的凌廷堪和俞正燮。

胡适的父母

胡适的父亲胡传 1841 年出生在上庄村。由于他从小长得很健壮，胡适说每年春天他祖父回乡采购茶叶的时候，他的父亲就是一个得力的帮手。十六岁的时候，胡传就被带到川沙店里。由于胡传的伯祖，也就是他们家族里第一个从事举业的人，看出胡传天资聪颖，认为他不应该被埋没在茶行里，于是就请了塾师教授他诗文。1850 年，胡传九岁的时候，太平天国起。其后，胡传可能是被带回家乡避难。1860 年，太平天国已近尾声，胡传在那年结婚，娶了冯姓女士为妻。不料，从 1860 年到 1862 年，太平军三度侵入绩溪境内。胡传和邻居避难山巅，情势危急，甚至还在 1862 年的时候，到邻县休宁避难。然而，由于休宁也不安靖，他们又在年底回到上庄村。没想到就在翌年年初和夏天，太平军又两次进犯。最不幸的是，胡传的妻子就在这 1863 年夏天

---

① 胡适，《四十自述残稿六件》，《胡适遗稿及秘藏书信》，5:497.

② 雪林女士，《与胡适之先生的谈话》，引自《胡适日记全集》，第五册，页 19-20。

太平军第二次进犯时死难，是他们家族二十几口里唯一的死难者，没有生下任何儿女。①

1865年，太平天国已经灭亡，胡传考上秀才。接下去的一关，胡传试了好几次，可惜就是中不了举。他在1868年进了上海的龙门书院，一共三年，到1871年。胡传再接再厉去考举人，却始终不能如愿。他在自撰年谱里，说他一生"五次入场，皆不中式"②。1873年，胡传父亲过世，他扶柩返回绩溪。从1873年到1881年，胡传在家乡从事重建宗祠以及重修族谱这两件大事。胡传很显然在第一任妻子死了不久以后就再婚。胡适没有说他父亲是什么时候再婚的，但从他大女儿是1866年生的这个时间来推算，他最迟是在1865年再婚的。他的第二任妻子姓曹，跟他生了三男三女。胡适在《口述自传》里说，他父亲的第二任妻子，"由于生育过多而体弱，其中，有一对双胞胎〔即胡适的二哥和三哥，1877年生〕，死于1878年"。至于是什么病，胡适并没说。他在《四十自述》小说化了的《序幕》里虽然说得有点轻佻，但却点出了病名：肺结核。在这一段叙述里，胡传的伯母要替胡传作媒，娶他的第三任妻子冯顺弟，也就是胡适的母亲。她对冯顺弟的爸爸说：

> "三哥今年四十七，前头讨的七都的玉环，死了十多年了。玉环生下了儿女一大堆，三个儿子，三个女〔儿〕，现在都长大了。"
>
> "我们种田人家的女儿哪配做官太太？这件事不用提。"
>
> "我家三哥有点怪脾气。他今年写信回来，说，一定要讨一个做庄稼人家的女儿。"
>
> "什么道理呢？"
>
> "他说，做庄稼人家的人身体好，不会像玉环那样痨病鬼。"③

无论如何，胡传在第二任妻子曹玉环过世以后并没有马上续娶。他在1881年离开家乡，到北京找出路。也许因为北京没有机会，他就带着两封

① Hu Shih, "The Reminiscences of Dr. Hu Shih," p. 11.
② 胡传，《钝夫年谱》，转引自胡明，《胡适传论》（北京：人民出版社，1996），上册，页24。
③ 胡适，《四十自述》，《胡适全集》，18:16.

在北京拿到的介绍信，到吉林的宁古塔去找钦差吴大澂，当了他的幕僚。胡传在中国的东北追随着吴大澂六年，一直到 1886 年他母亲过世，才返里奔丧。翌年，他到广州去追随当时已经转任广东巡抚的吴大澂。1888 年，黄河在郑州决口，吴大澂被调任河道总督，胡传又随吴大澂到了郑州。由于胡传襄理治河有功，吴大澂就保举他以直隶州候补知州分发各省候缺任用。1889 年，胡传利用返乡探亲的机会跟住在离上庄村十里的中屯的冯顺弟结了婚。新婚后，不到两个月的时光，胡传又单身赶回郑州继续他治河的工作。次年，胡传到北京抽候补缺的签。幸运的他，抽到了江苏的缺。于是，从 1890 到 1891 年，甫新婚即别离的胡传，终于把妻子带到苏州，共享了一段新婚燕尔。随后，胡传被派到上海，担任淞沪厘卡总巡。这就是胡适为什么是绩溪上庄人，却在上海出生的原因。

胡适在《四十自述》的《序幕》里，用小说的写法写他母亲的订婚。他用很生动的笔调，描写了他母亲的家庭。他母亲冯顺弟的父亲除了种地以外，也出村帮人作裁缝。他跟他妻子先生了大女儿顺弟，而"顺弟"也果真天从人愿地帮她的父母在又生了一个女儿以后，带来了个弟弟。他们夫妻一共生了三女一男。胡适用上庄村的"太子会"庙会作引子，让顺弟和胡传在庙会上打了个照面。庙会散的时候，顺弟听得有人低声说："三先生来了！"只见路人纷纷让出一条路，顺弟抬起头看，见到的是"一个高大的中年人，面容紫黑，有点短须，两眼有威光，令人不敢正眼看他；他穿着苎布大袖短衫，苎布大脚管的裤子，脚下穿着麻布鞋子，手里拿着一杆旱烟管"。错身而过的胡传没说话，继续大步向前行，但是跟他同行的月吉先生则停下来跟顺弟的姑妈说了话，他看着顺弟说："你看这姑娘的头发一直拖到地！这是贵相！是贵相！许了人家没有？"羞得顺弟满脸绯红，牵着弟弟的手，就往前飞跑。胡适的表亲石原皋说胡适这段描述是小说化了的，不免有些虚构。他说事实上是胡传听说顺弟贤惠，"一天，趁着风和日暖，他邀友人胡月吉陪往中屯村看人。恰巧顺弟牵着一头黄牛，在村边放牧。胡父看着了她，她也看到他。她有觉，而处之泰然。胡父甚为满意，请人去说媒"。①

---

① 石原皋，《闲话胡适》（合肥：安徽人民出版社，1989），页 10-11。

胡传跟顺弟在"太子会"上不期而遇的故事，是很戏剧化的，胡适自己说是用小说式的文字来写的。他说这个写法不但得到徐志摩的赞许，自己也很喜欢，因为这种写法"是自传文学上的一条新路子，并且可以让我（遇必要时）用假的人名地名描写一些太亲切的情绪方面的生活"。这篇《序幕》显然是太小说化了，所以胡适自己承认："因为第一章［即《序幕》］只是用小说体追写一个传说，其中写那'太子会'颇有用想象补充的部分，虽经董人叔［胡适的叔叔兼童年成长的挚友胡近仁］来信指出，我也不去更动了。但因为传闻究竟与我自己的亲见亲闻有别，所以我把这一章提出，称为《序幕》。"①

　　胡传跟顺弟结婚的故事，最可能的，就是传统的媒妁之言。事实上，胡适在描写"太子会上巧遇"这一段以后，写胡传的伯母替胡传作媒，去顺弟家提亲那一段对话，可能是最近真实。我们已经在上文引了胡传的伯母说的话："我家三哥有点怪脾气。他今年写信回来，说，一定要讨一个做庄稼人家的女儿。"胡适在《四十自述》改订残稿里有一句划掉的话，跟这个说法一致，他说："我父亲写信回家，说要娶一个农家女儿，因为农家女子的身体最健，不像［以下缺。亦即：不像第二任妻子曹氏死于肺病］"。② 其实，胡传自己也留下了纪录。胡传在日记里的叙述，一方面可能是因为传统日记体例的限制，另一方面也许是因为它如实地反映了当时的社会习俗，则完全没有在婚前打量过对方的痕迹：

　　　　［光绪十五年（1889）二月］十六日［农历］，行五十里，抵家……

　　　　二十一日，遣媒人订约于冯姓，择定三月十二日迎娶。

　　　　……

　　　　三月十一日，遣舆诣七都中屯迎娶冯氏。

　　　　十二日，冯氏至。行合卺礼。谒庙。

　　　　十三日、十四日，宴客……

　　　　四月初六日，往中屯，叩见岳丈岳母。

<hr>

① 胡适，《四十自述：亚东版的自序》，《胡适全集》，18:7.
② 胡适，《四十自述残稿六件》，《胡适遗稿及秘藏书信》，5:508.

初七日，由中屯归……

五月初九日，起程赴沪，天雨，行五十五里，宿旌之新桥。①

　　冯顺弟是 1873 年农历四月生的。她跟胡传 1889 年 3 月结婚的时候，才快满十六岁，胡传那年四十八岁。胡适透过月吉先生，这样描述他母亲的长相："圆圆面孔，有一点雀斑，头发很长"，"面貌并不美，倒稳重的很，不像个庄稼人家的孩子"。有关顺弟那一头落地的长发，胡颂平作了这样的描述："冯太夫人身高五尺三寸，但发长五尺八寸。每次梳头时，都要站在矮凳上，分三节来梳。第一节梳好了，用头绳扎住，再梳第二节、第三节。一次梳头要费三点多钟。"他声明这是胡适和江冬秀亲口跟他说的。②

　　胡传和顺弟的新婚生活显然是很美满的。1891 年，胡传被派为淞沪厘卡总巡以后，他们从苏州搬到上海。胡适就在这年 12 月 17 日出生。那年，顺弟才十八岁。只可惜好景不长，胡传被调往台湾。他在 1892 年 3 月启程赴台，把妻子和才几个月大的儿子留在上海川沙，大概就住在他们家在川沙的茶行里，在那里一住就是一年。一直要等胡传被任命为台南盐务总局提调以后，顺弟才带着胡适，在四叔、二哥、三哥的照应下，于 1893 年 4 月到台南和胡传团聚。没想到一家人好不容易团聚，胡传又在第二年六月被调任为台东直隶州知州。由于台东是新设的州，一切草创，胡传便把顺弟和胡适留在台南。顺弟和胡适一直要到 1894 年 1 月初，才到台东和胡传团聚。他们一家人在台东住了整一年。

　　胡传、顺弟的燕尔，以及他们一家三口在这几年间的快乐生活，胡适在《四十自述》里有一段非常生动的想象的描述："我父又很爱她，每日在百忙中教她认字读书，这几年的生活是很快乐的。我小时也很得我父亲钟爱，不满三岁时，他就把教我母亲的红纸方字教我认。父亲作教师，母亲便在旁作助教。我认的是生字，她便借此温她的熟字。他太忙时，她就是代理教师。我们离开台湾时，她认得了近千字，我也认了七百多字。这些方字都是我父亲亲手写的楷字，我母亲终身保存着，因为这些方块红笺上都是我们三个人

① 胡适，《四十自述》，《胡适全集》，18:21.
② 胡颂平，《胡适之先生年谱长编初稿》（台北：联经出版事业公司，1989），页 10-11.

20

的最神圣的团居生活的纪念。"①

俗话说，天不从人愿。胡传夫妇的恩爱以及一家三口的天伦之乐，也就只有这短短五年不到的时光，其中还不包括他们因为胡传一再被调任而分别的时间。1894 年，中日甲午战争爆发。次年 2 月，胡传请他的四叔把顺弟和胡适送回家乡上庄村，只留他二哥在台东。4 月，中日签订马关条约。胡传一直要到 6 月 25 日才离开台东。那时，电报已不通，饷源也已断绝。胡传的脚气病很严重，双脚浮肿，已经不能动了。他 8 月 18 日到厦门，四天以后就死在当地。胡传死的时候五十四岁，顺弟则才刚满二十二岁又三个月。胡适在《四十自述》里说："这时候我只有三岁零八个月。我仿佛记得我父死信到家时，我母亲正在家中老屋的前堂，她坐在房门口的椅子上。她听见读信人读到我父亲的死信，身子往后一倒，连椅子倒在房门槛上。东边房门口坐的珍伯母也放声大哭起来。一时满屋都是哭声，我只觉得天地都翻覆了！"②

顺弟作为胡传的第三任妻子，结婚不到六年半，二十二岁就成了寡妇。前妻留下来的三男三女，一半比她还大。胡传的大女儿比顺弟大七岁，顺弟过门的时候，这个大女儿已经出嫁了，而且生了一个儿子。二女儿比顺弟大五岁，从小就抱给人家了。大儿子比顺弟大两岁，在顺弟过门后三天，他也娶亲了。三女儿比顺弟小三岁，二哥、三哥这对双胞胎，比顺弟小四岁。胡适在《四十自述》里最为感人的描述，可能就是他描写他母亲作为一个寡妇、后母在大家庭里容忍的功夫。例如，说到同父异母的大哥：

> 大哥从小就是败子，吸鸦片烟、赌博，钱到手就光，光了就回家打主意。见了香炉就拿出去卖，捞着锡茶壶就拿出去押。我母亲几次邀了本家长辈来，给他订下每月用费的数目。但他总不够用，到处都欠下烟债赌债。每年除夕我家总有一大群讨债的，每人一盏灯笼，坐在大厅上不肯去。大哥早已避出去了。我母亲走进走出，料理年夜饭、谢灶神、压岁钱等事，只当做不曾看见这群人。到了近半夜，快要"封门"了，

---

① 胡适，《四十自述》，《胡适全集》，18:24。
② 胡适，《四十自述》，《胡适全集》，18:23。

我母亲才走后门出去，央一位邻居本家到我家来，每一家债户开发一点钱。作好作歹的，这一群讨债的才一个一个提着灯笼走出去。一会儿，大哥敲门回来了。我母亲从不骂他一句。并且因为是新年，她脸上从不露出一点怒色。这样的过年，我过了六七次。[①]

顺弟对她儿媳的"忍"功，更是人上人的榜样：

大嫂是个最无能而又最不懂事的人，二嫂是个很能干而气量很窄小的人。她们常常闹意见，只因为我母亲的和气榜样，她们还不曾有公然相骂相打的事。她们闹气时，只是不说话，不答话，把脸放下来，叫人难看；二嫂生气时，脸色变青，更是怕人。他们对我母亲闹气时也是如此。我起初全不懂得这一套，后来也渐渐懂得看别人的脸色了，我渐渐明白，世间最可厌恶的事，莫如一张生气的脸，世间最下流的事，莫如把生气的脸摆给人看。这比打骂还难受。

我母亲的气量大，性子好，又因为做了后母后婆，她更事事留心，事事格外容忍。大哥的女儿比我只小一岁，她的饮食衣料总是和我的一样。我和她有小争执，总是我吃亏，母亲总是责备我，要我事事让她。后来大嫂、二嫂都生了儿子了，她们生气时便打骂孩子来出气，一面打，一面用尖刻有刺的话骂给别人听。我母亲只装做不听见。有时候，她实在忍不住了，便悄悄走出门去，或到左邻立大嫂家去坐一会，或走后门到后邻度嫂家去闲谈。她从不和两个嫂子吵一句嘴。

每个嫂子一生气，往往十天半个月不歇，天天走进走出，板着脸，咬着嘴，打骂小孩出气。我母亲只忍耐着，忍到实在不可再忍的一天，她也有她的法子。这一天的天明时，她就不起床，轻轻的哭一场。她不骂一个人，只哭她的丈夫，哭她自己命苦，留不住她丈夫来照管她。她先哭时，声音很低，渐渐哭出声来。我醒了起来劝她，她不肯住。这时候，我总听得见前堂（二嫂住前堂东房）或后堂（大嫂住后堂西房）有

---

① 胡适，《四十自述》，《胡适全集》，18:37.

一扇房门开了，一个嫂子走出房向厨房走去。不多一会，那位嫂子来敲我们的房门了。我开了房门，她走进来，捧着一碗热茶，送到我母亲床前，劝她止哭，请她喝口热茶。我母亲慢慢停住哭声，伸手接了茶碗。那位嫂子站着劝一会，才退出去。没有一句话提到什么人，也没有一个字提到这十天半个月来的气脸，然而各人心里明白，泡茶进来的嫂子总是那十天半个月来闹气的人。奇怪的很，这一哭之后，至少有一两个月的太平清静日子。①

顺弟在大家庭里对儿媳的百般容忍，恐还不止于此。胡适晚年曾说他写《四十自述》时"是很客气的，还有许多都没有写出来"。比如他说："我在《四十自述》里没有写我的三嫂呢！我三哥出继出去，后来穷得什么都没有了，我母亲又接他回来，从此我母亲受的气更大。"② 这个三嫂叫曹细娟，她有一个同父异母的妹妹，就是后来跟胡适在杭州烟霞洞一起过了三个月"神仙生活"的曹诚英。

其实大家庭里的问题何止是婆媳妯娌之间的不和与争吵。胡适虽然由于母亲能大忍，在自己的家里只看到妯娌之间的勃谿，但是左邻右舍的例子就够他触目惊心了。他说："我天天听见隔壁立大熳家里的婆媳争吵和姑嫂不和，我常常听见邻舍人家的妇人到我家来诉说冤苦。"他也"听见我母亲的大妹子在家如何受丈夫和婆婆的虐待"。婆媳妯娌姑嫂之间的勃谿至少还多半是冷战，顶多是拉扯扭打，兄弟之间阋墙就真可怕了。胡适亲眼看到他那个不肖的大哥，为了分产，用刀刺伤了他的二哥。③

慈母兼严父

胡适的母亲不只是一个好后母、好婆婆，她更是一个好母亲。胡适在他母亲过世回家奔丧时写的一首诗里有一句："一世的深恩未报。"他也曾经

---

① 胡适，《四十自述》，《胡适全集》，18:38-39.
② 胡颂平，《胡适之先生晚年谈话录》（台北：联经出版事业公司，1985），页58。
③ 胡适，《四十自述残稿六件》，《胡适遗稿及秘藏书信》，5:516-517.

对他的美国女朋友韦莲司说："我有一个很好、很好的母亲，我的一切都是她所赐予的。"[①] 胡适的母亲确实是一个了不起的母亲。胡适在《四十自述》里，有几段非常感人的描述：

每天天刚亮时，我母亲就把我喊醒。叫我披衣坐起。我从不知道她醒来坐了多久了。她看我清醒了，才对我说昨天我做错了什么事，说错了什么话，要我认错，要我用功读书。有时候她对我说父亲的种种好处，她说："你总要踏上你老子的脚步。我一生只晓得这一个完全的人，你要学他，不要跌他的股。"（跌股便是丢脸、出丑。）她说到伤心处，往往掉下泪来。到天大明时，她才把我的衣服穿好，催我去上早学。学堂门上的锁匙放在先生家里；我先到学堂门口一望，便跑到先生家里去敲门。先生家里有人把锁匙从门缝里递出来，我拿了跑回去，开了门，坐下念生书。十天之中，总有八九天我是第一个去开学堂门的。等到先生来了，我背了生书，才回家吃早饭。

我母亲管束我最严，她是慈母兼任严父。但她从来不在别人面前骂我一句，打我一下。我做错了事，她只对我望一眼，我看见了她的严厉目光，就吓住了。犯的事小，她等第二天早晨我睡醒时才教训我。犯的事大，她等到晚上人静时，关了房门，先责备我，然后行罚，或罚跪，或拧我的肉。无论怎样重罚，总不许我哭出声音来。她教训儿子不是借此出气叫别人听的。

有一个初秋的傍晚，我吃了晚饭，在门口玩，身上只穿着一件单背心。这时候我母亲的妹子玉英姨母在我家住，她怕我冷了，拿了一件小衫出来叫我穿上。我不肯穿，她说："穿上吧，凉了。"我随口回答："娘（凉）什么［按：安徽方言"娘"、"凉"不分］！老子都不老子呀。"我刚说了这句话，一抬头，看见母亲从家里走出来，我赶快把小衫穿上。但她已听见这句轻薄的话了。晚上人静后，她罚我跪下，重重责罚了一顿。她说："你没了老子，是多么得意的事！好用来说嘴！"她气得坐着发抖，

① Hu to Edith Clifford Williams, November 2, 1914.

也不许我上床去睡。我跪着哭，用手擦眼泪，不知擦进了什么细菌，后来足足害了一年多的眼翳病。医来医去，总医不好。我母亲心里又悔又急，听说眼翳可以用舌头舔去，有一夜她把我叫醒，真用舌头舔我的病眼。这是我的严师，我的慈母。①

所有仰赖男人养家的家庭，最怕的就是失去那个男人。胡适的父亲过世，对一家的打击是无可名状的。情感精神等方面不用提，家计是最现实的。由于他祖父的店业都分给几位叔叔家了，全家的生计就靠胡适父亲所遗留下来的几千两银子。这几千两银子，就寄存在同乡的店里生息。换句话说，把本金保住不动用，就靠这些利息钱的收入来维持家里的生计。怎奈存款的店家后来倒了账，作为赔偿，胡适家分摊到一点小店业。这些分摊到的店业，就由胡适兄弟里最有干才的二哥掌理。胡适有三个同父异母的哥哥，老大既然不成材，顺位下来就是老二、老三这对孪生兄弟。胡传死的那年，他们才十八岁。三哥从小过继给没生儿子的伯父家，有干才的二哥自然就得扛下责任来经营家里在上海和汉口的两个店了。胡适说这就是他们一家经济的来源。换句话说，由于家里在上海和汉口的店是他二哥经营，他二哥也就掌有了他家的财政权。②

我们不知道胡传所留下来的几千两银子是什么时候被倒了账的，但我们可以推测应该不会是在胡传过世几年内就发生的。胡适描述他在家乡念私塾的经验有一句名言，他说他不属于"两元阶级"。他说他家乡蒙馆的学费太低了，每个学生每年只送两块银元。由于学费太低了，先生自然不会认真教书，每天只教学生念死书。胡适就不同了，他的母亲望子成龙心切，要先生依照胡传的叮嘱，为胡适"每读一字，须讲一字的意思；每读一句，须讲一句的意思"。为了这个要求，她为胡适付的学费特别优厚，第一年就送了六块钱，这已经是其他"两元阶级"的三倍。而他母亲为他付的学费以后还每年递增，最后一年加到了十二元，是其他学生的六倍。我们很难想象如果他母亲完全没有财政支配权的话，她能如此大方地付超额的学费。她能这样做，一定是

---

① 胡适，《四十自述》，《胡适全集》，18:36-37.
② 胡适，《四十自述残稿六件》，《胡适遗稿及秘藏书信》，5:510-512.

胡传那几千两银子还在生息的时候。胡传过世时，虽然他的大儿子已经成年，但这是一个公认的败家子，孪生的老二、老三又才十八岁。胡适是顺弟和胡传所生唯一的孩子，当时还不满四岁。在这种情况下，传统的宗法社会对胡适的母亲还是有一定的保障的。六年以后，胡适十一岁，胡母想送他去上海念新学堂，情况显然就不同了。那时，胡传那几千两银子可能已经被倒了。胡适的二哥，当时二十四岁，已经在经营同乡倒了账以后赔给他们家的两家店。在宗法社会"未嫁从父、既嫁从夫、夫死从子"的规矩之下，胡适的母亲自然失去了她的财产支配权。所以就有了胡适在《四十自述》里描述的场景：

> 我十一岁的时候，二哥和三哥都在家，有一天我母亲问他们道："糜今年十一岁了。你老子叫他念书。你们看看他念书念得出吗？"
> 二哥不曾开口，三哥冷笑道："哼，念书！"
> 二哥始终没有说什么。我母亲忍气坐了一会，回到了房里才敢掉眼泪。她不敢得罪他们，因为一家的财政权全在二哥的手里，我若出门求学是要靠他供给学费的。所以她只能掉眼泪，终不敢哭。[①]

"糜先生"上学记

好在胡适没有辜负他母亲对他的期望，从小就是一个好学生。胡适跟他母亲在1895年3月中旬从台湾经上海回到绩溪以后，他母亲就让他入塾读书了。当时他才三岁四个月，连七八寸的门槛都跨不过，被抱上学堂的高凳子上面，自己就爬不下来，还得要人家抱他下来。可是，胡适的程度并不低，因为他从台湾回来的时候，已经在父亲的教导、母亲的助教之下，认得七八百字了。所以胡适入塾的时候，并没有像一般普通的学生一样，念《三字经》、《千字文》、《百家姓》、《神童诗》等书。他念的头两本书都是他父亲自己编的四言韵文，第一本书是《学为人诗》，说的是做人的道理，开头几

---

① 胡适，《四十自述》，《胡适全集》，18:25.

句是："为人之道，在率其性。子臣弟友，循理之正；谨乎庸言，勉乎庸行；以学为人，以期作圣。"第二本叫《原学》，胡适说这是一本讲哲理的书，先生讲不了，他也懂不了。他念的第三部书叫做《律诗六钞》，胡适不记得是谁选的，全是律诗，他虽然读得不甚了解，却背得很熟。从第四本书开始，胡适说除了《诗经》以外，他后来在私塾里所念的书就都是散文的了。它们依次是：《孝经》、朱子的《小学》、《论语》、《孟子》、《大学》、《中庸》、《诗经》、《书经》、《易经》与《礼记》。

胡适跟其他学生一起进学堂念书，别人背书，他也背书。不同的是，他有先生帮他讲解古文的意思。他说，有一天，因为在学堂里的一件事，终于让他了解他母亲比别人多付几倍学费的好处。那天，有一个同学的母亲请塾师用孩子的名义代写家信给在异乡的丈夫。塾师把信写好了就交给那个学生，让他放学后带回去。等塾师出去时，那个学生就把信抽出来偷看。忽然，他走过来问胡适："穈，这信上第一句'父亲大人膝下'是什么意思？"胡适说那个学生只比他小一岁，已经念过《四书》了，却居然不懂"父亲大人膝下"是什么意思！胡适说："这时候，我才明白我是一个受特别待遇的人，因为别人每年出两块钱，我去年却送十块钱。"他因而感叹说，念古文而不讲解，就跟念"揭谛揭谛、波罗揭谛"一些佛语却不知其义一样，一点用处都没有。他后来总结自己在家乡九年的私塾教育所得的成绩，其中之一，就是："讲书和看书，也使我了解书中的内容。我虽然不能完全了解'天命之谓性'一类的话，然而有一些话是一个十几岁的聪明孩子也能懂的。"换句话说，就是打下了古文基础，他说："我在那几年之中，竟把古文的文理弄通了。"①

当然，这并不表示胡适都懂得他在私塾所念的古文，就像他在回忆里所说的：

　　学堂里念的书，越到后来，越不好懂了。《诗经》起初还好懂，读到《大雅》，就难懂了；读到《周颂》，更不可懂了。《书经》有几篇，如《五子之歌》，我读的很起劲；但《盘庚》三篇，我总读不熟。我在学堂九年，

① 胡适，《四十自述残稿六件》，《胡适遗稿及秘藏书信》，5:513, 515.

只有《盘庚》害我挨了一次打。

留学以后念过弗洛伊德，读过心理学的胡适，就用这个例子来幽默一下他后来为什么从事疑古的考证：

> 后来隔了十多年，我才知道《尚书》有今文和古文两大类，向来学者都说古文诸篇是假的，今文是真的；《盘庚》属于今文一类，应该是真的。但我研究《盘庚》用的代名词最杂乱不成条理，故我总疑心这三篇书是后人假造的。有时候，我自己想，我的怀疑《盘庚》，也许暗中含有报那一个"作瘤栗"[塾师处罚学生的时候，钩起五指，打在学生头上，常打起瘤子，故叫做"作瘤栗"]的仇恨的意味罢？①

毫无疑问，胡适的天才，在他小的时候就展现出来了。但也正因为是一个天才，他从小就跟其他的孩子不一样。试想，三岁几个月就坐在高脚凳上念书，上凳、下凳都需要人抱，却已经认得七八百个字了，别的学生一定觉得他是一个神童，但恐怕也把他当成一个怪胎来看呢！胡适在《四十自述》里说："我小时身体弱，不能跟着野蛮的孩子们一块儿玩。我母亲也不准我和他们乱跑乱跳。小时不曾养成活泼游戏的习惯，无论在什么地方，我总是文绉绉的。所以家乡老辈都说我'像个先生样子'，遂叫我做'穈先生'。"写《四十自述》的胡适当然知道弗洛伊德"超我"（superego）、"自我"（ego）、"本我"（id）的说法，所以，他说当"穈先生""这个绰号叫出去之后，人都知道三先生的小儿子叫做穈先生了。既有'先生'之名，我不能不装出点'先生'样子，更不能跟着顽童们'野'了。有一天，我在我家八字门口和一班孩子'掷铜钱'，一位老辈走过，见了我，笑道：'穈先生也掷铜钱吗？'我听了羞愧的面红耳热，觉得大失了'先生'的身份"！②

胡适敬爱、孝顺他的母亲是毋庸置疑的。他对韦莲司说："我有一个很好、很好的母亲，我的一切都是她所赐予的"；他在他母亲过世回家奔丧时写道：

---

① 胡适，《四十自述》，《胡适全集》，18:33.
② 胡适，《四十自述》，《胡适全集》，18:34.

"一世的深恩未报。"这些都是刻骨铭心的真心话。然而,胡适的《四十自述》也有不同的版本。在增订版的残稿里,胡适因为没有过"乱跑乱跳"的童年生活,还是对他的母亲有些许怨言的。他说:"三岁就坐在高脚凳上读书的我,可说是不曾享受过小孩子的游戏生活。一来呢,我母亲不许我和那些顽皮孩子一块玩。二来呢,我的身体文弱,也加不进他们的队伍。"① 值得注意的是,他在这篇增订稿里,是把他在《四十自述》里说为什么他"不能跟着野蛮的孩子们一块儿玩"的两个理由的顺序颠倒过来了。在增订版里,"母亲不许"是排在第一顺位的理由;在《四十自述》里,"我小时身体弱"则排在第一位:

> 我小时身体弱,不能跟着野蛮的孩子们一块儿玩。我母亲也不准我和他们乱跑乱跳……大人们鼓励我装先生样子,我也没有嬉戏的能力和习惯,又因为我确是喜欢看书,所以我一生可算是不曾享过儿童游戏的生活。每年秋天,我的庶祖母同我到田里去"监割"(顶好的田,水旱无扰,收成最好,佃户每约田主来监割,打下谷子,两家平分),我总是坐在小树下看小说。十一二岁时,我稍活泼一点,居然和一群同学组织了一个戏剧班,做了一些木刀竹枪,借得了几副假胡须,就在村田里做戏。我做的往往是诸葛亮、刘备一类的文角儿;只有一次我做史文恭,被花荣一箭从椅子上射倒下去,这算是我最活泼的玩艺儿了。②

显然胡适在十一二岁的时候,不只是"稍活泼一点"而已,也不只是"和一群同学组织了一个戏剧班"而已,他实际上是发起人和导演。他在《四十自述》增订版的残稿里回味无穷般地说得更为生动:

> 有一年,我邀了一班孩子学"做戏"(演剧),置备了一些刀枪、胡子、马鞭子;戏场有时在我家门口的空坦上,有时在祝封叔家门口的稻田里。做戏总在有月亮的夜里。小孩子们都不喜欢做文戏,又没有人肯做女角,

---

① 胡适,《四十自述残稿六件》,《胡适遗稿及秘藏书信》,5:523.
② 胡适,《四十自述》,《胡适全集》,18:34, 35.

所以我们多做武戏。我懂得戏的故事最多,故我自然成了一种"导演者"。我记得有一次我做 [《水浒传》]"擒史文恭"里面的史文恭,仰面跌倒在稻草垫的田里。别的戏我记不得了。①

问题是,胡适的母亲不喜欢他有"儿童游戏的生活":"她从不当众人前面责备我。有时她知道我跟一班小孩子去顽了,她只叫人去喊我回家。夜静上床时,或第二天睡醒时,她才教训我,教我不要跟着那些孩子'嬉野了心'(我们土话叫游戏为'嬉')。"②

小说"罗生门"

然而,有趣的是,胡适说他母亲有她的盲点。他说:"有一种游戏,比月下稻田里做武戏要有害得多多,她却不知道禁止我,这就是看小说。"乍看之下,这好像跟胡适在《四十自述》里所说的话两相矛盾。这就是为什么如果我们要描述胡适的早年生活,一定不能被胡适牵着鼻子走,照本宣科地跟着《四十自述》依样画葫芦。所有的自述和自传都有它写作的时代背景,都有作者写作时的考虑,除非作者存心作伪,它当然是反映了作者的心路历程。然而,这个心路历程毕竟是作者建构出来的。所有的怀旧忆往,不管是有心还是无意,都经过了渲染、淡出的筛选过程,都是对自己过往人生的重新诠释。事实上,胡适看小说这个看似再单纯不过的故事,居然像黑泽明导演的"罗生门"一样,有多重版本,而且每个版本的作者都是胡适自己。第一个版本就是《四十自述》,他全面肯定了小时候读传统白话小说的好处。

胡适在《四十自述》里惟妙惟肖地描写他如何在意外中发现小说的经过:

当我九岁时,有一天我在四叔家东边小屋里玩耍。这小屋前面是

---

① 胡适,《四十自述残稿六件》,《胡适遗稿及秘藏书信》,5:524.
② 胡适,《四十自述残稿六件》,《胡适遗稿及秘藏书信》,5:524-525.

我们的学堂，后边有一间卧房，有客便住在这里。这一天没有课，我偶然走进那卧房里去，偶然看见桌子下一只美孚煤油［美国洛克斐勒家族的企业，原来叫 Standard Oil，即现在的 ExxonMobil］板箱里的废纸堆中露出一本破书。我偶然捡起了这本书，两头都被老鼠咬坏了，书面也扯破了。但这一本破书忽然为我开辟了一个新天地，忽然在我的儿童生活史上打开了一个新鲜的世界！

这本破书原来是一本小字木板的《第五才子》，我记得很清楚，开始便是"李逵打死殷天锡"一回。我在戏台上早已认得李逵是谁了，便站在那只美孚破板箱边，把这本《水浒传》残本一口气看完了。不看尚可，看了之后，我的心里很不好过：这一本的前面是些什么？后面是些什么？这两个问题，我都不能回答，却最急要一个回答。①

皇天不负苦心人，后来终于让胡适找到了《水浒传》的全部。此后，他到处去借小说来看。借他小说，帮他找小说的好几个人，像他不长进的大哥、五叔、宋焕哥、三姊夫都是吸鸦片烟的，这是因为小说是烟榻上最好的伴侣。连他的大嫂都是帮他搜小说的人，因为他的大嫂认得一些字，嫁妆里带来了好几种弹词小说，如《双珠凤》之类。"这些书不久都成了我的藏书的一部分。"二哥、三哥在这方面给他的帮助不大。他的三哥得了肺病，在家乡时多，但由于"他同二哥都进过梅溪书院，都做过南洋公学的师范生，旧学都有根柢，故三哥看小说很有选择。我在他书架上只寻得三部小说：一部《红楼梦》，一部《儒林外史》，一部《聊斋志异》"。他二哥在这方面的帮助，则在于把外国小说引介给胡适："二哥有一次回家，带了一部新译出的《经国美谈》，讲的是希腊的爱国志士的故事，是日本人做的。这是我读外国小说的第一步。"胡适说在所有的人里，帮他借小说最出力的是他的族叔胡近仁，他只比胡适大五岁，是胡适成长阶段最好的朋友。胡适说胡近仁家中颇有藏书。他看过的小说，常借给胡适看；胡适借到的小说，也常借给胡近仁看。"我们两人各有一个小手折，把看过的小说都记在上面，时时交换比较，看谁看

---

① 胡适，《四十自述》，《胡适全集》，18:31.

的书多。"可惜这两个折子后来都不见了，但胡适记得在 1904 年他十二岁离开家乡到上海读书时，他的折子上好像已有三十多部小说了。①

胡适说他小时候所看的这三十多部小说，包括弹词、传奇及笔记小说在内。有《双珠凤》、《琵琶记》；也有《聊斋》、《夜雨秋灯录》、《夜谭随笔》、《兰苕馆外史》、《寄园寄所寄》、《虞初新志》等等，种类不同，品位也天差地别。有"《薛仁贵征东》、《薛丁山征西》、《五虎平西》、《粉妆楼》一类最无意义的小说"，也有"《红楼梦》和《儒林外史》一类的第一流作品"。胡适在《四十自述》里只提了他小时读旧小说的好处，他说由于这些小说都是白话小说，"我在不知不觉之中得了不少的白话散文的训练，在十几年后于我很有用处"。他又说："看小说还有一桩绝大的好处，就是帮助我把文字弄通顺了。"读白话的旧小说不但帮他把文字弄通顺了，也回过头来帮他更了解古文的文理。这是因为他变成了他那些堂姐妹、侄女们巴结说故事的对象。从前是胡适跟这些本家姐妹们请五叔讲故事，巴结他，替他点火、装旱烟、替他捶背。到了胡适十二三岁的时候，他自己成了气候，已经能够对本家姊妹们讲说《聊斋》的故事了。于是，轮到胡适受人巴结了。他说："我不用人装烟捶背，她们听我说完故事，总去泡炒米，或做蛋炒饭来请我吃。她们绣花做鞋，我讲《凤仙》，《莲香》，《张鸿渐》，《江城》。这样的讲书，逼我把古文的故事翻译成绩溪土话，使我更了解古文的文理。所以我到十四岁来上海开始作古文时，就能做很像样的文字了。"②

胡适看小说这个"罗生门"故事的第二个版本，是他《四十自述》的增订版。在这个增订版里，胡适说看小说"比月下稻田里做武戏要有害的多多"。他说他母亲所以没有禁止他看旧小说，有两个原因。第一，是因为她根本不知道胡适在看什么。虽然他母亲在父亲在世的时候，教了她认得了将近一千个字。然而，"我父亲死后很少温习的机会，有时候她晚上督责我温习那几匣方字，她借此温习她认过的字。但她从不曾有机会读书，又从不敢让别人知道她认得字，故她认得的字渐渐荒疏了"。其次，望子成龙的她，总以为看书就是好事。"因此，她见我看书，总是欢喜的，不管我看的是什么书，

① 胡适，《四十自述》，《胡适全集》，18:32.
② 胡适，《四十自述》，《胡适全集》，18:34.

她从不干涉我。"胡适接着说："可怜她从不知道我看的小说。"可惜这句话没写完就被他用笔删掉了。①

胡适虽然没有解释为什么看小说那么有害，但我们不难推测其原因何在。小说有好有坏，并不是所有的小说都会对读者有益。就像他在《四十自述》里说的，他自己小时候所看的小说里，有像《薛仁贵征东》、《薛丁山征西》、《五虎平西》、《粉妆楼》那一类最无意义的小说，也有像《红楼梦》和《儒林外史》那一类第一流的作品。然而小说不管好坏，它之所以会让人入迷，常常就因为在情节取胜，让读者不由自己地随之起舞，可以为了想知道下文如何而废寝忘食。胡适在上海读书的时候，就发现他自己中毒太深，好几次立志要改掉这个恶习，但就是做不到。最有意思的，是他 1906 年春天在澄衷学堂的两篇日记。4 月 21 日的日记说："连日考试,惫甚。予最嗜小说，近已五日未看矣。考毕，阅《战血余腥记》一帙，竟之，使稍愈。"从"使稍愈"这个词的使用，可以知道他是用病态，或者说，像毒瘾一样，来形容他对小说着迷的程度。十天以后，5 月 1 日的日记说得更为沉痛："予幼嗜小说，惟家居未得新小说，惟看中国旧小说，故受害滋深，今日脑神经中种种劣根性皆此之由，虽竭力以新智识、新学术相挹注，不能泯尽也。且看浅易文言，久成习惯，今日看高等之艰深国文，辄不能卒读。缘恶果以溯恶因，吾痛恨，吾切齿而痛恨。因立誓，此后除星期日及假期外，不得看小说。惟此等日，亦有限制：看小说之时限，不得逾三小时；而所看除新智识之小说，亦不得看也。"②

他在这篇日记里，是以全称的方式来批判所有的旧小说，说旧小说与新智识、新学术相抵触，把旧小说当成是他自己脑神经中种种劣根性的由来。不但如此，他甚至把旧小说的浅易文言——白话，也就是他在提倡新文化运动以后所称道的"活文字"——归罪为因为他常"看浅易文言，久成习惯"，而使他"看高等之艰深国文，辄不能卒读"的罪魁祸首。三年以后，也就是1909 年 9 月 13 日，当时他已辍学，在中国新公学教英文。他在家信里说他听二哥说他的长子思聪已能勉强看小说，他就特别提醒他母亲和二嫂："此

① 胡适，《四十自述残稿六件》，《胡适遗稿及秘藏书信》，5:525-526.
② 胡适，《胡适日记全集》，1:19, 23.

大好事，惟小说中有一种淫书，切不可看。又有石印字太小之书，亦切不可看。聪儿眼目已有毛病，千万不可令以小说之故，又受损伤，望大人及二嫂时时留意。"①

胡适看小说这个"罗生门"故事的第三个版本是第一、第二版的混合版，既肯定他看小说的好处，也指出旧小说里有淫书的害处。更有意思的是，在这个版本里，胡适小时候看小说，并不是自由自在的，而是被塾师和家人处处禁止、摧残他在这方面的兴趣。这个版本写作的时间是在1916年3月6日，已经到了他在美国留学的后期。我们必须注意这个版本形成的时代背景。他早在一年前，也就是1915年的夏天，就已经下了结论，说白话是活文字，古文是半死的文字。1916年，已经到了他跟他在美国的几个朋友为了白话、古文争得最白热化的时候。他在《逼上梁山》里说："从二月到三月，我的思想上起了一个根本的新觉悟。我曾彻底想过：一部中国文学史只是一部文字形式（工具）新陈代谢的历史，只是'活文学'随时起来替代了'死文学'的历史。"② 了解了这个背景，我们就可以了解为什么第三版是第一、第二版的混合版了。他在当天的札记里说：

　　余幼时酷嗜小说，家人禁抑甚力，然所读小说尚不少。后来之文学观念未必非小说之功。此种兴趣所以未为家人塾师之阻力所摧残者，盖有二因：一以小说易得。余以一童子处于穷乡，乃能得读四五十种小说［注意：胡适在第一个版本里说是三十多部］，其易求可见。二则以有近仁之助力。近仁与余每以所得小说互传观之，又各作一手折记所读小说，每相见，辄互稽所读多寡以相夸焉。

　　然以家人干涉之故，所读小说皆偷读者也。其流毒所及盖有二害，终身不能挽救也。一则所得小说良莠不齐，中多淫书，如《肉蒲团》之类，害余不浅。倘家人不以小说为禁物而善为选择，则此害可免矣。二则余常于夜深人静后偷读小说，其石印小字之书伤目力最深，至今

---

① 　胡适致母亲，1909年9月13日，《胡适全集》，23:14.
② 　胡适，《逼上梁山》，《胡适全集》，18:108.

受其影响。①

　　我们把这三个版本拿来对比，《四十自述》是最晚出的，他在《四十自述》里写他小时候看小说的这篇是在 1930 年底写的。当时，新文学运动已经成功，白话文及传统白话文学的地位已经奠定。胡适在第一个版本里，强调他小时候看小说的"绝大的好处"、说那是帮助他"把文字弄通"。同时，又由于他为本家姐妹们讲故事，必须要把小说里的古文故事翻成徽州土话来讲，这又回过头来帮忙他"更能了解古文的文理"。这是白话文运动收功、功成名满的胡适要人相信的"故事"，这也几乎可以说是所有读过《四十自述》的读者，都会拿来当作胡适小时候因为看小说而得益的定论。然而，在第二个版本，也就是《四十自述》增订稿以及他在上海写的日记里，胡适却说看小说，比他母亲禁止他在月下的稻田里演戏的害处要大得多。更鲜明对比的，是成长阶段的胡适对自己耽于小说的罪恶感，以及他害怕看惯了旧小说的白话，会使他进不了古文的堂奥的疑惧。留学日记里的第三个版本夹在中间，正是他在美国独排众议、被逼上梁山，就在他要揭起白话文运动大旗的前夕。

　　这三个版本的对比，可以提醒我们：自传与自述都是建构的结晶。胡适在《四十自述》里并没有说谎。为了不影响白话文运动的气势，为了不削弱他把白话文学缔造成为中国文学正宗的努力，他只是在画布上，渲染了用传统小说来学习白话文的好处，而淡出了旧小说良莠不齐的事实；他只是一笔带过地说：传统文学里，也"有像《薛仁贵征东》、《薛丁山征西》、《五虎平西》、《粉妆楼》那一类最无意义的小说"。他在《四十自述》增订稿里也没说谎，只不过他所渲染的，是看坏小说的害处。他在上海读书时，在日记里写下来的对看小说的罪恶感及疑惧，当然是最真实的，因为那是他当下的感受。然而，一个人当下的感受也不一定是对的。西方俗谚说："事后看问题，秋毫躲不过。"（Hindsight is 20/20）胡适青少年时候的感受当然是真实的，但不一定是正确的。它所反映的，不过是当时文言为正宗、小说属末流的传统心

---

① 胡适，《胡适日记全集》，2:287.

态，以及一个一心上进、为前途焦虑的年轻人的自省自励。

谁怕牛头马面？

胡适在《四十自述》里，还有另一个同样具有典范意义的"渲染"与"淡出"的例子，那就是《从拜神到无神》那一节。这一节名称里的"拜神"这个词是具有深意的，但他的写作策略，就有意让人把他"拜神"的这个阶段给忽略过去了。胡适在这一节一开头，就引了他父亲胡传在河南郑州办河工时嘲讽传统河工祀典的诗句，来说明他父亲反迷信的思想。这四句诗是："纷纷歌舞赛蛇虫，酒醴牲牢告洁丰。果有神灵来护佑，天寒何故不临工？"胡传自己有注说："霜雪既降，凡俗所谓'大王'、'将军'化身临工者，皆绝迹不复见矣。"这些所谓的"大王"、"将军"也者，就是河工区域内的水蛇虾蟆。它们被认为是大王或将军的化身，是传统进行河工时被礼拜的河神。胡传这四句诗，就在嘲讽这些河神怎么霜雪一降，就失去踪迹？既然是河神，怎么天一冷，就怕冷不来保护河工的进行了？接着，胡适说他父亲深受宋朝理学家程颐、朱熹的自然主义宇宙观的影响。比如说，胡传所作的《原学》的启始说："天地氤氲，万物化生。"胡适说这种自然主义的宇宙观与近世科学的态度若合符节。最后，他引了胡传《学为人诗》的结论："为人之道，非有他术：穷理致知，反躬践实，黾勉于学，守道勿失。"他说这是程朱"格物穷理"的态度。①

胡适紧接着说，虽然父亲早逝，但他四五岁的时候就已经熟读他父亲的《原学》与《学为人诗》了。他又说虽然当时先生怎么解释，他已经不记得了；虽然他当时大概也不完全懂得这些话的意思，但他仍然强调，说他父亲对他的影响有两方面："一方面是遗传，因为我是'我父亲的儿子'。一方面是他留下了一点程朱理学的遗风；我小时跟着四叔念朱子的《小学》，就是理学的遗风；四叔家和我家的大门上都贴着'僧道无缘'的条子，也就是理学家庭的一个招牌。"胡适在这里说"我是我父亲的儿子"，这句话乍读起来

---

① 胡适，《四十自述》，《胡适全集》，18:41.

有点不通，虽然意思明白。几经寻思，发现是从英文翻译过来的。原来胡适在写《四十自述》以前，用英文写了一篇《四十自述》的前身，那就是他在1931 年美国一家出版社所出版的《当代名人哲理》（*Living Philosophies*）《胡适篇》里的文章。这篇英文自述，胡适自己在同一年，以《我的信念及其演化》为题印了单行本，分送给朋友。胡适在这篇文章里用了"I am my father's son"这句话，他后来写《四十自述》的时候，就把它直译成"我是我父亲的儿子"了。这句话比较顺口而且达意的中文翻译应该是："我是我父亲的种。"①

　　大多数读者在读了这么一长段自然主义的宇宙观、程朱"格物穷理"的态度、"僧道无缘"的论述以后，大概那"无神论"的结论已经都到了嘴边了。在这一长段的渲染策略的运用以后，下一段的描述虽然可能更为生动——因为它描述的，是胡适大家族中，由"女眷"所带领的迷信的大反扑——但由于前一段已经先入为主地在读者心中留下了深刻的印象，这下一段的描述基本上等于是淡出，等于是背景。它所要衬托的，是等待"我毕竟是我父亲的种"的胡适，来力挽那被家里的"女眷"所卷起的迷信的狂澜，来重振家风，来重现乃父自然主义的宇宙观的遗风：

　　　　我记得我家新屋大门上的"僧道无缘"条子，从大红色褪到粉红，又渐渐变成了淡白色，后来竟完全剥落了。我家中的女眷都是深信神佛的。我父亲死后，四叔又上任做学官去了，家中的女眷就自由拜神佛了。女眷的宗教领袖是星五伯娘，她到了晚年，吃了长斋，拜佛念经，四叔和三哥（是她过继的孙子）都不能劝阻她，后来又添上了二哥的丈母，也是吃长斋念佛的，她常来我家中住。这两位老太婆做了好朋友，常劝诱家中的几房女眷信佛。家中人有病痛，往往请她们念经许愿还愿。

　　星五伯娘这位宗教领袖，加上二哥的丈母娘，等于是如虎添翼。更糟糕的是，二哥丈母娘的加入，意外地给胡适稚嫩的心灵带来了严重的创伤与惊骇：

---

① 这句话在《当代名人哲理》以及《我的信念及其演化》里的出处，请参见《胡适全集》，36:504; 37:175.

二哥的丈母颇认得字，带来了《玉历钞传》、《妙庄王经》一类的善书，常给我们讲说目莲救母游地府、妙庄王的公主（观音）出家修行等等故事。我把她带来的书都看了，又在戏台上看了《观音娘娘出家》全本连台戏，所以脑子里装满了地狱的惨酷景象。①

这些地狱里的惨酷景象，就是那十八层地狱，牛头马面用钢叉把罪人叉上刀山、叉入油锅、抛下奈何桥去喂饿狗毒蛇的种种惨象。此外，还让当时的胡适畏惧万分的，是他从小就听惯了的佛家因果报应的轮回观念。他说他那时最怕的就是来世变成一只猪或一只狗。

在女眷狂热的宗教信仰之下，稚嫩不懂事的胡适害怕死后被打入十八层地狱，也害怕来世变猪变狗。于是虔诚地跟着这些女眷的宗教领袖依样画葫芦，人家烧香，他就跟着烧香；人家拜跪，他就跟着拜跪：

后来三哥得了肺痨病，生了几个孩子都不曾养大。星五伯娘常为三哥拜神佛许愿，甚至于招集和尚在家中放焰口超度冤魂。三哥自己不肯参加行礼，伯娘常叫我去代替三哥跪拜行礼。我自己幼年身体也很虚弱，多病痛，所以我母亲也常请伯娘带我去烧香拜佛。依家乡的风俗，我母亲也曾把我许在观音菩萨座下做弟子，还给我取了一个佛名，上一字是个"观"字，下一字我忘了。我母亲爱我心切，时时教我拜佛拜神总须诚心敬礼。每年她同我上外婆家去，十里路上所过庙宇路亭，凡有神佛之处，她总教我拜揖。有一年我害肚痛，眼睛里又起翳，她代我许愿：病好之后亲自到古塘山观音菩萨座前烧香还愿。后来我病好了，她亲自跟伯娘带了我去朝拜古塘山。山路很难走，她的脚是终年疼的，但她为了儿子，步行朝山，上山时走几步便须坐下歇息，却总不说一声苦痛。我这时候自然也是很诚心的跟着她们礼拜。

---

① 胡适，《四十自述》，《胡适全集》，18:42.

胡适不但礼拜神佛，他也听母亲的话，祭拜孔子，还为孔子做了一座小圣庙：

> 我母亲盼望我读书成名，所以常常叮嘱我每天要拜孔夫子。禹臣先生学堂壁上挂着一幅朱印石刻的吴道子画的孔子像，我们每晚放学时总得对他拜一个揖。我到大姊家去拜年，看见了外甥章砚香（比我大几岁）供着一个孔夫子神龛，是用大纸匣子做的，用红纸剪的神位，用火柴盒子做的祭桌，桌子上贴着金纸剪的香炉烛台和供献，神龛外边贴着许多红纸金纸的圣庙匾额对联，写着"德配天地，道冠古今"一类的句子。我看了这神龛，心里好生羡慕，回到家里，也造了一座小圣庙。我在家中寻到了一只燕窝匣子，做了圣庙大庭；又把匣子中间挖空一方块，用一只午时茶小匣子糊上去，做了圣庙的内堂，堂上也设了祭桌、神位、香炉、烛台等等。我在两厢又添设了颜渊、子路一班圣门弟子的神位，也都有小祭桌。我借得了一部《联语类编》，钞出了许多圣庙联匾句子，都用金银锡箔做成匾对，请近仁叔写了贴上。这一座孔庙很费了我不少的心思。我母亲见我这样敬礼孔夫子，她十分高兴，给我一张小桌子专供这神龛，并且给我一个铜香炉;每逢初一和十五，她总教我焚香敬礼。这座小圣庙，因为我母亲的加意保存，到我二十七岁从外国回家时，还不曾毁坏。[①]

毫无意外地，把胡适从这些女眷的宗教统治之下解救出来的，是男性的传统自然主义、理想主义的理学家。营救少年胡适，是《四十自述》里一个脍炙人口的故事。这件事，胡适说他不记得是什么时候发生的，但大概是在他十一岁的时候：

> 有一天，我正在温习朱子的《小学》，念到了一段司马温公的家训，其中有论地狱的话，说："形既朽灭，神亦飘散，虽有锉烧舂磨，亦无

---

① 胡适，《四十自述》，《胡适全集》，18:42-44.

所施……"

　　我重读了这几句话，忽然高兴得直跳起来。《目莲救母》、《玉历钞传》等书里的地狱惨状，都呈现在我眼前，但我觉得都不怕了。放焰口的和尚陈设在祭坛上的十殿阎王的画像，和十八层地狱的种种牛头马面用钢叉把罪人叉上刀山，又下油锅，抛下奈何桥去喂饿狗毒蛇——这种种惨状也都呈现在我眼前，但我现在觉得都不怕了。我再三念这句话："形既朽灭，神亦飘散，虽有锉烧舂磨，亦无所施。"我心里很高兴，真像地藏王菩萨把锡杖一指，打开地狱门了。[①]

　　从胡适的这段叙述看来，《从拜神到无神》这个《四十自述》里脍炙人口的故事，其真正的意义并不在于胡适用他的写作策略把读者导入的"思想上的解放"，而是在让他"高兴得直跳起来"的心灵上的解放。如果司马光的那几句话救了胡适，他所营救成功的，并不是写《四十自述》时功成名就的胡适，而是幼小稚嫩的胡适敏感的心灵；司马光的话，把十一岁的"糜先生"从十八层地狱、阎罗王、牛头马面、刀山油锅、轮回成猪狗这些可怕的梦魇里解放出来。这种挣脱了梦魇的释然与喜悦，胡适自己说得最为生动："我心里很高兴，真像地藏王菩萨把锡杖一指，打开地狱门了。"

　　胡适说他不记得是什么时候读到司马光家训里这一段话的。根据他在1920年代初期所写的一首诗来看，那是在他肚痛、眼翳医好以后，他跟他母亲跟星五伯娘去古塘山观音菩萨座前烧香还愿的那一年。我们记得，有一年初秋傍晚，胡适吃完晚饭，在门口玩，身上只穿着一件单背心，他姨母怕他着凉，拿了一件小衫要他穿上，他不肯穿，回嘴说："娘（凉）什么！老子都不老子呀。"当晚他母亲把他罚跪，重重责罚他，他跪着哭，用手擦眼泪，擦进了细菌，足足害了一年多的眼翳病，医来医去，总医不好。他跟母亲、伯娘去古塘还愿是他眼翳病好了以后的事。这首诗说：

　　二十年前，

----

① 胡适，《四十自述》，《胡适全集》，18:44.

40

我跟我母亲上古塘去烧香，

回家时，我偶然读到一个古人的两句话，

这两句话狠打动了我的思想。

　

这两句话使我不信鬼，

也不信什么天帝——

我这二十年的宗教观，

都是从这两句话做起。①

　　这首二十年以后所写的诗，它行文的口气，自然跟《四十自述》的是一致的，这是功成名就以后的胡适为自己成长的轨迹所建构出来的定案版本。它在经过一再地演练以后，就会作者连同读者，一起都认为它确是作者成长的真实纪录。同样的这段故事，胡适在他的英文自述里作了描述。他在《当代名人哲理：《胡适篇》、《我的信念及其演化》里说：那是"我的宗教生命里一个奇特的转捩点"（a curious crisis）。他在这篇英文的自述里说，他在朱子的《小学》念到了司马光的那几句话过后不久，就又读到了更为详尽、更为雄辩的无神论，那就是范缜反佛教的言论。用《四十自述》的话来说：

　　有一天，我读到《资治通鉴》第一百三十六卷，有一段记范缜（齐梁时代人，死时约在西历五一〇年）反对佛教的故事，说：

　　缜著《神灭论》，以为"形者神之质，神者形之用也。神之于形，犹利之于刀。未闻刀没而利存，岂容形亡而神在哉？"此论出，朝野喧哗，难之，终不能屈。

　　胡适说他先前读司马光的话已经觉得很有道理了。现在读范缜的议论，觉得更明白，更有道理。胡适在《当代名人哲理：《胡适篇》以及《我的信念及其演化》里解释了为什么范缜说的话更有道理。他说：司马光虽然说"形

① 胡适，《无题诗一首》，北京社会科学院近代史研究所藏《胡适档案》，0300-010，"胡适的杂记小本：无年份"。

既朽灭，神亦飘散"，这个说法仍然承认灵魂的存在。相对地，范缜则连灵魂的存在都否认掉了，所以他说："形者神之质，神者形之用也。"[1] 因此，"司马光的话教我不信地狱，范缜的话使我更进一步，就走上了无鬼神的路。"他说：

> 大概司马光也受了范缜的影响，所以有"形既朽灭，神亦飘散"的议论；大概他感谢范缜，故他编《通鉴》时，硬把《神灭论》摘了最精彩的一段，插入他的不朽的历史里。他决想不到，八百年后，这三十五个字竟感悟了一个十二岁的小孩子，竟影响了他一生的思想。

范缜给胡适的影响不只是无神论，还有他的非因果论。胡适说《通鉴》引述范缜的无神论那一段，也记述了范缜和竟陵王肖子良讨论"因果"的事：

> 子良笃好释氏，招致名僧，讲论佛法。道俗之盛，江左未有。或亲为众僧赋食行水，世颇以为失宰相体。
>
> 范缜盛称无佛。子良曰："君不信因果，何得有富贵贫贱？"缜曰："人生如树花同发，随风而散，或拂帘幌，坠茵席之上；或关篱墙，落粪溷之中。坠茵席者，殿下是也。落粪溷者，下官是也。贵贱虽复殊途，因果竟在何处？"子良无以难。[2]

我们可以很合理地怀疑，这种哲理的讨论是不是一个十一二岁的小孩子所能真正了解的。胡适说范缜的三十五个字的无神论"感悟了"他，影响了他一生的思想。然而，这更有可能是他写《四十自述》时为自己所回溯建构出来的心路历程。其所反映的，与其说是十一二岁时的他，不如说是四十岁的他所回顾、建构的十一二岁时的自我。他在《当代名人哲理：《胡适篇》及《我的信念及其演化》里就说得比较像一个小孩子会说的话，他说范缜的那三十五个字，"简单明了，连小孩子都能懂，而更让我刮目相看的是，朝

---

[1] 《胡适全集》，36:503; 37:174.

[2] 胡适，《四十自述》，《胡适全集》，18:44-46.

野群起攻之,但就是辩不倒他"。① 至于范缜的非因果论,胡适在《四十自述》里,至少还说得比较近情理,他说:"这一段议论也只是一个譬喻,但我当时读了只觉得他说的明白有理,就熟读了记在心里。我当时实在还不能了解范缜议论的哲学意义。他主张一种'偶然论',用来破坏佛教的果报轮回说。"

他在《当代名人哲理:《胡适篇》及《我的信念及其演化》里说得更像一个孩子会有的反应:"范缜的比喻 [用同一树上被风吹落下来的花,有的落在席垫上,有的却落在粪坑里,来形容人的际遇与运命的偶然性],吸引了童稚的我,也把我从轮回那种叫天不应、叫地不理的梦魇里唤醒过来。那是偶然论跟命定论的对决。十一岁的我,选择了偶然,拒绝了命定。对童稚的我而言,那并不是成熟推论的结果,而是一种来自于我性情深处的好恶感,我毕竟是我父亲的种,我就是喜欢司马光和范缜,原因就是那么简单。"②这段话说得真实多了,既没有让一个十一二岁的孩子说大人话,也没有硬把他后来才形成的信念溯源到童稚的岁月,即使它的种子在那时候已经种下了。如果他在《四十自述》里倾向于把思想成熟后的他投射到童年时期的自我身上,至少他在《四十自述》总结范缜和司马光对他的影响的时候,还是说得比较中肯,把他们对他的影响放在消弭他对地狱和轮回的恐惧上:"我小时听惯了佛家果报轮回的教训,最怕来世变猪变狗,忽然看见了范缜不信因果的譬喻,我心里非常高兴,胆子就大的多了。他和司马光的神灭论教我不怕地狱;他的无因果论教我不怕轮回。我喜欢他们的话,因为他们教我不怕。我信服他们的话,因为他们教我不怕。"

胡适在《四十自述》里说,自从"我的思想经过了这回解放之后,就不能虔诚拜神拜佛了。但我在我母亲面前,还不敢公然说出不信鬼神的议论。她叫我上分祠里去拜祖宗,或去烧香还愿,我总不敢不去,满心里的不愿意,我终不敢让她知道"。接着发生的他想把泥菩萨打烂,丢到茅厕里的想法,就是《四十自述》里的另一个高潮了。他自己的描述是再生动也不过了:③

---

① 《胡适全集》,36:503; 37:174.
② 《胡适全集》,36:504-505; 37:175.
③ 以下这段的叙述,请参见胡适,《四十自述》,《胡适全集》,18:47-50.

43

我十三岁的正月里，到大姊家去拜年，住了几天，到十五日早晨，才和外甥砚香回我家去看灯。他家的一个长工挑着新年糕饼等物事，跟着我们走。

　　半路上到了中屯外婆家，我们进去歇脚，吃了点心，又继续前进。中屯村口有个三门亭，供着几个神像。我们走进亭子，我指着神像对砚香说，"这里没有人看见，我们来把这几个烂泥菩萨拆下来抛到茅厕里去，好吗？"

　　这样突然主张毁坏神像，把我的外甥吓住了。他虽然听我说过无鬼无神的话，却不曾想到我会在这路亭里提议实行捣毁神像。他的长工忙劝阻我道："糜舅，菩萨是不好得罪的。"我听了这话，更不高兴，偏要拾石子去掷神像。恰好村子里有人下来了，砚香和那长工就把我劝走了。

　　这个没有完成的打倒偶像的行动，完全像是一个早熟、有个性的小孩子觉得长期以来受骗，愤恨而想出气的反应。有趣的是，这个没有完成的"壮举"居然有一个令人意想不到的续篇：

　　我们到了我家中，我母亲煮面给我们吃，我刚吃了几筷子，听见门外锣鼓响，便放下面，跑出去看舞狮子了。这一天来看灯的客多，家中人都忙着照料客人，谁也不来管我吃了多少面。我陪着客人出去玩，也就忘了肚子饿了。

　　晚上陪客人吃饭，我也喝了一两杯烧酒。酒到了饿肚子里，有点作怪。晚饭后，我跑出大门外，被风一吹，我有点醉了，便喊道："月亮，月亮，下来看灯！"别人家的孩子也跟着喊，"月亮，月亮，下来看灯！"

　　门外的喊声被屋里人听见了，我母亲叫人来唤我回去。我怕她责怪，就跑出去了。来人追上去，我跑的更快。有人对我母亲说，我今晚上喝了烧酒，怕是醉了。我母亲自己出来唤我，这时候我已被人追回来了。但跑多了，我真有点醉了，就和他们抵抗，不肯回家。母亲抱住我，我仍喊着要月亮下来看灯。许多人围拢来看，我仗着人多，嘴里仍旧乱喊。

母亲把我拖进房里，一群人拥进房来看。

这时候，那位跟我们来的章家长工走到我母亲身边，低低的说："外婆（他跟着我的外甥称呼），糜舅今夜怕不是吃醉了吧？今天我们从中屯出来，路过三门亭，糜舅要把那几个菩萨拖下来丢到茅厕里去。他今夜嘴里乱说话，怕是得罪了神道，神道怪下来了。"

这几句话，他低低的说，我靠在母亲怀里，全听见了。我心里正怕喝醉了酒，母亲要责罚我；现在我听了长工的话，忽然想出了一条妙计。我想："我胡闹，母亲要打我；菩萨胡闹，她不会责怪菩萨。"于是我就闹的更凶，说了许多疯话，好像真有鬼神附在我身上一样！

我母亲着急了，叫砚香来问，砚香也说我日里的确得罪了神道。母亲就叫别人来抱住我，她自己去洗手焚香，向空中祷告三门亭的神道，说我年小无知，触犯了神道，但求神道宽宏大量，不计较小孩子的罪过，宽恕了我。我们将来一定亲到三门亭去烧香还愿。

这时候，邻舍都来看我，挤满了一屋子的人，有些妇女提着"火筒"（徽州人冬天用瓦炉装炭火，外面用篾丝作篮子，可以随身携带，名为火筒），房间里闷热的很。我热的脸都红了，真有点像醉人。

忽然门外有人来报信，说，"龙灯来了，龙灯来了！"男男女女都往外跑，都想赶到十字街口去等候看灯。一会儿，一屋子的人都散完了，只剩下我和母亲两个人。房里的闷热也消除了，我也疲倦了，就不知不觉的睡着了。

母亲许的愿好像是灵应了。第二天，她教训了我一场，说我不应该瞎说，更不应该在神道面前瞎说。但她不曾责罚我，我心里高兴，万想不到我的责罚却在一个月之后。

过了一个月，母亲同我上中屯外婆家去。她拿出钱来，在外婆家办了猪头供献，备了香烛纸钱，她请我母舅领我到三门亭里去谢神还愿。我母舅是个虔诚的人，她恭恭敬敬的摆好供献，点起香烛，陪着我跪拜谢神。我忍住笑，恭恭敬敬的行了礼——心里只怪我自己当日扯谎时不曾想到这样比挨打还更难为情的责罚！

直到我二十七岁回家时，我才敢对母亲说那一年元宵节附在我身上胡闹的不是三门亭的神道，只是我自己。母亲也笑了。

胡适说他在三门亭跟着母舅跪拜谢神的时候，"心里只怪我自己当日扯谎时不曾想到这样比挨打还更难为情的责罚"，这句话就又是大人说的话了。其所反映的，是胡适留美时期最爱说的"一致"的观念，那就是说，他如果相信无神论，他就应该坚守无神论的原则，既然不信神，却又去向它拜跪，岂不是"比挨打还更难为情的责罚"吗！胡适诚然早熟、聪明过人，然而，十三岁的他不一定会有这种在大学念哲学时的他对一致的执著。

胡适说这三门亭事件发生在他十三岁时的正月十五日元宵，应该就是1903年，那天是阳历2月12日。用现在的算法，他那时候还差五天才满十二岁。一年以后，胡适就到上海去进新学堂了。就在他要离开家乡的前夕，他的母亲帮他订了婚。胡适的妻子江冬秀是旌德县江村人，江村离胡适所住的上庄约四十里。① 江冬秀生于1890年12月19日（农历11月8日），比胡适大一岁。江冬秀的父母家都是望族，而且是书香门第。胡适跟江冬秀家有远亲的关系，江冬秀的舅母是胡适的姑婆。说起胡适和江冬秀的婚事，据说又跟"太子会"有关。胡适在《四十自述》的《序幕》里描写他母亲的订婚，他是把他父母首次不期而遇的场景放在"太子会"上。这个"太子会"是徽州的庙会，据说也是可以用来证明徽州人祖先来自北方的一个证据。我们在本章启始的时候说，徽州治下辖有六县：歙县、黟县、休宁、祁门、绩溪与婺源。据说，这个"太子会"的庙会是只有徽州所属的这六县有，其他县都没有。这个"太子会"所纪念的是唐朝安史之乱死守睢阳（今河南商丘）的张巡。避难来徽州的北方人，塑造了一个"太子老爷"来纪念张巡。这个"太子会"是每逢闰年所举行的迎神赛会。胡适在《四十自述》里，安排让他的父母在这里不期而遇，而江冬秀的母亲看上了胡适，要选他作女婿，据说也是在这个"太子会"的庙会上。

胡适姑婆住在旺川村。有一年轮到旺川作庙会，胡适跟母亲到旺川的姑婆家去看庙会。江冬秀的父亲早逝。可是，这一年旺川的庙会，江冬秀的母

① 以下有关江冬秀跟胡适订婚的叙述，是根据石原皋，《闲话胡适》，页45-47。

亲去了。据说江冬秀的母亲看见胡适眉清目秀，又聪明伶俐，就请了胡适的叔叔胡祥鉴做媒。胡祥鉴在江村教私塾，也教过江冬秀念书。然而，胡适的母亲有几层顾忌：第一，江冬秀比胡适大一岁，绩溪有一句俗谚："宁可男大十岁，不可女大一年"；第二，江冬秀属虎，八字硬；第三，江家兴旺，胡家中落，有门不当、户不对的顾虑。在胡祥鉴锲而不舍的努力之下，胡适的母亲于是答应让他先把江冬秀的八字开来。八字开来以后，命也算过，两人的生肖很合，不犯冲。接着，胡适的母亲就把江冬秀红纸写的八字叠好，放在竹升（量器）里，摆在灶神老爷面前。这竹升里，同时还放了别人送来提亲的几个八字。过了一段时日，家中平安无事，既没有丢一只筷子，也没打碎一个汤匙，六畜平安，人丁无事。于是，胡适的母亲就虔诚地把竹升拿下来，用筷子夹出其中的一个八字，打开一看，就是江冬秀的。显然是缘中注定，于是就决定了这桩亲事。

可惜胡适在为他自己所拟的自述的第十一章《我的订婚与结婚》，[1] 他从来就没有时间去写。更可惜的，是唐德刚所看过的江冬秀所写的"一篇最纯真、最可爱的朴素文学"的自传，现在可能已经不存。[2] 胡适在 1917 年 12 月 30 日跟江冬秀结婚以后，写了几首《新婚杂诗》，其中两首是他结婚几天后，跟江冬秀"回门"到江村写的。这两首中，有一首专门纪念他已过世的丈母娘：

> 回首十四年前，初春冷雨，中邨箫鼓，有个人来看女婿。
> 匆匆别后便轻将爱女相许。只恨我十年作客，归来迟暮。
> 到如今，待双双登堂拜母，只剩得荒草新坟，斜阳凄楚！
> 最伤心，不堪重听，灯前人诉，阿母临终语！[3]

胡适这首诗跟他父亲日记里记他结婚的写法有异曲同工之处，同样简洁扼要，不带痕迹。写这首诗是在 1918 年 1 月，往前推十四年，就是 1904 年。

① 胡适，《四十自述残稿六件》，《胡适遗稿及秘藏书信》，5:491.
② 唐德刚，《胡适杂忆》（台北：传记文学出版社，1979），页 185-186。
③ 胡适，《新婚杂诗》，《胡适全集》，10:77-78.

在那年初春一个下雨天里，有个人来看女婿，匆匆别后，便轻将爱女相许。当然，胡适在这首诗里没有提到媒妁之言、算命、八字等等传统提婚必经的手续，但我们可以想象所有这些种种，两家都按照礼俗做去了。我们永远不会知道的是究竟传闻是否属实？真的是江冬秀的母亲先选中了准女婿，再请胡祥鉴做媒？还是这件亲事，实际上是胡家主动的呢？无论如何，我们所能确知的，是江冬秀的母亲在1904年初去"相"了胡适。满意的她，匆匆别后，便轻将爱女相许给他了。这时，胡适才刚满十二岁，江冬秀也才刚满十三岁。

1904年农历二月，也就是阳历三月，胡适订婚不久，他三哥的肺病已经到了末期，决定到上海去医病。胡适陪着他三哥上路，顺道到上海去上新学堂。

第二章
新学堂，新世界

　　"我就这样出门去了，向那不可知的人海里去寻求我自己的教育和生活——孤零零的一个小孩子，所有的防身之具只是一个慈母的爱，一点点用功的习惯，和一点点怀疑的倾向。"①

　　这是胡适描述他1904年初离开家乡到上海去求学的一段话：简洁、隽永、清丽，而又有那婉约又深沉的感染力。它谱出的，是一幅"易卜生式"的个人，昂首走向社会的图像。这段话里的关键词，是"孤零零的"、"人海"、"寻求我自己的"；它所释放出来的，与其说是担心没有同志和依傍，毋宁说是一种不求同志和依傍、特立独行的气概；是那种"天地一沙鸥"，我自翱翔的气魄。当然，一个十二岁的乡下小孩子，到当时最西化的大都市去受教育，虽然有二哥在那里经商，虽然有去治病的三哥同行，那人海茫茫令人望而生惧之感，是可以想见的。然而，也正因为这段话是被易卜生的思想洗礼过后的胡适所写的，它提醒了我们《四十自述》里所描述的青少年的胡适，毕竟是他用后来的眼光去重塑的。

---

①　胡适，《四十自述》，《胡适全集》，18:51.

《四十自述》里感性的话语用得很多，很能让人感动得滴下几滴清泪。在这游子临行别母的一刻，他用的文字是那么地隽永，他诉说的情怀是那么地刻骨铭心："我母亲……只有我一个人，只因为爱我太深、望我太切，所以她硬起心肠，送我向远地去求学。临别的时候，她装出很高兴的样子，不曾掉一滴眼泪。"也正由于他写得这么隽永、沉重而又不失其清丽，它更显得真实。看！"孤零零的一个小孩子，所有的防身之具只是一个慈母的爱，一点点用功的习惯，和一点点怀疑的倾向。"有多少读者，在吟咏、玩味这段隽永、清丽的文字之余，会去怀疑它的真实性？胡适到上海去求学的行囊里，装着"一个慈母的爱"和"一点点用功的习惯"是绝对毋庸置疑的；然而，"一点点怀疑的倾向"，则是四十岁的他，不管是无心还是有意，倒灌回去给十二岁的他的。胡适开始喜欢谈"怀疑"的精神是1922年以后的事。在一开始的时候，他提的是笛卡儿，后来最喜欢用的才是赫胥黎。胡适在留美的时候，即使提到笛卡儿，尚且还没有提到"怀疑"的精神。甚至在他回国以后，他的口头禅还只是"批评"和"研究"。换句话说，即使在胡适回国以后的四五年间，他还是处在动辄祭出"拿证据来"的利剑的"史前史"时代。十二岁时的胡适，连笛卡儿、赫胥黎是什么东西都不知道，更遑论什么是证据，什么是赫胥黎式的怀疑了。

胡适1904年到上海的时候是什么样子，他在《四十自述》里描写得再生动也不过了。他说："我初到上海的时候，全不懂上海话。进学堂拜见张〔焕纶——梅溪学堂校长〕先生时，我穿着蓝呢的夹袍，绛色呢大袖马褂，完全是个乡下人。许多小学生围拢来看我这乡下人。"[1] 至于他当时的思想和世界观如何？也是他的夫子自道描述得最为贴切。他1915年在美国写的一篇残稿里说："我1904年离开扬子江南边群山里的家乡。当时，除了美国美孚公司的煤油灯以外，没有任何其他西方文明在这些重山里留下任何的足迹。我们没有邮局、电报，也没有报纸。我永远忘不了我到上海第一个晚上的感觉，那是我生活了六年的地方。上海是一个现代的城市，当时早已成了中国一个教育中心。在那里可以找到最好的学校、报纸和出版社。政治犯在那儿可以

---

① 胡适，《四十自述》，《胡适全集》，18:52.

找到避难之所。那里也充斥着革命的印刷品。当我十二岁第一次到上海的时候，我对那些早已叩上中国大门的新潮流是全然懵懂的。哥伦布、拿破仑或俾斯麦究竟是什么东西，我根本一点概念都没有。我不认为我那时知道地球是圆的。但是，在很短的时间里，我就完全被改造了。十三岁不到，我就已经变成了一个革命分子了。跟上海的孩子比，我有一个强项：他们对新事物知道得比我多，但我看书的能力比他们强。"[1]

事实上，胡适这个"乡下人"能到上海去进新学堂读书，这本身就是一件不寻常的事。首先，这是一个经济能力的问题。尽管胡适在《四十自述》里一再呈现的是他家境的窘困，然而，他主观的感受和客观的实际之间，其实是有很大的差距的。试想在二十世纪初年的中国，有多少人家有能力把孩子送到上海去求学？胡适一家到上海求学的还不只他一个人，他的二哥、三哥都去上海的梅溪书院读过书。这梅溪书院，也就是胡适在上海所就读的第一个学校梅溪学堂的前身。不但如此，他俩还做过南洋公学的师范生。当然，胡适父亲过世的时候，他二哥、三哥已经十八岁了。在这以前，他俩在上海念书可能有父亲的支持。他父亲所遗留下来的让他们能生息下去的几千两银子，虽然后来被倒账掉了，他们所分到的上海和汉口的两个店的营收，显然并不可小盱，否则胡适他家如何能负担他到上海去读书的费用呢？二十世纪前半世纪中学的学杂费，以当时人的收入来说，是相当可观的。根据高哲一（Robert Culp）的统计，江浙地区中学一年的学杂、膳宿费，在1920年代末期到中日战争爆发以前，是在 52 到 130 银元之间，我们如果以一百元作为中数，以 1927 年美金与银元 1 比 2.24 的汇率来计算，是相当于当时的美金 45 元，大概相当于今天美金 560 元的币值。相对于当时的收入来说，那些有能力让儿子上中学的，大概只有都市里百分之十到百分之十五的最高收入阶层，[2] 乡下就更不用说了。在这种经济现实之下，无怪乎二十世纪初年中国中学生的数目偏低。根据教育部以及中华教育改进社的统计，

---

① 《胡适外文档案》，E005-022-066.
② Robert Culp, *Articulating Citizenship: Civic Education and Student Politics in Southeastern China, 1912-1940* (Cambridge, Mass.: Harvard University Asia Center, 2007), pp. 26-27.

1915 年，全国中学和师范学校学生的总人数只有 93,933 人，即使在沿海最富庶的江浙两省，也只有 12,414 人，以大家人云亦云说当时中国有四亿人口的数目来说，全国中学和师范生的人数只占全国总人数的 0.023%，江浙学生的数目则占当时全国中学和师范生总人数的 13.22%。即使到了 1935 年，全国中学和师范生的人数也还只有 522,625 人，占全国总人数的 0.13%，江浙中学和师范生的人数则有 100,203 人，占当时全国中学和师范生总人数的 19.17%。[①]

二十世纪上半叶中国的中学，不但学杂费偏高，而且也可能由于新式教育发展的缓慢，处于新旧教育的过渡期，学生的年龄也偏高。胡适在《四十自述》里说中国公学学生的年龄大，有的居然是二三十岁的人。当然，中国公学可能比较特殊，因为很多学生是由于抗议日本颁布取缔中国留学生规则，管束中国学生政治活动，而归国另组学校的，他们的年龄偏高是可以理解的。梅溪、澄衷，胡适没有特别提起学生的年龄，可能是因为学生年龄并没有那么大，因此没有造成特别的印象。然而，根据高哲一的研究，从 1912 到 1937 年，中国中学生的年龄是在十二到二十岁之间，而以接近二十岁的学生的比率为高。比如说，在 1918 年，苏州的江苏省立第一师范学校的学生，十八岁以上的学生所占的比率高达 83.5%。1923 年，浙江省立第一中学校十八岁以上的学生所占的比率为 84%。随着时间的发展，江浙地区中学生的平均年龄虽然逐渐降低，然而，年龄仍然偏高。比如说，1928 年，江苏省立上海中学，十八岁以上的学生所占的比率仍然高达 63%，这个比率在 1933 年降到了 31%，然而，即使到 1936 年，仍然高达 29%。[②]

在当时的经济生态环境之下，只要中学或师范学校毕业，就已经是取得了可以谋生的文凭了。百分之八十以上的师范学校毕业生，以及百分之二十左右的中学毕业生，在教育基层担任教职或行政职务，更少部分的人则在都会或城镇新兴的公司、行号、银行、出版社等地方找到安身之所。那百分之五十左右能继续升学的中学毕业生，特别是那些能继续念大学的，则握有了跻身当时中国精英阶层的敲门砖，在大学毕业以后，进入政府机关、大学及

---

① 转引自 Robert Culp, *Articulating Citizenship*, Appendix A, Table A2, p. 304.
② Robert Culp, *Articulating Citizenship*, pp. 25-26.

其他专业的部门。① 换句话说，胡适到上海去上新学堂，也就是后来所通称的中学，实际上，等于是让他有了跻身到中上层社会的条件。后来，胡适还能更上一层楼，到美国去留学，就不啻成为精英里的精英了。从这个角度来说，胡适跟他的母亲都是很有远见的人。他母亲知道她望子成龙就必须要投资；胡适知道这个投资要能够有几何倍数的回利，就必须要到美国去留学。他母亲作了最大的牺牲，忍受与她的爱子分别十四年：胡适在上海六年多，在美国七年。在这十四年当中，胡适只回家过三次，三次加起来的时间，根据胡适自己的计算，还不到六个月的时间。胡适所作的付出，当然跟他母亲的不同，而且不可同日而语；游子在外所受的历练不管是多么的痛苦，都比不上慈母在家的牵挂与煎熬，那"寸草心"，就是再赤诚，也永远报不了"三春晖"。然而，胡适毕竟有他的鸿鹄之志，他咬着牙、横了心，一出门就是十四年。凭着自己的坚毅、聪明才智和努力，他不但好好地读书、吸取了新知识，还终于实现了他留学美国的梦想。

梅溪学堂

胡适最喜欢说他年轻的时候在上海进了三个学校：梅溪、澄衷和中国公学，但始终没有得到一张毕业证书。在这三个学校里，梅溪和澄衷是他进入学习门径的一个重要的里程碑。他在《四十自述》的增订残稿里，很简明扼要地总结了他在上海所上的三个学校的总成绩。关于梅溪，他说："在梅溪学堂的一年，我学得了一点做古文的门径，把文字做通顺了；英文还没有入门，算学只学得一点极浅的知识；但课外看的书都是《新民丛报》一类的书，颇使我得着一点普通的新知识。那时正是日俄战争的第一年，天天读新闻纸——尤其是那新出来的最有锋芒的《时报》——给了我不少的刺激与兴奋。《新民丛报》的第一二年汇编颇多革命思想，我又读了邹容的《革命军》，所以也受着了种族革命思潮的感动。"② 胡适在这里说：他在梅溪的时候"受着了

①　Robert Culp, *Articulating Citizenship*, pp. 27-28.
②　胡适，《四十自述残稿六件》，《胡适遗稿及秘藏书信》，5:518-519.

种族革命思潮的感动"，这跟他 1915 年在美国的时候，说他十二岁到上海的时候，对世界、对新思潮一窍不通，但"十三岁不到，我就已经变成了一个革命分子"是异曲同工的。十二岁初抵上海的胡适，虽然在穿着上像个"乡下人"，但他不但聪明、用功，而且已经有了一个很坚实的国学基础。我们与其被胡适牵着鼻子走，说他到上海的第三个"防身之具"是"一点点怀疑的倾向"，不如更贴切地把他形容为像一块海绵一样，把林林总总的新思想都囫囵吞枣一般地吸收进来了。

胡适说他 1904 年进梅溪学堂的时候，梅溪的课程还很不完备，只有国文、算学、英文三项。分班的标准是国文程度。英文、算学的程度即使好，国文如果没有升到最高一班，就不能毕业；而如果国文到了最高班，英文、算学不好，却可以毕业。胡适一向瞧不起教会学校，所以，他说梅溪这种偏重中文的做法，其实跟教会学校偏重英文的做法，都是同样的偏颇，都是过渡阶段的特殊情况，不须要去非议。由于胡适不懂上海话，又不曾"开笔"做文章，所以就被编在第五班，差不多是最低的一班。班上的中文读本是《蒙学读本》，英文课用的是《华英初阶》，算学课本是《笔算数学》。

《蒙学读本》是吴稚晖等人所编，是文明书局在 1902 年出版的。前三本为初级读本，第四本是修身，第五本摘选子部史部中的寓言，第六本是记叙文，第七本是论说文。[1]《华英初阶》是商务印书馆在 1898 年出版的。这部教科书据说是从英国为其殖民地的小学生所编印的读本翻译过来的，有大段《圣经》的内容。这本教科书由谢洪赉译注，对内容进行了删减，逐课翻译并附中文注释，以中英两种文字编排出版。[2]《笔算数学》是美国传教士狄考文（Calvin Mateer）编写的，他是第一个采用阿拉伯数字、"＋"、"－"等国际通用符号，并将阿拉伯数码直接运用于算式的人，他的贡献是把中国的数学由中算带向西算。《笔算数学》先后修订、重印达三十余次，可见是一本

① 陆费逵，《六十年来中国之出版业与印刷业》，http://www.china1840-1949.com/thread.aspx?id=313，2009 年 9 月 22 日上网。
② 黄恽，《中国最早的英语课本——〈华英初阶〉》，http://www.booyee.com.cn/bbs/thread.jsp?threadid=27257&forumid=87，2009 年 9 月 21 日上网。

当时被广泛采用的教科书。① 事实上，不仅是《笔算数学》，《华英初阶》也是当时被广泛采用的英文教科书。许多名人，像周作人、夏丏尊，都在回忆里提到了他们上学的时候读过这两本教科书。

由于胡适在家乡已经读了许多古书，《蒙学读本》对他来说当然是太容易了，所以他可以全心地学习英文和算学。然而，他很快就得到了一个崭露头角的机会。胡适在《四十自述》里说在第五班上了四十二天以后，有一天，星期四，教国文的沈先生讲到了《蒙学读本》的一段引文:"传曰，二人同心，其利断金。同心之言，其臭如兰。"沈先生随口说这是《左传》上的话。胡适说他那时候已经能勉强说几句上海话了，等先生讲完之后，他拿着课本，走到先生桌子边，低声对沈先生说:这个"传曰"是《易经》里的《系辞传》，不是《左传》。先生脸红了。问:"侬读过《易经》？""读过。"先生接着问:"阿曾读过别样经书？""读过《诗经》、《书经》、《礼记》。"先生问胡适是否做过文章，胡适说没有。"我出个题目，拨侬做做试试看。"先生出了"孝弟说"的题目，胡适回到座位上，勉强写了一百多字。先生看了，点点头，说:"侬跟我来!"胡适卷起书包，跟着沈先生下了楼。没想到沈先生一带，就把他带到了第二班，沈先生对了第二班的顾先生说了几句话以后，顾先生便叫胡适坐在最后一排的椅子上。胡适这才明白，他在一天之中，居然跳了三班，变成第二班的学生了。

胡适才暗自高兴，没想到抬头一看，黑板上写着两个作文题目:"论题:原日本之所由强;经义题:古之为关也将以御暴，今之为关也将以为暴。"这下惨了，原来星期四是作文课的日子。"经义题"是科举考试做八股文的题目，胡适从没有做过，他说他连想都不敢想。"论题"就更糟糕了，"日本"是什么，连在天南地北他都不清楚，更何况什么叫"原日本之所由强"呢？胡适既不敢去问先生，班上同学中又没有一个认识。就在这个求告无门的时候，学堂的茶房突然来到班上，呈给先生一张字条。先生看了字条以后，告诉胡适说他家中有急事，派人来领他回去。先生说他可以把卷子带回家去做，下星期四再交卷。到了门房那儿，胡适才知道原来是他三哥病危了。由于他二哥那

① 郭大松，《狄考文研究》，http://www.lw23.com/lunwen_829752347/，2009 年 9 月 22 日上网。

时人正在汉口，店里的管事赶紧派人去学校领胡适回去。等胡适赶回到他们家在上海开的"公义油栈"时，他三哥还能说话，但不到几个钟头，就断气了。三天以后，胡适的二哥从汉口的店赶回到上海，把丧事办了。①

如果胡适这个在梅溪学堂崭露头角的机会，是发生在他三哥病危那天的话，则胡适在《四十自述》里所说的日子就不对了。胡适在他三哥四周年忌辰写了一首诗《先三兄第四周年忌辰追哭》。其中有几句写到他跟他三哥初到上海医病，到他进梅溪，以及他三哥弥留的一段："终乃来沪壖，悠悠别亲故。方期觅卢扁，良药求甘露。岂意此愿力，渺渺成虚度。苍茫黄歇浦，竟作归魂处。我时侍兄来，相处仅匝月。初见医颇效，便期病全绝，遂乃挟箧去，别兄往就学。入学十二日，岂图成永诀。闻耗即趋归，犹幸得一别。"②这首诗所题的日子是四月十二日，也就是 1908 年 5 月 11 日。从这首胡适在他三哥的忌日所写的诗来看，胡适跟他三哥在三月底到了上海以后，先照顾了他三哥一个月。因为他觉得他三哥的病情好转，于是比较放心地离开他进了梅溪学堂。如果他是在入学的第十二天接到病危通知，当天是 5 月 11 日，则胡适是在 4 月 30 日进梅溪学堂念书的。而且，他跳班的日子，也不是上学四十二天，而是上学才十二天以后的事。我们有理由相信胡适在 1908 年写这首诗时的记忆，是比他二十三年以后写《四十自述》时的记忆要来得正确。

无论如何，在他三哥的丧事办完了之后，胡适把升班的事告诉了他二哥，并且问他"原日本之所由强"这个题目应该参考什么书。他二哥挑出了《明治维新三十年史》及 1902 年（也就是第一年）的《新民丛报》一类的书，装了一大篮，叫他带回学校去翻看。胡适说他费了几天的工夫，勉强凑了一篇论说交出去。不久以后，胡适也学会了怎么做"经义"。再过几个月，他又跳了班，升到头班去了。但他说英文还是没有读完《华英初阶》，算学还只做到《利息》那一章。其实，胡适在算学方面的进步一点都不差。《笔算数学》分上、中、下三卷，共二十四章：上卷：开端、加法、减法、乘法、除法、诸等法；中卷：数目总论、命分、小数、比例、百分法、利息；下卷：保险、赚赔、粮饷、税饷、乘方、开方、级数、差分、均中比例、推解、量

---

① 胡适，《四十自述》，《胡适全集》，18:53-54.
② 胡适，《先三兄第四周年忌辰追哭》，《胡适遗稿及秘藏书信》，11:137-139.

法、总杂问。① 换句话说，他在梅溪才几个月，就已经学到中卷的最后一章了。相对之下，他在英文方面的进步就比较缓慢。《华英初阶》只有 32 页，居然还没有读完，可见他在《四十自述》的增订残稿里说他在梅溪的时候，英文还没入门，确属实情。当然，这种缓慢的进度所反映的恐怕不是胡适，而是梅溪英文课程的进度。无论如何，最惊人的是，他在一两年以后，居然就能读原文书了。这点我们在下文会详细说明。

除了在课堂上所吸收的新知识以外，胡适在课外所得的恐怕更为重要。胡适在上海求学、成长的阶段，对他影响最大的是梁启超。他在《四十自述》里说："梁先生的文章，明白晓畅之中，带着浓挚的热情，使读的人不能不跟着他走，不能不跟着他想。"他说："我个人受了梁先生无穷的恩惠。现在追想起来，有两点最分明。第一是他的《新民说》，第二是他的《中国学术思想变迁之大势》。"② 值得注意的是，《新民说》和《中国学术思想变迁之大势》这两篇，都是在 1902 年的《新民丛报》里刊出的，而这一年的《新民丛报》也就是胡适跳升到第二班，遇到作文要写"原日本之所由强"那个难题以后，他二哥帮他挑选出来的参考书之一。然而，我们几乎可以确定《新民说》和《中国学术思想变迁之大势》，并没有对十二岁的胡适产生立时的影响。1902 年梁启超创刊《新民丛报》的时候，是他提倡"破坏、革命"最为激烈的时候。③ 我们在前面引了胡适自己在《四十自述》增订残稿里的话："《新民丛报》的第一二年汇编颇多革命思想，我又读了邹容的《革命军》，所以也受着了种族革命思潮的感动。"这段话是很可以相信的。对于一个初从徽州乡下独闯上海，不知道地球是圆的、日本在哪里，不知道哥伦布、拿破仑、俾斯麦是人还是东西的十二岁的小孩子来说，那新思潮对他的心灵、对他的整个人的震撼，是令人难以想象的。而这些新思潮里，最能够让一个十二岁的小孩子产生共鸣的，自然是那最能让人血气沸腾（visceral）的民族主义了。

---

① 王全来，《〈笔算数学〉内容探析》，http://www.kongfz.com/trade/trade_reply.php?id=204937&tc=gs&tn=%E7%81%8C%E6%B0%94%E4%B8%93%E5%8C%BA，2009 年 9 月 22 日上网。
② 胡适，《四十自述》，《胡适全集》，18:58-59.
③ 请参阅张朋园，《梁启超与清季革命》（台北南港：中央研究院近代史研究所，1999），页 59-85。

胡适在《四十自述》里，从这最激烈期的梁启超对他的影响说到邹容的《革命军》：

> 这时代是梁先生的文章最有势力的时代，他虽然不曾明白提倡种族革命，却在一班少年人的脑海里种下了不少革命的种子。有一天，王言君借来了一本 邹容的《革命军》，我们几个人传观，都很受感动。借来的书是要还人的，所以我们到了晚上，等舍监查夜过去之后，偷偷起来点着蜡烛，轮流抄了一本《革命军》。

更巧的是，1904 年胡适到上海念书的那一年正是日俄战争爆发的一年。胡适说：

> 上海的报纸上每天登着很详细的战事新闻，爱看报的少年学生都感觉绝大的兴奋。这时候中国的舆论和民众心理都表同情于日本，都痛恨俄国，又都痛恨清政府的宣告中立。仇俄的心理加了不少排满的心理。这一年，上海发生了几件刺激人心的案子。一件是革命党万福华在租界内枪击广西巡抚王之春，因为王之春从前是个联俄派。一件是上海黄浦滩上一个宁波木匠周生有被一个俄国水兵无故砍杀。这两件事都引起上海报纸的注意，尤其是那年新出现的《时报》，天天用简短沉痛的时评替周生有喊冤，攻击上海的官厅。我们少年人初读这种短评，没有一个不受刺激的。周生有案的判决使许多人失望。我和王言、郑璋三个人都恨极了上海道袁海观，所以联合写了一封长信去痛骂他。①

在这样的排满、民族主义的氛围之下，怪不得胡适会在 1915 年他在美国写的那篇残文里，说"十三岁不到，我就已经变成了一个革命分子了"。胡适说他在梅溪的时候变成了一个革命分子，这句话并不算夸张。因为他离开梅溪，就是一个十三岁孩子的革命行为。原来梅溪学堂在那一年要改为梅溪小

---

① 胡适，《四十自述》，《胡适全集》，18:55-56.

学，年底要办毕业第一班。胡适跟王言、郑璋和张在贞四个人听说学校要送他们到上海道衙门去考试。他跟王言、郑璋既然都已经写信去痛骂了上海道台，自然也就不会愿意去考试了。不等到考试的日期，他们就已经离开梅溪了。

澄衷学堂

胡适在《四十自述》的增订残稿里，总结了他在澄衷学堂的成绩，他说："在澄衷学堂的一年半，是我进步最快的时期。算学和英文都有进步，文字和思想也有点成熟的样子。严复的译本，梁启超的散文论著，夹杂着一些宋明理学的书，都给了一些思想的材料。"[①] 在《四十自述》里，他也说："我在澄衷只住了一年半，但英文和算学的基础都是在这里打下的。澄衷的好处在于管理的严肃，考试的认真。还有一个好处，就是学校办事人真能注意到每个学生的功课和品行。白振民先生［总教，即现在的教务长］自己虽然不教书，却认得个个学生，时时叫学生去问话。因为考试的成绩都有很详细的记录，故每个学生的能力都容易知道。天资高的学生，可以越级升两班；中等的可以半年升一班；下等的不升班，不升班等于降半年了。"[②]

澄衷学堂是宁波富商叶成忠办的。原来的目的是教育宁波的贫寒子弟，后来规模变大了，就渐渐成为上海一个有名的私立学校（1956 年改为上海五十八中学，1985 年恢复旧名）。澄衷学堂共有十二班，课堂分东西两排，最高一班称为"东一斋"，第二班为"西一斋"，以下一直到"西六斋"。胡适说当时没有什么严格的学制规定，也没有什么中学、小学的分别。他说，前六班可以说是中学，后六班则为小学。胡适说澄衷的学科完备多了，除了国文、英文、算学以外，还有物理、化学、博物、图画等科。分班的标准，是略依各科的平均程度，但英文、算学程度过低的，都不能入高班。胡适说他初进澄衷的时候，由于英文、算学的程度太低，被编在"东三斋"，即第五班。然而，聪明又不甘落人之后的胡适，很快地又重演了他在梅溪辉煌的

---

① 胡适，《四十自述残稿六件》，《胡适遗稿及秘藏书信》，5:519.
② 胡适，《四十自述》，《胡适全集》，18:63.

纪录，一年内就升了四班。原来澄衷的管理很严，每月有月考，每半年有大考，月考、大考都出榜公布，考到前三名的学生都有奖品。由于胡适每次考试常常都是第一，他进澄衷半年以后，就升入了"东二斋"（第三班），翌年春天又升入"西一斋"（第二班）。[①]

胡适用功的程度，可以说是到了废寝忘食的地步。无怪乎，在他一生中，他常常谈到一个人成功，天才与努力所占的比率如何的问题。胡适有时候会说，天才不重要，努力才是成功的要素；可是，他有时又会说光靠努力是不够的，没有天才还是不行的。我们可以总括胡适自己的经验，说胡适的成功，是天才加上努力的结果。我们看胡适在澄衷的时候，为了要跳班，如何废寝忘食地学代数：

> 我这时候对于算学最感觉兴趣，常常在宿舍熄灯之后，起来演习算学问题。卧房里没有桌子，我想出一个法子来，把蜡烛放在帐子外床架上，我伏在被窝里，仰起头来，把石板放在枕头上做算题。因为下半年要跳过一班，所以我须要自己补习代数。我买了一部丁福保先生编的代数书，在一个夏天把初等代数习完了，下半年安然升班。这样的用功，睡眠不够，就影响到身体的健康。有一个时期，我的两只耳朵几乎全聋了。[②]

胡适好不容易三级跳，升到了澄衷最高的第二班，再升一班以后就可以毕业了，却又横生了意外。这一次跟政治、跟民族主义没有关系，而是跟澄衷教务长白振民的冲突。这个冲突的远因，是为了一堂体操课。[③] 根据胡适日记的记载，1906 年 5 月 16 日，那天天气极热，由于学校新定做的夏季体操制服还没到，作为"西一斋"班长的胡适，于是用天气太热没有适合的体操服为理由，跟舍监要求当天罢操。舍监要他们穿旧的体操制服。胡适去找了以后，发现不够十件。于是，就自行决定当天罢操，大家相率到教室去温课。

---

① 胡适，《四十自述》，《胡适全集》，18:56-57.
② 胡适，《四十自述》，《胡适全集》，18:57.
③ 以下有关胡适跟澄衷教务长的冲突，是根据胡适的澄衷日记，请参见《胡适日记全集》，1:29-48.

舍监与白振民到教室来责问的时候，胡适以"天热"作为答复。白振民大怒，说胡适集众要挟。谁知道"东一斋"也跟着有样学样而罢操。于是白振民说：东一斋不操，要怪西一斋；西一斋不操，要怪胡适。后来因为胡适的国文老师杨千里的说情，才息事宁人。没想到事情却急转直下，因为那天后来下了一场小雨，热气稍退，同学于是出去补操。白振民觉得东、西两斋学生后来出去补操以后，并没有人生病，这表示原先以天气太热而罢操只是一个借口，他于是悬牌告示："胡洪骍、赵敬承（东一斋班长）不胜班长之任，应即撤去。"

胡适说他反正已经不想当班长了，因为当班长使他荒废功课，所以也就不予计较。只是为了解释清楚，他写了一封信跟白振民解释。由于胡适同班同学余成仁说白振民说胡适好辩，胡适在这封信里，也对这一点作了辩解。白振民在第二天看了信以后，要胡适找余成仁来对质，于是事情弄得越来越僵。5 月 18 日，白振民一天之中悬了两次牌，上午悬的牌说胡适"播弄是非、诬蔑师长"；下午悬的牌诘问胡适是否能担保将来不会再发生失序的情况。白振民每悬一牌，胡适就写一封信反驳。当天傍晚，胡适收到他二哥的信。由于胡适的二哥跟白振民从前是同学，他二哥责备胡适好名，要胡适去跟白振民谢罪。胡适只好写第三封信给白振民，在信后"略表悔意"，并说明他将辞去所有职务以为谢罪的表示。白振民收到了胡适的道歉函以后，在 19 日悬牌说胡适已经悔改，姑许其自新，不再追究前情。

五月间的体操事件虽然落幕，胡适显然愤愤不平，完全是看在他二哥的份上，忍气吞声。两个月以后，又发生了一件事情。这件事显然和胡适无关，可惜我们不知道发生了什么，因为胡适当天的日记没写完。我们只知道在 7 月 16 日那天，白振民又悬了一个牌说："余成仁既自命太高，应听其别择相当者入之，下学期毋庸来校。"显然胡适为了余成仁被开除的事情，又跟白振民起了冲突。他在《四十自述》里也谈到了这件事情："有一次为了班上一个同学被开除的事，我向白先生抗议无效，又写了一封长信去抗议。白先生悬牌责备我，记我大过一次。我虽知道白先生很爱护我，但我当时心里颇感觉不平，不愿继续在澄衷了。"

胡适离开澄衷这件事情，其实反映出他性格中不为人所知的一个方面。我们可以看出胡适有他气盛的一面，这是他在澄衷所写的日记里所一再自省的课题，这也是除了跟他有深交的人以外，所不知道的一面。他日后给人的理性、温文和煦的形象反映了他在内敛上所下的工夫，也更反映了这个被许多人攀龙附凤称为"我的朋友胡适之"的胡适，其实是一个没有什么人真正了解他的人。无怪乎胡适后来会对他的美国女友韦莲司诉苦，说他过的是一个非常寂寞的生涯；说他常常在半夜三更写出自己满意的东西，却没有可以分享的对象；说他多么渴望能找到知己。① 胡适不但是一个一辈子没有知己的人，在中国近代知名的人物里，他恐怕是一个最生活在众目睽睽之下的公众人物，然而，他又是最被人所误解的。当然，这跟他自己处处设防、刻意塑造他的公众形象是很有关系的。他 1921 年 8 月 26 日的日记，在这一点上其实透露了不少。那天晚上的饭局上，夏威夷出生的华侨郑莱，用西洋手纹相术替大家看相。郑莱是胡适留美时期就认识的老朋友，不会说中文。胡适是在康乃尔大学念书的时候认得郑莱的。后来胡适到哥伦比亚大学读博士，郑莱则念哈佛商学院。胡适说郑莱很了解他，所以他说中的许多话是不足为奇。可是，有两点，是准到连胡适都私下称奇的，因为那是他"不足为外人所道也"的秘密：

　　一、他说：我受感情和想象的冲动大于受论理的影响。此是外人不易知道的，因为我行的事，做的文章，表面上都像是偏重理性知识方面的，其实我自己知道很不如此。我是一个富于感情和想象力的人，但我不屑表示我的感情，又颇使想象力略成系统。二、他说，我虽可以过规矩的生活，虽不喜欢那种 gay 的生活，虽平时偏向庄重的生活，但我能放肆我自己，有时也能做很 gay 的生活。（gay 字不易译，略含快活与放浪之意。）这一层也是很真，但外人很少知道的。我没有嗜好则已，若有嗜好，必沉溺很深。我自知可以大好色，可以大赌。我对于那种比较严重的生活，如读书做诗，也容易成嗜好，大概也是因为我有这个容易沉溺的弱点。这个弱点，有时我自己觉得也是一点长处。我最恨的是平凡，是中庸。②

---

① Hu to Edith Clifford Williams, October 31, 1936,《胡适全集》，40:311-312.
② 《胡适日记全集》，3:294-295.

韦莲司对胡适气盛的一面其实很了解。她在 1938 年给胡适的一封信里，就这样老实不可气地批评了胡适：

> 你在朋友圈里，会轻率地说出你对公众或社会事物的看法。你这样作是因为你脑筋很快，而不是因为你有了理由充分的意见。因此，当你在矛盾之海泅泳的时候，你也许看到了某些字句（相信它们是对的），就说："我宁愿我是对的。"我在这里想说的意思是，哲学或行为的对错，并不像历史问题那么容易来判定。由于我不清楚你在中国的生活，也无法看你用中文写的杂文，因此我在这里所说的一定很不公平，你可能老早就把你大学时代的习性摒除了。[1]

中国公学

年轻气盛的胡适既然已经两次跟教务长起冲突，现在又被记了一次大过，他也就决定离开澄衷了。1906 年夏天，他去报考中国公学。他被录取以后，就在那年的秋天进入中国公学。

中国公学是清末留日的中国学生回上海创办的。这件事情的缘起，是因为日本文部省在 1905 年 11 月 2 日颁布了一个"取缔清国留学生规则"。"取缔"在日文是"管束"、"整饬"的意思。然而，在中文听起来就很刺耳。当时谣言极多，比如说，传言说取缔规则将把中国人和韩国人并列。当时韩国虽然还没有正式成为日本的殖民地，但殖民地的事实已经昭然若揭，中国留学生认为把中国人和韩国人并列是一个侮辱。又加上这些取缔规则里面，还有对中国留学生住宿以及行为的管理，有侵害留学生权利之虞。在抗议无效之后，中国留学生便议决罢课抗议。当时中国在日本的留学生估计有八千人之多，其中，有三千人回了国。这些从日本回国的学生在该年 12 月底，在

---

① Williams to Hu, August 31, 1938。转引自拙著《星星·月亮·太阳——胡适的情感世界》（北京：新星出版社，2006），页 281。

上海成立了留日学生总会，拟定了自治规则。1906 年 1 月 18 日，各省代表选定了第一次公学职员。且经决议，定校名为中国公学，并起草了学校章程。1906 年 3 月 4 日，中国公学行开校典礼。校址所在，在上海北四川路黄板桥之北。

中国公学是在留日学生的民族主义激荡之下成立的。然而，慷慨激昂过后，许多实际的问题就出现了。首先，罢学归国的学生虽然号称有三千人之多，然而，清朝政府当然不想让他们都留在上海。其命令是："劝令迅速各回本籍，不许逗留。"此外，根据报载，驻日公使又威胁所有学生必须在一个月，最晚两个月内，回东京上课，否则官费生停费，自费生则不送入学。于是"靦颜东渡者大半，穷蹙四散者又半之"，留在上海的，不到罢学回国的十分之一。因此，中国公学开学的时候，只有两百六十几个学生。

更严重的是中国公学的财务。胡适在《四十自述》里说："上海那时还是一个眼界很小的商埠，看见中国公学里许多剪发洋装的少年人自己办学堂，都认为奇怪的事。政府官吏疑心他们是革命党，社会叫他们做怪物。所以捐钱的人很少，学堂开门不到一个半月，就陷入了绝境。公学的干事姚弘业先生（湖南益阳人），基于义愤，遂于三月十三日投江自杀，遗书几千字，说'我之死，为中国公学死也'。遗书发表之后，舆论都对他表敬意，社会受了一大震动，赞助的人稍多，公学才稍稍站得住。"[①]

事实上，在中国的社会、经济、观念的条件之下，捐款和赞助都不是恒久之道。我们只要比较表 2.1 所列出来的中国公学 1906 和 1907 年的财务报告，就可以看出端倪。中国公学第一年，也就是 1906 年，总收入是 52,779 元。其中，捐款收入是 15654.53 元，占总收入的 29.66%。到了次年，虽然总收入增加了一万多元，达到 64371.96 元，但捐款的收入却骤降到 4272.16 元，仅占该年总收入的 6.64%；与前一年相比，降幅几达四分之三。换句话说，姚弘业的自杀，虽然引起了社会的同情，使中国公学得到了大量的捐款，但这只是一个暂时的现象，不是办学的人所能仰仗的。这一点，是中国和美国国情大不同的一点。美国的私立学校靠捐款、靠投资维持；中国的私立学校则主要

---

① 胡适，《四十自述》，《胡适全集》，18:65-66.

靠学杂、膳宿费的收入。1906年，中国公学在学费和膳宿费的收入是21,582元，占总收入的40.89%。1907年，由于学生增加，中国公学在学费和膳宿费的收入，增加到29741.22，占该年总收入的46.2%。如果我们在把该年制服费的收入也加进去，就将近该年收入的一半。

表2.1　1906、1907年中国公学经费来源状况表

	1906 年		1907 年	
	数量（元）	百分比（%）	数量（元）	百分比（%）
学费	10522.5	19.94	14804.77	23.00
膳宿	11059.5	20.95	14936.45	23.20
开办	7540	14.29	5060	7.86
制服	240.9	0.46	1891.6	2.94
垫款	7762.1	14.70	970	1.50
捐款	15654.53	29.66	4272.16	6.64
补助	0	0	21606.73	33.57
旧存	0	0	830.25	1.29
总入	52779.18	100	64371.96	100

资料来源：《中国公学第一次报告书》，光绪丁未年十二月，上海商务印书馆代印，页76-81。[1]

从这个角度来看，中国公学的财政实际上是不稳固的。中国公学在1906年12月向两江总督端方呈请补助，得其允自1907年正月起每年由江南财政局拨银一万二千两。此外，中国公学又得到粤督张人骏批准，由广东批银三千两。这两个拨款使得中国公学在1907年的补助款项达到21606.73元，占该年总收入的33.57%。这个来自官方的补助，加上捐款，占该年总收入的40%。当然，我们在此也必须指出表2.1的统计并不是很精确的。首先，当时的钱币单位并不是统一的，比如说，端方跟张人骏的拨款是以银两计的，而社会通用的是银元。表2.1的统计所用的单位是银元，但并没有告诉我们银两与银元的兑换比率。其次，表2.1"补助"栏里的数目，也大于端方和张人骏拨款的总和，究竟这个差异是因为换算成银元的结果，还是中

---

[1]　转引自 http://bbs.ltgx.net/thread-5405-1-4.html，2009 年 10 月 2 日上网。

国公学另有其它补助来源。如果是后者，则表 2.2 的捐助名录里，并没有其他拨款的来源。如果把表 2.1 跟表 2.2 的统计数字拿来相比，我们就更可以看出这些统计资料是不精确的。比如说，表内胪列的捐款数目有几项是笼统的总数。捐款的总数也与表 2.1 的总数不符。当然，这除了可能因为是表 2.2 只列出超出百元或百两以上的捐助款项以外，也可能又是跟兑率有关。无论如何，端方除了拨款补助中国公学以外，还拨了吴淞公地百余亩作为新校址。

表 2.2　1906、1907 捐助名录（百元／两以上者）

身份／性质	捐／筹款数量	附注
端方／两江总督	银 12000 两	江南财政拨款
张人骏／广东总督	银 3000 两	官方补助
郑孝胥／四品京堂	洋 1000 元	捐款
湖南学界／学界	银 4000 两	捐款
龙州学界／学界	银 100 两	捐款
王氏树人学堂／学界	洋 200 元	捐款
东京四川同乡会／学界	洋 430 元	捐款
河南厅公所／政界	洋 100 元	捐款
河南师范学堂／学界	洋 100 元	教员、管理员捐款
河南高等学堂／学界	银 120 两	职员、教员捐款
湖南事务所／	洋 100 两	捐款
杜乪三／广东潮州商人	洋 2055 元、银 300 两	募款：包括潮州官银 300 两、林清波 1000 元
黄瞻鸿／福建商人	洋 1884 元、 银 50 两、自捐 540 元	募款：包括三山会馆捐款 450 元
乔佩芳／北京商人	洋 761.1 元	募款
胡竹国／南洋大吡叨埠华侨	银 1837 两 5 钱	捐款
林晓波／越南华侨	洋 1000 元	捐款
孙境清／公学职员、商人	约万元	垫款
四川商界／商界	约 3000 元	周果一和陈润夫经募

资料来源：《中国公学第一次报告书》，光绪丁未年十二月，上海商务印书馆代印，页 117-143。[①]

[①]　转引自 http://bbs.ltgx.net/thread-5405-1-4.html，2009 年 10 月 2 日上网。

1908 年，中国公学得到大清银行贷款十万两为建筑新校舍之用。然而，事与愿违，就在新校舍还在兴建的时候，中国公学的大多数学生就因为与学校行政人员的争执，而集体罢学。退学的学生在爱而近路庆祥里组织了中国新公学，留校的学生，则于 1909 年搬进吴淞的新校舍。中国新公学坚持到该年冬天，终于以维持困难而解散，与原校合并。有关这点，我们下文还会谈到。

胡适在 1906 年秋天进入中国公学，他在《四十自述》的增订残稿里，是这样总结他在中国公学的经验的："在中国公学住了两年多，在功课上的进步不算怎样快，但我却在课外学得了几件东西。第一是学会了'普通话'。我们的徽州土话是很不好懂的；那时上海各学堂全用上海话，所以我学会了上海话；中国公学是各省留学日本的学生因为'取缔风潮'罢学回国创办的，各省人都有，而四川湖南人最多，所以人人都得学'普通话'；我那时年纪轻，学话很容易，所以不上一年，我居然能说很普通的官话了。第二是认识了许多年岁比我大的各省朋友，不但学得了一点成人的习惯，还使我认得中国之大，从一个上海学生渐渐变成了一个有国家观念的中国人。第三是学会了做中国诗词，使我渐渐走上文学的路上去。第四是学会了做白话文。一班同学办了一个白话的《竞业旬报》，要我投稿；我投了一些稿子，后来竟做了这个旬报的编辑人。这一年多的白话文试作，使我明白白话文是差不多可以'不学而能'的一种工具；使我试用这种新工具发表我少年时代的思想，因此把我早年的一点知识思想整理出一点条理来，至少把自己的思路弄清楚了；最重要的是这点训练给了我不少的自信力，使我能在七八年后大胆的提倡白话文学运动。"[1]

就像胡适在这个总结里所说的，他在中国公学的收获，主要不在学科，而是在课外方面。事实上，胡适在《四十自述》里说中国公学的程度很浅，特别是英文和数学。然而，即使如此，很多课程还是必须请日本教习来教，例如高等代数、解析几何、博物等。这些日本老师用日文教授，然后再由懂日文的同学翻译。根据胡适的回忆，聘用日本教习在当时是一个很普遍的现象。他说，当时"北京、天津、南京、苏州、上海、武昌、成都、广州，各

---

[1] 胡适，《四十自述残稿六件》，《胡适遗稿及秘藏书信》，5:520-522.

x

地的官立中学师范的理科工课，甚至于图画手工，都是请日本人教的"。胡适在这一篇回忆里，还告诉了我们另外一些当时中国教育的怪现象。比如说，以他后来最喜欢非难的文言文教学来说，他说："我在上海（最开通的上海！）做小学生的时候，读的是古文，一位先生用浦东话逐字逐句的解释，其实是翻译！做的是'孝悌说'，'今之为关也将以为暴义'、'汉文帝、唐太宗优劣论'。"外文跟外国史地则必须请青年会或上海圣约翰大学出身的教员来教。更有趣的是澄衷所用的西洋史教科书。他说："我记得我们学堂里的西洋历史课本是美国十九世纪前期一个托名 Peter Parley 的《世界通史》，开卷就说上帝七日创造世界，接着说'洪水'，卷末有两页说中国，插了半页的图，刻着孔夫子戴着红缨大帽，拖着一条辫子！"[1] 其实这个有关 Peter Parley 的回忆不很正确，详情请看下文。

中国公学的成立，既然是以留日罢学归国的学生为骨干，其所来自的省份与年龄自然极不整齐，不像一般地区性的学校有较高的同质性。胡适说他刚搬进中国公学的时候，看到各色各样的同学。许多人剪了辫子，穿着和服，拖着木屐，完全是一副日本人的样子；还有"一些是内地刚出来的老先生，戴着老花眼镜，捧着水烟袋"。[2] 后面这一句话，显然相当夸张。中国公学的学生的年龄，即使以当时的标准来看都是偏高，也不致于会像胡适说得那么离谱。表 2.3 的学生年龄分布，可以让我们知道学生的年龄最小十三岁，最大三十二岁，绝对还没有到需要戴老花眼镜的地步。值得注意的是，如果学生当中有"内地刚出来"，"捧着水烟袋的老先生"，则显然中国公学的成分极为复杂，并不像传言所说的尽是革命分子。

胡适在《中国公学史》里说："中国公学真可算是全国人的公共学校。"这句话不算夸张。胡适说中国公学，"学校在上海，而校中的学生以四川、湖南、河南、广东的人为最多，其余各省的人差不多全有"。[3] 表 2.4 中国公学 1906 年学生省籍最高六省分布表，证明了胡适的回忆是正确的。1906 年中国公学学生最多的六省依次是：四川、广东、湖南、河南、浙江、江苏。河南人

---

① 胡适，《悲观声浪里的乐观》，《胡适全集》，4:523.
② 胡适，《四十自述》，《胡适全集》，18:65-66.
③ 胡适，《中国公学史》，《胡适全集》，20:149.

表 2.3　1906 年中国公学学生年龄状况表

	最小年龄 （岁）	最大年龄 （岁）	相距 （岁）
高等普通预科甲班	17	31	14
高等普通预科乙班	18	27	9
普通甲班	15	27	12
普通乙班	15	26	11
普通丙班	13	24	11
普通丙二班	13	23	10
普通丁班	15	26	11
理化班	19	32	13

资料来源：《中国公学第一次报告书》，光绪丁未年十二月，上海商务印书馆代印，页 87–112。[1]

在中国近代教育界的资源和地位所占的比率向来不高，而在中国公学则是例外，这可以解释为什么河南人在为中国公学的捐输上，比起其他沿海更富庶的省份还要踊跃，虽然在捐款总额上其实是相当微不足道的。表 2.4 的学生省籍分布表只取了最高的六省。其实中国公学学生省籍分布表，一共列了十二个省，第七到第十二顺位依次是：广西、江西、陕西、安徽、湖北、福建。胡适是安徽人，该年中国公学的安徽学生有 12 人，占学生总人数的 3.31%。在省籍统计表所列出的十二省里占第十顺位，亦即倒数第三名。此外，表 2.4 的统计也为我们提供了一个可以用来推测胡适在中国公学究竟是上哪一班的资料。胡适在《四十自述》里只说他在甲班，但没有说明他是在高等普通预科甲班，还是普通甲班。表 2.4 显示这两班都刚好只有一个安徽人，根据表 2.3，高等普通预科甲班最年轻的十七岁；普通甲班最年轻的十五岁。胡适在《四十自述》里提到他的年龄的时候，用的都是西洋的算法，但是，当时的算法是传统的，所以胡适说他 1904 年离开家乡到上海去念书的时候，他名为十四岁，其实只有十二岁。用这个传统的算法来算，胡适 1906 年可以名为十六岁，所以，当年中国公学高等普通预科甲班唯一一个安徽来的学生，可能就是胡适。

---

[1]　转引自 http://bbs.ltgx.net/thread-5405-1-4.html，2009 年 10 月 2 日上网。

表 2.4　中国公学 1906 年学生省籍最高六省（附加安徽）分布表

	四川	广东	湖南	河南	浙江	江苏	安徽	小计
高等普通预科甲班	14	0	4	0	3	1	1	23
高等普通预科乙班	11	5	5	0	2	0	0	23
普通甲班	2	2	4	0	4	6	1	19
普通乙班	4	8	5	2	7	4	1	31
普通丙班	9	12	2	7	4	2	1	37
普通丙二班	16	4	3	2	3	2	0	42
普通丁班	8	2	8	11	1	2	0	32
理化班	10	19	5	5	3	5	4	51
理化班卒业生	2	15	5	2	2	0	0	26
师范班卒业生	1	2	13	0	0	0	3	19
小计	77	71	60	31	29	23	12	303
百分比（%）	21.21	19.56	16.53	8.54	7.99	6.34	3.31	83.48

资料来源：《中国公学第一次报告书》，光绪丁未年十二月，上海商务印书馆代印，页 85–116。①

　　由于学生来自的省份这么多，中国又是一个方言极多的国家，于是就必须寻求一个共同的语言了。胡适在 1931 年写《四十自述》的时候说："我们现在看见上海各学校都用国语教授，决不能想象二十年前的上海还完全是上海话的世界，各学校全用上海话教书。学生全得学上海话。中国公学是第一个用'普通话'教授的学校。"更有趣的是，因为中国公学的同学里四川人最多，所以胡适在上海所学的"普通话"是带有四川口音的："我的同学中四川人最多；四川话清楚干净，我最爱学他，所以我说的普通话最近于四川话。二三年后，我到四川客栈（元记、厚记等）去看朋友，四川人只问，'贵府是川东，是川南？'他们都把我看作四川人了。"②

　　不管是以今天或当时的眼光来看，中国公学都是一个独一无二的学校。胡适在《中国公学史》里说："中国公学的组织是一种民主国的政体。公学的发起人是革命党人，故学校成立之时，一切组织多含有试行民主政治之意，全校分执行与评议两部。执行部的职员［即教务干事、庶务干事、斋务干事］是学生投票互选出来的，有一定的任期，并且对于评议部负责任。评议部是

――――――――――

① 转引自 http://bbs.ltgx.net/thread-5405-1-4.html，2009 年 10 月 2 日上网。
② 胡适，《四十自述》，《胡适全集》，18:67-68.

班长和室长组织成的，有定期的开会，有监督和弹劾职员之权。开会时，往往有激烈的辩论，有时到点名熄灯时方才散会。"[1] 在《四十自述》里，他说："我年纪太小，第一年不够当评议员，有时在门外听听他们的辩论，不禁感觉到我们在澄衷学堂的自治会真是儿戏。"[2]

这种"民主国政体"的组织，必须是建立在学校财政独立的基础上。从1907年正月，端方拨的款开始进来以后，这个独立的条件就消失了。胡适说："学校受了两江的补助常款，端方借此要监视这个有革命嫌疑的学校，故不久即委派监督，学校有了官派的监督，民主的政体，便发生了障碍，干事部久不改选，评议部也有废止的危险。"[3] 其实，胡适在《四十自述》里说这个民主的制度只实行了九个月，丙午年二月到十一月，即1906年3月到12月。他说该年冬天的时候，学校就已经改组，请了郑孝胥、张謇、熊希龄等几十个人做中国公学的董事，董事根据新章程选出监督，于是以学生作为主体的制度，就变成了以董事会作为主体的制度。在开始的一两年里，由于监督不常到学校，学生也就不觉得监督制的可畏。问题是，在董事会和监督的制度之下，干事就不再由学生公选了。同时，新章程里边也没有评议部。于是，原来由学生公选的教务干事、庶务干事、斋务干事，改为由学校聘任。根据中国公学的校章，学校组织的变更必须经过全体三分之二的承认。现在董事与干事片面修改学校组织，学生当然反对。

评议部取消以后，中国公学的学生组织了一个"校友会"，其实就是一个"学生会"。学生会和三个干事争了几个月以后，干事终于答应校章可以由学生修改。等学生会费了几个月的时间，拟出了草案，再经过几次的会议，好不容易订出了一个新校章以后，却得不到监督与干事的承认。这一年多来的争执，终于在1908年9月底白热化。27日当天，监督发出布告，否认学生有修改校章的权力。同时，又发出布告，禁止学生集会演说，违者以开除处分，限一日内搬出学校。群情激动的学生，就在28日全体签名罢课，在操场上开大会。当天就有七名学生被开除。冲突越演越烈，即使有董事会出

---

① 胡适，《中国公学史》，《胡适全集》，20:150.
② 胡适，《四十自述》，《胡适全集》，18:68.
③ 胡适，《中国公学史》，《胡适全集》，20:150-151.

来调停，事情已经无法挽回。10 月 3 日当天，校方发出公告，宣布次日起停止膳食，学校即日起关闭，等事情了结以后，再行通告学生复学。愤怒的学生决定集体退学，另创新校。这就是中国新公学的开始。那一天，下着雨，胡适在《四十自述》里，有一段很生动的描述：

> 退学那一天，秋雨淋漓，大家冒着雨搬到爱尔近路庆祥里新租的校舍里。厨房虽然寻来了一家，饭厅上桌凳都不够，碗碟也不够。大家都知道这是我们自己创立的学校，所以不但不叫苦，还要各自掏腰包，捐出钱来作学校的开办费。有些学生把绸衣、金表都拿去当了钱来捐给学堂做开办费。十天之内，新学校筹备完成了，居然聘教员、排功课，正式开课了，校名定为"中国新公学"，学生有一百六七十人。①

胡适在《四十自述》里说在中国公学风潮之中，"最初的一年因为我是新学生，又因为我告了很长时期的病假，所以没有参与同学和干事的争执；到了风潮正激烈的时期，我被举为大会书记，许多纪录和宣言都是我做的。"② 既然如此，胡适对这个风潮的描述，也就是说，从争执白热化到中国新公学的这一段，他的描述应该是他亲身经历的。然而，前一句话就有稍作补充说明的必要。这是因为胡适长期告假有两次，两次都因为是脚气病。第一次根据胡适自己的说法，是在他进中国公学不到半年以后，时间可能是在1907 年初。我所以会作这样的推定，是因为他在 1907 年 3 月初参加了中国公学到苏州的旅行；4 月，又参加了中国公学去杭州的旅行。这第一次病假，时间应当不长。胡适人是留在上海，就住在他们家在上海南市开的瑞兴泰茶叶店里。当时，他偶尔还会回学校看同学。第二次病假比较长，因为胡适是回家养病，时间可能是在 1907 年 6 月底到 10 月初。作这样的推定，是因为胡适是在 10 月 14 日从上庄回到上海的。当时，从上庄走到上海要花掉大约七天的时间，而胡适在途中显然又顺道凭吊了一些古迹。所以，他应当是在10 月初离开上庄的。胡适说他回家住了两个多月，以此推算，他应当是在

---

① 胡适，《四十自述》，《胡适全集》，18:85-86.
② 胡适，《四十自述》，《胡适全集》，18:86.

6月底（农历五月）回家的。以今天的医学常识来说，脚气病（Beriberi）是维他命 B₁ 的缺乏症。在当时则不然，胡适说徽州人在上海得了脚气病，必须赶紧回家乡，行到钱塘江的上游，脚肿便渐渐退了。换句话说，徽州人相信脚气病是一种水土不服的病。

胡适说中国公学风潮初起的时候他还是新生，又因为请了长期的病假，因此他没有参与同学和干事之间的争执。这些都是实情。而且我们从胡适的描述，知道中国公学的民主政制实际上只实行了九个月。从 1906 年底董事会成立、监督制形成以后，中国公学的学生其实已经失去学生治校的权力了。因此，中国公学学生与干事之间的争执，实际上从 1907 年初就开始了，只是争执的白热化，要到 1908 年春天才浮现。我们在第一章的启始引了胡适在 1908 年春写给家乡朋友程春度的一封信，在那封信里，胡适说："公学近日几起大风潮，苟非监督明白事理，则公学已破坏矣。"换句话说，中国公学的风潮，前后算起来，一共延烧了一年十个月。

胡适在中国公学风潮最激烈的时候是主要的参与者，"虽然不在被开除之列，也在退学之中"；虽然他很可能也参与了中国新公学的创立，然而，胡适并没有进入中国新公学念书。他说他没有继续念书，是因为家里没钱。他父亲留下来的几千两银子被倒账以后，家里分到了上海和汉口的两个店。他那颇有干才的二哥，在几年当中，跟朋友合伙撑起了一个规模不小的瑞兴泰茶叶店。可惜，胡适说，他二哥在那几年间，"性情变了，一个拘谨的人变成了放浪的人；他的费用变大了，精力又不能贯注到店事，店中所托的人又不很可靠，所以店业一年不如一年。后来我家的亏空太大了，上海的店业不能不让给债权人。当戊申［1908 年］的下半年［也就是中国公学的风潮最激烈，导致大部分学生集体罢学，中国新公学成立的时候］，我家只剩汉口一所无利可图的酒栈（两仪栈）了。这几个月来，我没钱住宿舍，就寄居在《竞业旬报》社里（也在庆祥里）。从七月［阳历七月底］起，我担任《旬报》的编辑，每出一期，社中送我十块钱的编辑费。住宿和饭食都归社中担负"。① 换句话说，在中国公学还没有分裂以前的两个月，胡适就已经搬出中

---

① 胡适，《四十自述》，《胡适全集》，18:86-87.

国公学的宿舍，住进《竞业旬报》社里去了。在这里，附带一提，胡适只说他二哥变成了一个"放浪的人"，就打住了，然后接着说："他的费用变大了。"在原稿里，这两句话之间，有一句被他删掉了的话，依然可以辨识："在上海窑子里爱上了一个妇人，时常不回店里。"①

胡适没有进中国新公学当学生，却去当了老师。胡适在《四十自述》里，说中国新公学成立以后，担任教务干事的李琴鹤请他担任低级班的英文课。虽然他没有说这是从什么时候开始的，然而，由于他提到这件事情的时候，是紧接着他在谈中国新公学成立的时候，读者的印象自然会以为他是在中国新公学一成立就在那儿教英文的。我们在第一章的启始，提到了胡适在1908年12月30日给程春度的信，他在信中说："近拟与新公学订约教授戊己两班英文，每日四时，月可得八十元，此外或尚可兼任外事。惟此约尚未订定。"所以，我认为胡适开始在中国新公学教英文最早应该是1909年初以后的事。胡适在中国新公学教英文，一直教到该年的11月13日，中国新公学因为与中国公学合并而解散为止。这跟胡适在《中国公学史》里说，他"在校［中国公学］两年多，在中国新公学又留一年"的说法是相符的。

如果胡适确实是一直到1909年初，才开始在中国新公学的戊、己两班教英文，则他的经济必定是很拮据的。虽然吃住由《竞业旬报》社负担，他每出一期，才得编辑费十元。《竞业旬报》是旬刊，表示他一个月可以拿三十块钱，但这是假定《竞业旬报》没有衍期的话。他开始在中国新公学教英文以后，虽然一个月有八十元的收入，这八十元却不是一定能拿到的。这是因为中国新公学的财务极为拮据。关于这一点，胡适描写得再生动也不过了："经费实在太穷，教员只能拿一部分的薪俸，干事处常常受收房捐与收巡捕捐的人的气；往往因为学校不能付房捐和巡捕捐，同学们大家凑出钱来，借给干事处。有一次干事朱经农君（即朱经）感觉学校经费困难到了绝地，他忧愁过度，神经错乱，出门乱走，走到了徐家汇的一条小河边，跳下河去，幸遇人救起，不曾丧命。"正因为中国新公学的财务这么困难，新公学的教务干事李琴鹤在聘请胡适教英文的时候，就已经告诉他，既然是自家同学做

---

① 胡适，《四十自述残稿六件》，《胡适遗稿及秘藏书信》，5:589.

教员，薪俸是不能全领的，总得欠着一部分。

就好像天总是不从人愿一样，眼看着他就会有两个糊口的工作，《竞业旬报》却发生了问题。我们不知道问题出在哪里，但是 1909 年 1 月 22 日的《竞业旬报》刊出了胡适的启事："鄙人今年大病数十日，几濒于死。病后弱质，殊不胜繁剧，《旬报》撰述之任现已谢去，后此一切，概非鄙人所与闻。此布。"[1] 在胡适辞去《竞业旬报》的编辑工作之后，《竞业旬报》跟着就停刊了，胡适也搬进了新公学去住，一直到中国新公学在该年 11 月 13 日解散为止。胡适拿了中国新公学发给他的两三百块钱的欠薪，搬到海宁路南林里一幢有东西两间相通的房子去住。住在东屋的是原来在中国新公学教书的一个德国人——何德梅（Ottomeir）。据胡适说，"何德梅的父亲是德国人，母亲是中国人，他能说广东话、上海话、官话。什么中国人的玩意儿，他全会。"胡适和几个四川朋友合住西屋。这是胡适掉落到谷底的开始，然而，也是胡适一生最大的转捩点。但这是后话。

无神、社会不朽论的奠基

胡适在写《四十自述》的时候，回去翻检了他在《竞业旬报》上所写的一些文章。他说他回头去看那些文章，真有如同隔世之感，"但我很诧异的是有一些思想后来成为我的重要出发点的，在那十七八岁的时期已经有了很明白的倾向了。"胡适举的例子有两个。一个是他在当时责怪中国人随便省事不肯彻底思想的毛病。他举两篇文章为例，第一篇他 1908 年 12 月 14 日在《竞业旬报》36 期上所发表的《苟且》一文，说"苟且"这两个字，"是中国历史上的一场大瘟疫，把几千年的民族精神都瘟死了"。第二篇是他在《竞业旬报》37 期上所连载的《真如岛》章回小说第十六回里对扶乩迷信的批判，以及他盛赞程颐所说的"学原于思"是千古至言的话。他说："'学原于思'一句话是我在澄衷学堂读朱子《近思录》时注意到的。我后来的思想走上了赫胥黎和杜威的路上去，也正是因为我从十九岁时就那样十分看重

---

[1] 铁儿［胡适］，《铁儿启事》，《胡适全集》，20:513.

思想的方法了。"①

胡适所举的另外一个他年轻时就已经有的思想的种子，是他后来再进一步发展的社会不朽论。这就是他的《论承继之不近人情》，最先发表在《安徽白话报》，然后在《竞业旬报》第 29 期转载。胡适在这篇文章里说："我如今要荐一个极孝顺的儿子给我们中国四万万同胞，这个儿子是谁呢？便是社会。"他劝读者说："列位要记得，儿子孙子，亲生的、承继的，都靠不住，只有我所荐的这种孝子贤孙，是万无一失的。"胡适在《四十自述》里，说明了他是如何把这个思想的种子发挥成后来的社会不朽论的："这些意思，最初起于我小时看见我的三哥出继珍伯父家的痛苦情形，是从一个真问题上慢慢想出来的一些结论。这一点种子，在四五年后，我因读培根（Bacon）的论文有点感触，在日记里写成我的'无后主义'。在十年以后，又因为我母亲之死引起了一些感想，我才写成《不朽：我的宗教》一文，发挥'社会不朽'的思想。"②

这个社会不朽论的思想的种子，最可以拿来说明胡适早熟、聪明过人的所在；一个十七岁的年轻人能有那么深刻的思想。不但如此，它更可以拿来说明年轻的胡适，和思想成熟以后的胡适在思想上确实有其连续性的存在。贾祖麟（Jerome Grieder）在他那本分析细腻、文字优美的《胡适与中国的文艺复兴》（*Hu Shih and the Chinese Renaissance: Liberalism in the Chinese Revolution, 1917-1937*）里，强调的就是胡适在思想上的连续性。贾祖麟说他在检视了胡适在日记以及其他公开场合所写的东西以后，他觉得胡适留美时期的思想，与他在上海时期已经形成的思想方向，并没有什么根本的差异。观点的修正当然是有的，比如说，它反映在胡适对女性的社会角色比较开明的看法上；也反映在他对"思想的方法"渐臻成熟的看法上。贾祖麟认为，除了胡适从悲观的心态脱胎换骨成为一个不可救药的乐观主义者以外，他找不到任何证据可以显示胡适在信念上有什么突兀或惊人的转变，或者在世界观上有什么根本的修正。他说他所能得到的结论是：胡适在美国做学生的时候，他不假思索、倾心接受的观念，都是此前的教育已经为他准备好了的，

---

① 胡适，《四十自述》，《胡适全集》，18:75-76.
② 胡适，《四十自述》，《胡适全集》，18:76-77.

而且他所吸收的当代西方思潮，都是跟他踏上新大陆以前就已浮现了的——即使还不是很坚定地接受的——想法最契合的。①

事实上，胡适研究到现在为止最大的盲点之一，就是不能突破对他所谓的思想上的连续性的执著。而始作俑者，其实就是胡适自己。胡适在他思想成长的轨迹上自然有他相当惊人的连续性，但同时也有他鲜明的断裂性。胡适在《四十自述》里追溯他后来思想发展的种子，就很有以今释古的毛病。一个人十几岁的时候就注重思想的方法，跟他日后会不会走上赫胥黎和杜威的路上去，其实并没有必然的关系。更惊人的是，胡适在这里已经是明目张胆地在作选择的回忆——反正没有多少人会看《竞业旬报》——因为他把《苟且》这篇文章里所说的伟大的"祖国"几千年前的"光荣的科学文明"的话都略过不提了。这点我们下一章会详细讨论。相对地，他的无神论、社会不朽论，以及他在《四十自述》另一节所提到的梁启超的《新民说》，都可以说是他思想发展的连续性上最好的例子。然而，即使在这几处，特别是无神论，都还有令人意想不到的变奏。试想，胡适在留美的初期，还差一点就皈依了基督教呢！

我们在分析胡适在思想上的连续性以前，必须先说明一下胡适跟《竞业旬报》的关系。胡适跟《竞业旬报》的渊源是从创刊就开始的。时间是1906年10月，当时他刚进中国公学。根据胡适的回忆，中国公学的一些学生，很多可能是革命党人，组织了一个竞业学会，其目的在"对于社会，竞与改良；对于个人，争自濯磨"，所以定了这么一个名字。《竞业旬报》就是竞业学会所出的一个白话报，宗旨有四："一、振兴教育，二、提倡民气，三、改良社会，四、主张自治。"胡适在第一期上就有一篇文章，那就是他阐述地球基本常识的《地理学》。《竞业旬报》出了十期以后就停办了，一直到一年四个月以后，也就是1908年4月才复刊。到该年七月底，胡适就变成了《竞业旬报》的主编，一直到翌年一月他辞职为止。

胡适在《竞业旬报》里所写的文章很多，有论文、章回小说、诗词。等他担任编辑以后，更是无所不包，从社论、论说、时闻、诗词到杂俎，常常

---

① Jerome Grieder, *Hu Shih and the Chinese Renaissance: Liberalism in the Chinese Revolution, 1917-1937* (Cambridge, Mass.: Harvard University Press, 1970), pp. 43-44.

是他一个人包办。我们可以从这些文章里找出胡适当时关心的几个主题来，其中，无神论就是最显著的。我们记得胡适无神论的启蒙，是在他十一岁，司马光和范缜的话语把他从地狱、牛头马面的梦魇里解救出来的时候。司马光所说"形既朽灭，神亦飘散，虽有锉烧舂磨，亦无所施"的话，对他是一大解放。的确，如果人死了以后，魂魄也跟着飘散，则即使真有牛头马面会用钢叉把罪人叉上刀山，叉下油锅，抛下奈何桥去喂饿狗毒蛇，那被叉上了刀山、又进了油锅或抛下了奈何桥的人既然"形既朽灭，神亦飘散"，又有什么可怕的呢！范缜的"神之于形，犹利之于刀。未闻刀没而利存，岂容形亡而神在哉"更是为胡适的无神论提供了哲学的话语。五年以后，在《竞业旬报》发表的章回小说《真如岛》，就是胡适无神论啼声的初试。

根据胡适自己的构想，《真如岛》是一部长篇小说，共有四十回，连回目都拟好了。可惜才写了六回，就因《竞业旬报》第一次停刊而停笔。直到担任《竞业旬报》的编辑以后，他才又开始续作。然而，作到第十一回以后，因为《竞业旬报》再度停刊，胡适的这第一部文学创作就这样无疾而终了。作为一篇小说，《真如岛》当然是极为稚嫩的。没有什么文学的技巧，布局随性，情节随灵感位移。更重要的是，它说教的意味要甚于文艺。就像胡适在《四十自述》里所说的，他写《真如岛》的用意在"破除迷信，开通民智"。胡适说他从小就最痛恨道教，因此，《真如岛》的开场就选在张天师的家乡江西贵溪。年纪轻轻才十九岁的主人翁孙绍武在第一回就讥诋算命；[①] 第二回批判的是排八字合婚择日、拜菩萨求签；第三回则左批早婚、中表联姻之误（因为孙绍武的舅舅虞善[愚善人]想把女儿嫁给他），右掴看黄历定行止的愚昧；第四回评的是看风水。由于胡适实在不知道贵溪的地理风俗，写到第五回，已经是索尽枯肠了，只好让孙绍武回徽州投奔他的姑丈去了。不但主人翁中途换了场地，破除迷信的主轴也突然停摆，横生出对赌博的批判和开鸦片烟店的祸害（鸦片店失火，烧死了店东两岁的孙子）。第六回跳回了主轴，把故事讲到了徽州的"太子会"，说"先王以神道设教"，原意是为了要让人们用锣鼓爆竹把夏日炎热天候里的秽气震散，是"预防瘟疫传染的办

---

① 有关《真如岛》情节，请参阅胡适，《真如岛》，《胡适全集》，10:501-541.

法"，后人不懂这个道理，变成了"专在木人土偶面前烧香许愿，祈求免疫，那真是可笑的很了"！好不容易把故事拉回到主轴，却由于《竞业旬报》第一次的停刊而倏然中止。

《真如岛》第七回是通篇里的一大高潮："扫群魔泼妇力诛菩萨，施善会痴人妄想仙方。"好个让人触目惊心的回目！这是胡适在他主编复刊以后的《竞业旬报》的第一炮，也是《真如岛》里最成功的一回。故事一开始就是高潮，启庆嫂持刀冲将闯入"太子会"，把大小三四十个泥抹纸糊的菩萨全给拽倒在地上，逐一斩首。然后，再把这些斩下来的菩萨头，装在从供桌下拉出来的一个最大的用来装供奉菩萨祭品的篮子里。她把这个篮子提到一个露天的茅厕，把斩下来的菩萨头，一个一个地扔了进去。胡适接着用了倒叙法，说原来启庆嫂一家八口里，五口染了时疫：启庆三兄弟，两个弟媳。她一个人要照顾五个病人，又要照应一个五岁的儿子、六岁的侄儿。启庆嫂在太子菩萨前许愿，如果一家五个病人病好，今年善会一切费用，都由启庆嫂一家出钱。哪里知道善会才开始，三弟和启庆就先后一命呜呼。伤心欲绝，痛心"难道菩萨连一个贤妻慈母都不许我做"的启庆嫂晕死过去又醒转过来以后，就走进厨房一把抓起菜刀，一路冲将到"太子会"去了。等她把三四十个菩萨的头都丢进了茅厕以后，启庆嫂回到家门，见到启庆与三弟已经放进棺木里，呀的一声哭出声来，号啕之声惨不忍闻，那还活着的三个病人，也一齐放声大哭，哭得连左邻右舍都为之伤心下泪。"那哭声真个惊天动地日月无光，不料那三个病人哀痛极了，竭力一哭，哭到力竭泪尽声嘶的时候，那病便不知不觉的好了。"胡适在这回的跋里说这是一个真实的故事，发生在四十几年前。从她大闹当年的"太子会"以后，启庆嫂从不出一钱办善会，但其家业日盛；她的儿子业已长成，都抱了三四个孙子了。

可惜的是，写完这高潮迭起的第七回以后，就后继无力了。《真如岛》在《竞业旬报》停刊前所刊出的最后四回，第九回完全离题，介绍的是绩溪诗人石鹤舫的词；第十回谈的是名教伦常方面的憾事：悔婚与后母的错综关系。只有第八跟第十一回又回到了破除迷信的主轴。第十一回针砭的是扶乩求仙的诈术，第八回批判的是果报的观念，是胡适对果报观念最详尽的一个论述。小说主人翁孙绍武说：

这"因果"二字，很难说的。从前有人说："这因果两个字，可以把一树鲜花做一个比喻，譬如窗外这一树花儿，枝枝朵朵都是一样，何曾有什么好歹善恶的分别？不多一会，起了一阵狂风，把一树花吹一个'花落花飞飞满天'，那许多花朵，有的吹上帘栊，落在锦茵之上；有的吹出墙外，落在粪溷之中。这落花的好歹不同，难道好说是这几枝花的善恶报应不成？"这话狠是，但是我的意思却还不止此。大约这因果二字是有的。有了一个因，必收一个果。譬如吃饭自然会饱，吃酒自然会醉。有了吃饭吃酒两件原因，自然会生出醉饱两个结果来。但是吃饭是饭的作用生出饱来，种瓜是瓜的作用生出新瓜来，种豆便是豆的作用生出新豆来，其中并没有什么人为之主宰。如果有什么人为主宰，什么上帝哪！菩萨哪！既能罚恶人于既作孽之后，为什么不能禁之于未作孽之前呢？……"天"要是真有这么大的能力，何不把天下的人个个都成了善人呢？……"天"既生了恶人，让他在世间作恶，后来又叫他受许多报应，这可不是书上说的"出尔反尔"么？……总而言之，"天"既不能使人不作恶，便不能罚那恶人。

　　这一长段话，前半段固然是范缜说的，是胡适十一岁时在《资治通鉴》里读到的。但后半段就不然了，是胡适自己的衍申。这已经是胡适无神论的定论。

　　无神论是胡适在《竞业旬报》里论述的一个重点。他除了以白话小说的《真如岛》来宣扬他的无神论以外，还用文言体写了《无鬼丛话》。《无鬼丛话》里有一段话，胡适后来在《四十自述》里特别拿来表彰，那就是他对《西游记》、《封神榜》的批判。他说从《西游记》、《封神榜》对中国社会深远的影响，可以看出小说的力量。他深恨这两本小说在社会、历史上的流毒，于是说如果天地间真有鬼神、真有地狱，那就应该是为这些作者所设的。他说这些作者根本怎么有写作的资格呢！他引《礼记》《王制》篇里的话，说："托于鬼神时日卜筮以乱众者，诛。"他说他不能了解为什么几千年来，以济世明道为口号的人君，居然会让这些惑世诬民的学说大行其道，害得"我神州

80

民族投诸极黑暗之世界"。于是像孟子说"予岂好辩哉"一样，他说："吾昔谓'数千年来仅得许多脓包皇帝、混帐圣贤'，吾岂好詈人哉！吾岂好詈人哉！"① 这段引《王制》篇里的话，就是胡适晚年写《容忍与自由》是表示忏悔的话。

除了用白话小说、文言论文，胡适还用白话的社论来宣扬无神论。他在《竞业旬报》第28期的社论《论毁除神佛》，就是一个很有意味的例子。他在这篇社论里，先声明"兄弟并非外国人，也不是吃洋教的人"。他用两大理由来说明为什么神佛一定要毁：第一，神道是无用的。首先，神佛是泥塑木雕的；其次，人在精神在，人死精神飘散。人世间没有鬼，所以也就没有神佛；再来，人人都求鬼神，各个要求常互相冲突，鬼神如何应付？更何况堂堂做个人，怎么能低头去求那泥塑木雕的菩萨呢！最后，如果人死了反而灵起来，那么不如大家都去死了罢！第二，神佛是有害的。神佛一日不毁，就有愚夫愚妇来烧香拜佛，就是浪费。其次，神佛不毁，来烧香的一定会带孩子来，把小孩子们都染坏了。神佛不毁，会造成同胞靠天吃饭的心理，是进化的大障碍。再来，神佛不毁，拜佛不禁，国民就会一愚到底。神佛不毁，和尚道士不驱逐，有害于国计民生，这是因为僧道不事生产，却坐而食之。而且，和尚道士总是借着神佛之名，做十恶不赦的事。说完了神佛一定要毁的两大理由以后，为了担心读者会害怕得罪神佛遭遣，胡适就以自己提倡毁神佛而没事，要大家放心："列位切莫害怕，还有我呢！要当真有神佛，我哪里还会在这里做报，要当真有神佛，我死已长久了，打下地狱已长久了，我哪里还在这里做报呢？哎哟！列位，不要怕。毁了罢！毁了罢！"②

其实，胡适在他的《无鬼丛话》里，还有另外一个他后来详尽发挥的非常重要的观念的种子，那就是他批判中国为什么有格物致知之说，而却没有发展出科学的理由。他的《无鬼丛话（三）》发表在《竞业旬报》的第28期。在这一篇文章里，胡适提到清朝纪昀写的《阅微草堂笔记》。他说纪昀这本书，是中国数千年来谈鬼的空前绝后的杰作；别人谈鬼，说的只是鬼，只有纪昀能够"一一衷诸世情，准诸义理，其文复足以达其微言妙谛"。遗憾的是，

---

① 胡适，《无鬼丛话》，《胡适全集》，20:503.
② 胡适，《论毁除神佛》，《胡适全集》，21:63-66.

纪昀"能以义理附会鬼神，而不能以义理辟除神鬼"，所以他说纪昀终究还是被束缚在神道设教的框架里，"魄力不足"之讥，他是逃不过的。胡适接着引申了为什么中国有格物致知之说，而却发展不出科学的原因：

> 尝慨夫吾国先圣格物致知之说，乃为宋儒"物犹事也"一语所误，其遗毒遂致我神州民族科学思想堕落无遗，其有稍涉于此，则又以"玩物丧志"四字一笔抹煞。嗟夫！物理之不明，则日日讲道德说仁义，而于生民之涂炭、群氓之蚩蚩，终无丝毫之益。所谓独善其身者非耶？王阳明为一代大儒，而于格物之说，亦梦然无晓。其言以七日夜之力，坐对庭竹，思穷其理，终不可得，乃废然返于身心之学。然则终为"物犹事也"之说所误耳。物理之不明，终不足以明道解惑。纪氏正坐此病，故其书仅能以义理附会鬼神，而不能以物理辟除神鬼，仅能于谈鬼书中占一席而已耳。嗟夫！①

如果说胡适一生所信奉的无神论的理论基础，在上海念书的时候就已经形成了，他的社会不朽论，也同样是在这个时期奠基的。我们在前面提到胡适在《四十自述》里，对他的社会不朽论渊源的说明。他的社会不朽论，是他对传统中国宗法社会一个不人道的做法的反动，所以，他才会说，这个想法"最初起于我小时看见我的三哥出继珍伯父家的痛苦情形，是从一个真问题上慢慢想出来的一些结论"。胡适的社会不朽论确实是经过了相当长一段酝酿的时间。就像他所说的，这一颗种子在他留美的时候发了芽。先是，他读了培根的论文，产生了一些感想，在日记里写成了"无后主义"。他说他一直要等到1918年，因为他母亲过世所引起的感触，才引发他写《不朽：我的宗教》，来发挥他的社会不朽论。胡适这个回忆，从他社会不朽论的起源到《不朽：我的宗教》的发表，当然是相当正确的。然而，这是一个简化了的回忆。除了培根以外，胡适的社会不朽论还受到了其他人的影响，这一点我们在第七章还会详细说明。不但如此，胡适在美国留学的时候，还

---

① 胡适，《无鬼丛话》，《胡适全集》，20:504.

一再地跟美国朋友演练过他的社会不朽论。他的美国女友韦莲司也是听众之一。比如说，胡适在 1919 年 2 月，为了准备他在燕京大学的演讲，把《不朽》这篇文章翻成了英文。这篇英文稿的篇名为：《不朽：一个人生的准绳》（Immortality as a Guiding Principle in Life）。1920 年 2 月 19 日，他把这篇英文稿寄给韦莲司，特别在第一页左上角加了一个按语："妳也许会记得，我第一次表达这篇论文的主旨，是在一个下午，我们在纽约第五大道散步的时候我对妳所说的。中文稿起笔于我母亲过世一个月以后，过后我把它发表了。本篇是中文版的浓缩、改订版。请代问家人好。胡适上。"[①]

无论如何，即使胡适的社会不朽论经过了长期的酝酿，种子是他十几岁的时候就已种下了的。他在《论承继之不近人情》这篇文章里，是从承继这个观念的不合人道开始，一步步地引向留芳万世的这个观念上。胡适后来对社会不朽论最大的修正，就是把不朽变成一个中性的观念；换句话说，不朽可以是留芳万世，也可以是遗臭万年，但这是后话。在《论承继之不近人情》这篇文章里，他说："我们中国几千年来，有一件最伤天理、最伤伦理、岂有此理的风俗，就是那'人死无后，把兄弟之子来承继'一事。"[②] 胡适在他三哥忌辰所写的那首诗里，描写他三哥十年之间备受病痛、抑郁的交相折腾："何其十年中，兄乃困遭遇，惨澹复凄凄，悲剧时相饫。"他甚至相信他三哥的肺病是由抑郁得来的。胡适在当时很可能还不了解肺结核是由病菌传染的："人生不称意，尚复何生趣。忧患最伤人，二竖遂相累（兄出嗣先伯父，恒抑郁不得意，吾姊氏尝言兄实死于是，故知吾国为人后之法非人情也。兄尝举数子，皆不育，遂益无聊，病乃日剧）。"[③] 他说每一个人的人权都是极尊贵、极神圣的，不许自己放弃，也不许别人来侵犯。所以没有一个人应该被强迫去认别人为父母；也不应该做那"一种不顾廉耻、猪肠狗肺的人，贪人家的财产，甘心情愿，去营求做人家的儿子"。胡适说这问题的解决，不能只对做儿子的说，还必须对那做父母的说。他说由于做父母的害怕断嗣，于是望子望不到的时候，就要把别人的儿子领来做自己的儿子。更糟

---

① Hu Shi, "Immortality as a Guiding Principle in Life,"《胡适全集》, 35:262.
② 以下分析所征引文，请参阅胡适，《论承继之不近人情》，《胡适全集》, 21:77-80.
③ 胡适，《先三兄第四周年忌辰追哭》，《胡适遗稿及秘藏书信》, 11:137-138.

糕的是，"那些什么混账忘八羔子的圣人哪！贤人哪！自己也恐怕将来没有儿子养老，没有儿子送终，便定了这种大伤天理岂有此理的制度。"

胡适劝这些想找承继的父母要认清事实。他说亲生儿子当中，真正能孝顺、纪念着父母的人有几个？"亲生的儿子尚且如此，那过继的儿子，也遂可想而知了。"他要昭告全天下父母，告诉他们说这世界上有一个最好、绝对可靠的孝子贤孙："我如今要荐一个极孝顺的儿子给我们中国四万万同胞，这个儿子是谁呢？便是社会。"为什么社会是一个"万无一失的孝子贤孙"呢？这个道理很简单：

> 你看孔子死了多少年了。然而我们个个敬重他，纪念他，孝顺他。看官要认得分明，孔子所以能够传到如今，还有许多人纪念着他，这可并不是因为孔子的子孙的原故，都只为孔子发明许多道理，有益社会，所以社会都感谢他，纪念他，这不是把全社会都做他的子孙了么？你再看那些英雄豪杰仁人义士的名誉，万古流传，永不湮没，全社会都崇拜他们，纪念他们，无论他们有子孙没有子孙，我们纪念着他，总不少减，也只为他们有功于社会，所以社会永永感谢他们，纪念他们……一个人能做许多有益大众有功于大众的事业，便可以把全社会都成了我的孝子贤孙。

如果社会作为一个孝子贤孙的概念有点抽象，胡适在《名誉》这篇文章里，就给了它一个非常具体的形象：

> 你再看外国历史上许多英雄、贤圣、义士、杰女，非但是历史记载着，非但是小说称道着，非但是戏台上扮演着，生的时候，已是铜像高高地竖着，颤颤巍巍，高出云表，受了无数无数人的瞻仰、称赞、羡慕、崇拜；死的时候，肉身死了、消灭了，然而这些铜像，仍旧是巍巍地矗立在那里，千年万年，地球一日不坏，这些铜像一日不灭，那些英雄、贤圣、义士、杰女的英名总不得埋没。①

---

① 胡适，《白话（四）：名誉》，《胡适全集》，21:131.

妇德、媒妁婚姻的现代诠释

胡适对女性的看法，在留美以后，有了显著的变化。用贾祖麟的话来说，是比较"自由开放"的看法。[①] 但是，由于他写他那本胡适传的时候，看不到胡适留美以前的文章，他并没有解释这个比较"自由开放"的看法，究竟是和什么样子的看法相对比的。事实上，胡适对女性的看法是渐次演进的。留美前后固然是一个重要的分水岭，然而，即使在留美之前，他对女性的看法也有微妙的变化。基本上，胡适在留美以前对女性的看法，是受到梁启超影响的。他 1906 年 11 月在《竞业旬报》所发表的《敬告中国的女子》，就是最好的例子。他在这篇文章里，首先责备中国女子甘心作为男人的玩物。他说：

> 我们中国的人，从前都把那些女人当作男子的玩物一般，只要她容貌标致，装饰奇异，就是好女子。全不晓得叫那些女子读些有用的书，求些有用的学问。那些女子既不读书，自然不懂什么道理。既没有学问，自然凡事都靠了男人，自己一点也不能自立。因为这个缘故，所以我们中国虽有了四万万人，内中那没用的女人倒居了二万万，那些男人赚来的钱，把去养这些女人，都还不够。我们中国如何不穷到这么地步呢？那些女人，既然没有本事，若是她们还读了些书，能够在家中教训儿女，倒也罢了。不料她们听了一句什么"女子无才便是德"的放屁话，什么书也不去读。咳！我们中国的女人，真真是一种的废物了。

胡适说女子要发奋不做废物，就必须要立志从两件事情做起：一是不缠足；二是读书。为什么不要缠足呢？第一，缠足有害身体。害自己，还不打紧，缠足所戕害的，是中国的种：

> 倘是那些身体素来不大强壮的女子，受了这种苦处，那身体便格

① Jerome Grieder, *Hu Shih and the Chinese Renaissance*, p. 43.

外羸弱，到后来生男育女的时候，因为她的身体不好，那乳水便一定不多的。原来人家小孩子的身体气魄，都和他们爹娘的身体气魄很有关系，这些身体软弱的爹娘，怎么还能够养出身体强壮的儿女呢？所以中国人的身体，总和病人一般的，奄奄无生气，难怪外国人都叫我们是病夫国呵！可见缠脚这一件事，是不但有害于自己的身体，而且有害于将来的子孙。

缠足的第二个害处，是不能做事，其结果就是使女子变成废物：

　　第二做事不便……若是生了女孩，便骂她是赔钱货……岂不是因为女人不会做事，所以讨厌他吗？……女人为什么不能作呢？……这个缘故，虽然不只一端，但是照我看起来，缠脚这一件事，恐怕要算是最大的缘故了……作女人的，从五六岁的时候，就被那些没有人心的爹娘，把她的脚紧紧的包起来了，当那个时候，她们受那种苦处也还受不完，哪里还有功夫来学做什么事呢？……因为这个缘故，所以中国的女子，几乎没有一个会做事的……大凡女子缠了脚，不要说这些出兵打仗、做书、做报的大事情不能去做，就是那些烧茶、煮饭的、缝缝洗洗的小事情也未必人人能做的，咳！这岂不是真正的一种废物么。

中国女子发愤图强的第二法门是读书：

　　原来那"无才便是德"这句话，是很没有道理的……如今我所说的"才"字，却不是这么说法……第一，大凡一个人年小的时候，知识没有充足，心思也没有一定，都是跟好学好，跟坏学坏的。所以小的时候，一定要受过顶好的教育，方才可以做一个完完全全的人……俗语说得好："三岁定八十。"……在家都要受他们父母的教训，这就叫做"家庭教育"。但是做父亲的，总不时时在家，所以这事便是做娘的责任了……所以女子一定要读书才能够懂得些正大道理，晓得些普通学问。道理和学问都懂得了，自然能够教出好儿女来。人家都想有好儿女，却不晓得教女子读书，好像农夫不去种田，倒想去收好谷，哪能够想得到手呢？第二，大凡天下女子的心思比男子更细密，又没有那些应酬的劳苦，倘使他们肯用心去求学问，所成就的学问，一定比男子高些。有可以求学问的资格，却自己糟蹋了，就使我们中国人愚到这般地步，岂不可惜吗？第三，以上所说，多是读书的大用处，如今且说那些小事。就如乡村人家，买两担柴，记几笔账，看几封信，若是男人不在家，妇人不读书，那就不得不去求别人了，岂不是不便吗？这些小事也不会做，那还可以算得一个有用的人吗？真个是我所说的"废物"罢了。①

　　胡适在这篇文章里所提出来的论点，从"玩物"、"废物"、"保种"、"母教"，都是梁启超在《变法通议》说过的论点。胡适所谓的"中国虽有了四万万人，内中那没用的女人倒居了二万万，那些男人赚来的钱，把去养这些女人"，不外乎是梁启超在《新民说：论生利分利》里的说法：中国四万万人口，"妇女约二万万，分利者约十之六七"。② 所谓"母亲的乳水"、"家庭教育"也者，不外乎是梁启超在《倡设女学堂启》里"上可相夫，下可教子；近可宜家，远可保种；妇道既昌，千室良善，岂不然哉！"的白话版。③ 胡适受到梁启超的影响，应该是毋庸置疑的。即使胡适没有直接读到梁启超的文章，这个说法仍然可以成立。这是因为女学的应兴与必兴，在中国从 1900 年八国联军的重创苏醒过来以后，已经成为朝野的共识。胡适的《敬告中国的女子》，必须从这个角度观之。

　　如果女学是必兴的，这个女学的内容应该如何呢？对年轻的胡适来说，这毕竟是太大的一个题目，同时也不是他会有时间与兴趣认真思考的。重要的是，就像同时代一些先进的男女人士一样，胡适也对妇德从事了现代的新诠释。他在《敬告中国的女子》的文后，附录了东汉蔡邕的《女训篇》。这种做法，当然是相当传统的。这也就是举古圣先贤的话，来证明自己的论点。他在正文里，把《女训篇》的论旨翻成简易的白话文，说："人的心思，和

① 胡适，《敬告中国的女子》，《胡适全集》，21:4-12.
② 梁启超，《新民说：论生利分利》，《饮冰室文集》，页 72。
③ http://www.guoxue.com/master/liangqichao/w-acsn.htm，2009 年 11 月 6 日上网。

人的面孔一样，面孔不修饰，就醴醯了；心思不修饰，也就变坏了。人家女子都晓得把面孔装饰得好看，却不晓得修饰她的心思。"最后，他用责备兼鼓励的话语来劝勉中国的女性："今日我们中国的女子，为什么情愿费了许多工夫，丢了最要紧的学问不去做，却要去做这些梳头、缠足、穿耳、搽粉的事呢？可不是那《女训》上说的愚人么？可不是我从前所说的废物么？所以我说中国的女子，若不情愿做废物，第一样便不要缠脚，第二样便要读书。若能照这两件事行去，我做报的人，便拍手大叫着：'中国女界万岁！中国万岁！！中国未来的国民万岁！！！'"[1] 胡适对女性只知外表的修饰，而不知内在涵养的批判，是有其社会的代表性的。随着西化的加速以及女子教育的勃兴，这种批判会越演越烈，卒使"女学生"、"新女性"成为奢华、堕落、寡廉鲜耻的代称。这是当时东亚传统社会在受到西方文化冲击之下，一个相当普遍的，把"女性"化约成衡量社会道德的度量仪的做法。[2]

蔡邕的《女训篇》毕竟是男性写的。很自然地，胡适必须在中国历史上找到女德的女性发言人。就像当时有同样想法的男女作者一样，胡适找到的这个发言人就是班昭。在《敬告中国的女子》这篇文章里，胡适为了打破"女子无才便是德"这个传统观念，就在历史上找那些有才又有德的女性作反证，其中，有班昭，也有著有《女孝经》的郑氏。他说："就如汉朝有一位班昭，是最有名的才女。他的哥哥班固，做了一部《汉书》，没有做好就死了，后来班昭竟接续下去做成了这书，又做了一部《女诫》；又有一个女子，叫做缇萦，他的父亲犯了罪，亏得缇萦上了一本奏章救了他；唐朝陈邈的妻子郑氏，著一部《女孝经》；晋朝有一个谢道韫，会做诗赋又会辩驳。这都是有才的女子，难道她们有才便无德么？"[3]

有趣的是，胡适对班昭的看法，不久就产生了根本的改变。胡适这篇《敬告中国的女子》是 1906 年的作品。两年以后，胡适在 1908 年 11 月的《爱国》篇里，写中国历史上伟大人物的时候，女界里，就只剩下了秦

---

① 胡适，《敬告中国的女子》，《胡适全集》，21:12.
② Yung-chen Chiang, "Womanhood, Motherhood and Biology: The Early Phases of *The Ladies' Journal*," *Gender & History*, 18.3 (November 2006), pp. 524-525.
③ 胡适，《敬告中国的女子》，《胡适全集》，21:9-10.

良玉与花木兰。① 一个月以后，胡适开始在《竞业旬报》里，以连载的方式，发表社论，展开他对班昭的总批判，《曹大家〈女诫〉驳议》："我们中国女界中，有一个大罪人，就是那曹大家［音：姑］。这位曹大家，姓班名昭，她做了一部《女诫》，说了许多卑鄙下流的话。"年轻的胡适，已经知道以今非古，如果处理不得当，会犯有历史谬误的弊病。同时，他也知道《女诫》在历史上的读者泰半是男性。所以，他非常言之成理地解释他写这个批判的用意：

> 列位要晓得，她这部《女诫》，虽然我们的姐姐妹妹们，大半没有读过，然而几千年来，那许多男子，都用这《女诫》的说话，把来教育我们的姐姐妹妹，把来压制我们的姐姐妹妹，所以她那区区一部《女诫》，便把我们中国的女界生生地送到那极黑暗的世界去了，你想我怎好不来辩驳一番呢！有的人说："铁儿先生，你何苦把几千年后的新思想，去责备那几千年前的古人呢！"我说："是的，我并不敢责备古人，不过我要把这些道理辩白一番，好教那些顽固的人，不致借这《女诫》来做护身符，这便是我的区区微意了。②

胡适对《女诫》的批判，是逐句式的，也就是说，是逐句地批判。《女诫》共七篇：《卑弱》、《夫妇》、《敬慎》、《妇行》、《专心》、《曲从》、《叔妹》。胡适批判《女诫》的社论，在连载到第三篇，也就是在《竞业旬报》的第 39 期，批判《女诫》的第五篇，也就是《专心》篇以后，由于他接着就辞去了《竞业旬报》的编辑工作，而告终止。近代中国知识分子对《女诫》的批判，在戊戌前后，是选择性的阐扬与批注。换句话说，是藉由表扬班昭的才，来选择性地诠释她所阐扬的女德，而让《女诫》在女学堂的课程里占有一席之地。二十世纪初年以后，由于"女权"概念的勃兴，与《女诫》所阐扬的"男尊女卑"的概念，两相扞格，《女诫》于是变成了负面的教材。夏晓虹说，在

---

① 胡适，《白话（一）：爱国》，《胡适全集》，21:106.
② 胡适，《曹大家〈女诫〉驳议》，周质平编，《胡适早年文存》（台北：远流出版社，1995），页 125。

当时对《女诫》持论最严厉的是女性。① 从这个角度来看，胡适是一个相当特殊的例子。无政府主义、激进的何震直呼班昭为"班贼"，胡适则称班昭为"罪人"。在批判所采取的高姿态上来说，可谓旗鼓相当。何震称班昭为"班贼"的文章，是 1907 年 7 月在日本发行的《天义报》上发表的。胡适对《女诫》的批判，最早发表于 1908 年 12 月，晚了一年半。我们不知道胡适是否看过何震的文章。以胡适当时读《新民丛报》的习惯来说，他如果读了《天义报》，而读过何震的文章，并不是不可能的事。然而，即使胡适读过何震的文章，我们只能说何震给了他灵感，英雄、英雌还是可以所见略同。更何况胡适所作的，是全面的批判。

我们没有必要在这里一一地复述胡适对《女诫》逐句的批判，这毕竟是一个十七岁青少年轻狂却又未免幼稚的尝试。就举两个年少轻狂、自以为真理自明的例子。在评《卑弱第一》"常若畏惧"这句话的时候，胡适说：

> 这话更不通了，畏惧谁呢！天下的人，只有一个理字，是应该畏惧的。只须我自己行止动作，上不愧天，下不愧人，自己对得住自己就是了。何必怕人呢？所以孔夫子说："君子坦荡荡。"坦荡荡就是无所畏惧的意思。大凡君子人，行事只求合理，自然坦荡荡的，无所畏惧，其实又何必畏惧呢？②

又，《敬慎第三》篇："然则修身莫若敬，避强莫若顺。"胡适批注说：

> 上句"修身莫若敬"倒也罢了，下一句"避强莫若顺"，你想这不是卑鄙下贱吗？俗语道得好："兵来将挡，水来土掩"，这是一定的道理。那些男子如果用强权来压制女子，就该正正当当和他抵抗，有何不可？何必避呢？如果女子不去和他抵抗，那么他们自然要得尺进尺、得寸进寸了。古人说："以顺为正者，妾妇之道也。"可见古人是狠瞧不起这个"顺"字的，我从前说过的，天下只有一个"理"，是应该畏惧的，我

---

① 夏晓虹，《晚清女性与近代中国》（北京：北京大学出版社，2004），页 159。
② 胡适，《曹大家〈女诫〉驳议》，周质平编，《胡适早年文存》，页 127-128。

90

们只要依着理行去，还怕什么呢？又何必躲避呢？[1]

我们不必在这里一一复述胡适逐句批判的另一个原因，是因为他批判的基调，还是《女诫》里"男尊女卑"的概念。这与当时先进的智识阶级的批判没有什么不同。比较有意义的，是一方面勾勒出胡适与众不同之处，同时，在另一方面指出胡适仍然是深深地浸淫于传统之中的事实。胡适与众不同的批判有二。第一，他开宗明义，批判《女诫》的第一篇《卑弱第一》，说"怪不得几千年来，总没有女权的希望"。然而，胡适的重点不在"女权"，而是班昭所犯的历史谬误。他说这是误把当时的民间歌谣，当成不可变异的哲理的谬误。因此，班昭所谓古人生女弄瓦也者，完全是食古不化，或者说读死书的结果。他解释说：

> 这一段文章，是曹大家引用《诗经》上说的话儿，那《诗经》上说："乃生女子，载寝之地，载衣之裼，载弄之瓦。"看官要晓得，那《诗经》一部书，乃是古时圣贤采访四方的风俗歌谣，因而辑成一部大书，即如这一篇诗所说的话，在做书的人本意，不过是教人晓得某地有这么一种重男轻女的风俗，他的本意，只有望人改良的意思，并不教人依着他行。譬如那《诗经》上说的："期我乎桑中，要我乎上官，送我乎淇之上！"难道他真个要人做这些淫奔的事吗？又如"子不我思，岂无他人！""子不我思，岂无他士！"这二句诗，淫极了，难道他真个教人做这种"□□□□"，□□□吗？可见《诗经》上说的，不过说某处有某样的风俗罢了，不料这位曹大家，不懂诗人的命意，便以为古人都是卑视女子的了，可不是大错吗？至于"斋告先君，明当主祭祀也"这句话，更容易明白了。你想古人最重祭祀，断不会使那卑弱下人的人去主祭祀，可见古人并不卑视女子，不过曹大家不懂得罢了。[2]

胡适在《先秦名学史》里，说《诗经》是经由孔子审订、保留下来的古

---

① 胡适，《曹大家〈女诫〉驳议》，周质平编，《胡适早年文存》，页137。
② 胡适，《曹大家〈女诫〉驳议》，周质平编，《胡适早年文存》，页126。

代中国"社会、思想生活的见证"。^① 他在《中国古代哲学史》(上卷)说:"从前第八世纪到前第七世纪,这两百年的思潮,除了一部《诗经》,别无可考。我们可叫它做诗人时代。"^② 显然,胡适对《诗经》作为古代中国政治、社会、思想的纪录的看法,在 1908 年就已经形成了。

胡适的第二个与众不同的批判,是从男女平等的概念,一面批判使用"男尊女卑"的语言,颇类似于今天的政治正确(politically correct)的要求;一面又进一步演绎到夫妻有平等诉求离婚的权利。《女诫》《夫妇第二》有段话说:"夫不贤则无以御妇,妇不贤则无以事夫。"胡适说:

> 哈哈!曹大家也讲起平等来了。你想这两句话,不是狠平等吗?不是狠有点抵抗性质的吗?桀纣无道,汤武便去征伐他,为什么呢?因为"君不贤则无以临民",所以便要讨他的罪,如今曹大家是承认"丈夫可以御妇的"了。看官要记得,那个"御"字,有驾御的意思,管理的意思,便和皇帝治民的治字差不多了。皇帝不贤尚且可杀可去,丈夫不贤,便失了丈夫的资格,做妻子的,可以抵抗他,所以这"夫不贤则无以御妇"八个大字,正是泰西各国离婚律法的一大原理。不料曹大家这么一个卑鄙的人,也会有这种理想,这就狠难得了。但是上面用一个"御"字,就和马夫赶马,车夫推车一般,下面用一个"事"字,是服侍的意思,就和下官服侍上司,奴才伏侍主人一般,两两比较起来,还是大不平等,可见曹大家一定是一个没见识没魄力的女子了。^③

同样地,《女诫》《专心第五》"《礼》,夫有再娶之义,妇无二适之文"这段话,又让胡适重申男女在离婚上的对等权:

> 看官须要认明这个"礼"字。这个《礼》是古时一班"男子",以

---

① 胡适,"The Development of the Logical Method in Ancient China,"《胡适全集》,35:322-323.
② 胡适,《中国古代哲学史》,《胡适全集》,5:228.
③ 胡适,《曹大家〈女诫〉驳议》,周质平编,《胡适早年文存》,页 132。

92

自私自利之心来定这部《礼》。他所说的话，全是男子一方面的话。从前有位女豪杰，狠有思想的，说"当时若使周婆制礼，断不敢如此"。这句话，千古以来，传为笑话，哪晓得这句话，真正是千古名言。即为再嫁一事，男子何以可再娶？女子何以不可再嫁？千古以来，却没有人能明明白白的讲解一番，只可怜那些女子也，只晓得糊糊涂涂的守着这话做去，没有人敢出来反对。其实"夫妇之道，义以和亲，恩以好合"，曹大家不是说过的吗？既然说"以和亲，以好合"，丈夫死了，或是被出了，什么和，什么好，都没有了，为什么不可再嫁呢？丈夫不肯为了"和"、"好"而不再娶，女子又何尝不可再嫁呢？所以我说这个《礼》是一班自私自利的臭男子定的，并不足据的，尽可不去管它。①

不管胡适在批判班昭的时候是如何激进，他当时毕竟还是彻底的传统文化的产物。传统文化给人的信念可以是根深蒂固的。《女诫·夫妇第二》："夫妇之道，参配阴阳，通达神明，信天地之弘义，人伦之大节也。"这些所谓"阴阳"、"神明"、"天地"、"人伦"也者，胡适显然不假思索就认同了。他的批注是："何等郑重，曹大家于此一节，颇知注意，总算是有点阅历的话了。"② 胡适既然认可"阴阳参配"的概念，如果"阴"与"阳"是平等的，如果"阴"与"阳"是"相敬如宾"的，他显然是可以认同"阴"为"阳"之辅的。有关这点，最有意思的例证，是以下的一段批判。《敬慎第三》："夫事有曲直，言有是非。直者不能不争，曲者不能不讼。讼争既施，则有忿怒之事矣。此由于不尚恭下者也。"胡适评说：

你想天下哪有这种道理，难道丈夫做强盗做贼，做妻子的都不应谏阻吗？丈夫忤逆不孝，弑君弑父，做妻子的都只好听他吗？甚至于丈夫把妻子卖给人家为妾为娼，难道也只好顺从吗？那古人说的"内助"到底助什么呢？古人说的"家有贤妻，男人不遭横祸"，又是什么道理呢？古人说的"以顺为正者，妾妇之道也"。既然说"以顺为正"，自然

---

① 胡适，《曹大家〈女诫〉驳议》，周质平编，《胡适早年文存》，页144。
② 胡适，《曹大家〈女诫〉驳议》，周质平编，《胡适早年文存》，页131。

有个"以不顺为权变"的反面文章在里面，若照曹大家这话说去，岂
[只]是妾妇之道，简直是娼妓之道了。①

这段批注批判的主题是：夫妇之好，建立在妻子守其"恭下"的本分；
而"恭下"之道无他，不跟丈夫争是非曲直是也。胡适的反驳固然振振有词，
然而，更有趣的，是他所用的"谏阻"、"内助"这两个字眼。这并不是弗洛
伊德式的说溜嘴（Freudian slip），而是他来自于传统文化、未经挑战的信念。
在"阴阳参配"的前提之下，"阴"既是"阳"之辅，则妻子应扮演"内助"
的脚色，作"谏阻"的工作，就不言可喻了。胡适留美以前对女性的看法，
他在《留学日记》里作了反省。他在 1915 年 10 月 30 日的日记里说："女子
教育，吾向所深信者也，惟昔所注意，乃在为国人造良妻贤母以为家庭教育
之预备。今始知女子教育之最上目的，乃在造成一种能自由独立之女子。"②
　　胡适另外一个当时不自察、未经反省的来自传统文化的信念是：妇女节
烈之天经地义。《女诫·卑弱第一》："忍辱含垢。"胡适义愤填膺地批道：

　　　　这四个字，不通极了。我们中国的女子教育，开口就是节，闭口
　　就是烈。这节烈二字的意思，就是说那女子的品行名誉，断不可有什么
　　玷污。如果有了一些羞辱垢污，总要洗得干干净净，明明白白。不然，
　　那就算不得节烈了。怎么这位曹大家倒要教人忍辱含垢呢！难道曹大家
　　还不赞成那些节妇烈女，和那些有气节的女丈夫么！不通！不通！③

《敬慎第三》有言："然则修身莫若敬，避强莫若顺。"胡适批注说：

　　　　如果这句"避强莫若顺"是合理的，那么古来那许多殉节守贞的
　　节妇烈妇，她们都是不肯"顺"的了，都是不肯避强的了，难道这些节

① 胡适，《曹大家〈女诫〉驳议》，周质平编，《胡适早年文存》，页 141。
② 《胡适日记全集》，2:245.
③ 胡适，《曹大家〈女诫〉驳议》，周质平编，《胡适早年文存》，页 127。

妇烈妇都不合理吗？^①

聪颖、有机会留美、勤读书、敏于观察、能反躬自省的胡适，很快地就摆脱了传统节妇烈女的崇拜。留美归国以后的胡适，在一系列的文章里抨击了节妇烈女的崇拜及处女偏执狂。他指斥贞操论是"全无心肝"的。他在读到了上海县长呈请江苏省长褒扬一位陈烈女的呈文以后，说："以近世人道主义的眼光来看，褒扬烈妇烈女杀身殉夫，都是野蛮残忍的法律，这种法律，在今日没有存在的地位。"在回答一个读者来书，询问应该如何对待被人强暴的女子的问题，他回答说，女子为强暴"所污"，不必自杀："这个失身的女子的贞操并没有什么损失……不过是生理上、肢体上、一点变态罢了！"我们在此不必斤斤计较胡适说溜嘴了的"失身"、"变态"这两个字眼，而把重点放在他所反问的话上："娶了一个被污了的女子，与娶了一个'处女'，究竟有什么分别？"^②

如果胡适在留美以前，已经开始对女德作了现代的新诠释，他对与自己休戚相关的媒妁之言的婚姻，想当然耳地，也是他关注的论题。由于胡适与江冬秀的婚姻，是经由媒妁之言，在他十二岁的时候就定下来的，而这个留美博士、鼎鼎大名的中国新文化运动的导师，却能与人人都认为不能跟他匹配的江冬秀白头偕老，历来研究胡适的学者，总喜欢在他的文字里找到他不情愿、不甘心的证据。关于这一点，在胡适研究资料收集上最孜孜不倦、用力最深、贡献最大的周质平有一个理论。他说，胡适对中国一些风俗制度的辩护，特别是他在用英文写文章的时候，其所反映的，是他想"为宗国讳"的"中国情怀"的情结。他解释说：胡适"在面对华洋不同读者时，有他不同的说词和不同的处理方式；而且也多少可以看出他在自己婚姻上，所经历的一段挣扎与妥协。有时我觉得：与其说他为中国婚制辩护，不如说他为自己辩护，为他自己极不合理的婚姻找出一个理由。"^③

① 胡适，《曹大家〈女诫〉驳议》，周质平编，《胡适早年文存》，页137。
② 胡适，《贞操问题》，《胡适全集》，1:634；胡适，《论女子为强暴所污——答萧宜森》，《胡适全集》，1:652.
③ 以下所讨论的周质平的文章，请参阅周质平，《国界与是非》，耿云志编，《胡适研究丛刊》，第一辑，（北京：北京大学出版社，1995），页56-57。

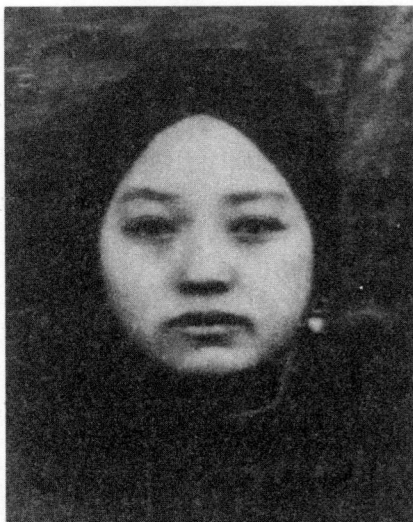

图 3　1910 年代初的江冬秀。（胡适纪念馆授权使用）

　　周质平的这个"中国情怀"的说法，其实类似美国学者列文生（Joseph Levenson）对梁启超的论定。列文生说梁启超在思想上其实已经疏离了中国的传统，只是在情感上，他无法跟它一刀两断。[①] 从这种诠释的角度出发，胡适对中国风俗制度，包括婚姻制度的辩护，就理所当然地，变成了一种潜意识的自卫机制，一种弗洛伊德式的合理化。事实上，胡适在美国的时候，或者说，他用英文写作的时候，如果比较倾向为中国辩护的话，那是非常可以理解的。身在异国，亲身感受到美国人对中国人的歧视，那种感觉必须要亲身体验过的人，才能如人饮水而冷暖自知的。胡适 1915 年 3 月 22 日写给他母亲的家信，说明了他三年来，演讲了七十余次，而却能乐此不疲的原因："此邦人士多不深晓吾国国情民风，不可不有人详告之。盖恒人心目中之中国，但以为举国皆苦力、洗衣工，不知何者为中国之真文明也。吾有此机会，可以消除此种恶感，岂可坐失之乎？"[②]

　　这"为宗国讳"的话固然是胡适自己说的，然而，我们不可以在不考

---

① Joseph Levenson, *Liang Qichao and the Mind of Modern China* (Cambridge, Mass.: Harvard University Press, 1953), pp. 1, 219.

② 胡适禀母亲，1915 年 3 月 22 日，《胡适全集》，23:78.

虑胡适说这句话的脉络，就贸然拿来作为胡适写英文论著时的心态的自况。胡适在《留学日记》里写下这段话的时候，是在 1914 年 7 月 26 日。当时，他正深自思索"爱国"与"是非"的问题。我们会在下章里，再详细地讨论这个问题。简要来说，1914 年 4 月，美国出兵干预墨西哥的革命，《旖色佳新闻报》（*Ithaca Journal*），即胡适就读的康乃尔大学所在地旖色佳城的报纸，在报道中引了美国十九世纪初一个海军将领笛凯特（Stephen Decatur, 1779–1820）的一句名言。胡适在日记里引用的版本如下："我的国家，我愿它永远作的都是对的。但不管对错，它总是我的国家"（My Country——May it ever be right, but right or wrong, my country）。胡适不但投书该报，而且在演说中批判了这种可以因为爱国而不问是非的态度。胡适的美国师友，有的赞同他，有的则解释说，这句话可以从狭义、广义的角度去作诠释，也可以作理智与情感上的划分，其情感的部分，虽有缺失，是可以体谅的。胡适在日记里，表示他很感谢师友的匡正。就是在这样的问难、匡正、反思的脉络下，胡适在 7 月 26 日的日记里写下这段话：

> 孔子曰："父为子隐，子为父隐，直在其中矣。"仁人之言也。故孔子去鲁，迟迟其行，曰："去父母之国之道也。"其作《春秋》，多为鲁讳，则失之私矣。然其心可谅也。吾未尝无私，吾所谓"执笔报国之说"，何尝不时时为宗国讳也。是非之心，人皆有之。然是非之心能胜爱国之心否，则另是一问题。吾国与外国开衅以来，大小若干战矣，吾每读史至鸦片之役，英法之役之类，恒谓中国直也；至庚子之役，则吾终不谓拳匪直也。[①]

胡适在这里说得很清楚，"为宗国讳"的态度，是"失之私矣"，虽然"其心可谅也"。更重要的是，胡适认为是非之心，还是有可能超越爱国之心的。他以自己为例，说虽然他是中国人，那庚子之乱，他还是要说中国是错的。

言归正传，周质平说在传统婚姻制度上，胡适"为宗国讳"。他的证据

---

① 《胡适日记全集》，1:416-417.

是把胡适出国留学以前对传统中国婚制的抨击，拿来对比他在康乃尔大学读书时，所作的一个为中国传统婚姻制度辩护的演讲。对于后者，周质平举的是胡适 1914 年 6 月在《康乃尔时代》(*Cornell Era*) 所发表的《中国的婚制》(Marriage Customs in China)。这是他该年一月在康乃尔大学所作的一篇演讲。周质平说："其中如'早婚'等胡适［出国前］认为'罪大恶极'的中国风俗，到了他的英文文章中，竟成了良风美俗了。倒是西洋人的自由恋爱、自主结婚成了颇不堪的社会习俗了。从这一转变中，我们可以确切地体会到，什么是胡适所说的'不忍不爱'和'为宗国讳'了。"

周质平所拿来对比的，是胡适出国留学以前的两篇文章。一篇是《真如岛》第三回，胡适用故事主角孙绍武的口吻来批判早婚的习俗。他批评少年子弟，年纪轻轻就娶了妻子，从此终日缠绵裯之间。等生了儿女之后，为了一家生计，就没有任何工夫去读书、求学问了。孙绍武还在这回的结尾胪列了早婚的害处：早婚、近亲联姻，是弱种的祸根，个性不和而反目；早婚生子，不懂育儿；父母自己都未成熟，生子必弱；早婚，则求学不专。另一篇则是胡适 1908 年 8 月在《竞业旬报》分两期连载的《婚姻篇》。周质平说：

> 在《婚姻篇》中，胡适更是"笔秃口枯"地痛骂中国婚制，指出许多父母为了早日抱孙，不顾子女前途，糊糊涂涂就急着叫儿子娶妻生子。他说："中国男女的终身，一误于父母之初心，二误于媒妁，三误于算命先生，四误于土偶木头。随随便便，便把中国四万万人，合成了许许多多的怨偶，造成了无数不和睦的家族。"他甚至于把"我中国几千年来，人种一日贱一日，道德一日堕落一日，体格一日弱似一日"都归罪于这个不合理的婚姻制度。

令人惊讶的是，周质平只征引了胡适《婚姻篇》上篇的论述，而完全不顾胡适在下篇所作的结论。事实上，胡适在这整篇文章里，对传统中国的婚姻的看法，跟周质平所说的刚好相反。胡适所痛骂的，不只是相信媒妁之言的父母，而且还包括了那些讴歌"自由结婚"的"志士青年"。换句话说，胡适说新旧两派都错了，都该各被打五十大板。这也就是说，十七岁不到的胡适，还没到美国去留学的胡适，老早就对婚姻制度抱持了一个折中论的看法。胡适开宗明义，就批判新派人物，说他们对传统中国婚姻的诊断，完全牛头不对马嘴。他说：

现在的新学家，都说中国的婚姻是极专制的，是极不自由的。中国的婚姻所以不进步，也只为父母太专制的缘故。一个人如此说，二个人也如此说，便把现在所有的青年子弟，都哄得什么似的，都说这中国婚姻，是极专制的，是极要改做自由结婚的。哎！列位，这句话是大错的，是大错的。[①]

胡适说，传统中国的婚制是"极不专制的，是极随便的。因为太不专制了，太放任了，所以才有这个极恶的结果"。胡适所谓的"极不专制"、"极随便"，就是指父母把婚姻这么重要的人生大事委托给媒婆、瞎眼的算命先生和泥菩萨。

最值得玩味的，是胡适的补救之道："照我的意思，这救弊之法，须要参酌中外的婚姻制度，执乎其中，才可用得。第一是要父母主婚；第二是要子女有权干预。"由于胡适的补救之道与众不同，而且跟周质平所下的结论完全相反，更重要的，由于它反映了胡适在留美以前，就发展出一个传统与现代调和的婚姻观，我们在这里必须比较完整地引述：

（第一）父母主婚。现在上海有一部书叫做《法意》，是法国一位大儒孟德斯鸠做的。他那书中有一段话，说得最好，兄弟把来翻做白话，给大家看看。那书中道：

我所以要说婚姻要父母主张者，因为做父母的慈爱最深，况且多活了几岁年纪，见识思想毕竟比较子女强些、见得到些。若是专靠子女的心思，那做子女的，年纪既轻，阅历世故自然极浅了。况且少年心思必不周到，一时之间，为情欲所蔽，往往把眼前的东西当作极好，再也

---

① 以下有关胡适《婚姻篇》的引文，见《婚姻篇》，《胡适全集》，21:24-29.

不会瞻前顾后，他们的选择怎么靠得住呢？（严译本 759 页）

　　这是一些也不会错的，不用兄弟再说了。但是他那书中还有一句话说："做父母的和子女最亲切而且知道子女的性格，别人断比不上。"这句话行到中国便有些不合用了。古语道得好："人莫知其子之恶，莫知其苗之硕。"可见得父母爱子过深，反不明白做儿女的性格了。全国的人，内中自然有一二明白的人。但是溺爱不明的人居多。所以那些讲新学的人便说这是一定要男女自由结婚的。兄弟却不如此。因为父母溺爱不明，难道做子女的便都是事理通达的人么？所以兄弟说一定要父母主婚。这是极正当极合时势的办法。

　　（第二）子女有权干预。做父母的能照兄弟的话做去，那是极好的了。但是内中有些父母的嗜好和做子女的不同。譬如儿子爱学问爱德行，父母却爱银钱、爱美貌。父母尽父母的心力做去，却不合儿子的性情，可不是反了吗？可不是一样的不和睦么？所以兄弟也想一条先事预防的法子，是要使做儿女有干预之权，做父母的也要和儿女相酌而行，这才是完全的好法子了。

　　还有一层。近来上海各地，有些男女志士，或是学问相长、或是道德相敬，有父母的，便由父母主婚；无父母的，便由师长或朋友介绍，结为婚姻。行礼的时候，何等郑重！何等威仪！这便是一种文明结婚，也是参合中外的婚礼而成的。但是这是为一班有学问有品行的人说法的，而且只可于风气开通的地方行罢了。要是在内地一般未开通的父母子女，那还是用用兄弟前面说的话好呵。

　　毫无疑问地，青少年时代的胡适对婚姻的看法，在在地反映了他"作新民"、以爱国的理念："兄弟却要恭恭敬敬的告诉我中国千千万万的做父母的，极希望那些做父母的，个个都把儿女的婚姻看做一家一族的最大问题。不但看做一家一族的最大问题，而且要看做中国的大问题。稍稍留一些心儿、担一些担儿。"与此同时，他并没有忘掉个人的幸福与利益的考虑："娶两房好媳妇，嫁两个好女婿，这也是做父母的幸福。难道列位做父母的竟有福不会享么？"他劝做父母的要懂得时势的变迁，要懂得因势利导，作两全其美的因应之道："列位做父母的，再要是一定要糊糊涂涂的过信媒人、过信瞎子、过信土偶木人，那便是列位自己不要享福，那便是列位自己愿做中国的大罪人，哈哈！那可怪不得那些青年男女要说家庭革命了！"

换句话说，胡适并不是到了美国以后，因为周质平所说的"中国情怀"的作祟，才开始为传统中国的婚制作辩护。胡适日后诚然对中国传统作了严厉的批判，但这并不表示他一向就是反传统婚制的。他在《竞业旬报》上所写的《婚姻篇》，可以说是他在这个问题上持中西调和观的雏形。从这个角度来看，他在康乃尔大学所作的演讲，《中国的婚制》，只不过是根据他留美以前在《婚姻篇》里所发表的论点，加上他留美期间观察领略到的西方习俗以后，所作的演申而已。

胡适对他与江冬秀的婚姻，一定有其错综复杂的情绪，绝不是外人所能体尝其万一的。其错综复杂的程度，绝不是弗洛伊德的"合理化"的观念所能道尽其中心酸的。他在接受、抗拒、矛盾；遐想、疑虑、随缘之间的婉转与徘徊，绝不是外人所能道者也。我们在第一章引了胡适 1908 年 7 月写给他母亲的家信。他在那封家信里，拒绝回家完婚。那封信的文字强硬、语气悲愤。虽然他表明不会悔婚，其所弥漫的，却仿佛是哀兵之气。然而，即使事实摆在眼前，他仍然不免于遐想。有一天，家里的来信里夹了一封署名"宝孙"，看来像是一个女子写给她母亲的信，笔迹、词意都不错。他问那是不是江冬秀写的；如果是的话，他说他就要谢谢母亲了，因为那表示江冬秀的文字已经大有进步。他说他这几年来，阅历较深，已能懂得知足。他颇后悔这几年来屡次写信要求江冬秀读书，弄得自己与母亲、母亲与亲家间多一层怨尤，真是不该。语锋一转，他紧接着说："实则儿如果欲儿媳读书识字，则他年闺房之中，又未尝不可为执经问字之地，以伉俪而兼师友，又何尝不是一种乐趣？"[1] 一直到他留美的晚期为止，胡适仍在接受、抗拒、矛盾；遐想、疑虑、随缘之间的婉转与徘徊着。[2]

---

[1] 胡适禀母亲，1909 年 9 月 13 日，《胡适全集》，23:14.

[2] 请参阅拙著《星星・月亮・太阳》。

第三章
作新民，以爱国

　　胡适青少年时期在上海的六年，是他一生思想发展的一个极其重要的阶段。从某个角度来说，我们对上海时期的胡适有相当程度的了解，是多亏了他所写的《四十自述》。然而，也正由于《四十自述》的关系，我们对这个阶段的胡适的认识，到今天为止，一直逃不出他为我们铺陈出来的故事。换句话说，如果我们对青少年胡适有了相当程度的了解，那是胡适的功劳；反过来说，如果我们对青少年胡适的了解有相当的局限，那也是胡适刻意造成的。

　　青少年的胡适最不为人所知的，有几个面向。第一，他跟梁启超一样，有他为中国"作新民"的一个阶段。其实，他在《四十自述》里，已经很清楚地点出了梁启超对他的影响。他指出梁启超对他的影响有两点：一是《新民说》；二是《中国学术思想变迁之大势》。然而，他说的就像禅机一样，是不点破的，是要人自己去寻思体会的。第二，胡适的"作新民"与他在这个阶段强烈的爱国心是息息相关的。而"爱国"这个主题，是胡适在《四十自述》里所完全没有触及的。如果我们以留美作为断限来分析胡适，留美以后的他跟留美以前的他之间最大的不同，就是他对爱国的看法。留美以前的胡

102

适是一个动辄曰爱国、凡事不忘爱国的青少年；留美以后的胡适，在他最极端的阶段，曾经是一个即使家破人亡，也绝对不抵抗的和平主义者。第三，胡适留美以前的强烈的爱国心，又跟他当时的悲观心绪纠结在一起。胡适在 1914 年 1 月 29 日的《留学日记》里说，他初到美国的几年，唯一值得称颂的，是他所新得的乐观主义。[①] 在一篇英文著述里，他把美国人的乐天与达观，比拟成一种良菌，经过几年的接触以后，逐渐医好了他的未老先衰症（premature senility）。[②]

作新民

胡适在上海求学的时候，对他思想影响最大的人，就是梁启超。胡适在《四十自述》里说得很感人：

> 我在澄衷一年半，看了一些课外的书籍。严复译的《群己权界论》，像是在这时代读的。严先生的文字太古雅，所以少年人受他的影响没有梁启超的影响大。梁先生的文章，明白晓畅之中，带着浓挚的热情，使读的人不能不跟着他走，不能不跟着他想。有时候，我们跟他走到一点上，还想往前走，他倒打住了，或是换了方向走了。在这种时候，我们不免感觉一点失望。但这种失望也正是他的大恩惠。因为他尽了他的能力，把我们带到了一个境界，原指望我们感觉不满足，原指望我们更朝前走。跟着他走，我们固然得感谢他；他引起了我们的好奇心，指着一个未知的世界叫我们自己去探寻，我们更得感谢他。[③]

这一段话，有回忆，也有他四十岁作回顾时的立场，更有他对梁启超的盖棺论定。胡适后来把梁启超定位为一个宣扬英国维多利亚时代思想的人。他在 1933 年 12 月 22 日的日记里，把中国近代思想史分为两期：一、维多

---

① 《胡适日记全集》，1:268.
② 胡适，"Essay in *Living Philosophies*，"《胡适全集》，36:512.
③ 胡适，《四十自述》，《胡适全集》，18:59.

利亚思想时代，从梁任公到《新青年》，多是侧重个人的解放；二、集团主义时代，一九二三年以后，无论为民族主义运动，或共产革命运动，皆属于这个反个人主义的倾向。① 什么叫做维多利亚时代的个人主义思潮呢？那就是胡适在《四十自述》里所说的中国人缺乏西方民族所具有的美德：

> 《新民说》的最大贡献，在于指出中国民族缺乏西方民族的许多美德。梁先生很不客气的说：五色人相比较，白人最优。以白人相比较，条顿人最优。以条顿人相比较，盎格鲁撒逊人最优。

为什么梁启超说盎格鲁撒逊人最优呢？因为他们具有中国人"所最缺乏而最须采补的"美德。这些美德"是公德、是国家思想、是进取冒险、是权利思想、是自由、是自治、是进步、是自尊、是合群、是生利的能力、是毅力、是义务思想、是尚武、是私德、是政治能力"。②

如果说胡适在《四十自述》里表扬了梁启超这些"侧重个人的解放"的美德，那么他 1933 年 7 月在美国芝加哥大学所作的《中国文艺复兴》（Chinese Renaissance）的讲座里，则盖棺论定地批判了梁启超的局限：

> 然而，就像大家都一定已经注意到的了，所有这些梁启超用他笔锋常带感情的雄辩之才宣扬的德行，几乎没有例外，全是维多利亚时代最让人称道的个人主义的德行。梁先生写[《新民说》]的时候，维多利亚女王才刚逝世，他很明显地是被那个盛世的荣华给镇住了。他完全看不见在那个个人主义和自由主义的时代里，已经出现了一些新的运动和潮流，正在用猛烈的炮火，攻击着他这个中国信徒所最仰慕的个人主义的德行所建立起来的经济、社会结构。同时，由于他的训练是新闻记者，又没有接受过任何有系统的现代教育，所以他完全没有提到西方文明的科学和技术的面向。③

---

① 《胡适日记全集》，6:730.

② 胡适，《四十自述》，《胡适全集》，18:61.

③ Hu Shi, "The Chinese Renaissance,"《胡适全集》，37:68-69.

西方的科学与技术？这又是一个典型的例子，提醒我们要注意任何人作回忆，都是从他作回忆时的背景和理念出发的。换句话说，成熟以后的胡适所念兹在兹的，就是西方的科技文明，这是他作回忆时一个重要的回溯、建构他的往事的过滤器。让我们暂且回到这段引文的重点。事实上，何止是梁启超，连年轻的胡适自己也"被那维多利亚盛世的荣华给镇住了"。四十岁的胡适回顾二十世纪初年中国的思想界，他可以很清楚地看出当时中国思想界的一些明星，是被镇在维多利亚时代思潮的迷罩之下。然而，有趣的是，他把自己也曾经在这个迷罩下仰天长啸的历史，给神不知、鬼不觉地一笔抹杀掉了。更有意味的是，如果梁启超如他所说的，是被那维多利亚盛世的荣华给镇住了，我们或者可以更确切地说，梁启超所被镇住的，是维多利亚中期的思潮；而留美以后的胡适，虽然超越了维多利亚中期的思潮，却终其一生被维多利亚后期的思潮所镇住。但这是后话，暂且不表。

就像胡适所指出的，梁启超的《新民说》是他被维多利亚中期的思潮所镇住的产物。而梁启超的《新民说》又镇住了年轻时在上海求学的胡适。用胡适自己的话来说："我个人受了梁先生无穷的恩惠。现在追想起来，有两点最分明。第一是他的《新民说》，第二是他的《中国学术思想变迁之大势》。"《新民说》究竟给胡适的恩惠是什么呢？胡适说："《新民说》诸篇给我开辟了一个新世界，使我彻底相信中国之外还有很高等的民族，很高等的文化。"[1] 他在用英文写的《我的信念及其演化》里，说得更为激动和彻底，他说是梁启超的这些文章"的棒喝，把我从我国的古文明是自足的，除了武器与商业机制以外，没有任何东西须要向好战、物质的西方学习的这种迷梦里惊醒过来；它们为我呈现的，是一个彻底不同的新的世界观"。[2]

事实上，就像我们在本章的"爱国"那一节还会详细分析的，这时的胡适，是否真的如他在四十岁时所回溯、建构的，已经从天朝的迷梦里惊醒过来了，是很值得怀疑的。我们即使暂且相信他确实已经从天朝的迷梦里惊醒过来了，他这几句话还是说得语焉不详；他并没有告诉我们，他惊醒过来以后，

---

① 胡适，《四十自述》，《胡适全集》，18:61.
② Hu Shi, "My Credo and Its Evolution,"《胡适全集》，37:179.

所看到的这个"彻底不同的新的世界观"究竟是什么？因为他话说到那里就打住了。

我们有理由相信，胡适不愿意告诉我们他这个"彻底不同的新的世界观"究竟是什么，因为它就像"禅机"一样，如果说了，就等于是说破了。胡适是一个喜欢戏弄历史家的顽童，他喜欢东挖个洞，西凿个坑，在里面塞几两黄金，然后在路边不显眼的地方立几个暗语指标。这是胡适用言教不如身教的方法，教人思想的。这其中的三昧，胡适得之于禅宗。就像胡适引苏轼写的一篇序里所说的，禅宗的方法是："道不可告，告即不得。以不告告，是真告敕。"用胡适自己的话，说得白一点，就是："禅宗的方法只是教人'自得之'"、"不说破"；"不说破的用意是要人怀疑，要人自己去体会寻思"；"因为要不说破，又要教人疑，教人思考，所以须用种种奇怪的'禅机'。"①

既是"禅机"，要人自己去怀疑、去思考、去寻找、去悟出来，还是颇费工夫的，是须要像胡适所说的禅学工夫里面的一诀，那就是"行脚"；就好像是"穿着一双草鞋，拿着一个钵，遍走名山大川；好像师大学生，转到清华，再转到中央大学，直到大觉大悟而后已"。② 这所谓的"行脚"，对今天作研究工具齐备的我们而言，就是勤上图书馆、或是坐在办公室里用图书馆的期刊网站，"上穷碧落下黄泉，动手动脚找文章"来解疑、来自得之。等我们自己悟出来以后，就像胡适最爱作的比喻，那行脚僧说："我大悟也！"悟到什么呢？"尼姑原来是女人做的！"胡适说顿悟是"踏破铁鞋无觅处，得来全不费工夫"这话不尽然是对的，至少不适合学术研究的领域，但他要人去悟他的"禅机"，说破了其实一文不值；他那所谓的"彻底不同的新的世界观"，不外乎那被维多利亚中期的思潮所镇住的梁启超的《新民说》。

如果胡适在上海求学时得了梁启超"无穷的恩惠"，受了他很大的影响，则他当时跟梁启超一样，也被维多利亚中期的思潮所镇住，就不会是一件让人惊讶的事了。然而，胡适最特别的地方，在于他从年轻时候开始，就不喜欢接受二手货，不喜欢人云亦云，而宁愿要自己去取经。因此，虽然胡适的

---

① 胡适，《禅宗的方法：道不可告，告即不得》，《胡适全集》，9:767；胡适，《中国禅学的起来》，《胡适全集》，9:98-100.

② 胡适，《中国禅学的发展》，《胡适全集》，9:268.

维多利亚时期在一开始的时候，是受到梁启超的影响。然而，他很快就从几本英文书里找到他自己的维多利亚思潮的来源。最令人刮目相看的是，胡适这时才学了两年的英文。

胡适在澄衷学堂一年半的时间，是他所学所获最多、最快的一段时间。他在澄衷时努力学习的态度，不是一般人所能企及的。他废寝忘食地学代数，以致于两只耳朵几乎全聋了的故事，就是最典型的写照。由于他在上海所上的第一个学校梅溪学堂不注重英文，课堂上所用的英语课本《华英初阶》只有 32 页，上了一年，居然没有读完。然而，等他转到澄衷学堂以后，情况就完全不同了。他在《四十自述》里说："在澄衷学堂的一年半，是我进步最快的时期。算学和英文都有进步。"这句话其实是过谦之辞。澄衷是用英文程度来作分班的标准，跟之前的梅溪用中文程度来作分班的标准，有异曲同工之处。澄衷学堂的许多课本也是英文的。他在《四十自述》里说他在理科班上用的课本是英文的，叫《格致读本》（*The Science Readers*）。英文课用的课本，根据他在澄衷写的日记，是 Peter Parley 的《世界通史》。

我们在前文引了胡适在 1934 年所写的回忆，他说："我记得我们学堂里的西洋历史课本是美国十九世纪前期一个托名 Peter Parley 的《世界通史》，开卷就说上帝七日创造世界，接着说'洪水'，卷末有两页说中国，插了半页的图，刻着孔夫子戴着红缨大帽，拖着一条辫子！"回忆不可靠，即使天才如胡适也不例外。彼得·帕里（Peter Parley）是笔名，他的本名叫顾利奇（Samuel Goodrich, 1793-1860），是美国东岸纽约州南边的康乃狄克州人。他是美国内战前，出版青少年教科书的一个巨擘。他出版了一系列的教科书，范围包括地理、传记、历史、科学、故事等等。他晚年的时候，夸耀地说他一生出版了 170 种书，总销量在七百万册。胡适在英文课堂上用的书，是 Peter Parley's *Universal History on the Basis of Geography*（世界通史：按洲分论）。这本书其实是美国著名的小说家霍桑（Nathaniel Hawthorne, 1804-1864）在 1837 年，也就是说，在他成名以前，跟他的姐姐伊丽莎白捉刀代笔的。他们以彼得·帕里这个像注册商标一样慈蔼、周游过列国、会说故事的老先生为主人翁，带着读者一起想象他们是坐在一个汽艇上，去周游世界，审视各国的地理、风俗及其历史。这本书非常畅销，一直到十九世纪末为止，一再出修订版。日本的庆应大学，据说就采用这本书作西洋史教科书，日译本是在 1876 年由文部省出版的。[①]

胡适说这本《世界通史》"开卷就说上帝七日创造世界，接着说'洪水'"。他的记忆是正确的。这本书说上帝创造世界的时间是在公元前 4004 年。这上帝开天辟地的时间是在公元前 4004 年的说法，是十七世纪一个爱尔兰的主教推算出来的，并不是唯一的说法，但为很多人接受。上帝创造亚当、夏娃的地点是在西亚的幼发拉底河畔。诺亚方舟、洪水的故事发生在公元前 2348 年。雨水是从该年的十一月开始，下到来年三月才停。当时，除了幼发拉底河畔以外，欧、美、非三洲都没有人迹。说完了洪水的故事，再根据旧约圣经叙述了希伯来人的故事，说他们出埃及、他们的先知，再说到耶稣的降生、上十字架，然后才开始叙述巴比伦、波斯，接着，继续向东说到中国。

胡适说这本《世界通史》只在卷末用两页讲到中国是不正确的。我所看到的几个不同年代的版本，都是从亚洲开始说起，这也许是因为上帝创造亚当、夏娃的幼发拉底河畔位于西亚。中国位在亚洲，所以中国史其实是在第一部的内容里。同时，中国史的篇幅不是两页，以 1869 年的版本为例，总共有十一页，分成三节。[②] 因为是青少年读物，每节的内容都很简短，经常是用一两段话交代一个历史人物。第一节是《古代中国史》，有三页。1859年以前的版本，提到了伏羲，以及茹毛饮血的时代。后来的版本就删掉了这段，只提到了两个君王：一个是商纣，另外一个则是焚书坑儒、筑长城的秦始皇。第二节是《近代中国史》，其副标题是《中国皇帝逸事》，占有的篇幅，如果不扣除占有一页的五分之四篇幅的《孔子及其弟子图》，则有四页加三行之多。胡适说书中有一个刻着孔夫子的插图，"戴着红缨大帽，拖着一条辫子"恐怕也是不正确的。1869 年版的《孔子及其弟子图》，所有站着的弟子确实是"戴着红缨大帽，拖着一条辫子"，但坐在桌子后边讲道的孔子则蓄着髯髯的胡子，头顶虽然光秃，但颅后的长发披肩。这一节的内容，从想要长生

---

① Shingo Minamizuka,"Teaching World History in the Meiji Era in Japan: Examination of the "Bankokushi" Textbooks," www.history.l.chiba-u.jp/.../Teaching_World_History_in_the_Meiji_Era_in_Japan.pdf, 2009 年 10 月 12 日上网。

② Peter Parley [Samuel Goodrich], *Peter Parley's Universal History on the Basis of Geography* (New York and Chicago: Ivison, Blakeman, Taylor & Company, 1869).

不老的汉武帝开始，说到五代的后唐庄宗、一个为了与民休息而关掉玉矿的Chang-tsa皇帝［注：此皇帝为谁不详。作者说是一个在三四百年前，即明朝，登基的皇帝］、雍正，接着，就跳到鸦片战争、太平天国、英法联军。

第三节的标题叫《中国的城市和习俗》。其中有几段值得提出来让读者一哂：中国人穿长袍，用一条丝带在腰间拢住。丝带上挂着一把刀，和两支吃饭用的筷子；中国人都是骗子，嗜于行骗；他们有许多恶习，比如说，父母如果生了太多孩子，养育不便，就准予把他们丢进河里溺死；中国人吃不择食，宠物可以杀了公开买卖作食物，很多人吃老鼠；妇人裹小脚；中国人的宗教很不堪，拜偶像，虽然各种宗教都可信，却完全没有虔诚之实可言。在1867年以前的版本，还有后来的版本所删除的一条，说中国人想结婚的时候，就付钱给中意者的父母，把她买下来，只是他在把她娶回家以前不准见她。这新娘是用轿子抬到新郎家门前的。这时，新郎把轿子的帘子掀起来，打量一下轿子里的新妇。如果他不喜欢新娘的长相，就可以把她退货送回家去。

我们知道胡适非常不满意这本霍桑写的《世界通史》。他在英文班上发起换书的要求，他在1906年3月20日的日记里说："本斋英文历史前读Peter Parley's *Universal History*，此书为宗教家所言，上古史皆傅会神鬼，如God、Angel之类充塞纸上，无俾学术，因发起请以*Outlines of World's History*易之，已得英文教习允诺矣。"[①] 胡适在次日的日记里作了进一步的说明："新读之*Outlines of World's History*，著者为美人维廉·司卫顿，中皆哲学家言，解释'历史'之界说，颇有至理，余甚喜之，拟暇日当为译成汉文也。"[②]

胡适在澄衷的时候，每读到一本他喜欢的英文书，就想把它译成中文。维廉·司卫顿（William Swinton, 1833-1892）的《世界史纲：古代、中古、近代，特重文明史和人类的进步》（*Outlines of the World's History, Ancient, Medieval, and Modern, with Special Relation to the History of Civilization and the Progress of Mankind*）是1874年出版的。这本书虽然也是专为高中生所写的，却比霍桑

---

① 《胡适日记全集》，1:6.
② 《胡适日记全集》，1:6.

在将近四十年前写的《世界通史》无论就内容或用字遣词而言，都要成熟多了，而且它的写法已经具有现代学院作品的格式。胡适当然会喜欢这本《世界史纲》，光是它的副标题，"文明史"、"人类的进步"，就会是胡适喜爱的。胡适在日记里说他喜欢这本书对"历史"所作的定义，说它"颇有至理，余甚喜之"。

值得注意的是，司卫顿说得很清楚，他这本书所界定的历史，是那些"已经跨越了自然原始状态，组织成政治国家的民族的文明史"。这些"文明"的国家都属于一个广义下的种族，那就是高加索族，也就是一般所通称的白种人。这个白色人种的家庭，包括古代的埃及、亚述、巴比伦、希伯来、腓尼基、印度、波斯、希腊和罗马人；当然，也包括近代的欧洲国家。其他人种，比如中国、墨西哥和印加人，虽然也已经跃离了野蛮的阶段，但他们的文明已如死水，对现代人类的进步殊无贡献。他们是在历史之外，换句话说，中国、墨西哥、印加人根本连在人类历史的舞台上跑龙套的资格都没有。研究他们的工具不是历史，而是人类学、考古学和语言学。[①] 这一段话所反映的，不但完全是黑格尔一派的说法，而且也反映了十九世纪西欧、美国人对"民族国家"、"种族"概念的偏执与痴迷。换句话说，除了对"种族"的偏执以外，十九世纪"民族国家"的兴起，更使得欧美人把它拿来定义"现代性"以及衡量一个民族是否能进入历史范畴或舞台的准则。无须赘言，司卫顿的这本《世界史纲》一个字也没提到中国。

事实上，司卫顿所谓的"文明"、"进步"，其实就是阿利安种族（Aryans）的故事；他所要凸显的，就是阿利安是一个带领人类前进的种族。他虽然说他的《世界史纲》是高加索种族的故事，但他所真正要说的，是高加索种族里的阿利安人。他说，高加索族里分三大支：阿利安族、闪族（Semites）、含族（Hamites）。他说："值得指出的是，我们［即美国］所属的种族——阿利安人———直是人类进步的舞台上的主角。"含族是埃及和迦勒底人（Chaldeans），已经是古人，他们的荣华已逝；闪族是希伯来和阿拉伯人，

① William Swinton, *Outlines of the World's History, Ancient, Mediæval, and Modern, with Special Relation to the History of Civilization and the Progress of Mankind* (New York: Ivison, Blakeman, Taylor and Company, 1874), pp. 1-2.

他们除了一神教的贡献以外，别无所有。换句话说，阿利安人是现代国家的播种者，阿利安人的荣耀——思想上的伟大成就，或者在政治自由、科学、艺术、文学上的进步——都不是含族或闪族能望其项背的。不但如此，阿利安人是古希腊、罗马，不，不仅如此，是开天辟地的时候就已经不同凡响的先民一脉相承的继承人：

> 如果我们去追溯世界上进步国家的文明——我们［美国］、英国、德国、法国、意大利等等国家的文明——我们就会发现它跟罗马的文明是一脉相承的。罗马则又是希腊的传承。看，所有这些都是阿利安人；如果我们回溯到那些在原始时代在亚洲的阿利安人，这一族人，即使在当时，就一定已经迥异于一般的野蛮人，他们已经在政治、社会、宗教以及制作上作出好的开始。因此，我们完全有理由说，阿利安人是一个独一无二的进步的种族；所以，一部世界史，绝大部分就是要去表扬阿利安国家对人类共同文明遗产所作的贡献。①

这种阿利安至上主义，在我们今天看来当然是再赤裸裸也不过了。但是，对于一个刚满十四岁，才开始看英文书，对西方思潮的来龙去脉一点概念都没有的胡适来说，是完全不可能有识破这一点的能力的。即使在日本，反省与反响也是渐次滋生的，而且，也绝对不是在学的青少年所能为之的。我们在前文提到彼得·帕里的《世界通史》的日译本是在 1876 年出版的。司卫顿的《世界史纲》最早的日译本有两本，一本在 1883 年出版，另一本在 1886 年出版。在 1880 年代，明治中期，司卫顿的《世界史纲》取代了彼得·帕里的《世界通史》，取得了日本万国史教科书的龙头地位。"文明史"，或者更确切地说，由阿利安民族所主导的文明史，被奉为圭臬。一直要到 1890 年代，也就是明治晚期，对这种阿利安至上主义的批判才开始出现。②

---

① William Swinton, *Outlines of the World's History,* pp. 2-4.
② Shingo Minamizuka,"Teaching World History in the Meiji Era in Japan: Examination of the"Bankokushi"Textbooks," pp. 4-8., www.history.l.chiba-u.jp/.../Teaching_World_History_in_the_Meiji_Era_in_Japan.pdf, 2009 年 10 月 12 日上网。

其实，即使胡适能披览群籍，他在当时所能找到的英文书，即便不是宣扬阿利安至上主义，也是西方中心的。比如说，他才开始读司卫顿的《世界史纲》，因为喜欢而想把它翻成中文。不到两个星期，他又去买了另一本世界通史的书。他在 4 月 1 日的日记里说："夜，往棋盘街购迈尔《通史》一本。"这本《通史》是迈尔（Philip Van Ness Myers, 1846-1937）在 1889 年出版的《通史：大学高中教本》（*General History for Colleges and High Schools*）。迈尔这本《通史》，在专业的诉求上，又要比司卫顿的《世界史纲》更上一层楼了。基本上，到了十九世纪末期，像彼得·帕里那种摇笔杆、什么教科书都写的写家已经被淘汰了，历史教科书变成了专业历史家的专利。然而，这并没有改变欧洲中心以及阿利安至上主义的心态。事实上，这种心态可以变本加厉，由学术的光环冠与"科学"的地位。十九世纪欧美人对"民族国家"、"种族"概念的偏执与痴迷，也同样一览无遗地展现在迈尔这本《通史》里。跟司卫顿一样，迈尔也开宗明义地讨论种族。他跟司卫顿不一样的地方，是司卫顿的眼中只有白种人，因为对他而言，其他人种都没有历史，都不在人类历史的舞台上。迈尔至少承认人类历史舞台上，除了白种人以外，还有其他人种的存在。他把全世界的人类分成三个种族：黑、黄、白三种。他说黑种人从远古以来，就是替比他们优越的种族"引水伐木"的人；黄种人，"就以中国人为例，虽然他们在文明上还颇有点所成，但他们那个种族在艺术、文化上的成就不高。甚至他们的语言也是发展不全的，就好像是不成熟、发育不良一样，不像高加索种族的语言有单复数、性别的变化以及动词语态上的变化"。相对比之下，"在所有这几个种族里，白种人，或者说，高加索种，从体格、思想和德行上来说，都是最完美的"。①

当然，一个读者读到阿利安至上主义的书，并不见得就会接受阿利安至上主义的观点，何况是跨越了文化的疆界以及语言上的鸿沟呢！而且更何况自己又是属于被阿利安至上主义所排斥的种族呢！然而，我们知道胡适一生确实钟情于盎格鲁－撒克逊人。终其一生，盎格鲁－撒克逊人是他所崇尚的西方近代文明——民主、科学——的播种与收成者。如果司卫顿、迈尔的历

---

① Philip Van Ness Myers, *General History for Colleges and High Schools* (Boston; London: Ginn & Co., 1889), pp. 2-3.

史教科书，教导了胡适阿利安种族的历史，特别是他们建立近代民族国家的轨迹，另外两本公民教科书，则教导了胡适作一个现代民族国家公民所必备的条件：第一本是亚诺福斯特（Arnold-Foster, 1855-1909）写的《国民读本》（*The Citizen Reader*）。我们从胡适在澄衷时写的日记，知道这本书是他在澄衷学堂时就读过的书；第二本书是马奎克（W. F. Markwick）与史密斯（W. A. Smith）合写的《真国民：如何成为其中的一员》（*The True Citizen: How to Become One*）。《真国民》，胡适可能是稍后才接触到的，其内容，他在编《竞业旬报》时利用最多。这两本书都是给中、小学生读的。前者是英国人写的，后者是美国人写的，但两者所要灌输给学生的，都是梁启超在《新民说》里所宣扬的维多利亚的美德。这些美德，我们完全可以用胡适描述梁启超的《新民说》时所列出来的名单：国家思想、进取冒险、权利思想、自由、自治、进步、自尊、合群、生利的能力、毅力、义务思想、尚武、私德与政治能力。

　　亚诺福斯特的《国民读本》，是1886年出版的。① 到1894年新版印刷的时候，已经印行了二十六万册。作者在新版序里，还特别指出日本的文部省在连续两年买了一大批《国民读本》以后，已经决定以它作基础来编写日本的公民教科书。到了1898年又再版的时候，这本书已经印行了三十一万册。亚诺福斯特在这本《国民读本》里，主要是让英国的小学生了解英国的政治、法律、军事、财政制度。他要他们知道作为国民或国家未来的公民的权利和义务；要他们体认到英国及其殖民地的缔造是先民的努力，得来不易，每个人都有职责去维护，并继续发扬光大；要他们明白英国国旗的象征意义：就英伦三岛而言，是英格兰、苏格兰、爱尔兰联合的象征，对外而言，是日不落帝国维护正义、确保自由的象征。英国国民既然肩负了那么大的使命，他们就必须从小养成良好的美德，要懂得爱国、有爱心、求真理、有荣誉心、服从、纪律、勤学、会做人、勤俭。

　　大不列颠帝国的维系与传承，端赖国民的奉献与牺牲。亚诺福斯特在《国民读本》里，用了三十页的篇幅，来解释英国的军制，包括民兵。他说依法，所有英国人都有在必要的时候为国执干戈的义务。所幸的是，爱国心，

---

① 以下有关本书的讨论，请参阅 H. O. Arnold-Forster, *The Citizen Reader* (London: Cassell and Company, 1904).

英国人人都有，连散布在大不列颠殖民地的英国人，在必要的时候，都会从戎报效祖国。他还特别说明为什么每在阅兵的时候，第一个出场的都是海军：那是因为大海是英国最重要的防线，保卫英国在海上利益的海军，当然是最须要被注重的。他还穿插了一些为国奋斗、甚至为之牺牲的英雄的故事，例如：曾经在中国率领"常胜军"打太平天国，后来战死在苏丹的戈登（Charles Gordon, 1833-1885）；1857 年因为印度殖民地士兵起义叛变，驰援的英国军官与士兵；1852 年"暴堪海舰"（Birkenhead）在南非沿海触礁沉船时，让妇孺登上救生艇，列队留在舰上沉船而溺死的军官和士兵；以及 1805 年在西班牙特拉法加角（Trafalgar）打败法国、西班牙联合舰队的纳尔逊（Horatio Nelson, 1758-1805）。"暴堪海舰"沉船的故事，特别让胡适感动，他在 1906 年 12 月 6 日的《竞业旬报》上，特别以《暴堪海舰之沉没》为题名，翻译出来加以表扬。纳尔逊的故事，他在 1906 年 5 月 31 日的日记里提到："今日上课，适杨师有喉病，故国文科无功课。看《新民丛报》《责任心与名誉心之利害》篇，心大感动，不自已。是篇立论，注重责任心。因忆昔者拿坡仑与英名将纳耳逊战于脱拉发加（Trafalgar），英军垂败矣，纳耳逊乃诏其军曰：吾英人当各尽其职守也（England expects every man to do his duty）。于是士气复振，遂大败法军法舰队及西班牙之舰队，歼焉。噫'责任心'（Duty）之权力固如是其大耶！"[①]

值得注意的是，亚诺福斯特虽然不厌其详地介绍英国的军制，表扬英国军人的纪律及其尚武的精神，但他也同时要他的小学读者了解这些都是对外的美德。对内，国民的第一要务则是知法、守法。为了国家的荣誉而执干戈对付敌人是必要的，然而，本国人自己动干戈来解决冤屈与罪行，并不能为国家带来荣誉。亚诺福斯特在讲述英国军制那一章，在一开头就引了十八世纪英国保守主义巨擘伯克（Edmund Burke, 1729-1797）的一句话："绝不可轻言洒热血，除非是要偿血债。为我们的家、为我们的朋友、为我们的神、为我们的国家、为我们的同类去洒热血值得，其他则都是虚荣，都是罪恶。"亚诺福斯特要大家即使必须牺牲小我，都应该为国家着想的保守心态，最明

---

① 《胡适日记全集》，1:39.

显地反映在他对工会的态度上。他说工会能保障会员的福利，能为会员争取较高的工资与工作环境，当然是一件好事。但是，当工会用集体罢工的方式，强制规定会员不准私自去上工的时候，它们就忘却了自由的真意，它们就不再是自由的朋友，而是专制的朋友。毫无疑问地，他所害怕的是罢工，他所担忧的，是劳工集结起来跟资方对抗。他所憎恶，却又不愿意点出的，就是社会主义，那就好像是如果他把社会主义这几个字说出来，就会增长其威风似的。

胡适很欣赏《国民读本》。他在1906年4月14日的日记里，称赞这本书："《国民读本》（*The Citizen Reader*）一书，其于国家政治法律，以及成人之道、自治治人之理，皆推阐无遗，其中哲理法语足为座右铭者，不可胜数。"他翻译了其中的两句："To rule oneself is the first step to being able to rule others"（自治者乃治人之第一着手处也）；"We shall do no injustice to others nor suffer injustice ourselves"（毋以不义加诸人，亦毋受人不义之加诸我）。他接着说："以上二语，其第一语则'未有己不正而能正人者'之义也，其第二语则'己所不欲，勿施于人'、'我不欲人之加诸我也，我亦欲毋加诸人'之义也。呜呼，我学者其无唾弃先圣，先圣固与二千年后之泰西哲学家、教育家同其学说也。"[1] 这一节日记反映了胡适在这个阶段，很喜欢去寻找中西观点若合符节的地方，也更反映了我们在本章"爱国"一节所要分析的他的强烈的爱国心理。然而，更重要的是，他认为《国民读本》里，可以作为座右铭的哲理名言，俯拾皆是。而这些所谓的哲理名言，一言以蔽之，就是他说梁启超被其所镇住了的维多利亚时期的公德。

在这些维多利亚时期的公德里，胡适对爱国、尚武的精神特别重视。1906年6月2日的日记里说："上海第一次举行征兵令，惟吾国积习贱视军人，故应征者绝少。识者乃利用人之'名誉心'，行欢迎欢送之礼，以鼓励来者。上海第一批征兵已得六十人，阖邑官绅学子定于明日开欢送征兵大会于学宫，本校与焉，明日十一时出发矣。"次日，澄衷学堂的学生在上午十一点半，从学校整队出发，一点到达学宫。下午三点钟，欢送大会开始。各界演说完

---

[1] 《胡适日记全集》，1:16-17.

毕，最后由各校学生合唱"征兵歌"。典礼结束以后，各校学生送征兵上船，大家"各扬校旗，呼'中国万岁'、'陆军万岁'而散"。他去参与欢送征兵大会后的第二天，又在日记里写下他的感想。他现在读了亚诺福斯特的《国民读本》，认识到西方的兵制有两种：征兵与募兵。他受到维多利亚尚武精神的影响，认为当兵是国民的天职，中国应该实行征兵制。他说："各国兵制分二种：一强迫的（conscription），即所谓通国皆兵制也（人人皆须从军，如德国是）；一情愿的（voluntary enlistment），则海陆军皆以征兵充之（如英国是）。今日之我国征兵令，情愿的也。夫今日而行强迫兵制，固足以致乱；而但知行情愿的征兵令，而不知亟施普及教育，使人人皆知服戎为国民天职，是则不揣本之说也。英行情愿的兵制，而英以兵强于天下者，以教育普及，人人皆以是为其应尽之义务，故国愈危，而应征者欲踊跃，且能死战也。吾国人不此之图，而以'名誉的鼓励'为唯一之手段，呜呼！他日两阵交绥，兵刃既接，生命且不保，尚能顾名誉耶？" 6月7日星期四，又到了上作文课的日子，当天的作文题目就是《欢送征兵之感情》。胡适就把他前几天在日记里写下来的感想作为主旨发挥。他踌躇满志地说："盖不思不言者也。"①

　　另外值得一提的，是胡适从《国民读本》里学到了西方选举的作业程序。他在1906年4月10日的日记里说："西国举议员（代议士）一事，予习闻之，以为随众人之意向而举之，不必被选者之知之也。又以为被选者苟自陈欲被选之意于举人之前，则将跻于钻营者之列也。今读 Arnold-Forster 之《国民读本》，乃知其大谬不然者，因节译其论选举 voting 一段如下，以见英国选举乃由被选者之愿意而使举之也。"② 他所节译下来的一段，就是叙述候选人发表政见，以及选民进选举事务所投票的过程。这一节日记最有意义的地方，在于它显示了胡适在读这本书以前，所道听途说来的一些对选举的误解。当时有很多中国人以为选举不须先要有候选人。因此，投票的时候，选民可以投票给任何他们中意的人。更有意味的是，他们以为候选人当众宣布政见，就有"钻营"的嫌疑。传统读书人"不病人之不己知也"，以及胡适在这个阶段常爱说的"三代以上，惟恐好名，三代以下，惟恐不好名"的

① 《胡适日记全集》，1:41-42.
② 《胡适日记全集》，1:15.

戒惧，在这里流露无遗。这跟我们在本章下一节会谈到的胡适在修身上的焦虑感，有密切的关系。

如果亚诺福斯特在《国民读本》里所念兹在兹的，是大不列颠帝国利益的维系与捍卫，作为美国人的马奎克与史密斯，在他们合写的《真国民》就没有什么帝国的焦虑与执著了。也许因为如此，《真国民》所着重的，既不在于美国的政治、法律制度，也不在于国民与国家之间的权利义务关系，而在于国民的德性。用马奎克与史密斯自己的话来说，就是着重于作为国民的道德或伦理面向。从这个角度来说，《真国民》比《国民读本》更彻底地反映了维多利亚时期的美德。这本书的对象是初中生。全书分三十九章，配合当时的美国学制，一星期讲一章。每一章启首还配有五个与该章内容相关的格言，或者，用胡适使用的译名来说，"金玉之言"，刚好一天一个格言。同时，马奎克与史密斯在讨论每一个美德的时候，尽可能都举了一个有名的人物来作言教身教的范本。这三十九章分为四大部分，分别讨论了作为儿童、青年、成人以及国民所应有的德性。如果我们扣除了每一部分作为绪论的第一章，则本书一共讨论了三十五个美德。儿童期的美德是：观察、服从、坦白、爱心、爽朗、审美、有求知心；青年期的美德是：勤勉、立志、专注、自制、毅力、准时、诚实、有礼貌、刻苦、自重、认真、热诚、勇气、自立、谦逊、忠实；成人的美德则是：秩序、敬谨、富于感情（sentiment）、责任心、节制、爱国、独立、立志做完人；公民的美德则展现在四个方面：公民与家庭、公民与社区、公民与国家以及理想中的公民。[①] 这些美德，在数目上，比胡适在《四十自述》胪列梁启超《新民说》的美德还要多得多，然其所反映的则如一：维多利亚时代的美德是也。

一如我们在上文所指出的，胡适接触到《真国民》要比《国民读本》稍晚，很可能就是在他主编《竞业旬报》的时候。当时的胡适在征引洋书、洋人的时候，常常并不附原文，他在日记里说马奎克所著的《真国民》。这马奎克是谁？《真国民》又是什么书？如果不是因为今天资讯发达，有网络、有《谷歌书》(Google Books) 可搜寻，让研究者可以尝试用各种可能的发音

---

① W. F. Markwick and W. A. Smith, *The True Citizen: How to Become One* (New York: American Book Company, 1900).

方式去还原、搜寻胡适当时所音译的马奎克英文名字应当为何。如果是用传统到图书馆去查询的方式，想能找到找到马奎克是"W. F. Markwick"、《真国民》是"The True Citizen: How to Become One"，还真恐怕可以说是大海捞针——无处寻呢！

无论如何，《真国民》对胡适的影响，最典型的是他在1908年10月15日的《竞业旬报》第30期所发表的《军人美谈》。他在这篇文章里讨论的美德是"服从"。他说："西洋人最爱讲自由，有句俗语儿：'自由和面包一般，一天不可少。'你想他们把'自由'两字，看得何等重大。然而他们一遇国家有事，去当了兵，便把自己的'自由'，都丢在耳背后去了。都是一心一志，听着主将的号令，主将说一句，他们便听一句，便服从一句，断不敢诘问，断不敢违拗。这都只为军人临阵的时候，要是各人顾各人的自由，不听主将的号令，那号令不严了，又怎么打仗呢？又怎么得胜呢？又怎么救国呢？所以那作兵人的，一定要把'服从'二字，做一种人人共有的天职。兄弟今天所说的这件故事，也是讲这'服从'二字的，列位且听我说来。"胡适所说的故事，是克里米亚战争（1853-1856）期间一场最赚人热泪的战役，那就是1854年在巴拉克拉瓦（Balaclava）的战役。在这场战役里，英军在传达进攻命令含混的情况之下，让六百七十三名轻骑兵，冲向好整以暇，给予英军迎头痛击的俄国军队。虽然这六百多名英国的轻骑兵抢到了被俄国掳走的大炮，而且杀戮了俄国的炮手，但这六百七十三名轻骑兵，只有不到两百名生还。胡适说："这一回，虽然死了这么多人，然而这六百多人的服从军令，奋不顾身，从此便名闻天下了，惹起了多少诗人、词客的赞叹。这六百人的名誉，从此便永永不朽了。内中单表一位英国大诗人，叫做邓耐生，便把这事做了一首长歌，兄弟看了，便把他译出来，给我们中国人看看，好作一个大大的榜样。"邓耐生（Alfred Tennyson, 1809-1892）写的这首诗，胡适翻成《六百男儿行》（The Charge of the Light Brigade）。这场巴拉克拉瓦战役以及邓耐生的诗，出现在《真国民》儿童期的美德《服从篇》。①

胡适对《真国民》的喜爱恐怕不下于《国民读本》。他在《竞业旬报》

---

① 胡适，《六百男儿行》，《胡适全集》，42:457-458；W. F. Markwick and W. A. Smith, *The True Citizen*, pp. 25-27.

里连载的"金玉之言",除了最后几句以外,都是来自于《真国民》每章启首所配有的格言。值得注意的是,胡适翻译这些格言,有额外别取也有从中割舍的。换句话说,他并没有翻译所有《真国民》每章启首的格言。有些篇章的格言,他完全置之不顾;相对地,有些胡适把它们翻译出来的,根本就不是《真国民》篇章启首的格言,而是篇章里的话。只是因为他喜爱,就把它们当作格言翻出来,加在他在《竞业旬报》所连载的"金玉之言"里。这取与舍之间的准据,就透露了维多利亚时期的公德,哪些是胡适所服膺,或者觉得可以用来矫枉中国人的劣根性的?而哪些是属于不急之务、或者与中国的国情毫不相干的?

由于胡适在上海求学时期服膺的维多利亚的美德,多与个人的任重道远以及爱国有关,他从《真国民》的篇章里选译出来的五句格言,其中有三句说的都是勇气:"勇也者,非无惧之谓也,谓能胜其惧耳"(We would rather say that courage does not consist in feeling no fear, but in conquering fear)、"吾之所谓勇,精神之勇也。是故有以伟男子而中怯者矣,有弱女子而大勇者矣"(Genuine courage is based on something more than animal strength; and this holds true always. Cowardly hearts are often encased in giant frames. Slender women often display astounding bravery)、"天下惟大勇之人,斯能立非常之功,人之从之也,亦视死如归,其感人之力,若磁之吸铁然"(The courageous man is a real helper in the work of the world's advancement. His influence is magnetic. He creates an epidemic of nobleness. Men follow him, even to death)。① 另外两句格言是从《真国民》的篇章里选译出来的,也跟爱国有关,更精确地说,是跟传统士大夫爱国理念相通的。其中一句,简直就是"天将降大任于斯人也,必先苦其心志,劳其筋骨,饿其体肤,空乏其身"的西洋版:"历史所载,自古至今,天未尝以优美之境遇赐伟大之人物也"(History and biography unite in teaching that circumstances have rarely favored great men)。② 另一句则等

---

① 胡适,《金玉之言》,《胡适全集》,42:472;W. F. Markwick and W. A. Smith, *The True Citizen*, pp. 150-151.

② 胡适,《金玉之言》,《胡适全集》,42:472;W. F. Markwick and W. A. Smith, *The True Citizen*, p. 157.

于是"天下兴亡，匹夫有责"的西洋版："高尚之生，其目的、其结果，责任而已矣。天地之间，惟此二字诚耳"（Duty is the end and aim of the highest life; and it alone is true）。① 维多利亚时期的美德与传统儒家美德有其合辙之处，胡适所翻译的这几句格言就是最好的例证。

《真国民》所表扬的三十五种美德里，唯一全部被胡适割舍的，就是审美、敬谨、感情、节制及公民与社区这五篇的格言。胡适没有翻译公民与社区篇的五个格言，是很可以理解的，因为中国当时还在清朝皇权的统治之下，谈公民的治权，不啻天方夜谭。我们举这一篇里的两个格言为例，就可以很清楚地了解胡适为什么没选译它们："市政府应该完全与政党撇清关系"；"一个不去投票的人，如果他没有能言之成理的借口，就该被褫夺其投票权。"② 至于审美、敬谨、富于感情和节制，恐怕不但属于不急之务，说不定还会被当时的胡适讥斥为衣食不足、家国不保，而侈言追求空灵的境界呢！就以审美篇的五个格言为例："美是永恒的"；"美丽的事物带给我们的喜悦是永恒的"；"对美丽事物的喜爱，是健康的人性必要的一部分"；"美感是其所以存在的理由"；"如果眼睛是用来看东西的，则美就不须要为自己的存在而觉得不好意思"（If eyes were made for seeing, then beauty is its own excuse for being）。③

如果审美篇的格言对胡适来说，无补益于中国的急务，亦即，无补益于现代国民与现代国家的铸造，则敬谨、富于感情、节制篇的格言，恐怕又流于空泛、冥想，甚至可以说是不切实际。比如说，敬谨篇里的一句格言说："敬谨是大丈夫的操守（moral manhood）之最。"另一句格言说："真正的敬谨之心，是被爱浸淫过的膜拜的情怀。"④ 富于感情一篇的格言，一句说："感情是诗歌与艺术的生命和灵魂。"另一句说："感情是想象力把七情六欲（emotion）淬造出来的亮丽的水晶。"⑤ 胡适没有译节制篇的任何一句格言是既可以理解，但同时也很令人惊讶的。说可以理解，是因为那五个格言似

---

① 胡适，《金玉之言》，《胡适全集》，42:473；W. F. Markwick and W. A. Smith, *The True Citizen*, p. 200.

② W. F. Markwick and W. A. Smith, *The True Citizen*, p. 239.

③ W. F. Markwick and W. A. Smith, *The True Citizen*, p. 48.

④ W. F. Markwick and W. A. Smith, *The True Citizen*, p. 188.

⑤ W. F. Markwick and W. A. Smith, *The True Citizen*, p. 193.

乎都跟禁酒有关。其中的一句说："兰姆酒（rum）把人所有乖劣、恶毒、罪恶的本性都给煽动出来了。"另一句格言则说："不沾酒（sobriety）是欲望的缰绳，节制是那根缰绳上的马口衔跟勒马索；那就好比是卡在人们嘴上的羁绊；吃肉、喝酒要有节度。"再一句格言说："节制是在肉身上所作的虔敬的行为；那是在肉身上维持着上帝所命定的秩序。"然而，令人惊讶的是，节制篇所谈的内容——克己、自制——正是胡适在上海时期日日为之焚心的课题。就像《真国民》的作者所说的，节制是比耐心、坚忍更高的一个德行，"它是理性的守护者、宗教的堡垒、审慎的姐妹，是使人生更甘美的要素（sweetener）。"①

　　胡适在翻译这些"金玉之言"时所作的取舍，或者更确切地说，他在维多利亚的美德里所作的取舍，其实跟绝大多数近代中国人所作的取舍是合辙的。当然，胡适在留美以后，就与这种心态分道扬镳。从这个角度来说，胡适是一个异数，在近代中国的政治思想史上不具代表性，但这是后话。高哲一说近代中国从西方汲取来的公民理念（citizenship），是偏颇于一面的。也就是说，公民理念在西方有两个面向：一个面向是侧重个人的自由与权利；另一个面向则侧重具有公德心、热心公众事务的个人，透过参与、奉献，来履行其对国家社会的责任。前者可以称之为自由主义的公民理念；后者则常被泛称为公民共和主义（civic republicanism），它强调参与、公德心与热心公益，这就是高哲一用来诠释近代中国政治思想史的线索。这种强调参与、公德心与公益的公民共和主义可以被曲解、操纵和滥用，以致于使国家社会凌驾于个人之上，把人民变成了螺丝钉、工具。也正由于如此，高哲一所用的这条线索非常有诠释力，它不但可以把近代中国政治思想史，从清末、国民党、到共产党在宣传、灌输、运动、组织人民这一个面向上找出其连续性。同时，他也可以把它用来解释自由主义在近代中国的命运。这也就是说，那侧重于个人的自由与权利的自由主义的公民理念，为什么不能在中国生根？②换句话说，如果从梁启超开始，包括青少年时代在上海求学的胡适，中国人就已经被某些特定的维多利亚时期的美德——公民共和主义下的公德——所镇住，则自由主义在中国，从一开始就既没有沃壤，也没

---

① W. F. Markwick and W. A. Smith, *The True Citizen*, pp. 206-207.
② Robert Culp, *Articulating Citizenship*, pp. 277-300.

有耕耘的园丁。

从胡适所翻译的《真国民》里的"金玉之言"，我们可以看到一个聪颖超常、用功过人的胡适。他从 1904 年到上海才开始学习英文。我们从上文的讨论里，已经说明了他的英文基础是在 1905 年秋天，进入澄衷学堂以后才打下的。然而，他不但开始读课内、课外的英文书，而且已经着手翻译。他所翻译的"金玉之言"，绝大多数都确切、精准。即使偶尔有漏译之处，其所反映的，常是我们在上文所分析的他取舍的标准。举个例来说，"It is noble to seek truth, and it is beautiful to find it."他的翻译是："求真理，高尚之行也。"换句话说，他只着重求真理是"高尚之行"，而不觉得有必要去点出"找到了真理何其美！"的雀跃。这是成熟以后，在研究中找到乐趣的胡适所能深自体会的。另外一个极有意味的例子是："The desire of knowledge, like the thirst for riches, increases ever with the acquisition of it."胡适的译文是："天下之人，惟日与学问相习。求学之思，乃日以炽。"他所增添与他所漏译的部分都格外地有意义。他所添加的，是他循循善诱，希望人人能"日与学问相习"；与此同时，他又不屑于把原文里用"爱财之欲"来比拟"求学之思，乃日以炽"的说法，因此，他就把"爱财之欲"给删去了。①

《真国民》里有两个格言，胡适当时没有选译，可是后来都被他身体力行。一个是林肯在 1860 年竞选美国总统时，在一篇批判蓄奴的演讲词里所说的话："我们要有信心，公理就是力量；在这个信心之下，我们就要敢于去作我们认为该作的事"（Let us have faith that right makes might; and in that faith let us dare to do our duty as we understand it）。② 胡适从留美时期开始，先是成为一个和平主义者，后来变成一个国际正义主义者，后者成为他一生信奉的理念。林肯这句"公理就是力量"的格言，其实是"强权就是公理"（Might makes right）的颠倒版。"强权就是公理"是胡适从留美开始就深恶痛绝的一句话，而在上海求学时的他，却对林肯所说的这句格言视若无睹。这个遗珠之憾，当然可能是胡适的疏忽。然而，更有可能的是，这是胡适的社会达尔文时期，

---

① 胡适，《金玉之言》，《胡适全集》，42:468-469；W. F. Markwick and W. A. Smith, *The True Citizen*, p. 55.

② W. F. Markwick and W. A. Smith, *The True Citizen*, p. 200.

是他欣然接受他二哥的建议，用"适者生存"的"适"来作他的名字的时候。"公理就是力量"，对当时的胡适而言，说不定是属于"腐儒之见"的范畴。

另外一个胡适在青少年时期认为与中国的急务不相干的格言是："A place for everything, and everything in its place."这句格言，胡适在将近四十年后，从他得心脏病以后的特别护士兼情妇哈德门太太那儿听来，觉得是一句至理名言。他当时可能早已忘了这是他年轻时曾经读过的一句话。他在 1946 年 4 月 2 日的日记里说："Virginia Davis Hartman［哈德门太太］说，她小时，家庭教育最注重一句话：'A place for everything, and everything in its place.'她一生得力不少。我也喜欢此语，试译为白话：'每件东西有一定地方，件件东西各归原地方。'此种教育最有用。'每物有定处，每物归原处'（六月十七改译）。"①

当然，才学了四年英文的胡适，如果他在读《真国民》的时候，没有读错、译错的地方，那才是匪夷所思呢！胡适翻译"金玉之言"难免有错译的地方，有些是文字上的，有些则是文化上的。换句话说，翻译的工作绝对不只是单纯在文字上的转译工作，它还是一种文化上的转借与诠释。胡适在翻译《金玉之言》时所犯的错误，绝大多数都不是文字上的，而是文化上的，这又是胡适聪颖过人的另外一个证据。文字上的错译，可以举两个为例。"摇摇床之手，可以震动天下。"（The hand that rocks the cradle rules the world.）《真国民》读本说这句俗谚的作者不详（Anon.），十七岁的胡适不知道"Anon."是"Anonymous"的缩写，所以他说这句俗谚的作者是"阿农"。② 另外一个例子是："Every great and commanding movement in the annals of the world is the triumph of some enthusiasm."胡适把这句话翻成："一年之中，世界记载之大事业，皆热诚之胜利而已矣。"胡适在这里把"annals"这个字译成"一年之中"。其实，他不如就干脆把那四个字删去，而把那句话翻成："世界记载之大事业，皆热诚之胜利而已矣。"③

① 《胡适日记全集》，8:221-222；W. F. Markwick and W. A. Smith, *The True Citizen*, p. 182.

② 胡适，《金玉之言》，《胡适全集》，42:474；W. F. Markwick and W. A. Smith, *The True Citizen*, p. 235.

③ 胡适，《金玉之言》，《胡适全集》，42:471；W. F. Markwick and W. A. Smith, *The True Citizen*, p. 144.

另外两句话，必须懂得西方的文化背景，我们甚至可以说，必须中西融通了以后，才能正确掌握。第一句是："The child is father of the man."胡适把它翻成："孺子亦人父也。"① 正确的翻译应该是："从小可以看大。"亦即，俗话所说的，"三岁定终身"；或者以胡适自己当时曾经征引过的俗话来说："三岁定八十"。② 第二句是："The revolutionist has seldom any other object but to sacrifice his country to himself."胡适把这句话翻成："所谓志士者，惟思牺牲其身于祖国而已，无他愿也。"③ 胡适所翻出来的句子刚好跟原文的意思相反。这句话是英国保守主义者亚里生（Archibald Alison, 1757-1839）在他写的欧洲近代史里所说的一句话。亚里生说这句话的时候，批评的对象是法国大革命，这句话的前文是："The lover of freedom is willing, if necessary, to sacrifice himself for his country."④ 所以，如果我们把上下文都译出来，它的意思是："爱自由之士，在必要时，愿意为国牺牲；革命分子的目的，则不外乎要国家为自己而牺牲。"我们与其说胡适因为英文不够好而读错了原文，不如说胡适因为先有了主见而读错了原文。我们要注意，胡适在此处把"revolutionist"翻成"志士"，是因为他受到了梁启超的影响，而同情革命、同情秋瑾（胡适在《竞业旬报》里写了好几篇《时闻》，缅怀秋瑾，以及痛诋处决秋瑾的绍兴知府贵福）⑤，因此，胡适在直觉上就把"revolutionist"当成一个正面的名词，而把它翻成"志士"，他不知道在亚里生的心目中，"revolutionist"就如"洪水猛兽"一般。《真国民》的作者会在《爱国篇》里选收亚里生的这句话，其意识形态如何，当然也就不言可喻了。

胡适的"新民"说，或者说，胡适在他的思想成长过程中有他的"作新民"的阶段，这对我们对他思想的理解，或者对中国近代思想史的发展有什

---

① 胡适，《金玉之言》，《胡适全集》，42:469；W. F. Markwick and W. A. Smith, *The True Citizen*, p. 62.

② 胡适，《敬告中国的女子》，《胡适全集》，21:10.

③ 胡适，《金玉之言》，《胡适全集》，42:473；W. F. Markwick and W. A. Smith, *The True Citizen*, p. 213.

④ Archibald Alison, *History of Europe from the Commencement of the French Revolution in 1879 to Restoration of the Bourbons in 1815* (Edinburgh and London, William Blackwood and Sons, 1853), Vol. I, p. 119.

⑤ 胡适，《时闻》，《胡适全集》，21:12-13, 82-83, 90, 92, 120-121.

么意义呢？胡适在 1933 年 12 月 22 日的日记里，把中国近代思想史分为两期："一、维多利亚思想时代，从梁任公到《新青年》，多是侧重个人的解放；二、集团主义（collectivism）时代，一九二三年以后，无论为民族主义运动，或共产革命运动，皆属于这个反个人主义的倾向。"[①] 胡适把梁启超和《新青年》同样划为维多利亚时期，可能会使一些人感到惊讶。然而，胡适的诠释是正确的。诚然，梁启超的"新民说"和《新青年》都侧重个人的解放。这种维多利亚、侧重个人的解放的思潮，从表面上看来，似乎与爱国或民族主义矛盾。其实不然，个人的解放与国家社会之间虽然有其矛盾、抗衡与紧张的关系存在，在中国这样一个没有深厚的自由主义与个人主义传统的社会里，追求国家富强的梦想，以及公德心的礼赞，都足以把个人的解放与国家社会进步连结在一起。这种把个人的解放视为国家进步的先决条件的想法，当然可以有不同的诠释方式，它可以很"法家式"地把个人视为国家社会的工具，也可以"儒家式"地把个人的进德与国家社会的进步视为相辅相成、相生相应的关系。也就是因为如此，史华慈（Benjamin Schwartz）在分析严复的思想时，指出严复翻译西方自由主义的经典著作，可以与他寻求国家富强的目的并行不悖，甚至是附丽于其下。[②] 我们在上文所提到的高哲一所用的公民共和主义的理念，对这点也作了异曲同工的诠释。这也就是说，公民各个把自己铸造成一个独立自主的个人，目的可以是发挥其公德心，以便把自己奉献给国家与社会。

问题是，史华慈的"寻求富强说"与高哲一的"公民共和主义"可以解释近代中国许多人物的想法，特别是政党的党义与行径，但并不是全部，而且有简单化了的弊病。思想袭人的态势是众声喧哗的，它不但没有一定的轨迹，而且常是糅杂（hybrid）、矛盾、盘根错节的，特别是当传统文化面临前所未有的冲击的时候。个人与国家社会之间的关系，从后现代、后结构主义的角度来看，一点都不干净利落，而是盘根节错、难以归类定位的，它可以游离于现代化了的"法家"、"儒家"理念之间，更可以附丽于西方自由主义、

① 《胡适日记全集》，6.730.
② Benjamin Schwartz, *In Search of Wealth and Power: Yen Fu and the West* (Cambridge, Mass.: Harvard University Press, 1964).

公民共和主义，甚至也可以附丽于开明专制与法西斯主义的理念。从这个角度来说，胡适所谓的近代中国思想的维多利亚时期，从梁启超到《新青年》，其实也应该包括上海时期的他自己，就是这种糅杂、游离最好的几个范例。而这几个范例，也正是史华慈的"寻求富强说"以及高哲一的"公民共和主义"最无法诠释的例子。

不像贾祖麟所说的，他说梁启超跟以寻求国家富强为依归的严复一样，把个人主义奴属于民族主义之下。[①] 梁启超在《新民说》里说得很清楚："天生人而赋之以权利，且赋之以扩充此权利之智识，保护此权利之能力。故听民之自由焉，自治焉，则群治必蒸蒸日上。有桎梏之，戕贼之者，始焉窒其生机，继焉失其本性，而人道乃几乎息矣……夫中国群治不进，由人民不顾公益使然也。人民不顾公益，由自居于奴隶盗贼使然也。其自居于奴隶盗贼，由霸者私天下为一姓之产，而奴隶盗贼吾民使然也。"[②] 个人与国家社会之间有着相辅相成、相生相应的关系，在这里是再彰显也不过了。梁启超并没有把个人单纯地视为国家社会的工具，个人的权利对梁启超而言，是天赋的，是人道的根本。即使梁启超后来鉴于中国的落后，而一度青睐于开明专制，天赋人权之说，一直是他所不可妥协的基点。梁启超之游离于公民共和主义与开明专制之间的事实，适足以证明近代中国思想界糅杂、盘根错节、难以归类定位的特质。

胡适这个对中国近代思想史的分期说，有"夫子自道"的意味，虽然他有意自外于这个近代中国的维多利亚时期。从本节的分析，我们可以看到胡适也经过了他自己的维多利亚时期。他对《国民读本》与《真国民》的喜爱，主要在于这两本书都细致地讨论了维多利亚的美德，以及这些美德如何把个人铸造成独立、高尚、健全、有用、爱国的国民。上海时期的胡适对爱国的执著，我们甚至可以说，偏执（fixation），我们在本章倒数第二节还会详细分析。我认为胡适之所以不把青少年的自己归类在近代中国的维多利亚时期，是因为他思想成长的轨迹，以留美初期为界，有一个为人所不知的断层。这个断层脉的名字是狭隘的民族主义，是留美以后以世界主义自视、自诩的他

---

① Jerome Grieder, *Hu Shih and the Chinese Renaissance*, p. 92.
② 梁启超，《新民说：论进步》，《饮冰室文集》（台北：同光出版社，1980），页45。

雅不愿为人所知的过去，是他在《四十自述》里不着痕迹所湮没的历史。

《新青年》是近代中国维多利亚时期的终结，是胡适慧眼独具的论定。许多学者好以"启蒙运动"来称呼以《新青年》为代表的新文化运动。张灏很早以前，就提醒人们应该把这个运动的开始，追溯到梁启超的《新民丛报》。他认为近代中国思想的分水岭，与其说是五四新文化运动，不如说是从 1890 年代中期到 1900 年代初期，梁启超叱咤中国思想界的时代。① 张灏的卓见可以与胡适在日记里的慧见前后辉映。如果像胡适所说，近代中国思想的维多利亚时期，是从梁启超到《新青年》，《新青年》里所发表的文章、所反映出来的思想，其糅杂、盘根错节的程度，也不下于梁启超在其文字浩瀚的作品里所显示的。我们只须要举一个例子，就可以管窥为什么胡适说《新青年》是近代中国维多利亚时期的终结：《新青年》也翻译了《真国民》的一章。

《新青年》第一卷第一、三号连载了署名"中国一青年"翻译的《青年论》。它所翻译的，是《真国民》的第二章《青年篇》（The Youth）中的一篇。"中国一青年"在"译者识"里说："马、斯二氏同著之 The True Citizen ［《真国民》］，坊间已有译本。顾舛晦不可读。兹择原书之第二篇 The Youth，重译之。并录原文于下方。以其命意遣词，均亲切可味也。"② 然而，不知是因为译者没译完，还是编者改变意愿和方针，《新青年》只在第一卷第三号上刊载了《青年篇》的第一个美德，即"勤勉"（Industry）以后，就无疾而终了。③ 其实原书"青年期"还有其它十五个美德：立志、专注、自制、毅力、准时、诚实、有礼貌、刻苦、自重、认真、热诚、勇气、自立、谦逊、忠实。

1915 年的《新青年》会刊载《真国民》、会宣扬维多利亚时期的美德，这就在在说明了胡适把《新青年》判定为近代中国维多利亚时期的终结，确实是一针见血的慧见。胡适在《四十自述》里淹没了他自己的维多利亚时期。在 1933 年 12 月 22 日的日记，胡适把中国近代思想史分为两期——"维

---

① Hao Chang, *Liang Ch'i-ch'ao and Intellectual Transition in China, 1890-1907* (Cambridge, Mass.: Harvard University Press, 1971), pp. 296-307.

② 中国一青年译，《青年论》，《新青年》第一卷第一号（1915 年 9 月 15 日），页 1-5 ［无连续编页］。

③ 中国一青年译，《青年论（接前号）》，《新青年》第一卷第三号（1915 年 11 月 15 日），页 1-8 ［无连续编页］。

多利亚思想时代"和"集团主义时代",但他似乎把自己自外于这两个时代。其实,这个心理是不难理解的。留学归国以后的胡适,自然不可能认同留学以前的自己,因为那就等于宣称自己在思想上没有进步一样。而且这也不是事实,因为留美是胡适一生思想的转捩点。然而,如果留学以前心仪《真国民》的胡适,跟梁启超一样,都可以在思想上被定位为近代中国的维多利亚人,这不会是胡适自己愿意到处去广播的事实。问题是,如果胡适不愿意让他的昨日之我在历史上曝光,如果他雅不欲与上一代的梁启超并列为维多利亚人,他当然更不会属于《新青年》左倾以后的"集团主义"中的一员。于是,如果读者不加深察,就会误以为胡适在 1933 年 12 月 22 日的日记里为近代中国思想所作的分期只是一个概括性的鸟瞰,并不适用于胡适。更有甚者,如果有读者要强自作解,像罗志田,把胡适这个近代中国思想的二期说,用来诠释胡适的心路历程,说是胡适在 1926 到 1927 年间转趋激进,"渐倾向于他所谓的集团主义之一的民族主义运动"。罗志田说胡适这个激进的步子"迈得实在太大,也显得太突然"。[①] 其实,胡适从来就不曾激进过。他在 1926 到 1927 年之间也不曾转趋激进。但这是本传第二部才会分析的。胡适是一个彻头彻尾的维多利亚人,罗志田不察胡适的隐笔,被他诳了。

修身进德的焦虑

胡适在上海求学的时期,有一个非常重要的人格特征,一直持续到他留美初期为止,那就是他对反躬自省的执著,或者用本节的标题来说,修身进德的焦虑。我认为这个修身的焦虑,就是使他在留美之始几乎皈依基督教的一个主要的原因。这是后话,暂且不表。胡适的修身焦虑,在在流露于他在澄衷学堂所写的日记里。这本现在藏在北京大学的日记,显然是澄衷学堂印的,因为封面有铅印的《澄衷中学日记》的字样。同时,这可能也是当时的学校所通用的日记,因为它在内页也印有"学界用丙午年[1906]自治日记"的字样。这种制式的日记本,格式划一,一天一页。最顶端的横栏是日期,

---

① 罗志田,《再造文明之梦 —— 胡适传》(成都:四川人民出版社,1995 年),页 325-327。

周日的称呼不是用星期或周一、二、三、四、五、六、日，而是用当时所流行的"来复"一、"来复"二、"来复"三、"来复"四、"来复"五、"来复"六、"来复"日［《易经》："反复其道，七日来复"，当时被用来翻译西洋的星期周期的算法］。日期栏下是格言栏，选的是历史上哲人的语录或警句，宋朝的二程子、朱子、陆九渊的最多，但也选有东、西洋的格言和谚语，拉丁、德、法、英文皆有。英文以外的格言都附有中英文的翻译。日期、格言横栏之下，有三个直栏，其中两个所占的篇幅较大，右栏是"记学"，左栏是"记事"。最左边较窄的直栏又分为二：上栏是"接人"，又分"往"与"来"二栏；下栏是"通信"，也分"往"与"来"两栏。胡适的这本《澄衷中学日记》显然是学校统一订购的，因为上面有铅印的胡适当时用的名字"胡洪骍"。胡适在日记的内页里自题："学者所以［为学］，学为人而已，非有他也。丙午夏五月适之录陆子语以自警。"这表示在 1906 年六七月间，胡适已经开始使用他的新名字了。这本日记始于 1906 年 2 月 13 日，止于同年 7 月 26 日，是他在澄衷第二个学期的日记。①

我们读胡适的《澄衷中学日记》，可以看到当时的新学堂鼓励学生组织社团、学习自治的风气。同时，我们也可以从这本日记看到一个热心参与学校社团、潜心学习学生自治的胡适。澄衷学生所组织的社团，光是胡适在日记里所提到的，就相当五花八门：有阅书社、集益会、讲书会、算术研究会、理化研究会、英语研究会、球会、运动会等。此外，胡适还参加了安徽旅沪学会及跨校的化学游艺会。在自治方面，胡适除了担任他自己班上的自治会的会长以外，还被本班自治会推选为代表，指导最低班所组织的读书会，为他们拟定章程。我们在前节里已经描述了胡适是从《国民读本》，学到西方选举制度里候选人必须经由提名、竞选，以及无记名投票的过程。他 1906 年 4 月 29 日在班上的自治会所作的演讲，很可能就是他读《国民读本》的心得："予演说三事：'释治字之义'；'论同学宜于学问上德性上着力竞争'；'论选举时被选者及选人者之权利义务'。"② 他在这本日记里还有一段非常

---

① 有关胡适《澄衷中学日记》的印刷格式，见《北京大学图书馆藏胡适未刊书信日记》（北京：清华大学出版社，2003），页 1-57 。

② 《胡适日记全集》，1:22.

有意味的记载。首先，这则 1906 年 5 月 8 日的日记让我们知道《国民读本》可能是澄衷学堂课内的读物。其次，《国民读本》在解释英国的审判制度时，列了六条金科玉律。胡适在日记里转录，并把它们翻成中文：

> 余等近日所读之《国民读本》所论法律之功力六条甚切，当译之。1. Everyone is equal before the law（凡人对于法律皆平等）；2. Every man is held to be innocent until he is proved to be guilty（凡人未为他人证其有罪之前，皆当以无辜待之）；3. No one can be tried twice for the same offence（同一罪名不能经二次之裁制）；4. All courts of justice are open to the public（公堂皆洞开，恣人观审）；5. No one is a judge in his own cause（凡人不能裁制关切己身之讼事）；6. No one has the right to take the law in his hands（法律不能以一人私之）。以上六条，惟第三则［原文缺］。①

虽然胡适的这则日记没写完，我们几乎可以断定胡适对这六条金科玉律里的第三则不敢苟同。换句话说，从年轻的他的角度来看，有罪就该受罚，如果审判不易，就应该再接再厉，怎么可以一次没有断案，就让罪犯给逍遥法外了！这并不是凭空推论。胡适在两年以后，也就是 1908 年 9 月第 27 期的《竞业旬报》里有一篇《时闻》的短评，《停止刑讯》："我们中国讯官司的时候，专用各种刑法，屈打成招，往往有之。所谓三木之下，何求不得也？要晓得这用刑讯案一事，是文明各国所没有的，所以前年便有上谕，要停止刑罚，如今法部又行文到给各省的地方官，一律停止刑讯。唉！这是狠好的，只是太便宜了那班大盗老贼了。"②

胡适的《澄衷中学日记》里，还有另外一则很有意味的日记。他在 1906 年 4 月 13 日的日记里说：

> 集益会开第七次常会，余［成仁］君演说，提议会员不到会逾三次者即令出会之法，众皆赞成。继白雅余先生演"泰否"二字之义。继

---

① 《胡适日记全集》，1:26.
② 胡适，《时闻》，《胡适全集》，21:50.

由汪立贤君演说南昌教案事，言佛教入中国千年无教案，景教一入则教案纷起，病民祸国云云。继严君佐情演说光学、李君世桂演说算术九试法。余闻诸君演说，辄生无数感情，乃登坛演说，总论各人之演说，于余君则深明法律与道德之关系，并以治己治人及被治于人之义相勖；于汪君则就佛教景教发一爱国之论，谓佛教无国力以保护之，故不敢生事，近世景教则一教士俨然一国也，故敢生事；于严君则辨其"隔墙不能见光为光线屈折之故"，为光线反射之故；于李君则加说"七试"法，皆得会员欢迎云。①

胡适年轻时好为人师的个性，在这则日记里表露无遗。五个同学所作的报告，题目范围各异，胡适听完以后，居然上台为大家作总结！更值得指出的是，汪立贤说佛教传入中国千年而无教案，反之，基督教一入则教案纷起。胡适上台，就把佛教、基督教的对比，演绎成"爱国之论"，同时又把佛教的和平与基督教的滋生事端，归结为前者没有国家的武力作为后盾，后者则动辄施以船坚炮利的颜色。这就是胡适1927年1月在美国纽约所作的演讲的一个重要论点。当时，他对北伐中的国民党寄予厚望，在英国、美国处处为国民党辩护。他呼吁英美政府要了解中国的情况，不要动辄把中国反帝国主义的行动诬蔑成赤化、或者是苏联的国际阴谋。他说英美国家与其去责怪苏联的赤化野心，不如先反躬自省，看自己有没有像苏联一样，能给中国人提供一个他们自己会心甘情愿去接受的援助计划。他用的例子就是佛教。胡适说我们该去鼓励的，是让西方和平地用文化征服中国。他说这有历史的前例：印度在两千年前用佛教征服中国的时候，并没有动用一兵一卒，而中国在宗教上却彻彻底底地让印度征服宰制了两千多年。他要美国记取这个不用一兵一卒征服中国的教训。②

胡适学习、参与自治的活动，跟他对修身进德的要求是息息相关的。换句话说，从胡适的角度来看，如果没有修身进德作为基础，自治就将只是虚有其表，而不得其实。比如说，1906年4月29日，他被选为他们班自治会

① 《胡适日记全集》，1:16.
② 胡适，"Address at the China Institute in America,"《胡适全集》，36:202-203.

会长的那天，他在日记里抱怨说，当天的自治会，全体会员之所以会都出了席，是因为班导师杨千里在前一天宣布："'不到者，将扣去品行分数'，故也。"他说："予每于道德上设辞谆谆诰诫，令其每次到会，终无效；今乃惧法律上之处罚，不敢不来，岂程度之浅、资格之低欤，抑办理之道未尽善欤？为之三叹！"[①]

我们在本节启始，描写了胡适这本澄衷的《自治日记》的印刷格式，说明了它每天都印有一句格言。这些格言，胡适常加以圈点，表示那句格言对他是受用的。我们略把这些格言归类，各举一些他所圈点的，以便管窥他所关切的修己之德：

自省："才觉退，便是进；才觉病，便是药"（陈白沙）；"心似菩提树，意如明镜台，时时勤拂拭，勿使惹尘埃"（神秀）；"学始于不欺暗室"（大程子）；"二十年治一怒字，尚未销磨得尽，以是知克己之难"（薛文清）；"不能克己者，志不胜气也"（薛敬轩）；"自视为无过，过之最大者也"（The greatest of faults, I should say, is to be conscious of none）（卡黎尔〔卡莱尔〕，Carlyle）；"总不使吾之嗜欲，戕害吾之躯命"（曾文正）；"君子耻其言而过其行"（孔子）；

惜时："古人云，一刻千金，一年间有许多金子！既不卖人，又不受用，不知放在何处，只是花费无存，可惜"（邹东廓）；"三十功名尘与土，八千里路云和月，莫等闲白了少年头，空悲切"（岳武穆）；"一事失诸晚，万事随而晚"（si unam rem sero feceris, omnia opera sero facies: If you do one thing too late, you do everything too late）（卡陀，Cato the Elder）；[②]

勤："百种弊病皆从懒生，懒则弛缓，弛缓则治人不严而趣功不敏。一处迟，则百处滞矣"（曾文正）；"懈心一生，便是自暴自弃"（小程子）；

恒与专："凡作一事，便须全副精神注在此事，首尾不懈。不可见异思迁，做这样想那样，坐这山望那山。人而无恒，终身一无所成"（曾

① 《胡适日记全集》，1:22.
② 此则卡陀的箴言是烦请北京大学图书馆特藏室的邹新明先生扫描提供的，由邹先生在 2009 年 11 月 9 日电邮寄给笔者。特此致谢。

文正);"行衢道者不至，事两君者不容。目不两视而明，耳不两听而聪"
（荀子）；

为学："义理有疑，则濯去旧见，以来新知"（张子）；"杀人须在咽喉上着刀，吾人为学，当从心髓入微处用力"（王阳明）；"学者须占定第一义做工夫，方是有本领学问；此后自然歇手不得，如人行路，起脚便是长安道,不患不到京师"（刘蕺山）;"千古学术,只就一念之微上求"（王龙溪）；

知行："人生而不学，与不生同；学而不知道，与不学同；知道而不行，与不知同"（贝原益轩）；"学惟在力行。说得一丈，不如行得一尺；说得一尺，不如行得一寸"（刘元城）；

事功："雪耻酬百王，除凶报千古"（唐太宗）；"愿得一脉暖，散为天下春；援手水火间，以道拯斯民"（郑所南）；"行尔所能，死尔所职"
（ Va où tu peux, mourir où tu dois: Go where you can, die where you must ）(法国俚语)；[①]

处世："人处忧患时,退一步思量,则可以自解。此乃处忧患之大法"
（吕东莱）；"天道在人，凡有不如意者，皆人之罪，皆人之不德无智所致"（福泽谕吉）；

智愚之判："智者一切求诸己，愚者一切求诸人"（ Der Weise bekommt alles von sich, der Thor alles von andern: The wise man gets everything from himself, but the fool gets everything from others ）（袁波尔，Jean Paul Richter ）；

偶然："风吹瓦堕屋，正打破我头。瓦亦自破碎，岂但我流血。我终不嗔渠，此瓦不自由"（王荆公）。

胡适在这本澄衷的《自治日记》圈点了哪些格言，固然是一个很有意义的问题。同样有意义的，是哪些是他当时所没有圈点的格言呢？特别是，如果我们以胡适后来的兴趣与关注来作准则，他当时没选，而后来可能会

---

① 此则法国俚语是烦请北京大学图书馆特藏室的邹新明先生扫描提供的，由邹先生在 2009 年 11 月 9 日电邮寄给笔者。特此致谢。

选的格言，可能又是哪些呢？我们可以列出一个意外落选的格言榜。如果以他后来最喜欢说的口头禅："拿证据来！"以及他后来总是叫人不要被牵着鼻子走的教训来作标准，这个意外落选格言榜的榜首，毫无疑问地，应当是罗马的哲学言辞大家西塞罗（Marcus Cicero, 公元前 106-43 年）所说的一句话："世俗之断事，凭真理者少，凭先入之僻见者多"（Vulgus ex Veritas, ex opinione multa aestimat: The common people judge of a few things by real truth, and of many things from prejudice）。[①] 以胡适后来批判东方文明只知苟存歹活，不像西方文明真能作到利用厚生的看法为准则，这个意外落选格言榜的第二名，应该是罗马诗人马提亚利斯（Marcus Martialis, 公元 38/41-103?）的格言："生命在健［有价值］，不在活"（non est vivere sed valere vita est: Not to live, but to be healthy [worthwhile], in life [Life is more than just being alive]）。[②] 以胡适日后乐观进取、人定胜天的信念为准据，第三名应该是本·琼森（Ben Jonson，1572-1637）的格言："人不遇艰难，不知我躬之有大力"（He knows not his own strength that has not met adversity）。[③]

另外还有一句格言，以胡适当时对爱国的执著、对维多利亚美德、特别是他对服从这个公德的崇尚来说，是他应该会圈点，却很意外地漏选了的，是罗马史家塔西佗（Publius Tacitus, 大约公元 56-117 年）的格言："人自为战，则总军必胜［注：误译，应译为'败'］"（dum singuli pugnant, universi vincuntur: While each is fighting separately, the whole are conquered）。[④] 这个格言因为翻错了一个字，而意思刚好相反。胡适没圈点这个格言的原因，当然有可能只是他疏忽了，但也很有可能是因为他只看了中文翻译，由于这句格言错译的关系让他不同意，所以没圈点。

这些当时被胡适圈点，以及当时漏选、而日后极可能会被他圈点的格言，等于是胡适心路历程上的里程碑。我们如果把它们拿来对比，就可以发现留美以前的胡适，与留美以后的胡适，其实是有极为不同的地方。他在澄衷的

---

① 胡适，《北京大学图书馆藏胡适未刊书信日记》，页 23 。
② 胡适，《北京大学图书馆藏胡适未刊书信日记》，页 33 。
③ 胡适，《北京大学图书馆藏胡适未刊书信日记》，页 47 。
④ 胡适，《北京大学图书馆藏胡适未刊书信日记》，页 50 。

《自治日记》里所圈点的格言，大多是属于传统修身进德的范畴。王安石"风吹瓦堕屋"那句偶然论的格言是一个特别的例子。那跟他从司马光、范缜那儿所启发而得的偶然论、无神论有很大的关系。至于那些他当时没有圈点的格言，除了塔西佗的"人自为战，则总军必败"，因为翻译错误，而没有被他圈点以外，其所反映的，都是他留美以后，思想有了新的突破与发展以后的新理念。这个对比告诉了我们什么呢？那就是，胡适在思想上的心路历程固然有其相当大的连续性，但重要的断裂性也同时存在。因此，我们要了解胡适思想形成、蜕变、成熟的轨迹，特别是从他青少年在上海求学的时代到他留美以至于回国的阶段，就绝对不能只根据他的《四十自述》。因为那是他建构出来的心路历程史，他有自己的选择与考虑；他要说的故事，与其说是青少年时期的他，不如说是要在青少年的他的身上找到四十岁的自己的胚芽。

胡适对修身进德的焦虑，可以说是到了战战兢兢、如履薄冰的程度。他在 1906 年 3 月 18 日的日记是一个典型的例子：

> 夜间天气颇暖，辗转不能寐，一切往事皆来袭余心，益烦闷不可耐。自念当是心不安静之故，因披衣起坐，取节本《明儒学案》读之。每读至吴康斋（与弼）:'人须整理心下，使教莹净常惺惺地，方好。'，又，'责人密，自治疏矣'，又，'人之病痛，不知则已，知而克治不勇，使其势日甚，可乎哉？'等，窃自念小子心地龌龊，而又克治不勇，危矣殆哉！[1]

两天以后，他又在日记这里样责怪自己：

> 子舆氏有言"人有不为也，而后可以有为"；"耻之于人，大矣"。小子自念颇具廉耻心，惟名誉心太重，每致矫揉文过之弊，欲痛革而未逮也。每念孔子"学者为人为己"之戒，胡居仁"为学在声价上做，便自与道离了"之语，辄怵惕危惧不自已，记此所以自警也。[2]

① 《胡适日记全集》，1:4.
② 《胡适日记全集》，1:5.

胡适说，自己的毛病在于"名誉心太重"，或者用他当时常用的另一句话来说，是"太好名"。他3月23日的日记说："程子'学始于不欺暗室'一语，正是为小子好名之戒。"① 有趣的是，不只胡适觉得自己好名，他二哥也这么说他。当然，这好名的症候，也有可能因为那疑心自己犯有"好名症"的人，一再自我"供认"以后，就变成了被"公认"的罪状。我们在本章澄衷学堂那一节，描述了胡适因为天热，自动取消班上的体操课，而跟澄衷的教务长白振民冲突的事情。他的二哥就以这件事为例，责备胡适好名。他二哥在信上规劝胡适说："弟所以致此者，皆好名之心为之，天下事，实至名归，无待于求。名之一字，本以励庸人，弟当以圣贤自期，勿自域于庸人也。"② 在这封信里，他二哥一方面用了"庸人"这么重的字眼来责备他，但另一方面，又鼓励他要"以圣贤自期"。两天以后，5月20日，胡适从学校回到他们家在上海开的店，他二哥又当面告诫他："二兄为予言好名之病，复以朱子《近思录》授予，命予玩味之，谓当择其切于身心处读之，其'太极'、'无极'之说可姑置之也。"③

胡适发现自己除了好名以外，又有严于责人，疏于治己的毛病。他在1906年4月16日的日记里说："予喜规人过，而于己之过失或反不及检点，此为予一生大病。千里师尝以'躬自厚而薄责于人'相勖，顾虽深自克制，犹不能克除净尽矣。康斋曰：'责人密，自治疏矣'。呜呼，此言吾其朝夕置之脑中也。"④ 胡适说他好于规劝别人，恐怕确是实情。他在4月8日的班自治会上提议："每人各备一册，半以记己过，半以记人过。"胡适在日记里说，这个提案"蒙会众赞成，遂实行"。⑤ 胡适不但坐而言，要大家用本子把自己与别人的过错写下来，他还起而行，付诸行动。在他提这个动议的前四天，他就已经规劝过一个同学，说他犯了懒病。意外的是，那个同学承认他懒，但是他反过来规劝胡适的话，却使胡适自己震撼良久。胡适在日记里描述了这件事："曾文正'百种弊病皆从懒生'云云，实具至理。友人郭君虞

① 《胡适日记全集》，1:6.
② 《胡适日记全集》，1:31.
③ 《胡适日记全集》，1:32.
④ 《胡适日记全集》，1:18.
⑤ 《胡适日记全集》，1:14.

裳粹于国文，性极聪颖，惟有懒病。予尝以'精神愈用则愈出'之语相勉。郭君答予以'君崇拜此语诚是，但恐君他日将坐此而促其寿命耳'。余闻之，心为之震动不已，徐思之，盖至言也。"①

即使胡适真的好名、喜规人过，他最严求的还是自己。澄衷《自治日记》5月2日印的格言是程颐的"学者为气所胜，习所夺，只可责志"，胡适在圈点了这句格言以后，在日记里说："余平时行事，偶拂意，则怫然，怒不可遏，以意气陵人。事后思之，辄愧怍无已，盖由于不能克己之故，即程子所谓'为气所胜、习所夺'也，后当深戒之。"② 胡适越反求诸己，就越发现自己问题越多。他在5月22日的日记里说："予一生大病根有三：（一）好名、（二）卤莽、（三）责人厚。未尝不自知之，每清夜扪心，未尝不念及而欲痛改之。阳明云'未有知而不行者，知而不行只是未知'。噫，骍也，乃竟欲见呵于子王子欤？"③

胡适在上海求学的时期，虽然已经受到了维多利亚美德思潮的浸染，他的整个思想、价值体系仍然是传统的。从某个角度来说，维多利亚的美德适足以用来重新诠释传统价值、赋予其新生，乃至于巩固他对传统思想文化的信心。他在6月5日的日记里说："偶读《学记》，至'记问之学，不足以为人师'句，未尝不生大感触。夫本校教员有不藉记问之学而足为人师者乎？无有也。学堂且开预备室以使其记问。呜呼！真人师哉？昔二兄言中国文学三十年后将成为绝学，吾始闻而疑之，今观乎今日之为人师者而大惧，惧吾兄之言或果验也。"④ 记问之学，居然可以致使中国的学术成为绝学，这在在显示了胡适心目中的学问之道是传统的。他在这本日记内页写下陆九渊的"学者所以［为学］，学为人而已，非有他也"这句作为自警的话，是在当年农历五月，也就是阳历六月底以后。换句话说，是在他写说记问之学会使中国的学术成为绝学以后。这是胡适从尊德性作道问学的最后阶段。留美以后，他在美国的所学所见，将会彻底地挑战他这个传统的学术、思想、价值

① 《胡适日记全集》，1:12.
② 《胡适日记全集》，1:23.
③ 《胡适日记全集》，1:33.
④ 《胡适日记全集》，1:43.

体系。他对基督教的兴趣，他几乎成为基督徒的事实，其所反映的，就是传统修身进德体系对基督教道德体系的全面臣服；他在美国所渐次发展出来的中西考证学的汇通，他在哥伦比亚大学的博士论文《先秦名学史》，其意义，就是从尊德性作道问学的土崩瓦解。

爱国

胡适所崇尚的维多利亚时期的美德之本，一言以蔽之，就是爱国。他从1908年底到1909年初，在《竞业旬报》所发表的一系列四篇《白话》论说：《爱国》、《独立》、《苟且》与《名誉》，就是最好的例子。很明显地，这四篇文章的论点，都受到《真国民》的影响。这其中三篇，我们都已经先后征引过。《名誉》这篇，我们在第二章讨论胡适的社会不朽论时征引过。如果丰功伟业可以使人不朽，荣誉心就是它的促因。荣誉心是维多利亚时期所崇尚的一个美德，这一点固不待言。然而，由于对胡适来说，爱国是所有美德之本，荣誉心也就变成了个人对国、对家的责任："在家的时候，便要做一个大孝子；在一村，便要做一村的表率；在一国，便要做一个大爱国者。"①同样地，独立所以是一个美德，也正由于国家是个人的独立最终的受益者。胡适说："因为一人能独立，人人能独立，你也独立，我也独立，那个祖国自然也独立了……列位，来来来，独立，独立，祖国独立，祖国万岁。"②

当时的胡适心目中的传统中国，是一个灿烂的文明。这跟他留美以后对中国传统的想法是大相径庭的。他说："先说我们祖国的科学。以前我们中国，讲起各种科学来，哪一门不发达得早？神农皇帝的时候，便能尝药性，发明医学。黄帝的时候，已有人会算天文，会造历日。到了唐尧的时候，那天文学更发达了。黄帝的时候，便会做指南车，那指南车便是现在的罗盘。现今各国人航海行军，哪一个不用这个东西，可见我们中国的磁学发达得非常之早了。至如那些蚕桑哪！文学哪！印刷术哪！哪一样不是我们祖国所发明的

---

① 胡适，《白话（四）：名誉》，《胡适全集》，21:133.
② 胡适，《白话（二）：独立》，《胡适全集》，21:108-111.

呢？唉！讲到我们中国上古时代的文化，那真正是我们的光荣了。"①

又如我们在第一章所引的胡适在《爱国》篇里所说的无与比伦的传统中国文学："比如我们中国最有名的是那些道学家所讲的伦理，我们断不可唾弃了去，务必要力行那种修身的学问，成一种道德的国民，给世界上的人钦敬。又如我们中国最擅长的是文学，文哪！诗哪！词哪！歌曲哪！没有一国比得上的，我们应该研求研求，使祖国文学，一天光明一天，不要卑鄙下贱去学几句'爱皮细低'，便稀奇得不得了，那还算是人么？"他在这《爱国》篇结束的时候，引了《真国民》《爱国篇》的一句来自荷马史诗的格言："为祖国而战者，最高尚之事业也。"②

不但中国的传统文明灿烂、文学无与伦比，连中国国货的精美，也是外国望尘莫及的。胡适在 1908 年 9 月 16 日的《竞业旬报》的《时闻》，有一篇介绍上海一间私人开办的中国国货陈列所的文章。他说：

> 外国人每一国都时时要开一次博览会，把自己国内的东西和外国的东西，比较起来，看是谁强谁弱。这一种会狠可以鼓励起国民争强好胜的心，自己国内的实业，自然一天一天的振兴起来了。只可怜我中国，也不知要等到何年何日，才开得一个博览会呀！幸得上海有一班绅商，发起了一个中国品物陈列所，在四马路上，狠大狠大，已于本月十一日行开幕礼。在下去游过两次，那陈列所内，楼上楼下，通统走遍，找不出一件洋货来，这真是难得的了。那中国货之中，第一便是那中国的陶器，又古雅，又精致，这是外国一定做不出的。第二便是顾绣，又活动，又工致，这又是外国做不到的。第三便是中国绸缎，那些中国缎子，又坚固，又好看，又大方。第四，便是福州的漆器，又光明，又韧固，那所画的花木人物，无一不好。第五便是那中国瓷器。第六便是那中国竹器。还有一种最好的，便是中国雕刻品。还有那陈列所楼上，另有一处，挂了许多中国古代名人书画真迹，只这几种已足以胜过外人，看了这些东西，

---

① 胡适，《白话（三）：苟且》，《胡适全集》，21:112-113.
② 胡适，《白话（一）：爱国》，《胡适全集》，21:106-107.

再到大马路去看那些外国的货物，真是曾经沧海难为水了。[①]

胡适这种对传统中国文明的颂赞，用他自己后来常用的批判的话语来说，简直就是"夸大狂"、"迷梦"、"反动"。然而，胡适深知爱国的第一步就是要爱自己国家的历史："一家有一家的族谱，一国有一国的历史。做子孙的，总极力保存他那一族的族谱，族谱上有几个大英雄、大义士，做子孙的时时对人称道，觉得非常荣耀。做国民的，也应如此，也应把他祖国历史上的奇功伟业，息息不忘记。"他接着说：

> 譬如中国历史有个定鼎开基的黄帝，有个驱除丑虏的明太祖，有个孔子，有个岳飞，有个班超，有个玄奘；文学有李白、杜甫；女界有秦良玉、木兰，这都是我们国民天天所应该纪念着的。爱国的人，第一件，要保存祖国的光荣历史，不可忘记，忘记了自己祖国的历史，便要卑鄙龌龊，甘心作人家的牛马奴隶了。你看现在的人，把我们祖国的光荣历史忘记了，便甘心媚外，处处说外国人好，说中国人不好，哪里晓得他们祖宗原是很光荣的。不过到了如今，生生地，给这班不争气的子孙糟蹋了。哎！可惨呀！[②]

有趣的是，胡适说得容易，做起来却难。他读《汉书》，读到下面这段话："汉武帝亲帅师十八万骑，北登单于台，使使高单于曰：'南越王头已悬北阙矣！单于能战，天子自将待边；不能，亟来臣服，何但亡匿幕北苦寒之地为？'单于詟不敢出。"胡适说他"至今读此段文字，犹令人神往不已"，只可"恨此等盛业，历史上不多见耳"。[③]

他在《竞业旬报》里笔之于书，来纪念的中国历史上的爱国人物只有一个，那就是王昭君。胡适在这里面临了一个两难的困局，也就是说，讲爱国就必须要去纪念、发扬中国历史上光荣的事迹与伟大的人物。然而，中国

---

① 胡适，《时闻：中国博览会的起点》，《胡适全集》，21:47.
② 胡适，《白话（一）：爱国》，《胡适全集》，21:106.
③ 胡适，《读〈汉书〉杂记》，《胡适全集》，13:5.

历史上的人物，却又和他所要谈的现代的爱国意识与行为有格格不入、兜不拢的感觉。胡适这个两难之局，其实是有普遍性的。这说明了为什么二十世纪初年的中国革命分子，更喜欢援引西洋历史上甚或当代的人物，例如贞德、罗兰夫人、美国《黑奴吁天录》的作者斯托夫人（当时多译为批茶夫人；Harriet Beecher Stowe, 1811-1896），以及俄国的虚无党人，特别是暗杀了沙皇亚历山大二世的苏菲亚（Sophia Perovskaia, 1854-1881）。[1] 这种借西风、西雨以浇中国块垒的做法，越演越烈。到了五四新文化运动时代，对最激进的人来说，特别是像《新青年》时期的陈独秀，爱中国与爱传统，就必须完全切割了。爱中国，就必须去传统、就西洋；要救中国，就必须打倒孔家店，拥抱西洋近代文明。

胡适说，读者看到王昭君跟"爱国女杰"这四个字连在一起，一定觉得很讶异。这是因为大家一想到王昭君，就会想到她不过就是一个失宠而被送去"和番"的宫女吗？他说两千年来，大家都冤枉了王昭君了。他申明他故事的来源，都是"从古书上来的，并不是无稽之谈"。他说汉元帝时，匈奴的单于呼韩邪来朝，愿作汉朝女婿，求元帝赐给一个宫女。在各宫女面面相觑，裹足不前的时候，王昭君自告奋勇，作了牺牲。王昭君这个绝色美女出现的时候，"元帝又惊又喜，又怜又惜。惊的是，宫中竟有这么一个美人；喜的是，这位美人竟肯远去匈奴；怜的是，这位美人怎禁得起那万里长征的苦趣；惜的是，宫中有了这个美人，却不曾享受得，便把去送与匈奴，岂不可惜，岂不可惜吗？"胡适说王昭君出塞，使得汉朝得享几十年的平安，"这都是这位爱国女杰王昭君的功劳，这便是王昭君的爱国历史"。[2]

如果胡适心目中的传统中国有一个灿烂的文明，有一个无与伦比的传统文学，他对自己所处时代的中国则是彻底地悲观。中国人没有荣誉心，胡适大笔一挥，居然可以追溯到夏商周三代以后，让人不禁怀疑他所说的那个灿烂光辉的传统年代，究竟是在什么时候，是不是就是儒家传统所好称的"三代"？他说："古语说得好：'三代以上，惟恐好名，三代以下，惟恐不好名。'说三代（夏、商、周）以上的古人，个个人都能守他的天职，做他的本分，

---

① 夏晓虹，《晚清女性与近代中国》，页 166, 172-219。
② 胡适，《中国爱国女杰王昭君传》，《胡适全集》，19:614-619.

所以那时的人，没有一个人想那虚名的。到了三代以后的人，人人都是自私自利的，个个都只晓得顾自己，没有一个人，肯顾公益的，更没有人肯顾国事的，所以不得已才借这个名字，把来鼓励天下的人。后来世界越发不好了，到了如今，连那名誉都不顾了，天下人笑他也不顾，唾骂他也不顾，一身的名誉，一家的名誉，祖宗的名誉，子孙的名誉，甚至于祖国的名誉，一塌刮辣仔，都不顾了，都不顾了。"①

三代以下的中国人好名，以后则每况愈下，连名誉都不顾了。不但名誉不顾了，又加上苟且。胡适痛斥中国人苟且的习性，因为"我想起这'苟且'二字，在我们中国真可以算得一场大瘟疫了。这一场瘟疫，不打紧，简直把我们祖国数千年来的文明，数千年来的民族精神，都被这两个字瘟死了"。胡适所忧心的"苟且"的祸害，与其说是降在个人身上，毋宁说是国家和民族。换句话说，如果美德最终的受益者是国家，劣根性的贻害也是落在国家身上："你看我们中国的民族，今年你来作皇帝，他也服服贴贴的，明年他来作皇帝，他也服服贴贴的，不管是人是狗，他都肯服侍的，到了如今，哪一个不是安安稳稳的伺候着做顺民呢！唉！国民苟且到这步。科学上是苟且极了，思想精神哪一件不苟且，行一步路，做一件事，说一句话，哪一件不苟且，国亡了，还要随便些儿呢。唉约！那可真亡了，祖国可真是没有救的了。唉！可恨呵！苟且。"②

对亡国的忧虑，是胡适讨论爱国时的基调。以当时中国濒临被瓜分的命运的时代背景来说，这当然是不难想象的。但胡适对中国前途、对中国人的悲观是相当彻底的。他《爱国》、《独立》、《苟且》与《名誉》这四篇时论的主标题是《白话》，然而，这"白话"有其特别的定义，完全是我们臆想不到的："我今天所用这'白话'二字，并不是白话报的白话，是别有一个意思的。这个'白'字，是'白白地'的意思。'白白地'是'空空'的意思。我这'白话'二字的意思，就是白白说掉的话儿。因为我要说的话，说得笔秃口枯，天花乱坠，列位看官终究不肯照这话实行，我的话可不是白白说掉了吗？所以便用这'白话'二字，做了全篇的题目。我很盼望列位看官切不

① 胡适，《白话（四）：名誉》，《胡适全集》，21:133-134.
② 胡适，《白话（三）：苟且》，《胡适全集》，21:112-114.

可使我说的话，当真成了白话才好呀！"①

胡适对中国的悲观，不只限于一般的人，而更包括了知识分子。我们甚至可以说，他对当时中国的新式教育所走的方向感到悲观。比如说，中国公学刚成立的时候，由于经费困难，逼得公学的干事姚洪业用死谏的方式，来激起社会的关心。他在投江自杀以前所写的遗书中说："我之死，为中国公学死也。"胡适在《姚烈士传略》里说："列位可晓得人世间最要紧的是什么？我想列位一定回答我道：'生命'……但是列位可晓得世界上还有一种东西比生命还贵重几千百倍么？……这一种东西就叫做责任。"这段话所用的，当然还是维多利亚美德的论述。然而，胡适已经开始认识到中国的新式教育到今天为止都还没有完全解决的一个问题，那就是上新学堂等于是在准备出洋留学。那不但耗费巨大，而且反而造成崇洋的心理。这个看法，胡适还会在他留美以后所写的《非留学篇》里详述。总之，他在《姚烈士传略》里说：

> 人人都晓得出洋游学是狠紧要的了，但是本国若没有完备的学堂，出洋的人，什么都不懂得。譬如没有学过普通学问的人，也要出洋；够不上人家高等小学的人，也要出洋。一来呢，丢脸（上海人叫做坍台）；二来在外国费用大，连小学堂的学生都要在外国教育，你想这还了得么。第二，要是派了一般什么不懂的学生出洋，这些人眼光到有豆样大，肚子里茅塞极了。一到外国，瞧见了那些奇技美术、高等学问，你想他那一种佩服倾倒的情形那还说得出、描得出吗？这种人即使学成之后，还不是一班奴隶根性的人吗？于我们祖国前途何尝有分毫利益呢？②

如果中国是应该爱的，如果那光辉灿烂的传统中国文明，是应该让中国人觉得骄傲，并且去发扬光大的，则那是当代的中国人的责任。问题是，从胡适的角度看来，他那个时代的中国人根本就没有荣誉心，而且苟且。更严重的是，对这些麻木不仁的当代中国人谈这光辉灿烂的历史，根本等于是对牛弹琴，因为他们"甘心媚外，处处说外国人好，说中国人不好，哪里晓得

① 胡适，《白话（一）：爱国》，《胡适全集》，21:104.
② 胡适，《姚烈士传略》，《胡适全集》，19:589-590.

他们祖宗原是很光荣的"。然而，胡适并没有灰心。虽然他说的话，也许像他所说的，等于是"白话"，白说了的话，但是，他还是愿意苦口婆心。他的对策显然是用西洋的例子。我们在本章"作新民"那一节所提到的克里米亚战争期间，英国轻骑兵在巴拉克拉瓦之战壮烈的表现——《六百男儿行》——就都是他想借西洋人爱国的故事，来激发起中国人爱国心的例子。

　　另外一个例子，就是他在 1908 年 9 月 16 日，在《竞业旬报》所发表的《世界第一女杰贞德传》。胡适在这篇文章里，先以中国历史上女扮男装、代父从军的木兰作为引子，衬托出两相对比之下，会让木兰变得望尘莫及的贞德："唉！哪里晓得法兰西国，曾出有一个女子，她处的时势比木兰艰难百倍，立的功业比木兰高百倍。她是谁呢？这便是我今天所要说的世界第一女杰贞德了。"胡适说贞德出生于法国东方一个名叫陶兰美（Domremy）的小村，她在英法百年战争的晚期，法国濒临败亡的时候，上帝由天使托梦，对她说："贞德，妳还不去救国吗？妳去一定可以救得法国，可以使法国国王在雷姆［Reims］地方行加冕的礼。贞德，妳还不去救国吗？"贞德接受了上帝的指令，到处去作慷慨激昂的演说：

　　　　上帝的威灵，实鉴在兹；我法国国祚的存亡，全在此一举；我们法国全国生民的自由，也都在此一举。上帝的威灵，实鉴在兹，列位好国民，努力呀！战呀！自由呀！驱除异族呀！上帝呀！

　　在贞德的号召率领之下，法军每战皆捷，不但解除了被英军包围了七个月之久的亚伦斯城（Orléans），甚至乘胜长驱直入雷姆城，果真如上帝在托梦中所说的，在雷姆城为法王查理七世行加冕礼。不幸的是，胡适说贞德后来"中了奸人诡计，遂为褒根得人［Burgundians］所擒，囚起来，卖给英国人，唉！这种人，还可算作人吗？简直是禽兽了。唉！"胡适说，英国人在审讯贞德，问她为什么以一介小女子，而出来打仗呢？贞德侃侃地答道：

　　　　我么，我是上帝差我来搭救我最亲爱、最庄严的祖国。我存了这心，上帝自然会帮忙我。你们这班英狗，哪里够我杀呀！

英国人恨极了贞德，于是以妖术惑众为名把她烧死。胡适描写道：

> 到了那日，英国人架起柴来，预备要烧了。那时有一个黑人女奴，服侍贞德的，英人也要烧死她。那女奴见了刑具，吓得哭起来了，贞德还过去从从容容地劝导她，叫她不要怕死。唉！这种魄力，这种心肠，我们中国几千年来可曾见过？后来时候到了，火着了，我们这位可敬、可爱、爱国、爱人、前无古人、后无来者的贞德女杰，便死在烈火之中了。唉！

这神灵感召的故事，是留美初期几乎皈依基督教、后来产生反感、反动的胡适必定会嗤之以鼻的，但这是后话。他的写作策略，是激将法；他要让读者觉得可耻，受辱，从而激起他们想要证明胡适错怪他们的激情。胡适在结语里说：

> 我们中国如今的时势，危险极了，比起那时法国的情形，我们中国还要危险十倍呢！那时法国只和英国一国打仗，如今中国倒有几十个强国环绕境上，可不是危险十倍么？我狠望我们中国的同胞，快些起来救国，快些快些，不要等到将来使娘子军笑我们没用。我又天天巴望我们中国快些多出几个贞德，几十个贞德，几千百个贞德，等到那时候，在下便抛下笔砚，放下书本，赶去做一个马前卒，也情愿的，极情愿的。唉！在下现在恐怕是作梦吧！哈哈！①

胡适不但自己写，他也在《竞业旬报》上介绍其他阐扬爱国思想的书籍。比如说，他读了林纾翻译的《爱国二童子传》(*Le Tour de la France par deux enfants*, G. Bruno [Mme Alfred Fouillée])。胡适在他的介绍里说："现在上海出了一部极好、极有益处的小说，叫做《爱国二童子传》。那书真好，真可以激发国民的自治思想、实业思想、爱国思想、崇拜英雄的思想。这一部

---

① 胡适，《世界第一女杰贞德传》，《胡适全集》，19:599-608.

书狠可以算得一部有用的书了。兄弟看那书里面，有许多极好的话，遂和那些格言相仿佛，便抄了一些来给大家看看。兄弟的意思，这些格言，比那朱子（朱伯庐）[（1617-1688），朱用纯]的《治家格言》好得多多呢！"

胡适在这篇介绍的文章里，摘抄下来二十句类似格言的句子。他在其中的几句话之后加了评注。这些评注用的还是激将法。比如说，"美成洛将死，乃张目作凄恋，颇闻微息作声，大类微风之吹入，颇辨析为'法国'二字（你看人家到死，尚不肯忘记国家，我们呢？）""凡人得资于分外者，即奇富亦不足为荣显矣（中国那些梦想发横财的听着！）"；"伯尔亚将死，尚呼其步卒，扶之倚树而立，力回面斥敌师曰：我虽死，终不示汝以背也（这句话的意思，说大凡逃走的人必定把背脊朝着人，如今我虽死，终不肯逃走）（中国的兵听着！）。"①

另外一个例子更有意思，因为它让我们领悟到胡适读书之广。胡适在上海时期所读的宣扬维多利亚美德的书，显然不限于《国民读本》与《真国民》。他1909年8月在《安徽白话报》上发表的翻译短篇小说《国殇》，是从意大利作家亚米契斯（Edmondo De Amicis, 1846-1908）所著的《心》（*Cuore*）翻译过来的。《心》是1886年出版的，是一本风行世界，被译成多国文字的畅销青少年读物。鸳鸯蝴蝶派的小说巨匠包天笑，据说是第一个把这本书由日文转译成中文的，时间在1909年，跟胡适所翻的《国殇》是同一年。由于包天笑有一个儿子叫可馨，故该书取名为《可馨儿就学记》。1924年夏丏尊对照日、英两种译本，又将该书译成中文，取名《爱的教育》。据说民国时期的翻译小说里，《爱的教育》的再版次数与印刷数量是创纪录的。这篇小说的背景是在郎巴德（Lombardy）的一场战役，是意大利迈向统一的一个里程碑，时间在1859年。故事所描写的是一个少年，爬上树梢为意大利前哨军侦测奥地利军队，结果不幸被敌军发现，中弹而亡。为了表扬他为国捐躯，意大利官兵以国旗覆盖在死在槐树下的少年身上，举起指挥刀向少年的尸身致敬，其中一名军官从溪旁的花丛里摘下两朵花撒在他的身上。于是，所有向前线行军的官兵，在经过的时候，都摘下了花朵，撒在覆

---

① 胡适，《读〈爱国二童子传〉》，《胡适全集》，19:609-610.

盖着国旗的少年的尸身上。不一会儿，他的尸身就全被花朵覆盖住了。"那些士官们，军人们，走过的时候，个个都朝着他行礼。口中喊着：'勇敢的郎巴德！永别了！我尊敬你，好孩子［英译是：金发儿］！呀！光荣！永别了！'"胡适在文后附了三个译者后记：

> 译者曰：读者须知死在槐阴之下，以国旗裹尸，以万花送葬，较之呻吟床褥之间，寂寂郊原之下，何者为苦？何者为乐？祖国青年，尚祈念之。
>
> 又曰：大佐说："这孩子死的和军人一般，应该我们军人来葬他。"此即孔子"能执干戈以卫社稷，虽欲勿殇也，不亦可乎！"之义。屈子《国殇》篇曰："身既死兮神以灵，魂魄毅兮为鬼雄。"故亦以"国殇"名之。(《小尔雅》：无主之鬼曰殇。)
>
> 又曰：这孩子说："我是郎巴德人，今儿为的是咱们自己的事。"我愿我祖国青年，三复斯言。我尤愿我国无数之卖国贼，日夜讽诵斯言也。①

尽管胡适苦口婆心，尽管胡适用激将法，他对当时中国的现状是完全悲观的，完全相信他的话都是白说的。他当时悲观的心境，流露得最淋漓尽致的，就是他所写的诗。胡适在上海时期写的诗很多，用他自己的话来说，从1907年开始写诗，到1909年赴美留学为止，他作了两百多首诗。②可惜，现在所能得找到的只有将近四十首。这些诗有意义的地方，除了让我们看到胡适留美以前对爱国的执著以外，还可以让我们看到他毕竟是传统文化的产物。他当时写诗的风格完全是留美以后，开始提倡白话文学运动的他所反对的。从这个角度来说，胡适的白话文学运动，不但是对传统文学的体例、文风的宣战，而且，更确切来说，是他对昨日之他的自我批判与超越。

胡适对诗产生兴趣是在1906年底。那时他才进中国公学不到半年。他在《四十自述》里说，③由于他得了脚气病，就向学校请假，到他家在上海

---

① 胡适，《国殇》，《胡适全集》，42:476-480；Edmondo De Amicis, *The Heart of a Boy* (*Cuore*) (Chicago: Laird & Lee, Publishers, 1895), pp. 46-51.

② 胡适，《〈尝试集〉自序》，《胡适全集》，1:180.

③ 以下四段，请参见胡适，《四十自述》，《胡适全集》，18:77-79.

南市开的瑞兴泰茶叶店里养病。养病期间，他偶然翻读了清末桐城派吴汝纶选的古文读本，其中第四本是古诗歌，即乐府歌词和五七言诗歌。胡适读得兴致大起，每天读几首，不久就把这一册古诗读完了。他觉得这些乐府歌词和五七言诗歌，比小时候读的那些律诗有趣多了。不必像律诗一样，必须先学对仗，自由多了。他说他从《木兰辞》、《饮马长城窟行》、《古诗十九首》，一直背到了陶渊明、杜甫，他都喜欢。

有一天，胡适回学堂去，路过《竞业旬报》社，就转进去看傅君剑，他不久就要回湖南去了。胡适回到宿舍以后，写了一首送别诗，带去给傅君剑，问他像不像诗。胡适说他在写《四十自述》的时候，已经记不得这首诗写的是什么了，只记得开头是"我以何因缘，得交傅君剑"。哪想到傅君剑不但夸奖胡适写的送别诗，过了一天，还送了一首《留别适之即和赠别之作》来，用日本卷笺写好。胡适说他还真吓了一跳，因为他诗中有"天下英雄君与我，文章知己友兼师"两句，真让他受宠若惊了！胡适把傅君剑这幅诗笺藏了起来，不敢给人看。然而，从此以后，胡适就发愤读诗、写诗，想要做个诗人了。

在发现了这个新世界以后，胡适就像着了魔似的学作诗。就像胡适自己说的："我没有嗜好则已，若有嗜好，必沉溺很深。"从前他在澄衷学堂的时候，迷上代数，每天晚上宿舍熄灯以后，在蚊帐外点蜡烛，趴在被窝里对着烛光自己补习代数，弄到两耳都聋了的地步。现在在中国公学迷上了诗，先生在黑板上写高等代数的算式，他却在斯密斯的《大代数学》课本底下翻《诗韵合璧》。练习本上写的不是算式，而是一首未完成的诗！

又过了半年，也就是1907年六七月间，胡适的脚气病又发了，胡适回绩溪上庄养病，住了两个多月。他的族叔兼好友胡近仁，很鼓励他作诗。两人常常互相讨论、唱和。胡适说他当时读了不少白居易的诗。等他回到学校以后，胡适说他在他们学校里已经有了少年诗人的称号了。胡适从这时候开始到留美为止写的诗，有抒情感怀的，也有叙事的，然而，最令人触目的，是他的忧国诗。

胡适1908年10月5日发表在《竞业旬报》的《霜天晓角·长江》，就是一个典型的例子。

江山如此，

人力何如矣。

遥望水天连处，

青一缕，

好山水。

看轮舟快驰往来天堑地，

时见国旗飘举，

但不见，

黄龙耳。①

1907 年 10 月初，胡适在家养病养了两个多月以后，告别了慈母，步行回上海去。途中，胡适经过富春江，乘机游览了严子陵钓台。严子陵钓台分东台、西台，故称"双台垂钓"。东台相传是东汉的严子陵，即严光，垂钓之地。严光是东汉中兴的光武帝小时之友，是光武帝逐鹿中原的策士。光武帝即位以后，他却拒绝出仕，到富春山中去钓鱼，过隐居生活；西台为南宋遗民谢皋羽，即谢翱，哭祭文天祥之处。胡适的《西台行》云：

富春江上烟树里，石磴嵯峨相对峙。

西为西台东钓台，东属严家西谢氏。

子陵垂钓自优游，旷观天下如敝屣。

皋羽登临曾恸哭，伤哉爱国情靡已。

如今客自桐江来，不拜西台拜钓台。

人心趋向乃如此，天下事尚可为哉！②

胡适这首诗有序曰："严光钓台之西，为谢皋羽西台。而过者但知有钓台，不知有西台也，感此，成八十四字。"换句话说，游人到富春江来揽胜，只

---

① 胡适，《霜天晓角·长江》，《胡适全集》，10:365.
② 胡适，《西台行》，《胡适全集》，10:364.

知有严子陵钓台，那里有祠堂，又有对联；而爱国的谢翱哭祭文天祥的西台，却寂寂无人，使他愤慨莫名。

有趣的是，留美以后，心境大改，由悲观转为乐观，开始提倡文学革命的胡适，就不再作如是观。凭吊谢皋羽，曾经是他心目中的爱国心的表露，现在则变成是无病呻吟、亡国哀音。他在《文学改良刍议》的第四议说：

> 不作无病之呻吟：此殊未易言也。今之少年往往作悲观，其取别号则曰"寒灰"、"无生"、"死灰"；其作为诗文，则对落日而思暮年，对秋风而思零落，春来则惟恐其速去，花发又惟惧其早谢。此亡国之哀音也。老年人为之犹不可，况少年乎？其流弊所至，遂养成一种暮气，不思奋发有为，服劳报国，但知发牢骚之音，感喟之文；作者将以促其寿年，读者将亦短其志气。此吾所谓无病之呻吟也。国之多患，吾岂不知之？然病国危时，岂痛哭流涕所能收效乎？吾惟愿今之文学家作费舒特（Fichte）、作玛志尼（Mazzini），而不愿其为贾生、王粲、屈原、谢皋羽也。其不能为贾生、王粲、屈原、谢皋羽，而徒为妇人醇酒丧气失意之诗文者，尤卑卑不足道矣！①

用胡适留美以后这个"吾惟愿今之文学家作费舒特、作玛志尼，而不愿其为贾生、王粲、屈原、谢皋羽也"的标准来看，他等于也是跟他"昨日之我"宣战。用这个标准来衡量，他留美以前所写的许多爱国诗歌，都是无病的呻吟、亡国的哀音。比如说，他的《送石蕴山归湘》云：

> 北风烈烈雪霏霏，大好河山已式微。
> 满眼风尘满眼泪，夕阳影里送君归。
> 老骥犹怜志未磨，干戈声里唱骊歌。
> 尽多亡国飘零恨，此去应先吊汨罗。②

---

① 胡适，《文学改良刍议》，《胡适全集》，1:8.
② 胡适，《送石蕴山归湘》，《胡适全集》，10:356.

胡适出国以前写的许多首诗，都犯了他后来所抨击的毛病。再举两个无病呻吟的例子。他1910年的《送二兄入都》：

> 落木萧萧下，天涯送弟兄。销魂犹伫望，欲哭已吞声。
>
> 意气开边塞，艰难去帝京。远游从此始，慷慨赴长征。
>
> 回首家何在，朱门已式微。无心能建树，有室可藏晖。
>
> 黯黯愁霜鬓，朝朝减带围。凄其当此夜，魂梦逐飘飞。①

又，他在1910年2月9日，己酉年除夕写的《岁暮杂感》云：

> 客里残年尽，严寒透窗帘。霜浓欺日淡，衾敝苦风尖。
>
> 壮志随年逝，乡思逐岁添。不堪频看镜，颔下已鬖鬖。②

胡适写这两首诗的时候，诚然家道中落，自己又前途茫茫。然而，写《岁暮杂感》的时候，他刚满十八岁。所谓"朝朝减带围"、"颔下已鬖鬖"云云，实难免为赋新词强说愁之讥。无怪乎他在1914年1月29日的《留学日记》里说："吾与友朋书，每以'乐观'相勉，自信去国数年所得，惟此一大观念足齿数耳。在上海时，悲观之念正盛，偶见日出，霜犹未消，有句云：'日淡霜浓可奈何！'后改为'霜浓欺日薄'，足成一律。今决不能复作此念矣。"他还在当天的日记里，写下他重读《岁暮杂感》的感想：

> 三年之前尝悲歌："日淡霜浓可奈何！"
>
> 年来渐知此念非，"海枯石烂终有时！"
>
> 一哀一乐非偶尔，三年进德只此耳。③

---

① 胡适，《送二兄入都》，《胡适全集》，10:396.

② 胡适，《岁暮杂感》，胡明编著，《胡适诗存》（北京：人民文学出版社，1993），页43.

③ 《胡适日记全集》，1:268-269.

不只无病呻吟，胡适在上海时期所写的诗，有些还犯了他在《文学改良刍议》里的第六个"不"，即不用典。这中间，最好的例子，就是他在1908年写的两首读林纾翻译的小说的有感。第一首是《读大仲马〈侠隐记〉〈续侠隐记〉》：

> 从来桀纣多材武，未必武汤皆圣贤。
> 太白南巢一回首，恨无仲马为称冤。

第二首是《读〈十字军英雄记〉》。这《十字军英雄记》是英国司各特（Walter Scott）所写的：

> 岂有酖人羊叔子？焉知微服武灵王！
> 炎风大漠荒凉甚，谁更持矛望夕阳？

胡适在1916年9月16日的《留学日记》里，写下他想依照不用典的新理念，来改这两首旧诗的成败。第一首，他把"太白"、"南巢"这两个典都给去掉了，把它成功地改写成：

> 从来桀纣多材武，未必武汤真圣贤。
> 哪得中国生仲马，一笔翻案三千年！

其实胡适在这里，难免落得明察秋毫，不视舆薪之讥，这"仲马"也者，岂不是一个来自西洋的新典吗？第二首，他说他再怎么想，就是想不出什么更好的方法，来甩掉"羊叔子"、"武灵王"那两个典：

> 岂有酖人羊叔子？焉知微服赵主父？
> 十字军真儿戏耳，独此两人可千古。

胡适的结论是："此［第二首］诗注意在用两个古典包括全书。吾近主张不用典，而不能换此两典也……第一首可入《尝试集》，第二首但可入《去国集》。"① 换句话说，由于《读大仲马〈侠隐记〉〈续侠隐记〉》，经他改写以后，没有犯他在《文学改良刍议》里不用典的戒律，可以收入他以身作则，从事新文学创作的《尝试集》里；反之，《读〈十字军英雄记〉》，终不能免于用典，就必须打入《去国集》的传统诗的冷宫里。

来来来，来上海；去去去，去美国

如果胡适写的爱国诗，多倾向于凄凄，而有"亡国之哀音"；如果胡适所写的感怀的诗，多暮气沉沉，而有"无病呻吟"之嫌，这跟他当时的处境也有很大的关系。我们在上一章提到胡适在 1909 年 1 月 22 日的《竞业旬报》上，刊出了辞去编辑撰述工作的启事。《竞业旬报》也跟着就停刊了。胡适辞去编辑工作以后，先是搬进了中国新公学去住。等中国新公学在该年 11 月 13 日解散以后，胡适拿了中国新公学发给他的两三百块钱的欠薪，搬到海宁路南林里的一幢房子里，和几个四川朋友合住在西屋。住在东屋的，是原来也在中国新公学教书的一个德中混血，能说广东话、上海话、官话，什么中国人的玩意儿他都会的何德梅。胡适在《四十自述》里说：

> 何德梅常邀这些人打麻将，我不久也学会了。我们打牌不赌钱，谁赢谁请吃雅叙园。我们这一班人都能喝酒，每人面前摆一大壶，自斟自饮。从打牌到喝酒，从喝酒又到叫局，从叫局到吃花酒，不到两个月，我都学会了。幸而我们都没有钱，所以都只能玩一点穷开心的玩意儿：赌博到吃馆子为止，逛窑子到吃"镶边"的花酒［上海话：妓女只当喝酒的陪客，纯喝酒］，或打一场合股份的牌为止。有时候，我们也同去看戏。林君墨和唐桂梁发起学唱戏，请了一位小喜禄来教我们唱戏。同学之中有欧阳予倩，后来成了中国戏剧界的名人。我最不行，一句也学不会，不上两天我就不学了……我那几个月之中真是在昏天黑地里胡

---

① 《胡适日记全集》，2:425-426.

混。有时候，整夜的打牌；有时候，连日的大醉。①

胡适在这个时期的堕落，泰半都由于他没写日记，而无得寻踪。他在《藏晖室日记，已酉第五册》的卷头语说："余自十月一日中国新公学沦亡以来，心绪灰冷，百无聊赖，凡诸前此所鄙夷不屑为之事，皆一一为之，而吾日日之记载，乃至辍笔至七八十日之久。"② 但是，我们从他1910年旧历年前又开始写的日记，可以管窥其中的一二。从这两个多月的日记里，我们可以看到一个前途茫茫，靠借钱典当度日，借打牌、喝酒以消愁的年轻人。

胡适年轻时，就是一个慷慨的人。1910年1月31日，离旧历新年只有十天了。胡适在日记里，写他一年来因为慷慨而在金钱上吃亏，穷到连吃饭的钱都必须拖欠："返观今年所行事，大半受人之愚，于'慷慨'二字上吃亏不少。今年尽岁迫，余乃受人敲炙，至无以偿食金。"先前，朋友夏森林问他近况如何，他回答说："余答以迩来所赖，仅有三事，一曰索，索债也；二曰借，借债也；三曰质，质衣物也。"现在的情形却是每况愈下，连想靠"索"、"借"、"质"都已不可能："此种景况，已不易过；今则并此三字而亦无之，则惟有坐毙而已耳。"潦倒穷困至此，无怪乎他会自暴自弃地说："连日百无聊赖，仅有打牌自遣。实则此间君墨、仲实诸人亦皆终日困于愁城恨海之中，只得呼卢喝雉为解愁之具云尔。"③

胡适当时的窘状，真是已经到了山穷水尽的地步。2月7日，剩下两天就过年了，胡适还在为偿还饭钱而烦恼："今日已不易度矣。仲实、君墨皆奇穷，余之房金饭金亦皆未付。昨日谢卓然为我假得五元，徐子端还我三元，今日胡希彭还我八元，然尚不足。曩日求助于亮孙、意君、亦许相助，不知有效否。下午访子勤，谈甚久。夜七时访节甫，约明日取款。余以所写约据与之。谈一时许始归。"④ 胡节甫是胡适的叔公，他借了胡适两百五十元。拿了这笔救急之款，胡适赶忙在除夕当天，要仆人老彭到当铺里去，把朋友但怒刚为

---

① 胡适，《四十自述》，《胡适全集》，18:92.
② 《胡适日记全集》，1:57.
③ 《胡适日记全集》，1:61.
④ 《胡适日记全集》，1:64.

了借钱给他而当掉的衣服赎回来:"晨起,命仆至质库为怒刚赎衣。前此余尝告贷于怒刚,怒刚适无钱,乃质衣以应,今日已除夕,始能赎还,余负歉深矣。"① 就是在这种心境之下,胡适写下了我们在第一章启首所引的《岁暮杂感》:"客里残年尽,严寒透画帘。霜浓欺日淡,裘敝苦风尖。壮志随年逝,乡思逐岁添。不堪频看镜,额下已鬖鬖。"

就在胡适过着这种昏天暗日、今朝有酒今朝醉的日子的时候,胡适在中国公学的老师王云五帮了他很大的忙。1910 年旧历年前,王云五有一天到胡适住的地方去看他,就力劝胡适一定要迁居。其实,胡适自己也知道他住的地方"藏垢纳污,万难久处",他说等过了年再找地方住,但就是一直没能实行。好在胡适即使在这段最落魄、堕落的时候,仍然不时跟王云五来往。王云五介绍胡适到华童公学教中文。华童公学是上海租界工部局所设的,专收贫民子弟。除此之外,王云五还劝胡适每天用课余的时间翻译小说,他说,胡适应该规定自己每天译一千字。这样,每个月可以得五六十元的稿费,既可增加收入,又可以增进学识。② 胡适虽然觉得这个建议很好,但显然没有执行。

华童公学的教书工作,显然对胡适而言,是索然无味,毫无成就感的。他所教的己班,不体罚,就无法教导。他是这样形容的:"所授诸生年长者已近二十,幼者十一二岁,然皆懵然无所晓,且极难驾驭,非施以夏楚不为功。盖此种人初无家庭教育,野蛮之行,习与性成,教者虽唇敝舌焦,而一日暴之,十日寒之,终无所补。甚矣,为小学师之不易也!"③

也许就因为在华童公学的教学工作不但使他身心俱疲,又没有成就感,胡适依旧过着颓废的生活。他到华童公学上课以前,就已经时常喝得烂醉,比如说,2 月 6 日的日记说:"晏起。下午陈祥云来。桂梁出佳肴沽酒饮之。时诸人皆抑郁无俚,得酒尤易醉,计所饮只一壶,而醉者三人,桂梁、剑龙及余也。中夜酒醒,乃不成寐,至天明始睡。是夜本拟访节甫,以醉故不果。"④

---

① 《胡适日记全集》,1:65.
② 《胡适日记全集》,1:65.
③ 《胡适日记全集》,1:76.
④ 《胡适日记全集》,1:64.

等到他开始到华童公学上课以后，这种习性仍然不改。3 月 16 日晚上，跟朋友一起上妓院，闹了个通宵，一直到清晨六点，才雇车回家改学生作业："同出至花瑞英家打茶围［跟妓女喝茶聊天］，其家欲君墨在此打牌，余亦同局。局终出门已一句钟。君墨适小饮已微醉，强邀桂梁及余等至一伎者陈彩玉家，其已闭户卧矣，乃敲门而入。伎人皆披衣而起，复欲桂梁打牌。桂梁以深夜惊人清梦，此举遂不可却。余又同局，是局乃至天明始终。是夜通夜不寐，疲极矣，然又不敢睡。六时以车独归，强自支持，改学生课卷三十册。"①改完作业，又赶到华童公学上课，勉强撑到下午下课，才回家蒙头睡了十五个钟头："九时上课，时时强自支撑，然苦极矣。至下午四时下课，始得安卧，遂睡至十二时始醒。醒时适君墨来，以不及归去，遂同寝。至次日七时半始起。计共睡十五小时云。"②

这样子过颓废的生活，用胡适自己在《四十自述》里的话来说，终于"闹出乱子来了"。3 月 22 日晚，胡适在日记里说："是夜，唐国华招饮于迎春坊，大醉，独以车归。归途已不省人事矣。"③ 在《四十自述》里，他说，那一晚他们"在一家'堂子'里吃酒，喝的不少了，出来又到另一家去'打茶围'。那晚上，雨下的很大，下了几个钟头还不止。君墨、桂梁留我打牌。我因为明天要教书，所以独自雇人力车走了。他们看我能谈话，能在一叠'局票'［用以召妓的字条］上写诗词，都以为我没喝醉，也就让我一个人走了。"

接下来的情节，胡适在《四十自述》里描写得再惟妙惟肖也不过了：④

　　直到第二天天明时，我才醒来，眼睛还没有睁开，就觉得自己不是睡在床上，是睡在硬的地板上！我疑心昨夜喝醉了，睡在家中的楼板上，就喊了一声"老彭！"——老彭是我雇的一个湖南仆人。喊了两声，没有人答应，我已坐起来了，眼也睁开了。

　　奇怪的很！我睡在一间黑暗的小房里，只有前面有亮光，望出去

---

① 《胡适日记全集》，1:80.
② 《胡适日记全集》，1:80.
③ 《胡适日记全集》，1:81.
④ 胡适，《四十自述》，《胡适全集》，18:93-96.

好像没有门。我仔细一看，口外不远还好像有一排铁栅栏。我定神一听，听见栏杆外有皮鞋走路的声响。一会儿，狄托狄托的走过来了，原来是一个中国巡捕走过去。

我有点明白了，这大概是巡捕房，只不知道我怎样到了这儿来的。我想起来问一声，这时候才觉得我一只脚上没有鞋子，又觉得我身上的衣服都是湿透了的。我摸来摸去，摸不着那一只皮鞋；只好光着一只袜子站起来，扶着墙壁走出去，隔着栅栏招呼那巡捕，问他这是什么地方。

他说："这是巡捕房。"

"我怎么会进来的？"

他说："你昨夜喝醉了酒，打伤了巡捕，半夜后进来的。"

"什么时候我可以出去？"

"天刚亮一会，早呢！八点钟有人来，你就知道了。"

我在亮光之下，才看见我的旧皮袍不但是全湿透了，衣服上还有许多污泥。我又觉得脸上有点疼，用手一摸，才知道脸上也有污泥，并且有破皮的疤痕。难道我真同人打了架吗？

八点钟以后，果然有人来把胡适带了出去。于是，就开始了审讯：

在一张写字桌边，一个巡捕头坐着，一个浑身泥污的巡捕立着回话。那巡捕头问：

"就是这个人？"

"就是他。"

"你说下去。"

那浑身泥污的巡捕说：

"昨夜快十二点钟时候，我在海宁路上班，雨下的正大。忽然（他指着我）他走来了，手里拿着一只皮鞋，敲着墙头，狄托狄托的响。我拿巡捕灯一照，他开口就骂。"

"骂什么？"

"他骂'外国奴才'！我看他喝醉了，怕他闯祸，要带他到巡捕房来。

他就用皮鞋打我，我手里有灯，抓不住他，被他打了好几下。后来我抱住他，抢了他的鞋子，他就和我打起来了。两个人抱住不放，滚在地上。下了一夜的大雨，马路上都是水，两个人在泥水里打滚。我的灯也打碎了，身上脸上都被他打了。他脸上的伤是在石头上擦破了皮。我吹叫子，唤住了一部空马车，两个马夫帮我捉住他，关在马车里，才能把他送进来。我的衣服是烘干了，但是衣服上的泥都不敢弄掉，这都是在马路当中滚的。"

......

巡捕头问我，我告诉了我的真姓名和职业，他听说我是在华童公学教书的，自然不愿意得罪我。他说，还得上堂问一问，大概要罚几块钱。

审讯完了以后，胡适写了一封短信，托人送到家中，请带钱来缴罚款。胡适被罚了五元，"做那个巡捕的养伤费和赔灯费。"胡适接着说：

我到了家中，解开皮袍，里面的棉袄也湿透了，一解开来，里面热气蒸腾。湿衣裹在身上睡了一夜，全蒸热了！我照镜子，见脸上的伤都只是皮肤上的微伤，不要紧的。可是一夜的湿气倒是可怕。

同住的有一位四川医生，姓徐，医道颇好。我请他用猛药给我解除湿气。他下了很重的泻药，泻了几天。可是后来我手指上和手腕上还发出了四处的肿毒。

这个教训很大。胡适说他那天在镜子里看了自己脸上的伤痕，和浑身的泥湿，忍不住叹了一口气。想到了"天生我材必有用"这句诗，心里百般懊悔，觉得对不住他的慈母。他说，虽然这次的事故，他没有掉一滴眼泪，却是他一生中"一次精神上的大转机"。

我们在第一章启始，就说胡适至少在 1908 年的时候，就已经有了到美国去留学的梦想。这次因为酒醉而被关进巡捕房的教训，让他彻底地惊醒，决定痛改前非。不但如此，还使他立下了破釜沉舟的决定，辞去了华童公学的工作，关起门来，准备当年七月底的第二次庚款留美考试。志既已立定，唯一所欠的是东风。他在《四十自述》里说明了他的朋友和叔公，如何帮他解决财务上的困难：

> 许怡荪来看我，也力劝我摆脱一切去考留美官费。我所虑的有几点：一是要筹养母之费；二是要还一点小债务；三是要筹两个月的费用和北上的旅费。怡荪答应替我去设法。后来除他自己之外，帮助我的有程乐亭的父亲松堂先生，和我的族叔祖节甫先生。①

胡适说他闭户读了两个月的书。我们可以从他所留下来的六月份的日记，看出他着实用功地读书。至于他是否真的如他所说，是"闭户"读书，那就要看其是否在严格的定义下界定了。至少，在六月的日记里，他打过三次牌，下过三次棋，看过两次戏。然而，他确实是戒了酒。唯一破戒的一次，是北上赴考前一个星期，但怒刚买酒来为他打气饯行的那个下午。在预备考试方面，他六月份的日记所记的，大部分是复习代数，一直复习到6月17日，他在当天的日记里说："习代数完。"此后的日记，则记他读希腊、罗马史。比如说，21日的日记："读史，希腊史毕。希腊史如吾春秋战国时代，其间人才辈出，如亚历山大父子，皆不世之英杰，惜皆不永其年，抱恨以没。又如 Solon、Lycurgus，如商君、管子，为国家立法，遂跻强盛，皆人杰也。"②

那踏上征途的日子终于到来。6月28日晚，胡适与他的二哥登上"新铭"轮。两天以后，胡适在"新铭"轮上，给他母亲写信，向她报告决定报考庚款留美的经过，以及用出国留学以重振家声的雄心：

> 儿今年本在华童公学教授国文。后二兄自京中来函，言此次六月[阴历]京中举行留学美国之考试。儿思此次机会甚好。不可错过。后又承许多友人极力相劝，甚且有人允为儿担任养家之费。儿前此所以不读书而为糊口之计者，实为养亲之故。而比年以来，穷年所得，无论儿不敢妄费一钱，终不能上供甘旨，下蓄妻孥。而日复一日，年岁不我与，儿亦鬓鬓老矣。既不能努力学问，又不能顾赡身家，此真所谓"肚皮跌

---

① 胡适，《四十自述》，《胡适全集》，18:97.
② 《胡适日记全集》，1:91-92.

筋斗，两头皆落空"者是也。且吾家家声衰微极矣，振兴之责，惟在儿辈。而现在时势，科举既停，上进之阶，惟有出洋留学一途。且此次如果被取，一切费用皆由国家出之。闻官费甚宽，每年可节省二三百金。则出洋一事，于学问既有益，于家用又可无忧，岂非一举两得乎？儿既决此策，遂将华童公学之事辞去。一面将各种科学温习，以为入京之计。儿于四月中即已将此事始末作书禀告大人。此书交弼臣姊丈带上。不意弼臣逗留上海不即归去。及儿知之已隔二十余日。事隔多日，遂将此信索回。今儿于二十二夜与二哥同乘"新铭轮"北上。舟中蜷伏斗室，不能读书，因作此书奉禀。儿此行如幸而被取，则赶紧归至上海，搬取箱箧入京留馆肄业，年假无事，当可归来一行。如不能被取，则仍回上海觅一事糊口，一面竭力预备，以为明年再举之计。①

胡适在这封家信里说，如果考取，将"赶紧归至上海，搬取箱箧入京留馆肄业，年假无事，当可归来一行"。他这样说，是因为根据清政府原先的计划，是要把考取的学生集中在北京的肄业馆，也就是后来的清华学堂，先修习预备一段时间以后，再送出洋。根据胡适 7 月 12 日的家信，显然计划有所变更，考取的学生，将即刻放洋：

> 儿此次与二哥北上，在舟中曾作一书托瑞生和转寄……儿于二十七日［7 月 3 日］抵京。二哥于二十九日［7 月 5 日］乘火车往奉天矣。儿抵京后始知肄业馆今年尚不能开办。今年所取各生，考取后即送出洋。儿既已来，亦不能不考。如幸而被取，则八月内便须放洋。此次一别迟则五年，早亦三年，始可回国。儿拟如果能被取，则赶紧来家一行。大约七月初十以前可以抵家。惟不能久留，至多不过十日而已；如不能被取，仍回上海觅一事糊口。一面习德、法文及各种高等科学，以为明年再举之计……现考试之期定于十五［7 月 21 日］至二十三［7 月 29 日］等日，至二十四日［7 月 30 日］便分晓。届时如果被取，当以电报来

① 胡适禀母亲，1910 年 6 月 30 日，《胡适全集》，23:19-20.

家问照也。儿此次北上，一切用费皆友人代筹，故今年家用分文未寄。如能被取，则有每人五百两之改装费，家用可以无忧；若不能被取，则儿南归后即当赶紧设法筹寄，大人可以放心也。①

胡适到了北京以后，由他二哥的朋友杨景苏先生介绍，住在当时还在建筑中的女子师范学校，即后来的女师大。杨先生指点他从《十三经注疏》用功起。胡适在《四十自述》里描述了第二次庚款留美考试的经过：

> 留美考试分两场，第一场考国文和英文。及格者才许考第二场的各种科学。国文试题是"不以规矩不能成方圆说"。我想这个题目不容易发挥，又因为我平日喜欢看杂书，就做了一篇乱谈考据的文章，开头就说："矩之作也，不可考矣。规之作也，其在周之末世乎？"下文我说《周髀算经》作圆之法，足证其时尚不知道用规作圆；又孔子说"不逾矩"，而并不举规矩。至墨子、孟子始以规矩并用，足证规之晚出。这完全是一时异想天开的考据，不料那时看卷子的先生也有考据癖，大赏识这篇短文，批了一百分。英文考了六十分，头场平均八十分，取了第十名。
>
> 第二场考的各种科学，如西洋史，如动物学，如物理学，都是我临时抱佛脚预备起来的，所以考得很不得意。幸亏头场的分数占了大便宜，所以第二场我还考了个第五十五名。取送出洋的共七十名，我很挨近榜尾了。②

第二场考试的科目，胡适只说了几个。根据跟胡适同年考中的徐然与张履鳌［张履鳌不是庚款生，他早在 1907 年就自费赴美留学，他是该年度《中国留美学生月报》（*The Chinese Students' Monthly*）的总编辑］合写的《1910年庚款生》的记载，这些科目是：高等代数、平面及立体几何、三角、物理、化学、生物、地理、拉丁文、现代语言、西洋古代及近代史。根据他们的报告，

---

① 胡适禀母亲，1910 年 7 月 12 日，《胡适全集》，23:21-22.
② 胡适，《四十自述》，《胡适全集》，18:97-98.

第二场的专科考试，是一天考一科。[①] 徐然跟张履鳌说这些科目是当时美国大学入学考试的科目。根据赵元任的回忆，"现代语言"是德文或法文，他选了德文；至于拉丁文，赵元任说那是可考可不考的。[②] 我们有理由相信德文、法文、拉丁文都是可考可不考的科目，因为当时的胡适还没学过德文、法文和拉丁文。德文和法文是胡适到了康乃尔大学以后才学的，拉丁文则是他在康乃尔大学的时候自己在课外研读的。

第二次庚款留美考试发榜是在7月30日。胡适在将近三十年以后，在《追想胡明复》这篇文章里，回忆了他去看榜的情形：

> 宣统二年（1910）七月，我到北京考留美官费。那一天，有人来说，发榜了。我坐了人力车去看榜，到史家胡同，天已黑了。我拿了车上的灯，从榜尾倒看上去（因为我自信我考的很不好）。看完一张榜，没有我的名字，我很失望。看过头上，才知道那一张是"备取"的榜。我再拿灯照读那"正取"的榜，仍是倒读上去。看到我的名字了！仔细一看，却是"胡达"，不是"胡适"。我再看上去，相隔很近，便是我的姓名了。我抽了一口气，放下灯，仍坐原车回去了，心里却想着，"那个胡达不知是谁，几乎害我空高兴一场！"那个胡达便是胡明复。后来我和他和宪生都到康奈尔大学。中国同学见了我们的姓名，总以为胡达、胡适是兄弟，却不知道宪生和他是堂兄弟，我和他却全无亲属的关系。[③]

胡适去参加1910年第二次庚款留美考试，显然是没有抱很大的希望。最好的证据，就是他报名的时候，用的不是胡洪骍，而是胡适。我们在本章"修身进德的焦虑"那一节，就从他在《澄衷中学日记》内页的题字，推断他至少在1906年六七月间，已经开始使用胡适这个名字了。他在《四十自述》里，

① Ts-zun Z. Zee and Lui-Ngau Chang, "The Boxer Indemnity Students of 1910," *The Chinese Students' Monthly*, VI.1 (November. 1910), p. 16.

② Yuen Ren Chao, *Life with Chaos: The Autobiography of a Chinese Family, Vol. II, Yuen Ren Chao's Autobiography: First 30 Years, 1892-1921* (Ithaca, New York: Spoken Language Services, Inc., 1975), p. 71.

③ 胡适，《追想胡明复》，《胡适全集》，3:862.

描述了他二哥如何帮他想出这个名字：

> 有一天早晨，我请我二哥代我想一个表字。二哥一面洗脸，一面说："就用'物竞天择，适者生存'的'适'字，好不好？"我很高兴，就用"适之"二字。后来我发表文字，偶然用胡适作笔名。直到考试留美官费时，我才正式用"胡适"的名字。

根据徐然与张履鳌的《1910 年庚款生》一文，第二次庚款留美考试发榜，中选的七十名，备取一百五十名。备取者须留在北京的肄业馆加强培训，然后再于次年放洋。中选的七十名幸运儿，则受命即赴上海准备放洋。这篇发表在《中国留美学生月报》的文章，流露着年轻人留美宿愿得偿，如身在云端的雀跃之情：

> 礼部、外务部官员的大门为［这七十名幸运儿］敞开，这些要员都各个向他们祝贺。然而，一句："小伙子们！即刻前往上海，准备在八月十六日启航赴中国教育的圣地（the Chinese Mecca of Education）！"却把他们怔住了，因为这表示在措手不及之下，他们就要充军离开中国，远离自己的父母、朋友、甜心等等。每一个人都带着悲喜交加的心情，坐上轰隆轰隆心不甘情不愿地向前迈进的铁马［火车］，离开北京到天津。接着，这些学生就上了船，挨了几个怒涛的侵袭。这群年轻人知道，这只不过是怒涛给我们下马威而已，更多更大的还在后头。
>
> 很快地，上海就出现在眼前了。船才靠岸，这七十名乘客的亲友，就兴奋地挤向他们。码头上的卫兵很难维持秩序。［圣经里］古代的巴倍儿塔（Tower of Babel）一定是倒塌了，因此什么样的话都有！亲友冲将过后，下一波，就是挑夫、车夫、裁缝和剃头匠。他们让我们觉得我们就像是凯旋归来的大兵一样。我们的门房很快地就受不了了，因为他们须要替我们收受各种宴席、茶会等等的邀约，忙得他们团团转。
>
> 时光是不等人的。很快地八月十六日就到了。不管情愿与否，我们都坐上了小轮船，去接驳那海上之宫。虽然这七十名里，一个逃兵也

没有，我们知道他们的心是沉重的。然而，他们各个看起来都欣喜莫名——各个都对着岸上的亲友高呼、摇曳着他们的手帕。[1]

图4　1910年庚款留美学生放洋前在上海所摄。前排中间坐的三位，左为范源濂，中为周自齐，右为唐介臣。立者第二排左一是胡适。（胡适纪念馆授权使用）

他们所搭乘的轮船是美国"太平洋航运公司"（Pacific Mail Steamship Company）所属的"中国号"（S.S.China）。这七十名幸运儿里的胡适，也写下了他航向"中国教育的圣地"的诗，《去国行》两首：

一

木叶去故枝，游子将远离。故人与昆弟，送我江之湄。

执手一为别，惨怆不能辞。从兹万里役，况复十年归！

金风正萧瑟，别泪沾客衣。丈夫宜壮别，而我独何为？

---

[1]　Ts-zun Z. Zee and Lui-Ngau Chang, "The Boxer Indemnity Students of 1910," p. 17.

扣舷一凝睇，一发是中原。扬冠与汝别，征衫有泪痕。

高邱岂无女，狰狞百鬼蹲。兰蕙日荒秽，群盗满国门。

搴裳渡重海，何地招汝魂！挥泪重致词：祝汝长寿年！①

胡适在《去国行》这两首诗里用了好几个典，自不待言。最无病呻吟、为赋新词强说愁的，莫若"金风正萧瑟，别泪沾客衣"这一句。试想八月中天的上海，居然可以把它说成是"秋风"萧瑟的日子！这两首诗所流露出来的戚戚惨惨的心境，与徐然与张履鳌刻画七十名幸运儿，依傍着邮轮的船舷，"欣喜莫名"、"各个都对着岸上的亲友高呼、摇曳着他们的手帕"的描述，是格格不入的对比。诚然，享受公费，穿上新定做的西装，坐豪华邮轮的头等舱，到梦寐以求的美国去留学，没有人不会欣喜若狂的；诚然，欣喜若狂的同时，也有那无以名状的畏惧与彷徨。毫无疑问地，那游子之心，是错综复杂的。"丈夫宜壮别"，固然是一句套语，然而，以胡适当时的爱国情怀来说，赋起诗来，留美仿佛就像是上救国的战场一样。试看那触目惊心的句子："高邱岂无女，狰狞百鬼蹲；兰蕙日荒秽，群盗满国门。"虽然还没有到"风萧萧兮易水寒，壮士一去兮不复还"的地步，在他诗人所构思出来的意象之下，仿佛自己是批上了"征衫"、行"万里役"。《去国行》是胡适一生最后一首戚戚惨惨离骚风的爱国诗。

从个人的意义上来说，得以考上庚款留美，是胡适一生中最大的一个转捩点。这是一个绝对戏剧性的变化：从群山僻壤里的绩溪上庄、到上海、到美国。这一段曲折的里程彻底地改变了他的一生。如果没有他母亲望子成龙的决心，含辛茹苦，用最坚定的意志、最大的牺牲，把他送到上海去进新学堂，胡适的一生就完全会是另外一个面貌。那比他大五岁，在辈分上是他的叔叔，而实际上是他童年成长的挚友的胡近仁，就是一个最好的反证。胡适在美国任大使的时候，读了近仁的遗诗以后，写下了这样感叹的话："亡友堇人先生遗诗三册，海外读毕，颇感觉失望。堇人少年时有才气，可以造就，

---

① 胡适，《去国行》，《胡适全集》，10:149.

不幸陷在窄小的环境里，拔不出来，就无所成而死，可惜。"①

　　同样地，如果不是胡适自己的天才，加上他惊人的意志与努力，能够冲破他困顿的环境，考上庚款留美，他的一生可能就是一介上海滩的文人。以他的才华，能在诗文方面造就他的声名，当不成问题。然而，那与他留美归国以后如日中天的天下第一子的显赫，绝对是不可同日而语的。我们看他在梅溪、澄衷、中国公学，以及其 WB 在家乡或上海认得的同学，那些没有出国的，如果没有继续读大学，大概都像我们在第二章启始所说的，只能在省市教育、行政的基层，或出版机构任事。那境遇不佳的就更不用说了。最典型的，是胡适刚回国的时候所写的一篇用小说的形式铺陈，但可能确有其实的故事：他在北京中央公园碰见了他出国前的同学朱子平，心想："当初在我们同学里面，要算一个很有豪气的人，怎么现在弄得这样潦倒？"② 反观那些在他友朋当中得以出国留学的，如任鸿隽、张慰慈、梅光迪等等，后来都成了有名的人物。这所反映的，当然是近代中国政治、经济、社会、文化、教育上，到今天仍然无解的一个结构性的问题，亦即，留洋镀金是登龙门的黄金之道。胡适"来来来，来上海；去去去，去美国"所走的一条路，就是让他能取得他一生成功的第一把锁钥。

---

① 胡适 1939 年 9 月 8 日自记，胡适档案，355.
② 胡适，《一个问题》，《胡适全集》，1:771-778.

第二篇

乘风之志今始遂，万里神山采药去
（1910—1917）

留学者，过渡之舟楫也；留学生者，篙师也，舵工也。乘风而来，张帆而渡。及于彼岸，乃采三山之神药，乞医国之金丹，然后扬帆而归，载宝而返。其责任所在，将令携来甘露，遍洒神州；海外灵芝，遍栽祖国；以他人之所长，补我所不足，庶令吾国古文明，得新生机而益发扬光大，为神州造一新旧泯合之新文明，此过渡时代人物之天职也。

——《非留学篇》

第四章
进康乃尔，作新鲜人

对二十世纪前半叶留美的中国学生来说，那航向美国之旅的心情是忧喜参半的。最令他们担心害怕的，是那些吹毛求疵的移民局官员。美国 1882 年通过的"排华法案"（the Exclusion Act），禁止所有中国人入境；唯一豁免的，是官员、商人、教师、学生和观光客。但是，由于不少中国人以各种方式，假冒为上述五类豁免阶级的身份进入美国，移民局的官员对中国旅客的检查特别严格。证件稍有不符或错误，就会惨遭被囚禁或遣返的命运。早期囚禁中国人的囚房就在旧金山码头海关的二楼，美国移民官员就称之为"棚房"（the "Shed"）。最有名但是也最鲜为人知的两个例子，是孔祥熙及宋霭龄。这个梦魇式的"天作之合"与他们两位后来成为夫妻当然没有关系。他们两个人的遭遇都是自作聪明反为聪明误的结果。孔祥熙在 1901 年抵达旧金山的时候，因为他的护照是李鸿章的衙门所发，而不是美国海关所认可的天津道台——李鸿章的下属——颁发的，证件不符，就在那"棚房"里被关了一个星期；1904 年抵美的宋霭龄，她父亲为她买的葡萄牙护照被海关人员识破了。只是她运气比较好，在一个美国女传教士"舍命陪君子"的坚持之下，没被送到"棚房"，但被关在码头的船上十九天。孔祥熙、宋霭龄都是在美国教会的营救下脱险的。①

　　无巧不成书。在二十世纪前半叶叱咤中国的赫赫孔、宋家族里，还有一个宋美龄，也就是后来的蒋介石夫人，也是美国种族歧视下的受害者。宋美龄是在 1907 年跟宋庆龄一起到美国去的。当时，她才十岁。四年以后，宋美龄想进乔志亚州梅坎市（Macon）的葛雷仙中学（Gresham High School）念书的时候，却吃了闭门羹。根据当地报纸的报道，葛雷仙中学拒收宋美龄，是因为她不是白人。留美中国学生所办的《中国留美学生月报》的编辑，特别为了这件事致书位在梅坎市的卫斯理言（Wesleyan）大学的校长安司沃斯（W. N. Ainsworth）。安司沃斯的回信回答得非常技巧。他解释说问题不在种族歧视，而是学校爆满。他说："宋美龄小姐最近被所有梅坎市的公立学校拒绝入学。理由是，根据乔志亚州州议会的规定，该市的公立学校是为毕卜县（Bibb County）的公民所设的。如果收了外人，就恐有剥夺当地纳税者受教育的机会的可能。她想进的学校已经人满为患。"② 安司沃斯校长接着解释说，他已经为宋美龄请了一个家庭老师，并且让她住在卫斯理言大学。他说这样做，更符合宋美龄父亲宋家澍的要求。宋家澍要他的两个女儿在一起，而当时宋庆龄就在卫斯理言大学上学。不管到底是因为种族歧视，还是因为当地学校人满为患，宋美龄在两年以后，也进了卫斯理言大学就读。但后来她转学到麻省的卫斯理女子学院（Wellesley College），1917 年毕业。③

　　宋美龄的故事充分地说明了当时中国人即使过了移民局那一关，进得了美国，也并不表示就天下太平了。种族歧视可以是如影随形，无孔不入的。我们且回过头来说完旧金山码头那个主要是用来囚禁中国人的"棚房"的故事。由于那个"棚房"太小不敷使用，地点又不理想。于是，就开辟了那有名的"天使岛"（Angel Island）。所谓的"天使岛"是美国移民局在 1910 年

① 笔者中国留美学生未刊书稿，"Educating 'Pillars of State' in the 'Land of the Free': Chinese Students in the United States, 1905-1931," Chapter 1.
② "Not Question of Race, But of Room," *The Chinese Students' Monthly*, VI.1 (November 1910), p. 102.
③ 详情请参阅笔者的 "Educating 'Pillars of State' in the 'Land of the Free': Chinese Students in the United States, 1905-1931," Chapter 2.

到 1940 年之间，在加州旧金山湾里的"天使岛"所设的移民检查站。[①] 从亚洲来的旅客，在抵达旧金山的时候，如果一切证件齐全无误，通常最多只要几天就可以获准登岸。其他有问题的——多半是中国人——则用渡船载到"天使岛"，关进拘留所里，等待进一步的审讯。审讯的过程一般说来是两到三天。被判拒绝入境的人，有上诉的权利。但是，上诉成功的机会很小，而且既费时又费金钱。在"天使岛"被拘留最高的记录，长达两年之久。

唯一受到特殊待遇的中国人似乎是清华的留美学生。因为移民局官员知道他们是所谓的"庚款学生"（Indemnity Students），是用美国退还的庚款送到美国留学的；他们不但集体行动，而且有带队护送的专员——可以是清华的校长、院长或教授——不太可能是以学生为名，而以偷渡为实的华工。就因为这个原因，从 1909 年开始派送庚款留美生开始，每年八月中下旬，清华留美生所搭乘的邮轮，总是像磁铁一样，吸引了其他三五成群的公、自费生，浩浩荡荡地载着每年人数最众的中国留美学生驶向旧金山或温哥华。留美学生另外一个类似买保险的做法，就是一定要乘坐邮轮的头等舱，以便向美国的移民官显示他们不是没有钱、坐三等舱想混进美国的华工。享受公费的清华留美生既然由国家出钱，自然是搭乘头等舱的娇客。

扬帆西渡仙山，求救国灵芝

清华留美生还有几个与众不同的地方。他们除了每个月有八十美元的奖学金以外，还有赴美的置装费以及装置他们行头的手提箱和行李箱。当时男学生出国，订做西装自然不在话下。庚款以及后来清华的学生有学校发给的三五百元的置装费。在清朝覆亡以前，唯一头痛的问题，就是脑袋瓜后头的那一根辫子。自费生可以比较果决，像顾维钧和蒋梦麟都是出国前，在上海就把辫子剪掉了。从今天看回去，我们很难想象当时人会把辫子的问题看得那么严重：顾维钧回忆他的母亲看到他剪掉辫子以后，为之失声痛哭。就连

---

① *The Asian American Encyclopedia* (New York: Marshall Cavendish, 1995), V.I, "Angel Island immigration station," 32-35; Jack Chen, *The Chinese of America* (New York: Harper & Row, 1980), 188-189.

蒋梦麟自己，也形容理发师的大剪刀搁在他辫子上的一刻，他"仿佛就身在断头台上——一股寒气串身"。[①] 与之相较，公费生就没有这个自由了。像胡适、赵元任这些在 1910 年放洋的第二批七十名庚款留美学生，各个都拖着一根辫子，浩浩荡荡地到了美国。根据胡适晚年的回忆，他显然在美国把辫子剪掉以后，还把它寄回家保存起来："我十九岁还不到就出国的，那是宣统二年。我记得我的头发剪断后寄到家中保藏起来。"[②]

他们所搭乘的邮轮都是美国、日本和加拿大的。那些名为"中国号"、"南京号"或"满洲号"的邮轮，实际上也是美国"太平洋航运公司"（Pacific Mail Steamship Company）所属的。[③] 这些邮轮的路线通常是先从上海抵达日本的长崎、神户和横滨，然后取道夏威夷，最后再直驶旧金山。胡适这批批庚款生所搭乘的"中国号"，赵元任在回忆录里说是一艘一万吨的邮轮，胡适则说它只有几千吨。他们在 8 月 16 日起航，第一站就是长崎。[④] 在长崎，他们上岸作了游览。第二站是神户，由于他们在神户停留的时间太短，只够他们飞快地浏览了一下布引（Nunobiki）瀑布。等他们抵达横滨，船长给了他们一个好消息："'中国号'下礼拜三［8 月 24 日］下午三点整，准时出航。"这等于是意外地给了大家时间，让他们到东京去作游览。

我们不知道胡适是否也跟大伙儿们去了东京，但我们知道在长崎、神户、横滨，他都上岸作了游览。在横滨的时候，就在邮轮快开之前，当时在日本留学的任鸿隽突然出现，让他在惊喜之余，跟他倚着船舷，有了几分钟的交谈。胡适 1915 年 8 月底，要离开绮色佳转学到纽约哥伦比亚大学之前，曾经跟任鸿隽有诗唱和，回忆了这件事。任鸿隽的诗云："秋云丽高天，横滨海如

<hr>

① 顾维钧，《顾维钧回忆录》（中译本）（北京：中华书局，1983），第一分册，页 23。
Chiang Monlin, Tides from the West (Yale, 1947), p. 67.
② 胡颂平编，《胡适之先生晚年谈话录》，1961 年 5 月 16 日，页 194。
③ 美国"太平洋航运公司"从 1867 年开辟了旧金山到上海的航线。1915 年，旧金山的华侨集资买下了"太平洋航运公司"的太平洋航线，成立了"中国航运公司"(China Mail Steamship Company)。但是，"中国航运公司"的船只是在美国注册，挂的是美国旗。后因资本不足、经营不善而失败。请参阅 Chong Su See, The Foreign Trade of China (New York: Columbia University, 1919)，页 292 注释；又 The Asian American Encyclopedia (New York: Marshall Cavendish, 1995), V.I, "Chinese Americans," 241.
④ 以下叙述胡适等人所搭乘的"中国号"赴美的情形，除非另有注明，是根据 Ts-zun Z. Zee and Lui-Ngau Chang, "The Boxer Indemnity Students of 1910," pp. 17-19.

田，扣舷一握手。"胡适的和诗比较详细："横滨港外舟待发，徜徉我方坐斗室。柠檬杯空烟卷残，忽然人面过眼瞥。疑是同学巴县任，细看果然慰饥渴。扣舷短语难久留，唯有相思耿胸臆。"[①]

徐然与张履鳌在他们所合写的《1910年庚款生》赴美记里，说由于他们的邮轮延迟到8月24日下午才从横滨开船，让他们有了三天的时间去东京游览。这个"三天"的说法，是大略的说法，其实只有两夜三天。胡适晚年的回忆也有不正确的地方，他说他们到横滨的日子是8月29日："那天（八月廿九日）船到横滨，看见岸上的日本人，疯狂的发号外。到处挂满了国旗，成千成万的人在狂欢着，原来是宣布高丽并入日本本国的一部分，就是说高丽正式亡国的一天。"[②] 胡适说那天是韩国的亡国日，这个记忆是正确的，因为看见日本人在游行庆祝韩国变成日本的殖民地，这个印象不容易磨灭。但是，他记的日子是错的。韩国变成日本的殖民地是在8月22日。这两相对照之下，我们大概可以确定他们的邮轮是在8月22日抵达横滨，然后在8月24日离开横滨直驶夏威夷。

胡适对日本的印象并不好。他觉得他所看到的日本，还远比不上当时的上海和天津。当然，胡适对日本的印象，也很有可能是典型的三棱镜（prism）作祟之下的产物。这三棱镜的组合，是传统华夏天朝中心观之下对日本的鄙夷之心，以及他当时强烈的爱国心：

> 过日本时，如长崎、神户、横滨皆登岸一游。但规模之狭，地方之龌龊，乃至不如上海、天津远甚。居民多赤身裸体如野蛮人，所居属矮可打顶、广仅容膝，无几、无榻，作书写字，即伏地为之，此种岛夷，居然能骎骎称雄于世界，此岂［非］吾人之大耻哉！今日、韩已合并矣。韩之不祀，伊谁之咎！吾国人犹熟视若无睹然？独不念我之将为韩续耶！呜呼！伤已！[③]

---

① 《胡适日记全集》，1:203, 213.
② 胡颂平编，《胡适之先生晚年谈话录》，1961年5月16日，页180。
③ 胡适致胡绍庭、章希吕、胡暮侨、程士范，无日期，美国旖色佳邮戳日期是1910年9月25日，《胡适全集》，23:23.

胡适他们这一行庚款生所搭乘的"中国号"邮轮，在 8 月 24 日离开横滨以后，就直驶向夏威夷。在这大约一个星期的航程里，日子绝不是单调和无聊的；这些横渡太平洋的邮轮，除了丰盛的餐饮以外，还为旅客提供了各式各样的游戏和娱乐活动；从扑克牌、麻将、推圆板（shuffleboard）、掷圆环（quoit）、到后来才有的电影。其中，留学生所唯一没有尝试的，大概是社交舞。比胡适早两年留美的蒋梦麟在回忆里说，在 1908 年赴美的邮轮上，那最让他目瞪口呆的是社交舞。他说："对于一个在男女授受不亲的社会长大的我来说，我一开始真的是无法接受。然而，我多看了几次以后，还是能看出其优美的地方。"[1]　一直到 1924 年，一个上海圣约翰大学——当时中国最洋化的大学——的毕业生，还会在他的游美纪行里说："晚餐后在甲板上的舞会是外国人的娱乐。"[2]

　　胡适也写过片断的游美纪行的回忆。他说："那年我们同时放洋的共有七十一人……船上十多天……我是一个爱玩的人，也吸纸烟、也爱喝柠檬水、也爱打'五百'及'高、低、杰克'等等纸牌。在吸烟室里，我认得了宪生，常同他打'Shuffle Board'；我又常同严约冲、张彭春、王鸿卓打纸牌。"[3]当时的胡适的样子，赵元任有一段很生动的描述："他给人的印象是健谈、爱辩论、自信心极强。当时大家都留着辫子，胡适讲话时喜欢把辫子用力一甩；生气的时候就说要把辫子拿掉。他的身体很瘦，看起来并不十分健康，可是精神十足，让人觉得他雄心万丈。"[4]

　　二十世纪初年中国留美的学生等于是自成一个特殊的阶级。他们固然自以为是天之骄子，人们也视其为天之骄子。他们在上海出航以前，就有各界的欢送会。路过夏威夷的时候，有夏威夷中国学生联合会、基督教青年会、

①　Monlin Chiang, *Tides from the West: A Chinese Autobiography* (New Haven, Conn.: Yale Univ. Press, 1947), p. 67.

②　Ken Shen Weigh, "Our Trip to America," *The Chinese Students' Monthly*, XX.3 (January, 1925), p. 28.

③　胡适，《追想胡明复》，《胡适全集》，3:862-863.

④　冯爱群编，赵元任，《回忆胡适》，《胡适之先生纪念集》（台北：台湾学生书局，1972），页 40。

基督教女青年会的接待，抵达美国的旧金山或者西雅图，也一定会有更大规模的欢迎接待活动。这种欢迎的活动制度化以后，一般是两到三天。接待的单位也颇为庞大，其骨干除了最早就从事接待、而且最为热心的基督教青年会、基督教女青年会以外，当然包括了"全美中国学生联合会"（Chinese Students' Alliance of the United States of America）以及"北美中国基督徒留学生协会"（Chinese Students' Christian Association of North America）。1911 年的欢迎会，还包括了一项新鲜的活动，由旧金山的商人招待留学生坐汽车游览旧金山市区及金门大桥。[①] 1919 年的汽车游览活动，气派更大，总共动用了五十部汽车。[②]

胡适他们这一批留美生当然也不例外，沿途受到欢迎接待。"中国号"还没到夏威夷，邮轮上的庚款留美生就收到了夏威夷中国学生联合会的欢迎电报。"中国号"才一停泊在檀香山港，夏威夷中国学生联合会的代表就带着庚款生参观州长官邸、中国领事馆、博物馆、水族馆以及有名的卡外阿好修道院（Kawaiaha'o Seminary）。徐然与张履鳌在《1910 年庚款生》赴美记里，描写他们是如何依依不舍地离开檀香山，以及他们抵达旧金山所得到的欢迎：

> 没心肝的"中国号"邮轮的笛声，把我们叫离了夏威夷的大都会。我们只好在我们飘摇着的海上堡垒里，和蓝天和大海又作伴了一个星期。唯一能够消解旅途的单调的，只有做梦、玩游戏、读点消遣的东西。一直要到九月十日抵达美丽的旧金山，我们的旅途方才告终。一下船，各界代表就给了我们一个盛大的欢迎会。他们为我们安排了一个非常丰富的节目。我们在旧金山的三天，就跟在故乡过年一样，令人难以忘怀。

由于每年夏天都有许多中国留学生抵达，从 1909 年开始，每年最大的

---

① Y. Y. Tsu（朱有渔），"Welcoming the Educational Mission of 1911," *Monthly Report of the Chinese Students' Christian Association in North America* (October, 1911), 9-14（本件藏于耶鲁大学神学院图书馆，RG 13, 1-12).

② "The Student World: Berkeley, California," *The Chinese Students' Christian Journal*, VI.2 (November, 1919), p. 114.

一批就是庚款生，后来就是清华留美生。这些欢迎团体跟美国政府，以及轮船、铁路运输公司就商量好了办法，在火车上安排了专门车厢，来运送那些须要继续往东，到其他西部各州、中西部，甚至东部入学的中国留美生。胡适他们这一行必须继续往东前进的学生，有余日章作陪伴。余日章当时是"北美中国基督徒留学生协会"的副总干事，特别从美国东岸来到旧金山，陪伴这些学生东行。欢迎接待新生的活动，并不止于美国的西岸。芝加哥是一个大站，也是中西部"全美中国学生联合会"欢迎新生的一个重镇。比如说，1911 年 9 月，中国留学生专车抵达芝加哥的时候，在火车站欢迎他们的有五十人之多。迎新的节目，除了例行的欢迎演说、午餐以及简短的余兴节目外，还包括游览芝加哥市区、参观芝加哥大学。[①] 我们从下述胡适给他在中国的四个朋友的信里，可以知道他 1910 年抵芝加哥的时候，应该也受到了同样热烈的招待。

根据中国驻美大使馆秘书兼庚款生监督容揆的报告，第一与第二批庚款生共 116 名：第一批 47 名；第二批 69 名。第二批原来是 70 名，显然少了一个。其中，19 名就读纽约州的康乃尔大学，人数最多。密西根大学次之，有 16 名；伊里诺大学第三，有 14 名；维斯康辛州第四，有 13 名。[②] 这是中国留学生拥入美国中西部的全盛期的开始。根据康乃尔大学中国同学会 1910 年秋天的一份报告，也就是胡适入学以后，康乃尔大学的中国学生人数居全美之冠，共有 49 名；纽约州的哥伦比亚大学居次，有 39 名；伊里诺大学与维斯康辛大学再次，各有 30 名。除了哥伦比亚大学以外，其他三个大学，都以农科学生居多。哥伦比亚大学则几乎有一半的中国学生是念政治和矿科。[③]

徐然与张履鳌说，1910 年的第二批庚款生在旧金山停留了三天。胡适在给中国四个朋友的信上则说是两天。他说，他们继续东行的学生，在火车上过了四天才到芝加哥。再过一天，也就是 9 月 18 日，当天是中秋节，才到康乃尔大学所在的旖色佳。"途中极蒙学界欢迎，每至一城，可不费一钱

---

① Y. Y. Tsu, "Welcoming the Educational Mission of 1911."

② "Of Interest to Chinese Students: No Money for Private Students Yet," *Chinese Students' Monthly*, VI.1 (November 1910), p. 101.

③ "Club News: Cornell Has the Greatest Number of Chinese," *Chinese Students' Monthly*, VI.2 (December 1910), p. 199.

图 5　1910 年秋初抵美国所摄。前排：右二是胡明复、右三是胡适、左三是周仁；后排：左一是陈茂康、左三是赵元任。（胡适纪念馆授权使用）

而得周游全市。"[1] 他在给他的叔叔胡近仁的信，除了报平安以外，也透露了他得偿留美之夙愿的踌躇满志之情：

> 七月十二日（8 月 16 日）去国，八月七日（9 月 10 日）抵美国境，中秋日抵旖色佳城。计日三十三昼夜，计程三万余里，适当地球之半。此间晨兴之时，正吾祖国人士酣眠之候；此间之夜，祖国方日出耳。乘风之志于今始遂，但不识神山采药效果如何，又不知丁令归来，能不兴城郭人民之叹否？[2]

"文章真小技"、"种菜种树" 以救国

我们在上节提到胡适给中国四个朋友的信。胡适写那封信的时候，他已经在康乃尔大学的农学院办完了注册的手续：

> 学生三千余人，中有吾国学生约五十（并新生而言），弟已得大学许为正科生，专习农科 Agriculture。此校农科最著名，为国家科大学。

---

[1]　胡适致胡绍庭、章希吕、胡暮侨、程士范，无日期，《胡适全集》，23:22-23.
[2]　胡适致胡近仁，重九（1910 年 10 月 11 日），《胡适全集》，23:24.

凡农科学生概不纳费，即此一项，一年可省百五十金，可谓大幸。①

胡适晚年在台湾的一个演讲里，也解释了他当时选农科的原因：

> 家兄……以家道中落，要我学铁路工程，或矿冶工程。他认为学了这些回来，可以复兴家业，并替国家振兴实业。不要我学文学、哲学，也不要学作官的政治法律，说这是没有用的。当时我同许多人谈谈这个问题，我以铁路矿冶都不感兴趣。为免辜负兄长的期望，决定选读农科，想作科学的农业家，以农报国。同时美国大学农科是不收费的，可以节省官费的一部分，寄回补助家用。②

胡适这个学习农科的决定，很可能并不是出国以前完全底定的。我作这样的推测，是因为他在出国的行囊里，居然带了一千三百卷线装书。他给前引胡近仁的信上说："此行携有古籍千三百卷，惟苦暇日无多，不能细细研读，甚恐他日学殖荒落，有手生荆棘之惧也。"他这一千三百卷线装书的数目，恐怕不是夸张之词。一旦决定学农，他便开始把这些书分送给朋友。1917 年 6 月 1 日，胡适回国前写给任鸿隽、杨杏佛、梅光迪的一首诗云："我初来此邦，所志在耕种。文章真小技，救国不中用。带来千卷书，一一尽分送。种菜与种树，往往来入梦。"③

现存的《胡适留学日记》，第一天的日记是 1911 年 1 月 30 日。当天是第一学期期末考的第一天。换句话说，已是第一学期的尾声。由于胡适之前的日记已经不存，我们因此完全不知道他在康乃尔大学第一学期前大半部的情形。我们知道胡适进康乃尔大学那一年，以新生的数目来说，文理学院最大，有 329 名新生，胡适就读的农学院次之，有 321 名新生。但如果把一、二年级的学生合并计算，则机械工程学院最大，有 1,060 名学生；文理学院次之，

---

① 胡适致胡绍庭、章希吕、胡暮侨、程士范，无日期，《胡适全集》，23:22.
② 胡适，《中学生的修养与择业》，《胡适全集》，20:298.
③ 胡适，《文学篇：别叔永、杏佛、觐庄》，《胡适全集》，10:69.

有 956 名学生;农学院第三,有 688 名学生。[1] 根据该年 12 月 7 日的《康乃尔校友通讯》,康乃尔大学农学院有 1,230 名学生,是全美国学生最多的农学院。[2] 无怪乎胡适在给上述四个国内朋友的信里说:"此校农科最著名。"

康乃尔大学 1910 年度开学的第一天是 9 月 30 日。这个二十世纪初年的行事历跟今天的康乃尔大学相比,可以说是晚了一个月才开学。不但如此,胡适进康乃尔大学的那一年,康乃尔刚开始实行新的学期制度,第一学期一直要到一月才结束。换句话说,学生在过了圣诞节的假期以后,还要回到学校上三个半礼拜的课,然后才考期末考。[3] 这个制度很类似哈佛大学到今天仍然采用的制度,但康乃尔大学今天已经不使用了;康乃尔大学现在的学期制度跟大部分的学校一样,第一学期是在圣诞节以前就结束了。由于这个新制的实行,胡适在康乃尔第一学期期末考的第一天,1911 年 1 月 30 日——目前所存胡适第一天的《留学日记》——刚好就是农历的新年。当天考的是生物。农历新年还得考试,使得胡适在哭笑不得之余,写了一首诗自况:

> 永夜寒如故,朝来岁已更。层冰埋大道,积雪压孤城。
> 往事潮心上,奇书照眼明。可怜逢令节,辛苦尚争名。[4]

胡适在这首诗里所指的"奇书",是他买的一套丛书,刚好当天送到。他在当天的日记里,如此地描述了这套丛书:

> 今日《五尺丛书》送来,极满意。《五尺丛书》(*Five Foot Shelf*)
> 又名《哈佛丛书》(*Harvard Classics*),是哈佛大学校长伊里鹗(Eliot)
> 主编之丛书[1909 年出版],收集古今名著,印成五十巨册,长约五英尺,
> 故有"五尺"之名。

---

① *Cornell Alumni News*, XIII.3 (October 12, 1910), p. 1.

② *Cornell Alumni News*, XIII.11 (December 7, 1910), p. 121.

③ "The Calendar Changed," *Cornell Alumni News*, XII.11 (December 8, 1909), pp. 121-122.

④ 《胡适日记全集》,1:115-116.

胡适才刚进康乃尔大学的农学院，就买了这套《五尺丛书》，这是非常有意义的。这意味着说，虽然他进了农学院，他并不想只过"种菜与种树，往往来入梦"的生活，而毋宁是像传统理想里所说的耕读并修的生活。或者，像他跟梅光迪说的，"要读尽有用之书而通其意。"①

我们从他在康乃尔大学的成绩单，可以知道他第一学期选了四门课："英文一"、"植物学一"、"生物一"以及"德文一"。由于现存的《留学日记》是从他第一学期期末考的第一天开始，我们不知道他上课的情形。我们所知道的只是他第一学期的成绩："英文一"，他得了 80 分；"植物学一"，82 分；"生物一"，75 分；"德文一"，90 分。② 胡适第一学期的德文显然念得很好，曾经考过全班第一名。他显然在家信里报告了这件荣誉，所以他母亲在回信里勖勉他说："德文乃新入门，遂考得全班之冠。可见学问无穷，只需专心一志，未有不成就也。"③

期末考结束四天以后，第二学期就开学了。胡适在康乃尔的第二学期选了六门课，其中，"英文一"、"植物学一"、"生物一"，似乎是一学年的课，是上学期的继续；"德文二"、"植物学二"以及"气象学一"则似乎是以学期计的。他在 1911 年春天的《留学日记》里提到的书，绝大多数都是课堂上必读的书。比如说，根据英文系的课程规划，"英文一"要读的书包括：三个莎士比亚的戏剧、五本近代小说以及一些诗歌和散文。④ 胡适在《留学日记》里列出来的书，"英文一"是：四个莎士比亚的戏剧，亦即《亨利四世》、《罗密欧与朱丽叶》、《哈姆雷特》、《无事生非》；培根的散文以及 Joseph Addison 与 Richard Steele 所编的《旁观报论文集》(*Spectator*)。在"德文二"课上则读了 Heinrich Seidel（赛德，1842-1906）所著的《虚馨传》(*Leberecht Hühnchen*)、Gottfried Keller（凯勒，1819-1890）所著的《人靠衣装》(*Kleider*

---

① 转引自梅光迪致胡适，中三月朔日（1911 年 3 月 30 日），《胡适遗稿及秘藏书信》，33:310-311.

② 胡适在康乃尔大学农学院的成绩单副本，现藏于北京近代史研究所的胡适外文档案，E-497: Miscellanies (14): Credentials, Diplomas and Relics.

③ 胡母致胡适，十二月二十八［1911 年 1 月 28 日］，《胡适遗稿及秘藏书信》，22:14-15.

④ *Official Publications of Cornell University*, III.12, *Announcement of the College of Arts and Sciences, 1912-13*, p. 15. 请注意，我在此处所用的是 1912 学年度的课程大纲。虽然不是胡适选"英文一"那一年的大纲，但课程规划大同小异。

Machen Leute）、Gotthold Lessing（莱辛，1729-1781）所著的《敏娜传》（*Minna von Barnhelm*）以及歌德的《赫曼和多罗西亚》（*Hermann and Dorothea*）。在"生物一"的课上读了达尔文的《物种起源》。

然而，天才又好学如胡适，读课堂上必读的书对他来说，是游刃有余。所以，他还是继续他出国以前的习惯，广泛地涉猎群书。他在 1911 年 2 月初，第一学期期末考结束以后，就跟一个美国友人艾司（Ace）进城去买了一本拉丁文法的书，因为艾司答应要教他拉丁文。[①] 1911 年暑假的时候，虽然他选了一门化学课，他还去买了一本希腊文法的书来自修。[②] 不但如此，他在1917 年那首诗所写的"带来千卷书，一一尽分送"也不见得是实情。我们从他的《留学日记》知道他在农学院的时候，还时常在课余读他带到美国去的线装书，如：《左传》、《古诗十九首》、《杜诗》、《诗经》、《说文》、《水浒》、《王临川集》、周星誉的《鸥堂日记》、《陶渊明诗》、《谢康乐诗》、《荀子》。除此之外，胡适甚至还能找出时间练字。他从朋友那儿借来颜真卿的《元次山碑》来临摹。[③]

胡适第二学期的课显然重一点。他在开学两个星期以后的日记里说："下学期之课虽未大增，然德文读本《虚馨传》，英文 *Henry IV*［《亨利四世》］，皆需时甚多；又实习之时间多在星期一与星期二两日，故颇觉忙迫。"[④] 胡适虽然人在农学院，但他对农学显然从一开始就兴趣索然。他在日记里一再地提到英文、德文以及其它文学的课程。相对地，他提到农学院功课的地方很少，最多只是说他作了生物学或植物学的报告。比较特别的有两则：第一则是1911 年 4 月 12 日的日记："今日习农事，初学洗马，加笼辔，驾车周游一周。"[⑤]有关这个洗马、驾车的故事，胡适 1952 年在台湾做的一篇演讲里也提起过，只是在时间上，他显然是记错了。1911 年第二学期开学的日期是 2 月 13 日，他在日记上说他第一次学习洗马、驾车是在 4 月 12 日。换句话说，这个故事发生在他进农学院以后的第二学期第八个星期以后，而不是他记忆中所说

① 《胡适日记全集》，1:118.
② 《胡适日记全集》，1:161.
③ 《胡适日记全集》，1:117, 119, 121, 124.
④ 《胡适日记全集》，1:123.
⑤ 《胡适日记全集》，1:134.

的第一学期的第三个星期：

> 进农学院以后第三个星期，接到试验系主任的通知，要我到该系报到实习。报到以后，他问我："你有什么农场经验？"我说："我不是种田的。"他又问我："你作什么呢？"我说："我没有作什么，我要虚心来学，请先生教我。"先生答应说："好。"接着问我洗过马没有，要我洗马。我说："我们中国种田，是用牛不是用马。"先生说："不行。"于是学洗马，先生洗一半，我洗一半。随即学驾车，也是先生套一半，我套一半。[①]

第二则是 5 月 15 日的日记："生物学课观试验脑部，以蛙数头，或去其头部，或去其视观，或全去之，视其影响如何，以定其功用。"[②] 他在日记里所显示的兴趣，毕竟还是在文学方面。比如说，由于他英文课的成绩一直保持得很好，期末考于是得以免考，他在 6 月 3 日的日记里说："本学期英文科，余得免考（Exempt），心颇自喜。实则余数月以来之阴大半耗于英文也（每学期平均分数过八十五分者得免大考）。"[③] 我们从他的日记里，可以知道胡适这时已经开始试写英诗了。他在 5 月 29 日的日记里说："夜作一英文小诗（Sonnet），题为 'Farewell to English I'〔《挥别'英文一'》〕，自视较前作之《归梦》稍胜矣。"[④] 可惜这两篇今皆已不存。

1911 年康乃尔大学第二学期在 6 月 3 日结束，期末考在 6 月 5 日开始。胡适第二学期的成绩如下："英文一"，89 分；"植物学一"，80 分；"生物一"，82 分；"德文二"，80 分；"植物学二"，64 分；"气象学一"，70 分。[⑤] 胡适在期末考结束以后，就去了宾州的字可诺松林城（Pocono Pines）参加"北美中国基督徒留学生协会"举办的夏令营。在这个夏令营里，胡适几乎皈依基督教，这我们将在第五章再分析。总之，他回到康乃尔以后，那年夏天的暑

---

① 胡适，《中学生的修养与择业》，《胡适全集》，20:298.
② 《胡适日记全集》，1:143.
③ 《胡适日记全集》，1:148.
④ 《胡适日记全集》，1:147.
⑤ 周质平，《胡适与韦莲司》，页 12-13。

182

期班，他选修了"化学 A"，7 月 5 日开始上课，8 月 16 日结束，当天，是他乘坐"中国号"离开中国的一周年。他在"化学 A"这门暑期课所得的成绩是 73 分。[①]

对康乃尔大学农学院来说，1911 学年度是一个转捩点。康乃尔大学的农学院原来是免学费的。然而，由于学生人数暴增，从 1909 年的 932 名学生，增加到 1910 年的 1,254 名，增长幅度达到 25%。于是，康乃尔大学农学院决定从 1911 年秋季班开始，向非纽约州居民的学生收取学费。[②] 北京的胡适档案里，藏有一张康乃尔大学向胡适收 1911 年秋季班学费的通知条，是美金 55 元，外加 1910 年度上下学期的学费美金 100 元，总计是 155 美元。[③] 虽然这张学费通知条上没有时间的注记，我们可以假定这是胡适从农学院转到文学院以后才收到的学费通知。根据新规定，他从 1911 学年度开始，就必须付学费。同时，根据康乃尔大学的规定，学生如果从免学费的学院转到须缴学费的学院，就必须补缴学费。[④] 胡适从农学院转到文理学院是 1912 年初，也就是 1911 年第二学期的事。

康乃尔大学 1911 年度的秋季班在 9 月 27 日注册，次日开学。我们不知道胡适最初选的课是哪些。从他在开学那几天的日记来看，他原来的计划不但选了"经济学一"，而且也想旁听几门英文课——"演说"、"英诗"及"英文散文"。然而，他很快地就放弃了这个计划。"经济学一"才上了几天，就被迫退选，原因是："经济学第一课宣言农院二年生不许习此课，以人太多故也。"[⑤] 想旁听的英文课，也因为课业太忙，而只好泰半放弃："今年每日俱有试验课。上午受课稍多，竟不暇给；惧过于劳苦，自今日为始，辍读演说及英文诗二课，而留英文散文一科。"[⑥] 胡适在这学期所选的课有："地质学一"、"化学 B"、"植物生理学七"及"果树学一"。以他在这学期所选的

---

① 周质平，《胡适与韦莲司》，页 12-13。

② "Tuition in Agriculture," *Cornell Alumni News*, XIII.13 (December 21, 1910), p. 149.

③ 胡适外文档案，E-486: Miscellanies (3)．

④ *Official Publications of Cornell University: General Circular of Information, 1912-1913*, III.1 (January 1, 1912), p. 26.

⑤ 《胡适日记全集》，1:184.

⑥ 《胡适日记全集》，1:185.

课程来说，这是胡适真正踏入农学的开始。然而，讽刺的是，这也注定是胡适在农学院的最后一个学期。他这些课所得的成绩如下："地质学一"，75 分；"化学 B"，85 分；"植物生理学七"，77 分；"果树学一"，76 分。[①] 胡适在农科方面的学习成果，用他晚年在《口述自传》里的话来说："我考试的成绩还颇像样的（fairly successful）。"[②]

1911 年秋天是胡适在康乃尔大学的第三个学期。9 月 28 日开学，两个星期不到，辛亥革命就发生了。胡适在为辛亥革命而雀跃的同时，却为自己学业的问题而烦恼。他是该继续学农？还是应该转他的主修专业？或者甚至应该转学？胡适对自己学农，很可能从一开始就雅不情愿。他 1911 年 6 月去亭可诺松林城参加"北美中国基督徒留学生协会"举办的夏令营的时候，写了一封信给章希吕，在这封信的结尾，突然冒出了一句："适有去 Cornell［康乃尔］之志，不知能实行否？"[③] 当时，他已经念完了第一学年。凡是了解美国大学学制的人，都知道转学必须在一年以前就进行的。他当时如果真想要转学，就必须等到该年秋天申请下学年度想转去的学校。不管他 1911 年秋天开学以后，是否仍有转学的念头，农学对他来说，显然已经失去了足以让他继续受苦受难的理由。

我们从梅光迪在 1912 年 1 月 17 日给他的信看来，胡适最后的决定是转系而不是转学。梅光迪在这封信里极力赞成胡适转系。他说："来书言改科一事，迪极赞成……足下之材本非老农，乃稼轩［辛弃疾］、同甫［陈亮］之流也。望足下就其性之所近而为之，淹贯中西文章，将来在吾国文学上开一新局面。"他甚至预言："足下改科乃吾国学术史上一大关键，不可不竭力赞成。"[④] 然而，从胡适在该年 2 月 6 日给章希吕的信看来，即使胡适决定转系，他的兴趣显然也不在哲学，而毋宁是在政治文学。有关这点，我们会在第五章再分析讨论。胡适在这封信里说："适已弃农政习哲学文学，旁及政治，今所学都是普通学识，毕业之后，再当习专门工夫，大约毕业之后，不即归来，

① 周质平，《胡适与韦莲司》，胡适康乃尔大学总成绩单，页 12-13。
② Hu Shih, "The Reminiscences of Dr. Hu Shih," p. 45.
③ 胡适致章希吕，1911 年 6 月 17 日，《胡适全集》，23:32.
④ 梅光迪致胡适，［1912 年］正月 17 日，《胡适遗稿及秘藏书信》，33:334-336.

且拟再留三年始归。然当改入他校，或 Harvard［哈佛］或 Columbia［哥伦比亚］或入 Wisconsin［维斯康辛］（在中美为省费计）尚未能定，因 Cornell［康乃尔］不长于政治文学也。"[1] 康乃尔大学在该年的 2 月 19 日批准胡适从农学院转到文学院。[2]

我们有理由相信胡适决定转系是在 1911 年秋天，也就是他在康乃尔的第三学期。而那转系促因，就是他那学期所选的"果树学一"。胡适在他晚年所作的《口述自传》里，举了三个决定转系的根本理由。第一，是他从小对中国哲学与历史的兴趣；第二，是辛亥革命。因为他到处去演讲，讲中国的现况，使他必须去了解中国近数十年的历史和政治；第三，在康乃尔大学读了英、法、德三国的文学，使他对中国文学兴趣的复苏。然而，最有趣的是，他在讲述这三个理由之前，先讲了他在"果树学"课上滑铁卢的故事。这个故事他把它当成笑话来讲，是他晚年演讲的时候，拿来劝人要根据自己的兴趣和性向择业的经验谈。然而，在康乃尔大学身历其境的他，恐怕就没有那么轻松了。试想年轻时候的胡适，已经念了三个学期农学院，一旦发现所学非己所长，那种恐惧、茫然、失去自信、觉得虚费了光阴、何去何从、仿如世界末日到来的心情，可能只有在大学转系、特别是出国以后转系、转行的人才能深自体会的。

我们看胡适是怎么从他上"果树学一"的课，领悟到自己的能力和兴趣都不在农业上：

> "果树学"……是一门研究果树培育的科学，在纽约州等于就是苹果培育学。等我们学了果树培育的基本原理以后，每周都一段实习的时间，把课堂上所学的，拿来应用。而就是这些花在果树实习的时间，让我决定放弃农学的……每个学生都会分到三十个或三十五个苹果，根据果树学手册上所列出来的"特征"来分类：例如茎的长短，果腔的形状，苹果的角和圆度，果皮的颜色，果肉的种类——把果皮切开一小片以后，我们可以看出果肉是软的还是脆的、甜的还是酸的。这些分类的特征相

---

[1] 胡适致章希吕，1912 年 2 月 6 日，《胡适全集》，23:32.
[2] 参见周质平，《胡适与韦莲司》，胡适康乃尔大学总成绩单，页 13。

当笼统。我们这些对苹果所知无几的外国学生，作这苹果分类的工作非常辛苦。但对美国学生来说，这就易如反掌。他们知道一般常见的苹果的名字，所以他们只须要翻到书后的索引；从俗名，他们就可以很快地找到学名。如此，他们就可以一一地把分类表填好。在短短的时间里，二三十分钟的时间，他们就可以轻易地把三十几种苹果分类好。因为他们不用把苹果切开，那会氧化变色，所以他们就把那些苹果，塞入大衣口袋里，一个个快快地离开了实验室扬长而去。可怜我们三两位留在实验室里的中国同学。我们绞尽脑汁，根据手册去分类，结果多半还是错的，我们得到的成绩不好。

在这些果树学的实习阶段以后，我开始问我自己：我勉强自己学我完全没有兴趣的农科是否是错的？我背离了我早年的思想背景和训练，以及我新发现的兴趣和能力是否是错的？这门果树学——特别是那些实习——帮助我作了我的决定。

我那时年轻，记忆力又好。我可以在考试前夕开夜车，我可以把这些苹果的种类硬记下来考过关。但是我知道考过以后，不出三天或一个礼拜，我就会把当时那些四百多种苹果的种类忘得一干二净。同时，那些苹果，中国泰半也都没有。所以我决定我违背了个人的兴趣和性向去学农，根本就是彻底的浪费，彻底的愚蠢。[①]

胡适 1952 年在台湾所作的那个演讲里，说得更为确切。有趣的是，根据他在这个演讲里的说法，"果树学一"还是他注册后所加选的一门课。更重要的是，他把转系的决定更确切地定在开学的第二个星期。我比较相信胡适对这个日期的记忆，是因为这种心灵上的震撼与创伤，是比较不容易磨灭的：

依照学院的规定，各科成绩在八十五分以上的，可以多选两个学分的课程，于是增选了种果学。起初是剪树、接种、浇水、捉虫，这些工作，也还觉得是有兴趣。在上种果学的第二星期，有两小时的实习苹

---

① 以下叙述胡适转系的理由，除非另有注明以外，是根据 Hu Shih, "The Reminiscences of Dr. Hu Shih," pp. 43-49.

果分类。一张长桌，每个位子分置了四十个不同种类的苹果，一把小刀，一本苹果分类册，学生们须根据每个苹果蒂的长短，开花孔的深浅、颜色、形状、果味和脆软等标准，查对苹果分类册，分别其类别（那时美国苹果有四百多类，现恐有六百多类了），普通名称和学名。美国同学都是农家子弟，对于苹果的普通名称一看便知，只须在苹果分类册查对学名，便可填表缴卷，费时甚短。我和一位郭姓同学则须一个一个的经过所有的检别手续，花了两小时半，只分类了二十个苹果，而且大部分是错的。晚上我对这种实习起了一种念头：我花了两小时半的时间，究竟是在干什么？中国连苹果种子都没有，我学它有什么用处？自己的性情不相近，干嘛学这个？这两个半钟头的苹果实习使我改行，于是决定离开农科。①

说完了他上"果树学一"课的惨痛经验以后，胡适接着说明了他从农学院转到哲学系的三大理由。第一理由，也是胡适认为比较根本的理由，就是他对中国哲学、历史的兴趣：

我年轻的时候，就读了大多数基本的古代中国哲学，以及近代中国思想方面的书，后者所指的是宋明的新儒家。这就是我思想的背景，这也就是我对中国古代、近代中国思想史的兴趣。

在农学院的那三个学期，我考试的成绩还颇像样的。那时学校有一个规定，只要我期末考的成绩平均在八十分以上，我就可以在十八小时必修的学分以外，去多选两小时额外的学分的课……我选的是文学院克雷登教授（Professor J. E. Creighton）所开的哲学史的课。克雷登教授并不是一个有口才的老师。但是，他严肃、恳切地展现各个学派。那种客观地对待历史上各个阶段的思想史的态度，给我留下了一个极深的印象，也重新唤起了我对哲学，特别是中国哲学的兴趣。

---

① 胡适，《中学生的修养与择业》，《胡适全集》，20:298-299.

胡适说他在农学院的时候，就选修了克雷登哲学史的课。这个回忆是不正确的；时间和课程的名称都不对。我们在前文所列出来的他第一学年在农学院时所选的课里，没有一门是哲学的课程。他在 1928 年写的一篇回忆胡明复的文章里说："到了 1912 年以后，我改入文科，方才和明复、元任同在克雷登先生（Prof. J. E. Creighton）的哲学班上。我们三个人同坐一排。"[①]胡适在这篇文章里说的时间虽然对，也就是说，这是他第一次选哲学的课，可是他在这里所谓的"哲学班"指的是哪一门课呢？根据胡适在康乃尔的成绩单，他在 1912 年春天，也就是他转到文学院以后，选了两门哲学课程，一门是"哲学三：逻辑"，是克雷登教授和炯司（Jones）先生合开的；另外一门课是"哲学六：道德观念及其实践"（Moral Ideas and Practice），是狄理（Frank Thilly）教授和炯司先生合开的。问题是，胡适在《口述自传》以及1928 年那篇文章的回忆，都跟赵元任所说的兜不拢。

　　根据赵元任 1912 年 5 月 29 日的日记，他该年春天选的两门哲学课，一门是"近代哲学问题的发展"（The Development of Modern Philosophical Problems），另一门是"逻辑与形上学研讨课"（Seminar in Logic and Metaphysics）。[②] 根据康乃尔大学印行的课程大纲，前者的课程编号是"哲学 19"，后者是"哲学 40"。这两门课都不是哲学入门的课，特别是"哲学40"这种研讨课，是给高年级以及研究生上的课。赵元任的是日记，不太可能是错的。由于当时胡适跟赵元任都是大二下学期的学生。赵元任没有转系，按部就班的选课，所以胡适转系的时候，赵元任应该老早就修过"哲学三：逻辑"这门入门的课了。我们今天还可以在北京大学图书馆所藏的胡适的英文藏书里，看到一本赵元任收藏的克雷登的《逻辑导论》（*An Introductory Logic*）的教科书，扉页上还有赵元任的签名。那本书显然是胡适 1912 年选"哲学三"的时候，赵元任借或送给胡适的。我们很难解释胡适为什么在1928 年那篇文章里说他和赵元任、胡明复一起上克雷登教授哲学的课。唯

① 胡适，《追想胡明复》，《胡适全集》，3:863.
② Yuen Ren Chao, *Life with Chaos: The Autobiography of a Chinese Family, Vol. II, Yuen Ren Chao's Autobiography: First 30 Years, 1892-1921* (Ithaca, New York: Spoken Language Services, Inc., 1975), p. 75.

一能作的合理的解释，是胡适有旁听的习惯。他和赵元任、胡明复一起上克雷登教授的课，可能是胡适跟着去旁听的一门课。

胡适决定转系的第二个理由是辛亥革命。他说由于这是亚洲第一个成功建立的共和国，美国人都很有兴趣，到处要请中国学生演讲：

> 当时中国学生里的演讲最成功的是大四、学土木工程的 K. Y. Char。他的中文名字是蔡劼卿［注：即蔡光勲］。他是上海圣约翰大学毕业的。到康乃尔之前，他在母校教过英文。他是一个很稳健的人，英文演说一流。但是由于演讲的邀约太多，蔡先生的课业又重，他不得不谢绝许多演讲的邀请。因此，他就开始在中国学生里物色人才。他觉得我是个可造之材，可以在他毕业以后，接替他演说中国问题。有一天，蔡先生来找我，他说他在中国同学会中听过我几次讲演，他知道我国学的基础训练，又了解中国历史。他要我替他接几个比较容易的演讲，对美国人讲解辛亥革命与民国。我在几经考虑以后，决定接受其中的几个，努力地作了准备。这是我从事英文演说的开始。这种公开的演讲促使我去研究辛亥革命从十九世纪末以来的历史背景，以及民国新政府领袖的生平。这是促使我转系的政治历史因素。

胡适把辛亥革命说成是促使他转系的第二个理由，其实也是颇为牵强的说法。胡适说辛亥革命发生以后，美国人对中国的事物好奇，中国学生当中的演说大师、大四的蔡光勲应接不暇，于是物色他作自己的帮手兼接班人。事实上，我们在第五章会指出，胡适开始频繁地作公开的演讲应该是在1912年夏天以后，也就是说，大四的蔡光勲毕业以后的事情。当时，胡适早已转系了。他转系是在1912年2月。而这指的，还是他正式转系的时间。胡适在1952年的演讲里说，他是在上"果树学一"的第二个星期发现他干嘛浪费时间在作苹果分类，而决定转系的。1911年的秋季班是在9月28日开学的，开学的第二个星期是十月的第二个礼拜，刚好就在10月10日武昌起事的时候。换句话说，早在胡适因为辛亥革命而四处被人请去作演讲的一年前，他就决定转系了。我们甚至可以把胡适有转系的念头推得更早，至少推到 1911 年 6 月以前。就像前文已经指出的，胡适在该年 6 月初写给章希吕的信上，就已经提起："适有去 Cornell［康乃尔］之志，不知能实行否？"

第三个使胡适决定转系的理由是他从小对文学的兴趣。第一学年在康乃尔大学读了英、法、德三国的文学，使他对中国文学的兴趣复苏了：

> 我的古文和诗词的训练相当不错。从少年时候开始，我作文写诗就已经颇能差强人意了。康乃尔的农学院不但规定大一的学生必修英文，每周上五小时的课，还得要修两门外国语：德文和法文。这些规定使我对英国文学产生了兴趣，使我不但阅读了英文的经典著作，而且也练习写作和会话。德文、法文课也让我去摸索了德国和法国的文学。我学了两年的德文、一年半的法文。我虽然不会说德语或法语，但我那时的德文和法文都相当不赖。教我法文的便是我的好友和老师康福（W. W. Comfort）教授［后来当费城黑沃佛学院（Haverford College）的校长，胡思杜念过的学校］，我们中国学生查经班的老师。两年的德文课，让我接触到德文的经典著作，像歌德、席勒（W. W. Schiller）［请注意：唐德刚音译为雪莱，容易被误会为大家比较熟知的英国浪漫诗人雪莱（Percy Shelley）］、莱辛、海涅等等。特别是我对英国文学的兴趣，让我接触到了英国文学的巨擘，促使我继续去选修更高深的英文课。

回忆和《口述自传》都不一定正确，都得小心运用，在这里又得到一个例证。胡适说他在康乃尔学了两年的德文、一年半的法文。但是他的总成绩单只显示了一年的德文以及一个学期的法文。德文是他大一还在农学院的时候选的。成绩都不错，上文已经提过了："德文一"得 90 分；"德文二"得 80 分。我在本节前文列出了他在"德文二"所读的书名，洋洋大观，举凡赛德、凯勒、莱辛、歌德等等。他对自己德文能力的自信，也在在地表现在他才学一年德文就跃跃一试，想写一本《德文汉诂》："昨夜寻思非卖文不能赡家，拟于明日起著《德文汉诂》。虽为贫而作，然自信不致误人也。"[①] 至于法文，胡

---

① 《胡适日记全集》，1:175.

适直到大三下学期才选修，也就是 1913 年春天，"法文一"得了 80 分。他在康乃尔的时候，翻译了法国作家都德（Alphonse Daudet）的两篇短篇小说，第一篇是 1912 年 9 月 29 日译的："夜译《割地》（即《最后一课》[The Last Class] 成。寄德争，令载《大共和》。"[1] 第二篇是《柏林之围》（The Siege of Berlin），是 1914 年 8 月 24 日译的。两篇都是爱国小说。1912 年 9 月的时候，胡适还没学法文。他的《最后一课》以及《柏林之围》都是从英译本转译过来的，虽然胡适在《留学日记》里记他翻译这两篇小说的时候，用的都是法文的篇名："La dernière classe"（最后一课）；"Le siége de Berlin"（柏林之围）。[2]

无论如何，胡适从农学院转文学院是一个正确的抉择，而且也是一个顺遂的转折。这个抉择完全符合他个人的兴趣；这个转折也完全顺遂，因为，就像他在《口述自传》里所说的，他当时"已经选了足够的学分来满足英国文学的'学程'了"。更重要的，就像梅光迪所预言的，胡适的"改科乃吾国学术史上一大关键"。虽然这并不表示如果胡适没有改科，他未来所走的道路就会一定不同。然而，可以确定的是，由于胡适的"改科"，他就可以全心投入他所向往的、可以为之废寝忘食、可以不油然地为之"足之蹈之，手之舞之"的文学、政治、哲学的领域。这是胡适之幸，也是中国之幸。

"新鲜人"新鲜事

胡适 1910 年 8 月以后的日记，可惜遗失了。胡适 1936 年 7 月在赴美的邮轮上为他的《留学日记》所写的序里，说他 1910 年 8 月以后有日记，但遗失了。[3] 日记遗失当然是可能的，特别是胡适一生常常有让朋友借阅他的日记的习惯。最可惜的所在，是因为这可以说是胡适一生中最重要的一个里程碑：从第一次搭乘豪华邮轮出国，到抵达美国，以及在美国开始读大学的经验。目前所存的胡适《留学日记》，是从 1911 年 1 月 30 日开始的，当天

---

[1] 《胡适日记全集》，1:200.

[2] 《胡适日记全集》，1:462.

[3] 《胡适日记全集》，1:107.

是他第一学期期末考的第一天。换句话说，我们完全不知道胡适第一个学期是怎么过的。我们如果想要重建胡适在康乃尔大学，特别是他第一学期的学生生活，就只好根据康乃尔大学的出版品，特别是《康乃尔太阳日报》（*The Cornell Daily Sun*），这是康乃尔的学生报，是美国大学学生报里发行最久的报纸，以及《康乃尔校友通讯》（*Cornell Alumni News*），再佐以家信以及《留学日记》里一些零星的记载。

美国的学制，是以毕业年作为级别年。胡适是 1914 年毕业的，所以他是康乃尔大学 1914 级的学生。根据 1914 级毕业纪念册编辑部自己的说法，1914 级是"淘气又淘气的一级"。这个结论的主要根据，是因为有 110 名 1914 级的学生说他们最喜欢喝的饮料是啤酒。[①] 胡适在康乃尔大学五年，在他的心目中，"美国大学生之大多数皆不读书，不能文，谈吐鄙陋，而思想固隘，其真可与言者，殊寥寥不可多得"。[②] 跟胡适一起进康乃尔的新鲜人有 1,110 名之多，他们的行径，一定让少年老成的胡适觉得幼稚可笑。他们在 9 月 27、28 日两天注册。注完册以后的两大集会，从胡适的角度看来，可能都和进大学求知的目的是风马牛不相及的。第一个集会是由大学的教练主持的，时间在 9 月 27 日晚，虽然谈的是学校的运动项目、运动的精神以及 1914 级级风的培养，但这等于是为新学年度体育季启动的开幕式。三天以后的第二个晚会，是由康乃尔大学基督教青年会（Cornell University Christian Association）主持的。这个集会，除了请康乃尔大学的校长致辞，主要介绍的是康乃尔大学的课外活动，诸如新闻、辩论、话剧社等等。此外，则是教新生唱康乃尔的校歌，各种运动会、集会时的集体欢呼（yells），以及康乃尔大学的各项传统。最后，则是选举 1914 级的临时主席与委员会，以便筹备选举各部正式职员的事宜。[③]

我们不知道胡适是否去参加了这两个新生的活动。27 日晚上介绍学校各项运动项目的活动，我们知道有六百名新鲜人去参加了，是新生总人数的

---

① "Senor Class Expresses Likes ad Dislikes," *Cornell Daily Sun*, XXXIV.145, April 15, 1914, p. 1.

② 《胡适日记全集》，2:46.

③ "600 Freshmen Hear Advice from Coaches," *Cornell Daily Sun*, XXXI.2, September 28, 1910, p. 1; "Freshman Campus Meeting Tonight," *Cornell Daily Sun*, XXXI.4, September 30, 1910, p. 1.

192

一半。① 不管胡适是否去参加了这两个新生活动，也不管他是否觉得它们过于幼稚，康乃尔大学其他一些开学的活动，一定是会让他感到新鲜和振奋的。比如说，他去注册的时候，一定看到了已经退休的康乃尔首任校长，白校长（Andrew White, 1832-1918）欢迎新生的一封信。白校长是一位有名的教育家、学者、外交官，胡适在《留学日记》里经常提到，对他非常敬重。白校长对新生的欢迎信很简单，主要是引美国作家毕灵司（Josh Billings，是Henry Shaw用的笔名，1818-1985）所说的一句话来勖勉新生。这句话说："小伙子，就以邮票为例吧；它之所以有用，就在于它能够一心一意地粘在一个东西上，一直到它达到目的地为止。" 根据《康乃尔太阳日报》的报道，白校长的这封信，让在廊道上排队等着注册的新生都各个争睹着。②

如果胡适觉得白校长欢迎新生的方法别出心裁，而且意义深远，他一定也会对休曼（Jacob Schurman, 1854-1942）校长在 30 日中午的演讲击节激赏。9 月 30 日是 1910 学年度开学的第一天，按照康乃尔大学的传统，校长都会在这一天作开学的演讲。休曼校长后来在 1921 年到 1925 年出任美国驻华公使，跟胡适颇有过从。休曼校长的这篇演讲，在一开始就强调了兄弟会（fraternities）对学校的贡献。③ 以今天美国大学设法削弱、甚至禁止兄弟会的作法来看，休曼校长会那么正面地称赞兄弟会的组织，是有它特殊的时代背景的。由于当时康乃尔大学没有学生宿舍，兄弟会等于是帮助学校解决了一个非常重要的问题。以胡适的 1914 级为例，在一千一百名左右的新生里，有 227 名，也就是说，有十分之二选择住进兄弟会里。④ 对这些新生来说，兄弟会不但为他们解决了吃住的问题，也为他们提供了一个现成的社交圈。当然，休曼校长也指出兄弟会有兄弟会的问题。如果学生不懂得本末，忘却了他们来大学的目的是求知，而不只是社交和嬉游，那就会反得其害。在强

---

① "600 Freshmen Hear Advice from Coaches," *Cornell Daily Sun*, XXXI.3, September 29, 1910, p. 1.
② "Stick to One Thing Like a Postage Stamp," *Cornell Daily Sun*, XXXI.3, September 29, 1910, p. 1.
③ 以下叙述休曼校长的演讲，请参阅 "University Exists for the Training of the Mind, Says Dr. Schurman," *Cornell Daily Sun*, XXXI.5, October 1, 1910, p. 1.
④ "Fraternity and Non-Fraternity Men," *Cornell Daily Sun*, XXXI.13, October 11, 1910, p. 4.

调了兄弟会的好处以后，休曼校长接着谈到康乃尔的运动，以及各种社团活动。

休曼校长在他的演讲里先谈到社交、运动以及课外活动，是有他的深意的。他说："我所要强调的是：身体是脑之器，脑要能善其事，就必须先要利其器。因此，我欢迎所有有益的体操、游戏、运动和社交活动。我建议每一个新生，每一个今天听我演讲的学生，都要去参与我们大学五花八门的活动，如果这样做，能砥砺其身心的话……你是否进了校队，对我来说一点都不重要。我所希望见到的，是一个用功的学生群体，他们懂得应该如何适度的玩，也懂得照料自己，用运动来锻炼他们的身体，让身体能成为脑力工作的器官和工具。"

休曼校长要学生了解，所有上述这些活动，都是附丽或从属于他们来大学的主要目的，那就是心智的培养（training of the mind）。他说，世界上没有其他事情比心智的培养还要重要。要达到这个目的的途径无他，就是求学、努力执著的求学。休曼校长把人世间的知识归类成两支：

> 本校所教授的知识，这个世界上的知识，总的来说可以归为两类，就好像是一个球体的两个部分一样。一个半球处理的是人的问题：艺术、文学、历史、制度以及哲学等等，我们称之为通人之学（liberal arts）或人文学科（humanities）。另一个半球处理的是人类作为其中一员的浩瀚的宇宙，是我们称之为统御我们的宇宙的知识，换言之，就是科学：解析出物质世界的成分的化学；呈现出宇宙的能量及其运作规律的物理学；让我们了解生命的奥妙的生物学；为我们说明地球表壳的地质学，等等。

休曼校长说求学之道无他，就在于要懂得专注，埋头不懈的专注。不管眼前所要学习的问题是什么，不管是数学、物理、或是写论文，

> 就要仿佛本校只有你和那个问题存在一样，专心一致地全力以赴。弄通它、与它搏斗、绝不轻言放弃。这是自我教育。否则，你只是在填

鸭（assimilate），你并没有作反应，并没有创造；否则，你就只是一个傀儡，别人拉线，你就动，别人奏乐，你就跳。如果你想作一个受过教育的人，想作一个具有独立思考能力的人，你必须从大一开始就要学会竭尽全力去弄通当前的课题。

除了注册，参加新生训练的活动，在 9 月 30 日开学，听休曼校长的演讲以外，在开学之初，还有一件新生必做的事情，那就是体格检查。1914 级的体格检查是从 10 月 3 日开始进行的。[①] 等这一切都做完以后，胡适就正式成为康乃尔大学的新鲜人了。作为康乃尔大学的新鲜人，并不只是注册、选课、上下课、到图书馆学习这样单纯的生活。康乃尔大学有其所谓的传统，说得白一点，就是规矩。这些规矩，如果没有遵守，后果是颇为严重的。怪不得他们在新生训练的时候，还必须特别腾出时间来为新鲜人讲解康乃尔的传统。这所谓的康乃尔大学的传统，有些说来是令人啼笑皆非的。其中，跟胡适这批新鲜人有关系的，就是所谓的"新鲜人守则"。这些守则主要就是在"整"新鲜人，一代传一代，年代久远，根深蒂固。根据高年级学生组成的"综合事务委员会"（General Committee）在 1911 年 2 月 24 日所开的会，他们对"新鲜人守则"作了一些修正。其中最有趣的几项如下：

- 新鲜人不准在校园的草地上行走。
- 新鲜人不准在校园里吸烟，也不准在旖色佳街道上抽烟斗。
- 新鲜人在任何情况之下，都不准在 Zinck's［劲客店］，the Dutch［胡适译为荷兰店］[②]，the Alhambra［阿尔汉巴拉］楼下出现。他们也不准在 Ithaca Hotel［旖色佳酒店］的大厅里徘徊。七点钟以后，他们不准进 Jay's［杰店］，the Senate［塞内特］，或者 the Office［奥菲司］。除非有高年级生作伴，他们也不准上 Zinck's［劲客店］，the Senate［塞内特］，或者 Alhambra［阿尔汉巴拉］的二楼［以上这些地方都是酒吧，或者是有酒吧间的酒店］。

① "Physical Examinations Today," *Cornell Daily Sun*, XXXI.6, October 3, 1910, p. 7.
② 《胡适日记全集》，2:30.

- 每个新鲜人，除了星期天以外，都必须在任何时刻戴着以下所规定的帽子，二者选一：公定的灰色有小帽舌［帽舌比现在流行的棒球帽短］、顶端有一颗黑色纽扣的帽子；或者公定的灰色圆形无沿小帽（torque），悬着一条三寸长的黑色流苏。
- 新鲜人没穿西装上衣，或没戴帽子就不准在校园走动。
- 新鲜人不准坐在兰息院（Lyceum）［旖色佳的剧院］的前三排或包厢里。
- 电车上如果有高年级生有没座位之虞，新鲜人就不准占坐电车上的座位。
- 新鲜人和大二学生都不准蓄胡。[1]

这些"新鲜人守则"所反映的，其实就是大吃小、老姜欺嫩姜。这种行为，英文叫做"hazing"，中文的"整"是一个很适切的翻译；是一个"当头棒"、"见面礼"、入门式（initiation）。说得好听一点，是在灌输长幼有序的道理，教导后辈要懂得尊重前辈。这在阶级、身份、位阶森严的团体里，如军队、帮派、秘密社会里是常见的。在今天美国大学校园里的兄弟会、姐妹会，虽然三申五禁，这种行为的存在，仍然是我行我素的公开秘密。康乃尔大学的这些"新鲜人守则"之所以怕人，是因为高年级学生确实会去贯彻执行。新鲜人违反了这些守则，情节轻的，可能被刮掉头发变光头，以示惩戒；严重的，则有被高年级生扔进校园里的碧比湖（Beebe Lake）里的命运。这些守则，虽然随着二十世纪的进展，一再淡化。然而，一直要到1960年代才完全消失。[2] 可惜由于胡适的《留学日记》几乎整整缺了第一个学期，我们不知道他对这"新鲜人守则"的反应如何。

由于"新鲜人帽"是大一学生像低等动物一样被对待的标志，每年春天都会有一个盛大的"焚帽日"（cap burning day），来庆祝新鲜人挥别这个可憎的标志。1914级把他们的"焚帽日"定在1911年5月27日，当天星期六，刚好是康乃尔的"春日假"（Spring Day），胡适在日记里称为"春朝"假期，

---

[1] 第一条不在此增订条例里，但已行之有年。"Underclassmen Must not Wear Mustaches," *Cornell Daily Sun*, XXXI.107, February 25, 1911, p. 1.

[2] Corey Earle, "Tales of Cornell Freshmen," *Cornell Daily Sun*, July 21, 2006.

又是康乃尔大学跟哈佛大学的划船比赛的日子。他们显然是希望利用"春日假",来康乃尔游览的人多,热闹,更希望康乃尔能打败哈佛,让胜利的欢欣增添"焚帽"活动的喜气。

"春日假"是康乃尔从二十世纪初开始的一个传统,一直持续到大约1960年。"春日假"今天已经不再,取而代之的是现今的"斜坡日"(Slope Day)。庆祝"春日假"的意义在挥别严冬、迎接暖和日子的到来。康乃尔的每一个学院、每一级学生、各个社团都会制作节目,室内、户外的节目都有。来"春假日"游览的人,除了康乃尔的学生、校友以外,还有旖色佳以及附近的居民。游览"春假日",是须要买票的。这也是举办"春日假"的另外一个重要的理由。因为这个收入,是用来支持学校的各项运动经费。1911年的"春假日"特别的地方,是连纽约州长(康乃尔校友)和夫人,都被吸引来参加了,而且该年各项活动的收入是历年之最。

对胡适等1914级的新鲜人来说,1911年的"春日假"既是他们的啼声初试,又是他们的"焚帽日",因此不敢掉以轻心。他们制作的节目是一出谐剧,叫"都是葛碧惹的祸"(Gaby Shedidit)。主人公是1910年因为葡萄牙革命而失去王位的曼努埃尔二世(Manuel II)。曼努埃尔二世据说跟法国舞星葛碧·黛丝蕾(Gaby Deslys)有一段情,传言他是为美人而失去了江山。1914级的这个谐剧,把康乃尔的学生写进了故事。在革命的前夕,曼努埃尔二世跟葛碧在皇宫接见了一些康乃尔的学生。这些学生带了一份葛碧轰动了舞台的剧本,吹毛求疵地跟她起了争执,吵将起来。接着进场的剧中人物是康乃尔大学的训导主任(Proctor),以及"皮纳克尔"(Pinochle)。他们两个人把康乃尔学生和葛碧之间的争端摆平。训导主任维持了秩序,"皮纳克尔"则取得了王位。①

这出谐剧的结局只有当时的康乃尔学生才看得懂、才会捧腹大笑。这训导主任是康乃尔的学生人人都爱戴的推斯登(Theodore Tweston)。他从军中退役以后,在费城当过警察,1910年到康乃尔当训导主任。由于他跟1914级的新鲜人是在同一年进康乃尔的,因此双方都觉得他们之间有特殊的感情。

---

① "'Gaby-Shedidit' To be 1914's Maiden Effort," *Cornell Daily Sun*, XXXI.181, May 29, 1911, p. 1.

在康乃尔，人人都称他为推斯登少尉。中国留学生也喜欢推斯登少尉。他们在1911年春天，也就是胡适在康乃尔的第二学期，请推斯登少尉和学生事务委员会的会长罗里教授为中国同学会的特别来宾。[①] "皮纳克尔"则是威尔司（Aaron Wells）的诨名。他是旖色佳一家买卖旧衣店老板兼调头寸的东主，滑溜精明，爱打皮纳克尔扑克牌，所以连他自己也以"皮纳克尔"的诨名称呼自己。这出谐剧安排让训导主任维持了秩序，而让滑溜精明的"皮纳克尔"登上国王的宝座。这个结局，康乃尔人，人人能体会，保证可以让观众笑得前仰后翻。

胡适显然只参加了"春日假"的活动。我们不知道他是否去看了1914级演的"都是葛碧惹的祸"那出谐剧。他没去看球赛，也没去看划船比赛，他那晚更几乎可以确定没去参加"焚帽日"的活动。他当天的日记说："今日为校中所谓'春朝'（Spring Day）假期。赴 Spring Day 会场。下午，读英文诗数家。是日，本校与哈佛（Harvard）竞舟，与耶而（Yale）竞球，皆大胜；又参与美国全国运动大赛（Track），亦大胜；尚有小竞皆胜：计一日而七捷，此间士女喜欲狂矣。"[②]

胡适在日记里所说的"一日而七捷"，其实是不正确的。这天的日记可能不是当晚写的。这在胡适并不稀奇，因为他常补写日记，而且不是每次都会注明是补写的。他在日记里所谓的七全胜，显然是看了5月29日星期一的《康乃尔太阳日报》的报道。那篇报道在启始确实用了"七全胜"的字眼，但那是大学生华而不实的辞藻；胡适一眼掠过，没注意到那所谓"七全胜"里的"第七胜"，指的其实是"焚帽"。那句话是这样说的："1914级在上周六晚庆祝了七全胜——在六项比赛全胜之后，外加新鲜人的'焚帽'盛会。"[③] 康乃尔大学在5月27日的"六全胜"如下：划船三胜；棒球二胜（一场赢耶鲁［在康乃尔比赛］，另一场赢达特茅斯大学［Dartmouth］［在达特茅斯比赛］）；以及田径（在波士顿比赛）。[④]

---

① "Club News: The Cornell Club," *The Chinese Students' Monthly*, VI.7 (May 10, 1911), p. 653.

② 《胡适日记全集》，1:147.

③ "Saturday's Celebration," *Cornell Daily Sun*, XXXI.172, May 18, 1911, p. 1.

④ *Cornell Daily Sun*, XXXI.181, May 29, 1911, p. 1.

无论如何，1914 级的"焚帽日"活动，号称是历年来最大的一次。5月 27 日晚上 7 点 45 分，1914 级生戴着新鲜人帽在西伯里圆顶楼（Sibley Dome）前集合。在行过仪式以后，参与活动的学生各自举着一把火炬，列队向图书馆斜坡（Library Slope）迈进。大队跳着蛇舞前进。大队抵达图书馆斜坡以后，就绕着巨大的营火围成一圈。大家先唱校歌，集体作各种康乃尔以及 1914 级的欢呼。然后，在一声枪响以后，大伙儿们就把那令人憎恶的灰色"新鲜人帽"一齐往营火里扔将进去。"焚帽"大典结束以后，大家在鼓号队的带领下，列队向旖色佳市中心迈进。大家一会儿唱歌，一会儿欢呼。沿途，越来越多的学生陆续加入，已经不再只是 1914 级的游行队伍，而俨然成为一个全校学生的活动。

　　他们在"州际大道"（State Street）上来回游行几次以后，就在旖色佳酒店前停下来。大伙儿们在酒店前作各种康乃尔以及各级的欢呼。接着，大家就开始四处去找薪柴。从街口到街口，放眼看去，就是这人手一根薪柴的游行队伍。最后，他们在黎明女神街（Aurora）和水牛街（Buffalo）的十字路口，燃起一个巨大的营火。营火会结束以后，大伙儿们就作凯旋归。在训导主任推斯登少尉的率领之下，列队迈回位于山丘上的校园。这时的人数已有两千人之多。他们游行的终点是校长的官邸。大家对着校长的官邸，以歌声向校长以及当时人在校长家的纽约州长吟唱。校长和州长都从官邸里走出来。在火炬的映照下，对游行队伍作了简短的演说，称赞了他们的康乃尔精神，也祝贺他们当天的六全胜。"焚帽日"的活动于焉结束，但是仍有一部分人又回到旖色佳市，继续庆祝到过了半夜。①

　　"焚帽日"是康乃尔大学新鲜人在第一学年的两件大事之一，另外一件是"新鲜人大宴"（Freshmen Banquet），胡适去参加了。这个"新鲜人大宴"举办的时间是在"焚帽日"之前。以 1914 级来说，他们的"新鲜人大宴"是在 3 月 11 日举行的。"焚帽日"则是在两个多月以后，也就是说，在 5 月 27 日晚上举行的。胡适在 1911 年 3 月 11 日的日记里说："夜赴第一年级新生宴会（Freshmen Banquet）。是夜与宴者凡六百人，兴会飞舞，极欢乐。他

---

① "A big Night for 1914," *Cornell Daily Sun*, XXXI.180, May 27, 1911, p. 7 and "Saturday's Celebration," *Cornell Daily Sun*, XXXI.181, May 29, 1911, p. 1.

日当另为作一记。"① 可惜，他在《留学日记》里再也没有提起这件事了。更有趣的是，胡适在这则日记里，完全没有提起这个"新鲜人大宴"有一个序曲，那就是"新鲜人大宴冲刺战"（Freshman Banquet Rush）。这"新鲜人大宴冲刺战"有它相当淘气甚至可以说是走火入魔的历史。② 由于新鲜人是被欺负的对象，而"新鲜人大宴"对他们来说又是一件大事，所以，康乃尔的传统派给大二学生的任务，就在让新鲜人去不了他们的"新鲜人大宴"。在早期，大二学生在"新鲜人大宴"之前，就开始绑架新鲜人，绑架得越多越好，最好是绑架到新鲜人自治会的干部，因为他们是"新鲜人大宴"的主持工作人员。这些惨遭被俘的新鲜人，在"新鲜人大宴"当天，脸上被涂上各种颜色，被迫穿上各种不伦不类的衣服，然后被带出去，在校园、旖色佳市区游街示众，最后，才被送到"新鲜人大宴"的会场。

为了避免被绑架，新鲜人只好躲起来。去上课的时候，就集体进出，以人多势众、不落单，不让大二生有机可乘。可是，大二生也有他们的办法。他们甚至可以从屋顶上穿洞，从屋顶上进去抓躲在阁楼里的新鲜人。等到"新鲜人大宴"的日子好不容易终于盼到了，那些还没有被绑架去的新鲜人，就在秘密地点集合，然后集体向"新鲜人大宴"的会场——"军械库"（the Armory）〔当时兵学系和体育系所在，场地大，可以容纳大型的宴会〕迈进。这是他们最后的冲刺。进了"军械库"，他们就自由了。但守在外边不让他们进去的是大二的学生。新鲜人死命往"军械库"里冲，大二学生则硬是不退让，甚至曾经打开消防栓，用水龙来阻挡冲将过来的新鲜人。这虽然是康乃尔的传统，但毕竟做得过火，劳民又伤财。校方终于在 1904 年出面禁止。这种青年人血气方刚的冲刺被禁止一年以后，经由学生跟校方的交涉，产生了一个折中的方案。这就是胡适进了康乃尔大学以后，没有去参加，也没有笔之于日记的"新鲜人大宴"前所上演的"新鲜人大宴冲刺战"。

这个折中的方案，是把原先在"新鲜人大宴"前几天就开始上演的绑架、躲避、追逐等种种乱象，仪式化成像足球赛一样，由新鲜人和大二生在

① 《胡适日记全集》，1:126.
② 以下两段的描述，请参阅 O. D. von Engeln, *Concerning Cornell* (Ithaca, N.Y., Geography supply bureau, 1917), pp. 247-248.

草地上对垒的"新鲜人大宴冲刺战"。① 这个"新鲜人大宴冲刺战"举行的时间，就在大宴当天下午的一点半开始，地点就在"军械库"旁的草地上。这个冲刺战的打法，是井然有序的。大二学生列队排在草场的南面，新鲜人在北面。这两相对峙的学生又各自以25个人分为一队，以体重作为分队的标准。由羽量级打头阵，每梯次由双方各出两队。在枪响的号令下，这两队就各自向草场的对方冲刺。新鲜人的目标是要冲到草场的南面，大二生的目标则是阻挡他们。他们用的是挡将法，在抓住了一个新鲜人以后，使尽全力把他拽倒到草场上。被拽倒到草场上的新鲜人必须连续被压在地上三分钟以后，才算是被俘。

等羽量级的冲刺结束以后，就节节上升，直到重量级的厮杀完毕为止。由于旖色佳的天气，三月雪刚融化，草地潮湿松软。这样来回厮杀之下，自然变得泥泞不堪。参加冲将的学生浑身上下沾满污泥，自不待言。每年的"新鲜人大宴冲刺战"，也因此吸引了一大批想看人出洋相的观众。被俘的新鲜人脸上被涂上鲜亮的红、蓝、绿等颜色，要他们穿上费尽心血设计出来的越女性化越好的衣服、装饰，再在他们身上插上各种羞辱他们的标志和旗帜。这样子把被俘的新鲜人装饰好以后，就带他们出去在校园和旖色佳市区游行示众。当然，新鲜人也同样可以把大二生拽倒在草场上把他们收为俘虏，但他们主要的目的是成功地冲刺到另外一头。

裁判这个"冲刺战"的自然都是大三、大四的学生。他们有板有眼，裁判的工作除了主席、发令员及计时员外，还由七个小组分工合作：西区大二生裁判组、东区大二生裁判组、西区新鲜人裁判组、东区新鲜人裁判组、新鲜人俘虏服装视察组以及草场圈绳组。胡适在大一的时候可能没去参加他那一级的"新鲜人大宴冲刺战"。然而，有趣的是，等他大四的时候，他却是1918级"新鲜人大宴冲刺战"的"大四委员会"的委员之一。② 无论如何，

---

① 以下两段的描述，请参阅 "Sloppy Field for Underclass Rush," *Cornell Daily Sun*, XXXI.118, March 11, 1911, p. 1; "275 Freshmen Fall by Sophomore Defense," *Cornell Daily Sun*, XXXI.119, March 13, 1911, p. 1; and O. D. von Engeln, *Concerning Cornell*, pp. 246-247.

② "Freshman-Sophomore Rush Plans Complete," *Cornell Daily Sun*, XXXIV.129, March 20, 1914, p. 1.

参加胡适 1914 级的"新鲜人大宴冲刺战"的人数有九百人之多。经过一个半小时的冲锋陷阵以后，有 275 名新鲜人被俘，大二生被俘的则有 45 人。这 275 名被俘的新鲜人被带到体育馆健身房后边的锅炉房。他们全身泥泞，又被套上各种稀奇古怪的服装和装饰，涂上各种不同的颜色。看着被俘的同级生这样美轮美奂的化装，75 名没有被俘的新鲜人，也自动要求接受同等的待遇。等到一切化装就绪以后，就由高年级生押着这 350 名囚房的大队，浩浩荡荡开始"游街"（pee-rade），任人拍照。先是游校园，然后再游旖色佳市区的大街。这些俘房身上插着各式各样的标签和旗帜，最醒目的是垫后的俘房，他们被铁链串起来，各个身上还套着沉重的铁链。

从 1907 年开始实施这种"新鲜人大宴冲刺战"的折中方案以后，新鲜人赴他们的大宴的时候，就无须再在"军械库"前作最后的"殊死战"了。现在有了"新鲜人大宴冲刺战"，在战阵、游街结束以后，游街的新鲜人至少还有点时间赶回去冲洗整装以便赴宴，而且再也不用担心那大二生在"军械库"前埋下的最后防线了。这对胡适来说是幸运的，否则他大概一定不会去参加 1914 级的"新鲜人大宴"了。这"新鲜人大宴"并不便宜。1914 级大宴的票一张要 2.7 美元，几乎相当于当时最便宜的学生住所一个星期的膳宿费。3 月 11 日，也就是"新鲜人大宴冲刺战"与"新鲜人大宴"的当天，《康乃尔太阳日报》特别呼吁，要所有有血气的 1914 级的新鲜人，一定要在当天下午去冲刺大二学生所排出来的阵仗，也一定要在当天晚上去参加大宴。这篇文章用典型的大学生夸张的笔调来形容这个大宴：

> 这是一个宴中之宴。是一年中，不，可以说是整个大学生涯里最重要的一件大事。这是一件大事，是传统中的传统，是新鲜人绝对不可以错失的大事。票价似乎令人舍不得，但绝对是值得的，是绝对能值回票价的十二倍以上的。这是因为你所买的回忆，是即使你所有其它大学生活的点滴都忘却了，它还是记忆犹新的。当你汲取到了今晚的气氛，当你感受到了其精神，你所获得的那难以名状的东西，绝对不是那区区的票价所能衡量的。所以，我说：所有的新鲜人！一定要去参加你们的大宴。这是你康乃尔生涯里的一件大事。不管你是用乞讨、借钱或者作

其他牺牲［去买票］，一定要去你的大宴。^①

就像胡适在日记里所说的，1914级有大约六百人去参加了"新鲜人大宴"。这个大宴有八道菜，是由两家有名的承办宴席的公司负责的。"军械库"布置得极为美丽，除了美国国旗以外，挂满了代表1914级颜色——玛瑙和白色——的彩带。当晚的节目当然穿插了一些演讲，包括训导主任推斯登少尉。因为他接任康乃尔的训导主任是在1910年，跟1914级入学同一年。因此，当晚他就被公举为1914级的荣誉级友。胡适在日记里说"兴会飞舞，极欢乐"，指的可能是大伙儿们在大宴后的种种余兴活动。《康乃尔太阳日报》有一段非常生动的描述：

> ［1914级的］级风，以及同侪心充分地流露出来。自发的歌声袅绕着整座楼房，1914级的喇叭声响彻屋脊。欢欣的年轻人，有些把酒杯并排，敲打着音阶；有些很技巧地把纸盘扔在空中盘旋；不时欢呼、不时呼叫。最有创意的，是大家各自坐在座位上，配合着歌曲的拍子，全体一致地左右摇摆着。当天下午在［"新鲜人大宴冲刺战"］所沾满的涂漆、泥巴，大家早就忘得一干二净。整栋楼房回响着的，是手掌拍击、鞋履击地的击节声，一直到过了半夜。

《康乃尔太阳日报》在本报讯里加了一个注脚："最新消息：有几个大二学生偷走了当晚没抽完、数目达数千支之多的香烟。据了解，他们是把体育馆健身房的一面后窗打破，从那儿进去取得香烟的。"^②

旖色佳的饮食起居

我们在上文提到，目前所存的胡适第一天的《留学日记》，是1911年1

---

① "Freshman Day," *Cornell Daily Sun*, XXXI.118, March 11, 1911, p. 4.
② "First Year Men Make Merry in the Armory," *Cornell Daily Sun*, XXXI.119, March 13, 1911, pp. 1, 3.

月 30 日写的。当天刚好是农历新年。而现存胡适给他母亲的第一封家信也是这一天写的，是一个奇特的巧合。胡适说他 1910 年 8 月以后有日记，但遗失了。胡适一生有让朋友借阅他的日记的习惯，再加上留学期间几度迁徙，然后回国，日记会遗失是不难理解的。然而，他在此之前的家信也不存，就是一件很奇怪的事。到美国留学是非比寻常的事，胡适不可能不写信报告沿途的所见所闻。到了旖色佳，更不可能不写信向他母亲报平安、报告他的生活起居以及他初进美国大学的经验。我们从胡适母亲给他的信，可以知道胡适到美国的沿途都写了信，到了旖色佳以后，还勤写家信。胡适的母亲甚至在第五号信里称赞他说："汝自到美后，勤写家书，收阅之余，恍如晤语，殊以为慰。"① 胡适的母亲规定胡适每个月要写两封信，每年上下两季要各拍一张照片寄回家。② 这些信件，在找到以前，目前都只能当作已经遗失了。

更有意味的是，胡适的母亲定出了一个标号的方法。这就是说，她要胡适和自己都在信上标号。这样子，是否每封信都收到了，以及其先后顺序如何，就可以一目了然。她在家信里，总是不厌其烦地提醒胡适要记得标号。她抱怨胡适总是一再疏忽，忘了标号。更重要的是，这个标号的好处，可以方便检视，看是否该说、该回答的事情都交代清楚了。她说书信是两个相隔万里的人唯一交流的方法，如果没有一应一答，就不能声声相应。她形容得再贴切也不过了："望书回信时，将家信重再看过，以免失于问答。盖相隔几万里，路途太遥，寄信总不便当。故家外彼此，均须声声相应为贵。"③ 这书信标号的方法，后来胡适也要他的儿子沿用。他跟江冬秀之间通信，特别是当胡适出任驻美大使以后，用的也是这个方法。

当然，虽然胡适的母亲制定出这个通信标号的方法，如果信在邮递中遗失了，即使勤于标号也无济于事。我们从胡适母亲给胡适的信里，可以知道她常常提到几号、几号信还没有收到，虽然大多数后来还是寄到了。因此，我们可以想见胡适早期的家信，有些可能是遗失了。然而，这仍然不能解释

---

① 胡母致胡适，十二月二十八［1911 年 1 月 28 日］，《胡适遗稿及秘藏书信》，22:14.
② 胡母致胡适，辛亥闰六月十六日［1911 年 8 月 10 日］，《胡适遗稿及秘藏书信》，22:42.
③ 胡母致胡适，壬子四月十三日［1912 年 5 月 29 日］，《胡适遗稿及秘藏书信》，22:70-71.

为什么胡适在 1911 年 1 月 30 日以前写的家信现都不存。这封 1911 年 1 月 30 日写的信，编号为第四信，很可能是他 1911 年写的第四封家信。无论如何，这是现存的胡适留美以后的第一封家信，因此分外宝贵。它告诉了我们胡适觉得美国大学生活新鲜有趣的地方：

糜儿百拜，遥祝吾母大人新禧百福。儿今日有大考一次，考毕无事，因执笔追记入学以来之事，以告吾母。想吾母新春无事，家人团聚之时得此书以为家人笑谈之资：

（一）体育：外国大学有体育院［健身房］，中有种种游戏，如杠子、木马、跳高、爬绳、云梯、赛跑、铁环、棍棒之类，皆为习体育之用。大学定章，每人每星期须入此院练习三次，儿初一无所能，颇以为耻。因竭力练习，三月以来，竟能赛跑十圈，爬绳至顶，云梯过尽，铁环亦能上去，棍棒能操四磅重者，舞动如飞，现两臂气力增加。儿前此手腕细如小儿，今虽未加粗，然全是筋肉，不复前此之皮包骨头矣。此事于体力上大有关系，如能照常习练，必可大见功效。现儿身体重 110 磅（脱去衣履时称得之重），每磅约中国十二两零。一年之后，必可至 150 磅矣。

（二）交际：美国男女平权，无甚界限。此间大学生五千人，中有七八百女子，皆与男子受同等之教育。惟美国极敬女子，男女非得友人介绍，不得与女子交言。（此种界限较之中国男女之分别尤严，且尤有理。）此间有上等缙绅人家，待中国人极优。时邀吾辈赴其家坐谈。美俗每有客来，皆由主妇招待，主人不过陪侍相助而矣。又时延女客与吾辈相见。美国女子较之男子尤为大方，对客侃侃而谈，令人生敬。此亦中西俗尚之不同者也。

（三）饮食：此间食宿分为二事。如儿居此室，主人不为具食，须另觅餐馆。每日早餐有大麦饭（和牛乳）、烘面包（涂牛油）、玉蜀黍衣（和牛乳）之类。中晚两餐始有肉食。大概是牛羊猪之类。至礼拜日始有鸡肉。美国烹调之法殊不佳，各种肉食，皆枯淡无味，中国人皆不喜食之。儿所喜食者，为一种面包，中夹鸡蛋，或鸡蛋火腿［即三明治］，既省事，又省钱，又合口味。有时有烤牛肉，亦极佳，惟不常有耳。儿所居之屋，房东是一老孀，其夫为南美洲人。南美洲地本产米，故土人皆吃饭。其烹肉烧饭之法，颇与中国相同。十一月中，主妇用一女厨子，亦是南美洲人，遂为同居之房客设食。同居者，有中国人七人，皆久不尝中国饭菜之味，今得日日吃饭食肉，其快意可想。儿亦极喜，以为从此不致食膻酪饮矣。不意主妇忽得大病，卧床数日，遂致死去。死后其所用之厨子亦去。如是此种中国风味之饮食，又不可得矣。此一事实，颇有趣味。吾母闻之，亦必为之大笑不已也。

又举三事，拉杂书之，即以奉禀。顺叩金安　糜儿百拜　辛亥元旦（1 月 30 日）家中长幼均此。[1]

我们从这封家信里，知道胡适到了旖色佳以后，是跟七个中国学生在外租屋同住的。当时的康乃尔大学没有男生宿舍。女生宿舍则有两栋：赛姬院（Sage College）及赛姬村（Sage Cottage）。根据康乃尔大学 1912 年为新生提供的资料，女生宿舍一年的膳宿费，包括暖气和电费，是在 225 到 300 美元之间。由于大学不提供男生宿舍，男学生就必须在外租房子住。根据校方所提供的资讯，在外租屋的费用，膳宿外加暖气和电费，每周的费用在 5 到 12 美元之间。康乃尔大学经济学教授威尔恪思（Walter Wilcox, 1861-1964），活到 103 岁。他是胡适的老师，比胡适晚两年才过世，胡适在晚年的谈话里还常提到他。根据威尔恪思教授的统计，在 1911 学年度，康乃尔学生每周的房费是 2.82 元，膳费 4.53 元，合计是 7.35 元。然而，根据他的调查，即使在最便宜的膳宿全包的地方，一周三块美元，饭菜由雇来的学生当跑堂，从厨房端菜上桌，每星期天还是保证能吃到烩鸡或烤鸡，外加冰淇淋。[2]

赵元任的英文自传可以拿来当威尔恪思调查的佐证。他说他一个礼拜付

---

[1] 胡适禀母亲，辛亥元旦（1911 年 1 月 30 日），《胡适全集》，23:28-29.

[2] Morris Bishop, *A History of Cornell* (Ithaca, New York: Cornell University Press, 1962), p. 405.

三块半美元给房东太太饭钱,早餐还有牛排可吃呢!① 可是,人的回忆不可信,在这里又可以得到另一个佐证。赵元任在自传里写他 1919 学年度回到康乃尔大学当一年的物理讲师。他在这一章里回忆起他生病的过去。他说 1914 年中国科学社成立的时候,为了省钱捐给科学社,跟董任坚(J. C. S. Tung,本名董时)进行节省比赛,从开始的时候一天美金五毛的伙食费降到后来的三毛五一天。② 很快地,两个人因为体弱而感冒了。③ 赵元任说,有一阵子,他的中餐就只喝汤跟吃苹果派,结果营养不良。④ 其实,美金五毛一天,一个星期是 3.5 美元;三毛五一天,一星期是 2.45 美元。赵元任在之前刚说,"一个礼拜付三块半美元给房东太太饭钱,早餐还有牛排可吃呢!" 3.5 美元一个礼拜的伙食费,也就是一天五毛美金。怎么原来赵元任说五毛美金一天的伙食费,早餐还有牛排可吃,却会贬值到因吃不饱而造成营养不良的程度呢?我们确知 1910 到 1914 年并没有急剧的通货膨胀。

当时康乃尔大学的学费,文理学院是一年 100 美元,医学、建筑、土木及机械工程的学费是一年 150 美元,农学院则一直到胡适入学那一年为止,也就是到 1910 学年度为止,是免学费的。⑤ 从以上这些资讯,我们可以计算出胡适在康乃尔大学第一年的费用。由于胡适第一年在康乃尔大学是免学费,膳宿费方面,如果我们以胡适的老师威尔恪思教授最便宜的一周美金三元来作计算,一年就是 156 美元。这就是胡适第一年必须付出的生活费。如果我们假定他那年的买书、购衣、零用是 150 美元,则他在康乃尔大学第一年的总费用是在 300 美元之间。

当时中国庚款生的待遇是非常优厚的,他们的官费原来是一年 960 美

---

① Yuen Ren Chao, *Life with Chaos: The Autobiography of a Chinese Family, Vol. II, Yuen Ren Chao's Autobiography: First 30 Years, 1892-1921*, p. 77.

② 赵元任记错了,不可能是董任坚,因为董任坚是 1918 年才从清华毕业留美的。他 1919 年在克拉克 (Clark) 大学拿到学士学位以后,到康乃尔念了一年的书,拿到硕士学位。那一年,刚好是赵元任到康乃尔担任物理讲师的一年。

③ Yuen Ren Chao, *Life with Chaos: The Autobiography of a Chinese Family, Vol. II, Yuen Ren Chao's Autobiography: First 30 Years, 1892-1921*, p. 100.

④ Yuen Ren Chao, *Life with Chaos: The Autobiography of a Chinese Family, Vol. II, Yuen Ren Chao's Autobiography: First 30 Years, 1892-1921*, p. 79.

⑤ *Official Publications of Cornell University: General Circular of Information, 1912-1913*, III.1 (January 1, 1912), pp. 13, 27.

元，也就是说，一个月 80 美元。怪不得胡适在赴北京考庚款留美时给他母亲的家信说："闻官费甚宽，每年可节省二三百金。"① 只是，好景不长，官费在辛亥革命发生以前，就调降为每个月 60 美元。 一个月 60 美元，相当于今天的 1,400 美元；一年 720 美元，相当于今天的 17,000 美元。胡适每年所能省下来的何止"二三百金"？他能省下来的，应该有四百多美金，相当于今天的 10,000 美金。可是，当时的留美庚款生，几乎各个都叫穷。比如说，赵元任在他的英文自传里就说："我们清华的奖学金一个月只有 60 美元，得拿来付所有的费用，包括学费。"所谓学费也者，我们知道当时康乃尔文学院一年是 100 美元。就是扣掉这 100 美元的学费，一个月也还有将近 52 美元。当然，赵元任叫穷的同时，也承认当时的物价实在便宜，说他一个礼拜付三块半美元给房东太太饭钱，早餐还有牛排可吃呢！

拿公费或奖学金的人永远不会嫌多，只会嫌少。这是人之常情，这批"六十美元阶级"自然也不例外。唐德刚在翻译《胡适口述自传》之余，感叹胡适这批庚款留学生是"少爷小姐"不知民间疾苦。他们没有真正穷过，当然不识穷滋味。他嗟叹这些"国之栋梁"和一般老百姓之间的鸿沟是无法跨越的。② 其实，不只唐德刚这么想，连本身也是"六十美元阶级"的梅光迪也抨击庚款留学生的不知民间疾苦："吾国今日救时之士须如［春秋时期的］卫文公大布之衣、大帛之冠，能耐劳操作与至下等人同其甘苦，始可以有为耳。而官费生月领 60 元，衣裳楚楚，饮食丰腴，归国后非洋房不住，非车马不出门，又轻视旧社会中人，以为不屑与伍，而钻营奔走之术乃远胜于旧时科举中人，故此辈官高矣，禄厚矣。"③

庚款奖学金够不够多，这当然没有绝对的尺度，而是相对而言的。但是，我们可以把它拿来跟康乃尔大学给的奖学金相比。比如说，胡适在 1914 年 4 月申请到康乃尔大学下学年度哲学研究所的奖学金，其金额根据胡适在家信里向他母亲报告的，是 300 美金。这点，胡适并没有以多报少，根据康乃

---

① 胡适禀母亲，1910 年 6 月 30 日，《胡适全集》，23:19-20.
② 唐德刚，《胡适口述自传》，《胡适全集》，18:193-194; 231-232.
③ 梅光迪致胡适，十三号［无年月］，《胡适遗稿及秘藏书信》，33:427-428.

尔大学哲学研究所的通告，确实是 300 美元。[①] 必须指出的是，在康乃尔拿到奖学金的学生都免学费。所以，这 300 美金纯是生活费。美国大学的奖学金是供学期当中用的，因为假定学生在假期当中可以回家或打工挣钱。因此，一年 300 美金的奖学金，除以八个月的真正上课的时间，一个月有 37.5 美金的生活费。这跟庚款一个月 60 美元相比，还是小巫见大巫。庚款奖学金这么优厚，无怪乎胡适放得下手在 1910 年底给自己买了一套五十册的《哈佛丛书》。[②] 这套《哈佛丛书》没有统一的价格，因为它有普及版，也有真皮封面、镶金、着色的豪华版。最便宜的普及版一套只需美金 50 元（相当于今天的 1,200 美元），豪华版售价为 492 美金（相当于今天的 11,500 美金）一套。[③] 无怪乎赵元任敢买一架值 220 美元的二手货钢琴。他用的是分期付款的办法，每月付 3.5 美元。[④] 官费每个月调降为 60 美元以后，胡适告诉家乡的朋友，说他"颇形拮据，已不能［不］有所撙节矣"。[⑤]

其实，胡适所谓"不能［不］有所撙节矣"的说法，还是夸张之辞。我们在上文曾谈到康乃尔大学农学院从 1911 学年度以后，开始向非纽约州的居民收学费。农学院一年的学费当时是 100 美元。换句话说，从 1911 学年度开始，胡适一年的费用，学费、生活费外加零用钱增加到 400 元，官费 720 美元，还颇有周转的余地。如果能省吃俭用，应该还是绰绰有余的。美国和中国收入与生活水平的差异实在是天差地别。胡适的母亲说她一年的家用在两百大洋之间。[⑥] 当时美金跟中国银元的兑率，根据胡适在家信里的报告，是 1 比 2.66，[⑦] 胡适一年的官费原来是一年 960 美元，值两千五百大洋，足够她母亲维持一家十二年半的生活费用；即使官费减为 720 美元，仍然值将

① 胡适禀母亲，1914 年 5 月 20 日，《胡适全集》，23:55；*Official Publications of Cornell University*, IV.3, *Announcement of the Graduate Scholol, 1913-14*, p. 21.
② 《胡适日记全集》，1:115.
③ 感谢哈佛大学档案馆 Robin Carlaw 女士的协助，在伊里锷 (Charles Eliot) 校长［《哈佛丛书》主编］的档案里 (Call number UAI 5.150, Box 243, "P, 1909-1911") 找到这些价格的资料。根据 Robin Carlaw 在 2009 年 12 月 22 日致笔者的电子信。
④ Yuen Ren Chao, *Life with Chaos: The Autobiography of a Chinese Family, Vol. II, Yuen Ren Chao's Autobiography: First 30 Years, 1892-1921*, p. 77.
⑤ 胡适致章希吕，［1912 年］2 月 6 日，《胡适全集》，23:37.
⑥ 胡母致胡适，1912 年 6 月 18 日，杜春和编《胡适家书》，页 432。
⑦ 胡母致胡适，辛亥八月中节［1911 年 10 月 6 日］，《胡适遗稿及秘藏书信》，22:49.

近两千大洋，足够十年的生活费。怪不得胡适的母亲总觉得胡适应该有能力接济家用。她在 1911 年 8 月 10 日终于问胡适："汝在外面学中公家所入旅学之款，究竟每月除去房食一切当需之项，果有存余，望约为汇寄若干来家应用。"① 几经要求以后，胡适终于在家信里说他就会寄回家美金 30 元，约八十大洋。胡适的母亲在收到这封信以后，终于在中秋节写的信决定作正式的要求："今与吾男约定，嗣后每年须筹寄贰百元……尔在外公家所入之款，当要用者固不能省，但不可再如前之散漫。当搏节处务为紧乎为要。盖尔二兄亦同意此散漫之病，所以吃亏不少。尔须痛改之，是所至嘱。"②

当然，中国的收入和生活水平比美国再低，也不能改变胡适本人是在美国留学、生活的事实。换句话说，他拿的美金是要在美国生活，而不是拿回中国换成银元来生活。也许一个月 60 美元，一年 720 美元，就是不够他用。根据梅光迪 1912 年 9 月给他的信，我们知道胡适告诉张慰慈，说他一个月只有 40 美元可用。③ 这可能是扣除了学费 100 元，以及他母亲在 1911 年中秋节的信规定他必须每年补贴家用的两百银元，也就是 75 美金以后的结余。关于这一点，胡适在他晚年的《口述自传》里作了解释。根据他的说法，他当时拮据的窘状，是因为他从农学院转到文学院必须赔回学费造成的：

> 当我在大二第二学期决定转系的时候，我不但必须付文学院第二学期的学费，还得赔农学院三个学期的学费。为了这件事，我还得跟在华盛顿的留学生容揆商量。容揆后来成为我的好朋友，他是容闳在 1871 到 1872 年带到美国留学的 120 名幼童生里的一员。他准我转系，但必须被罚款。我本来每个月八十美金，被调降为四十五美元。监督处从我的庚款里先预扣了赔康乃尔的学费，四个学期一次付清，一共美金两百元。在那个年代，这不是一个小数目 [相当于今天的四千五百美金]。我只好吃苦，别人拿八十美金，我只拿四十五美金。④

① 胡母致胡适，辛亥闰六月十六日 [1911 年 8 月 10 日]，《胡适遗稿及秘藏书信》，22:42.
② 胡母致胡适，辛亥八月中节 [1911 年 10 月 6 日]，《胡适遗稿及秘藏书信》，22:50.
③ 梅光迪致胡适，[1912 年 9 月 15 日]，《胡适遗稿及秘藏书信》，33:382.
④ Hu Shih, "The Reminiscences of Dr. Hu Shih," pp. 50.

其实，胡适在《口述自传》里说得也不很正确。第一，他转学的时候，容揆刚退休。接替容揆的留学生监督是黄鼎，1911 年上任。实际处理胡适转学手续的，应该是黄鼎。第二，胡适说"罚款"也是不正确的，因为留学生监督处并没有罚胡适的款。留学生监督处只不过是先一次垫还胡适必须赔给康乃尔的学费，然后再逐月从胡适的庚款里分期扣回。第三，前文已经说过，庚款在辛亥革命以前，就已经从每个月八十美元调降为六十美元。第四，胡适须要赔农学院的学费只是第一学年的两个学期，因为我们在上文已经指出，农学院从 1911 学年度开始，所有非纽约州居民，包括外国学生，必须付学费。因此，胡适在 1912 年 2 月转系的时候，他早已付了前一学期的学费了。值得省思的是，如果像前引胡适告诉张慰慈的话，说他一个月只有四十美金可用，而他那时一个月的庚款只剩四十五美金。那可能就意味着说，那五美金的差额，就是他寄回家孝敬母亲的钱。五美金一个月，一年有六十美元，值当时大约一百五十银元。虽然不到他母亲要他一年寄两百银元回家贴补家用的约定，但已经是他所能负担的极限了。

无怪乎胡适会叫穷。他天生就不是一个省吃俭用的人。他的慷慨，他的不在乎金钱的积攒，是一辈子有名的。他明知家里经济困难，母亲一再写信告急。然而，他母亲有所不知，胡适自顾且不暇，甚至在美国负了债。到了 1914 年，眼看母亲支撑不下去了，已经拮据到了必须以典首饰过年的地步，胡适只好向他的美国朋友罗宾孙（Fred Robinson）求援。罗宾孙是绮色佳一个照相馆的老板，一向急公好义，对外国留学生更是特别照顾，是下文会提到的"世界学生会"的一个热心支持者。胡适在 3 月 14 日的日记里交代了这件事："此间商人 Fred Robinson 君慷慨以二百金相借，今日急入市，以百金寄家，以九十金还债。"[①] 胡适在家信里也说明了这百金换得了多少大洋，以及他要偿还的方法："儿前得节公来书，知所寄之款，除为儿买茶叶寄美外，共得英洋一百八十三元三角，已如数寄家矣。此款并非由文字上得来，乃向友人处暂时挪移。此间友人相待甚优，儿许以每

---

① 《胡适日记全集》，1:305.

月还以十元。"① 胡适自己的窘状，于此可见一斑。

胡适现存第一封 1911 年 1 月 30 日家信唯一交代得不很清楚的地方是膳宿的问题。他讲到饮食一项的时候，先是说旖色佳地区膳与宿是分开的。由于房东不为房客安排膳食，他们必须在餐馆就食。然而，后来又说他的房东是个老孀，原来的先生是南美洲人，房东在十一月中，雇了一个南美洲女厨。由于南美洲也吃米，烹肉烧饭之法有类似于中餐，胡适说他们同居的七个中国同学，久吃不到中餐，现在又得以大快朵颐，不亦乐乎。有可能是，他住的房东在开学之初并不提供膳食，十一月中以后，由于房东雇了一个女厨，于是开始为房客提供膳食的服务。只可惜房东不久病死，女厨被辞退，他们大快朵颐的日子也就不再复返了。

有关胡适在康乃尔大学的起居问题，在第一年，我们所知有限。从他替国内的朋友写好的信封来看，初抵旖色佳的时候，他住在大学街（College Avenue）319 号。② 我们不知道他在房东太太过世以后是否搬过家。当然，也有可能房主换人，胡适等人继续住在原处。膳食的问题，显然在房东病死以后，得另外解决。他在 1911 年 2 月 4 日第一学期大考结束以后，当晚在住处"与同居诸君烹鸡煮面食之"。③ 这应该只是偶一为之的特殊情况。4 月 2 日的日记里说："自今日起，就餐于 A. C. C. [Association for Cosmopolitan Clubs，即'世界学生会'] 会所。"④ 然后，直到该年 9 月 6 日，第二学年就要开学以前，他在当天的日记里说他搬了家："主妇大可恶，几致与之口角。此妇亦殊有才干，惟视此屋为一营业，故视一钱如命，为可嗤耳。今日迁居世界学生会所。初次离群索居，殊觉凄冷。"⑤ 胡适在世界学生会一住住了三年，直到 1914 年 9 月 19 日才搬到橡树街（Oak Street）120 号。他在 9 月 25 日的日记里，这样形容他的新居："新居长十三 [英] 尺，广九 [英] 尺。室中一榻、二椅、一桌、一几、一镜台、二书架。二窗皆临高士客狄那溪，水声日夜不绝……溪两岸多大树，窗上所见：清癯之柏、温柔之柳、

---

① 胡适禀母亲，1914 年 5 月 20 日，《胡适全集》，23:55.
② 胡适致胡绍庭、章希吕、胡暮侨、程士范，无日期，附件，《胡适全集》，23:24.
③ 《胡适日记全集》，1:117.
④ 《胡适日记全集》，1:131.
⑤ 《胡适日记全集》，1:117.

苍古之橡。"[1] 胡适在橡树街 120 号住了一年,直到他离开旖色佳转学纽约的哥伦比亚大学为止。

胡适在《留学日记》里提到的"世界学生会",是一些美国和外国留学生在美国大学里组成的。[2] 最早成立"世界学生会"的,是维斯康辛大学,由十六个外国学生和两名美国学生组成。他们分别代表十一个国家的学生,其成立的时间在 1903 年 3 月 12 日。康乃尔大学的"世界学生会"则是 1904 年 11 月 30 日成立的,参与成立的人有九十一名之多,代表了来自十九个国家的学生。一直要到 1907 年,这些散布在各大学里的"世界学生会",方才成立了一个全国性的组织。在维斯康辛大学"世界学生会"的主导下,第一届"世界学生会"的年会在该年 12 月底在麦笛生(Madison)召开,一共有八个学校参加。这第一次年会议决成立"世界学生联合会"(Association of Cosmopolitan Clubs)。第二届的年会在密执安州的安娜堡召开,第三届的年会在康乃尔大学召开。参加 1909 年第三届年会的代表,来自十六个不同的学校,他们议决要跟欧洲的"国际学生联合会"(Fédération Internationale des Étudiants, F.I.d.E.)联合。这个联合的决议终于在 1911 年于罗马召开的"国际学生联合会"第七届国际大会上实现。因此,等"国际学生联合会"第八届国际大会于 1913 年在康乃尔大学召开的时候,美国的"世界学生联合会"是第一次以会员及东道国的身份参加。当时胡适正好是康乃尔"世界学生会"会长,因此,他是以地主的身份欢迎各国与会的来宾。这个"国际学生联合会"的座右铭是"情同手足"(Corda Fratres, Brothers in Heart)。美国的"世界学生联合会"的会长讷司密斯(George Nasmyth)、秘书洛克纳(Louis Lochner),很快就成了胡适的好朋友。这些,我们都会在第七章再详细分析。

康乃尔大学的"世界学生会"(Cosmopolitan Club)在 1910 学年度的

---

① 《胡适日记全集》,1:507.
② 以下讨论"世界学生会",是根据 Louis Lochner, "Internationalism among Universities," *World Peace Foundation Pamphlet Series*, VIII.7, Part II (Boston, World Peace Foundation, 1913), pp. 7-10; Fred Barnes, "The Cosmopolitan Club," *Cornell Alumni News*, XIII.16 (January 25, 1911), p. 182-183; 以及 "Cosmopolitan Clubhouse," *Cornell Alumni News*, XIII.6 (November 2, 1910), p. 66.

时候，有大约两百个会员，代表了二十二个不同的国家。美国人最多，有一百二十人。其中，超过四十个人是教授以及旖色佳的居民。中国学生次之，有二十人。"世界学生会"所在地最早是在艾迪（Eddy）街上。由于该栋建筑太小，不敷使用，康乃尔大学的"世界学生会"于是从 1907 年开始为建新楼而募款。这栋新的建筑位在布莱恩街（Bryant Avenue），是在 1910 年 7 月底开始兴建的。虽然康乃尔大学的"世界学生会"在 1954 年结束，但这栋建筑今天仍然存在。它是一栋四层楼的建筑，有会议室、餐厅和宿舍。地下室与街面等高，有餐厅、厨房和游戏间，餐厅可容六十人。第一层是会议室，可容四百人。平时不用的时候，则有隔间的设施，可以把它区分成小单元，以供会员做谈论或休闲的场所。二楼有十二间寝室跟一间大浴室。三楼有十三间寝室和几个淋浴间。二、三层的寝室加起来，可以住二十五个人。其中有四间寝室比较大，可住两个人，因此，实际住宿的人数，可以达到将近三十人。

胡适在 1910 年秋天进康乃尔大学的时候，这栋新的"世界学生会"还没盖好。虽然"世界学生会"在艾迪街的旧建筑里，固定举办了活动，由于胡适第一学期的《留学日记》已经遗失了，我们不知道他是否去参加过。他第一次在现存的日记里提到"世界学生会"是在 1911 年 2 月 25 日："是夜赴世界学生会（Cosmopolitan Club）。"① 当天是星期六，是"世界学生会"举办活动的日子。当晚的活动，是"世界学生会"在艾迪街旧建筑里举办的最后一次活动。参加当晚活动的人超过了一百人。在简短的会议之后，所有在场的人都一起唱了"骊歌"（Auld Lang Syne），跟艾迪街这栋旧建筑珍重再见。"世界学生会"在布莱恩街上的新居，当时还没有完工，但是已经有二十个会员搬进去住了。②

胡适在这个时候还不是会员，但是，他很快就会跟"世界学生会"建立关系。"世界学生会"的人数众多，但不是所有的会员都住在里边。就像我们在前文指出的，即使在布莱恩街上的新居落成以后，最多也只能为三十个

---

① 《胡适日记全集》，1:123.
② "Twenty Members Now Live in New Cosmopolitan Home," *Cornell Daily Sun*, XXXI.110, March 1, 1911, p. 5.

图 6　康乃尔大学时期的胡适。时间地点不详。（胡适纪念馆授权使用）

会员提供宿舍。但是，新居落成以后，由于餐厅的空间很大，可以容纳六十个人，他们就决定把餐厅开放。换句话说，即使非"世界学生会"的会员也可以参加"世界学生餐饮俱乐部"（Cosmopolitan Boarding Club），而在该餐厅就食。我们在前面提到胡适在日记里说，他从 4 月 2 日开始在"世界学生会"就餐，那就表示他参加了这个餐饮俱乐部。显然胡适不久以后就变成会员，但他直到该年 9 月 6 日才搬进"世界学生会"去住。

　　为了庆祝新居的落成，"世界学生会"在 3 月 25 日举办了一个非正式的乔迁典礼。胡适在日记里并没有提到他是否参加了这个典礼。当晚去参加这个非正式的乔迁大典的人总共有四百人。有几个学生代表不同的国家发了言。其中，1912 级的蔡光勘代表中国。他说中国人对美国有好感，但美国太好于干涉中国的内政。乌拉圭来的一位留学生也表示了同样的意见，他说门罗主义南美洲人已经听厌了。演讲结束以后，就是参观活动。大家先参观二、三楼的宿舍，然后是第一层的会议室，最后则是位在地下室的餐厅，也就是当晚茶点招待的所在。[1]

"世界学生会"还在艾迪街旧居的时候，就开始举办一年一度的国际大宴（international banquet）。我们不知道胡适是否参加了 1910 年的国际大宴。该年的大宴是在 11 月 26 日举办的，由会员准备各种代表所在国家的名菜。[2] 当时美国学生的世界观可以从学生报的报道略见其一斑。1912 年的国际大宴是在 12 月 7 日晚举办的，当时胡适已经是"世界学生会"一个很活跃的会员。他当天的日记只简短地说："夜有世界会万国大宴，甚欢。"[3]《康乃尔太阳日报》10 月 31 日有一篇文章，报道了筹备委员会的成立。有意味的是它画蛇添足的"幽默"总结："国际大宴是世界学生会一年一度的大事。每一道菜都是由代表该国的会员烹制的，等于是该国的国菜，需要有'国际肚'（international stomach）才吃得下。所幸的是，每次大宴以后，医务室的病人并没有大量增加的迹象。"[4] 中国学生为 1912 年国际大宴烹制的"国菜"，以他们所创的拼音来判断，可能是"姜丝萝卜汤"（Gian Tsu-Lor-Boo-Tan）。[5]

"世界学生会"的正式乔迁大典，要到 1911 年 11 月 11 日才举行。他们所敦请的特别来宾，是康乃尔大学人敬人爱的首任校长白博士。然而，在举行过非正式乔迁典礼以后的"世界学生会"，就打铁趁热地开始举办活动。其中，最引人注目的，就是他们在例行的星期六晚的活动里，所举办的一系列的各国之夜，也就是专门介绍各国风俗民情的晚会。第一个就是"中国之夜"（Chinese Night）。这各国之夜的节目，并不是新创的。"世界学生会"在旧居的时候，就经常举行主题活动。各国之夜曾经举办过，自不待言。但像这样一系列的按周举行算是首创。由于"中国之夜"是第一炮，中国学生又是外国学生会员中人数最多的，他们自然不敢掉以轻心。《康乃尔太阳日报》

---

① "New Cosmopolitan Club Informally Inaugurated," *Cornell Daily Sun*, XXXI.131, March 27, 1911, p. 2.

② *Cornell Alumni News*, XIII.10 (November 30, 1910), p. 109.

③《胡适日记全集》，1:227.

④ "Committee Appointed to Arrange for Banquet," *Cornell Daily Sun*, XXXIII.34, October 31, 1912, p. 6.

⑤ "Gian Tsu-Lor-Boo-Tan,' Meaning Soup," *Cornell Daily Sun*, XXXIII.64, December 7, 1912, p. 1.

报道说，康乃尔大学的六十九名中国学生，从耶诞节就开始努力排练，一心要推出一个耀眼的"中国之夜"。[1]

"世界学生会"新居落成后的这个"中国之夜"胡适去参加了。他在日记里说："今夜世界学生会有'中国之夜'，由中国学生作主人，招待会员及来宾。成绩大好。"[2] 根据《康乃尔校友通讯》的报道，当晚的场地挤满了会员和来宾。[3] 我们知道"世界学生会"一楼的会议室可以容纳四百人，这应该就是当晚出席的人数。当晚的"中国之夜"是由李瑞霖（R. J. Lee）主持的。他是燕京大学的前身汇文大学的毕业生。他在印第安纳州的德堡（DePauw）大学和印第安纳大学念过两年的书以后，才转学到康乃尔大学。李瑞霖在致欢迎词的时候，呼吁大家不要以为中国人都是洗衣工。《康乃尔校友通讯》的记者说，李瑞霖说到"唐人街"（Chinatown）那三个字的时候，其口气之鄙夷，恐怕无人能出其右。李瑞霖对华工及"唐人街"的鄙夷与不屑，是当时许多中国留学生共有的偏见。李瑞霖致辞结束以后，表演的节目就开始了。第一个节目是由 H. C. Liu 主持的，他用了示范的方法介绍了中国的乐器。他还用钢琴弹了几段中国的音乐和旋律。第二个节目是 Z. D. Liu 的独角戏。他这出戏所演的，是他在摸索美国的礼仪（customs）过程中所出的洋相。第三个节目是蔡光勳（Kwang Yi Char）的英译中国诗歌朗诵。蔡光勳是上海圣约翰大学毕业的。在康乃尔他学的是土木工程，1912级。他英文非常好，是康乃尔世界学生会 1911 学年度的第一副会长，也是康乃尔的足球校队队员。胡适在英文的《口述自传》里说蔡光勳的中文名字是 Ts'ai Chi-ching，他指的其实是蔡光勳的字。可能因为胡适用的拼音不是很正确，唐德刚把它翻成蔡吉庆，是不对的，应该是蔡劫卿。胡适说蔡光勳英文说得地道，是当时康乃尔中国学生中英文演讲的第一把交椅。胡适说蔡光勳到处有人请他演讲，他在应接不暇之余，就物色胡适作为他的副手和接班人。[4] 当晚"中国之夜"的最后一个节目是魔术，表演者是程义藻，机械

---

[1] "Novel Entertainment at Cosmopolitan Club," Cornell Daily Sun, XXXI.136, April 1, 1911, p. 7.

[2] 《胡适日记全集》，1:131.

[3] 本段的叙述，除非另有注明，是根据 Cornell Alumni News, XIII.26 (April 5, 1911), p. 301.

[4] Hu Shih, "The Reminiscences of Dr. Hu Shih," pp. 46-47.

工程系，1914级，也是上海圣约翰大学毕业的。

胡适参加了康乃尔"世界学生会"的"中国之夜"，觉得"成绩大好"。次日，4月2日，他就参加了"世界学生餐饮俱乐部"，开始在那儿用餐。从那以后开始，胡适成为"世界学生会"的常客。我们不知道他是从什么时候开始成为会员的，但就像我们在上文所说的，直到该年9月6日他才搬进"世界学生会"去住。胡适搬进"世界学生会"以后，马上就成为一个极其活跃的会员。他在1912年5月被选为1912学年度的纪录。一年后，他当选为1913学年度"世界学生会"的会长。有关这些故事，请待第六章的描述。

图7　时间地点不详。可能是1913年9月"世界学生会"代表访问华盛顿时所摄。
（胡适纪念馆授权使用）

身在异乡，心系祖国

胡适在康乃尔大学的五年，是他一生思想成熟的关键期。在这个过程当中，他原来就有的想法，当然有被他精炼、推敲得更为圆熟的，但也有被他扬弃的；更重要的，则是他因为有留美的机会所接触到的新观点和新理论。以往的学者都只注意胡适思想的连续性，而忽略了其断裂性。比如说，我们在第二章引了贾祖麟的结论，他说："胡适在美国作学生的时候，他不假思索、倾心接受的观念，都是此前的教育已经为他准备好了的，而且他所吸收的当代西方思潮，都是跟他踏上新大陆以前就已经浮现了的——即使还不是很坚定地接受的——想法最契合的。"他认为，胡适除了从悲观的心态脱胎换骨成为一个不可救药的乐观主义者以外，他找不到任何证据显示胡适在信念上有什么突兀或惊人的转变，或者在世界观上有什么根本的修正。[1] 胡适在美国留学时所接受的新的观念和理论，是以下四章的主题。我在本章余下的几节里，主要分析胡适所扬弃的一些想法和心态。

由于胡适在美国最初几个月的日记与家信都已不存，我们不知道他初抵美国的观感和印象为何。很幸运的是，我们有他初抵旖色佳时写给国内四个朋友的一封信。这封信显示出他对旖色佳的观感非常好："此大学依山傍湖，风景绝佳……美国风俗极佳。此间夜不闭户，道不拾遗，民无游荡，即一切游戏之事，亦莫不泱泱然有大国之风。对此，真令人羡煞。"[2]

胡适在1915年写的一篇残稿里说："当我离开中国的时候，我是一个彻头彻尾的民族主义者。然而，由于我跟一些最可爱的南非、南美、菲律宾、日本以及犹太人等有了亲密的往来，我终于逐渐摒弃了早期的偏见。"[3] 胡适在上海求学时期养成的爱国之心，到了他初抵美国之时，依旧怦怦然，跟着中国的节拍而跳动着。美国再美，终究不是自己的国家。他在1911年5月19日所写的一首诗《孟夏》，就是一个典型的写照。这时，胡适已经在旖色佳

---

① Jerome Grieder, *Hu Shih and the Chinese Renaissance: Liberalism in the Chinese Revolution, 1917-1937*, pp. 43-44.

② 胡适致胡绍庭、章希吕、胡暮侨、程士范，无日期，美国旖色佳邮戳日期是1910年9月25日，《胡适全集》，23:22-23.

③ 《胡适外文档案》，E005-022-066.

住了八个月了。旖色佳的初夏固然美，但胡适用中国的历法来算，五月中旬，正是农历四月，已经是孟夏了，也就是夏天的第一个月，而美国还是晚春的天气；不但该到的季节迟到了，连大自然的景观也不对头：

> 孟夏草木长，异国方深春。平芜自怡悦，一绿真无垠。
> 柳眼复何有？长条千丝纶。青枫亦怒苗，叶叶相铺陈。
> 小草不知名，含葩吐奇芬。昨日此经过，但见樱花繁。

应已孟夏却仍处深春的旖色佳诚然美丽，青枫怒苗、小草吐芬、樱花盛放，又有美女碎步徜徉于花径。这样子的天下人间，岂非人间仙境乎？

> 西方之美人，蹀躞行花间；飘摇白练裙，颤颤蔷薇冠。
> 人言此地好，景物佳无伦。

然而，胡适笔锋一转，用了王粲在《登楼赋》里说异乡再好也比不上家乡的意思的诗句，说："信美非吾土，我思王仲宣。"接着，胡适一五一十地解释了他不喜欢旖色佳的天气，而老是心思故乡的原因：

> 况复气候恶，旦夕殊寒温。四月还雨雪，溪壑冰嶙峋。
> 明朝日杲杲，大暑真如焚。还顾念旧乡，桑麻遍郊原。
> 桃李想已谢，杂花满篱樊。旧燕早归来，喃喃语清晨。
> 念兹亦何为？令我心烦冤。安得双仙凫，飞飞返故园。①

胡适是江南人，旖色佳的纬度比沈阳还高了将近一度。无怪乎他大概花了一年的时间，才逐渐适应了美国的天候，而且也不再动辄翻农历、神往中国的节庆了。胡适在他"新鲜人"的日记里，抱怨天气不好，想念家园的则不胜枚举。人在异乡，每逢佳节倍思亲、倍思乡，是可想而见的。比如说，

---

① 《胡适日记全集》，1:144.

1911 年 2 月 13 日的日记："今日为吾国元夜（辛亥正月十五日），吾人适于此时上第二学期第一日之课，回想祖国灯市之乐，颇为神往。"① 天冷是他抱怨的一大理由，比如说，2 月 24 日的日记说："晨入学时，大风雪扑面欲僵，几不可呼吸，入冬以来，此日最难堪矣。"② 天冷抱怨也是可以理解的，然而，意味深远的是，他总要把祖国也扯进来。3 月 16 日的日记云："天大风，道行几不能呼吸，又寒甚；是日生物学教员为之罢课，可见其寒矣。回首故国新柳纤桃之景，令人益念祖国不已也。"③ 又，4 月 17 日："今日已为吾国三月十九日，春莫矣。此间犹有雪，天寒至冰点以下。Browning［布朗宁］诗曰: Oh, to be in England / Now that April's there［喔，这时如果在英国该有多好，正是阳春四月天］。读之令人思吾故国不已。"④

天冷胡适受不了，天热他也受不了。5 月 8 日的日记："连日春来矣。百卉怒长，嫩柳新榆中。天气骤暖，如在吾国五六月间；盖此间无春无秋，非大寒即大热耳。"⑤ 又，5 月 22 日："大热至华氏表百零三度［摄氏 39.4 度］。夜中犹热，窗户尽开，亦无风来，即有亦皆热风，尤难堪也。而百虫穿窗来集，几案口鼻间皆虫也。此真作客之苦况矣。"⑥ 胡适在大二以后，日记里就不再出现有关天候的记载。我们有理由相信这是因为他比较习惯了旖色佳的天气，但更重要的，是因为他整个心境的改变，从动不动就伤春悲秋，无病呻吟，转变成为一个乐观主义者。有关这点，我们会在下一节分析。

胡适不只思乡，他根本就是心系祖国。比如说，他在 1911 年 3 月 24 日的日记里说："连日日所思维，夜所梦呓，无非亡国惨状，夜中时失眠，知'嫠不恤其纬，而忧宗周之陨'，是人情天理中事也。"⑦ 1912 年的 10 月 10 日的日记："今日为我国大革命周年之纪念。天雨蒙笼，秋风萧瑟，客子眷顾，永怀故国，百感都集。欲作一诗写吾悠悠之思，而苦不得暇。"⑧ 当时

---

① 《胡适日记全集》，1:119.
② 《胡适日记全集》，1:122.
③ 《胡适日记全集》，1:127.
④ 《胡适日记全集》，1:135-136.
⑤ 《胡适日记全集》，1:141.
⑥ 《胡适日记全集》，1:145.
⑦ 《胡适日记全集》，1:129.
⑧ 《胡适日记全集》，1:204.

胡适爱国的程度，已经到了开口闭口不离祖国的地步。我们从梅光迪给他的信，可以知道在胡适留美的第一学期，康乃尔大学的中国学生之间就有一个"薪胆会"的组织。梅光迪在这封信里说："去国时竟未得一握手，实为憾事。两读手缄，益念故人。'薪胆会'之设可谓复仇雪耻之先声。诚望足下等人人能为句践，则祖国尚可为也。"[①] 可惜我们不知道这个"薪胆会"是谁组织的。由于胡适在《留学日记》从没提起过，我们完全不知道其来龙去脉。可以确定的是，这个"薪胆会"不是胡适 1911 年 8 月在《留学日记》里提到的"爱国会"。这个"爱国会"（Ai-Kwoh-Hwei, the National Union）是当时在维斯康辛大学留学的韩安组织的，隶属于"全美中国学生联合会"。胡适当时被选为这个"爱国会"的主笔之一。[②] 只是，"爱国会"的寿命也不长，到了 1913 年就寿终正寝了。[③] 同时，胡适在 1911 年 7 月发起组织一个中文演说会，他在 8 月 6 日第三次的演说会里，讲的题目就是"祖国"。[④]

直到 1913 年初，胡适写《非留学篇》的时候，他的心绪、笔调仍然是愤激的民族主义。他开宗明义就说："留学者，吾国之大耻也。"他缅怀那中国文明全盛、人人争相来朝拜的历史："当吾国文明全盛之时，泱泱国风，为东洋诸国所表则。稽之远古，则有重译之来朝。泊乎唐代，百济、新罗、日本、交趾，争遣子弟来学于太学。中华经籍，都为异国之典谟；纸贵鸡林，以觇诗人之声价。猗欤盛哉！"由于唐宋以来"吾国文化濡滞不进"，乃至于近百年来，"国威日替，国疆日蹙，一挫再挫，几于不可复振"。胡适深知这不只是船坚炮利的问题，不是中体西用的井蛙心态可以解决的。他知道这是一个文明的对决："当吾沉酣好梦之时，彼西方诸国，已探赜索隐，登峰造极，为世界造一新文明，开一新天地。此新文明之势力，方挟风鼓浪，蔽天而来，叩吾关而窥吾室，以吾数千年之旧文明当之，乃如败叶之遇疾风，无往而不败？"为了急起直追，忧时之士于是"忍辱蒙耻"，派遣学子留学异邦，以为百年树人之计。"于是神州俊秀，纷纷渡海，西达欧洲，东游新陆。

---

① 梅光迪致胡适，中十一月半［1910 年 12 月］，《胡适遗稿及秘藏书信》，33:307.
② 《胡适日记全集》，1:171, 172, 176.
③ "Ex-Treasurer of the Alliance, S. D. Lee's Full Report for the Fiscal Year, 1912-1913," *The Chinese Students' Monthly*, IX.2 (December 10, 1913), p. 161.
④ 《胡适日记全集》，1:170.

康桥、牛津、哈佛、耶尔、伯林、巴黎,都为吾国储才之馆,育秀之堂。"最可耻的是,"下至东瀛三岛,向之遣子弟来学于吾国者,今亦为吾国学子问学论道之区。"天下之耻,莫过于是:"以数千年之古国,东亚文明之领袖,曾几何时,乃一变而北面受学,称弟子国,天下之大耻,孰有过于此者乎!吾故曰:留学者我国之大耻也。"①

更有意味的是,胡适在大一上英文课、写报告的时候,也动辄喜欢用中国人的观点去品评。比如说,他在第二学期"英文一"的课上读了好几篇莎士比亚的戏剧。我们从他《留学日记》里,可以知道他至少写了一篇《罗密欧与茱丽叶一剧之时间的分析》。② 同时,他也写了几篇有关《哈姆雷特》的报告。其中一篇分析的是剧中的女主角娥蕙(Ophelia)的《娥蕙论》;另外一篇讨论的是哈姆雷特。《娥蕙论》可惜今已不存。胡适在日记里说:"余前作《娥蕙论》,为之表彰甚力,盖彼中评家于此女都作贬词。余以中国人眼光为之辩护。此文颇得教师称许。"③ 胡适在 1912 年 9 月 25 日的日记里,进一步说明了为什么西方学者都对娥蕙作贬词。当晚,他去"兰息院"看了《哈姆雷特》这出戏。他在这则长篇评论《哈姆雷特》的日记里说:"莎氏之女子如 Portia[白霞,《威尼斯商人》女主角],Juliet[茱丽叶《罗密欧与茱丽叶》女主角],Beatrice[芘儿翠丝,《无事生非》女主角]之类,皆有须眉巾帼气象,独 Ophelia 始则婉转将顺老父,中则犹豫不断,不忍背其父之乱命,终则一哀失心,绝命井底。迹其一生所行,颇似东方女子,西人多不喜之。"④

胡适在日记里所说的《哈姆雷特论》,可能就是现存的《哈姆雷特:一出没有英雄的悲剧》(Hamlet: A Tragedy without A Hero)。这篇报告的主旨,他在 9 月 25 日看《哈姆雷特》剧观后感的日记里作了摘述:

> 王子之大病在于寡断。当其荒郊寒夜,骤闻鬼语,热血都沸,其意气直可刲刃其仇而碎砾之。及明日而理胜其气:一则曰鬼语果可信

① 胡适,《非留学篇》,《胡适全集》,20:6-7.
② 《胡适日记全集》,1:128.
③ 《胡适日记全集》,1:137.
④ 《胡适日记全集》,1:198.

耶？再则曰此人果吾仇耶？三则曰吾乃忍杀人耶？至于三思，则意气都尽矣。[1]

除了寡断以外，胡适认为哈姆雷特对女性的态度不够忠恕。他父亲的幽魂虽然愤恨他的皇后在他尸骨未寒，在他死还不到两个月，就跟毒死他的弟弟结婚；虽然他忿忿然地说："切不可让丹麦的御寝，变成荒淫乱伦之榻"，他还是叮嘱哈姆雷特不要对他母亲采取任何行动。他要哈姆雷特把他母亲交给上天去处理，让那梗在她心窝的荆棘去轧她、刺她。然而，哈姆雷特却用锐如"利刃"的话语去伤他母亲，去"撕绞"她的心。他居然忍心用最下流的话去说他的母亲"躺在沾满汗臭的床上"、"在污秽的猪圈里调情作爱"、"让那肥猪一样的国王把妳引上床"、"淫捏妳的脸颊"、"几个臭吻"、"用他的脏手去撩拨妳的颈项"。

哈姆雷特对娥蕾更是恶劣。胡适说，哈姆雷特是一个读书人，是一个王子。而他居然可以借着装疯作傻对娥蕾说："妳要结婚，我就送天谴给妳作嫁妆"、"去尼姑庵当尼姑吧"、"要嫁人，就嫁个傻瓜，因为智者知道妳会让他们变成妖魔"。胡适说这种恶言恶语对娥蕾不公平。她除了太过柔弱之外，一点过错都没有。批评她的人可以说她不了解哈姆雷特，配不上他。然而，胡适套用莎士比亚在《亨利四世》里的话说："虽然她只是个女子，她能从一而终（constant）。"胡适认为大家太苛求娥蕾了。娥蕾在精神失常以后唱着："我的情郎，是这个还是那个？我就认他的海贝帽、手杖和凉鞋。"胡适认为娥蕾在这儿所说的"那个"，指的是因为装疯作傻而淹没了他那"高贵至上的理性"的哈姆雷特。他说，我们怎能苛求，要她从哈姆雷特的哀吁长叹中，看出他有"一个被谋害的父亲，和一个被玷污的母亲"呢？胡适说，也许娥蕾在看哈姆雷特设计要引蛇出洞的那一出戏时，她终于领悟出哈姆雷特为父报仇的计划。他说，我们可以想象娥蕾在领悟了哈姆雷特为什么要装疯作傻以后，是多么懊悔她误解了她的情郎。如果这时哈姆雷特再来找她，胡适认为娥蕾一定会跟他有情人成为眷属，终生须臾不离。可惜，天不从人愿。因

---

[1] 《胡适日记全集》，1:197.

为娥蜚以为哈姆雷特已经死了，她唱着："不，不，他已经死了；安眠吧！他再也不会回来了。"胡适的结论是：所有能仔细阅读并诠释娥蜚所吟唱的这些凄美的歌词的人，一定可以体会出她之所以会死，与其说是因为她哀悼她已亡的父亲，不如说是因为她悔恨她没有了解哈姆雷特，以及哀痛哈姆雷特杀了她的父亲，致使他们永远不能结合的命运。[①]

同样地，胡适也用中国人的观点来分析他在"英文一"课堂上所读的培根的散文。虽然培根《论结婚与单身》的散文，使他能进一步引申他的"无后"、"社会不朽论"，但是，他就是不喜欢培根的为人。他在1911年4月25日的日记里说："夜读培根文。培根有学而无行，小人也。其文如吾国战国纵横家流，挟权任数而已。"[②]又，5月4日日记："读培根之《建筑》与《花园》两文，皆述工作之事。惟此君为英王进土木之策，其逢迎之态，殊可嗤鄙。"[③]再，5月7日的日记："作一文论培根，以中人眼光、东方思想评培根一生行迹。颇有苛词。不知西方之人其谓之何？"[④]

胡适不只喜欢用中国人的眼光来分析他在课堂上的所读所学，还喜欢为自己的文化传统作辩护。这种想为自己的国家文化作辩护之心是可以理解的。当时的中国留学生最引以为耻的，是美国人总以为中国人都是苦力，都是洗衣工。这也是为什么直到1915年，胡适还会在家书里，忿忿然地抱怨说美国人总以为全中国人"皆苦力、洗衣工，不知何者为中国之真文明也。"[⑤]就因为他希望美国人知道中国是一个文明古国，所以他一到美国，就鼓吹美国大学应该教中文，同时也鼓吹美国大学的图书馆应该收藏中国的图书。在大一下学期的英文课上，有一天老师要他们在课堂上作辩论，他订的题目就是："美国大学宜立中国文字一科。"[⑥]1911年10月18日，大二上学期的时候，他写了一封信给康乃尔大学图书馆馆长哈里司（Harris）先生，

---

① Suh Hu [Hu Shi], "Hamlet: A Tragedy without A Hero." 现藏于中国社会科学院近代史研究所，"胡适档案"编号：E-59-2.

② 《胡适日记全集》，1:138.

③ 《胡适日记全集》，1:140.

④ 《胡适日记全集》，1:141.

⑤ 胡适禀母亲，1915年3月22日，《胡适全集》，23:78.

⑥ 《胡适日记全集》，1:123.

跟他讨论图书馆"添设汉籍事"。① 胡适显然把这件事情告诉了梅光迪，梅光迪回信极力赞成："我辈莫大责任在传播祖国学术于海外，能使白人直接读我之书，知我有如此伟大灿烂之学术，其轻我之心当一变而为重我之心，而我数千年来之圣哲亦当与彼皙种名人并著于世，祖国之大光荣莫过于是。"他唯一有顾虑的是，这难免有本末倒置之虞，因为如果大学不教中文，美国学生看不懂中文书，则图书馆添设的中文书，岂不等于只是供蠹鱼饱餐而已吗："足下等欲即在彼藏书楼中添一中文部，是犹与瞽者辨五色，聋者审五音耳。吾恐徒资蠹鱼之腹，不辜负此书乎？"②

尽管梅光迪的蠹鱼受惠论言之成理，胡适这些中国留学生显然觉得凡事总须要有一个开始，因此仍然继续他们的赠书计划。《康乃尔太阳日报》在1912 年 1 月 5 日有一则新闻，报道中国学生赠书给康乃尔大学的图书馆：

　　中国学生赠送给大学图书馆三百册书，以作为本校中文藏书的开始。这些书是向个人征集来的，几乎什么范围都有，从文学、经籍到期刊杂志；从儒家哲学到道家哲学；从公元前 2400 年到公元 200 年的历史；从公元前 400 年到现在的文学；以及当代的期刊杂志，这三百册里都有。他们把所有的书名都作了英文翻译，著名的作者，还附有简短的英文介绍。线装书和新式印刷的书都有，而且还有用平版印刷，超过四十名中国最著名的作家的手迹。③

鼓吹美国大学教授中文、图书馆买中文书，这些都是百年树人的想法。胡适更心急如焚的，是如何去矫正美国人对中国的误解与无知。他在1912 年 10 月 14 日的日记里说："忽思著一书，曰《中国社会风俗真诠》（*In Defense of the Chinese Social Institutions*），取外人所著论中国风俗制度之书

---

① 《胡适日记全集》，1:188.

② 梅光迪致胡适，西感谢节后二日［1911 年 11 月 25 日］，《胡适遗稿及秘藏书信》，33:325-326.

③ "Chinese Students Donate Books to Library," *Cornell Daily Sun*, XXXII.76, January 5, 1912, p. 5.

——评论其言之得失，此亦为祖国辩护之事。"① 胡适在这里用"忽"这个字似乎颇为突兀。这是他在《留学日记》里常用的字。那并不表示他确实是"忽然"想到或动念，而实际上只不过是他行文的一个习惯，类似于起个头宣布他要谈新主题。这则日记里的关键，在于前一句话："夜与印度盘地亚君闲谈。"盘地亚（H. H. Pandya）是康乃尔大学的一个研究生，也是"世界学生会"的会员。胡适没有在日记里说明他跟盘地亚闲谈了什么。但是，他当时跟盘地亚可能在"为祖国辩护"这方面，有英雄所见略同的惺惺相惜之感。两个月以后，他会跟盘地亚同台作报告。这就是胡适在 12 月 3 日在日记里提到的演讲：

> "理学会"嘱予预备一短篇演说，述吾国子女与父母之关系，诺焉。是夜予演说十五分钟，有 Prof. G. L. Burr and Prof. N. Schmidt 二君稍质问一二事。Prof. Burr 以予颇訾议美国子女不养父母，故辨其诬。亦有人谓吾言实不诬者。此种讨论甚有趣，又可增益见闻不少。②

这个 Burr［布尔］教授，就是胡适晚年说他说"容忍比自由重要"的那个"老教授"。这个"理学会"（Ethics Club）是 1911 年底在康乃尔大学成立的，是一个全国性的组织，总部在纽约。胡适后来转学到哥伦比亚大学去以后所常接触的艾德勒（Felix Adler）教授，就是这个"理学总会"的创始者。康乃尔"理学会"的活动通常是在"世界学生会"举行。12 月 3 日"理学会"的演讲者有三人：胡适、盘地亚以及菲律宾来的研究生洛克辛（C. L. Locsin）。他们三个人都是"世界学生会"的会员。胡适的题目是"中美亲子关系的比较"；盘地亚的题目是"印度的婚姻制度"；洛克辛的题目是"菲律宾的婚姻制度"。根据《康乃尔太阳日报》的报道，这三位演讲者的论旨如下：

> 1914 级的胡适给了一个非常有意思的报告，他比较了中美的孝道观。他坚称中国的孝道观念是自然的，美国的则人为的（artificial），是

---

① 《胡适日记全集》，1:205-206.

② 《胡适日记全集》，1:226.

后天培养出来的。印度来的研究生盘地亚报告的是"印度的婚姻制度"。他说他虽然才来美国四个月，但他注意到印度的婚姻制度常常受到美国人严厉的批评。盘地亚解释了印度的制度，并说明为什么他认为那是一个理想的制度。他说原来印度的结婚年龄，男子是 25 岁，女子则在 15 到 20 岁之间。这个制度有许多弊病。其中之一，就是美丽的未婚女子常被皇室掳去作国王的女奴。为了避免这个以及其他的弊病，印度人就立下了早婚的制度。今天的印度人早婚，但这个制度让他们在结婚以前就互相熟稔了。这样的婚姻的结果常是美满的，我觉得这是一个理想的制度。从菲律宾来留学的研究生洛克辛说美国和菲律宾的婚姻制度相当类似，但是菲律宾人要比美国人重孝道。①

不管胡适等人所作的演讲是否言之成理，这是他们当时的想法。胡适这样子的看法，持续了一段时间。比如说，他在 1914 年 1 月 4 日的日记里说：

> 忽念吾国女子所处地位，实高于西方女子。吾国顾全女子之廉耻名节，不令以婚姻之事自累，皆由父母主之。男子生而为之室，女子生而为之家。女子无须以婚姻之故自献其身于社会交际之中，仆仆焉自求其耦，所以重女子之人格也。西方则不然，女子长成即以求耦为事，父母乃令习音乐、娴蹈舞，然后令出而与男子周旋。其能取悦于男子，或能以术驱男子入其彀中者乃先得耦。其木强朴讷，或不甘自辱以媚人者，乃终其身不字为老女。是故，堕女子之人格，驱之使自献其身以钓取男子之欢心者，西方婚姻自由之罪也。此论或过激，然自信不为无据，觇国于其精微者，当不斥为顽固守旧也。②

事实上，胡适这一次也不是"忽然"有感而发。当时，胡适正担任康乃尔"世界学生会"的会长。他那时正在筹划"世界学生会"1 月 18 日晚的"各国婚俗"（marriage rites）的演讲会。别人讲婚俗，胡适自己则讲"中国的婚

---

① "Hindoo Marriage System the Ideal," *Cornell Daily Sun*, XXXIII.61, December 4 1912, p. 8.
② 《胡适日记全集》，1:253-254.

制"。可惜《康乃尔太阳日报》虽然报道了这晚的活动，特别提到胡适以及他要演讲的题目，但并没有事后的报道，我们因此不知道其他演讲者如何演说他们国家的婚俗。胡适则在日记里作了他演讲的节要：

数日前余演说吾国婚制之得失，余为吾国旧俗辩护，略云：吾国旧婚制实能尊重女子之人格。女子不必自己向择耦市场求炫卖，亦不必求工媚人、悦人之术。其有天然缺陷不能取悦于人，或不甘媚人者，皆可有相当配耦。人或疑此种婚姻必无爱情可言，此殊不然。西方婚姻之爱情是自造的（self-made）；中国婚姻之爱情是名分所造的（duty-made）。订婚之后，女子对未婚夫自有特殊柔情。故偶闻人提及其人姓名，伊必面赤害羞；闻人道其行事，伊必倾耳窃听；闻其有不幸事，则伊必为之悲伤；闻其得意，则必为之称喜。男子对其未婚妻亦然。及结婚时，夫妻皆知其有相爱之义务，故往往能互相体恤、互相体贴，以求相爱。向之基于想象、根于名分者，今为实际之需要，亦往往能长成为真实之爱情。①

胡适这一篇"中国的婚制"的演讲，后来就以《中国的婚制》（Marriage Customs in China）为名发表在 1914 年 6 月出版的《康乃尔世纪》（*The Cornell Era*）。这是康乃尔大学的学生文艺刊物。这篇文章的主旨就是他在日记里所作的摘述。最有意味的是胡适的论述策略；他摆出的姿态是不辩护、不说教、纯说理。② 他说：

不久前才在日本作交换教授的梅比（Hamilton Mabie）博士说过一句话。他说：有一句箴言，是所有想要诠释外国人的想法或外国现状的人都应该牢记在心的。那就是："不讪笑、不致哀、但求了解。"一个不了解外国习俗的人，连去作赞许的资格都没有，更何况是去窃笑或讪笑它呢！我是奉这句箴言为圭臬，来讨论中国的婚制的。我的目的在指出

① 《胡适日记全集》，1:263-264.
② 以下分析胡适对中国传统婚制的辩护，是根据胡适，"Marriage Customs in China,"《胡适全集》，35:55-59.

中国婚制的合理性（rationality）；不是要为它作辩护或找开脱，而是要让读者了解。

胡适了解美国人最不能接受的是早婚和父母之命，最会怀疑的是这种婚姻有没有爱。因此，他这篇文章主要就回答这三个问题。他说早婚有两个优点：第一，为青少年男女找到他们终身的伴侣，他们就无须像西方世界的青少年一样，时时为之困扰；第二，灌输年轻人专一、忠贞与贞节的责任。至于父母之命，胡适说它的合理性有四：第一，由于中国人早婚，如果把终身大事交给十三岁大的少女和十五岁大的少年自己去自由选择，那是会出大乱的。他说："我们相信父母比较有人生经验，因此也比较有资格作决定。更重要的是，我们相信所有父母都爱他们的子女，都会为他们着想，因此一定会用最好的判断来安排子女的终身大事；第二，这种制度使年轻人免于求婚的折磨，我想象那一定是非常尴尬的一件事；第三，父母之命维系了女子的尊严、贞节和娴淑。年轻女子也就不须要在婚姻的市场里去抛头露面。她就无须去面对男性的鲁莽。不像西方的女子，必须与之周旋，而且还要从中选一个来作她未来的丈夫。中国女子不须要去讨好、卖俏、猎取丈夫；第四，最重要的是，中国的夫妻并不是自己去组织新家庭，而是儿子把新妇娶进父母的家来同住。妻子并不只是丈夫的终身伴侣，她还是公婆的帮手和娱亲者（comforter）。因此，中国家庭必须确定新娶的媳妇不只是丈夫的所爱，她还必须能跟公婆和睦相处。"

胡适知道这第四点是他的中国传统婚制合理论的立论点，他必须要能引经据典，使它言之成理。他所引的"经"是当时甚嚣尘上的优生学，以及优生立法。就在胡适演讲的前十天，《康乃尔太阳日报》就刊载了一篇报道，引述了刚从纽约州卫生署退休的毕格司（Hermann Biggs）医生的优生学理论。毕格司医生说："现时社会对优生学原理的研究与应用的兴趣给了我们希望。可惜美国人当中，即使是最有知识的人，也不懂得优生学跟婚姻的关系。在这方面，美国的情况比欧洲糟。欧洲的婚姻常是由父母安排决定的，这本身就合乎优生学的原理。反观在我们的社会制度之下，年轻人与父母的监护似乎是渐行渐远。这对我们国家的婚姻来说是非常不利的。"①胡适的论点跟毕格司医生的完全合辙，只是他把它倒过来用，颠覆了它，用来证明中国人父母之命的传统婚制比优生学还来得优越：

今天西方世界已经开始体认到婚姻不是个人的事情，而是跟社会息息相关的。因此，优生学的运动风起云涌，提倡要由国家来干预婚姻，要立法来规定想结婚的人必须要有健康的证明书以及家庭的健康纪录。这种作法远比父母之命还来得专制，只有在为社会着想这样的理由之下才说得过去。就像你们的优生立法要让人能接受，必须是因为婚姻跟社会息息相关，中国婚制的合理性，也就建立在婚姻不只是年轻夫妇的事，而是牵涉到整个家庭的这个事实之上。

胡适是非常了解美国的一个人。他知道即使能在理论上证明中国传统婚制的优越性，他仍然必须面对美国人对婚姻所抱持的不可救药的罗曼蒂克的幻想。这样子的婚姻能有爱情吗？胡适回答道："当然，肯定的当然。"他说："我所见过的能彼此完全奉献的夫妻多矣，多到我一定要驳斥只有罗曼蒂克的方法才能产生爱情的说法。我所得到的结论是：西方婚姻里的爱是自造的，而我们的制度下的爱是名分所造的。"他还指出：

哈莉司（Corra Harris, 1869-1935）在 1914 年 2 月 16 日的《独立周刊》（*Independent*）的一篇文章里说：婚姻是一种奇迹，是自然界里那种一男一女灵肉结合为一的神奇的爱的表现。那是一种人生关系，只有可能是天意（divine faith）的安排，使两个人能二化为一。那是一对男女的内心深处的圣殿（inner sanctuary），是绝不能让那喧嚣的世界去干扰的。

胡适说："这或许可以说是用诗意的语言来表达我所谓的自造的爱。然而，我认为还有一种类型的爱，那就是名分造成的爱。"

---

① "Society May Take Over Practice of Medicine," *Cornell Daily Sun*, XXXIV.79, January 7, 1914, p. 3.

胡适接着解释什么是名分造成的爱："当一个中国女子被媒聘给一个男子以后，她知道他就是她未来的丈夫。作为夫妻，他们在名分上就理应去爱彼此，她因此很自然地就对他别有柔情。这种柔情，在一开始的时候是想象的，会逐渐滋生成为真正的体恤与爱情。"当然，胡适承认在这种制度之下，"真正的爱，是结婚以后才开始的"。他说："作为夫妻，男女双方都了解不管是从名分的立场，还是为自己着想，他们都必须要去爱彼此。他们的性情、品味和人生观可以不相同，但除非他们能磨合，他们就不可能一起生活下去。他们必须妥协。套用一位在这个国家受过教育的女士的话来说，'要彼此能各让五十步。'如此，真正的爱——一点都不会是不自然的爱——会逐渐地生成。"

我在第二章提到了周质平对胡适这篇《中国的婚制》的分析。他从胡适是媒妁之言的牺牲者这个角度，用心理学上的补偿自卫机制来揣测胡适的动机，说："与其说他为中国婚制辩护，不如说他为自己在辩护，为他自己极不合理的婚姻找出一个理由。"这个问题我们在第二章已经处理过，可以表过不提。他又说：像"早婚"这种胡适在出国以前认为是"罪大恶极"的中国风俗，"到了他的英文文章中，竟成了良风美俗了。倒是西洋人的自由恋爱、自主结婚成了颇不堪的社会习俗了。从这一转变中，我们可以确切地体会到，什么是胡适所说的'不忍不爱'和'为宗国讳'了。"事实上，留学生人在异国，会不自觉地扮演起为祖国"辩护"或"辩诬"的角色，这种心理是很可理解的。胡适、印度留学生盘地亚、菲律宾留学生洛克辛，在这里都是典型的例子。胡适在康乃尔大学演讲《中国的婚制》的时候，他在美国已经生活了三年半了。当时他对美国习俗已经有相当程度的了解。他了解美国人对恋爱结婚的要求几近于一种宗教式的信仰，这就是他在介绍中国的婚制时，一定要面对传统婚制能否产生爱情的这个诘难的原因。他深知如果中国的婚制产生不了爱，那个婚制再好，也不会得到美国人的青睐。

周质平说，在胡适的立论之下，"倒是西洋人的自由恋爱、自主结婚成了颇不堪的社会习俗"。事实上，胡适并没有这样说。而且，这也是胡适论述策略高明的所在。他一方面强调在中国的婚制之下可以产生爱情，另一方面则用回马枪暗讽西方的所谓恋爱结婚，对个人而言是盲目、对社会而言是不负责任、对结果而言是反科学。最高明的所在，是胡适暗示那甚嚣尘上的优生学论调不但可以拿来证明中国婚制的"合理性"，甚至可以拿来证明中国婚制的优越性。毕格司医生的父母主婚合乎优生学原理的理论，我们已经在上文指出了。就在胡适演讲中国婚制的前四天，康乃尔大学经济系的艾学（A. P. Usher）教授在该校"优生学会"主办的一个演讲里，宣布罗曼蒂克的爱不是最极致的爱。他说罗曼蒂克的爱是近代才有的，是对中古时代契约婚姻、政治婚姻的反动。他认为罗曼蒂克的爱的最大的缺点，是忽略个人的主体性。爱应该是强者与强者之间的爱；在那蔓藤一样依附着的罗曼蒂克的爱之下，那蔓藤般的个人就失去了她的主体性。他呼吁爱是人生的一部分，不能独立存在。爱应该与人类的文明与日并进。① 匹兹堡大学生物系的约翰逊（Roswell Johnson）教授 3 月 30 日在"优生学会"所作的演讲，更切近胡适的主旨。约翰逊教授鼓励优秀人才早婚，二十出头就该结婚。他说即使因为早婚而牺牲专业，也要在所不惜。约翰逊提议的结婚三阶段论跟胡适的理论颇为合辙："第一个阶段在决定要什么样的伴侣；第二个阶段在筛选出我们特别倾慕而且会愿意与之为友的人；第三个阶段才是谈恋爱。"他呼吁大家不要本末倒置，一头就栽进第三个"爱是盲目"的阶段。他说第一、第二阶段的重要性，是帮助我们在选择终身伴侣的时候不至于毫无章法。②

　　总而言之，胡适演讲传统中国的婚制，与其说是辩护，不如说是辩诬。这"辩护"与"辩诬"之间有其微妙的不同。"辩护"可以有护短的意思，"辩诬"则有解释、澄清的意思。这就是为什么胡适在演讲的开头，就声明他讲中国的婚制，其目的"不是要为它作辩护或找开脱，而是要让读者了解"。就像我在第二章所指出的，胡适并不是到了美国以后，因为周质平所说的"中国情怀"的作祟，才开始为传统中国的婚制作辩护。他早在上海的时候，就已经在婚姻问题上作出了折中论。他在《竞业旬报》上所写的《婚姻篇》，可以说是他在婚姻问题上持中西调和观的雏形。从这个角度来说，胡适的这篇《中国的婚制》，是继续演申了他在上海时就已形成的折中论。我们在第

---

① **"Romantic Love Is Not Highest Type,"** *Cornell Daily Sun*, XXXIII.84, January 15, 1913, p. 1.
② **"Eugenics Society on Co-Education and Early Marriage Aid Eugenics,"** *Cornell Daily Sun*, XXXIV.138, March 31, 1914, p. 1.

三章分析了胡适的维多利亚时期，讨论了他的爱国的心怀、他的"公民共和主义"时期。如果"作新民"是为了"爱国"，如果兴女学的目的是为了"救国"，如果婚姻是"一家一族"、是中国的"大问题"，则优生学的论点为他提供了一个新的学理基础、一个新的论述语言。

胡适身在异乡、心系祖国；动辄以中国人的观点去对待、诠释他的所读所学；以及他为"祖国作辩护"。这是胡适从上海阶段所形成的爱国心怀的最后阶段。就像胡适1936年为他的《留学日记》作序时所说的："我后来很攻击中国旧家庭社会的制度了，但我不删削我当年曾发愤要著一部《中国社会风俗真诠》，'取外人所著论中国风俗制度之书——评论其得失'。"他说："这样赤裸裸的记载，至少可以写出一个不受成见拘缚而肯随时长进的青年人的内心生活的历史。"[①] 青年胡适确实是一个"不受成见拘缚而肯随时长进"的人。他在1912年10月14日的日记，说他要著一本《中国社会风俗真诠》来为祖国的风俗制度作辩护；12月3日又在"理学会"作演讲，讲中国的亲子关系，批评美国子女不抚养父母。然而，一年半以后，1914年6月7日，他在日记里作了反省：

> 吾常语美洲人士，以为吾国家族制度，子妇有养亲之责，父母衰老，有所倚依，此法远胜此邦个人主义之但以养成自助之能力，而对于家庭不负养赡之责也；至今思之，吾国之家族制，实亦有大害，以其养成一种依赖性也。吾国家庭，父母视子妇如一种养老存款（old age pension），以为子妇必须养亲，此一种依赖性也。子妇视父母遗产为固有，此又一依赖性也。甚至兄弟相倚依，以为兄弟有相助之责。再甚至一族一党，三亲六戚，无不相倚依。一人成佛，一族飞升，一子成名，六亲聚哜之，如蚁之附骨，不以为耻而以为当然，此何等奴性！真亡国之根也！

他说孝道是一种美德。然而，如果滥用，适足以养成依赖的心理。更重

---

① 胡适，《[〈留学日记〉]自序》《胡适日记全集》，1:110-111.

要的是，西方人昆仲、姐弟也有恩爱，并不寡恩，只是他们着重自食其力：

> 夫子妇之养亲，孝也，父母责子妇以必养，则依赖之习成矣；西方人之稍有独立思想者，不屑为也。吾见有此邦人，年五六十岁，犹自食其力，虽有子妇能赡养之，亦不欲受也，耻受养于人也。父母尚尔，而况亲族乎？杂志记教皇 Pious 第十世（今之教皇）之二妹居于教皇宫之侧，居室甚卑隘，出门皆不戴帽，与贫女无别，皆不识字。夫身为教皇之尊，而其妹犹食贫如此。今教皇有老姊，尝病，教皇躬侍其病。报记其姊弟恩爱，殊令人兴起，则其人非寡恩者也。盖西方人自立之心，故不欲因人热耳。读之有感，记之。

任何制度都有它的优点和缺点。胡适从前说西方的制度太过个人主义。现在他体认到中国的家族制其实也是一种个人主义。所不同的是，西方的个人主义以个人为单位，而中国的则是以家族为单位。问题的症结在于，西方的个人主义即使再自私，它至少能养成独立、自助的人格，中国的家族个人主义则除了自私缺乏公德心以外，适足以养成依赖的恶品。胡适虽然含蓄地问：谁能说中国的制度优于西方？然而，他的目的是让聪明的读者自己去判断孰优孰劣：

> 吾国陋俗，一子得官，追封数世，此与世袭爵位同一无理也。吾顷与许怡荪书，亦申此意。又言吾国之家族制，实亦一种个人主义。西方之个人主义以个人为单位，吾国之个人主义则以家族为单位，其实一也。吾国之家庭对于社会，俨若一敌国然，曰扬名也，曰显亲也，曰光前裕后也，皆自私自利之说也；顾其所私利者，为一家而非一己耳。西方之个人主义，犹养成一种独立之人格，自助之能力，若吾国"家族的个人主义"，则私利于外，依赖于内，吾未见其善于彼也。[1]

---

① 《胡适日记全集》，1:327-328.

他在 1914 年 11 月 13 日的日记里，更进一步地用报纸上的新闻，以及他自己亲历的故事，来纠正、反省他一向所爱说的西方人没有东方人的骨肉之爱的偏见：

孰谓西人家庭骨肉间之相爱不如东方耶？吾一日之间而得可记者数事焉：

一、有名氏子（Dietz）者，其妻为人所杀。氏子踪迹得杀者，手毙之，以故得监禁终身之罪……其子……竭力营救，不获请。乃于前年起徒步周行全国，遍谒各省之官吏、议员、报馆记者，乞其联名为其父请总统恩赦……昨日行至纽约城，其请赦书已得十万余人之签名，皆其二年来徒步请求而得者也。今闻其人将由纽约步行至华盛顿呈递此请赦之书。此人之孝行何让缇萦？何让《儒林外史》之郭孝子乎？

二、昨夜有男女学生数人在此间比比湖南岸石崖上为辟克匿克（picnic）［野餐］之会。有女学生失足堕崖下入湖。其弟 Paul L. Schwarzbach［许瓦兹巴赫］急踊入湖中救之。用力过猛，头触水底之崖石，遂沉死。其姐为同行者所救，得生。

三、今晨电报局以电话递一电报致同居之傅内叟君，余代为收之。其电报云："二星期不得汝信，母大焦急。汝无恙耶？速以电复！"发信者，傅之弟也。余手录此电，心中乃思吾母不已。慈母爱子之心，东海西海，其揆一也。[①]

胡适会如此不厌其详地记下他的家庭亲子关系，"东海西海"，此心同、此理同的新发现，这就告诉了我们这种东方道德、西方物质；东方尚情、西方崇智；东方温和、西方现实的二分法，即使在天才、广读、深思、善解的青年胡适都不能免，更何况其他凡人了！能反躬自省，能"不受成见拘缚而肯随时长进"的胡适，很快地就会认同并服膺和平至上、世界主义的观点（详见第七章）。伴随着他的世界主义观点的，是人类进化一元论的思想，即世

---

① 《胡适日记全集》，1:544-545.

界人类虽然在历史上走的路径不同、迟速不一，但目的地是相同的。在这种思想观点之下，中西之分，就好像他日后最鄙夷的精神物质之分、东方精神西方物质之谈，都是错误、虚幻的二分法；世界上没有以中西或东西之分的真理，只有好坏、对错、有用无用之分。而且，这好坏、对错、有用无用之分，是普世皆准的。

从伤春悲秋、无病呻吟到乐观主义

胡适的爱国心怀和他老成悲观的心绪是纠结在一起的。如果胡适终于超越了他在上海时期所养成的狭隘的爱国心，他同时就摆脱了悲观的阴霾。他在《当代名人哲理·胡适篇》里有一段自述：

> 我到美国的时候是一个完全悲观的人。但是，我很快地就交了许多朋友，而且很快地就爱上了这个国家及其人民。我最爱美国人乐天达观的天性。在这个国家，似乎没有什么事情不是可以透过人的智慧与努力去达成的。我没有办法不被这种乐天的人生观所感染，经过几年的接触以后，它逐渐医好了我的未老先衰症（premature senility）。①

胡适在《留学日记》里对自己思想变化的轨迹交代得最清楚的，莫过于他从悲观转为乐观的过程。他在上海的时候，是一个伤春悲秋、为赋新词强说愁的诗人。这一点，他到了美国初期仍然如此。比如说，年轻时，一年四季，他最喜欢的是秋天。他在 1912 年 11 月 4 日因为"秋暮矣，感而有赋，填一词记之"。这就是他在两天后完成的《水龙吟·送秋》：

> 无边枫赭榆黄，更青青迎松无数。
> 平生每道，一年佳景，最怜秋暮。
> 倾倒天工，染渲秋色，清新如许。

---

① 胡适，"Essay in *Living Philosophies*,"《胡适全集》，36:512.

使词人愁绝，殷殷私祝：秋无恙，秋常住。

凄怆都成虚愿，有西风任情相妒。

萧飒木末，乱枫争坠，纷纷如雨。

风卷平芜，嫩黄新紫，一时飞舞。

且徘徊，陌上溪头，黯黯看秋归去。[1]

　　这时候，胡适已是大三的学生了。有趣的是，一直要到 1914 年春天，以时间来算，是他大四的下学期。其实胡适那时已经毕业了，因为他连续几年在暑期班修课，已经修够了学分。直到该年春天，胡适才开始觉得春天的可爱。他猜想可能是这几年来新有的乐观主义把他"枯寂冷淡"的心肠给炙热了：

　　春色撩人，何可伏案不窥园也！迩来颇悟天地之间，何一非学，何必读书然后为学耶？古人乐天任天之旨，尽可玩味。吾向不知春之可爱，吾爱秋甚于春也。今年忽爱春日甚笃，觉春亦甚厚我，一景一物，无不怡悦神性，岂吾前此枯寂冷淡之心肠，遂为吾乐观主义所热耶？

　　上面这段话是他的诗序，序的是他当天早上作的《春朝》：

　　叶香清不厌（人但知花香，而不知新叶之香尤可爱也），鸟语韵无嚣。

　　柳絮随风舞，榆钱作雨飘（校地遍栽榆树，风来榆实纷纷下，日中望之，真如雨也）。

　　何须乞糟粕，即此是醇醪。天地真有趣，会心殊未遥。

　　显然胡适觉得这个"爱春日笃"的心境值得纪念，他还特别把这首诗译成英文：

---

[1] 《胡适日记全集》，1:218.

Amidst the fragrance of the leaves comes Spring,

When tunefully the sweet birds sing.

And on the winds oft fly the willow-flowers,

And fast the elm-seeds fall in showers.

Oh! Leave the "ancients' dregs" however fine,

And learn that here is Nature's wine!

Drink deeply, and her beauty contemplate,

Now that Spring's here and will not wait. [①]

要为胡适从悲观到乐观的转折过程寻迹，其最便捷的方法莫过于看他对"殉国"态度的转变。1911 年 7 月，当时人在英国的杨笃生听说革命党广州之役失败。忧愤的他，在利物浦的海岸投海自杀。胡适在听到这则消息以后，在 9 月 7 日的日记里说："得君武书，知杨笃生投海殉国之耗，为之嗟叹不已。其致君武告别书云：'哀哀国祖，徇以不吊之魂；莽莽横流，淘此无名之骨。'读之如闻行吟泽畔之歌。" [②] 这时，胡适还以屈原的榜样来纪念以身殉国的杨笃生。两年以后，胡适的好友任鸿隽的弟弟季彭在宋教仁被刺、"二次革命"发生以后，忧愤国事之不堪，投井而死。任鸿隽的一个朋友写信安慰他，说："吾辈生此可怜之时，处此可怜之国，安知死之不乐于生耶！"胡适看到这句话以后说这是"亡国之哀音也"。胡适举杨笃生、任季彭为例，说："此二君者，皆有志之士，足以有为者也。以悲愤不能自释，遂以一死自解。其志可哀，其愚可悯也。"他认为要矫正这种"哀"、"愚"之行最好的方法，就是乐观主义的哲学：

余年来以为今日急务为一种乐观之哲学，以希望为主脑。以为但有一息之尚存，则终有一毫希望在。若一瞑不视，则真无望矣。使杨、任二君不死，则终有可为之时、可为之事。乃效自经于沟渎者所为，徒令国家社会失两个有用之才耳，于实事曾有何裨补耶？此邦有一谐报，

① 《胡适日记全集》，1:319-320.

② 《胡适日记全集》，1:177.

自名为《生命》，其宣言曰："生命所在，希望存焉。"（Where is Life, there is Hope.）此言是也。然诸自杀者决不作此想也。故吾为下一转语曰，"希望所在，生命存焉。"盖人惟未绝望，乃知生之可贵；若作绝望想，则虽生亦复何乐？夫人至于不乐生，则天下事真不可为矣。①

有趣的是，等胡适变成了一个乐观主义者以后，由于心境不同，天寒地冻的下雪天，也就不再像我们在前一节所描述的，让他"扑面欲僵"、"难堪"了；也不再让他会叹"作客之苦"、"益念祖国不已也"了。1914年1月的旖色佳，接连有好几个罕见的天寒地冻的日子。他不但不以为苦，而且赋诗称乐。23日的《大雪放歌》的尾句说：

昨夜零下二十度［摄氏零下 28.88 度］，湖面冻合坚可滑。

客子踏雪来复去，朔风啮肤手皴裂。

归来烹茶还赋诗，短歌大笑忘日昳。

开窗相看两不厌，清寒已足消内热。

百忧一时且弃置，吾辈不可负此日。②

29日的日记，胡适为纪念那罕见的天寒地冻的日子，再度作了一首《久雪后大风寒甚作歌》。在诗前的序里，胡适说：

十余日前，此间忽大风，寒不可当。风卷积雪，扑面如割，寒暑表降至零下十度（华氏表）［摄氏零下 23.33 度］。是日以耳鼻冻伤就校医诊治者，盖数十起。前所记之俄人 Gahnkin 未着手套，两手受冻，几成残废。居人云："是日之寒，为十余年来所仅见。"

胡适这首《久雪后大风寒甚作歌》，是三句转韵体的诗，来纪念这个。最有意味的，是最后的六句：

---

① 《胡适日记全集》，1:241-242.
② 《胡适日记全集》，1:255-256.

入门得暖百体苏，隔窗看雪如画图，背炉安坐还看书。

明朝日出寒云开，风雪于我何有哉！待看冬尽春归来！ ^①

胡适在同一天的日记里，从他所写的这首诗，谈到他这几年之间乐观主义的形成，认为这是他到美国留学以后最大的斩获：

前诗以乐观主义作结，盖近来之心理如是。吾与友朋书，每以"乐观"相勉。自信去国数年所得，惟此一大观念足齿数耳。在上海时，悲观之念正盛，偶见日出，霜犹未消，有句云："日淡霜浓可奈何！"后改为"霜浓欺日薄"，足成一律。今决不能复作此念矣。前作《雪诗》亦复如是，盖自然如此，初非有意作吉祥语也。一日偶吟云：

三年之前尝悲歌："日淡霜浓可奈何！"

年来渐知此念非，"海枯石烂终有时"！

一哀一乐非偶尔，三年进德只此耳。

他在这则日记的最后，引了英国诗人布朗宁的一首诗：

英国十九世纪大诗人卜郎吟（Robert Browning）终身持乐观主义，有诗句云：

One who never turned his back but marched breast forward,

Never doubted clouds would break,

Never dreamed, though right were worsted, wrong would triumph,

Held we fall to rise, are baffled to fight better,

Sleep to wake.

余最爱之，因信笔译之曰：

---

① 《胡适日记全集》，1:267-268.

吾生惟知猛进兮，未尝却顾而狐疑。

见沉霾之蔽日兮，信云开终有时。

知行善或不见报兮，未闻恶而可为。

虽三北其何伤兮，待一战之雪耻。

吾寐以复醒兮，亦再蹶以再起。

此诗以骚体译说理之诗，殊不费气力而辞旨都畅达，他日当再试为之。今日之译稿，可谓为我辟一译界新殖民地也。①

胡适从悲观蜕变成乐观最佳的证言莫过于他 1914 年春天的得奖征文：《布朗宁乐观主义颂》（A Defense of Browning's Optimism）。他在 1914 年 5 月 7 日的日记里记他得奖的经过与反响：

余前作一文，《论英诗人卜朗吟之乐观主义》（A Defense of Browning's Optimism）前月偶以此文为大学中"卜朗吟奖征文"（此赏为此校已故教师 Hiram Corson［海荣·寇生］所捐设，故名"Corson Browning Prize"［寇生布朗宁奖］）。前日揭晓，余竟得此赏，值美金五十元。余久处贫乡，得此五十金，诚不无小补。惟余以异国人得此，校中人诧为创见，报章至著为评论，报馆访事至电传各大城报章，吾于 New York Herald［纽约先锋报］见之。昨日至 Syracuse［西腊寇思］，则其地报纸亦载此事。其知我者，争来申贺，此则非吾意料所及矣。（去年余与胡达、赵元任三人同被举为 Phi Beta Kappa［费·倍塔·卡帕］荣誉学生会会员时，此邦报章亦传载之，以为异举。）此区区五十金，固不足齿数，然此等荣誉，果足为吾国学生界争一毫面子，则亦"执笔报国"之一端也。②

《康乃尔校友通讯》也特地以《一位中国学生作了一篇最佳的布朗宁论

---

① 《胡适日记全集》，1:268-270.

② 《胡适日记全集》，1:308.

文》为题报道了胡适征文得奖。根据该报的报道，这个征文奖是海荣·寇生教授为纪念他的妻子所捐款设立的奖。征文的对象是大三、大四和研究生。①

《布朗宁乐观主义颂》是胡适透过分析布朗宁，来宣布他挣脱了悲观、拥抱乐观的宣言。胡适在论文的启始，先指出布朗宁对乐观主义的颂赞不是人人都欣赏的。有些人批判布朗宁浅薄，另外有些人则批判布朗宁所诉诸的是人类原始的感情。比如说，有名的哲学家桑塔耶纳（George Santayana），就直称布朗宁的诗是原始主义的诗。他说布朗宁只是一个会煽动人类的原始感情的诗人，他对事物的根本缺乏认知，一无哲学的内涵。胡适说他完全同意布朗宁的诗归根究底来说是建立在原始的感情之上。然而，他认为如果把布朗宁的乐观主义只归因他的乐天的性情，则又失之于偏颇。他写这篇论文的目的，就在指出布朗宁乐观主义的哲学基础。

胡适说布朗宁的乐观主义能用来针砭悲观主义。他说悲观主义者认为人生无趣，因为人类永远不可能臻于真善美。这真善美所指为何？从哲学的角度来说有三：知识、德性、幸福。这就是悲观主义的哲学来源。胡适说：认为知识之不可得的，他称之为智性上的悲观主义；认为德性之不可得者，他称之为德性上的悲观主义；认为幸福之不可得者，他称之为享乐派（Hedonistic）的悲观主义。胡适的《布朗宁乐观主义颂》分成三个部分，分别针砭这三派的悲观主义。

胡适说布朗宁同意智性上的悲观主义者的观点，认为终极的知识是不可得的。然而，布朗宁认为我们的责任是："去奋斗、去追求、去寻觅，而不是放弃。"即使人生真的像庄子所说的，"吾生也有涯，而知也无涯。以有涯随无涯，殆已"，布朗宁的哲学仍然是锲而不舍。胡适举布朗宁《一个文法学家的葬礼》（A Grammarian's Funeral）一诗里的文学家为例。这个"立志可以不活，但要求知"的人，把他葬在山巅是适得其所，因为其所在有：

　　　流星奔驰、风起云涌；

　　　光电交加；

---

① "Awards of Prizes: Best Essay on Browning Written by a Chinese Student," *Cornell Alumni News*, XVI.31, May 7, 1914, p. 383.

繁星出没！让喜悦与暴风雨齐鸣，
让和平由露珠送出！

同时，对布朗宁而言，人生的目的并不只是求知而已。除了知识，人还有情感——爱与恨——的一面。知识与爱是人生一体的两面，是不可分割的。布朗宁对悲观主义者的忠告是："让我们说——不是'因为我们知道，所以我们爱'，/ 而毋宁是'因为我们爱，所以我们所知已足'。"

对德性上的悲观主义者来说，这个世界充满了腐败与罪恶。布朗宁承认这是事实。布朗宁知道这个世界是不完美的。然而，他所要努力的，就是甚至从邪恶里去寻找善的存在。布朗宁说爱是世界上的真道理；爱是宰制人与人之间、人与上帝之间的关系的原理。有了这个原理，这个世界终究不会是混乱的。不！这个世界是一个有条不紊的宇宙，是计划好的，是设计好的。悲观主义者当然可以反诘：如果这个世界是用理性设计好的，为什么上帝会让邪恶存在着呢？对这个问题，布朗宁有两个答案：第一，没有邪恶存在的人生是单调的人生，就像一个画家的画布上总是有着多重的色彩一样。如果人生如饮水，邪恶是使这饮水出味儿的要素；第二，邪恶是品格的试炼，是用来把一个人磨练成男子汉的方法。一个天生的德者有什么意思呢？为什么我们说"浪子回头金不换"，难道不就是因为他接受了诱惑的试探而获得最后的胜利吗？

享乐派的悲观主义者说人生是痛苦的，快乐总是短暂。布朗宁直捣黄龙，根本就拒绝承认人生最高的目的是幸福或快乐。胡适引卡莱尔的话说："人类有一个比追求幸福更高的希求；他可以不要幸福，他要的是上帝的恩宠。"享乐派的悲观主义者说人生总是有着太多的欲求和奋斗，而这些都是痛苦之源。布朗宁反诘说：如果没有奋斗，人生还有什么意义呢？布朗宁跟享乐派的悲观主义者的看法刚好相反，他认为所有的痛苦都是短暂的，快乐才是永恒的。胡适说，君不见那收获者的喜悦吗？虽然收获前必须付出血与汗，但收获的快乐会使人忘却所有的痛苦。"喔！痛苦！你的胜利在哪里？你的螫刺在哪里？"布朗宁要大家"奋起！冲破极限！我说！/ 立志要作好，作得更好，/ 作得最好！成功算什么呢，奋斗才是一切"。

胡适说他要以布朗宁最重要的观点来作总结，那就是爱的精神作用。他说，爱——无私的爱——是医治悲观主义的最佳良药。爱是希望哲学的基础。这个爱指的不是男女之间的爱，而是那最博大精深的爱。他说，无私的爱会使人忘却世间所有的痛苦与邪恶。无保留的爱会让人觉得世间到处充满着德性与希望。最后，他用自己最喜欢的布朗宁的那首诗——"吾生惟知猛进兮，／未尝却顾而狐疑"——来作总结。①

胡适这篇得奖的论文写得铿锵有力，文字优美。二十三岁不到、学英文还不到十年的他，能够在美国的顶尖大学获得征文的首奖，这是他天才加努力的结果。当然，这篇论文里还流露出他先前受到基督教残余的影响，特别是他所阐扬的"这个世界是一个有条不紊的宇宙，是计划好的，是设计好的"，以及"没有邪恶存在的人生是单调的人生"的观点。这些不但跟他后来服膺的演化论相冲突，而且跟他后来宣扬人定胜天、认定"天道"不仁，必须以"人道"弥补之的信念是完全相抵触的（详见第七章）。事实上，胡适后来最喜欢诘问基督徒：如果上帝真的爱人，他为什么让邪恶存在着呢？就正是他在这篇得奖征文里阐释正义最终可以经由试炼而战胜邪恶的论点。

总之，挥别了阴霾、甩脱了伤春悲秋的心绪，胡适脱胎换骨成了一个乐观主义者。胡适不只是一个乐观主义者，他自命是一个"无可救药的乐观主义者"（an incurable optimist）。也正因为他是一个"无可救药的乐观主义者"，他才会那么爱丁文江。这是因为他跟丁文江一样，都是"无可救药的乐观主义者"。只有无可救药的乐观主义者才能了解丁文江所说的"活泼泼地生活的乐趣"这句话的真谛；而且，也只有无可救药的乐观主义者才能真正体会到丁文江所喜爱的箴言："Be ready to die tomorrow; but work as if you would live forever."这句话胡适把它翻成："明天就死又何妨：只拼命做工，就像你永永不会死一样。"② 丁文江的朋友说，这句话是丁文江不知道从哪本书里看来的。类似这样的句子，有不少人说过，比如，印度的甘地也说过，意思大同小异。丁文江读到的，可能是英国的大主教圣爱德门（St. Edmund Rich; Archbishop of Canterbury, 1180-1240）说的："Study as if you were to live forever.

---

① 胡适，"A Defense of Browning's Optimism,"《胡适全集》，35:24-54.
② 胡适，《丁文江的传记》，《胡适全集》，19:455.

Live as if you were to die tomorrow." 这句话，胡适的翻译同样适用。无论如何，只有像丁文江、胡适这样无可救药的乐观主义者，才能真正体会到读书、做事要像"人可以长生不老"、品尝人生要仿佛"人没有明天"的真谛；才能真正领会到布朗宁所说的"再蹶能再起、憩息以复苏"的精神。

第五章
哲学政治，文学历史

　　康乃尔大学 1912 学年度第二学期在 2 月 12 日开学。注册组在 2 月 19 日批准胡适从农学院转到文学院。可惜的是，就在这个关键点上，胡适的留美日记再次从缺。胡适的《留学日记》在两个关键点上都刚好缺漏。第一个关键点是他初抵美国的时候，第二个就是他从农学院转到文学院的时候。这第二次缺漏，足足缺了将近一年。从 1911 年 10 月 30 日，也就是辛亥革命开始，一直到 1912 年 9 月 25 日新学期的注册日。这个文献上的缺漏没有补救之道。更可惜的是，胡适重新拾起日记之后，记载的内容也产生了变化。在这以前，胡适的日记是逐日记载，流水账式的。虽然只是提纲挈领，但为我们提供了可以按日索迹的素材。从这以后，胡适的留学日记变成了他的"思想札记"，用他在《留学日记》的《自序》里的话来说，是他"自言自语的思想草稿"（thinking aloud）。[①] 优点是比较深入，留下了他思想变化的轨迹；缺点则是失去了日记特有的日程记录。我们只能从别的资料来补足、重建胡适在这一段时期的留学生活。

---

① 《胡适日记全集》，1:107-108.

人文素养的基础教育

　　胡适在决定转系以后，给他在国内的朋友章希吕写了一封信。这封信再次证明了胡适聪颖、观察力过人的所在。他说："适已弃农政习哲学文学，旁及政治，今所学都是普通学识，毕业之后，再当习专门工夫 。"[①] 短短几句话，就道出了美国大学教育的传统。美国大学的教育，特别是那些以人文素养为重的学校，是通才教育，其目的在为学生奠立基础的知识，养成理性思考的习惯。所以美国大学的专业科目通常只占毕业总学分的三分之一，刚好跟承袭了欧陆系统的中国大陆及台湾专业科目学分占毕业总学分三分之二以上的学制相反。因此，所有在大学时代就留美的中国学生，如果他们选修许多专业以外的课程，这并不表示他们的兴趣特别比其他人广，而只不过是遵从了美国大学学制的规定，反映了美国大学通才教育培养人文素养的理念而已。至于专门之学，就像胡适所说的，是大学毕业以后进研究所的追求。美国所谓的人文教育，承袭了西方从希腊罗马时代以来的人文教育的传统，主要包括文学、语言、哲学、历史、数学和科学。胡适在康乃尔大学的成绩优异。他跟赵元任在 1913 年同时被选为美国"费·倍塔·卡帕荣誉学生会"（Phi Beta Kappa）的会员，[②] 获得象征该会的希腊字母 ΦΒΚ 的金钥一把。ΦΒΚ 的意思是：求知欲是人生的向导。

　　关于康乃尔大学的通才教育，胡适在《口述自传》里有一段非常有意味的话，这是他晚年的夫子自道，有事实基础，但也有选择的记忆，更有他替将来要为他立传的人预先设定好的自我标签：

　　　　转到文学院的时候，我已经选了足够的学分来满足英国文学的"学程"（sequence）——即在一系选满了二十个学分。在文学院，一个学生要选满一个"学程"才可以毕业。我毕业的时候选满了三个"学程"——哲学心理、英国文学、政治经济——所以，我从来就不知道我的专业是什么……我从文学院毕业的时候有三个"学程"的事实，就在

---

① 胡适致章希吕，1912 年 2 月 6 日，《胡适全集》，23:32.
② "Phi Beta Kappa Elects 21 Members," *Cornell Daily Sun*, XXXIII.135, March 23, 1913, p. 1.

在地预指了我日后思想的发展。我有时称我自己为历史家，有时称我自己是一个中国思想史家，但从来就没有自称为哲学家，或任何其它专业的从事者。今年是 1958 年，我已经六十六岁半了，但我到今天为止，还不知道我的专业是什么。

胡适在这段《口述自传》里所说的"事实"是他修满的"学程"。就像唐德刚在翻译《口述自传》时就已指出的，"学程"用今天的话来说，就是"专业"（major）。胡适在康乃尔大学修满了三个"学程"，用今天的话来说，就是他有三个"专业"。他说："转到文学院的时候，我已经选了足够的学分来满足英国文学的'学程'。"这句话也几近"事实"，因为他说一个"学程"要二十个学分，他当时已经修满了十九个学分："英文一"上、下学期各四学分、"德文一"六学分、"德文二"五学分，共十九学分。这段《口述自传》里的"选择的记忆"是指他有意淡化他的哲学专业，凸显出"心理学"与"经济学"的"专业"，而最有意思的，是完全不提他所选的历史课。事实上，胡适一生中几乎没有在其他地方提起过他心理学的教育背景，而且，他从来就不喜欢经济学。他在 1939 年 8 月 24 日给韦莲司的信里甚至说："我一直觉得经济学的理论很难懂。我的经济学是跟艾尔文·约翰逊（Alvin Johnson, 1874-1971，纽约有名的"社会研究新学院"[New School for Social Research] 的创办人之一；这个机构 2005 年改名为"新学院大学"[New School University]）学的。他是一个好老师，可是他从来没有教懂我经济思想的各个学派。经济理论对我来说太过抽象，而我又最讨厌抽象的思考方式。"[1] 胡适后来在《口述自传》里也说过类似的话。他说：

> 艾尔文·约翰逊是一个非常有学问的经济理论教授。我很惊讶我听了他两年的经济理论的演讲，却一点收获也没有。所以，我的结论是：不是经济理论出了问题，就是我有问题……很显然地，一定是我的脑袋的问题，才使我在研究所学了两年的经济理论，却居然一无所获。[2]

---

① Hu to Clifford Williams, August 24, 1939，《胡适全集》，40:460.
② Hu Shih, "The Reminiscences of Dr. Hu Shih," p. 90.

胡适不喜欢或者弄不懂经济理论，是一件有意味的事。因为一生动不动就喜欢祭出科学这面大旗的他，却对社会科学里最亟亟于挤进"科学"行列的经济学进不了门。无论如何，胡适对韦莲司说他"最讨厌抽象的思考方式"。这是一句非常重要的夫子自道，这跟他终于离开唯心论大本营的康乃尔，以及他一生鄙夷唯心论、形上学有很大的关系。

胡适为什么会作这样子的"选择的记忆"，或者，更确切地说，"选择的陈述"？他的目的就是淡化他哲学的背景，在挡将、谢绝世人给他的"哲学家"的称号。要达成这个目的，还有什么比他亲自出面，用夫子自道的方法来扫清所有误解和瞎说更有效的呢？于是他就搬出了他大学毕业时有三个专业的"事实"；故意漏掉他选的历史课，却又常称自己是一个"历史家"；然后再故弄玄虚地说："我已经六十六岁半了，但我到今天为止，还不知道我的专业是什么。"这个"选择的陈述"的最终目的就是要撇清他跟哲学的关系，这跟他预先为后世定好自我的标签是相连的。胡适说他从来没有自称为"哲学家"，这是不符事实的。他说过，甚至到了1940年代还再说。重点是，胡适从1920年代初期开始，有过一段对哲学极端排斥的阶段，在1929、1930年，他在诸多场合还说过"哲学破产"、"哲学取消"等语惊四座的名言。他的"哲学破产"论是他从实证主义哲学，以及他对杜威的哲学重建论里寻思演绎出来的。杜威如果知道他所演绎出来的结论，一定会斥为荒腔走板。但这是后话。

转到文学院以后，胡适所选的课，就是依循着这个人文教育的传统，而且完全符合他写给章希吕信上所说的三个大方向：哲学、文学、旁及政治。文学方面，他继续研修从大一开始就喜欢的英文系的课。1912年第二学期选了"英文二：十九世纪散文"（Nineteenth Century Prose），这门课他得了86分。"英文38b：十八世纪英诗"（Eighteen Century Poetry），主要读的诗人包括亚历山大·蒲柏（Alexander Pope, 1688-1744）、詹姆斯·唐森（James Thomson, 1700-1748）、汤姆斯·格雷（Thomas Gray, 1716-1771）、奥立佛·高德史密斯（Oliver Goldsmith, 1730-1774）、罗伯特·彭斯（Robert Burns, 1759-1796）。英诗这门课，胡适得了83分。

"演讲术A"（Public Speaking A）是胡适在1912年暑期班所选的一门课。它虽然不能算是英文系的课，却是胡适英文教育里非常重要的一个环节。胡适为什么会选"演讲术A"这门课呢？这跟他在旖色佳及其附近城镇的演讲活动是有关的。我们在第四章描述胡适为什么转系的时候，提到胡适说辛亥革命以后，由于美国人好奇，想要多了解中国的事物，他被中国留学生当中的演讲大师蔡光勔物色为他的接班人。胡适是一个好强、做事认真的人。为了作好演讲，他去选了演讲术的课。有关选修"演讲术A"以及初上这门课时所犯的怯场惊风症（stage fright），胡适在《口述自传》里有一段非常精彩的回忆：

　　　　我还没学如何作公开演讲以前，就开始演讲中国的事物了。所以，我在1912年夏天决定选一门演讲术的课。我的教授，艾佛瑞特（G. A. Everett）教授，是一个很好的老师。暑期班七月开始。第一次被叫上台去作演讲的时候，我居然浑身发抖。我在那以前虽然作过几次演讲，但这是我第一次在演讲课上对大家作演讲。那是一个燥热的七月天，我却觉得其寒无比。我的脚抖得我必须用手抓住一个小桌子，才有办法去想我准备好的稿子。艾佛瑞特教授注意到我的手紧抓着桌子。所以，下一次轮到我演讲的时候，他就把那个桌子给搬走，强迫我在没有任何东西可以倚靠的情况下想我的稿子。我想着稿子，就忘了我冰冷的脚，也就不再发抖了。这是我受过训练以后的公开演讲生涯的开始。[①]

　　结果，"演讲术A"是胡适在当年暑期班所选的课里成绩最好的一科，得了87分。

　　1912学年度的第一学期，胡适第一次没选他一向最喜爱的英文系课程。事实上，胡适注册时选了一门英文写作课。只是他在9月27日去上第一节课的时候，失望地发现这门课所教的，并不是他想学的论说文习作。他在《留学日记》里说："英文课。予初意在学作高等之文。今日上课，始知此

————————
①　Hu Shih, "The Reminiscences of Dr. Hu Shih," p. 51.

科所授多重在写景记事之文，于吾求作论辩之文之旨不合，遂弃去。"① 一直要到 1913 年的春季班，胡适才又选了英文系的课："法文一"，他得 80 分；"英文 41：到 1642 年的英国戏剧"，他得 96 的高分；"英文 52：维多利亚文学"，他得 88 分。

1913 年的夏天，胡适又选了三门暑期班的课，这三门课的成绩都很好。第一门是"教育学 B：教育史"。这是一门教育通史的课，从古希腊、欧洲一直到当代美国教育的思潮和制度的演变，包括福禄贝尔、蒙特梭利等新教学法。这门课胡适得 85 分。第二门课是"演说与写作 C：即席演说"。这门课胡适得 94 分。第三门课是"英文 K：莎士比亚悲剧"。在这门课堂上，学生精读莎士比亚的《哈姆雷特》、《奥塞罗》、《李尔王》以及《马克白》。胡适这门课得 94 分。②

胡适最后一次选英文系的课是在 1913 年秋天。他在那学期选的是："英文 52：维多利亚文学"，这门课是给高年级以及研究生上的课。由于当时胡适已经是研究生了（详见下文），而且这门课主要是给研究生上的，所以不打成绩，而只是注记："通过"（OK）。

胡适在康乃尔大学的第二个专业是政治经济。他第一次选政治经济方面的课是在 1912 年的春天："政治学 51：经济学入门"，其实是经济学。这门课是康乃尔大学那位后来活到 103 岁的经济学教授威尔恪思（Walter Wilcox）教的。胡适这门课得 75 分。③ 该年夏天的暑期班，胡适选了他的第二门政治经济方面的课："财政学 F"。这门课，他得 77 分。看来，胡适经济学学不好不能全怪艾尔文·约翰逊教授。他上其他教授经济学的课，成绩也不算好。

胡适在 1912 年秋天选了两门政治系的课。这两门政治学的课原来是预定由精琪（Jeremiah Jenks）教授开的。精琪教授是货币专家，他在 1904 年

① 《胡适日记全集》，1:200.
② *Announcement of the Twenty-Second Summer Session, July 7-August 15, 1913*，在此特向康乃尔大学图书馆档案特藏室的 Elaine Engst 小姐致谢，她在 2010 年 4 月 16 日的电邮里提供了这三门课的课程说明；胡适这三门课的成绩，是根据周质平，《胡适与韦莲司》，胡适康乃尔大学总成绩单，页 12-13.
③ 北京近代史研究所藏胡适外文档案，E-489: Miscellanies (6).

作为美国政府的币制改革专使，到中国和清政府谈判，要中国从银本位改为金本位制。因为精琪教授在 1912 年转到纽约大学任教，康乃尔大学就在该年秋天新聘了山姆·奥兹（Samuel Orth）教授来担任精琪教授的课。由于课程表早在六月就已印就，奥兹教授又是临时上阵，我不能确定胡适那学期成绩单上所列出来的"政治学 53a"以及"政治学 62"，是不是就是该年六月印就的课程表里所列出来的精琪教授的课："政治学 53a：政治制度"以及"政治学 62：企业管理原理"。胡适在《口述自传》里说他选了奥兹教授的"美国政党"（American Political Parties）的课。美国政党这门课，在 1915 学年度以后所印的课程表都是列为"政治学 60：美国的政党制度（The American Party System）"，讲授者就是奥兹教授。1915 学年度的"政治学 53a：政治制度"也是奥兹教授教的。因此，我假定胡适在 1912 年秋天所选的两门政治学的课都是奥兹教授教的，而且，我进一步假设他成绩单上所列的"政治学 62"，应该就是后来的"政治学 60：美国的政党制度"。

胡适在《口述自传》里提到了奥兹教授，他说："我记得我是在那个令人难忘的 1912 年的夏天，选了他的'美国政党'那门课。"[①] 必须指出的是，胡适选这门课的时间，《口述自传》的原稿上是正确的，也就是 1912 学年度。但胡适后来用笔划掉，改成"令人难忘的 1912 年的夏天"，变成了是暑期班的课。胡适之所以会称那是一个"令人难忘的 1912 年的夏天"，可能因为美国的大选一般说来都是在民主、共和两党之间决胜负。但那年六月下旬共和党在芝加哥举行的总统候选人提名大会，却造成了该党的分裂，致使 1912 年美国的总统大选戏剧性地变成了一个三雄角逐的局面。共和党分裂，是因为当时的现任总统塔伏特取得了共和党的提名。失败的老罗斯福则另组进步党（Progressive Party），作为第三党候选人。民主党的候选人则是威尔逊。胡适把他选奥兹教授的课的时间改成该年的夏天，也许是一时的笔误，手中提的笔应该写的是选课时间，心中想的却是共和党提名大会的戏剧性结果。这一改就把时间给改错了。胡适是在该年秋天，也就是奥兹教授开始在康乃尔大学教书那一学期才选这门课的。无论如何，胡适回忆奥兹教授第一堂课

---

① Hu Shih, "The Reminiscences of Dr. Hu Shih," p. 36.

的开场白倒是鲜明有趣的：

> 今年是大选年。我要每个人都订三份报纸（三份纽约的报纸，不是绮色佳的地方报）：《纽约时报》支持威尔逊；《纽约论坛报》（*The New York Tribune*）是支持塔伏特（Taft）；《纽约晚报》（*The New York Evening Journal*）（我不能确定是否属于"赫斯特"（Hearst）系统的新闻系统［注：确属"赫斯特"系统］，该报不是一个主要的报纸，支持老罗斯福（Theodore Roosevelt）。我要大家订这三份报纸三个月，会打折的。在这三个月内，读所有跟选举、竞选有关的新闻。每个礼拜作一个摘要交上来。这是第一个规定。第二个规定，是在期末交一个报告，比较四十八州的"竞选经费透明法案"（Corrupt Practices Act）［1911年制定，是现行"选举竞选法案"的前身］。"①

更有意思的是，奥兹教授规定每一个学生都要选一个他们自己会支持的总统候选人。他说："读这三份报纸，同时选定一个候选人作为你支持的对象。这是唯一能使你自己忘我地全神贯注在这个选举的方法。"此外，奥兹教授还规定他班上的学生必须参加绮色佳地区的每一场政治活动。胡适说他乖乖地听话，选了进步党的老罗斯福为他支持的总统候选人，每天出入都佩戴着代表进步党的"野鹿"（Bull Moose）的徽章。同时：

> 我1912年去参加了许多政治活动，包括老罗斯福跟进步党纽约州长候选人奥斯卡·斯特劳斯（Oscar Straus）联袂出席的演讲会。我在绮色佳参加的活动里，最令人难忘的一次，是老罗斯福被刺的次日所举行的一场活动。那颗子弹不能取出，留在他的胸腔里。我去参加了这次的活动。许多教授也参加了。我很惊讶大会的主席居然是史密斯楼（Goldwin Smith Hall）的清洁工人。文学院大部分的系所都在这座大楼里。我真佩服了这种民主的精神，工友可以当大会的主席。这次大会，

---

① Hu Shih, "The Reminiscences of Dr. Hu Shih," p. 36.

为本党的领袖的康复而祈祷，并通过了一些议案。这是我所参加过的政治活动里，毕生最难忘的一次。①

这段回忆，又证明了回忆的不可靠。第一，老罗斯福该年并没有到旖色佳去作政见发表会。奥斯卡·斯特劳斯到旖色佳作政见发表会，也只有一次，是在该年 10 月 9 日。胡适在当天的《留学日记》记说："山下有美国进步党（罗斯福之党）政谈会，党中候选纽约省长 Oscar Straus 过此演说，因往听之。"② 如果老罗斯福也去了，胡适的日记不会不记，康乃尔大学的学生报也不会没有报道。胡适在《留学日记》里记他第一次听到老罗斯福演讲是在 1914 年 10 月 22 日，③ 也就是 1912 年大选过后两年的事。总之，奥斯卡·斯特劳斯到旖色佳作政见发表会五天以后，也就是 10 月 14 日，老罗斯福就遇刺受伤了。老罗斯福遇刺以后第一次复出的演讲，是在纽约的麦迪逊广场花园（Madison Square Garden），时间是在 10 月 30 日。当天晚上，奥斯卡·斯特劳斯跟进步党的副总统候选人当然联袂出席了。但胡适当天不可能去纽约参加这个盛会，因为他在日记里记他当天去上课。同时，那场盛会的一张票可以卖到一百美元，相当于今天的两千三百美元。④ 其次，旖色佳为老罗斯福祈福的活动也不像胡适所回忆的，是在他被刺的第二天举行的。他在 14 日遇刺，旖色佳的祈福活动是在 17 日举行的，而且地点也不是史密斯楼，而是在旖色佳镇上的溜冰场。胡适在当晚的《留学日记》里有一段话："夜往听此间进步党演说大会，有 Judge Hundley of Alabama ［阿拉巴马州的大法官亨得利］演说，极佳。"⑤ 第三，当晚的活动也不是由史密斯楼的工友主持的。根据《康乃尔太阳日报》的报道，主席是康乃尔大学土木工程系的李蓝（O. M. Leland）教授。⑥ 胡适接着说那年另外一个令他难忘的政治活动，是一

① Hu Shih, "The Reminiscences of Dr. Hu Shih," pp. 37-38.
② 《胡适日记全集》，1:203.
③ 《胡适日记全集》，1:518.
④ "Great Rush for Seats to Hear T. R. in New York," *Cornell Daily Sun*, XXXIII.33, October 30, 1912, p. 1.
⑤ 《胡适日记全集》，1:207.
⑥ "'Constitution Must Be Amended'—Hundley," *Cornell Daily Sun*, XXXIII.23, October 18, 1912, p. 1.

场辩论，哲学系的克雷登教授代表民主党，法律学院的海斯（Alfred Hayes, Jr.）教授代表进步党。[1] 其实，这个回忆也不是很正确，胡适漏掉了代表共和党的物理系的许勒（J. S. Shearer）教授。[2]

如果胡适在 1912 年秋天这学期所选的"政治学 62"确实就是"美国的政党制度"，他所得的成绩很好，是 88 分。他"政治学 53a：政治制度"的成绩也很好，是 82 分。[3] 1913 年春天，胡适继续选了"政治学 53b：比较政治学"，得 85 分。[4] 胡适在 1913 年秋天选的是"政治学 87：经济理论史"。这门课是艾尔文·约翰逊教授教的。根据课程大纲的说明，这门课："追溯的是从重商主义到当代的经济理论。着重点在十八世纪法国英国个人主义经济理论的发展；其经济社会的基础；古典经济理论的巩固；以及其受到历史、社会、政治批判以后所作的修正。"[5] 我们在上文引胡适在《口述自传》里自谦的话，说他听了艾尔文·约翰逊教授"两年的经济理论的演讲，却一点收获也没有"。事实上，"政治学 87：经济理论史"这门课他得了 85 的高分。胡适在 1914 年春天继续选了"政治学 87：经济理论史"下学期的课。由于当时他已经是研究生了，他这学期所得的分数是："通过"。胡适在康乃尔大学所修的最后一门政治经济的课也是艾尔文·约翰逊教授教的："政治学 88：价值与分配"。根据课程大纲的说明，这门课："所专注的是当前经济理论的主要问题，包括其发生发展的性质、价值与定律；资本与资本形成；利息、薪资、利润、竞争与垄断。本课会批判地讨论当代权威的著作，指出其观点歧异的基点。选修的学生最好要有德文、法文的阅读能力。"[6]

胡适在康乃尔大学的第三个专业是哲学。胡适第一次选哲学方面的课是在 1911 年的春天，也就是他从农学院转到文学院的时候。那学期他选了

---

[1]　Hu Shih, "The Reminiscences of Dr. Hu Shih," p. 38.

[2]　"Types of Men Make Party Differences," *Cornell Daily Sun*, XXXIII.34, October 31, 1912, p. 1.

[3]　有关胡适 1912 年秋季班的成绩，都是根据：周质平，《胡适与韦莲司》，胡适康乃尔大学总成绩单，页 12-13。

[4]　北京近代史研究所藏胡适外文档案，E-486: Miscellanies (3).

[5]　*Official Publications of Cornell University*, IV.11, *Announcement of the College of Arts and Sciences, 1913-14*, p. 34.

[6]　*Official Publications of Cornell University*, IV.11, *Announcement of the College of Arts and Sciences, 1913-14*, p. 36.

两门哲学的课：一门是"哲学三：逻辑"，由克雷登教授担任，用的教科书就是克雷登所著的《逻辑导论》。这门课胡适得的成绩是 85 分；另一门课是"哲学六：道德观念及其实践（Moral Ideas and Practice）"，是狄理（Frank Thilly）教授和炯司（Jones）先生合开的。课程的说明非常简短，就一句话："从原始时代到当代道德观念与实践的发展，检视的是根本的德行与责任。"① 这门课，胡适得 78 分。

　　1912 年秋天，也就是胡适大三的上学期，他在哲学方面所选的课有四门："心理学一"、"哲学四"、"哲学五"以及"哲学七"。"心理学一"是提区纳（Edward Tichener）教授跟另几位教授合教的。这位提区纳教授，就是陈衡哲的《洛绮思的问题》那篇小说所根据的男主角。女主角洛绮思就是瓦莎学院（Vassar College）的娃须本教授（Margaret Washburn）。娃须本在康乃尔读研究所的时候，是提区纳教授的学生。② 胡适在 10 月 1 日的日记里说："上课：心理学。第一课讲师 Prof. Tichener［提区纳］为心理学巨子之一，所著书各国争译之。"③ 又，10 月 4 日的日记："读心理学，此书文笔畅而洁，佳作也。"④ 此后，胡适日记里有好几则提到他读心理学的书。"心理学一"是他这学期成绩最好的一门课，得 92 分。

　　"哲学四"这门课程的名称是"美术：哲学与历史的概论"（The Fine Arts: Their Philosophy and History in Outline），是哈蒙教授教的。胡适在《留学日记》有几处记载。1912 年 9 月 26 日，也就是第一天上课，他记他去上"美术哲学"的课。⑤ 10 月 2 日的日记又说："美术哲学科所用书 Apollo，［英译本 *The Story of Art throughout the Ages; An Illustrated Record*（艺术的故事：图片纪录）］为法人 S. Reinach［法国考古学家，1858–1932］所著，记泰西美术史甚详，全书附图六百幅，皆古今名画名像之影片，真可宝玩之书也。"⑥ 10

---

① *Official Publications of Cornell University*, II.12, *College of Arts and Sciences Courses of Instruction, 1911-12*, p. 23。在此特别向康乃尔大学注册组副主任 Meg John-Testa 致谢，是他协助提供了这份资料。
② 请参阅拙作《星星·月亮·太阳》，页 80-81。
③ 《胡适日记全集》，1:201.
④ 《胡适日记全集》，1:202.
⑤ 《胡适日记全集》，1:199.
⑥ 《胡适日记全集》，1:201.

月 7 日是最后一次提到这门课："读 Apollo，论希腊造像。"① 胡适这门课得 76 分。

"哲学五"这门课是克雷登教授教的"哲学史"。根据克雷登的课程说明，这门课的对象："主要是想了解思想史（history of thought）以及哲学观念对文明发展的影响的学生。主题包括：从希腊到当代的哲学思辨；各个哲学系统及其所属时代的科学与文明之间的关系，及其对于社会、政治、教育问题的应用；本世纪的思辨问题，特别是进化观念的哲学意义及其重要性。"② 这短短的几句话，简洁却又透彻地说明了克雷登对哲学史研究法的见解，而且也为我们指出了胡适治中国哲学史的方法论的来源。同样重要的，是克雷登对"思想史"的了解以及他强调我们必须把思想放在其所属时代的思想脉络下来分析的看法。胡适在宣言"哲学破产"以后，一直以思想史家自视。他在晚年的时候，更谆谆地改正别人，说他想完成的藏诸名山之作不是"中国哲学史"，而是"中国思想史"。这些看法的灵感，都可以追溯到克雷登。有关这些，请待后文的分析。这门哲学史的课，胡适得 90 分。

"哲学七：伦理"，跟他在前一学期选"哲学六：道德观念及其实践"一样，是狄理教授和炯司先生合开的。"哲学六"，狄理教授只用一句话来交代他的课程说明。"哲学七"的课程说明，至少稍微详细一点："伦理的性质及其方法；良心（conscience）的理论；良心的分析；道德区分的究极依据；目的论；享乐主义；自我实现论（energism）；享乐主义批判；至善；乐观主义与悲观主义；自由意志与命定论。"这门课的教科书，就是狄理所著的《伦理学导论》（*Introduction to Ethics*）。③ 这门伦理课，胡适得 76 分。

胡适在 1912 年秋天选的课有七门之多：一门心理学、两门政治学、三门哲学，外加"建筑 30：美术史"。也许那学期胡适选的课太重了，还必须学校特准。那学期是 9 月 26 日开学，注册组在 10 月 1 日批准他加选"建筑

---

① 《胡适日记全集》，1:203.
② *Official Publications of Cornell University*, III.12, *Announcement of the College of Arts and Sciences, 1912-13*, p. 21.
③ *Official Publications of Cornell University*, III.12, *Announcement of the College of Arts and Sciences, 1912-13*, p. 21.

30：美术史"。① 这门课是布劳纳（Olaf Brauner）教授教的，胡适喜欢。他在 9 月 27 日的《留学日记》里说："美术史一科甚有趣。教师 Brauner 先生工油画，讲授时以投影灯照古代名画以证之。今日所讲乃最古时代之美术，自冰鹿时代（约耶纪元前八九千年）以至埃及、巴比伦，增长见闻不少。"② 他 11 月 14 日的日记说："夜作一短文论建筑五式。"③ 应该就是为"建筑 30"这门课作的报告。可惜，他这门课的成绩大概是他在康乃尔大学所得最低的一科：65 分。唯一能跟这个低分同病相怜的，是他在 1913 年春天的一门体育课，也是 65 分。④

这时候，胡适已经在哲学系选了六门课了：五门哲学、一门心理学。当时康乃尔，哲学与心理并为一系。也就是说，他在哲学系修了十八个学分了。所以，胡适在 1913 年的春季班，只选了一门哲学课："哲学五"。这门课是克雷登教的哲学史，是一整年的课，延续上学期的课。加上这门课的三学分，用胡适在《口述自传》里的话来说，他就修满了哲学专业所必须要有的学分。胡适这门课得 85 分。⑤

胡适在康乃尔大学的身份，在 1913 学年度产生了转变：他既是一个大四的学生，也是第一年的研究生。这个缘由颇为复杂，只有了解了美国的学制才能澄清。由于胡适接连三个夏天都选了暑期班的课，他到 1913 年夏天，实际上已经修足了大学毕业的学分。康乃尔大学在该年的 5 月 16 日，就已经正式批准，说他修完了毕业所需的学分。只是，康乃尔大学规定每一个学生必须在学注册满八个学期才能毕业。等他修完了 1913 年秋季班第七学期的课以后，校方把这七个学期，加上他三个暑期班的折算，认为他已经符合规定可以毕业，所以在 2 月 4 日批准他毕业。但他一直要到 1914 年 6 月 17 日，才参加毕业典礼。有关这点，胡适在毕业典礼当天的《留学日记》里作了解释："余虽于去年夏季作完所需之功课，惟以大学定例，须八学期之居留，故至今年二月始得学位，今年夏季始与六月卒业者同行

---

① 周质平，《胡适与韦莲司》，胡适康乃尔大学总成绩单，页 13。
② 《胡适日记全集》，1:200.
③ 《胡适日记全集》，1:221.
④ 周质平，《胡适与韦莲司》，胡适康乃尔大学总成绩单，页 13。
⑤ 北京近代史研究所藏胡适外文档案，E-486: Miscellanies (3).

图 8　1914 年着毕业服照片。胡适（中）与友人陆元昌（左）、王彦祖（右）着康乃尔大学学士服的合影（杨孝述摄）。（胡适纪念馆授权使用）

毕业式。"① 胡适既然在 1913 年 5 月得到学校的批准，说他已经修够了毕业的学分，他于是申请研究所。该年 9 月 25 日，学校正式批准他作为哲学研究所的研究生。

　　由于胡适在 1913 年秋天成为哲学研究所的研究生，虽然他在那学期选了我们在上文提到的"政治学 87：经济理论史"以及"英文 52：维多利亚文学"，但哲学课程才是他那学期的重点，一共四门："哲学 19：近代哲学问题的发展"（The Development of Modern Philosophical Problems）是克雷登教授教的；"哲学 20：伦理学史：从古代、中世纪到文艺复兴"是哈孟（William Hammond）教授教的；"哲学 26：伦理学进阶"；以及"哲学 37：伦理学讨论课"。后面这两门课都是狄理教授教的。"哲学 19：近代哲学问题的发展"，根据克雷登教授的课程说明，这门课的主旨为："在评论并诠释近代哲学派别与系统的主导概念，其目的在追溯哲学观念的演化，特别是去审视它们与十九世纪的的科学、社会、宗教问题之间的纠结关系。"② 胡适在《口述自传》

---

① 《胡适日记全集》，1:334.
② *Official Publications of Cornell University*, IV.11, *Announcement of the College of Arts and Sciences, 1913-14*, p. 21.

里，提到康乃尔大学哲学系的老师老爱在课堂上批判实用主义和杜威，他指的大概就是克雷登的这门课。

胡适在 1914 年春天选了两门哲学课：哈孟教授教的"哲学 16：德国哲学选读"，以及艾尔比（Ernest Albee）教授教的"哲学 21：近代伦理学史"。艾尔比的"近代伦理学史"着重的是英国的伦理学发展史，重点在阐明伦理学如何发展成哲学系统里一个独立的科学。① 哈孟的"德国哲学选读"，用的教科书是德国新康德派哲学家温德尔班（Wilhelm Windelband）所著的德文作品《柏拉图》（*Platon*）。值得指出的是，哈孟教授自己为温德尔班这本《柏拉图》写了一篇书评。他称许："温德尔班在所有他的著作里，都展现出他的长才，用求因溯源（genetically）的方法去彰显他所分析的人物、思辨的运动或问题。"他说温德尔班之所以能有这样的成就，就在于他能够充分地引用语言学与历史学研究的成果，能够批判地运用文献、以及用证据来判定其真伪。他在总结里称赞温德尔班的这本《柏拉图》"是第一流德国学术论文的代表作，反映了当代研究的精华。它行文的对象是大众，但完全没有牺牲其科学的内涵。作者对如何说他想说的话，有他神来之笔的领会。他得到了柏拉图之灵的感召，在这本著作的优美的架构里展现了他的魔力，以及他这位雅典师祖的影响。"② 我在下文会提到"求因溯源"这个当时许多哲学派别共同使用的字眼，胡适后来翻成"历史的方法"、"祖孙的方法"，把它拿来解释杜威的实验主义。我也会再进一步地分析康乃尔大学这个唯心论的哲学背景，如何影响了胡适研究中国哲学史的方法。

胡适在 1914 年秋天选了一门哲学课，是"哲学 30：经验论与唯理论"。这门课是艾尔比教授教的。有关经验论，他们所读的代表哲学家是洛克、伯克莱、休姆；唯理论的代表，他们所读的则是笛卡儿、斯宾诺沙、莱布尼兹。胡适在康乃尔哲学研究所所选的最后一门哲学课是他在康乃尔的最后一个学

---

① *Official Publications of Cornell University*, IV.11, *Announcement of the College of Arts and Sciences, 1913-14*, pp. 21-22.

② William Hammond, "Review of *Platon* by Wilhelm Windelband," *The Philosophical Review*, 10.4 (July, 1901), pp. 430-436.

期，也就是 1915 年春季。他选的是"哲学 31：康德的批判哲学"。这门课也是艾尔比教授教的，读的是康德的《纯粹理性批判》，用的是缪勒（Max Müller）的英文翻译本。他们除了读各家的笺注以及当代的研究论著以外，还研讨了康德三大批判之间的关系。①

胡适在康乃尔大学主修哲学三年，扣除当时算在哲学学分里的心理学那一门课不计，一共选了六门哲学的课。他在哲学研究所两年，又选了八门哲学的课。总之，胡适在康乃尔大学五年，总计选修了十四门哲学的课。与之相比，胡适在哥伦比亚大学两年，总共只选了四门哲学的课（详下文）。我们要比较康乃尔大学与哥伦比亚大学的哲学系对胡适的影响或潜移默化之功，孰重孰轻，似不待言。

邵建认定胡适"对古典自由主义生疏"。他说："在他的日记中，我尚未发现胡适读过洛克。"他又说："胡适在美国读过洛克吗？看不出来。"在他看来："没有古典主义基础的自由主义，在来路上不明，就可能导致去向上的偏差。"他说他"相信胡适如果读过《政府论》"，就不会"走到了自由主义的反面"。② 事实上，胡适在《留学日记》里提过洛克。他在 1916 年 4 月 13 日记完的《评梁任公〈中国法理学发达史论〉》那一则日记里，在"法之起因"条下，就把墨家的说法比拟成："此近于霍布士之说"；而把法家的管子的说法比拟成："此近于洛克之说。"③ 邵建看到这句话就打心里不高兴，认为胡适牵强附会，于是指斥胡适说："管子会和洛克的思想一致吗？那么中国自由主义的时间表应该是先秦了。"④ 殊不知胡适在这里所比拟的跟自由主义一点都不相干，而是有关人类社会的起源论。我在这里指出胡适在《留学日记》里提到过洛克，重点在于指出胡适读过洛克。

邵建不是不知道胡适在《留学日记》里是不记哲学的。胡适解释了他在日记里不记他所读的哲学的原因：

---

① *Official Publications of Cornell University*, V.10, *Announcement of the College of Arts and Sciences, 1914-15*, pp. 21-22.
② 邵建，《瞧，这人——日记、书信、年谱中的胡适》（桂林：广西师范大学出版社，2007 年），页 88, 89, 131-132, 135。
③ 《胡适日记全集》，2:299.
④ 邵建，《瞧，这人——日记、书信、年谱中的胡适》，页 169。

或问吾专治哲学，而札记中记哲学极少，何也？则答之曰：正以哲学为吾所专治，故不以入吾札记耳。吾日日读哲学，若一一以实吾札记，则篇篇时日皆有所不给。且吾之哲学功课，皆随时作记（notes）；其有有统系的思想，则皆著为长篇论文，如前论墨子、康德（Kant）、胡母（Hume）［休姆］诸文，皆不合于札记之体例也。且吾札记所记者，皆一般足以引起普通读者之兴味者也。哲学之不见录于此也，不亦宜乎？[①]

念西方哲学的胡适，在选课的时候一定会读到洛克，这是毋庸置疑的。现在，我们知道胡适在"哲学30：经验论与唯理论"这门课读了洛克。此外，北京的中国社会科学院近代史研究所所藏的"胡适档案"里，就有一篇胡适的读书报告，写的就是邵建所谓的要了解自由主义的真谛所必读的《洛克〈政府二论〉的研究》（A Study of Locke's *Two Treatises on Government*）。[②] 我们不能确定这篇读书报告是为"哲学30：经验论与唯理论"所写的，还是他到了哥伦比亚大学以后上杜威的"社会政治哲学"那门课所写的。重点是，胡适是好好地读了洛克的《政府二论》的。如果胡适作出了与古典自由主义不合的论点，那绝不是像邵建所说的，是因为胡适"对古典自由主义生疏"，而是他站在了解的基础上来批判古典自由主义。所有研究胡适的人都必须先抱持着一个态度跟一个假定。那个态度就是虚心：我们所面对、所分析的，是一个天才，他的天分跟努力是我们望尘莫及的；那个假定就是：如果胡适敢谈任何问题，我们必须假定他知道他在说什么。我们必须假定该看的书，他都已经看过了。

胡适在康乃尔大学五年，其中三年是大学部的学生，最后两年是哲学研究所的学生。这是胡适一生思想形成的关键时期。他在《口述自传》里强调他在康乃尔大学有三个专业：哲学心理、英国文学以及政治经济。他没有特别提起两年的研究所生涯是可以理解的，因为无论是从他自己的角度来看，

---

① 《胡适日记全集》，2:183.
② Suh Hu, "A Study of Locke's *Two Treatises on Government*," 胡适外文档案，E060-012.

还是从世人对他的了解来看，他的哲学家的名声与依傍，都是跟哥伦比亚大学的杜威连结在一起的。我在下文会分析康乃尔大学哲学系对他的影响要远大于杜威对他的影响。我们在本节讨论胡适在康乃尔大学的教育，还有一个环节是必须处理的。而这个环节也是胡适在《口述自传》里刻意忽略的，那就是他在康乃尔大学所受到的史学训练。

胡适第一次选历史课是在 1912 年的夏天，也就是他转到文学院，上过一个学期的课以后。他在该年的暑期班选了两门历史课："历史 C"、"历史 D"。这两门课都是达确（George Dutcher）教授教的。达确是卫思理言（Wesleyan）大学的教授，那年的暑期班在康乃尔任教。"历史 C"这门课教的是"大英帝国的发展"（Growth of the British Empire），从都铎（Tudor）时期到维多利亚女王时代。讨论的主题包括英国的印度、北美殖民政策的比较，以及殖民帝国重建期在非洲、澳大利亚、印度的政策。达确教授强调这门课所讨论的不只是大英帝国在北美、澳大利亚、南非、印度及其它地区扩张的历史，而更是要去分析英国如何处理移民、代议政府、殖民地联邦、帝国统治、落后民族以及帝国主义观念兴起等等问题。"历史 D"的主题是"拿破仑时代"（Napoleonic Era），从拿破仑的身世与法国大革命时代的特征入手，再进一步分析拿破仑的事迹、法国的历史，以及欧洲从 1796 年到维也纳会议之间的历史。维也纳会议是奥、普、俄、英等国打败拿破仑以后，在 1814 到 1815 年召开的。达确教授在课程大要里说，虽然这门课非处理军事问题不可，但其分析的重点在于朝代、疆域与政制的变迁；法国大革命的完成及其建设性的工作；法国大革命的成果在欧洲的传布；特别是民族主义的兴起。[①] "历史 C：大英帝国的发展"，胡适得 70 分；"历史 D：拿破仑时代"，得 80 分。[②]

胡适虽然在 1912 年的秋季班没有选历史的课，但是他去旁听了布尔（George Burr）教授教的西洋中古史。他在 9 月 26 日的日记说："下午往旁

---

① *Official Publications of Cornell University*, III.7, *Announcement of the Twenty-First Summer Session, July 6-August 16, 1912*, pp. 22-23.
② 周质平，《胡适与韦莲司》，胡适康乃尔大学总成绩单，页 12-13。

听 Prof. Burr 之中古史，甚喜之。"① 这门课是"历史 11：中古史"。其课程说明是："基督教世界从中世纪的前夕到文艺复兴初露曙光的通史，时间是从公元 300 到 1300 年。着重点在社会生活以及文明的进步。"这个布尔教授，就是胡适晚年说他说"容忍比自由重要"的那个"老教授"。更值得指出的是，布尔教授在康乃尔也教一门"容忍史"的课。这门课是"历史 13：容忍观念的发轫（The Rise of Tolerance）"。课程说明说这门课讲授的是："基督教世界思想与宗教自由史的研究。"②

胡适再一次选历史课是在 1914 年的春天，当时他已经是哲学研究所的学生了。他选的课是："历史 71：历史的辅助科学"。这门课也是布尔教授教的。课程说明说这门课所探讨的是："对历史有重要的辅助功用的诸学科，其目标、方法、文献与功用：人类学、民俗学、考古学、语言学、碑铭学、古文书学、官文书学、印章学、古钱学、纹章学、谱系学、编年、地理。"③ 胡适在康乃尔大学最后一次选历史的课是在 1914 年秋天："历史 75：史学方法"。这门课也是布尔教授教的。换句话说，胡适在康乃尔大学选了四门历史课，旁听了一门，几乎可以说历史也成了他的一个专业。有关布尔教授教的"历史的辅助科学"，胡适在《口述自传》里作了一段回忆：

> 我在康乃尔念研究所的时候，选了布尔教授所开的"历史的辅助学科"。这门课对我的裨益极大。他每周都要学生去阅读一门历史的辅助学科，诸如：语言学、校勘学、考古学、考订学等等。这是我第一次涉猎到他认为对历史有益的辅助科学。④

胡适一生的思想，是奠基在他在康乃尔大学所得到的人文素养的基础教育。他在文学、哲学、政治方面的基础知识都是在这个阶段奠定的。我们甚

---

① 《胡适日记全集》，1:199.
② *Official Publications of Cornell University*, III.12, *Announcement of the College of Arts and Sciences, 1912-13*, p. 29.
③ *Official Publications of Cornell University*, IV.11, *Announcement of the College of Arts and Sciences, 1913-14*, p. 29.
④ Hu Shih, "The Reminiscences of Dr. Hu Shih," p. 125.

至可以说，要了解胡适一生的思想，唯一的途径，就是去发掘他在康乃尔大学的所学、所读、所思。这是解开胡适一生思想的唯一锁钥。胡适回到中国以后，自然继续读书、继续从事思考。中国在政治、社会、思想、经济、外交方面的巨变自然对他造成了冲击，刺激他去作思考、迫使他去作选择。然而，他思想的基调已经形成。这个基调固然会有些许修正、转折甚至背离，但其大方向已经奠立。有关这些，我们会在以下的三章详细分析。

从康乃尔转哥伦比亚大学的玄机

胡适一生中在日记、写作、回忆里，掩饰或淡化他人生经历的地方所在多有。他在康乃尔大学为什么没有完成他的哲学博士学位，就是一个典型的例子。胡适在念了两年的哲学研究所以后，转学到哥伦比亚大学去，这一个巨大的转变，他完全没有在《留学日记》里交代。他虽然在日记里提到了他申请到了他所说的"毕业助学金"（graduate scholarship），用今天通行的话来说，就是研究生奖学金。这份奖学金，我们在上一章提起过，是一年三百美元。但他矜于留下任何他已经是康乃尔大学哲学研究生的痕迹。我在写《星星·月亮·太阳》的时候，只专注他在《留学日记》里留下来的资料，完全没有意识到他所作的掩饰，而错把他正式从大学毕业以后留在康乃尔的一年，视为他毕业后留校作研究，就好像今天美国有些学校设有的"五年级奖学金"一样。[1]

根据当时康乃尔大学的规定，一个研究生只要在康乃尔注册选修了三个学年的课程，交出一篇合格的论文，并通过考试，就可以取得博士学位。此外，康乃尔大学规定每个博士候选人，必须缴交五十份印刷好的论文给大学的图书馆馆长。如果缴交的论文已经出版，则必须注明出版的时间和地点。如果论文来不及印刷，得等到毕业典礼之后才作的话，就必须最迟在毕业典礼前的一个礼拜五，把一份打字本，装订成书，缴交给院长。在这种情况下，毕业证书就必须扣在学校，一直到五十份印刷好的论文缴交以后才

----

① 请参阅拙著《星星·月亮·太阳》，页20。

能取得。①

胡适在康乃尔念了两年的哲学研究所。换句话说，他只要再多念一年，写完论文、通过考试，就可以取得康乃尔的博士学位。那么，他为什么像孟子所说的，"掘井九仞而不及泉"，就弃康乃尔这口井，而转战哥伦比亚大学呢？胡适一生中从来没有在公开的场合提起他在康乃尔哲学研究所的研究生生涯。就我所知，他第一次提起他为什么离开康乃尔大学，是他1927年1月14日给韦莲司的一封信。他在这封信里说："我的哲学老师给我的最大的帮助，是在1915年拒绝给我塞姬哲学奖学金。那个打击就仿佛把我从睡梦中惊醒一样。我于是决定藏身于纽约这样一个大都市里，专心致志于己务。我在1915到1917年之间，发愤图强。那激励我的力量，完全是来自我在康乃尔的教授，**因为我不要让他们失望**，他们显然觉得我的表现没有达到他们的要求。"②

胡适申请到康乃尔大学哲学系的奖学金是在1914年4月。他在该月没注明日期的一则日记里，简短地说："所请毕业助学金（graduate scholarship）已得之。"③《康乃尔太阳日报》在该年5月5日报道了几个系所公布的下学年度的奖学金。其中，拿到哲学研究所奖学金的有五名，赵元任跟胡适是其中的两名。④ 申请到奖学金这件事，胡适也在5月20日的家信里向他母亲报告了。这笔1914学年哲学研究所三百美元的奖学金，对胡适来说，可能是一笔额外的收入，因为他另外还有一个月六十美元的庚款可拿。怪不得胡适会在家信里请他母亲放心，说他跟旖色佳的朋友罗宾孙调度借来寄回家帮母亲度过难关的两百美金，不会是一个难题，因为"明年可得三百元，此款甚易偿还也"。⑤ 可惜，他这个奖学金只拿了一年。他在1915年申请下学年度的奖学金时，就惨遭滑铁卢了。原因何在？胡适在给韦莲司的那封信里作了详细的解释：

① *Official Publications of Cornell University*, IV.3, *Announcement of the Graduate Scholol, 1913-14*, pp. 5-6.
② Hu Shih to Clifford Williams, January 14, 1927，《胡适全集》，40:247-248.
③ 《胡适日记全集》，1:307.
④ "More Scholarships Awarded by Faculty," *Cornell Daily Sun*, XXXIV.162, May 5 1914, p. 2.
⑤ 胡适禀母亲，1914年5月20日，《胡适全集》，23:55.

我在康乃尔太有名了。而我的名气让我荒废了课业。对我眈于外骛的行为，狄理教授从来就不假辞色。其他教授，特别是克雷登教授，也很不高兴。我记得有一次我真是让克雷登教授生气了。当时，有一个研究佛教的日本教授要来康乃尔演讲。克雷登教授要我去火车站接他。我没有接受这个差使，因为我当天必须去波士顿演讲［胡适1915年1月18日坐火车到波士顿去，次日为"布朗宁知音会"（Browning Society）演讲《儒家与布朗宁》］。我看得出来克雷登教授很不高兴。我很难过，因为他是我最希望要讨他欢心的一个人。

　　胡适对韦莲司说："这是我第一次用英文提起这件事情。但我常对我在北京的学生提起这件事。我告诉我的中国朋友'胜易骄、败能励'的道理。"[①]事实上，如果胡适真的常对他的学生提起这个滑铁卢事件，我到现在还没找到出处。如果他跟朋友提起过这件事，他们似乎也没有把它笔之于书。胡适晚年在《口述自传》里提到了这件事。他回忆他在康乃尔大学作巡回演讲的光荣史，但那个光荣史是有代价的。他说他从来就不会后悔用了那么多的时间去演讲。演讲的好处，是它迫使一个人去作逻辑和系统的思考，然后再有组织地用逻辑、系统、明了的方式去表达出来。但是，到处演讲给他带来了滑铁卢：

　　　　公开演讲给我带来的一个报应，发生在1915年我在研究所的第二年。那时，我向哲学系申请塞姬研究奖学金（fellowship）。我在前一年拿的是塞姬奖学金（scholarship）。康乃尔大学哲学系的名称是塞姬哲学研究院，是罗素·塞姬家族捐款设立的。研究生的奖学金有两种：塞姬奖学金和塞姬研究奖学金［注：塞姬研究奖学金的全名是Susan Lynn Sage Fellowship，金额是五百美元，还是比清华庚款的七百二十美元少；奖学金则是三百美元］。我在1915年申请的是塞姬研究奖学金。但是我

①　Hu Shih to Clifford Williams, January 14, 1927，《胡适全集》，40:247.

没申请到。我研究所的指导教授委员会的主席是狄理教授，他直率地告诉我说系里决定不给我研究奖学金，是因为我到处演讲过了头以至于荒废了我的哲学课业。[1]

如此说来，这个滑铁卢还真是双重的。胡适第二年所申请的不是"塞姬奖学金"，而是多了两百美元的"塞姬研究奖学金"。自视极高的他，一定万万没想到他把眼界放得高一点，结果却使自己摔得更重。我们在上文提起胡适在 1927 年 1 月 14 日写给韦莲司的信。当天他先写了一封信给狄理教授。他告诉韦莲司，他说得很保留，因为他不希望狄理教授误会，"以为我还对哲学系记恨着"。[2] 事实上，他给狄理教授的信，完全没提起他在康乃尔哲学系的滑铁卢事件。胡适 14 日写信给狄理和韦莲司的时候，他人在纽约。1926 年胡适到英国去开英国退还庚款事宜的会，在欧洲勾留了五个月以后，他在 1927 年 1 月 11 日从英国坐船抵达纽约。胡适给狄理教授的信，是向他报告他希望在两个星期内能去旖色佳探望老朋友和老师。结果，由于胡适当时日正当中名声煊赫，他是美国东岸新英格兰区的名校争相邀揽去演讲的对象。他一直到 3 月 4 日才从纽约坐火车到旖色佳。[3] 无论如何，胡适在给狄理教授的信里说："一想到我就要回到我的哲学老师身边，却让我有了近乡情怯之情。这是因为我这些年来虽然没有完全放弃哲学，但却越来越随波逐流（drifting）地漂向了工具主义的思考方式。我害怕我康乃尔的教授会觉得我是一个逃兵。"[4] 康乃尔大学的哲学系是美国唯心论的重镇，尊师重道的胡适，虽然早已自居为杜威的信徒，在写信给康乃尔的老师的时候，还是觉得有自贬同时也贬抑实验主义的必要。

对我们想去重建胡适思想成长轨迹的人来说，胡适给狄理教授的这封信

① Hu Shih, "The Reminiscences of Dr. Hu Shih," pp. 52-53.

② Hu Shih to Clifford Williams, January 14, 1927，《胡适全集》，40:248.

③ 有关胡适 1927 年的美国以及旖色佳之行，请参阅拙著《星星·月亮·太阳》，页 204-215.

④ Hu Shih to Frank Thilly, January 14, 1927, 美国康乃尔大学特藏室 (Division of Rare and Manuscript Collections) 所藏 The Frank Thilly Papers, 14-21-623, Box 2: "Correspondences -1926, 1927, 1928, 1929."

非常重要。这封信还有其他要点，我们在下节还会提起。前段的引文，就有两点值得一提。一个是他说"我这些年来虽然没有完全放弃哲学"的说法；另外一个则是唯心论的逃兵的自况。这两句话不难解构，但须要细细说明，这是本章以下分析的主旨。首先，我们必须澄清胡适在康乃尔大学哲学系的滑铁卢事件。有关这点，韦莲司给胡适的一封信提供了一个关键性的辅证。由于胡适请韦莲司把他在 1927 年 1 月 14 日信上的话转告给狄理教授，或者干脆把那封信交给狄理教授看，韦莲司在收到了信以后，一定是把胡适的信交给狄理教授看了。他们还几次谈起胡适那件滑铁卢的事件。韦莲司特别为此写信替狄理教授作了解释。她说，狄理教授

　　认为你对塞姬研究奖学金那件事的记忆是错的。他显然不认为你申请了。他说你如果申请了，系里是一定会非常乐意给你研究奖学金的，因为系里一直认为你是一个非常杰出的学者。他说他当初确实是要你在演说——他完全没有看不起演说，也完全不是不相信你在那方面的才华——和哲学之间作一个选择。他又说：他告诉你如果你选择了哲学，为什么不去开发那几乎还没有人去碰过的中国哲学呢？[1]

从韦莲司给胡适的这封信看来，胡适的滑铁卢确实跟他外骛太多而没有专注于课业有关。问题是，我们是否可以更进一步地说，胡适的亟亟于外骛并不是因为他本末倒置，而毋宁反映了哲学其实并不是他的最爱的事实。我们在上文提到胡适说他在康乃尔大学有三个专业，在《口述自传》里说，他到六十六岁了还不知道他的专业是什么。事实上，这是胡适晚年的口头禅。胡适在康乃尔的三个专业，文学一直是他的最爱。我们在第一章就引了他1908 年 12 月 30 日在上海的时候写给程春度的信。他在那封信里就提起了他有留学研究西洋文学的梦想。胡适对政治的兴趣也不下于文学，我在第四章也引了他 1912 年 2 月 6 日给章希吕的信，说他从康乃尔大学毕业以后要转学，因为康乃尔"不长于政治文学也"。甚至在 1914 年 4 月申请到下学年

---

[1]　Clifford Williams to Hu Shih, February 10, 1927.

度的塞姬哲学奖学金以后，他仍然有转学的念头。他在 5 月 11 日的家信里说："儿在此甚平安，秋间即可毕业。惟仍须留此一年，可得硕士学位，然后迁至他校（尚未定何校），再留二年，可得博士学位。"[1] 更惊人的是，他居然在日记里强调，申请这个塞姬奖学金根本是他所不乐为的一件事。他在 1914 年 3 月 12 日的日记里，说他之所以出此下策，完全是为了养家：

> 余前为《大共和日报》作文，以为养家之计，今久不作矣。此亦有二故：一则太忙，二则吾与《大共和日报》宗旨大相背驰，不乐为作文也。惟吾久不得钱寄家，每得家书，未尝不焦灼万状，然实无可为计。今图二策，一面借一款寄家而按月分还此款，一面向大学申请一毕业生助学金（Scholarship）。二者皆非所乐为也，而以吾家之故不能不为之。[2]

胡适一直就想转学离开康乃尔大学。怎奈何学不但没转成，却每下愈况，为了养家，而到了不得已必须向康乃尔大学哲学研究所申请塞姬奖学金的地步。无怪乎他在申请到奖学金以后，只在日记里简短地说奖学金"已得之"。也无怪乎他在次年没有申请到研究奖学金，就干脆"此地不留人，自有留人处"，申请转学到哥伦比亚大学去了。胡适在《留学日记》里完全没有留下有关他筹划转学的痕迹。他唯一不着痕迹留下来的一个伏笔，是 1915 年 7 月 5 日的一则日记：

> 此间不可以久居矣。即如今日下午，方思闭户读书，甫尽二十页，而吕君来访。吕君去而 Mr. Coughram 来访。未去而 Mr. Theodore 来访。而半日之光阴去矣。吾居此五年，大有买药女子皆识韩康伯之概。酬应往来，费日力不少，颇思舍此他适，择一大城如纽约，如芝加哥，居民数百万，可以藏吾身矣。[3]

---

① 胡适禀母亲，1914 年 5 月 11 日，《胡适全集》，23:53.
② 《胡适日记全集》，1:304.
③ 《胡适日记全集》，2:145.

胡适在这则日记里所说的"买药女子皆识韩康伯",是一个典故。东汉的韩康,字伯休,隐身于长安的药肆之中,以不二价闻名。有一天有个女子去药肆买药,跟韩康讲价,韩康坚持不二价。该女子气着说:"你难道就是那个不二价的韩康?"这句话使韩康体认到,如果连不识其庐山真面目的女子,都听过他不二价的名声,那他隐身药肆,实际上等于没隐。他于是隐遁到霸陵山中去。另一说,则说他逃之夭夭,不知所终。事实上,所有了解美国入学申请流程的人,都知道到了七月的时候,申请者应该老早就已知道申请的结果了。除非胡适转学哥伦比亚大学确实是在申请截止日期以后才进行,而且哥大也特别通融,否则胡适这则日记就是特地为日后写他的传记、又不懂美国学制的人编造的,以便让他们顺理成章地把它当成胡适转学的原因。我们必须记住,在《口述自传》中译本出版以前,没有人知道他在康乃尔大学的滑铁卢事件。我们可以想象,如果没有后来的《口述自传》,历史如果用章回小说的体例写,会如何记载他转学的故事:"友朋交际太费时,胡适卖药大纽约。"

胡适在 1915 年 7 月 5 日埋下了他"忽思"转学的伏笔以后,在 8 月 21 日的日记里说:"余已决计往哥伦比亚大学留学一年。"[1] 两者连贯起来,就一点也不突兀了。有关转学的事,胡适在写这第二则日记前的一个月就在家信里报告了。胡适给他母亲的解释,跟他在《留学日记》里的说法是一致的。只是,他在这封家信里作了更多的发挥:

> 儿近思离去绮色佳,来年改入哥伦比亚大学。此学在纽约城中,学生九千人,为此邦最大之大学。儿之所以欲迁居者盖有故焉。一、儿居此已五年,此地乃是小城,居民仅万六千人,所见所闻皆村市小景。今儿尚有一年之留,宜改适大城,以观是邦大城市之生活状态,盖亦觇国采风者所当有事也;二、儿居此校已久,宜他去,庶可得新见闻。此间教师虽佳,然能得新教师,得其同异之点,得失之处,皆不可少。德

① 《胡适日记全集》,2:202.

国学生半年易一校，今儿五年始迁一校，不为过也；三、儿所拟博士论文之题，需用书籍甚多。此间地小，书籍不敷用。纽约为世界大城，书籍便利无比，此实一大原因也；四、儿居此已久，友朋甚多，往来交际颇费时日。今去大城，则茫茫大海之中可容儿藏身之地矣；五、儿在此所习学科，虽易校亦都有用，不致废时；六、在一校得两学位，不如在两校各得一学位之更佳也；七、哥伦比亚大学哲学教师杜威先生，乃此邦哲学泰斗，故儿欲往游其门下也。儿居此五年，不但承此间人士厚爱，即一溪一壑都有深情，一旦去此，岂不怀思？然此实为一生学业起见，不得不出此耳。①

胡适在这封家信里，说出了他转学的七大理由。这七大理由个个言之成理，但都没有真正触及到症结。当然，家信有家信的特质，胡适没有必要在家信里谈到家人不可能了解的哲学或者奖学金的问题。我们知道入学或转学都有一定的申请手续，必须提前准备申请，不可能是说换就换的。可惜胡适没有留下任何有关他转学的原因以及他申请转学的经过的记录。从胡适跟韦莲司的来往信件，我们可以知道他第二年没申请到奖学金是他转学的促因。然而，我们有理由相信还有更深层的原因让他作这么一个破釜沉舟的决定。这更深层的原因，有他对哲学，特别是唯心论哲学的排斥，也有他对历史，特别是考证史学的兴趣。先谈康乃尔的唯心论。

"黑格尔的沉淀"

胡适晚年在纽约所作的《口述自传》里说："我到哥伦比亚大学的理由之一，是因为当时康乃尔的哲学系基本上是被新唯心主义所宰制的。新唯心主义又称客观唯心论，是黑格尔唯心论的一派，是经由葛令（T. H. Green）引领的十九世纪末叶英国思潮影响之下形成的。这个康乃尔的赛姬哲学院（Sage School of Philosophy）[注：其实就是"系"，只不过是依捐款的亨利·赛

---

① 胡适禀母亲，1915 年 7 月 11 日，《胡适全集》，23:85-86.

姬（Henry Sage）的心愿而称之为"院"）的成员，在上课的时候经常批判实用主义运动，我在康乃尔的教授最常揪出来批判的对象就是杜威。康乃尔那些老师，不把詹姆士和其它实用主义者看在眼里。然而，对于杜威，尽管他们不能苟同他的观点，却不敢以等闲之辈视之。"[1] 胡适作《口述自传》的时候，他在康乃尔的哲学老师都已作古，唯心论在美国的哲学界也早已式微。同时，胡适作为一个实验主义者、杜威的信徒的名声已经深入人心，他没有什么顾忌了，或者更确切地说，他大可以顺水推舟，合情合理地解释他转学的原因。最绝妙的是，这样的回忆不但可以把他转到哥伦比亚大学去的原因，归结于一个深思熟虑的决定，而且可以圆满地解释成他弃唯心论而成为实验主义信徒的先声。

然而，这段回忆同时也指出了一个人们一向忽略的事实，那就是胡适在康乃尔大学哲学系所学的是唯心论。换句话说，胡适一生思想形成的轨迹里，跟杜威一样，是经过了黑格尔唯心论的一个阶段。杜威在转向实用主义以前，他的思想也就是胡适在口述访问里所说的葛令这一支的黑格尔唯心论。我在《胡适史学方法论的形成》里说：胡适跟杜威不一样，不像杜威的思想里留存了他自己所说的"永远的黑格尔的沉淀"（permanent Hegelian deposit）。[2] 胡适后来则彻底地挥别了唯心论。[3] 我现在要作一点修正，其实胡适也有他的"黑格尔的沉淀"，表现在他的哲学史的研究法上。有关这点，请详下文。如果杜威一生用他的实验主义来批判唯心论与唯实论（realism），却又不否认他的思想里存在着"黑格尔的沉淀"，胡适则是以一种反动的心理，浑然不自觉他有任何"黑格尔的沉淀"，终其一生，以驱除"玄学鬼"——任何的形上哲学——为职志。比如说，他 1930 年 2 月 15 日的日记说："哲学会聚餐，朱光谨先生读一篇论文，题为《超越的唯心论》，引用 Nelson［讷尔生，Leonard Nelson, 1882-1927，德国数学、哲学家］证明 Kant［康德］的

---

[1]　Hu Shih, "The Reminiscences of Dr. Hu Shih," p. 95.

[2]　John Dewey, "From Absolutism to Experimentalism," *The Later Works, 1925-1953* [LW], ed. Jo Ann Boydston (Carbondale: University of Southern Illinois Press, 1981-91), 5.154.

[3]　请参阅拙著《胡适史学方法论的形成》，李金强编，《世变中的史学》（桂林：广西师范大学出版社，2010），页 25。

哲学的新方法。这班所谓哲学家真是昏天黑地！"[1] 胡适憎恨形上学这一点，跟他一生反对基督教有异曲同工的地方。胡适在留美初期，也就是 1911 年，参加"中国基督徒学生联合会"夏令营的时候，几乎成为基督徒，后来觉得他们在作见证时，用"'感情的'手段来捉人"，"深恨其玩这种'把戏'，故起一种反动"，[2] 于是胡适终身反对基督教。

康乃尔大学的哲学系，是二十世纪初年美国黑格尔派唯心主义的一个重镇。事实上，二十世纪初年，执美国哲学界牛耳的，就是唯心主义派的几个大将。换句话说，尽管大家都说胡适是一个实验主义者，胡适自己更是以此自命。事实是，胡适在康乃尔大学所接受的哲学教育是唯心派的。目前藏在北京中国社会科学院近代史研究所的胡适档案里，有胡适作的哲学笔记，其中一部分，以内容来判断，是他在这个时期所记的。[3] 康乃尔大学哲学系的唯心派大将是克雷登（James Creighton, 1861-1924），他是"美国哲学学会"的创始人之一，也是该学会第一任会长。在康乃尔大学，他是哲学系第二任的系主任，在 1914 到 1923 年担任研究院院长。胡适说他在康乃尔的老师"尽管他们不能苟同杜威的观点，却不敢以等闲之辈视之"的话，是完全正确的。1903 年底，"美国哲学学会"在普林斯顿大学开的年会，是美国唯心派对实用主义展开凌厉攻击的开始。除了当年的会长、哈佛大学的若义司（Josiah Royce）以外，另外一个批判大将就是康乃尔的克雷登。[4] 胡适回忆中的另一段话也完全是正确的，他说康乃尔的教授"在上课的时候经常批判实用主义"，"最常揪出来批判的对象就是杜威"。克雷登在哲学杂志上所发表的文章，特别是在康乃尔大学编辑出版的《哲学评论》（*The Philosophical Review*），就有许多篇是批判实用主义和杜威的。我们可以很合理地相信胡适早期对实用主义的了解，是透过他康乃尔大学唯心派的老师的批判眼光。

---

[1] 《胡适日记全集》，6:108.
[2] 《胡适日记全集》，1:157.
[3] 北京中国社会科学院近代史研究所藏胡适外文档案，E62-9—incomplete manuscripts.
[4] "Proceedings of the Third Meeting of the American Philosophical Association, Princeton University, Princeton, N. J., December 29, 30, and 31, 1903," *The Philosophical Review*, 13.2 (Mar., 1904), pp. 176-202.

胡适在康乃尔的另外一个哲学老师是我们已经提过好几次的狄理教授。他在 1912 年担任"美国哲学学会"会长，1915 到 1921 年担任康乃尔大学文学院院长。狄理原来的领域是语言学，他到德国柏林、海德堡大学留学以后才转向哲学。他是柏林大学新康德学派包尔生（Friedrich Paulsen）的弟子。狄理既属于文艺复兴型的饱学之士，又是一个百科全书式博闻强记的长才。他勤于著作、翻译，是一个著作等身的学者。与本文切题的重点是，他不但撰写了《哲学史》（*A History of Philosophy*），还翻译了阿尔斐德·威伯（Alfred Weber）用法文写的《哲学史》（*History of Philosophy*）。狄理跟克雷登一样，强调哲学史在哲学研究上的重要性。这点，我们可以征引狄理的老师包尔生说的话。包尔生在狄理翻译的《哲学概论》（*Introduction to Philosophy*）里说：整个十九世纪的哲学转向历史，从历史的角度来诠释心与物的演化。虽然包尔生跟克雷登属于唯心阵营里不同的派别，但他和克雷登一样，认为哲学思想的发展，是朝向真理的发现。①

　　从胡适一生思想形成的轨迹而言，作为美国唯心论重镇之一的康乃尔大学哲学系是他思想发展的中途站。胡适在康乃尔大学的五年，是他一生思想的转捩点，是研究胡适思想形成最重要的关键。其实，胡适对自己思想形成的轨迹交代得很清楚，即使不是斑斑俱在，他所留下来的线索，已经足够让后人按迹寻踪；至于那些想为他立传的人能不能按图索骥，则端赖其功力。他在《留学日记》的《自序》里说："我在 1915 年的暑假中，发愤尽读杜威先生的著作……从此以后，实验主义成了我的生活和思想的一个向导。"②这句话是一个关键性的线索。胡适等于在暗示我们：1915 年的暑假是他哲学思想的一个转捩点。换句话说，他从 1910 年秋天抵美，到 1915 年夏天，也就是他转学到纽约的哥伦比亚大学为止，他总共浸淫在美国唯心派哲学重镇长达五年之久。1915 年夏天，"发愤尽读杜威先生的著作"的他，开始自学杜威的实验主义。

　　也许因为胡适故意要留下线索，让后人能够按迹寻踪去找他留美时期思

---

① Friedrich Paulsen, "Preface to the First Edition," *Introduction to Philosophy*, second American edition, tr., Frank Thilly (New York: Henry Holt and Company, 1922), xv, xi.
② 《胡适日记全集》，1:110.

想发展的轨迹，他刻意在《留学日记》里保留了一个独一无二的胡适唯心论哲学教育下的陈迹。他在 1914 年 7 月 7 日的日记里，记他读《老子》"三十辐共一毂"的札记。他引了两家的注说，认为都不清楚。他说"辐凑于毂而成车"，就像"埏埴以为器"一样，都是意指器物制成以后，大家只会注意其整体，而不会去措意其零件。于是乎，"当其无有车之用"，以及"当其无有器之用"，都是意指车子造好以后，就不用去在意其辐辏；器皿烘焙成以后，就不用再去管其所用的黏土。他接着引申："譬之积民而成国，国立之日，其民都成某国之民，已非复前此自由独立无所统辖之个人矣。故国有外患，其民不惜捐生命财产以捍御之，知有国不复知有己身也。故多民之无身，乃始有国。（此为近世黑格尔一派之社会说、国家说，所以救十八世纪之极端个人主义也。）此说似较明显，故记之。"到了 1917 年 3 月，那时胡适已经扬弃了唯心论，服膺实验主义，他于是在这条日记之后加了一个自记："此说穿凿可笑，此'无'即空处也。吾当时在校中受黑格尔派影响甚大，故有此谬说。"①

　　胡适一向讨厌抽象的理论。就像他在回忆里提到他在康乃尔大学学经济学理论的经验。他说尽管他有像艾尔文·约翰逊这样一位出了高徒的名师为老师，却从来就没有把经济学理论学好。他的结论是："经济理论对我来说太过抽象，而我又最讨厌抽象的思考方式。"不幸的是，他在康乃尔大学所读的哲学也是抽象的。这可以解释为什么他在康乃尔大学的时候一直有转学的念头。更讽刺的是，他不但读了康乃尔大学部的哲学系，还在康乃尔念了两年的哲学研究所。从某个意义来说，康乃尔大学拒绝给胡适第二年的奖学金，对胡适来说，反而是一个解放。塞翁失马焉知非福。它让胡适终于不得不壮士断腕地离开那反正与他性向根本不符的黑格尔派唯心论的大本营。

　　离开了康乃尔大学的胡适，也许觉得自己已经彻底地扬弃了"黑格尔派的影响"。然而，胡适有所不知。他以为他扬弃了黑格尔派的唯心论，却不自知身上还有"黑格尔的沉淀"。他的"黑格尔的沉淀"里的第一个成分，就是他在康乃尔大学哲学系所学的哲学史。而这哲学史的老师，就是克雷

① 《胡适日记全集》，1:358-359.

登教授。胡适在《口述自传》里说："克雷登教授并不是一个有口才的老师。但是，他严肃、恳切地展现各个学派，那种客观地对待历史上各个阶段的思想史的态度，给我留下了一个极深的印象，也重新唤起了我对哲学，特别是中国哲学的兴趣。"[1] 胡适不只是在晚年的时候肯定康乃尔唯心论老师对他的影响。事实上，他在 1927 年 1 月 14 日写给狄理教授的信也是这么说的。他在那封信里说："克雷登教授的哲学史课，让我决定以哲学作为专业。而我教欧洲哲学史用的是您写的《哲学史》。"[2]

胡适在美国读书的时候，一共选了两次"哲学史"的课：一次是克雷登的哲学史的课，另一次则是他转学到纽约的哥伦比亚大学研究所以后，也就是乌德布瑞基（Frederick Woodbridge）开的"哲学史"。胡适只在他的口述访问里说这两门课很不一样。有关乌德布瑞基的那门课，我们以下还会谈到。胡适在他晚年的回忆里仍然会津津乐道地提到康乃尔唯心论老师对他的影响，这是一个我们绝对不能忽略的事实。因为那意味着他不像杜威，完全没有意识到他自己的"黑格尔的沉淀"。这也就是说，他完全没有意识到克雷登的哲学史观与他所自奉的实验主义是不相容的。如果胡适到他的晚年都没有意识到这一点，1916 到 1917 年在哥伦比亚大学用所谓实验主义的方法来写《先秦名学史》的他，就更不可能意识到了。有关这点，详见下文。

胡适在 1914 年 1 月 25 日的日记里记了一段话："今日吾国之急需，不在新奇之学说，高深之哲理，而在所以求学论事观物经国之术。以吾所见言之，有三术焉，皆起死之神丹也：一曰归纳的理论，二曰历史的眼光，三曰进化的观念。"[3] 余英时引胡适这则日记来证明："这时他还没有研究杜威的思想，但在精神上已十分接近杜威的实验主义了。"[4] 事实上，这个时候的胡适还在康乃尔唯心论的笼罩之下，他在这则日记里所说的"三术"，没有一样是"接近杜威的实验主义"的。"归纳的理论"当然不是杜威所专有的，任何讨论逻辑或科学方法的人，包括克雷登的《逻辑导论》，都会讨论到归纳的理论。

① Hu Shih, "The Reminiscences of Dr. Hu Shih," p. 46.
② Hu Shih to Frank Thilly, January 14, 1927.
③ 《胡适日记全集》，1:262-263.
④ 余英时，《重寻胡适历程：胡适生平与思想再认识》，页 195。

胡适在此处所谓"归纳的理论"也者，不过是融合他上了克雷登教授的逻辑课，以及他自己从事考据所悟出来的道理。"归纳的理论"是胡适早在 1911 年 5 月 11 日撰写《〈诗〉三百篇言字解》就已悟出来的心得。[①] 他在 1916 年 12 月 26 日的日记里回忆说：他在写那篇考据文章的时候，"已倡'以经解经'之说，以为当广求同例，观其会通，然后定其古义。吾自名之曰'归纳的读书法'"。[②] 换句话说，胡适在 1911 年 5 月用"归纳的读书法"写《〈诗〉三百篇言字解》的时候，他到美国还不满一年，人还在农学院。他当时不但还不知道杜威实验主义，甚且还没有上克雷登的逻辑课呢！

　　胡适在此处所说的救国三神丹之一的"进化的观念"，当然也不是来自杜威的。一方面，1914 年 1 月的时候，他还是反杜威的康乃尔大四兼第一年哲学研究所的研究生；另一方面，他当时还没有接触到杜威的作品，要在一年半以后才"发愤尽读杜威先生的著作"；更重要的是，进化论在当时已经是广为人接受的观念。举个例来说，克雷登教授就说演化论是对科学最有贡献的一个概念。他说演化论让我们了解所有事物并不是一成不变的，而是历经不同的蜕变阶段而持续演化的。透过对事物的起源及其成长过程的了解，我们对其本质以及各事物之间的关系，就能获得更真确的理解，这不是其他方法所能望其项背的。克雷登的结论是："任何现象的历史，其演变的故事，就是最能帮助我们了解其本质的方法。"[③]

　　胡适所谓的"历史的眼光"——那能让中国起死的第三神丹——也不是后来他从杜威那里学来的，而是从康乃尔唯心派的哲学老师那里学来的。克雷登的客观唯心论，其重点即在检视"客观的心"（objective mind）如何在历史以及制度上呈现出来；其研究取向糅合了康德与黑格尔，既从事批判的范畴分析，也强调人类精神在历史上的进程。[④] 对客观唯心派而言，哲学史是哲学研究不可或缺的一环。克雷登认为一个哲学家要想真正对哲学做

────────────

① 胡适，《〈诗〉三百篇言字解》，《胡适全集》，1:229-232.

② 《胡适日记全集》，2:447.

③ James Creighton, *An Introductory Logic* (New York: The MacMillan Company, 1909), pp. 316-317.

④ John Randall, *Philosophy After Darwin: Chapters for the Career of Philosophy, Volume III, and Other Essays* (New York: Columbia University Press, 1977), p. 156.

出贡献，就必须先学习哲学史，去了解过去的哲学家讨论、解决了哪些问题。[1] 一个人想要成为哲学家，就必须要把历史上的种种哲学问题和答案吸收、复制到自己的思想里。对克雷登来说，哲学史不仅仅是历代哲学家想法的汇编，而是一个发展的过程，是那在历史上不同阶段的哲学思想中彰显出来的普世皆准的原则发展的过程。要了解这个哲学思想发展的进程，就必须要透过自己的思考，去诠释、重建、评判这些思想系统。[2]

胡适可以不必服膺克雷登所谓的"客观的心"，更不必一定相信克雷登把哲学史视为"客观的心"的展现史的看法。然而，克雷登对史学方法的重视，对胡适而言，绝对是一拍即合的。从认识论的角度来说，克雷登虽然不能同意德国新康德派的温德尔班以及李凯尔特（Heinrich Rickert）的看法，然而，温德尔班和李凯尔特对自然科学与精神（即人文）科学在方法学上的分殊的坚持，以及他们对史学方法的重视，都在在地影响了克雷登。[3] 我在下文提到胡适的《中国哲学史大纲》上卷的时候，会提到他征引了温德尔班的书。事实上，不只是史学方法的运用，克雷登的"历史的眼光"，对胡适绝对有其深远的影响力。我们可以征引克雷登所说的一段话来作说明。这是克雷登过世以后才发表的一篇文章的结论，尽管这是克雷登晚年的作品，然而代表了他哲学观点成形以后所一贯秉持的态度："哲学的真精神是一种具有积极与消极两层意义的批判精神。它敬谨地综和、珍惜历史的传承，但并不把它们当成天经地义的教条或定论来接受。它所唯一信守的，是要不断地去修正和重审它的结论。它所追求的，既是一个可以安心立命之所，也是一个新的起跑点——是一种心灵的享受和增润，其目的不在为了栖息，而是为了要经营一个批判与建设的人生。"[4] 这样孜孜不倦的"历史的眼光"，即使是后来成为杜威弟子的胡适都可以读之而动容，更何况是还没有接触到实验

① J. E. Creighton, "The Nature and Criterion of Truth," *The Philosophical Review*, 17.6 (November, 1908), p. 595.

② J. E. Creighton, "The Idea of a Philosophical Platform," *The Journal of Philosophy, Psychology and Scientific Methods*, 6.6 (March 18, 1909), pp. 141-145.

③ George Sabine, "The Philosophy of James Edwin Creighton," *The Philosophical Review*, 34.3 (May, 1925), p. 253.

④ J. E. Creighton, "Eighteenth and Nineteenth Century Modes of Thought," *The Philosophical Review*, 35.1 (January, 1926), p. 21.

主义的他。我们甚至可以大胆地说，胡适写作《中国哲学史大纲》的灵感与论述主轴的来源，并不是杜威，也不是他后来津津乐道的实验主义，而是他在康乃尔唯心派老师的哲学史的观点，以及他在康乃尔所受的西方考证学的启蒙。

胡适的"黑格尔的沉淀"的第二个成分就是他的方法论哲学，也就是他的"大胆的假设，小心的求证"的哲学。克雷登在他的《逻辑导论》里说："逻辑可以被定义为思想的科学，或者是研究思想过程的科学。"[①] 克雷登的客观唯心论主张"实在"（reality）是客观存在的，是可知的。这是他不同于康德或新康德学派的地方。这也是他的同事狄理教授会说克雷登其实是一个道道地地的唯实论者（realist）的原因。[②] 也正由于克雷登相信"实在"是客观存在的，所以他认为心的功能就在发现、综合、诠释"事实"。他说："思考不是一个封闭的、由一以贯之的抽象原则去找真理的过程，而主要是一个寻找事实、实验与证明的过程。"然而，"事实"并不是素朴地存在的。"事实"是经由理论去发现的。理论的形成是透过归纳法与演绎法的交相并用："归纳与演绎并不是不同的思考方式，而毋宁是不同的方法，是必须交相并用的……这两个程序是并进而且互补的。"[③]

克雷登强调事实与理论是不可二分的："哲学跟所有的科学一样，是从二者同时下手的，在开始的时候，事实的不正确、不完整，就跟理论之粗糙与不圆熟是一样的。科学的进步，就是从这个起点开始，精益求精。其过程既在于用理论来检视事实，同时也用事实来发挥并发展出新的理论。"[④] 事实与理论有相辅相成的关系，这是因为："事实并不是现成的就进入我们的心里。光是盯着事物看，并不能给我们带来知识：除非我们的心去作反应、判断与思考，光是凝视并不会使我们聪明一点。我们想要作好观察，就必须要多多少少知道我们究竟在找些什么，然后把注意力放在某些场域或事物；而要能

① James Creighton, *An Introductory Logic*, p. 1.
② Frank Thilly, "The Philosophy of James Edwin Creighton," *The Philosophical Review*, 34.3 (May, 1925), p. 217.
③ James Creighton, *An Introductory Logic*, pp. 205-206.
④ J. E. Creighton, "The Nature and Criterion of Truth," *The Philosophical Review*, 17.6 (November, 1908), pp. 594-595, 602.

这样作，就意指我们必须在我们所意识到的众生相里作选择。而且，科学的观察必须要分析与辨别。"[1] 由于科学的观察需要分析与辨别，所以作为思想的科学的逻辑就提供了各种帮忙思想作分析、辨别、诠释与综合的工作。其中，最重要的工具就是假设。如果我们觉得克雷登所说的这些话非常熟悉，那是因为那些都是胡适后来常说的话。

假设的建构与形成可以有诸多的来源。其中的一种就是"类推"（analogy）。克雷登所举的一个例子，就是达尔文从马尔萨斯的《人口论》所类推得来的灵感。这个胡适在康乃尔大学留学时读到的故事，显然让他终身难忘。直到1935年他讲《治学的方法》的时候，仍然记忆犹新到可以全盘拿来借用的程度。克雷登所举的这个例子，我们可以借用胡适的话来描述。他说：达尔文

费了二十多年的光阴，并且曾经亲自乘船游历全世界，采集各种植物的标本和研究其分布的状况，积了许多材料，但是总想不出一个原则来统括他的学说。有一天偶然读起马尔萨斯（Thomas Robert Malthus, 1766-1834）的《人口论》，说粮食的增加是照数学级数，即是一、二、三以上升。人口的增加却是照几何级数，既是依二、四、八以上升，所以人口的增加快于粮食。达尔文看到这里，豁然开朗地觉悟起来了，因此确定了"生存竞争，优胜劣败"的原理。[2]

克雷登说达尔文的例子在在说明了一个事实："一个脑子里装满了事实，又有得天独厚的想象力的科学天才，能透视表相而看出真正或根本的相似点。他的想象力让他能够超越殊相所呈现出来的混沌，而识破那可以让他把这些事实联结、统合的根本原则。"[3] 想象力不只是在类推或类比的时候有用，它是所有的假设之母。克雷登说用最宽泛的定义来说，假设是一种臆测

---

[1] James Creighton, *An Introductory Logic*, pp. 210-211.

[2] James Creighton, *An Introductory Logic*, pp. 272-274; 胡适，《治学的方法》，《胡适全集》，20:709. 请注意，胡适这篇演讲是在1935年，《胡适全集》误植为1953年。

[3] James Creighton, *An Introductory Logic*, p. 276.

（guess）与假定（supposition）。他说假设是我们无时无刻都在运用的工具，不管是日常生活，还是从事科学研究。假设是一个起点，一经证明，就成为一个事实，或成为进一步研究的起点。当然，我们在日常生活中所用的假设，与科学研究所用的假设，其严谨的程度不同，不是可以道里计的。

要作好的假设，就必须要有好的想象力。克雷登相信："好的理论家像诗人一样，是天生的，而不是训练出来的。"他说："科学天才发现惊天动地的科学理论，常是那一线的灵光，是那种我们几乎可以称之为灵感的想象悟力（imaginative insight）。"他引赫胥黎的好友、物理学家廷斗（John Tyndall）在《想象力在科学上的运用》（Scientific Use of the Imagination）一文里所说的一句话："以精确的实验与观察作为基础，想象力可以成为物理学理论之母（architect）。"廷斗举了好几个科学家作为例子，包括牛顿、提出原子论的道尔顿（John Dalton）、化学家戴维（Humphry Davy）及法拉第（Michael Faraday）。他说他们之所以成为伟大的发明家，其主要的动因都来自他们所赋有的想象力。廷斗说："科学工作者对想象力这个字，都避之犹恐不及，因为它有溢出科学范围之外的言外之义。事实上，如果没有想象力的使用，我们今天对大自然界的知识，就只会停留在把大自然的事件按照发生的先后次序排列出来的阶段而已。"[1]

强调想象力的重要性，并不表示事实不重要。克雷登："当我们把假设比喻成'臆测'或'想象的成果'的时候，我们不能忘了它们是建立在事实的基础上。只有当我们仔细地观察想要解释的现象以后，我们对其解释所作的臆测才会有价值。我们都知道一个人没有相当的知识，是提不出好问题的。同样地，我们的脑子里必须先有了大量的事实，才可能让我们的假设有它考虑的价值。"他又说："要制定一个科学理论，我们既须要有信手拈来的想象力，也须要有耐心与毅力去小心地演绎出理论的结果，并将其结果与事实来作对比。"克雷登的结论是："作假设容易，找证明难。"[2] 这是克雷登对

---

[1] James Creighton, *An Introductory Logic*, p. 276; John Tyndall, "Scientific Use of the Imagination," *Fragments of Science: A Series of Detached Essays, Addresses, and Reviews* (New York: D. Appleton and Company, 1899), p. 104.

[2] James Creighton, *An Introductory Logic*, pp. 233-288.

假设与证明的演绎，胡适回国以后在《清代学者的治学方法》一文里说："他们用的方法，总括起来，只是两点。（一）大胆的假设，（二）小心的求证。假设不大胆，不能有新发明；证据不充足，不能使人信仰。"[①] 胡适与克雷登的说法，是何其相似啊！

胡适的"大胆的假设，小心的求证"的方法论箴言，并不像林毓生所讥讽的那么肤浅。林毓生说胡适犯了形式主义的谬误、肤浅、含混与庸俗。他说："任何问题经过胡适的肤浅的心灵接触以后，都会变得很肤浅。"[②] 事实上，胡适这句话是从他的老师克雷登那儿悟出来的，然后用他自己最精炼、最脍炙人口的口诀一语道破。从上文的分析，我们可以知道这个方法论哲学也不是克雷登凭空想出来的。不但赫胥黎的朋友廷斗讴歌想象力在构思假设时的用处，达尔文在剑桥大学的两位老师赫歇尔（John Herschel）和惠维尔（William Whewell）也有类似的看法。赫歇尔说建构假设有三个方法，其中之一是："先立下一个大胆的假设，把它定成一个特殊的定律，然后透过检视其结果与对比事实来求证。"[③]

惠维尔不赞成赫歇尔"先大胆的假设"，然后再"小心的求证"的说法，因为他坚持所有的假设都必须由归纳法去产生。然而，惠维尔自己的说法其实也有异曲同工的意味。克雷登在他的《逻辑导论》里引了惠维尔的格言："归纳法这个名词，意指用一种精确而适切的概念来把事实真正地综合概括起来（colligation）的过程。"另一个格言："事实与理论的区分是相对的。那些可以被归纳法综合概括起来的事件与现象，各个单独来看，就是事实；在把它们与其他事实综合概括以后，它们就变成理论。"[④] 虽然惠维尔彻头彻尾坚持归纳法，但他在给一个学生的一封信里，就用"发明家的归纳法"（Discoverers' Induction）来称呼他眼中的

---

① 胡适，《清代学者的治学方法》，《胡适全集》，1:387-388.

② 林毓生，《中国人文的重建：评胡适所谓"大胆的假设，小心的求证"——形式主义的谬误的进一步说明》，《思想与人物》（台北：联经出版事业公司，1983），页 18-25.

③ John Herschel, *Preliminary Discourse on the Study of Natural Philosophy* (London, 1851), pp. 198-199.

④ William Whewell, *Novum Organon Renovatum* (London, 1858), pp. 70, 98; James Creighton, *An Introductory Logic*, p. 207.

"归纳法"。① 这是因为"综合概括"并不只是单纯地胪列案例，而是把事实和案例统合起来的一种"发明"（invention）、一种"思考的动作"（act of thought）。② 换句话说，即使惠维尔所谓的"综合概括"必须是从归纳法出发，然而那"综合概括"的"思考的动作"还是有赖于那"发明家"的慧根。

我们可以振振有词地说，赫歇尔、惠维尔、廷斗和征引他们的克雷登，以及祖述克雷登的胡适所说的科学方法，是过时的十九世纪的科学方法。更有意思的是，这个十九世纪的科学方法论的演申者当中，有唯心论的，也有实证主义的；有哲学家，也有科学家。更重要的是，我们不能用一家之言，就来全盘推翻赫歇尔、惠维尔、廷斗、克雷登、胡适的说法。即使在今天，或者说，特别是在后现代主义横扫所有学术领域的今天，科学哲学不但没有定论，而且只有指向一个百家争鸣局面的滥觞。赫歇尔那句胡适式的名言，或者，更正确地说，胡适那句赫歇尔式的名言："先大胆的假设，再小心的求证"，仍然方兴未艾；仍然能成一家之言，属于"假设－演绎论"（hypothetico-Deductivism）或"待证假设暂用论"（Retroductivism）。二十世纪有名的两位科学哲学家——卡尔·波普尔（Karl Popper）以及韩培尔（C. G. Hempel）——都属于这个阵营。韩培尔说："科学的假设……就是我们对我们所研究的现象之间的关联所作的臆测。"当然，韩培尔同时也坚持这种臆测必须经由事后的实验来证明它。1965 年获得诺贝尔物理学奖的费恩曼（Richard Feynman）说得更干脆："一般说来，我们寻求新定律的作法如下：第一，先作臆测。接下来，我们把这个臆测的结果拿来计算，看如果我们臆测出来的定律是正确的话，其结果如何。然后，我们把计算的结果拿来跟自然作比较……看它是否合用。"③ 总而言之，即使胡适的"大胆的假设，小心的求证"对某些人而言，是肤浅、庸俗和误解，如果诺贝尔奖得主费恩曼说这就是他研究物理的方法，我们这些凡人还有什么置喙的余地呢？

---

① I. Todhunter, *William Whewell, D.D., An Account of His Writings, with Selections from His Literary and Scientific Correspondence*, II, pp. 416-417。转引自 Laura Snyder, "Discoverers' Induction," *Philosophy of Science*, 64.4 (December, 1997), p. 585.

② William Whewell, *Novum Organon Renovatum*, p. 76.

③ 转引自 Laura Snyder, "Discoverers' Induction," p. 582.

胡适，或者，更正确地说，这个十九世纪以来某些哲学家、科学家所服膺的"大胆的假设，小心的求证"的说法，符不符合杜威的实验主义呢？答案当然是否定的。这种"大胆的假设，小心的求证"的说法，从杜威的角度来说，犯的是一种认识论二分法的谬误，是唯心、唯实论者所共同犯的谬误。杜威的《实验逻辑论文集》（*Essays in Experimental Logic*）这本书是 1916 年出版的。胡适当时已经在哥伦比亚大学跟杜威上课了。北京大学图书馆藏有一本胡适的这本藏书，他在扉页上签名注明是该年 7 月在纽约买的。杜威在这本书里批评了这种认识论上的二分法的谬误。他说：

　　　　从培根以降，大家所作的呼吁都是去作观察、去留心事实、去关注外在的世界。大家都说真理唯一颠扑不破的保证在于举出事实。而思考则不然。思考如果不是被视为一种常变的状态，至少是被视为一种无休无止地思索问题的状态。内在的意识迸不出真理，因为那只是内省、论理，只是思辨。

　　杜威说这种全盘贬抑思考的作法，完全忽略了思考的价值。他说思考跟问题或事实是相生相成的。问题解决、事实确定以后，思考就暂时终止。但是，当新问题出现的时候，也就是"事实"不清的时候。杜威说：

　　　　当我们真正须要作思考的时候，我们没有办法直接去求助于"事实"。这理由很简单。正因为"事实"离我们而去，才会刺激我们去作思考。这种谬误的想法在在表现在穆勒身上。惠维尔说我们须要用理念或假设去综合概括"事实"。穆勒坚持说，这所谓的理念是从"原来就已存在"于"事实"的理念里"汲取"来的，是"从外界印记到我们心里"的，而且也是因为事实的"晦暗与混淆"，才让我们想要用理念在其中找出"光明与秩序"。

　　穆勒这种谬误的想法就在于误解了思考的性质。杜威说思考是把各种观念拿来作选择、比较、实验，以至于提出新的建议，然后，再作臆测、联想、选择、淘汰的工作。用近代科学的研究方法来说，思考是用实验室的方法来进行的。思考并不是无止境的冥思和玄想，而是以特定的经验来作为疏导的对象。[①] 换句话说，思考与"事实"不是对立的，而是相生相成的。

胡适的"大胆的假设，小心的求证"的基础，正是杜威所批判的把思考与"事实"划为二元对立的谬论。其次，胡适用来"小心的求证"的客观存在的"证据"、"事实"，从杜威的角度来看也是谬误的。所有"事实"都是"发现的事实"，都是经由人工处理，把它们从其所在的环境里分离出来以后所发现的事实。没有人会否认世界上有所谓的"粗犷的素材"（brute data）存在，就像我们说山上有花、有草、有树、有岩石的存在一样。但是，除非我们把它们拿来使用，这些"粗犷的素材"或"事实"并不具有任何特殊的意义。这些"粗犷的素材"必须在我们所加诸的脉络之下才会产生其作为"素材"的意义。有趣的是，杜威说的这些话，胡适都在课堂上听过。但显然当时的他，这也就是说，在对实验主义开窍之前的他，是听而不闻。胡适在一篇英文的课堂笔记里记着："意义或理解是建立在事物之间的关联上，就好像益智拼图一样。事物的本身——'粗犷的素材'——不具有任何意义。"[②] 杜威用铁矿石来作比方。那些在山上岩石里的铁矿石，毫无疑问地，是"粗犷的素材"。但在人类发展出技术把它们提炼成铁以及后来的钢以前，它们的存在对人类并不具有任何意义。在那个时候，铁矿石跟其他岩石并没有什么不同，都只是岩石而已。换句话说，只有在人类发展出炼铁技术的脉络之下，铁矿石才被人类赋予了新的意义。[③]

我相信任何做过研究工作的人，任何有过搜集、选用研究资料的经验的人，读到了杜威的这个铁矿石的比方，都能心领神会、颔首称是。我们搜集的资料永远是少于图书馆或档案室里所藏的资料，而我们所搜集的资料总是多过于我们所会利用的。这其间牵涉到的是选择；而选择就意味着主题的先导；而主题的先导就意味着脉络的存在；而就在这个脉络之下，我们所运用

---

① John Dewey, "Some Stages of Logical Thought," *The Middle Works, 1899*-1924, ed. Jo Ann Boydston (Carbondale: University of Southern Illinois Press, 1981-91), 1.159-160.

② 北京近代史研究所藏胡适外文档案，E062-002.

③ John Dewey, "Introduction to Essays in Experimental Logic," *The Middle Works, 1899-*1924, 10.344-346.

的资料才被赋予了意义。反之，那些被我们弃置在档案室或者书房资料柜里的资料，虽然作为"粗犷的素材"而言，它们是真实存在着的，但因为它们对我们眼前研究的主题而言是无用和不相干的，它们的存在相对于目前的我们而言，等于是没有任何意义的。换句话说，它们即使存在，也等于跟不存在没有不同的意义。然而，当我们有了新的题目或者新的观点的时候，那些原来被打入冷宫的资料，大可以活蹦蹦地跃然于我们的眼前，让我们不禁浩叹从前的有眼无珠。试想现在研究性别、身体、边缘人、被压迫阶级的学者搜集选用的资料，就是被重新挖掘、赋予意义的资料。这就在在证明了杜威的洞见："所有可知的对象，都不是独立于认知的过程以外，而都是属于我们所作的判断的内容。"[①] 他又说："如果观念、理论是待证的，是可塑的，是必须能曲能伸以便与事实吻合的，我们同时也不能忘记：'事实'并不是僵固的（rigid），而是可以有弹性（elastic）来跟理论作接应的。"[②]

杜威还有一句说得更为明白的话："事实可以是事实，但并不是我们手头所要作的研究的事实。然而，在所有的科学研究里，当我们把它们当成事实、素材或事实的真相的时候，那就意味着它们已经成为我们所要作的推论研究的相干事实。而这也意味着，如果这些事实在我们作研究规划的时候就已经在列（不管是多么地间接），他们本身就具有逻辑上的理论意义。"[③] 前一句话，一语道破并非所有事实都是相干的事实的道理。后一句话更重要，他一言以蔽之，打破了事实与理论的二分法。他说明了不只是理论和事实是相生相成的，而且事实本身也涵蕴着理论。换句话说，在胡适的"大胆的假设，小心的求证"的方法论之下，"事实"是被动的、静态的，是坐在那儿等着人去发现，然后拿来证明假设或理论的。杜威的看法则不若是。"事实"不是"僵固"的，是"可以有弹性来跟理论作接应的"，是我们在作假设的时候，就已经判定为"事实"，就已经混凝于待证的假设里，成为进一步研究的工具。

杜威的这些观点，当然是当时的胡适所不能理解的。我们甚至可以大胆

---

① John Dewey, "The Superstition of Necessity," *The Early Works of John Dewey, 1882-1898* (Carbondale and Edwardsville, Il.: University of Southern Illinois Press, 1971), 4.21.

② John Dewey, "The Logic of Verification," *The Early Works of John Dewey, 1889-1898*, 3.87.

③ John Dewey, "Logic of Judgments of Practice," *The Middle Works, 1899-1924*, 8.23.

地说，也是后来自认为是杜威实验主义的信徒的胡适所不能理解的。原因很简单，他思想里的"黑格尔的沉淀"就是一个重要的因素。然而，更重要的，是我们在下节要分析的他思想里的实证主义的精神。胡适思想里的实证主义，会随着岁月而日益深固，以至于到了他笔之于书、言之于口的俨然是实验主义，而实际仍是实证主义，却浑然不觉的地步。

实证主义考证史学的滥觞

我们说胡适的思想里，有他在康乃尔大学唯心论哲学教育所遗留下来的"黑格尔的沉淀"，这并不表示胡适的中国哲学史研究法，以及他的方法论是唯心论的。"沉淀"所意指的是灵感、来源与历史；其存在、其运作，常是下意识的。它并不会规约或局限主人翁在思想上的发展、蜕变与演申。胡适思想里的"黑格尔的沉淀"并不足以妨碍他后来转而接受实验主义。同样地，这个"黑格尔的沉淀"也不影响胡适终其一生服膺实证主义。自从胡适在哥伦比亚大学完成他的博士学业回国以后，终其一生，他都以杜威的实验主义者自居。事实上，胡适思想的精神与其说是实验主义，不如更正确地说是实证主义。胡适是实验主义其表，实证主义其实；实验主义是他的语言，实证主义是他的内涵。而反映胡适实证主义精神的，莫过于他的考证史学。

有趣的是，胡适的实证主义考证史学的滥觞也是在康乃尔大学。更值得注意的是，他在康乃尔的史学教授也是倾向于唯心论的。"黑格尔的沉淀"并不足以妨碍胡适走向实证主义，他的考证史学，就是一个最好的明证。我们在上文提到胡适在康乃尔的时候所选的历史课。在史学方面，对他影响最大的，就是布尔教授。胡适除了旁听过他的西洋中古史以外，还选修了他的"历史的辅助科学"以及"史学方法"。我们在上文引了《口述自传》，胡适说他是在这门课上第一次接触了历史的辅助科学，诸如语言学、校勘学、考古学、考订学等等。

布尔教授（1857-1938），根据胡适 1938 年 4 月 24 日日记的描述："此老为最博学之人，而终身不著书，President White［白校长——康乃尔大学第一任校长］比他为美国之 Lord Acton［艾克顿爵士］，学问太博，故不易下笔著书了。"① 胡适对布尔教授的描述,是所有布尔教授的学生都心有同感的。他不但博学,而且是一个典型的诲人不倦的老师。他对学生的奉献,据说在康乃尔是一个传奇。他个性之奇,也是一个传奇。比如说,到年老的时候,他还常用四天的时间步行到八十七英里(140公里)外的罗彻斯特(Rochester),目的在一面走路,一面沉思。同时,他也决定把床给扔掉,改为睡在椅子上,以便让他在任何醒着的时候都可以工作。② 他 1881 年从康乃尔大学毕业以后,担任白校长的秘书兼其私人书斋的管理员。布尔一辈子只有大学的学位。他没拿到博士学位的故事,是每一个写论文或写书的人都害怕的梦魇。白校长在 1884 年送他到欧洲去留学。他的计划是要用十六世纪末德国一宗巫师审判案作为题目,在莱比锡大学取得博士学位。谁知,天不从人愿。1886 年复活节,当天是礼拜一,布尔在巴塞尔(Basel)火车站等车去往苏黎世。他在候车室的餐厅吃饭。火车来了,他就径自上了车,把他放论文资料的手提箱给忘在餐厅里了。布尔知道谁拾到那个手提箱都等于拿到天书一样,一点用处都没有。但是这些天书过了七个礼拜才物归原主。等布尔重获他的论文资料的时候,离他原定的论文答辩日期已经太近了,于是他只好放弃了他的博士之梦。③ 他一辈子就留在康乃尔大学,直到 1922 年退休为止。史丹福大学在 1891、1892 年曾经两度挖角,但都没有成功。④ 布尔教授是"美国历史学会"1916 年的会长。

博学的布尔教授研究的主题是基督教会,特别是基督教会对异端的迫害与摧残。因此,容忍是他研究的一个重要的主题。他不但在康乃尔大学开了一门专门研究"容忍史"的课,也常在大学里专就这个题目作公开的演讲。布尔教授的史学理论相当保守和传统,在他早年更是素朴。比如说,1889年秋天开学的第一天,他对他西洋中古史班上的学生讲解历史的意义。他说历史就是"人类的传记",而人类历史所彰显的意义,一言以蔽之,就是

① 《胡适日记全集》,7:532.

② "President Rawlings addresses newly tenured faculty," *The Cornell Chronicle*, June 4, 1998, http://www.news.cornell.edu/Chronicle/98/6.4.98/tenure.html, 2010.1.21.

③ Lois Gibbons, ed., *George Lincoln Burr: His Life* (Ithaca, New York: Cornell University Press, 1943), pp. 28-29.

④ "Gone to Leland Stanford," *Cornell Daily Sun*, XII.113, May 2, 1892, p. 1.

"进步"。① 等他思想成熟以后，他的历史哲学倾向于唯心论。1904年3月底，康乃尔大学拉丁文教授顾德曼（Alfred Gudeman）在历史系演讲。他的题目是从古代和近代的史学的比较，来分析罗马史家塔西佗（Plubius Tacitus）。他说史学在古代是艺术，现在是科学，将来在跟科学争战以后还会回到艺术。他这个论点引起了辩论。布尔教授反对史学在当前是科学而不是艺术的说法。他强调说史学既是科学也是艺术，而且他认为史学进步的方向是返回从前的艺术方法。真理当然不能为了辞藻和文体而牺牲，但是，科学也不能喧宾夺主，而必须用帮助、强化史学艺术的方法，来使之相得益彰。② 科学与艺术可以让史学相得益彰这个观念是胡适所能接受的。布尔教授在1926年的一篇书评里说："史学有两方面，一方面是科学的，重在史料的搜集与整理；一方面是艺术的，重在史实的叙述与解释。"③

然而，布尔教授的唯心论史学观就不是后来的胡适所能苟同的了。1913年10月12日，布尔教授在"世界文明讲座系列"里演讲史学的特性。这个"世界文明演讲系列"（The History of Civilization）是康乃尔大学每年都举办的公开演讲系列，任何人都可以去听，包括市民。只是去听的学生并没有学分可拿。布尔教授一直是其中一个重要的讲者。胡适在1912年10月4日的《留学日记》里提到了这个演讲系列："今年大学文艺院特请校中有名之教师四人每星期演讲一次，总目为'文明之史'，自草昧之初以迄近世，最足增人见闻，当每次往听之。"④ 我们不知道胡适是否去听了布尔教授在1913年10月12日的演讲。他在前一学年去旁听了布尔教授的西洋中古史，而且他会在下一个学期选布尔教授的"历史的辅助科学"的课，但那一学期他没选任何历史课。布尔教授在这个演讲里，追溯了史学的起源及其发展。他在谈到近代史学方法的兴起的时候，就抨击了新兴科学对史学的冲击。所幸的是，布尔教授说，近代史学方法的兴起，不但得益于其辅助的科学，而且也充分地证明了历史是一门科学，但有其特有的方法与目标。他说："历史的

---

① "The Aims of History," *Cornell Daily Sun*, X.6, October 3, 1889, p. 1.
② "Interesting Lecture," *Cornell Daily Sun*, XXIV.134, March 29, 1904, p. 1.
③ 胡适，《介绍几部新出的史学书》，《胡适全集》，13:66.
④ 《胡适日记全集》，1:202.

目的不仅在于知识建构，而在于旅行、增长见识（acquaintance）、经验与人生。"①

这句"旅行、增长见识、经验与人生"，布尔教授在 1916 年"美国历史学会"年会的会长演讲里，说这是一个英国历史家兼一代宗师所说的话，可能是艾克顿爵士，有待查核。他这篇演讲的题目是"史学的自由"（The Freedom of History）。顾名思义，他的主旨就在捍卫史学要有走它自己的道路的自由。他说史学在历史上一直饱受外来的干涉：在古代，要它成为艺术；在中世纪，要它变成哲学；现在，则要它成为"科学"。他说这种干涉不是自由的讨论，而根本就是一种匕首暗藏的强权（veiled authority）。布尔最讨厌的是当时新兴的社会科学。它们不但好做其科学梦，还帝国主义式地亟亟想干涉历史科学的目标和研究法。最有意味的是，布尔教授用女性的性别来指涉史学，说她应该有免于被社会科学强暴的自由："她今天所要婉拒（demurs）的，并不是任何要考验她，看她够不够科学的试炼，而是那些没有耐心去了解她就想强上她，强要她接受那种为了别的需要、别的目的而产生的方法。"他认为历史不同于自然科学，是一门处理殊相的科学。他服膺狄尔泰（Wilhelm Dilthey）、齐美尔（Georg Simmel）、李凯尔特等德国唯心论哲学家的看法。他说：

> 最让史学感到振奋的，是在英伦海峡以及大西洋两岸所新起的不同形式的新唯心论。那是当代思潮里最重要的运动。这个运动的代言人不但觉得史学对各种"心灵科学"（sciences of mind）——其目标与方法迥异于"自然科学"——有根本的重要性，而且他们认为它是一门科学，有其特有的方法。不但如此，他们还正戮力地为史学的方法建构其逻辑的理论。

接着，布尔又再度引了我认为是艾克顿爵士所说的话，说历史的目的在于："旅行、增长见识、经验与人生"。然而，他在这篇"美国历史学会"

---

① "History; What It Is, And What It Is For?" *Cornell Daily Sun*, XXXIV.18, October 11, 1913, p. 4.

会长演讲辞里引这句话的时候，他的口气已经不再是一种恳求与希冀，而是一种另辟蹊径（defiance）的自信与豪情。如果史学主要的目的在于"旅行、增长见识、经验与人生"，知识的追求已经成为其次。人类追求自由的历史与史学追求自由的历史是一体的两面。更有甚者，"所有人类其它的自由，都是建立在历史上的自由——而且必然地，史学的自由——的基础上。"史学的"方法是浸淫在艺术里。这并不是因为她对科学不忠，而是因为这个自由的人生本身就是一种艺术，而且只有透过艺术，才可能被诠释与共享"。早在"科学"这个后知后觉者惝然地开始摸索人生的奥秘以前，宗教就在苍穹中为人生、为自由立下了戒律；接着，诗歌用驰骋优美的诗句为之讴歌。"当自由渐臻成熟，那一天终于到来了，那位好学深思的放逐者〔注：史学之父希罗多德（Herodotus）〕，留心观察自由的公民如何从事实里汲取经验，审视那位高尚的政治家如何领导他们去作大事业，他有了一个新的洞见。于是，就在伯里克利（Pericles）的雅典，出现了史学之父。"①

　　布尔教授的史学观虽然是唯心论的，但他对史学方法的讲求是非常谨严的。他所服膺的狄尔泰、齐美尔、李凯尔特都是注重史学方法的唯心论哲学家。事实上，唯心论的史学观并不妨碍他同时接受实证主义的史学方法。比如说，1903 年 12 月底，布尔去参加美国经济学年会的一个讨论会。这个讨论会主要是讨论哥伦比亚大学社会学家吉丁司（Franklin Giddings）的一篇文章："社会因果论"（A Theory of Social Causation）。吉丁司在这篇文章里批评史学只作到编年排比的工作。他说除非史学能超越事实的排比，而提出解释、预测的定律，史学就不是科学。社会学最后恐怕不得不越俎代庖，在史学里成立一个社会学的科学分支。参加这个讨论会的有四位：两名社会学家：芝加哥大学的史摩尔（Albion Small）以及密西根大学的库利（Charles Cooley）；两名历史家：布尔教授以及明尼苏达大学的魏斯特（Willis West）教授。布尔教授除了征引德国唯心论哲学家的说法，说史学是一门殊相的科学以外，他也征引了该年"美国经济学会"的会长、吉丁司在哥伦比亚大学社会系的同事塞利格曼（Edwin Seligman）的说法。他说连塞利格曼都承认史学有其"方

---

① George Burr, "The Freedom of History," *The American Historical Review*, 22.2 (January, 1917), pp. 253-271.

法"。他反问说，难道"方法"不可以作为科学的标准吗？布尔说他承认："历史研究的主题是人的生活和行为。这所谓的人，可以是单独的个人，到民族、国家、甚至文明。历史的研究法不是生物式的，而是传记式的。即使历史家的先入为主的观念，不管是宗教的还是社会的，偶尔会影响到他们，但是其主要的目标，用兰克那句言简意赅的话来说，就是'如实陈述'。"①

布尔教授教的"历史的辅助科学"所注重的，就是如何运用各种不同的科学来辅助史学"如实陈述"的"科学"工作。胡适除了上课以外，显然常从布尔教授游，聆听他的教益。1916 年 6 月中，胡适因为到俄亥俄州的克里夫兰开会，他在开会前先去了旖色佳八天，住在韦莲司家。当时她的父母都还健在。在旖色佳的时候，胡适特别去拜访了布尔教授。当时，胡适即将着手写他在哥伦比亚大学的博士论文。他在 7 月 5 日追记的《留学日记》里，记下了他跟布尔教授的对话：

> 在绮[旖色佳]时往见勃尔[布尔]先生（George Lincoln Burr），与谈历史考据之学。余告以近治先秦诸子学，苦无善本。所用皆刻本，其古代抄本已无觅处，至竹书则尤不可得矣。是以今日学者至多不过能作许多独出心裁之读法（reading），及许多独出心裁之讲解（interpretation）而已矣。推其至极，不能出"猜测"之外。其猜之当否，亦无从知之。诸家之得失正如此猜与彼猜，相去一间耳。彼善于此则有之，究不知孰为正猜也。先生亦以为不幸，谓"当着力访求古本。古本若在人间，或在地下，则今人之穷年注校，岂非枉费时力？西方新史学初兴之时，学者亦枉费几许有用之精神时力为笺校之工夫。至今世始以全力贯注于寻求古本原本耳"。先生因命余读 Farrar, *History of Interpretation;* Issac Taylor, *History of the Transmission of Ancient Books to Modern Times*（*1827*），F. G. Kenyon, *Transmission of Knowledge*[前两本都是研究《圣经》的专书。第三本书的作者是古希腊文专家，但书名可能有误，不在

---

① "A Theory of Social Causation Discussion," *Publications of the American Economic Association*, 3rd Series, 5.2, *Papers and Proceedings of the Sixteenth Annual Meeting.* Part II. New Orleans, LA., December 29-31, 1903 (May, 1904), pp. 175-199.

《全球联合图书目录》里〕。①

然而，就像胡适在为他 1934 年作总结的日记里所说的，他当时其实并没有真正了解到布尔教授谠言的真意：

> 十八年前，我回到旖色佳去看我的先生白尔〔布尔〕（George Lincoln Burr）教授，谈起中国校勘学的成绩，他静静的听，听完了，他说："胡先生，你不要忘了我们欧洲的文艺复兴时代有一个最重要的运动，就是古写本的搜求（the search for manuscripts）。没有古本，一切校勘考订都谈不到。"我当时少年不更事，不能充分了解他老人家的意思。我在这二十年中，也做校勘的工夫，但都是"活校"居多，够不上科学的校勘。近六七年中，我才渐渐明白校勘学的真方法被王念孙、段玉裁诸大师的绝世聪明迷误了，才渐渐明白校勘学必须建筑在古善本的基础之上。陈垣先生用元刻本来校补《元典章》董康刻本，校出讹误一万二千条，缺文一百余页。这是最明显的例子，所以我发愤为他写这篇长序，重新指出校勘学的方法真意。这也是我自己纠谬之作，用志吾过而已。②

事实上，胡适对考据的兴趣以及他对考据的从事，有他自己独立的历史。他在康乃尔师从布尔，只不过是他涉猎西方考据学的开始。他早期最脍炙人口的故事，就是他在《四十自述》里所说的庚款留美考试的中文作文了。中文的作文考题是：《不以规矩不能成方圆说》。他说："我想这个题目不容易发挥，又因我平日喜欢看杂书，就做了一篇乱谈考据的短文。开卷就说：'矩之作也，不可考矣。规之作也，其在周之末世乎？'"然后，他就左举《周髀算经》，右引孔子、墨子、孟子。他说那完全是"一时异想天开的考据，不料那时看卷子的先生也有考据癖，大赏识这篇短文，批了一百分"。③ 胡适第

① 《胡适日记全集》，2:349-351.
② 《胡适日记全集》，7:156-157.
③ 胡适，《四十自述》，《胡适全集》，18:97.

一次在日记里提到西方的考证学是在 1914 年 1 月 25 日:"近来所关心之问题,如下所列:(一) 泰西之考据学,(二) 致用哲学,(三) 天赋人权说之沿革。"①胡适写这则日记的时候,是第一学期正式授课时间结束,让学生准备期末考的温书周（Block Week）。也就是说,胡适在这则日记里说他关心"泰西之考据学"的时候,他还没选布尔教授的"历史的辅助科学"。那门课是他考过了期末考以后在该年的春季班选的。而布尔教授的"史学方法",他则是在 1914 年的秋季班才选的。换句话说,胡适在正式选修历史的辅助科学以及史学方法以前,就已经注意泰西的考据学了。

胡适在日记里说他"近来"关心泰西之考据学,这就表示他对考据学的注意已有一段时间了。事实上,他才到美国留学,就已经有心考据的事业了。比如说,他对《诗经》的一些新看法,就是在农学院的时候,自己课余读书时所悟出来的道理。他在 1911 年 4 月 13 日的《留学日记》里说:

> 读《召南》、《邶风》。汉儒解经之谬,未有如《诗》笺之甚者矣。盖诗之为物,本乎天性,发乎情之不容已。诗者,天趣也。汉儒寻章摘句,天趣尽湮,安可言诗? 而数千年来,率因其说,坐令千古至文,尽成糟粕,可不通哉? 故余读《诗》,推翻毛传,唾弃郑笺,土苴孔疏,一以己意为造《今笺新注》。自信此笺果成,当令《三百篇》放大光明,永永不朽,非自夸也。②

他的考证文章《诗经言字解》,就是在这一个月以后写出来的:

> 夜读《小雅》至《彤弓》。"受言藏之"、"受言囊之"等句,忽大有所悟。余前读诗中"言"字,汉儒以为"我"也,心窃疑之。因摘"言"字句凡数十条,以相考证,今日始大悟,因作《言字解》一篇。③

---

① 《胡适日记全集》,2:263.
② 《胡适日记全集》,1:134.
③ 《胡适日记全集》,1:142.

胡适在1916年12月26日的一则日记里回顾了他这篇虽然"闭门造车"，但却能小有所成的考据成绩。他说："吾治古籍，盲行十年，去国以后，始悟前此不得途径。辛亥年作《诗经言字解》，已倡'以经说经'之说，以为当广求同例，观其会通，然后定其古义。吾自名之曰'归纳的读书法'。"[①]最有意味的是，虽然大家都说胡适到哥伦比亚大学去师从杜威，从此成为实验主义者。然而，事实是，胡适从康乃尔转学到哥伦比亚，他在学业上最大的成就，而这也是他一生学术研究的发射台（launching pad），不是实验主义，而是中西考证学融合的结晶。

哥伦比亚大学时期：中西考证学的汇通

胡适为什么转学？现在终于可以真相大白了。当时的他，不愿意让人家知道有"博士"雅称的他，居然也会有惨遭滑铁卢的命运。这一点也不奇怪，是人之常情。幸而他的守口如瓶不可能作到绝对，我们从他给韦莲司的一封信，可以判断他选择了哥伦比亚，并不是因为杜威或实验主义。有关这点，详见下文。胡适对他自己思想形成的轨迹，一向不会吝于留下至少是片语只字的痕迹。唯一例外的是有关他一生思想关键的转捩点。我们可以说这是他不老实的地方，但我更宁愿相信这是他给后世想为他立传的历史家所下的一个挑战。比方说，胡适为什么要在1936年为他的《留学日记》写的《自序》里说："我在1915年的暑假中，发愤尽读杜威先生的著作。"[②] 这句余英时称之为胡适对他自己的思想"有明白的交代"的话，其实对我们一点用处也没有。这句话不但一点帮助都没有，反而还有误导我们的作用，因为它让我们误以为这是胡适"明白的交代"他自己思想的一句话。现在我们终于真正了解他为什么在1915年夏天，会"发愤尽读杜威先生的著作"了。原因很简单，他当时已经知道他要转学到哥伦比亚大学去师从杜威了。在此之前，杜威是康乃尔大学唯心派哲学的论敌，他根本就没有好好读过杜威的著作。现

① 《胡适日记全集》，2:447.
② 《胡适日记全集》，1:110.

在，他就要转学到哥伦比亚去跟杜威写论文了，焉有不临阵磨枪的道理！换句话说，胡适并不是因为"尽读"了杜威的著作以后，发现他是杜威的私淑艾者，于是"发愤"申请转学到哥伦比亚大学去做杜威的入室弟子。他之所以选了杜威，实在有点像乔太守点鸳鸯谱，点到了哥伦比亚大学。

无论如何，胡适在1915年9月20日坐夜车离开康乃尔大学所在的旖色佳，21日晨抵达纽约，住进哥大的宿舍。历来的学者都把胡适、杜威与哥伦比亚大学连结在一起，这种联想的始作俑者无他，就是胡适本人。胡适在《留学日记》的《自序》里说他"发愤尽读杜威先生的著作"以后，接着说："从此以后，实验主义成了我的生活和思想的一个向导，成了我自己的哲学基础……我写《先秦名学史》、《中国哲学史》，都是受那一派思想的指导。我的文学革命主张也是实验主义的一种表现；《尝试集》的题名就是一个证据。"[①] 事实上，不但是胡适后来一生的哲学思想，即便是他的文学革命的主张，也不是在哥伦比亚大学才形成的。其开花结果的地点是在哥伦比亚大学，可是其孕育发芽的地点是在康乃尔大学。所谓的实验主义也者，所谓《尝试集》的题名也者，只不过是他在日后倒回头去冠给它的名称与语言。有关这些，请待第八章的分析。我们在本节所要处理的，是胡适在哥伦比亚大学的研究生生涯，我们要检证的，是他说"我写《先秦名学史》、《中国哲学史》，都是受那一派思想的指导"那一句话。我们可以开门见山地说：胡适在哥大最大的成就，既不在于他成为杜威的入室弟子，也不在于他把实验主义纳入取经的行囊，而在于他成功地汇通了中国和西方的考证学。

胡适在哥伦比亚大学只有两年的时间，从1915年到1917年。我在《胡适史学方法论的形成》里反对余英时的一个说法。他判断哥大接受了胡适在康乃尔研究所的学分，他说："今据《口述自传》，则知他在康乃尔最后两年已修了足够的哲学史和哲学课程，所以他读博士学位的时间一共是四学年。"[②] 我当时的理由是：美国研究所的学分是不可能跨校承认的。我现在必须作一点修正。根据康乃尔大学1913学年度研究所的学制规定："研究生在其他大学注册在学的资格，如果本校教授认可，可以视同为在康乃尔大学注

----

① 《胡适日记全集》，1:110.
② 余英时，《重寻胡适历程：胡适生平与思想再认识》，页5-6。

册在学的资格。准予这个许可的条件为何，没有通例，必须视个案处理。学生必须向其教授委员会提出申请，要求康乃尔大学承认他在其他大学注册在学的学分。无论个别情况如何，该学生必须至少在康乃尔大学注册在学一年。"① 虽然这是康乃尔大学的规定，但我们可以推测哥伦比亚大学也可能作同样通融的规定。康乃尔大学规定博士研究生必须至少注册在学三年。所以，我现在要回过头来接受余英时的判断，认为胡适在哥大只念了两年的研究所是符合在学规定的。

胡适在哥伦比亚大学所选的课，根据他晚年在纽约所作的《口述自传》，分为三个领域：哲学为主自不待言。其他两个辅领域（minor fields），一个是"政治理论史"，另外一个是"汉学"。② 哲学的领域，他一共选了四门课。其中，他选了杜威的两门课："逻辑理论诸派"（Types of Logical Theory）以及"社会政治哲学"（Social and Political Philosophy）。胡适说他因为上了杜威开的逻辑这一门课，帮他决定了博士论文的主旨，亦即，先秦名学史。③另外两门哲学课，一门是乌德布瑞基教授开的"哲学史"，④ 另一门是艾德勒（Felix Adler）教授的课，胡适没有说这门课的名称。政治理论史的领域，胡适只提到了丹宁教授（William Dunning），说他教的是政治理论史，没有说课的名称。⑤ 有关他在哥大所学的汉学，胡适只提到他的老师夏德（Friedrich Hirth）及其逸事，也没有提到他上的课的名称。⑥

我们从胡适在哥大所选的哲学课程来看，就可以知道他即使到了哥大，即使投身到杜威的门下，也不是五体投地式地拥抱实验主义。他在哥大的三个哲学老师，除了杜威以外，还有艾德勒和乌德布瑞基。其中，乌德布瑞基教授是唯实论者。艾德勒教授是康德派的。我在此处提出这个问题，并不意

---

① *Official Publications of Cornell University*, IV.3, *Announcement of the Graduate Scholol, 1913-14*, p. 5.
② "The Reminiscences of Dr. Hu Shih," p. 91。请注意：唐德刚把"政治理论史"误译为"政治理论"。见其译《胡适口述自传》，《胡适全集》，18:244.
③ "The Reminiscences of Dr. Hu Shih," pp. 96-97.
④ "The Reminiscences of Dr. Hu Shih," p. 125。请注意：唐德刚把"哲学史"误译为"历史哲学"。见其译《胡适口述自传》，《胡适全集》，18:286.
⑤ "The Reminiscences of Dr. Hu Shih," p. 89.
⑥ "The Reminiscences of Dr. Hu Shih," pp. 91-93.

味着说胡适在哥大就应该狭隘地只选杜威的课，重点在于勾勒出胡适在哲学思想与方法上的不自觉或者糅杂性。就以艾德勒教授为例。胡适在《口述自传》里描述了他跟艾德勒教授的关系：

　　我的哲学老师里，我要特别谈到杜威和艾德勒教授……我到哥伦比亚大学以前就知道艾德勒教授了。我在前边已经提到艾德勒是伦理文化运动的创始人。这个运动的目标在建立一个宗教。它没有神祇的理论，而完全是建立在人类行为、品格、做人的虔敬（holiness）的基础上。我在旖色佳的时候，我一些犹太同学和朋友在康乃尔成立了一个"理学会"（Ethics Club）……我第一次见到艾德勒教授，是他来康乃尔的"理学会"演讲的时候。我十分激赏他以道德作为基础所建立的无神宗教。那与中国的传统吻合，很自然地对中国学生具有吸引力。我在哥大选了艾德勒教授一门课，得以亲炙他以及他的家人。

　　我在《留学日记》里录下了几句艾德勒教授的箴言："道德的责任并不是外烁的戒律；而是能让他人——例如所爱的人——把最完美的自我（best）展现出来的一种不得不为的行为（necessity to act）"；① "我们只有透过关切他人或外界，才可能常保活力和正直"；② "人生的要义在生趣盎然地（vitally）影响他人"；③ "影响他人之道在让他们不妄自菲薄"。④ 我们从这几句话可以很容易看出来自康德及其绝对定律的哲学的影响。艾德勒是对我一生影响很大的一个人。⑤

　　如果杜威的思想里有他自己所承认的"黑格尔的沉淀"，杜威对康德则是采取批判的态度。他所批判的，不只是康德认识的二元论，而且是他的先验、诉诸普世皆准的定律的先验哲学。杜威说思考的意义，不在于我该如何

① 胡适译文：道德的责任并不是外来的命令；只是必须要怎样做才可以引出别人——例如所爱的人——的最好部分。
② 胡适译文：只有对别人发生兴趣才可使自己常是活泼泼地，常是堂堂正正地。
③ 胡适译文：要生活在深刻地影响别人！
④ 胡适译文：要这样影响别人：要使他们不再菲薄自己。
⑤ "The Reminiscences of Dr. Hu Shih," p. 94.

去作绝对或普世的（überhaupt）思考，而是我怎样为当下的问题（here and now）去作思考。① 胡适自己也引申杜威的说法,说研究问题要从"具体问题下手;有什么病,下什么药"。② 胡适在晚年的《口述自传》里会把杜威和艾德勒并提,而完全不觉得有必要澄清他们在哲学思想上的异同,其所反映的,当然有可能是他在哲学方法论上的不自觉。然而,我更相信它反映了胡适在哲学思想上有糅杂、调和、挪用的倾向。

胡适在哥大只上了一年的课,第二年专心写论文。根据他给韦莲司的信,他在第一学期末就考过了口试,虽然考得不够理想:"我的口试结束了。不理想,但对我而言,是一个有趣的经验。"③ 在《口述自传》里,他则说他在哥大第一年就通过的博士资格考有口试也有笔试,考的范围有两个:哲学史和一般哲学。④ 总之,胡适在哥大一年所选的课程,就是四门哲学的课,一门政治理论史,再加上他在《口述自传》里没有说明的汉学方面的课。换句话说,胡适正式师从杜威学习实验主义,就只有他在哥大所上的两门课,此外,就是他转学到哥大以前,"发愤尽读杜威先生的著作"的1915年暑假。这就是作为杜威信徒的胡适所受的实验主义教育。其半路出家之实昭然若揭,其自学居多、缺乏系统之质恐怕也是不言而喻的。

从胡适学西方哲学的历程来说,他接触到杜威实验主义的"史前史"其实是相当漫长的。我们在上文提到他在1914年1月25日的《留学日记》里说他"近来所关心之问题":"（一）泰西之考据学,（二）致用哲学,（三）天赋人权说之沿革。"⑤ 余英时说,胡适"此处的'致用哲学'不知是不是实验主义的译名"。⑥ 这个谨慎的态度是值得效法的。我们几乎可以确定,胡适此处所说的"致用哲学"应当不会是实验主义,因为他这个时候还身在反实验主义大本营的康乃尔大学。佐证之一是胡适在1914年8月26日

---

① John Dewey, "The Relationship of Thought and Its Subject-Matter," *The Middle Works, 1899-1924*, 2.300.

② 胡适,《三论问题与主义》,《胡适全集》,1:352.

③ Hu to Edith Williams, December 2, 1915,《胡适全集》,1:139.

④ "The Reminiscences of Dr. Hu Shih," p. 85.

⑤ 《胡适日记全集》,1:263.

⑥ 余英时,《重寻胡适历程:胡适生平与思想再认识》,页195。

的日记里缕列了"哲学系统"，其中就没有实用主义。^①

佐证之二是胡适 1915 年 1 月 4 日补记的日记。胡适那年的圣诞节是在卜郎（Mortimer Brown）夫妇家过的。卜郎家在纽约州的尼加拉瀑布市，他曾经在中国教过两年书。胡适在日记里说："卜君习化学，今为此间一工厂中司试验事。然其人思想颇隘，谈吐纯是一种实利主义。吾昔闻人言实利主义之弊将趋于见小利而忘远虑，安目前而忘未来，能保守而不利进取。初不信之，今闻卜君言其厂中主者某君之言曰：'更好的乃是好的之仇也'（The better is the enemy of the good），乃不禁爽然若失。此真实利主义之极端矣。"^②"实利主义"以今天的理解来看，可能是 Utilitarianism 亦即"功利主义"的译名。幸好胡适替我们提供了他这个译名的原文。他在 1931 年发表的一篇英文文章里提起这件事情，他说卜郎是用"名符其实的实验主义者"（a real pragmatist）来形容"厂中主者某君"。胡适写这篇文章时，早已自称为实验主义者了，因此他可以大言不惭地说：当时听到实验主义被如此诠释，简直让他目瞪口呆。他说，这句话应该倒过来说才是正确的，亦即，"这已经够好的了是我们可以作得更好的想法最大的敌人"（The good enough is the greatest enemy of the better）。^③1931 年时候的胡适当然已经知道杜威在《我们如何思想》（*How We Think*）里说了这句话。^④然而，胡适在此处等于是改写了自己的心路历程，他在《留学日记》里引这个工厂主人的话，是用来证明他终于见识到"见小利而忘远虑"的实验主义"极端"的一面。即使如此，胡适并没有修改这条留学时期所写的日记，或者干脆把它删掉。这就在在证明了我所说的，胡适对自己思想形成的轨迹交代得很清楚，他有意为后人留下立传的线索，找不找得到，就完全凭本事了。

胡适接受实验主义姗姗来迟的另外一个佐证是他 1915 年 5 月 9 日的日记。这个佐证特别值得注意，因为这已经到了他说"我在 1915 年的暑假中，发愤尽读杜威先生的著作"的前夕。在这条日记里，他提到"实效主义"

① 《胡适日记全集》，1:465-466.

② 《胡适日记全集》，2:6.

③ 胡适，"Conflict of Cultures，"《胡适全集》，36:480-481.

④ John Dewey, "How We Think: Concrete and Abstract Thinking," *The Middle Works, 1899-1924*, 6.290.

（pragmatism）。必须注意的是，他当时对"实用主义"的了解，还没有到他会用"实验主义"来作译名的程度。他用"实效主义"来解释自己为什么会食言——已经昭告周遭朋友不再演说的他，却又接受了一个演说的邀请。他用"实效主义"来为自己作辩护，说："思想所以处境，随境地而易，不能预悬一通常泛论，而求在在适用也。吾之不再演说是一泛论。上月水牛城之招与此次蔼城之招，皆特别境地，不能一概而论也。"他的按语是："此事可证今世'实效主义'之持论未尝无可取者。"① 且不论他在这里是否引用失当，更不用论他这时对实用主义的了解，恰恰正是反对者最常用来诟病实用主义的论点，他对它的评价只是吝吝然地承认其"持论未尝无可取者"，还没有到接受的地步。②

等到胡适转学到哥伦比亚大学以后，他对实验主义哲学的涉猎其实还是浮光掠影。无论是主、辅修的领域，还是他在《口述自传》里所回忆的，胡适在哥大选课的重点与其说是哲学，不如说是历史。就以他特别提出来强调的乌德布瑞基的"哲学史"课为例，乌德布瑞基的专长虽然是希腊哲学，但他也是我们在上文所说的美国唯实论大家。然而，当胡适回忆他在这门哲学史课所学到的东西时，他完全没有提到唯实论是否有其特殊的研究哲学史的观点。胡适所谈的仍然还是历史，或者更确切地说，考证学。例如：乌德布瑞基告诫学生不能轻信柏拉图的对话录和亚理斯多德的作品，因为其中有伪讬的部分；他为学生讲解有关柏拉图、亚理斯多德作品的考订史；他也为学生讲解西方古典学术最新发展出来的鉴别作伪与增损改篡的文句的方法。更值得注意的是，胡适在那门课所写的一篇报告，是清代的校勘、训诂之学。③

胡适在哥大这两年，是他开窍领悟考据学三昧的开始。他从自己摸索、从事考据以来，经过了一个对自己的传统失望与蔑视的阶段。从某个角度来

---

① 《胡适日记全集》，2:102-103.
② 请注意笔者的看法与 Sor-hoon Tan（陈素芬）不同，她认为这是胡适接受实验主义的最早证据。请参阅 Sor-hoon Tan, "China's Pragmatist Experiment in Democracy: Hu Shih's Pragmatism and Dewey's Influence in China," *Metaphilosophy*, 35.1/2 (January 2004), p. 46.
③ "The Reminiscences of Dr. Hu Shih," pp. 125-126.

说，他在康乃尔和哥伦比亚大学选习历史以及哲学史课程的经验，曾经让他一度震慑于西方考证学的精辟，从而宣称中国没有批判性的考证学传统。我们在上文提起他 1916 年 2 月 26 日回忆自己在 1911 年撰写《〈诗〉三百篇言字解》的时候，已经摸索到了用归纳法来求证的原则。他感叹："吾治古籍，盲行十年，去国以后，始悟前此不得途径。"[①] 这个感叹既是自我批判，也是对传统的批判。他在 1916 年 3 月 29 日的日记里还说："吾国人读书无历史观念，无批评指摘之眼光。千古以来，其真足称'高等考据家'者（西方考据之学约有二端：其寻章摘句，校讹补阙者，曰校勘家（textual criticism），其发奸摘伏，定作者姓氏，及著书年月；论书之真伪，文中之窜易者，谓之高等考据家（higher criticism）[胡适在别处译作考订学]），唯柳子厚[柳宗元]一人耳。如《王制》一书，汉人卢植明言'汉文帝令博士诸生作此篇'（见注疏），而后人犹复以为周制（如马氏[马骕（1621-1673）]《绎史》），抑何愚也！"[②] 相对地，胡适推崇西方的校勘学，他在 1916 年 12 月 26 日写的日记说："校勘古籍……西方学者治此学最精，其学名 textual criticism [校勘学]。"[③]

胡适于是以引进西方校勘学为己任，在 1916 年 6 月与 9 月，相继写了两篇考据的文章。一篇是《尔汝篇》，另外一篇是《吾我篇》。[④] 胡适很清楚地意识到这种研究有两层极为深远的意义：第一，它有示范的作用，亦即如何把西方的校勘学运用在中国的材料上；第二，它在考订学上有用来辨定伪书的价值，用胡适自己的话来说："研究此种用法有何用乎？曰：可以为考据之用。战国以来，尔汝两字之用法已无人研究，故汉人伪作之书，其用对称代词，如尔字、汝字、乃字，皆无条理可寻，皆不合古人用法。其为伪托之书，于此可见一斑。凡后人伪托古书，往往用后世之字及后世之文法，非有语学的（philological）考据，不足以揭破之。"[⑤]

接着，由于写《先秦名学史》的博士论文，需要广泛地参考历代学者的

① 《胡适日记全集》，2:447.
② 《胡适日记全集》，2:290.
③ 《胡适日记全集》，2:448.
④ 胡适，《尔汝篇》，《胡适全集》，1:233-237；《吾我篇》，《胡适全集》，1:238-243.
⑤ 《胡适日记全集》，2:344-345.

考据和注疏，胡适很快就发现其实中国也有相当精密的考证学传统。他于是领悟到自己先前颇有厚诬古人的不当批评。他在 1916 年 12 月 26 日的一条日记里说："考据之学，其能卓然有成者，皆其能用归纳之法，以小学为之根据者也。王氏父子［念孙、引之］之《经传释词》、《读书杂记》，今人如章太炎，皆得力于此。"他也领悟到此前自己引以为傲的《〈诗〉三百篇言字解》，其实只得考据学之一毫。虽然他当时已懂得"以经说经"、运用归纳法的道理，但由于"其时尚未见《经传释词》也。后稍稍读王氏父子及段（玉裁）、孙（仲容）［诒让］、章［太炎］诸人之书，始知'以经说经'之法，虽已得途径，而不得小学之助，犹为无用也"。[①] 当然，就像我们在上文所指出的，他在 1934 年又作了一点修正："近六七年中，我才渐渐明白校勘学的真方法被王念孙、段玉裁诸大师的绝世聪明迷误了，才渐渐明白校勘学必须建筑在古善本的基础之上。"

换句话说，胡适体认到中西考证学有其殊途同归之处。他在同一天的另外一条日记里，也就是上文所引的他推崇西方校勘学的一条，摘述了西方校勘学的大要。胡适后来在口述访问里，告诉我们他这个摘述，其实是从 1911 年第 11 版的《大英百科全书》的《校勘学》里节译出来的，是校勘学权威浦斯格（John Postgate）写的。胡适当时并没有注明出处，如果不是他在《口述自传》里点明了，不知要枉费学者多少的精力去追寻。胡适晚年会谆谆告诫后学，要他们写文章一定记明撰写的年月日，以免后日考据家费力作考订的工作，可惜青年时期的胡适常常连出处都不记。无论如何，胡适说他喜欢浦斯格的这篇文章，是因为"它凸显出中西校勘学的相似之处。这是为什么我可以用我所研究的先秦诸子的例子，来取代浦斯格所用的例子。这篇文章远胜于中文任何一篇讨论校勘学的科学与艺术的文章"。然而，中西相比，胡适仍然认为近代西方更胜一筹："我相当惊讶中西校勘学有其相通之处。然而，我认为浦斯格这篇文章里所代表的西方校勘学，要比中国的方法更为彻底、更为科学。"[②]

1916 年 4 月，就在赶写博士论文的最后一程，胡适又用写博士论文现

---

① 《胡适日记全集》，2:447.
② "The Reminiscences of Dr. Hu Shih," pp. 121-122.

成的材料写了一篇考据的文章，即《诸子不出王官论》。^① 十天以后，也就是 4 月 27 日，他把论文写成。5 月 3 日，他把经过自己校好的论文呈交哥大。胡适写这篇论文，从 1916 年 8 月初开始，到 1917 年 4 月 27 日，总共写了九个月的时间。这本《先秦名学史》(*The Development of the Logic Method in Ancient China*) 是胡适汇通中西考证学的结晶。胡适在横渡太平洋回国的邮轮上所写的《自序》，开宗明义，就说由于这是一个历史的研究，它所面对的第一个问题就是材料。他说西方的读者无法想象他在写这篇论文的时候，必须先推翻那有千钧之重的传统。首先，他的原则是：不经证明为真，任何书或任何章句，都不在采用之列。其次，是校勘和诠释的问题。有幸的是，他有两百多年来中国考证学家在训诂上所得的成果，可以作为他的借助。至于诠释，他则幸而学过欧洲哲学史。他说："只有跟我背景相似的人，这也就是说，只有具有比较研究的经验，例如，从事比较语言学研究的人，才可能真正了解，西方哲学对我在诠释古代中国哲学系统的这个工作上，其帮助有多大。"^②

《先秦名学史》与实验主义

余英时说胡适思想中有一种非常明显的化约论的倾向，他说胡适不但把一切学术思想以至整个文化都化约为方法，而且也把杜威的实验主义化约为方法。这个说法的问题，在于它已经先假定胡适的方法论确实是来自杜威的，只不过胡适把它化约罢了。虽然余英时也强调胡适的思想有多重的来源，然而他仍然认为"胡适对杜威的实验主义只求把握它的基本精神、态度和方法，而不墨守其枝节"。^③ 余英时会作出这样的结论，是他被胡适牵者鼻子走的结果。他说胡适在 1936 年为《留学日记》写的《自序》中，对自己的思想"有明白的交代"：胡适在 1915 年的暑假"发愤尽读杜威先生的著作"以后

---

① 胡适，《诸子不出王官论》，《胡适全集》，1:244-251.

② 胡适，"The Development of the Logic Method in Ancient China，"《胡适全集》，35:298-300.

③ 余英时，《重寻胡适历程：胡适生平与思想再认识》，页 197-198。

说:"实验主义成了我的生活和思想的一个向导……我写《先秦名学史》、《中国哲学史》,都是受那一派思想的指导。"① 我们不能忘记,这是一个举国称之为杜威实验主义的信徒,在二十年以后去作回顾、重建自己思想成长轨迹时对读者所说的话,除了人的记忆有选择性的特质,他还有他在学派、师承、威信(credibility)等等方面的考虑。

事实上,就像我在上节所说的,胡适的《先秦名学史》是他汇通中西考证学的结晶。他写《先秦名学史》是否真如他所说的,是受实验主义的指导?我的判断是否定的。首先,让我们讨论胡适写《先秦名学史》的灵感来源。在上节的讨论里,我引了《口述自传》里的话,胡适说杜威在哥大所开的"逻辑理论诸派"那门课,帮他决定了博士论文的主旨,亦即,先秦名学史。就严格的字义的角度来说,这也就是说,从"先秦名学史"这个主旨的角度来说,这句话是正确的。然而,如果我们从广义的角度来说,也就是从"先秦哲学史"的角度来说,这句话是扭曲事实的。胡适在康乃尔大学念哲学研究所的时候,他计划写的论文题目就是"先秦哲学史"。

我们在上文提起韦莲司转述狄理教授的回忆,狄理说胡适还在康乃尔念书的时候,他对胡适说:"如果你选择了哲学,为什么不去开发那几乎还没有人去碰过的中国哲学呢?"胡适当时确实听了狄理的建议。我们之所以能知道胡适当时确实是决定以中国哲学作为论文题目,还得感谢韦莲司保存了胡适写给她的信。胡适在1915年3月14日给韦莲司的信里说:"我上星期作了一个很重要的决定。我告诉过妳我博士论文要写的是某一个阶段的中国哲学。最近我得了一个结论,那是一个愚蠢的想法。"他说他已经决定改作的题目是:"国际伦理原则的研究"(A Study of the Principles of International Ethics)。他告诉韦莲司,之所以作这样的决定,是因为他体认到如果以中国哲学作为题目,他不但不会有老师能指导他,而且美国图书馆的图书也不够用。反之,如果改作国际伦理的题目,他就会有一举三得的好处:时代的需要、自己的兴趣、得以充分利用图书馆以及哲学系老师的资源。② 我们知道这个

---

① 余英时,《重寻胡适历程:胡适生平与思想再认识》,页192。
② Hu to Clifford Williams, March 14, 1915,《胡适全集》,40:76-77.

阶段胡适正处在他和平、不争主义的巅峰。① 康德哲学也正是康乃尔哲学系老师之所长。这封信的日期值得注意，3 月 14 日，是胡适"发愤尽读杜威先生的著作"之前的几个月。

然而，等到那年初夏，他准备转学离开康乃尔的时候，他不但回到了原先所拟的题目，而且更明确地界定为先秦诸子。胡适为什么选哥伦比亚？他 7 月 14 日写给韦莲司的信提供了最重要的线索：

> 我决定明年离开旖色佳。哥伦比亚我已经考虑了很久了。我去信要求哥伦比亚图书馆给我一个有关中国哲学藏书的概要，他们回了信。我也跟芝加哥大学通了信。目前看来，哥伦比亚会是一个比较好的选择。我现在只在等最后的信就可以作去哥大的最后决定。学校既已决定，我论文的题目也已经选好："先秦诸子"。当然，这还是可以改变的。②

我们在上文提到胡适 7 月 5 日的一则日记，说他"颇思舍此他适"。现在真相终于水落石出了；其实，"哥伦比亚我已经考虑了很久了"。他给韦莲司这封信的宝贵之处，在于它告诉我们哥伦比亚大学不是他唯一申请的学校。胡适在日记里会隐，但他不会诓。他在《留学日记》里提到了芝加哥大学，但从来没说他申请了。现在，我们知道他确实申请了，而且是作为考虑的对象。芝加哥与哥伦比亚相比，他对韦莲司说："哥伦比亚会是一个比较好的选择。"这句话是关键。他选择哥伦比亚是有其学理的考虑的，但这个考虑不是杜威，也不是实验主义，而是它汉学的藏书。毫无疑问地，他既然决定要写先秦哲学，图书馆的汉学藏书当然是一个重要的考虑因素。然而，重点是，他在哲学思想上的坚持并没有到死心塌地非去师从杜威不可的地步。

无论如何，哲学史是胡适在康乃尔上克雷登的课的时候就已经产生的兴趣。现在，他把订好的博士论文题目带到了哥伦比亚大学。当然，他说杜威的"逻辑理论诸派"，帮他决定了论文的主题。这句话也不算太离谱。虽然

---

① 请参阅拙作《星星·月亮·太阳》，页 46-54；"Performing Masculinity and the Self: Love, Body, and Privacy in Hu Shi" *The Journal of Asian Studies* (May, 2004), pp. 319-320.
② Hu to Clifford Williams, July 14, 1915,《胡适全集》，40:114.

他在康乃尔大学的时候，就已经决定了论文的大题与范围，杜威的课则帮他决定了论文的题旨。他在 1915 年 10 月所写的一篇文章，《用历史研究法来撰写古代中国哲学史》，不管这是一篇学期报告，还是博士论文计划的提案书，他最后用来归结他所谓的"历史研究法"的例子，就是墨子的逻辑。①

胡适在留美期间一直对墨子有兴趣，但一向不在墨子的逻辑，而是在他"兼爱"与"非攻"的思想。这点，又跟他当时所信奉的和平、不争主义有关。他到 1915 年 12 月为止，一共三次用专文讨论了墨子的思想。② 第一次是 1912 年；第二次是在 1914 年 11 月下旬。这次的题目，我们知道，是《墨子的哲学》，这是胡适在康乃尔的"哲学俱乐部"作的一个报告。③ 第三次是在 1915 年 12 月 21 日，题目也是《墨子的哲学》，这很可能就是他发表在 1916 年 4 月号的《中国留美学生月报》上的文章，题目是《一个中国哲学家的战争观：墨翟伦理、宗教观浅释》。顾名思义，胡适在这篇文章里讨论的还是墨子"兼爱"与"非攻"的思想。唯一不同的是，由于杜威的影响，他在这篇文章里，特别提到了墨子的逻辑思想，但他表示必须割爱，因为这个论题"超乎了通俗讲演的范围"。④

胡适的博士论文《先秦名学史》在 1922 年由上海的亚东图书公司出版。但是，他用中文改写、扩充版的《中国哲学史大纲》（上卷）则早在 1919 年 2 月就出版了。蔡元培在他为胡适写的《序》里，称赞这本书是前无古人之作，有四大"特长"：证明的方法、扼要的手段、平等的眼光、系统的研究。⑤ 胡适在 1927 年的一封信里，也很大方地对自己这本著作开山奠基的贡献作了肯定："我自信，中国治哲学史，我是开山的人，这一件事要算是中国一件大幸事。这一部书的功用能使中国哲学史变色。以后无论国内国外研究这一门学问的人都躲不了这一部书的影响。凡不能用这种方法和

① 胡适，"The Application of the Methods of Historical Research to the Writing of a History of Ancient Chinese Philosophy,"《胡适全集》，35:164-175.
② Hu to Clifford Williams, December 21, 1915,《胡适全集》，40:145.
③ Hu to Clifford Williams, November 26, 1914,《胡适全集》，40:11.
④ Suh Hu, "A Chinese Philosopher on War: A Popular Presentation of the Ethical and Religious Views of Mo-Ti," *The Chinese Students' Monthly*, XI.6 (April, 1916), pp. 408-412.
⑤ 蔡元培，《中国古代哲学史大纲序》，《胡适全集》，5:192-193.

态度的，我可以断言，休想站得住。"① 余英时在 1980 年代初，借用科学哲学家孔恩（Thomas Kuhn）的"典范"（paradigm）的概念，来形容胡适这本著作在近代中国学术史上的"典范"作用。②

用"典范"来形容胡适的《先秦名学史》或《中国哲学史大纲》（上卷）是再贴切也不过的了。如果一个世纪以后的我们能够用批判的眼光来看胡适的博士论文，那也是典范转移的反映。唯一惊人的是，一个世纪以来，没有人去检证胡适说"我写《先秦名学史》、《中国哲学史》，都是受[实验主义]那一派思想的指导"那句话。事实上，留学时期的胡适，在哲学上根本就是一个调和、糅杂主义者。当然，我们也可以认定胡适根本不自知，或者，更大胆地说，他当时还不是一个实验主义者。无论如何，由于《先秦名学史》是胡适在杜威具名指导下的博士论文，他还不敢太过造次，不敢太过明目张胆地去调和、糅杂不同的哲学观点。他的《中国哲学史大纲》则不然。他在 1922 年出版的《先秦名学史》里写了一篇《注语》，说明《中国哲学史大纲》是《先秦名学史》的扩充版。事实上，即使《中国哲学史大纲》确实是英文版《先秦名学史》的扩充版，在方法论的说明上，两者的意味绝然不同：在他的博士论文里，胡适或者还心存顾忌，或者在方法论上还不是很自觉；在《中国哲学史大纲》里，他就仿佛是在向那些对西方哲学系统稍有认知的读者，眨眼示意，用胡适自己后来用过的话来说，"偷关漏税"地宣告了他在方法论上的调和、糅杂性。我们可以用来作为佐证的，就是他在《导言》后所附的《参考书举要》。这些参考书，除了校勘、训诂以外，最引人注目的，是德国温德尔班（Wilhelm Windelband）所著的《哲学史》（*A History of Philosophy*）以及法国郎格卢瓦（Charles-Victor Langlois）、塞诺博（Charles Seignobos）合写的《史学导论》（*Introduction to Historical Studies*）。③ 前者是新康德主义派，后者是实证主义派。

北京大学图书馆所藏的胡适英文藏书里，有一本胡适亲笔签名的温德

---

① 胡适，《整理国故与'打鬼'——给浩徐先生信》，《胡适全集》，3:147.
② 余英时，《〈中国哲学史大网〉与史学革命》，《重寻胡适历程：胡适生平与思想再认识》，页 221-232。
③ 胡适，《中国哲学史大纲》，《胡适全集》，5:220.

尔班所著的《哲学史》。胡适在扉页上写道："Suh Hu, New York City, May 2, 1917 ——the day I completed my dissertation［1917 年 5 月 2 日——写完论文之日，购于纽约市，胡适］。德国文代斑著，泰西哲学史，适。"胡适在写完论文当天才买了温德尔班的《哲学史》。但这不能表示他在写论文以前或其过程中，不知道这本书的存在。我们甚至可以说，胡适在康乃尔跟他唯心论的老师上课的时候已经知道这本书了。克雷登教授的"哲学史"课，以及自己撰写又翻译《哲学史》的狄理教授，都可能提过或用过温德尔班的书。胡适在写完论文当天去买了这本书，或许是因为他知道回国以后，写中文版的时候需要引用。无论如何，胡适在写论文的时候，至少懂得门户规矩，不敢造次。《先秦名学史》里不但没有《中国哲学史大纲》里的这个《参考书举要》，当然更没有温德尔班、郎格卢瓦和塞诺博等人的名字。

虽然同样是唯心论的，新康德派的温德尔班不同于胡适在康乃尔的新黑格尔派的哲学老师。虽然他们都认为哲学史的任务，在于明白地梳理出人类心灵固有的结构如何在历史上彰显在思想的范畴上，温德尔班不认为这些范畴在哲学史上发展的轨迹，是像黑格尔所说的，是某种精神或真理的进程。[①] 温德尔班的《哲学史》的写法很独特，他反对依年代先后顺序的写法，他说那是政治史的写法。哲学史的重点在求其演变的轨迹。他所用的，是"论题史"（Problemgeschichte）的写法，是以论题为主轴。他这本《哲学史》的副标题是：论题与概念的形成与发展。值得一提的是，我们在上文提到了胡适在康乃尔的哲学老师狄理，他不但自己撰写了一本《哲学史》，还翻译了威伯所写的《哲学史》。狄理自己属于新康德派，然而，他反对温德尔班的写法。他说："温德尔班那本卷帙浩瀚的《哲学史》，其专断的分期法，把哲学系统支离分割，放在不同的标题下来分开讨论，这种坏方法只会把学生弄得昏头转向。"[②] 从这点看来，胡适不只把实验主义和唯心论糅杂在一起，还把唯心论里的新黑格尔派和新康德派送作堆。

---

① Wilhelm Windelband, *A History of Philosophy* (New York: The MacMillan Company, 1919), p. 11.

② Frank Thilly, "Translator's Preface," *History of Philosophy* (New York: Charles Scribner's Sons, 1897), iv.

胡适用《先秦名学史》为底本，来写《中国哲学史大纲》的时候，他人已经在北大教书。等到《中国哲学史大纲》在 1919 年 2 月出版时，已经到了他写《实验主义》、《问题与主义》等文章的前夕。然而，即将以杜威的弟子、实验主义的信徒自命的胡适，却在《中国哲学史大纲》里征引唯心论以及实证主义的观点。我认为胡适并不是完全不在乎哲学观点的一致性。也就是说，他并不是完全不管不同的观点之间是否有其根本上的哲学差异，只要合用就好。我认为这一方面表示他在当时可能还没有完全摆脱他在康乃尔大学所吸收的唯心论；然而，在另一方面，他在方法论上挪用、糅杂、调和的倾向也已逐渐形成。

《中国哲学史大纲》的《导言》，是了解胡适的方法论的锁钥。这篇《导言》是他挪用、糅杂、调和西方唯心论与实证主义，同时更融合中西考证学传统的"不宣之言"。如果一个世纪以来的学者都懵懂于此，这不能怪胡适，只能怪学者自己的不敏与不察；情愿被胡适说他写《先秦名学史》是受实验主义思想指导的那句话牵着鼻子走，而不愿意自己张开眼睛去看。胡适固然有难辞曲笔之咎，因为他公然改写自己的心路历程，然而，他在写《中国哲学史大纲》之际，可真的是白纸黑字，交代得一清二楚。至于读者、学者会不会去注意他在《导言》篇末附的《参考书举要》，至于他们能不能看出他的糅杂与调和，能不能识破温德尔班是新康德派的，郎格卢瓦、塞诺博是实证主义派的，则就看他们自己的本事了：

一、《论哲学史》，看 Windelband's *A History of Philosophy*［温德尔班所著的《哲学史》］（页 8 至 18）。

二、《论哲学史料》，参看同书（页 10 至 17 注语）。

三、《论史料审定及整理之法》，看 C. V. Langlois and Charles Seignobos's *Introduction to Historical Studies*［郎格卢瓦、塞诺博合写的《史学导论》］。

四、《论校勘学》，看王念孙《读淮南子杂志叙》（《读书杂志》9 之 22）及俞樾《古书疑义举例》。

五、《论西洋校勘学》，看 *Encyclopaedia Britannica*［《大英百科全书》］

中论 Textual Criticism［《论校勘学》］一篇。

六、《论训诂学》，看王引之《经义述闻》卷三十一及三十二。

注脚既已在篇末植好，胡适在《中国哲学史大纲》的《导言》里自可以坦然地左引温德尔班的《哲学史》，右据郎格卢瓦、塞诺博合写的《史学导论》，然后，再佐以中西考据学的成果。在这篇《导言》里缺席的，偏偏就是胡适说"指导"他写《先秦名学史》、《中国哲学史大纲》的杜威。就像胡适在注脚里所声明的，他对哲学的起源、哲学史的目的以及方法论的部分论述，都是根据温德尔班。先说哲学的起源。温德尔班在《哲学史》的《导言》里说："希腊哲学的发展，是发生在幼稚的宗教与伦理瓦解的过程中。这不但使人类的天职和任务究竟为何这些问题，越发变成科学研究的重要课题，而且也使生活准则的教导变成了要务，以至于成为哲学或科学的主要内容。"他又说："哲学的问题和材料及其解决问题的方法，是来自其所属时代的思想潮流以及社会的需要。"① 胡适在《中国哲学史大纲》的《导言》里则举例作了演申。他驳斥"有些人［亚理斯多德］说，哲学起于人类惊疑之念"的说法。他说："人类的惊疑心可以产生迷信与宗教，但未必能产生哲学。"他认为："在中国的一方面，最初的哲学思想，全是当时社会政治的现状所唤起的反动。社会的阶级秩序已破坏混乱了，政治的组织不但不能救补维持，并且呈现同样的腐败纷乱。当时的有心人，目睹这种现状，要想寻一个补救的方法。"他又说："大凡一种学说，决不是劈空从天上掉下来的……我们如果能仔细研究，定可寻出那种学说有许多前因，有许多后果……这个前因，所含不止一事。第一是那时代政治社会的状态。第二是那时代的思想潮流。"② 他在《先秦名学史》里分析老子哲学的时候也说："简言之，那时的哲学就是在寻找一个能平天下，能够了解并改善它的方法。对这个我称之为'道'的寻求，就是所有中国哲学家——我相信就是所有西方的大哲学家也一样——的核心问题。"③

---

① Wilhelm Windelband, *A History of Philosophy*, pp. 2, 13.
② 胡适，《中国哲学史大纲》，《胡适全集》，5:221, 228.
③ 胡适，"The Development of the Logic Method in Ancient China,"《胡适全集》，35:345.

值得指出的是，杜威对哲学的成因的解释，跟胡适完全相反。当然，我们也许不能怪胡适，因为杜威是在1920年出版的《哲学的重建》里演申他的哲学起源论，那时胡适已经完成了《先秦名学史》和《中国哲学史大纲》（上卷）。但这些，杜威有可能在课堂上都提过。无论如何，杜威认为哲学的来源是宗教、传说与诗歌，其特质是保守的，它要维护的是社会的权威和传统，它与下层社会的工匠因为从事日常技艺而产生的实事求是的知识是相对立的。他说希腊的"哲人"（Sophists）为什么会被柏拉图、亚理斯多德扣上黑帽子，就充分地显示了那个时代两种思想对立尖锐的情况。杜威认为苏格拉底是真心想要调和这两种思想。然而，他实事求是问难的做法，就让他被按上了蔑视神祇、带坏青年的罪名而被处死。一直要到柏拉图，希腊的哲学才终于走上把道统与理性求知的两种思想调和的道路。然而，其结果只是使哲学如虎添翼，并不改其保守、维护威权和传统的特质。①

有趣的是，胡适对哲学的起源的解释不但跟杜威的相反，他甚至用孔子在鲁作司寇时所斩的少正卯来比喻希腊的"哲人"。他说孔子的时代是一个"邪说横行，处士横议"的"无道"的时代。孔子为了救天下之无道，斩了那散布"邪说"的少正卯。他被斩的罪名是"聚众结社，鼓吹邪说，淆乱是非"。胡适在《先秦名学史》里说到这个故事时，加了一个按语："这些罪名，柏拉图也许真希望他也能用来冠在他那个时代的哲人身上。"②矛盾的是，胡适在描述孔子那个"邪说横行，处士横议"的时代的时候，举了三个散布"邪说"的处士，其中两个都被斩了：少正卯与邓析。第三个就是他称赞为中国哲学的始祖的老子。换句话说，老子在胡适的《老子篇》是一个苦心寻求根本平天下之"道"的哲学家，可是到了《孔子篇》却被降格成了一个孔子、苏格拉底、柏拉图这些"东海有圣人，西海有圣人，此心同，此理同"的"守旧派"所共同痛恨的"邪说党"。③

胡适说哲学史的目的有三：明变、求因、评判。他用的例子都是中国哲

---

① John Dewey, "Reconstruction in Philosophy: Changing Conceptions of Philosophy," *The Middle Works, 1899-1924*, 12.84-89.

② 胡适，"The Development of the Logic Method in Ancient China,"《胡适全集》，35:337.

③ 胡适，《中国哲学史大纲》，《胡适全集》，5:254-259.

学上的，但立论根据完全是温德尔班的《哲学史》《导言》。温德尔班说：

> 哲学史研究的任务如下：一、从现有的资料里，精确地梳理出各个哲学家的生平、思想发展及其理论；二、追溯每一个哲学家思想的起源（genetic），以便让我们理解他的思想有多少是祖述的，有多少是其所处时代的思潮，有多少是他透过其个人特质及其教育所自创的；三、把我们经由梳理、溯因所整理出来的理论放在整部哲学史的脉络里，来评断其价值。[1]

胡适在《中国哲学史大纲》里则说：

> 哲学史有三个目的：一、明变。哲学史的第一要务，在于使学者知道古今思想沿革变迁的线索；……二、求因。哲学史的目的，不但要指出哲学思想沿革变迁的线索，还须要寻出这些沿革变迁的原因；……三、评判。既知思想的变迁和所以变迁的原因了，哲学史的责任还没有完，还须要使学者知道各家学说的价值：这便叫做评判。[2]

我们可以很清楚地看出胡适的所谓"明变、求因、评判"，就是从温德尔班的《哲学史》的《导言》里所觉来的。只是他的高明之处，在于不拘泥原文的句法架构，而用最精练的中文翻译过来。其中，最值得注意的是胡适用"求因"来翻译温德尔班这本英译本所用的"genetic"。同样这个字，后来胡适在介绍杜威的思想的时候，翻译成"历史的方法"或"祖孙的方法"。换句话说，胡适所谓的"历史的方法"并不是实验主义的专属，而是当时许多哲学派别所共同使用的字眼。

哲学史的这三个目的里，"明变"与"求因"，温德尔班说必须用"语言与历史学的方法"（philologic-historical）去求得；"评判"用的方法则属于"批判与哲学科学"的范畴。胡适的论述完全相同。先说"求因"。胡适说"求因"

---

[1]　Wilhelm Windelband, *A History of Philosophy*, p. 11.
[2]　胡适，《中国哲学史大纲》，《胡适全集》，5:196-197.

的目的在了解程、朱何以不同于孔、孟，陆象山、王阳明又何以不同于程、朱。这些原因，胡适说约有三种：个人才性不同；所处的时势不同；所受的思想学术不同。① 这也是从温德尔班《哲学史》的《导言》改写来的。温德尔班说："个别的英才（personalities），虽然他本身受到哲学思想的内在逻辑及其所处时代思潮的影响，总是会因其个性及其操持而对哲学有所增益"；"这作为哲学史真谛的果实是与哲学著作在历史上消长的命运相连的。影响其命运的，不只是一般或特殊科学的重大发现，还有欧洲文明在其他方面的发展"；"没有任何一个哲学系统可以免于其创始者的影响……每一个哲学家的世界观……都受到其所属的民族与时代观念与理想的影响。然而，其形式、安排以及他如何去作关联与评价的工作，则是受到他个人的出身、教育、举措、运命、个性与经验的制约。"②

哲学史的第二个目的"明变"，是胡适所说的哲学史的"根本工夫"，最能用来说明"语言与历史学的方法"的必要性。这就是胡适在《导言》里用了相当多的篇幅来谈的"述学"。这述学的工作分成好几个步骤。一、哲学史的史料：有原料，还有副料；二、史料的审定；三、审定史料之法；四、整理史料之法：校勘、训诂与贯通。③ 从胡适在篇末所加的注脚来看，第一个步骤，是根据温德尔班。"原料"、"副料"，温德尔班英译原文用的是"main sources"、"secondary sources"；其他步骤的立论，则是依据他在注脚所列出来的中西考据权威，亦即：郎格卢瓦、塞诺博、写《大英百科全书》《论校勘学》一篇的浦斯格，以及王念孙和王引之。

胡适说到哲学史的第三个目的"评判"，他的立论又回到了温德尔班。胡适说："我说的评判，并不是把作哲学史的人自己的眼光，来批评古人的是非得失。那种'主观的'评判，没有什么大用处。如今所说，乃是'客观的'评判。"④ 温德尔班的原文是："评判的标准，毋庸赘论，当然必须不能是史家的私论，即使是他自己在哲学上的定论也不可以。如果我们使用

① 胡适，《中国哲学史大纲》，《胡适全集》，5:197.
② Wilhelm Windelband, *A History of Philosophy*, pp. 9, 14.
③ 胡适，《中国哲学史大纲》，《胡适全集》，5:201-219.
④ 胡适，《中国哲学史大纲》，《胡适全集》，5:197.

上述这种标准，其所下的评判就失去了其科学普世的价值。"① 值得注意的是，温德尔班说这句话的用意是在批判黑格尔，亦即黑格尔以自己的哲学观点为依归来审视哲学史的做法。事实上，正因为温德尔班要矫黑格尔派之枉，他才强调哲学史在作"评判"的工作之前，先要考信、求真，因此他强调历史考证的重要性。在这里，我们就可以看出胡适对温德尔班所谓的"科学的"哲学史是有选择地使用的。所谓"客观"、"主观"之别，并不是温德尔班用的名词。事实上，如果温德尔班对黑格尔是褒贬参半，他所全力批判的对象还是实证主义。虽然他用"科学"这个名词来指涉历史、哲学等等学科，他认为这些学科属于殊相科学（ideographic science）或精神科学（Geisteswissenschaften），在方法学上，与自然科学截然不同。

胡适在方法论上的挪用、糅杂与调和，其实有相当程度的自觉性。他知道自己在做什么，而且也很清楚为什么要那样做。我在前一段说过他对温德尔班的挪用是有选择性的。温德尔班对哲学的起源、对哲学史的目的与方法论，他都喜欢，所以就老实不客气地恍来挪用之。然而，温德尔班的新康德派的唯心论，他则敬谢不敏。比如说，温德尔班在《导言》里说"哲学史是欧洲人以科学的概念展现其世界观、人生观的历程"，以及"哲学史的进程，在某些阶段里，必须完全用实用（pragmatic）的角度，也就是说从思想的内在必要性以及从'事物的逻辑'的角度来理解"，② 这种新康德派的语言和概念，都会让胡适浑身哆嗦。用胡适 1930 年 2 月 15 日的日记里的话来说："这班所谓哲学家真是昏天黑地！"

《先秦名学史》的《导言：逻辑与哲学》是研究胡适早年思想的一篇重要的文献，是他对儒家、先秦诸子的定位，他对中国传统的科学精神的初诠，以及他对中西文明交会的第一篇论述。胡适说他写《先秦名学史》的目的，是要从先秦诸子的方法学里，去找那可以与近代西方哲学契合的沃壤，以便让近代西方哲学的思辨、研究方法和工具得以在中国生根。为什么胡适要从先秦诸子的方法学里去寻找那可以与近代西方哲学契合的沃壤呢？这是因为接受新文化的方式，最好是"有机的吸收，而不是断然的取代"。这最好的

---

① Windelband, *A History of Philosophy*, p. 17.
② Windelband, *A History of Philosophy*, pp. 9, 12.

方法，是"去寻找可以用来有机地与近代欧美的思想系统联结起来的传统思想"。如果能这样做，"我们就可以在新、旧内在融合的新基础上去建立我们的新科学与新哲学"。问题是，儒家思想没有这个能与近代西方思想互相辉映的资格。

> 儒家早已虽生犹死了……儒家早已僵死了。我深信中国哲学的未来在于挣脱儒家道德、唯理主义的枷锁。这个解放不是用全盘接受西方哲学就可以作得到的，而必须是把儒家摆回到它应有的地位才能达成。这就是说，把它放回到它原来在历史上的位置。儒家本来就只是中国古代百家争鸣里的一家而已。因此，等那一天到来，等我们不再把儒家视为独一无二的精神、道德、哲学权威的来源，而只不过是哲学星河里的一颗星的时候，就是儒家被摘冠（dethronement）大功告成的一天。

儒家不行，幸好中国还有其他先秦的诸子可用：

> 我相信非儒家诸子学说的再兴是绝对必要的，因为只有在这些学派里，我们才能找得到适合的土壤来移植西方哲学与科学的精华，特别是方法学。他们所强调的是经验，而不是教条、不是唯理主义；他们所面面顾到的圆熟的方法学；他们用历史与演化的眼光来检视真理与道德的做法，所有这些我认为是近代西方哲学最重要的贡献，都可以在公元前第五到第三世纪那些伟大的非儒家诸子当中找到遥远但圆熟的先声。因此，我认为新中国有责任借助近代西方哲学，来研究那些久被遗忘了的传统学说。等那一天到来，等我们能用近代哲学的方法来重新诠释古代的中国哲学，等我们能用中国本土的传统来诠释近代哲学的时候，中国的哲学家、哲学工作者，才可能真正地优游于那些用来从事思辨与研究的新方法与新工具。①

---

① 胡适，"The Development of the Logic Method in Ancient China,"《胡适全集》，35:314.

林毓生说胡适这个全盘西化论者为什么也居然会有"有机吸收"的论调呢？他认为胡适是一个具有内在矛盾的一个人。他说胡适在思想上是一个全盘西化论者，可是在情感上是一个文化民族主义者。有趣的是，林毓生虽然一向不喜欢列文生（Joseph Levenson）把近代中国许多重要的知识分子说成是"在思想上与传统疏离，但感情上还眷恋着"，但他在此处其实是落入了列文生的窠臼。他说由于胡适经常动不动就诉说中国传统的弊病，总让人觉得他是一个能"冷眼面对事实"（tough-mindedness），没有必要找心理的补偿来抚慰他的文化自卑感的人。然而，他说："虽然胡适对中国传统没有什么眷恋，但是他从中国找到的科学传统，是他的补偿方式，是让他可以说中国也有跟美国的重要发展旗鼓相当（或者几近旗鼓相当）的东西，这是一种心理平衡的因素，至少是可以在一定的程度上支撑他，让他能有冷眼面对事实的能力。"①

　　其实不然，胡适在《先秦名学史》的《导言》里所强调的"有机吸收"并不是一种心理的补偿。胡适留美的时候，在他反民族主义的巅峰期，甚至赞成一个"因老朽而衰败，被成见而蒙蔽"的国家，去让一个"有效率、开明"的外来政府去统治。② 换句话说，套用林毓生的话来说，胡适"冷眼面对事实"的能力，是达到了只要外来政权可以"有效率、开明"，"国都可以不国"的程度，他还有什么需要去找"一种心理平衡的因素"来作补偿呢！但这是第六章的主题。胡适所谓的"有机吸收"，所谓的中西互诠、互证也者，其实是在呼应杜威的观点。杜威对哲学或任何思想的起源，就像胡适在《先秦名学史》、《中国哲学史大纲》的《导言》里所说的："决不是劈空从天上掉下来的。"哲学思想与一个社会的文化历史是息息相关的。杜威以美国为例，说美国的哲学"必须脱胎于民主，必须面对民主所滋生的问题"。用同样的逻辑去思考，美国的哲学既然是从欧洲传承过来的，它自然也与欧洲的哲学类似其脐带的关系。然而，它也会为了因应其社会文化的发展，而作出其独立的发展："美国的哲学并不是就这么的与过去的哲学一刀两断，而独

---

① Lin Yusheng, *The Crisis of Chinese Consciousness: Radical Antitraditionalism in the May Fourth Era* (Madison, Wisconsin: The University of Wisconsin Press, 1979), pp. 93-94n.
② Hu Shih to Clifford Williams, January, 22, 1915.

自去闯一个偏安的天下；也不是选一个传统哲学的宗派来凑数一样地解决问题；而毋宁是不可避免地用涵蕴在我们自己的国家生活精神里的需要与理想，来重新构思、重新孕育。"①

值得注意的是，胡适的《先秦名学史》、《中国哲学史大纲》既然在目的、方法论上都没有受到杜威实验主义的"指导"，他在枝节上呼应、征引甚至套用杜威，则反而只有捉襟见肘、自曝其短的效果。事实上，胡适在立论上有很多根本就跟杜威的基本观点相抵触。比如说，胡适在《先秦名学史》的《导言》里，把近代欧洲的哲学和科学方法追溯到亚理斯多德。②殊不知杜威对传统西方哲学的态度根本是负面的。杜威认为哲学如果故步自封、不愿从它陈腐过时的问题里跳出来，哲学将会与社会脱节。这点即使胡适在当时还没有觉察到，等他1919年写《实验主义》的时候已经意识到了。所以他那时就懂得引述杜威的话说："哲学如果不弄那些'哲学家的问题'了，如果变成对付'人的问题'的哲学方法了，那时候便是哲学光复的日子到了。"③ 换句话说，如果哲学需要先被光复，方才不致于与现代社会脱节，则传统哲学，不管是中国的还是西方的，如何能成为中国现代化的沃壤？

其次，这个与近代西方哲学契合的沃壤，胡适说是先秦诸子的逻辑。问题是，早在胡适还没有到美国留学以前，杜威已经开始对传统逻辑展开了批判。他认为传统各派逻辑——亚理斯多德、经验、先验各派——的根本错误，在于它们把思考、素材与研究视为各自独立的范畴。他强调这种看法根本已经被近代的实验科学推翻了。他说，如果以近代科学的方法作为依归，我们是否应该说："所有我们在思想过程中所作的区分和名词——判断、概念、推论、主词、述词、判断的连系词，等等、等等——都应该被视为整个疑难求解过程中所扮演的不同职责或分工？"④

更重要的是，杜威认为近代科学的方法已经证明了传统形式逻辑是空洞的，无意义的。亚理斯多德以来的三段论式，属于西方逻辑思想演进的第三

① John Dewey, "Philosophy and American National Life," *The Middle Works, 1899-1924*, 3.74, 76.
② 胡适，"The Development of the Logic Method in Ancient China,"《胡适全集》，35:313.
③ 胡适，《实验主义》，《胡适全集》，1:304.
④ John Dewey, "Some Stages of Logical Thought," *The Middle Works, 1899-1924*, 1.174.

个阶段。三段论式所着重的，与其说是寻求解决疑难和争论的标准，不如说是辩难的技术。从大前提、小前提到结论的推论，讲究的就是论证的规则与证据的使用。问题是，论证即使再正确，它并不能保证前提的真实性。杜威说亚理斯多德的逻辑必须假定某些最高或根本的真理是不成问题或不能被质疑的，是自明、自证的，不是用思想去证明或修正，而是天经地义的存在的。这是杜威的实验主义所绝对不能接受的。

杜威说，等逻辑思想演进到第四个阶段，也就是，拜近代科学之赐所发展出来的逻辑思想，就截然不同了。以归纳、经验科学为代表的第四个阶段的逻辑思想所要作的是推论，而不是证明。杜威说三段论式要证明的是命题，推论则并不止于命题，而是要去追问更多、不同的事实。第四个阶段的思维模式"其目标是要去拓展知识的新领域，而不是在旧疆域里立路标。其技术不是为已有的信念定高低的系统，而是去与陌生的事实与观念为友的方法。推论向外扩展，填补漏缝。我们要评估其成败，不是在于它颁发了多少奖状，而是在于其知识的产量。发明（inventio）重于判断（judicium）；发现胜于'证明'"。①

换句话说，胡适所津津乐道的先秦诸子的方法论，不管其再圆熟也好，也只不过是杜威眼中的西方逻辑思想演进的第三个阶段。而这个西方亚理斯多德以来的逻辑论证，从杜威的角度来看，已经是被近代的科学方法淘汰了。然则，胡适亟亟想要找来与西方近代科学的方法接枝、交流的先秦诸子方法论，岂不等于是要中国人盲人骑瞎马，掉下悬崖还不自知了吗？

第三，胡适在《导言》说近代中国儒家的方法论，是宋朝的程灏、程颐从《礼记》里所抽出来的《大学》。他借用了培根的《新工具》（*Novum Organum*），来称呼作为近代中国儒家方法论的《大学》。他引了以下这一段："物格而后知致，知致而后意诚，意诚而后心正，心正而后身修；身修而后家齐，家齐而后国治，国治而后天下平。"他说这就是近代中国儒家的方法论。程朱一派对这个方法论的诠释是"格物穷理"。可是到了明朝的王阳明，这个诠释却引起了反动。原因出在王阳明格竹七天而穷不到理的故事。胡适引了王阳明在《传习录》里的话：

---

① John Dewey, "Some Stages of Logical Thought," *The Middle Works, 1899-1924*, 1.162-168.

众人只说"格物"要依晦翁，何曾把他的说去用！我着实曾用来。初年与钱友同论做圣贤要格天下之物，如今安得这等大的力量：因指亭前竹子，令去看。钱子早夜去穷格竹子的道理，竭其心思至于三日，便致劳神成疾。当初说他这是精力不足，某因自去格，早夜不得其理，到七日，亦以劳思致疾，遂相与叹圣贤是做不得的，无他大力量去格物了。

王阳明格竹失败以后，悟得的结论是：格物的意思其实是格心，其最终的目的在致良知。虽然胡适认为程朱对格物的诠释近于西方归纳法的原则，他说这个方法论的致命伤在于光有归纳的理念，但是没有执行的方法。他说王阳明格竹失败的例子，在在说明了一个没有归纳步骤可循的归纳法是空的。不但如此，胡适认为不管程朱也好，王阳明也好，他们的共同错误是把格物的"物"，诠释为"事"，亦即人事。其结果是，连程朱这一派懂得格物穷理的道理的儒家，也只埋头去"诚意正心"。胡适感叹着说：

> 由于他们没有研究大自然事物的科学方法，他们也把自己局限在道德政治哲学的问题上。因此，近代中国哲学的两大阶段［宋与明］，对科学的发展都一无贡献。中国没有科学，原因可能不只一个，但其致命伤是出在其哲学方法上，这恐怕不是一个夸张的说法。①

胡适在此处所提出来的中国没有科学，程朱、王阳明都有责任的论点，他回国以后作了修正。原因为何，我们会在本传的第二部里再作分析。在这里要问的是，他这个说法与杜威的观念合不合辙？我的答案也是否定的。胡适责备宋明以来的儒家，说他们的方法论的致命伤在于光有归纳的理念，没有执行的方法。这个说法其实是克雷登的。克雷登在《逻辑导论》里说：

> 事实不会现成地进入我们的脑子里。光是盯着东西看，不会给我

① 胡适，"The Development of the Logic Method in Ancient China,"《胡适全集》，35:303-311.

322

们带来知识：除非我们的脑子去作反应、去作判断、去思考，我们不会因为盯着东西看就聪明一点。要能作观察，我们就必须多多少少能确定的意识到我们究竟在找什么，然后把我们的注意力集中在某些场域或事物上。而要能这样作，就必须在我们所意识到的万千印象与事物里去作选择。[1]

胡适的观点与克雷登的相契，却违反了杜威最基本的哲学观念。王阳明格竹失败，用克雷登的话来说，是因为"光是盯着东西看，不会给我们带来知识"。换句话说，王阳明的失败，就是因为没有方法。用胡适在《多研究些问题，少谈些'主义'》里的话来说："学理是我们研究问题的一种工具。没有学理做工具，就如同王阳明对着竹子痴坐，妄想'格物'，那是做不到的事……有了许多学理做材料，见了具体的问题，方才能寻出一个解决的方法。"[2] 杜威的看法则不然。他会说王阳明格竹是无事忙。我们都记得胡适后来最喜欢说杜威的五步思维术。他在 1919 年写的《实验主义》里说：第一个阶段是疑难的境地。所以胡适把程颐的话改成："学原于思，思起于疑"；第二个阶段在找出疑难之点究竟何在；然后再演进到提出假设、选择最可能解决问题的假设，以至于第五步的求证。[3] 换句话说，对杜威而言，思考的发生是因为我们有了困惑或疑虑。反之，没有疑难，就没有思考的必要。杜威在《实验逻辑论文集》里说："如果没有任何问题或困难来刺激我们去作思考的话，科学调查根本就不会发生。"[4]

有趣的是，胡适在杜威课堂上所作的英文笔记，就记下了类似的话语："人是思想的动物，因为他先有了困扰，然后设法去控制它。[思想的起因]永远是一个具体的问题，而绝对不会是根本或普世（überhaupt）的问题。"又："知识永远不会是一个从不完整认知到完整认知的历程。它所处理的永远是具体的事物。我们的出发点并不是要去了解宇宙，而是要去了解具体的

---

① James Creighton, *An Introductory Logic*, pp. 210-211.

② 胡适，《多研究些问题，少谈些'主义'》，《胡适全集》，1:328.

③ 胡适，《实验主义》，《胡适全集》，1:307.

④ John Dewey, "The Relationship of Thought and Its Subject-Matter," *The Middle Works, 1899-1924*, 2.307.

问题。"① 关于王阳明格竹失败的问题,胡适其实用不着靠读杜威的《实验逻辑论文集》来找解答。这本书,我们知道他读了,因为北大图书馆藏的那本书,他划线划得满满的。他只要浏览自己的笔记,就可以知道他应该如何诠释王阳明格竹失败的故事。这就在在地证明了所谓人若不开窍,言者谆谆、听者藐藐的道理。这也就是说,在人还没有开窍以前,说什么都是听不进去的。胡适还没走进实验主义之前,他就是在课堂上记了实验主义的笔记,还是等于视而不见。王阳明格竹失败,用杜威实验主义的角度来看,就是因为他想要去穷那宇宙蕴藏在竹子里的"理",而不是具体的竹子的问题。套用胡适所说的杜威的思维术的话来说,王阳明的格竹,根本连第一步都不符合。他对竹子根本就没有困惑、没有疑难,他的思考当然也就根本没有启动了。

此外,胡适说宋明理学家把"物"诠释为"事",结果只知研究人事现象,而忽略了自然界,造成了中国没有发展出科学的悲剧。从杜威的实验主义的角度来看,这也犯了最基本的二分法的谬误。杜威一生孜孜不倦、不厌其烦地到处呼吁的,就是要大家不要忘了科学的方法没有自然、人文科学之分。科学方法只有一种,那就是已经成功地运用在自然科学上的方法,而那也就是我们应该拿来研究人类社会、文化、政治、经济的方法。任何人都可以不同意杜威的这个说法,但是一个自居为杜威实验主义的信徒偏离了这种看法,就没有任何能逃避质疑的借口。杜威在《实验逻辑论文集》里说:"一个事物,拉丁文说:"res",就是一个事件、一件工作、一个'主张';那跟得了流行性感冒、或是参加竞选、或是把做了太多的西红柿罐头分送给别人、或是到学校去、或是想追一个年轻的女性等等事情是没有两样的。"② 换句话说,如果我们把杜威的实验主义的观点运用到中国宋明理学的脉络下,"格物"不分"事"或"物",其旨同,其法同;只要方法正确,不管是用在人间的"事"或用在自然界的"物",都是科学。从杜威的角度来看,我们没有道理去说,因为宋明理学家只知格"事"而不知格"物",所以中国没有产生科学。如果中国没有产生科学,那是因为方法错了,而不是因为他们只

---

① 北京社科院近代史研究所藏胡适英文档案,E062-002.
② John Dewey, "Introduction to Essays in Experimental Logic," *The Middle Works, 1899-1924*, 10.322.

知格"事"。等胡适后来终于弄懂了杜威的实验主义以后，他也会开始强调科学方法没有自然、人文社会科学之分。然而，在美国留学时写《先秦名学史》的他，对这一点仍然懵懂。

胡适在《先秦名学史》里对孔子"正名主义"的分析，也是与杜威的观点相抵触的。杜威说：我们嘲笑头脑简单的人以为有"名"就一定有"实"，他甚至会正经八百地到字典里去找名词的定义，来裁决道德、政治甚或科学上的争论。但是，从另外一个意义上来看，杜威认为"名"可以有其"实"，这是因为一旦约定俗成，"名"就有其社会的实际。只是，也正由于如此，"名"有其保守的性质，一旦变成天经地义，"名"就有僵化到被视为有其金科玉律之"实"的危险。① 胡适说孔子要正名，是因为他认为"名"必须符其"实"；孔子的"正名"，就是要把"君君臣臣父父子子的关系、职守、制度，尽可能地与其原有的真义符合。这些真义即使久已失传、偏废，我们可以透过切当的研究，亦即精确的正名工作，使其重现、重建"。② 令人惊讶的是，口口声声说他写《先秦名学史》、《中国哲学史大纲》是受实验主义思想指导的胡适，居然会非常不实验主义地相信我们可以从"名"去找"实"。不但如此，他甚至在论文的一个注释里征引了孔德的实证主义观点，来与孔子的"正名主义"相辉映。其中一句引文是说孔子和孔德一样，都试图要"用理性的方法来建立一个让我们可以理解人类、社会与世界的普世皆准的真理系统"。③ 如果有什么句子可以让杜威，以及后来的胡适嗤之以鼻的，"普世皆准的真理系统"这句话，应该是非此莫属。

事实上，胡适在《先秦名学史》里立论最为薄弱、矛盾层出、妄自套用杜威的部分，就是他对孔子、墨子的分析。胡适在分析孔子的学说的时候，行文的口气完全是正面的。比如说，他说孔子的"正名"哲学绝不只是在文义上咬文嚼字，而是思想的重建。"正名"的方法，在于"谨于用辞定论，谨严到每用一字、每下一判断，都是在作一个道德的判断，都是在褒或贬，

---

① John Dewey, "Some Stages of Logical Thought," *The Middle Works, 1899-1924*, 1.152-156.
② 胡适，"The Development of the Logic Method in Ancient China,"《胡适全集》，35:359.
③ 胡适引的是莱维 - 布律尔 (Lucien Lévy-Brühl) 分析孔德的实证主义的观点。参见胡适，"The Development of the Logic Method in Ancient China,"《胡适全集》，35:361 注。

都是像政府的法规必须作褒或贬一样。西方读者一定会觉得这未免太异想天开了。但是孔子的这个概念对中国的思想有深远的影响，特别是中国的史学"。①

然而，到了《先秦名学史》的《墨子篇》，胡适对孔子的批评却作了一百八十度的转变：

> 儒家的逻辑的问题，出在他们妄想用"名"来正名，这也就是说，用重建"名"原有的、理想的定义，来"正"那已经错谬了的"名"。任何现代语言学者一眼就可以看出这注定会是徒劳无功的。我们暂且不论字义溯源的工作可以是无止境的，就是我们真能追溯到字义的本源，除了语义学上的饾饤意味以外，那又有什么用处呢？我们就是最后能把[《易经》里]的'象'字成功地溯源到'大象'，那对逻辑或社会道德又有什么益处呢？
>
> 反之，如果我们放弃了字义追求法，就等于被迫武断地去赋予定义，用哲学家心目中的理想去下定义。这种武断或主观的作法，儒家是采行了，特别是《春秋》。在《春秋》里，为了表达历史家[孔子]武断的价值判断，他甚至把历史事实也给扭曲了。②

胡适在《中国哲学史大纲》里也批评了《春秋》所引生的流弊："《春秋》那部书……不可当作一部模范的史书看……为什么呢：因为历史的宗旨在于'说真话，记实事'……《春秋》的余毒就使中国只有主观的历史，没有物观〔即客观〕的历史。"③

更严重的是，胡适批判说，孔子"正名"哲学的目的、孔门的逻辑目标，是在追求先验的、普世皆准的道理，而一点都不去考虑其"结果"（consequences）：

---

① 胡适，"The Development of the Logic Method in Ancient China,"《胡适全集》，35:391-392.

② 胡适，"The Development of the Logic Method in Ancient China,"《胡适全集》，35:422.

③ 胡适，《中国哲学史大纲》，《胡适全集》，5:281-282.

孔子心目中的论断讲求的是：什么是该作的，什么是不该作的。但是，当他以及他的弟子赋予这些论断绝对以及先验的本质以后，它们就变成了普世应然的准则，而完全不计其结果。就像后来的一个儒家［董仲舒］所说的："正其谊不谋其利，明其道不计其功。"其结果是：普世皆准的命题就成了目的。至于这些命题正确与否，他们不但没有测试方法，连想也不想。同时也没有任何能够指导他们如何把那些命题运用在具体的情况里的准则。这是因为一旦不去计其实用的效果，这些普世皆准的命题只不过是空洞和抽象的辞藻，可以任由人一时的兴起（caprice）与偏见盲目地拿来使用或束之高阁。①

任何对杜威的实验主义有若干了解的人，都可以一眼就看出胡适为什么会在此处祭出"实用"、"结果"、"具体的情况"的令牌，以及为什么要抨击"普世皆准"的论断与命题空洞、抽象。胡适在《先秦名学史》里套用杜威实验主义的基本名词和概念，已经到了误用与滥用的地步。就以"实用主义"这个概念为例。胡适在《墨子篇》里有一节，其节目是墨子的"实用主义的方法论"（Pragmatic Method）。他说墨子批判儒家只知追寻普世皆准的道理，完全不顾其实用的结果。相对地，墨子在衡量一切信念与理论的时候，则一定是以其所产生的结果来作为准则。胡适说墨子的实用主义的立场可以总括如下：

　　每一个制度的意义，在于其所能产生的结果，每一个概念、信念或政策的意义，在于其所能培养出来的行为或品格。以下这句话可以言简意赅地说明他的实用主义的方法："任何可以提升人的行为的准则，就该让它永垂不朽；任何无法提升人的行为的，则反之。去为那些无法提升人的行为的准则饶舌，只是在浪费口舌而已［言足以迁行者，常之；不足以迁行者，勿常。不足以迁行而常之，是荡口也］。"②

---

① 胡适，"The Development of the Logic Method in Ancient China,"《胡适全集》，35:422-424.
② 胡适，"The Development of the Logic Method in Ancient China,"《胡适全集》，35:415-420.

《先秦名学史》里误用杜威的实用主义的例子，莫此为甚。杜威在胡适曾经认真读过的《实验逻辑论文集》里，有一篇短文，特别强调了实用主义的"实用"，并非那些好讥诋实用主义者口中的"实用"。杜威开门见山，就慨叹着说：

> 传言，一经说开，要阻止其传布就没有那么容易。对工具主义的种种误解里，最让人摆脱不了的，就是说知识不过是达成实用目的的方法而已；或者说，知识是满足实用需要的方法……我要在此再作一次强调："实用"一词所指的，只不过是一个规则，那就是：所有的思想、所有的反思，都必须用结果来定其意义或测其效果。这个结果的性质为何，实用主义并不置喙：它可以是在美学或道德方面，可以是政治上的，也可以是在宗教上的。

他用工具主义的真谛来进一步说明"实用"或"实践"的意义：

> 在以逻辑的形式展现出来的实用主义——工具主义——之下，行为或实践确实扮演了一个重要的角色。但实用所意指的并不是结果，而是认知的过程……认知帮我们达到一个控制得宜、更佳的情况，至于其结果如何，或者其工具性如何，则不是它的问题。

杜威说，对一般人而言，科学理论之所以可贵，是因为它在应用或"实用"上的效果。但从科学和逻辑的角度来看，这应用或"实用"所意味的就是实验；实验的成功，证明了理论的正确。为了澄清这种对实用主义最常见的误解，杜威一生在不同的场合里不厌其烦地作了解释。他在晚年所写的《逻辑：研究的方法论》（*Logic: The Theory of Inquiry*）里有一段说得最清楚：

> 从一般人的角度来看，自然科学通则的应用——例如电力、化学工程师的技术以及医疗科学（如果我们可以用这个名词的话）的方

法——之所以让人刮目相看，主要就是因为其实用的效果。把疟蚊孳生的沼泽的积水抽掉，大家都会举手赞成，因为这样作可以祛除疟疾。然而，从科学的角度来看，这是为了验证理论所作的实验。①

换句话说，胡适对实用主义的"实用"的误解，不只在于像一般人一样，只看效果；他最根本的谬误在于把这"实用"的效果诠释成实用主义的真谛，而浑然不知从杜威的角度来看，"实用"是涵蕴在认知以及检证的过程里。由于误用，胡适套用"实用主义"的名词来描述墨子的哲学方法，这个做法本身已经是名词的滥用。然而，匪夷所思的是，胡适才称赞墨子"实用主义"的方法，在接下去的一节分析墨子的逻辑"三表法"的时候，却又转过来揭穿其实墨子只是一个半吊子的"实用主义者"：

> 墨子虽然总是强调实际的结果，总是批判儒家好谈抽象的名与理，而不顾其在实际人生所产生的效果，然而，他自己所想建立的，也是一个普世皆准的系统，一个经由实用主义的方法去测试、建立起来的真理系统，来作为个人生活，以及社会国家规范的指导……所以，虽然墨子的方法强调实际的结果，它的目标是在建立一个普世皆准的行为法则的系统。②

我们还记得胡适在《先秦名学史》的《导言》里振振有词地说，先秦非儒家诸子的哲学是中国未来的希望，可以用来接枝近代西方哲学与科学的沃壤。他的理由是："他们所强调的是经验，而不是教条、不是唯理主义。"然而，等到他进一步分析墨子的逻辑的时候，却得出了孔子、墨子原来是一丘之貉，都是妄想建立一个普世皆准的行为法则系统的结论。在哥大写论文时的胡适有所不知，如果墨子哲学方法的目标是"建立一个普世皆准的行为法则的系统"，他就不是一个实用主义者；没有一个实用主义者，会只是在方法上是

① John Dewey, "Logic: The Logic of Inquiry," *The Later Works, 1899-1924*, 12.434.
② 胡适, "The Development of the Logic Method in Ancient China,"《胡适全集》, 35:442-443.

实用主义者，而在目标上是康德或黑格尔主义者。这就在在证明了胡适当时根本不懂实用主义，完全是用误解实用主义的人的观点来看实用主义，望文生义，把"实用"诠释成"实际的结果"。我们不必再征引杜威，只要用胡适回到中国好好读了杜威的书以后所写的《三论问题与主义》里的话，就可以以明日的胡适的矛来攻昨日的胡适的盾："一切主义，一切学理，都该研究，但是只可认作一些假设的见解，不可认作天经地义的信条；只可认作参考印证的材料，不可奉为金科玉律的宗教；只可用作启发心思的工具，切不可用作蒙蔽聪明、停止思想的绝对真理。如此方才可以渐渐养成人类的创造的思想力，方才可以渐渐使人类有解决具体问题的能力，方才可以渐渐解放人类对于抽象名词的迷信。"[①]

最最匪夷所思的，是胡适一定要在《先秦名学史》里套用杜威的概念，恐怕连他自己都会觉得牵强附会，却还是硬要削足适履地拿来运用。比如，胡适用《易经》来分析孔子的逻辑的时候，说《易经》有三个基本观念：易、象、辞。"辞"的作用，胡适在《中国哲学史大纲》里解释说："在于指出卦象或爻象的吉凶。"他接着引申说：

> 象所表示的，是"天下之赜"的形容物宜。辞所表示的，是"天下之动"的会通吉凶。象是静的，辞是动的……动而"得"，便是吉；动而"失"，便是凶；动而有"小疵"，便是悔吝。"动"有这样重要，所以须有那些"辞"来表示各种"意象"动作时的种种趋向，使人可以趋吉避凶，趋善去恶。能这样指导，便可鼓舞人生的行为……辞的作用，积极一方面，可以"鼓天下之动"；消极一方面，可以"禁民为非"。[②]

胡适在此处对"辞"的解释是点到为止，恰到好处。他在《先秦名学史》里也作了类似的诠释。他说，"辞"的定义就是：某事的趋向会带来某种结果的判断，也就是说，是吉是凶的判断。例如："谦，亨，君子有终"，

---

① 胡适，《三论问题与主义》，《胡适全集》，1:353-354.
② 胡适，《中国哲学史大纲》，《胡适全集》，5:260, 269-270.

330

就是"谦冲会带来成功"的判断。孔子又说："吉凶悔吝者，生乎动者也。"再："吉凶者，言乎其失得也。"于是胡适说：

> 正因为吉凶基于行为的好坏，这种依因果来预测人事趋向的判断，就成为有用的工具，可以帮助人们去作正确、成功的行为……所以孔子说："极天下之赜者存乎卦，鼓天下之动者存乎辞。"

然而，在《先秦名学史》里，他偏偏要再更上一层楼：

> 因此，这些判断的价值就在于它们基本上是实用的……孔子说："是以君子将有为也，将有行也，问焉而以言，其受命也如响，无有远近幽深，遂知来物。"这是《易经》里的辞。它们是行为的准则。它们极类似于有人所说的"实践的判断"（judgments of practice）。[1]

胡适在这里所说的"有人"，其实就是杜威；而其出处，也就是他所精读的《实验逻辑论文集》。问题是，杜威说得非常清楚，他所谓的"实践的判断"是去对一个尚未完成的情境作了解，然后再决定举措的判断。杜威提出"实践的判断"的用意在于打破传统哲学里把"理论"与"实践"弄得泾渭分明的二分法。因此，杜威所谓的"实践的判断"其实包含的范围极广，价值的判断、科学的判断，都属于他所说的"实践的判断"。如此说来，"实践的判断"必须遵循所有杜威强调的思考方式或步骤。"实践的判断"所面对的问题是：在一个尚未完成，一个不明确的情境之下，一个人在思索他该怎么作、如何作的过程中所下的判断。这个作判断的过程，毋庸置疑的，必须要经由假设、评断与证明的过程。[2]

胡适一定也很明白他在此处套用杜威的"实践的判断"，有附会、滥用

---

[1] 胡适，"The Development of the Logic Method in Ancient China,"《胡适全集》，35:384-387.

[2] John Dewey, "The Logic of Judgments of Practice," *The Middle Works, 1899-1924*, 8.14-49.

的嫌疑。因此，他特别作了强词夺理的解释：

有人也许会提醒我们说，孔子在此处所说的判断属于占卜的范畴；那是一本教人如何趋吉避凶的占卜书。然而，我们必须了解，对于一个虽然古老但并不迷信的民族来说，作为占卜用的《易经》，跟我们这个时代说明科学定律的书相比，其作用其实是完全相同的。一本现代讨论医学的书，跟《易经》里所说的判断，性质是完全相同的。前者告诉读者如何去观察各种疾病的症状，如何去避免，如何去治疗等等。同样地，《易经》**也根据其时代的知识**，告诉读者从他行为的趋向去判断他可能得到的后果，以便帮助他趋善去恶。孔子所处时代和欧斯特瓦德（Wilhelm Ostwald）[1853-1932，德国化学家，1909 年诺贝尔化学奖得主]以及皮尔生（Karl Pearson）[1857-1936，英国科学家]所处时代的不同点，并不在于后者可以不需要行为准则的书；而在于其行为的准则，是建立在由科学实验得以及证明的精确的知识之上。相对的，古人的知识则只是民俗和先验的哲理。因此，孔子在《易经》里对判断［辞］的来源作了这样的说明："圣人以此洗心，退藏于密，吉凶与民同患。神以知来，知以藏往，……是以明于天之道，而察于民之故，是兴神物以前民用。"因此，从判断本身而言，《易经》的判断跟现代科学定律书里的判断并没有什么不同，其不同点，就在它是用唯理主义、先验的哲理去追溯这些判断的起源。[①]

当时的胡适还没了解的地方，正是这最后一句对实验主义来说，是形同异端的话："它是用唯理主义、先验的哲理去追溯这些判断的起源。"这先验的理论就是杜威，以及回国以后终于开了窍的胡适一辈子所挞伐的对象。杜威对先验理论的批判，我们已经说过多次，不须要再辞费。杜威并不反对从过去的经验里汲取教训。他说我们不这样作，才是愚蠢。然而，使用过去的经验是有条件的。那过往的经验必须是在当时已经经过批判的程序而得到的。

---

① 胡适，"The Development of the Logic Method in Ancient China,"《胡适全集》，35:387-388.

还有，社会是日新月异的，人类是一直在进步的，今日的情境，泰半不会同于昨日的情境。每一个情境都是具体的，不但是未完成的，而且其未完成的性质与程度也是因情境而不同的，不能笼统言之。更重要的是，非批判性地使用过往的经验，没有任何思想的意义，那只是依样画葫芦，不是学习，不是检证。[①]

《先秦名学史》以及《中国哲学史大纲》里，牵强附会的地方不胜枚举。胡适晚年的时候，终于公开承认《中国哲学史大纲》有一个牵强附会的地方。他在 1958 年在纽约写的《〈中国古代哲学史〉台北版自记》里说：

> 此书第九篇第一章论《庄子时代的生物进化论》[《先秦名学史》第四篇第一章]，是全书里最脆弱的一章。其中有一节述《〈列子〉书中的生物进化论》，也曾引用《列子》伪书，更是违背了我自己在第一篇里提倡的"史料若不可靠，历史便无信史的价值"的原则。我在那一章里叙述《庄子书中的生物进化论》，用的材料、下的结论，现在看来，都大有问题。例如，《庄子·寓言篇》里说：
>
> 万物皆种也，以不同形相禅。始卒若环，莫知其伦。是谓天均。
>
> 这一段本不好懂。但看"始卒若环，莫知其伦"八个字，这里说的不过是一种循环的变化论罢了。我在当时竟说：
>
> "万物皆种也，以不同形相禅"，此十一个字竟是一篇《物种由来》。
>
> 这真是一个年轻人的谬妄议论，真是侮辱了《物种由来》那部不朽的大著作了！[②]

胡适说："'始卒若环，莫知其伦'八个字，这里说的不过是一种循环的变化论罢了。我在当时竟说：'万物皆种也，以不同形相禅'，此十一个字竟是一篇《物种由来》。"这个领悟是章炳麟给他的。他的书在 1919 年 2 月出版，章炳麟在 3 月 27 日的来信中就指出他对庄子那句话的理解是断章取义。章炳麟要胡适注意，庄子"不说万物'同'种，却说万物'皆'种。明是彼

---

① John Dewey, "The Logic of Judgments of Practice," *The Middle Works, 1899-1924*, 8.43-47.
② 胡适，《〈中国古代哲学史〉台北版自记》，《胡适全集》，5:534-535.

333

此更互为种。所以下边说'始卒若环,莫知其伦'。这就是华严'无尽缘起'的道理"。①

《先秦名学史》是胡适在哥伦比亚大学的博士论文,他再想牵强附会,当然也知道必须要有分寸。所以,他还不敢把庄子在《寓言篇》那十一字"真言"比拟成达尔文的《物种由来》的理论,只敢用"变异"、"适应"。唯一用暗渡陈仓的方法使用"物种由来"的字眼的地方,是他描述荀子反对庄子进化论的立场的时候。他说:"荀子同时也攻击物种由来的进化论,亦即物种以不同形相禅的理论。"② 胡适在《中国哲学史大纲》里敢夸言:"'万物皆种也,以不同形相禅',此十一个字竟是一篇《物种由来》。"在《先秦名学史》里,他就收敛得多了。他只敢说:"然而,[庄子]的这个大胆的假设,到底有多少是建立在那个时代所拥有的科学数据上,是值得置疑的。无论如何,我认为我们可以把这段话拿来作为物种经由变异而演化的理论的佐证。"③

我说胡适在《先秦名学史》这篇博士论文里收敛、不敢放肆,这句话不是无的放矢的。《先秦名学史》是在 1917 年 5 月 2 日完稿的。他在论文里只敢很保留地说:庄子的"物种由来"论到底有多少科学数据的根据,"是值得置疑的"。然而,他在撰写这篇英文论文的同时,已经一再发表他对先秦诸子的进化论的现代诠释。《先秦诸子之进化论》先是在 1916 年"中国科学会"的年会上发表过,后来还发表在《科学》的第三卷第一号。他在 1916 年初秋改写该文,全盘改写了篇中的"荀卿的进化论"。写完论文的三个礼拜以后,也就是 1917 年 5 月 23 日,胡适把这篇修正后的《先秦诸子之进化论》交给《留美学生季报》发表。虽然他在"前记"里说他已"觉其多误",但仍然发稿。他在分析庄子的时候,仍然夸夸而言:

> "万物皆种也,以不同形相禅。"这一句话,总括一部达尔文的《物种由来》(*Origin of Species*)。那时代的学者,似乎狠有人研究生物学。所以庄子能发出这种绝世惊人的议论来。依我看来,庄子这话,并非全

---

① 章炳麟致胡适,1919 年 3 月 27 日,《胡适遗稿及秘藏书信》,33:223.

② 胡适,"The Development of the Logic Method in Ancient China,"《胡适全集》,35:551.

③ 胡适,"The Development of the Logic Method in Ancient China,"《胡适全集》,35:528.

是心中想象的结果，却实有科学的根据。[①]

换句话说，胡适在写完《先秦名学史》这篇论文，再寄《先秦诸子之进化论》的修订稿给《留美学生季报》发表的时候，说他当时已经"觉其多误"。这所谓"觉其多误"也者，并不包括他说达尔文"物种由来"的理论中国早在庄子的时代就已有之的说法。所以，他才会在《中国哲学史大纲》里侃侃而言，说："'万物皆种也，以不同形相禅'，此十一个字竟是一篇《物种由来》。"[②]

"年轻的"胡适的"谬妄议论"，何止是牵强附会地引用实验主义和达尔文的进化论来分析先秦哲学。就举两个比较明显的例子。第一，不相干的附会：把《墨经》比《圣经》。他说《墨子》的《尚贤》、《尚同》、《兼爱》、《非攻》、《天志》、《非命》诸篇的文体用的"都是三部曲［上、中、下］，有着诸多在字句上歧异、重叠与重复的地方——跟《新约圣经》的《对观福音书》（Synoptic Gospels）[《马太》、《马可》、《路加》三福音] 的问题很相像。"[③] 即使《墨子》的这几篇跟《对观福音书》一样有重叠、重复的地方，这个比拟根本是牛头不对马嘴，因为《对观福音书》的重叠与重复牵涉到这三篇福音的来源，亦即究竟它们是独立成书的，还是其中一福音书是其它两福音书的来源，抑或三福音书都是同一个来源，或者是多重来源？这牵涉到的不只是三福音的史实问题，还牵涉到《圣经》作为不可怀疑、不可更改一字的"圣书"的问题。

第二，牵强的附会：把墨子拿来比拟威廉·詹姆士（William James）。他征引《墨子·明鬼篇下》的一段话：

> 若使鬼神请有，是得其父母姒兄而饮食之也，岂非厚利哉！若使鬼神请亡，是乃费其所为酒醴粢盛之财耳。自夫费之，非特注之污壑而弃之也，内者宗族，外者乡里，皆得如具饮食之。虽使鬼神请亡，此犹可以合欢聚众，取亲于乡里。

---

① 胡适，《先秦诸子之进化论》，《留美学生季报》，第六年秋季第二号，页14。
② 胡适，《中国古代哲学史》，《胡适全集》，5:413.
③ 胡适，"The Development of the Logic Method in Ancient China,"《胡适全集》，35:402.

胡适在注释里，又加引了《墨子·公孟篇》的另一段话来作佐证："古者圣王皆以鬼神为神明，而为祸福，执有祥不祥，是以政治而国安也。"①

胡适征引这两段话是要说明墨子的"三表法"，亦即墨子逻辑的应用。这"三表"就是：第一表：有本之者——上本之于古者圣王之事；第二表：有原之者——下原察百姓耳目之实；第三表：有用之者——发以为刑政、观其中国家百姓人民之利。所以，胡适说第三表是墨子逻辑的"实际上的应用"，是"最终的检证"——依然是实用主义观点的误用与滥用。他在此处所征引的《明鬼篇》与《公孟篇》的两段话，就是墨子用第三表来证明鬼神的存在。胡适说墨子用"实际上的应用"来证明鬼神存在的作法，使他很难不去联想到"信仰的意志"（the will to believe）。胡适虽然没有指名道姓，知情的读者当然知道说"信仰的意志"这句话的就是威廉·詹姆士。对心有灵犀一点通的读者，胡适说：

> 在两千多年以后回头来看［墨子的］这些话，很多人一定觉得很浅薄。我在此处征引这些话的目的，完全是要指出一个思想家的宗教性情有很大的影响力，可以达到使他想用实验主义的方法去证明鬼神的存在的地步。［讽刺的是］，他用同样的［实验主义的］方法去粉碎了［儒家的］命定论！难不成这种没有严格地经过实验主义的检证，就试图去为信念辩护的作法，就是造成墨家后来不被物质主义以及无神论者所采信的原因之一？

胡适更进一步地加了一个注释，征引了杜威在《实验逻辑论文集》批评威廉·詹姆士的一段话：

> 詹姆士先生是想用实验主义的方法，来处理一个逻辑内涵已经定型的准则，根据其在人生所可能产生的影响，来发现其价值呢，还是他想用实验主义的方法来批判、修正以致于订定该准则的意义呢？如

---

① 胡适，"The Development of the Logic Method in Ancient China,"《胡适全集》，35:434，434n.

果是前者，其危险是：实验主义的方法是被拿来粉饰——而不是用来证明——论点的。而这些论点本身是理性主义的形上学的，而不属于实验主义的范畴。①

詹姆士的"信仰的意志"跟墨子的第三表"发以为刑政、观其中国家百姓人民之利"的观点当然有如天壤之别。前者是个人意志的选择；后者是"治人者"的治术，至于"被治者"如何想则完全不在考虑之列。对詹姆士而言，这个"信仰的意志"有两重的意义：作为信仰而言，那信仰必须是"活"的，就好像我们说这条电线是"死"是"活"的意思。换句话说，那信仰必须有能够使人之起舞的力量；其次，作为意志而言，那作选择的意志必须符合三个条件：第一，那必须是一个活生生的抉择，是一个与个人生命的寄托相关的抉择；第二，那必须是一个无可逃避、只能二中选一的抉择；第三，那抉择必须是决定性的（momentous），作与不作的结果是迥异的。②

当然，归根究底，胡适在《先秦名学史》里附会、滥用得最严重的谬误还是实验主义。由于他错误地把实验主义诠释成"功用主义"，致使这个名词被滥用，以至于先秦诸子看起来都像是实验主义者了。不但孔子在《易经·系辞》里有杜威实验主义的"实践的判断"的意味，墨子也是实验主义者，而且连法家的韩非也是一个实验主义者。我们不知道胡适1917年5月22日在哥伦比亚大学历时两个半小时的博士论文口试经过如何。值得玩味的是，他在《先秦名学史》动辄套用"pragmatism"（实验主义）这个名词，到了1919年出版的《中国哲学史大纲》的时候，"实验主义"只在该书第八篇《别墨》第二章《〈墨辩〉论知识》出现了一次。然而，即使如此，他还在"实验主义"后加了括号，注明他所说的"实验主义"是"应用主义"的意思。③

事实上，凡是他在《先秦名学史》里用"实验主义"的字句，到了《中

---

① 胡适，"The Development of the Logic Method in Ancient China,"《胡适全集》，35:433-435, 435n.

② William James, *The Will to Believe and Other Essays in Popular Philosophy* (New York: Longmans Green and Co., 1907), pp. 2-4.

③ 胡适，《中国古代哲学史》，《胡适全集》，5:360.

国哲学史大纲》都换成了"应用主义"。胡适回国后，用中文写成《中国哲学史大纲》的时候，不再侈言"实验主义"，而改用"应用主义"来描述先秦诸子的哲学。虽然直到1919年春天，在写《实验主义》时，他仍然说："古代的哲学家如中国的墨翟、韩非（看我的《中国哲学史大纲》页153至165，又197，又379至384），如希腊的勃洛太哥拉［今译：普罗泰戈拉］（Protagoras），都可以说是实验主义的远祖。"但他马上承认："今世的实验主义乃是近世科学的自然产儿，根据格外坚牢、方法格外精密，并不是古代实验主义的嫡派子孙。"[①] 如果胡适在博士论文口试时真的受到了挫折，这个不再牵强附会的谨慎，或许就是他从挫折中得到的一个"收获"。

我们无须再多征引开了窍以后的胡适所说的话，来批评他在此处所犯的谬误。开窍以后的胡适，每次回首看《先秦名学史》，看到自己当时牵强附会、胡乱套用杜威的基本概念，乃至于使用一般人想当然耳、望文生义、以讹传讹、常使杜威为之掩卷太息的误解来界定实用主义，他一定会觉得无地自容、羞赧不已。我们在上文征引了他在《三论问题与主义》里所说的一段话。其滔滔雄辩的气概、其义正词严的凛然，与其说是在谆谆善诱茫茫苍生，不如说是在悔过，不如说像是在用口诀真经，驱魔除邪式地去涤荡（exorcise）那依附其身的"异端邪说"："一切主义，一切学理，都该研究，但是只可认作一些假设的见解，不可认作天经地义的信条；只可认作参考印证的材料，不可奉为金科玉律的宗教；只可用作启发心思的工具，切不可用作蒙蔽聪明、停止思想的绝对真理。如此方才可以渐渐养成人类的创造的思想力，方才可以渐渐使人类有解决具体问题的能力，方才可以渐渐解放人类对于抽象名词的迷信。"

十年迟的博士学位

胡适的博士学位为什么拖了十年才拿到呢？事实上，对于一个对中国近代思想史贡献那么大，影响那么深，著作等身，荣誉博士学位数目破纪录的

---

① 胡适，《实验主义》，《胡适全集》，1:283.

人来说，晚了十年才拿到他的第一个博士学位，这丝毫都减不了他的光芒。怎奈这争议，就像波涛一样，一浪终过，彼浪又起。值得庆幸的是，我们已经不太可能再听到那反胡的一方，抓到一丁点鸡毛，就不掩其施施然之色，像唐德刚所形容的："为压低胡适，自抬身价。"[①] 这个历经一个世纪的争议，说得白一点，真是干卿底事？我们可以想象那在天上与诸仙众神同游唱和的"胡博"，在这喧嚣尘上的哓嚷的噪音里，乍听到自己的名字以及博士学位云云，他回首一瞥环绕着书房四墙挂满的博士学位证书，屈指一算，三十五个荣誉博士学位，外加自己挣来的那一个，一共是三十六个博士学位。他有点不解，到底是谁有问题呢？于是垂首向凡尘里无事忙的一群反问道："为什么你只有一个博士学位呢？"

然而，当胡适的博士学位变成一个问题以后，那本来不应成为问题的问题，就变成了所有研究胡适的人所必须面对的问题。到了这个时候，胡适的博士学位的问题，已经不只是胡适的问题，而且也是研究胡适博士问题的人的问题。换句话说，我们必须去检证的不只是胡适的博士学位为什么姗姗来迟，也必须去检证那些说胡适为什么迟了十年才拿到博士学位的人。历来谈论胡适博士学位问题的人，着眼的都是形式上的问题。这也就是说，胡适的口试是否通过？学位拖了十年才拿到，是否只是因为迟迟没有呈交论文？我在此处不再辞费去复述早期一些情绪性的争议，而只是要从余英时在 2004 年重提胡适博士学位问题的那篇文章谈起。但是，在谈到余英时那篇文章以前，必须先更正一个小错误。耿云志的《胡适研究论稿》，在 2007 年出了新版。由于他本着"不可以改变历史"的态度，决定不在内容上作更动。这个态度当然是值得称许的。问题是，原版的错误，可能被不察者援用。其中，有一个错误跟胡适的博士学位有关。耿云志说胡适在 1922 年出版他的《先秦名学史》的时候，在出版说明里说他这篇论文是"作为博士考试的一部分而被接受的"。耿云志说这句话耐人寻味，怀疑其是否有隐情。[②] 事实上，胡适那句话正确的翻译应该是："作为获取博士学位资格规定中的一项。"美国各大

---

① 唐德刚，《胡适口述自传》，《胡适全集》，18:259.
② 耿云志，《胡适博士学位问题及其它》，《胡适研究论稿》（北京：社会科学文献出版社，2007），页 218。

学取得博士学位资格的规定，大同小异。论文只是其中的一项，其它项目包括选课、在学年限、外国语文、博士资格考。有些学校的博士资格考除了口试以外，还有笔试。因此，所有美国大学的博士在呈交论文的时候，其标题页上都一定会注明："本论文是作为获取博士学位资格规定中的一项。"

余英时在 2004 年为《胡适日记全集》写序文时，再度提出了胡适博士学位的问题。余英时的推论，仍然是我所说的，是从形式上，也就是从哥大的规定上来作推论的。他的结论是："胡适的'博士学位问题'，除了因'论文缓缴'延迟了十年以外，别无其它可疑之处。"[①] 这个结论的基础是："哥大过去有一项规定，颁授博士学位必须在论文出版并缴呈一百本之后。"[②] 这种说法的始作俑者很可能是 1940 到 1950 年代的留学生，他们根据自己留学时期对哥大的规定的了解，而把它想当然地回溯到胡适留学的阶段。这个规定究竟是什么时候开始的，目前还没人能说得清楚。哥大出版社的网站上说，哥大到 1950 年代为止，规定研究生必须在论文出版以后才可以拿到博士学位，但没说明要缴交多少本。[③] 哥大档案馆到目前为止所能提供给我的，只有政治、哲学、理论科学三系 1942 学年度的课程规定，确实有论文出版的规定，但缴交的数目是七十五本。[④] 莫腾·怀特（Morton White）的回忆也可以作为旁证，他在回忆录里说他在哥伦比亚大学的博士论文，《杜威工具主义的起源》（*The Origin of Dewey's Instrumentalism*），只写到 1903 年。原因很简单，如果要自己掏腰包出版，篇幅越长负担就越重。他说，反正写得够长了，已经够一本书的长度了，于是就决定在 1903 年打住。怀特是 1942 年拿到博士学位的，他的书是次年出版的。由于他的论文得了哲学系纪念乌德布瑞基教授的"乌德布瑞基论文奖"，他出书的出版费，也就意外地有了着落了。[⑤]

哥伦比亚大学的这个规定显然不是哥大特有的。我在上文提到胡适在康

---

① 余英时，《重寻胡适历程：胡适生平与思想再认识》，页 12。
② 余英时，《重寻胡适历程：胡适生平与思想再认识》，页 7。
③ www.columbiagazetteer.org/c3/main.pl?module=info&section=aboutcup?2008 年 5 月 2 日上网。
④ 根据哥大档案馆研究员 Lea Osborne 在 2008 年 5 月 1 日给笔者的电子信。
⑤ Morton White, *A Philosopher's Story* (University Park: The University of Pennsylvania Press, 1999), p. 32.

乃尔大学哲学研究所，眼看着已经念了三分之二规定的年限了，却转学到哥大去。我在该处就说明了康乃尔大学也有类似的规定，那就是每个博士候选人，必须缴交五十份印刷好的论文。所谓印刷好的，可以是由出版社出版的，也可以是自费出版的。如果康乃尔大学的这个规定在胡适念书的时代就有了，哥大也有可能在当时就有了这个规定。然而，即使这个规定在胡适留学时代就已经有了，它仍然不能解释为什么胡适拖了十年才缴呈他的论文。余英时说胡适 1920 年对哥大中国文学教授的缺有兴趣，1922 年又接到哥大的聘书（虽然最后决定不就），然后 1923 年又有赴美开会的机会，这些都是事实。但是，胡适延缓出版或缴呈他的论文，跟他可能有美国之行又有什么关系呢？胡适 1926 年 12 月 26 日从英国打电报要亚东图书馆寄一百册《先秦名学史》给哥大，[①] 就是一个最好的反证。他当时人在英国，五天以后，就要启程赴美。胡适是该年 7 月 17 日从北京启程，经由西伯利亚到英国去的。其实，早在那年年初，胡适就知道他要去英国开会，会后会绕道赴美。然而，他当时并没有作任何举措，而是等到他人都已经要从英国启程赴美的前夕，才要出版社寄书。

胡适在 1960 年 10 月 11 日给袁同礼的信里，也持哥大当时有缴交一百本论文的规定来为自己辩护：

> 又我的 Ph.D. 论文考试是 1917 年完毕的，故我列在 1917；但当时规矩需要一百本论文，故我在 1917 年回国时没有拿 Ph.D. 文凭。我的论文是 1922 年在上海印行的。我没有工夫送一百本给哥大。直到五年后，1927 年我在哥大讲学，他们催缴论文印本百册，我才电告亚东图书馆寄百册去。我的文凭是 1927 年发的。[②]

我们当然可以相信这是实话。换句话说，这哥大呈缴一百本论文的规定，胡适的时代已有之。然而，胡适说他是在 1927 年到哥大讲学的时候，因为哥大催缴，才电告亚东寄去百册。这个说法，或者说记忆，是不正确

---

① 《胡适日记全集》，4:603-604.
② 胡适致袁同礼，1960 年 10 月 11 日，《胡适全集》，26:507.

341

的。我们在前一段提到，胡适是在 1926 年 12 月 26 日从英国打电报要亚东图书馆寄一百册《先秦名学史》给哥大的。他到哥大讲学是 1927 年 1 月到 2 月的事。我们从欧阳哲生在哥大档案馆所找到的资料，知道哥大注册组是在 1927 年 3 月 21 日注明胡适取得了毕业资格，该年 6 月的毕业名录上要以"Hu Shih"而非他留学时代所用的拼音"Suh Hu"列名。[1] 这表示哥大收到了亚东寄去的书。更重要的是，欧阳哲生找到的这个新资料，可以帮我们明确地证明哥大当时确有缴交一百册已出版的论文的规定。因此，胡适非得呈缴一百册的论文，否则就是拿不到他的博士学位。胡适在 4 月 12 日离开美国的时候，应该知道博士学位的问题终于解决了。总之，如果胡适可以在 1926 年底，他人在英国的时候，临时打电报要上海的亚东图书馆寄书给哥大。这表示胡适缴呈不缴呈他的论文，跟他本人是不是要到美国去显然截然无关，则余英时所说的，胡适因为几次有美国之行的计划，所以论文迟迟没有付印的说法，就不攻自破了。事实上，我们可以很合理地推测，是不是胡适在伦敦的时候收到了通知，说哥大方面已经谈妥，就等他的一百册出版的论文，以完成他取得博士学位的手续？

如果余英时的解释不能成立，我们是否回到唐德刚的原点呢？唐德刚的推断如下：胡适博士论文口试的结果是"大修通过"。两年以后，杜威到中国，亲眼见到胡适"在学术界的声势"，于是回国以后，就把"大修"改成了"小修"，甚至连"大修通过"应有的"补考"也给免了，但这一蹉跎就是十年。这个说法最大的缺点是毫无证据，虽然言之凿凿，基本上属于臆测。而且，他的议论虽然诙谐，实在近于不恭。他戏谑地说：留学时期的 Suh Hu，可不比杜威到了中国以后"才自愧有眼不识泰山"的 Hu Shih；彼时的 Suh Hu，"和当时其它的'支那曼'（Chinaman）并无两样"，在考口试的时候，如上"法场"、"面如死灰"，等于是在"对牛谈琴"，因为六位考官中，除了教汉学的夏德以外，无一懂中文。唐德刚甚至怀疑主考者杜威因为"中文一字不识；胡氏论文他可能根本未翻过"。[2] 胡适的论文杜威当然看了。胡适在 1917 年

---

① 欧阳哲生，《胡适与哥伦比亚大学》，《胡适研究丛论》（哈尔滨：黑龙江教育出版社，2009），页 53。
② 唐德刚，《 ┐适口述自传》，《胡适全集》，18:255-259.

4 月 13 日写给韦莲司的信说："我还在写论文的结论。我把写完的部分给杜威教授看了。他看了以后似乎很满意，给了我一些很有用的评语。我估计在一个星期左右可以把整个论文完成。"[1] 当然，杜威看过，跟说了"一些很有用的评语"，并不表示他是真用心看了。无论如何，唐德刚这一长段虽曰不恭不敬却入木三分的推断，很可能最接近事实。换句话说，胡适的论文，可能还是要拜他后来"在中国学术界的声势"之赐，终于得以从败部复活。

胡适的博士学位为什么拖了十年才拿到呢？本章的分析等于是提供了另外一个解释。我重溯了胡适留学时期思想成长的轨迹，从他在康乃尔大学所接受的唯心派哲学开始，到他转学到纽约的哥大，最后以《先秦名学史》完成他在美国的学业。胡适写《先秦名学史》，其灵感与论述的主轴，是来自于他在康乃尔唯心派老师的哲学史的观点；其方法学的启蒙，也是他在康乃尔所开始接受到的西方考证学。我更进一步地认定《先秦名学史》是他汇通中西考证学的结晶，也是他挪用、糅杂新黑格尔、新康德唯心论、实验主义以及实证主义的成果。他在《先秦名学史》里，赋予先秦的逻辑与亚理斯多德三段论式的新意，称许那是可以用来把近代西洋科学方法在中国接枝繁衍的沃壤。然而，亚理斯多德以来的三段论式，杜威认为已经被近代科学的方法淘汰，是杜威从他壮年开始，所戮力推翻改造的。更重要的是，他的《先秦名学史》对杜威实验主义的误解与滥用比比皆是，甚至到了用实用主义的论敌讥诋实用主义的观点来谈实用主义的地步！如果《先秦名学史》根本就不符合杜威实验主义的精神，这本论文怎么能通得过杜威那一关呢！

胡适在留美的时候还不了解杜威、还不了解实验主义，这是很可以理解的。胡适说"我在 1915 年的暑假中，发愤尽读杜威先生的著作"，这句话不可信。杜威跟后来的胡适一样，也是一个著作等身的作家；而且，跟胡适一样，是一个淹博的大家。杜威是 1859 年 10 月 20 日生的。1915 年暑假，胡适"发愤尽读杜威先生的著作"，然后在秋天转学到哥伦比亚大学去的时候，杜威快要五十六岁了。以美国杜威中心所编撰的三十七册的《杜威全集》的分期法为准，这已是杜威的中期。早期是 1892 年到 1898 年，有五册；中期

---

① Hu Shih to Clifford Williams，《胡适全集》，40:181.

是 1899 年到 1924 年，有十五册；晚期是 1925 年到 1953 年，有十七册。我们现在有《杜威全集》可读，甚至有光盘版可用，可以键入关键字来检索，大大方便了我们的精读、选读或检索。胡适当年则不然。杜威的著作还没集中成册，他必须广为搜求。就以《杜威全集》为准，到 1915 年，杜威的著作已经有早期的五册，中期则是到第八册。加起来共有十三册。"发愤尽读杜威先生的著作"是一回事，能不能"尽读杜威先生的著作"则是另一回事。加以胡适那年夏天并没闲着；他不但照常博览群书，而且六月中旬开始，他还在旖色佳开了两个星期的"国际关系讨论会"（Conference on International Relations）。他不但是致欢迎词的要角，还"每日延二三人至吾寓为茶会"。① 到了哥大以后，胡适只选了一年的课，其中两门是杜威的。第二年，他就开始写论文了。

胡适在转学到哥伦比亚大学以前对杜威以及杜威的实验主义了解有限，我们可以在邹新明先生所作的一个研究里得到佐证。邹新明根据目前北京大学图书馆所藏的胡适的英文藏书作了详细的分析。他发现胡适"发愤尽读杜威先生的著作"前后一年间所购买、签上自己的名字、并划线批注的杜威著作只有一本，那就是杜威跟塔伏茨（James Tufts）合著、于 1908 年出版的《伦理学》（*Ethics*）。② 邹新明描述说：

> 本书题名页钤有"适盒藏书"朱文圆印，扉页有胡适题记：Suh Hu, 1914 [胡适购于 1914 年]。书内 [多达] 221 页有胡适批注圈划……表明胡适曾用心阅读。批注以英文为主，间有中文，有"此亦未必尽然"，"吾国之伦理学说大半注意此点"，"此意吾向所未思及"，"此说甚是，平允之言"，"此言是也"等评语。③

邹新明在北京大学图书馆所藏的胡适英文藏书里看到的胡适购买的第

---

① 《胡适日记全集》，2:135.
② John Dewey and James Tufts, *Ethics* (New York: Henry Holt and Company, 1908).
③ 以下两段所述，请参见邹新明，《从胡适藏书看杜威对胡适的影响》，《胡适研究通讯》，2010 年第三期，页 1-2。

二本杜威的著作是杜威和其长女艾佛琳（Evelyn Dewey）合著、于 1915 年出版的《明日的学校》（*Schools of To-Morrow*）。邹新明判断说："本书扉页有胡适钢笔签名：Suh Hu, Dec. 1, 1915, New York［1915 年 12 月 1 日胡适购于纽约］。书内数页有胡适朱笔圈划。本书 1915 年出版，胡适的签名为同年 12 月，因此大致阅读时间应为 1915 年底，或者之后。"胡适购买并签名的杜威的第三本书是《实验逻辑论文集》，一如我在上文所述，该书是 1916 年出版的。邹新明说："本书扉页有胡适题记：Suh Hu, New York, July, 1916［1916 年 7 月胡适购于纽约］，杜威著《实验的名学》。书内多处有胡适批注圈划。"换句话说，邹新明就目前所存胡适的英文藏书来看，胡适在转学到哥伦比亚大学以前，也就是说，在他"发愤尽读杜威先生的著作"以前购买、签上自己的名字、并划线批注的杜威著作就只有杜威跟塔伏茨合著的《伦理学》这一本。一直要到 1915 年 12 月 1 日，也就是胡适转学到哥伦比亚大学的第一个学期末，他才买了杜威跟其长女合著的《明日的学校》。而胡适买的第三本他所精读的杜威的《实验逻辑论文集》，亦即胡适译为《实验的名学》的著作，既然是 1916 年才出版的，则他一直要到该年 7 月，也就是他转学到了哥伦比亚大学一年以后才买，这就毫不足奇了。

当然，胡适"发愤尽读杜威先生的著作"，并不表示他必须自己买杜威的书来读。他大可以利用康乃尔大学图书馆所藏的杜威的著作。当然，今天北京大学图书馆所藏的胡适的英文藏书可能被打散过，可能收集有遗漏。然而，无论如何，胡适在 1915 年暑假"发愤尽读杜威先生的著作"前后一年间所购买、签上自己的名字、并划线批注的杜威著作只有一本。这个事实，单独引用，可能没有作为铁证的效力。但是，可以用作辅助的证据，说明胡适在转入哥伦比亚大学以前对杜威以及杜威的实验主义了解有限。

邹新明从胡适的英文藏书所得的这个发现，其实可以让我们作至少两个完全相反的推论。这两个推论都牵涉到胡适说他是"在 1915 年的暑假中，发愤尽读杜威先生的著作"的说法。其意义不只在于胡适的说法正确或精准与否，而直接关系到他与杜威师承溯源的问题。第一个推论可以用来支持胡适的说法。也就是说，胡适在 1914 年购买的那唯一一本杜威跟塔伏茨合著的《伦理学》，不能用来证明他早在 1914 年就开始心仪杜威。换句话说，这不能证明胡适开始心仪杜威应该推早到 1914 年。因为一个人买了一本书，并不一定当时就拾起来读。说不定胡适真的是"在 1915 年的暑假中，发愤尽读杜威先生的著作"时，才开始阅读那本《伦理学》的。我们也可以很合理地相信胡适买杜威的那本书，可能是受到他选修伦理学课的启发，跟他开始心仪杜威没有直接的关系。我们知道胡适在康乃尔大学哲学系及哲学研究所读书的时候，总共选修了十四门哲学的课。其中，伦理学的课就占了五门：第一次是 1911 年春季班狄理教授和炯司先生合开的"哲学六：道德观念及其实践"；第二次是 1912 年的秋季班，也是由狄理教授和炯司先生合开的"哲学七：伦理"；第三次是 1913 年的秋季班。那学期他一口气选了三门跟伦理学有关的课：哈孟教授开的"哲学 20：伦理学史：从古代、中世纪、到文艺复兴"，以及狄理教授开的"哲学 26：伦理学进阶"和"哲学 37：伦理学讨论课"。

第二个推论则挑战了胡适说他是"在 1915 年的暑假中，发愤尽读杜威先生的著作"的说法，而把胡适开始心仪杜威推前到 1914 年。这个推论是假设胡适 1914 年买了杜威的《伦理学》以后，当时就拾起来读了。这个推论认为胡适 1914 年买杜威的《伦理学》跟他之前选修那么多门伦理学的课是不相干的。我们要记得胡适最后一次选伦理学的课是在 1913 年的秋季班。也就是说，是在他买杜威的《伦理学》的前一年。更重要的是，胡适读杜威这本《伦理学》是有相当的选择性的。我在前边已经说过，杜威这本《伦理学》是跟塔伏茨合著的。塔伏茨是杜威在芝加哥大学任教时的同事。不消说，《前言》与《导论》是他俩合写的。此外，杜威负责撰写第二部分及第三部分的第二十章和二十一章。胡适在这本两百多页的书里所作的批注与圈划，泰半是杜威所写的篇章。更有意思的是，他在第三部分的第二十章和二十一章的启始特别注记了"D"，亦即 Dewey［杜威］的缩写，然后又在第二十二章的启始注记了"T"，亦即 Tafts［塔伏茨］的缩写，以便提醒自己哪些章是杜威写的，是他要特别精读的。换句话说，如果杜威和塔伏茨合著的《伦理学》是胡适 1914 年购买的时候，就针对杜威撰著的部分作了精读，则胡适私淑杜威的时间可以溯源到 1914 年。

无论如何，即使胡适跟杜威的师承可以溯源到 1914 年，那还是不影响胡适留美期间对杜威还不甚了解的事实。然而，话又说回来，我们也不应该太苛求胡适。他写完《先秦名学史》的时候，还是一个不满二十六岁的青年。试想天下古今，有多少不到二十六岁的青年能写出一本"使中国哲学史变色"的典范之作？胡适虽然自视极高，但也有自知之明，知道他的《中国哲学史大纲》的贡献在"开山"，不在"定论"。然而，这就是孔恩"典范"的意义。典范没有永远；它有夙昔，但更指向未来。对胡适个人而言，留学生涯的结束只意味着他人生的开始。他个人生涯里的日当正中还在未来。就像胡适 1911 年 12 月 15 日给章希吕的一封信里所说的："欧美学校谓卒业之日为"Commencement Day"，译言'肇始之日'也。细寻绎其义，深可玩味，盖学问无穷，人生有限，终无毕业之期，此校卒业之日，即他种事业肇始之时。"[①] 胡适在康乃尔大学五年，跟唯心论的哲学家念了四年的哲学。与之相比，杜威的实验主义，他才自修了一个暑假，外加在哥大选了杜威的两门课。如果他的《先秦名学史》展现得更多的，是他在康乃尔所学的唯心论以及他在实证史学上的斩获，其次是曝露了他对实验主义了解的有限，这反映出来的就是他在美国所受的哲学教育的实际。胡适有句墨迹："要怎么收获，先那么栽。"信然。

如果胡适在留美时期还对杜威以及他的实验主义不甚了了，这个情况在他回国以后就有所改观。作为哥伦比亚大学的归国留学生，作为杜威门下的学生，胡适不可能不扮演诠释杜威学说的角色。特别是在 1919 年 3 月底以后，因为杜威接受了邀请，答应在日本的演讲结束以后就到中国，杜威及其实验主义，一夕之间，成为许多学生、知识分子亟于了解的题目。作为杜威的入室弟子的胡适，自然责无旁贷，担任起介绍、解释的任务。就在这一段时间里，聪明用功、悟力过人的胡适，好好地啃下了一些书。这就是胡适实验主义的发轫。欲知详情，请看本传的第二部以见分晓。

我在《前言》里说胡适是狐狸才、刺猬心。虽然胡适狐狸才、刺猬心的矛盾是越老越明显，其实这个倾向，他在年轻的时候就显现出来了。他的《先秦名学史》就是一个很好的例子。胡适说他写《先秦名学史》的目的，是要

---

① 胡适致章希吕，1911 年 12 月 15 日，《胡适全集》，23:35.

从先秦诸子的方法学里，去找那可以与近代西方哲学契合的沃壤，以便让近代西方哲学的思辨、研究方法和工具得以在中国生根。即使他说儒家早已虽生犹死了，他仍然要为这个僵死的儒家找它的方法论。他借用了培根的《新工具》来称呼儒家方法论的《大学》。所谓用来接枝西方哲学的"沃壤"也者，所谓科学的"方法论"也者，就是胡适终其一生所孜孜追求的。他的狐狸才会促使他上穷碧落下黄泉，动手动脚找资料。他研究中国古代哲学、白话文学、禅宗、理学、考证学；他谈杜威、赫胥黎；他讲西方的科学和民主。这林林总总的涉猎，看似一只精灵好奇、到处领略的狐狸。事实上，他是像一只刺猬一样，执著的是一个单一的理念：如何去深耕本土的沃壤，以便来移植或接枝近代西方的科学。胡适的狐狸才、刺猬心，使他成为一个有多方面成就的人。但那也是一个诅咒，那是他壮志未酬、藏诸名山之作伟业未竟的一大原因。

第六章
民主革命，国际仲裁

　　胡适对政治的兴趣是他在美国留学的时候形成的。历来的学者以为胡适对政治不感兴趣，这是对胡适最大的误解。胡适在《我的歧路》里说："我是一个注意政治的人。当我在大学时，政治经济的功课占了我三分之一的时间。当一九一二至一九一六年，我一面为中国的民主辩护，一面注意世界的政治。我那时是世界学生会的会员、国际政策会的会员、联校非兵会的干事。"[①]　他在晚年所作的《口述自传》里，还以美国的教授为例，来说明他们对政治积极的参与如何影响了他的一生。他说他康乃尔的老师："这些大学教授对国家政治积极的参与，给我留下了很深的印象。可以说，这个兴趣对我后来的人生有很大的影响。"其次，是哥伦比亚大学的杜威。他提到杜威夫妇参与了在纽约第五大道举行的争取妇女参政权的大游行："杜威教授到处发表演讲、宣传，并积极参与了一九一五和一九一六年的示威游行。大学教授如此积极地参与政治，让我又一次深深地受到了感动。"[②]

　　胡适说得很清楚，他是"一个注意政治的人"。他不但注意，而且身体

---

① 胡适，《我的歧路》，《胡适全集》，2:466-467.
② Hu Shih, "The Reminiscences of Dr. Hu Shih," pp. 38-39.

力行。回到中国以后，他不但在政论期刊上谈政治，而且从旁为主政者以及他从政的朋友出谋划策，后来甚至还出任中国的驻美大使。可是，为什么历来的学者都误解他呢？这始作俑者，还是胡适自己。他明明只"等候了两年零八个月，实在忍不住了"，就"出来谈政治"，却偏偏要强调他回国当初曾经许下了"二十年不谈政治"的誓言；他明明已经当了驻美大使，却偏偏要人家觉得他是一个"过河卒子"，不愿意、不得已，只是为了国家而牺牲自己的独立以及学术的兴趣。

先入为主的观念之所以惊人，就在于它可以左右甚至主导我们选取"事实"。胡适自己所散布的"不谈政治"、"独立"、"学术"的迷雾，诱使几位学者错误地诠释了胡适的两个关键词。第一个关键词出现在他的《留学日记》，是他1915年10月30日的日记，也就是他在《口述自传》里提到的争取妇女参政权的大游行。10月23日纽约第五大道上的游行已经让他肃然起敬了。他当天站着看了三个钟头。他赞叹道，游行的人多达四万有余，却"井然有条"。参加游行的人，年轻男女居多，但中年以上妇女也不少，还有头发全白者，"望之真令人肃然起敬"。当天大风寒，手执旗子的女子与风搏斗，无一人中途散去，"其精神可敬也"。[①] 更让他感动的是，有一天他去哥大图书馆前听一个争取妇女参政权的活动。胡适说他忽然在人丛当中看到了杜威。他以为杜威只是刚好路过。没想到集会结束以后，居然看见杜威也上了车，跟主持活动的人一起离开。他方才领悟原来杜威也是该活动的主持人之一。感动之余，他在日记中写下："嗟夫，二十世纪之学者不当如是耶！"这句再清楚也不过的赞叹之辞，照常理来说，应该是不容易被误解的。然而，由于已有先入为主的观念，贾祖麟和周明之都把这个感叹句错读成批判句，变成了："二十世纪之学者不当如是！"[②]

第二个因为先入为主的观念而导致误读、或者应该说误译的关键词，是在《口述自传》里。那是胡适总结他留学时期对美国政治的兴趣，以及这个兴趣如何影响到他的未来的一段话：

[①] 《胡适日记全集》，2:245-247.

[②] Jerome Grieder, *Hu Shih and the Chinese Renaissance*, p. 54; Min-chih Chou, *Hu Shih and Intellectual Choice in Modern China*, p. 108.

我对美国政治的兴趣，我上课所学的美国政治制度，我留学时代所积极参与的两次总统大选，所有这些都让我对政府以及政治产生了恒久的（lasting）兴趣。在往后的生涯里，除了在华盛顿担任中国战时驻美大使的四年以外，我极少参与实际政治。然而，在我整个成年以后的生涯里，我一直对政治保持着一种超然的兴趣（disinterested interest）。这是我喜欢的说法，是我认为知识分子对社会应有的责任。[1]

　　唐德刚把胡适所说的"超然的兴趣"译成"不感兴趣的兴趣"。[2] 这个翻译从字义和脉络来说，都是不正确的。胡适在前一句说，他在美国留学的经验，使他"对政府以及政治产生了恒久的兴趣"。这个错译的成因及其影响是相生相济的。唐德刚在翻译这个字的时候，已经受到了胡适对政治不感兴趣这个先入为主的观念的主导。读者本身也同样先入为主，认为胡适对政治不感兴趣，因而与这个翻译一拍即合。于是，唐德刚的错译与读者的望文生义，相生相济，误解以至于牢不可破。

　　胡适所谓"超然的兴趣"也者，就是他用穆勒《自传》里的话借花献佛给韦莲司的："我在野反而会比从政更有影响力。"[3] 用他1947年2月6日写给傅斯年、说给蒋介石听的话："我在野——我们在野——是国家的政府的一种力量，替他说公平话，给他做面子。"[4] 至于胡适在政治上的兴趣是否真正"超然"，则是本传接下去几部的故事。

　　胡适对政治的兴趣，对政治的做法，以及他的政治的基调，都是他留美的时候渐次奠定形成的。胡适的人生哲学是积极的，是种瓜得瓜，种豆得豆，二十年不嫌迟的哲学。即使在政治上，他也是如此。当他的政治思想在留美时期渐次成形的时候，他就是一个积极分子。因此，在辛亥革命发生以后，他宣扬中国革命的理念以及民主的条件与展望。对袁世凯，他自始至终

① Hu Shih, "The Reminiscences of Dr. Hu Shih," p. 42.
② 唐德刚，《胡适口述自传》，《胡适全集》，18:187.
③ Hu Shih to Clifford Williams, August 25, 1938，《胡适全集》，40:345；穆勒引语的出处，参见 John Stuart Mill, *The autobiography of John Stuart Mill* (E-book), p. 75.
④ 胡适致傅斯年，1947年2月6日，《胡适全集》，25:220.

反对。对中国留学生、美国舆论界之拥戴袁世凯，期待袁世凯用强人、铁腕的手段治国的幻想，胡适大声疾呼，撰文批判。在他秉持不争主义哲学的巅峰时期，他反对中国留学生在日本对中国提出"二十一条"的时候，徒然莽夫言用，除了慷慨激昂以外，无补于国事。在"世界学生会"所举行的年会上，他力战主张学生"不应该干预政治"的保守派。他从一个不争主义者转变为一个国际仲裁主义者，又是一个关键性的转变。从此，胡适政治思想里的保守胚芽于焉形成。

辛亥革命

1911 年秋天，是胡适在康乃尔大学的第三个学期。不论是对他个人还是他所心系的祖国，这都是一个多事之秋。当时，他正在为自己的所学彷徨。他是应该继续学农，还是应该改变主修专业？那一年的十月，武昌起义更是中国政治史上一个重要的里程碑。从 10 月 12 日听到武昌起义的消息，到 10 月 30 日日记中断为止，胡适几乎每天都记载了革命情况的发展。由于胡适的《留学日记》从此中断了一年的时间，我们不知道他在这个对个人或对国家而言煎熬时期的心路历程。

辛亥革命的发生，由于局势不明，政局飘摇，直接影响了胡适这些官费生的经费来源。康乃尔大学当时有将近五十名中国留学生，除了其中四名是由其所隶属的省所支持的官费生，其他都是庚款生。11 月下旬的时候，康乃尔大学说庚款生的经费没有问题，但那四名省官费生，有一名已经向学校申请贷款，校方也批准了。[1] 然而，一个星期以后，康乃尔大学就报道说庚款生的拨款已经欠了一个月。而且，根据庚款生监督容揆的说法，他手头所掌握的款项只够支持三百名学生三个月。由于庚子赔款是由中国政府按月付给美国，然后由美国把其中的一半退还给中国政府，以支付庚款留美的教育费用，所以康乃尔的中国庚款生不担心他们会有断粮之虞。《康乃尔校友通讯》报道说，如果必要，美国国会会通过特别拨款来让这些中国学生

---

[1] *Cornell Alumni News*, XIV.9 (November 29, 1911), p. 97.

图 9　辛亥革命后，康乃尔大学中国留学生持龙旗摄影。最后一排正中是胡适。
（胡适纪念馆授权使用）

应急。[1]到 2 月初，春季班开学了，《康乃尔校友通讯》还继续报道中国学生的问题："随着第二学期开学，许多中国学生开始担心他们从革命初起就没来的汇款。他们上学期在事变发生之前，大都拿到了充足的款项。"[2]

　　胡适自己也不担心庚款会有问题。事实上，不管谁当家，是满清皇帝还是革命政府，都不可能会停付美国的庚款，更何况那作为中国国家收入最大来源的海关，是在洋人掌控之下。其实，就像我们在前一章所指出的，庚款在武昌起义以前已经缩减了，从原来每个月的八十元，减为六十元。辛亥革命所带给胡适的，是希望、是那恨不得能束装归国投入建设的心情。他在给胡绍庭的信上说："祖国风云，一日千里，世界第一大共和国已呱呱堕地矣！去国游子翘企西望，雀跃鼓舞，何能自己耶？……现官费学生皆有朝不保夕

① "Funds from China Stop," *Cornell Alumni News*, XIV.10 (December 6, 1911), pp. 114-115.
② "The Chinese Students," *Cornell Alumni News*, XIV.18 (February 7, 1911), p. 209.

之势。然吾何恤哉？吾恨不能飞归为新国效力耳！"①

胡适对辛亥革命、对"世界第一大共和国已呱呱堕地"的振奋，当然是言之过早，而且是一相情愿。更令人省思的，是辛亥革命以及其后的政治发展，凸显出胡适所代表的一些留学生跟"全美中国学生联合会"领袖之间在政治态度上的分野。"全美中国学生联合会"，或者说，大部分中国留美学生在政治上是保守的。清朝还在的时候，他们拥护清朝，嗤笑孙中山跟他的革命党；辛亥革命发生以后，一直到清室确定已经瓦解，他们才转而支持共和。南北对峙之局形成，他们立刻支持袁世凯；等袁世凯筹划洪宪帝制的时候，许多留学生仍然死心地支持他。举个例子来说，光绪皇帝与慈禧太后在 1908 年11 月双双过世以后，哈佛大学与麻省理工学院的中国留学生设了灵堂祭拜。他们发表联合声明说：皇上、皇太后在"立下了不世的功业"以后，"离世升天"；两校的留学生向全国人民致哀；全中国人都因皇恩而得享太平盛世，会永志皇恩而不忘。②

辛亥革命初起的时候，"全美中国学生联合会"先是骑墙观望。最有趣的是，该年的"全美中国学生联合会"会长朱庭祺，在《中国留美学生月报》上撰文的用词也很骑墙："叛变"（revolt）、"起义"（revolution）、"叛徒"（rebels）、"革命分子"（revolutionists）两相交叉使用。③《中国留美学生月报》（*The Chinese Students' Monthly*）是二十世纪初年中国留学生办的一个英文刊物，名为月报，其实一年只出八期，每年暑假从七月到十月休刊四个月。这份英文刊物从 1905 年发刊。到了 1931 年，由于国共斗争延伸到美国，中国留学生组织在左右派对峙后崩溃，《中国留美学生月报》也随之成为祭品而停刊。无论如何，一直要等到 1912 年春，清廷大势已去，"全美中国学生联合会"才开始支持革命。问题是，他们所支持的是袁世凯。《中国留美学生月报》1911 学年度的主编曹云祥，后来在 1922 到 1928 年间担任清华的校长。他在 1912 年 1 月号《中国留美学生月报》的社论里，宣称中国的问

---

① 胡适致胡绍庭，无日期，《胡适全集》，23:38.

② "News from Harvard," *The Chinese Students' Monthly*, IV.3 (January 1909), p. 161.

③ T. C. Chu, "Current News from China: Revolution in Wuchang," *The Chinese Students' Monthly*, VII.1 (November 10, 1911), pp. 16-17.

题已经不再是保清或革命，而是宪政还是共和。他说眼前的问题是谁能确保中国的安全、平安和繁荣。他说，这个人就是袁世凯，他是中国的加富尔——意大利建国的英雄。① 曹云祥的立场是有代表性的。比如说，哥伦比亚大学中国同学会在 1911 年 12 月 25 日致电袁世凯。这个电报是由三个学生起草的，其中一个就是后来在外交界鼎鼎有名的顾维钧。电报的主旨是敦请袁世凯支持革命，其结尾说："国家的安危系于尊驾的决定。中国或将有其华盛顿。愿尊驾垂思之。"这个电报有它的代表性，因为包括芝加哥、伊利诺、密西根、麻省理工学院以及耶鲁的中国同学会都附议，而且愿意分担打这个电报的费用。②

曹云祥在 1912 年 1 月号《中国留美学生月报》的社论引起了胡适和其他康乃尔中国学生的愤慨。1 月 17 日，二十三名康乃尔大学的中国留学生，包括胡适跟赵元任，写了一封公开信向曹云祥抗议。当时康乃尔中国留学生的总数是四十八名，这二十三名将近半数。他们说，《中国留美学生月报》是中国留学生在美国的唯一刊物，而居然会出现这种把袁世凯媲美为中国的加富尔的言论。他们说：袁世凯是"一个小人，是一个奸臣（traitor）。他背叛了已驾崩的皇上，使戊戌变法失败。如果不是因为袁世凯，戊戌变法可能成功，至少可能使世界上不会发生庚子拳乱，中国也不至于会承受那巨额赔款的耻辱"。由于美国的舆论不了解袁世凯的过去，受其蛊惑，中国留学生的刊物有责任去揭发这个"阻遏了中国的进步与救赎"的奸臣，同时去"粉碎外界对袁世凯的盲信与崇拜"。他们要求《中国留美学生月报》在下一期发表声明，说那篇社论只是个人的观点，不代表全美中国留学生的公论。③ 我们在下文会分析，这封康乃尔大学的联名信很可能是胡适起草的。

曹云祥拒绝屈服。他说主编为自己所写的文章全权负责，不能让读者的投书来指令他应该如何下笔。他承认说袁世凯是中国的加富尔也许有点过当。

---

① [Y. S. Tsao], "Editorials: Revolution and the Supreme Cause," *The Chinese Students' Monthly*, VII.3 (January 10, 1912), p. 204.

② "Club News: Columbia," *The Chinese Students' Monthly*, VII.4 (February 10, 1912), pp. 305-309.

③ "Notes and Comments: Yuan Shi-Kai—A Traitor," *The Chinese Students' Monthly*, VII.4 (February 10, 1912), pp. 344-346.

然而，说袁世凯是个奸臣，他觉得也是过甚其词，是智者所不为的事，也绝对不是大多数人所能苟同的。最厉害的是他的杀手锏。他提醒康乃尔大学那二十三名签名投书的中国留学生：大清皇朝还没有灭亡，他们还是皇清的臣民；袁世凯是否奸臣可以暂且不论，签名的学生才真是"叛徒"：

> 《中国留美学生月报》是"全美中国学生联合会"的机关报。而"全美中国学生联合会"并没有宣称它是一个拥护共和的组织，虽然有些会员或许会同情共和。我们顶多只能从学术的角度来为共和作辩护。大多数官费生拿的钱是大清皇库给的，我们的监督也是大清政府派任的。只有党同伐异的人，才会说袁世凯是一个"奸臣"，而另一方大可以说我们犯了叛国罪。在"全美中国学生联合会"对革命采取立场以前，《中国留美学生月报》的讨论只能是学术性、不具党派色彩的。[1]

曹云祥是上海圣约翰大学毕业的。他担任《中国留美学生月报》主编的时候，刚从耶鲁大学毕业，进哈佛商学院读企管硕士。胡适和当时许多非教会学校出身的留学生都看不起教会学校毕业的学生。胡适在跟康乃尔大学另二十二名学生联名投书的时候，也写信给了梅光迪。梅光迪在回信里说："今晨接手片，知足下对于某报［注：《中国留美学生月报》］与迪有同情。迪于前三日阅该报，即向此间同人声言，谓该主笔太无耻，太无胆，不足代表留美全体意见。同人等多亦唾弃之，谓该主笔恐开除官费，故不得不作是乞怜之语。"他接着说："某报本毫无价值，安足为吾人言论机关。主笔之人实系买办人材，于祖国学问及现状毫不自知，日以污蔑祖国名誉、逢迎外人为事。外人不知中国内情，盲以袁贼为吾国伟人，在吾人当力与之辩。今某等反从而推波助澜，真非中国人也。"他又说："此辈出身教会，洋奴之习已深。"[2]

其实，"盲以袁贼为吾国伟人"的，不只是外国人，也不只是"真非中国人也"的教会学校毕业生。比如说，哈佛的朱庭祺是北洋大学毕业的。就

---

[1] "Notes and Comments: Yuan Shi-Kai—A Traitor," *The Chinese Students' Monthly*, VII.4 (February 10, 1912), pp. 347-348.

[2] 梅光迪致胡适，［1912 年正月 19 日］，《胡适遗稿及秘藏书信》，33:338-339.

在曹云祥为自己的立场辩解、暗指康乃尔的投书学生才是叛徒时，"全美中国学生联合会"已经投向共和的阵营。该年的会长郭秉文在1月26日致信主编曹云祥，知会他联合会要统合协调全美中国留学生的力量去促进共和政体的实现。他指示曹云祥，说《中国留美学生月报》作为"全美中国学生联合会"的机关报，必须自此以后反映联合会的立场，戮力促进民国的利益。[①] 值得注意的是，曹云祥仍然我行我素，继续他反共和、拥袁世凯的编辑政策。他说，一个人就是披上道袍，也不会立地就变成一个和尚。同样地，改个名字并不会使一个国家摇身一变成为一个货真价实的民国。他说唯一能保中国不坠的，是一个强有力的中央政府。[②] 哈佛大学毕业的联合会前任会长朱庭祺也为他助阵。他批评中国留学生没有判断能力，不了解袁世凯是一个政治的天才，不能体谅袁世凯因为治大国如烹小鲜而必须斡旋的苦衷。[③]《中国留美学生月报》可以继续发表与"全美中国学生联合会"立场相抵触的言论，这显示的是，留美的中国留学生对革命、立宪、共和、袁世凯并没有一致的看法，会长可以知会其机关报主编联合会的立场，主编还是可以以反映民意为口实，继续实行其"上有政策，下有对策"的稽延战术。

事实上，当时留美的中国学生大都是支持袁世凯的。他们从来就看不起孙中山。等到反袁世凯的"二次革命"失败以后，孙中山更沦为留学生的笑柄。唐悦良，耶鲁学士、普林斯顿硕士，"全美中国学生联合会"1914学年度的会长，在"美东中国学生联合会"1913年在旖色佳举办的夏令会中得到英文演讲比赛冠军。他演讲的题目是《前进过了头》（Over-Progressiveness），其主旨就在批判孙中山以及当时试图牵制袁世凯的各个政党。他说，这些政党沽名钓誉，只顾自己的利益，执意煽动革命与中央政府作对，罔顾国家的利益。[④] 最直接歌颂袁世凯的，是胡适在《留学日

① P. W. Kuo to Y. S. Tsao, January 26. 1912, *The Chinese Students' Monthly*, VII.4 (February 10, 1912), p. 363.

② [Y. S. Tsao], "Editorials: A Strong Central Government," *The Chinese Students' Monthly*, VII.5 (March 10, 1912), pp. 395-397.

③ T. C. Chu, "Review of Home News: The Revolution: A Survey," *The Chinese Students' Monthly*, VII.5 (March 10, 1912), pp. 404-407.

④ Yoeh Liang Tong [Tang Yueliang], "Over Progressiveness," *The Chinese Students' Monthly*, IX.1 (November 10, 1913), pp. 46-49.

记》里所称赞的李美步（Mabel Lee）。李美步当时是哥伦比亚大学巴纳女子学院（Barnard）的学生。她是 1914 年"美东中国学生联合会"在麻省安谋司（Amherst）举办的夏令会英文演讲比赛的冠军，演讲的题目是《中国的爱国主义》（Chinese Patriotism）。这篇演讲的主题是以袁世凯为表率的中国的爱国主义。她演讲的策略用的是反问句："在反革命［注：即"二次革命"］的时候，临时大总统袁世凯该怎么做才可以表现他的爱国心呢？他应该接受敌人的要求而引退吗？他如果那样做的话，中国的命运会如何呢？"李美步的答案是把袁世凯跟华盛顿相媲美。如果爱国心使华盛顿婉拒接任第三任总统，爱国心则责成袁世凯继续当国：

乔治·华盛顿拒绝接受第三任的总统，这充分证明了他的爱国心；袁世凯的作法，则是继续当国，恪守激流中的岗位。前者是为了美国未来的福祉着想；后者则以中国当前的危机为悬念。他们的做法虽然相反，

图 10　1916 年哥伦比亚大学中国同学会在哥大师范学院的合影。中间坐者是孟禄（Paul Monroe）教授，第一排右一：郑宗海，右二：孙科；左一：胡适；第二排左二：李美步；第三排右四：陶行知，右三：林彬（Lin Bing）；最后排左二：蒋梦麟。（胡适纪念馆授权使用）

动机则同样是尽美与尽善。国家制度的确立决定了华盛顿的做法；国家安全的考虑则引领了袁世凯的作为。[1]

不管历史的发展证明李美步对袁世凯的讴歌是多么地不堪，她的演讲据说是轰动了整个夏令会。《中国留美学生月报》1915 学年度主编、留学哈佛大学的宋子文在 1914 年夏令会的报道里说：李美步的演说，"人人争颂，与会代表在听了她的演说以后，每个人都被李美步化了（Mabelized）。"[2] 杨铨的夏令会中文报道也说："女士之文辞姿势，无不中节感人，为近年学生会中不可多得之演说家也。"[3] 连说袁世凯是"蠢物可鄙"，袁世凯死后又说他一死都"不足以赎其蔽天之辜"的胡适，在参加这次夏令会的感想里说："女子中有数人偶傥不凡，如廖、李（美步）、江诸女士，皆其尤者也。"[4]

李美步 1914 年 8 月底在美东"全美中国学生联合会"的演讲是有它的历史背景的。袁世凯在粉碎了"二次革命"以后，解散了国民党。他在 1914 年 1 月解散国会，5 月公布《中华民国约法》，改内阁制为总统制。然后他又修改了总统选举法，规定总统的任期为十年，可无限期连任，总统继任人由前总统推荐给总统选举会。这就是李美步在演讲里所说的：袁世凯以"中国当前的危机为悬念"、"爱国心责成袁世凯继续当国"。其实，在"二次革命"失败，国民党被解散以后，《中国留美学生月报》1914 年 1 月号里，就有一篇庆祝国民党流亡的讽刺短文。留学哈佛大学、后来精神失常的徐承宗在《时事短评》栏里，发表《迎接 1914 年》讥讽孙中山及其党人：

对那些心向革命的流亡人士，我们给他们新年的祝福是：长命百岁、多呼吸些新鲜空气。我们也敬祝他们可鄙的宣传彻底失败。因为：

---

[1] Mabel Lee, "Chinese Patriotism," *The Chinese Students' Monthly*, X.1 (October 1914), pp. 23-26.

[2] T. V. Soong, "Eastern Conference at Amherst, Mass.," *The Chinese Students' Monthly*, X.1 (October 1914), p. 32.

[3] 杨铨，《东美中国学生会十龄纪念夏会记事》，《留美学生季报》，I.4 (December, 1914), 页 72。

[4] 《胡适日记全集》，1:473.

无限革命＝革命到荒谬至极之境（Revolution ad absurdum）

（墨西哥・牛顿爵士的感动 [emotion] 定律）

＋革命＝－国土

（俄国、日本发明的最新定理）

∴ 万岁！"三次革命？"万岁！

（孙中山博士阁下妙算的结论，或者是记者一时的臆想。）[1]

　　留美学生对袁世凯的拥护、对孙中山的排斥，充分反映了他们保守的倾向。当时在纽约州西腊寇思（Syracuse）大学留学的罗运炎认为，打击革命分子绝对不能手下留情。他说："不管这些自命为改革派的人的目的是什么，我们认为任何破坏性的批评者都是偶像破坏者，社会对他们绝不能通融，一定要迅速地斩草除根。"[2] 在留美学生当中，罗运炎这种要把革命派"斩草除根"的言论也许是极端的。然而，值得注意的是，对袁世凯在"二次革命"以后厉行高压政策，打击追杀政敌的作为，《中国留美学生月报》是一点批评也没有。

　　当然，向袁世凯呼吁，恳请他对政敌手下留情的轻声细语也不是完全没有。最堪玩味的，是一篇不具名、夹在毫不起眼的时事短评之间的短文。袁世凯在 1913 年 11 月解散国民党，取消三百名国民党的议员资格。这篇短文呼吁袁世凯要用对待妇人与小孩的方式来对待反对党，以赢得文明国家的好感。"就好像要衡量一个国家的文明，就看它如何对待妇人与小孩一样，一个国家怎样对待其反对党，也就是它的政治智慧（genius）的指标。"几个月以前在众院里还是多数党的国民党，现在不但失去了它的党鞭，宋教仁已经被刺，孙中山也在"二次革命"后流亡日本。"当那些'不可妥协派'在重整旗鼓的时候，就让中国人传统的容忍心态去静观待变吧。"这仿佛是说：那"不可妥协派"已经被"除牙"（defang）、"去势"，更确切地说，被"女

---

[1] [Zuntsoon Zee (Xu Chengzong)], "1914," *The Chinese Students' Monthly*, IX.3 (January 10, 1914), p, 184.

[2] Ren Yen Lo [Luo Yunyan], "Conservatism vs. Radicalism," *The Chinese Students' Monthly*, IX.1 (November 10, 1913), p. 40.

性化"了。作为男性当家的"我们"——袁世凯、留美的精英、未来国家的栋梁——把反对党"女性化"、"家内化"（domesticate）以后，"须要反对党批评和温煦的影响力"，[①] 就好像当家的男主人需要一个在壁炉边旁依偎着他的女性的柔化的影响力一样。

这种保守的倾向表现在他们对行政权至上的拥护。他们所担忧的是破坏、是混乱、是列强的干涉、是中国的被瓜分。这是梁启超跟革命党从1905 年到1907 年在日本针对革命与立宪的争论的核心问题。[②] 有关这点，最好的例子是1913 年10 月公布的"天坛宪法"。由于"天坛宪法"的六十名起草委员里，是以国民党占多数。所以，虽然总统的权力扩大，它保有的是内阁制。袁世凯于是发表通电，指斥"天坛宪法"被国民党操纵把持，其结果是"宪法草案侵犯政府特权，消灭行政独立，形成国会专制"。[③] 《中国留美学生月报》1913 学年度的主编魏文彬，当时是哥伦比亚大学的博士生，在1914 年1 月号的社论里抨击"天坛宪法"。他说："这个宪法使行政权臣属于立法权。关键是：有没有能牵制来自于另外一个角落——立法权——的权力滥用？"他说国会也可以是不负责任和专制的。他认为在民智未开的中国，单靠舆论是无法牵制国会的专制的。他的结论是："我们相信要有一个强有力的中央政府，我们认为只有把权力与［该权力的］自由行使权（liberty）结合在一起，才能有一个自由的、人人爱戴的（popular）政府。"[④]

袁世凯不但有《中国留美学生月报》的声援，而且有更加有力的奥援，那就是他的美国法律顾问古德诺（Frank Goodnow）。《中国留美学生月报》还特别在魏文彬的社论之后，刊载了古德诺一篇意见书的摘要。古德诺抨击"天坛宪法"的一些牵制总统权的做法，等于是"立法控制行政走火入魔（run wild）"。他说袁世凯有权提交约法会议修改宪法。他说："毫无疑问地，

---

① "Does the Minority Have Rights?" *The Chinese Students' Monthly*, IX.1 (November 10, 1913), p. 86.
② 请参阅张朋园，《梁启超与清季革命》（台北南港：中央研究院近代史研究所，1964），页207-252 ；Hao Chang, *Liang-Ch'i-ch'ao and Intellectual Transition in China, 1890-1907* (Cambridge, Mass.: Harvard University Press, 1971), pp. 220-271.
③ 陶菊隐，《北洋军阀统治时期史话》（北京：三联书店，1957），第二册，页10。
④ [Wen Pin Wei], "Editorials: Government and Constitution," *The Chinese Students' Monthly*, IX.3 (January 1914), pp. 173-176.

他［袁世凯］能认识到他有权这样作是非常明智的。我们不要忘记，由于他过去这两年治国的经验，全国大概找不到第二个像他那么有资格去审断宪法草案的优缺点的人。我无法想象国民会议可以因为技术上的考虑，而去剥夺向他请益讨教的机会。"①

毫不足奇的，约法会议在 1914 年 5 月 1 日公布的新约法无限扩大了总统的权力。魏文彬在《中国留美学生月报》6 月号的社论里，征引了美国的报道，来说明袁世凯的总统权："总统有权召集、停止、解散国会；宣战、媾和；全权任命或罢斥所有文武官员；统帅海陆军；否决所有国会制订的法案。"作为"全美中国学生联合会"机关报《中国留美学生月报》的主编，魏文彬在这篇社论里对美国舆论界批判的声浪表示不解。他反诘说："我们看不出这部新约法有什么可以值得大惊小怪的地方。这些权力，袁总统在解散国会以前就统统都有了。"他责备美国的报界错把"这些当成是永久的措施，浑然不知那完全只是一时的权宜之计"。②

值得注意的是，并不是所有的留美中国学生都为这个"权宜之计"而喝彩。胡适就是一个最好的例子。我们知道胡适自始至终是反对袁世凯的。他在《留学日记》里提到武昌起义后，北京政府震骇失措，要起用袁世凯为陆军总帅。1911 年 10 月 17 日的日记说："相传袁世凯已受命，此人真是蠢物可鄙。"③ 根据《康乃尔太阳日报》1911 年 11 月 21 日的报道，由康乃尔大学的中国留学生带头拟具的电报，已经获得其他大学中国留学生的赞同，联名打给伍廷芳。这个电报呼吁召开各省代表会议，制定宪法。《康乃尔太阳日报》的记者说，康乃尔大学的中国留学生相信留英的伍廷芳，他们认为清廷重新启用的袁世凯不是新政府的适当领导人选，而且也不得人心。这个记者接着说，康乃尔大学的中国留学生对袁世凯的看法，正好跟美国的舆论相反。④

---

① "Dr. Goodnow on the Draft Constitution," *The Chinese Students' Monthly*, IX.3 (January 10, 1914), pp. 181-182.

② [Wen Pin Wei], "Editorials: The Political Outlook," *The Chinese Students' Monthly*, IX.8 (June 10, 1914), p. 569.

③ 《胡适日记全集》，1:187.

④ "Approval of Republic Expressed by Chinese," *Cornell Daily Sun*, XXXII.50, November 21, 1911, p. 1.

虽然美国政府一直要到 1913 年 5 月 2 日国民会议开幕，才正式承认中华民国，康乃尔大学的中国留学生在 1912 年 4 月 20 日，就在"世界学生会"举行了庆祝民国成立的大会。这个大会的来宾有四百人，由蔡光勳主持，留学生监督黄鼎（Theodore T. Wong）特别从华盛顿来参加致辞。黄鼎原来也是一个留学生，圣约翰、维吉尼亚大学毕业的。他后来不幸在 1919 年 1 月连同两名秘书被一个留学生杀害。黄鼎在致辞里，承认中国有很多困难必须克服。他说中国交通不便、方言歧异，需要一个强有力的中央政府，才不至于导致分崩离析的命运。为了争取美国的同情与承认，他说有人说，最老的帝国现在变成了一个最年轻的民国。他则认为，这个旧世界里的老老师，现在变成了新大陆的美国的新学生："这个新共和国期盼着美国的引导。"在北洋大学任教的毕尔（Frank Beale）接着致辞。他也呼吁美国帮助中国。大会的高潮是赠旗仪式，中国留学生把一幅代表五族共和的五色旗赠给"世界学生会"。[①]

胡适应该一定参加了这个在"世界学生会"庆祝民国成立的大会。最值得注意的，是胡适在 1912 年 1 月号的《康乃尔世纪》发表的《中国要共和》（A Republic for China）。这是胡适思想成熟以后会叱之为"夸大狂"、"迷梦"的青年胡适爱国文章中一篇稀有的标本。其论述主旨是二十世纪初年以来许多宣称中国自有其民主传统的人所共同爱用的。胡适在这篇文章里，开门见山，指责西方世界吝于祝贺自由与共和降临中国。他说不管是从中国历史的传统，还是从时代潮流来说，共和政体都正是中国之所需。他说西方人以为中国人对民主是陌生的。其实，即使中国有几千年的帝制，"在皇权、皇戚的背后宰制中国的，是一种恬淡平和的东方式的民主"。他引《尚书》："民可近，不可下。民惟邦本，本固邦宁。"又引他媲美为中国的孟德斯鸠的孟子的话："民为贵，社稷次之，君为轻"；"得乎丘民而为天子，得乎天子为诸侯，得乎诸侯为大夫"。他说中国历朝皇帝的权力是有限的，制衡它的不是宪法，而是先圣先哲的教诲。中国的皇帝了解他们扮演的是"牧民"的角色。再加上他们还有臣相和御史来作进谏，又有官逼民反的戒惧，因此中国的皇帝大多能懂得节制，不像英国、法国的史乘里充斥着淫逸的暴君。

① "Cornell Chinese Hoist Flag of New Republic," *Cornell Daily Sun*, XXXII.154, April 22, 1912, p. 1.

胡适强调说：了解了中国这个历史的背景，就可以知道中国并不像美国一份杂志所担心的，在全然没有民主经验的历史条件下，就妄想从帝制作撑竿跳，跃过君主立宪的阶段，而直接进入共和。更何况，中国人看到美国这个伟大的国家跟其他西方国家的人民得享自由与平等，早已心向往之，绝不可能自甘于次好的君主立宪。胡适说，这就好比是伊甸园里的亚当夏娃，他们的眼睛一旦张开，就是全能如上帝，也不得不让他们走出去。胡适要西方国家死心塌地地体认到中国已经永远跟帝制挥别了。第一，满清皇室已经一去而不复返；第二，中国已经没有任何历朝的皇室存在，可以迎来作君主立宪之用；第三，西方国家所看好的袁世凯，呜呼！西方国家都被他们派驻在中国的短视的特派员所骗了。胡适说："袁世凯是一个小人，是一个奸臣。他背叛了已驾崩的皇上，使戊戌变法失败。如果不是因为袁世凯，戊戌变法可能成功，至少也可能使世界上不会发生庚子拳乱，中国也不至于会承受那巨额赔款的耻辱。"这一段话，跟康乃尔大学二十三名中国留学生的联名投书完全相同，可以证明那封联名信是胡适起草的。

　　如果中国已经没有硕果仅存的皇室，可以用来滥竽充数作君主立宪之用；袁世凯又有罪于国，为全国人所唾弃；于革命有功的孙中山、伍廷芳、黄兴也从来没有黄袍加身的个人野心。胡适的结论是："即使中国现在有个人可以胜任为皇帝，就让他建立一个朝代，等我们支那人（Chinamen）有一天达到了十八世纪的美国人所具有的水平［注：亦即，有了建立共和的能力］，我们该如何来处理这个皇室呢？"胡适反诘说：难道到了那时，再来一次流血革命，推翻帝制而建共和吗？为什么不趁着共和局面已成，就作一劳永逸之图呢！

　　中国既然已经没有帝制的可能，甚至在满清苟延残喘的那几年，成立了省咨议局及资政院，这表示中国人已经有了代议政治的经验。他们现在决定要共和。这是一个睿智的决定，因为举世都趋向共和。胡适说："'青年土耳其党'把苏丹王扔进牢里；葡萄牙把它的国王赶出国；墨西哥建立共和选出了他们的第一任总统。中国只不过是追随这个世界上澎湃、不可抗拒的潮流。它在亚细亚大陆敲响了自由钟的第一声，我们预祝那悦耳的钟声响彻大地的每一个角落。'愿那自由的圣光，永照我祖国大地！'［注：取自美国爱国歌曲：

《美国颂》（My Country, 'Tis of Thee'）]"①

胡适"愿那自由的圣光，永照我祖国大地"的期愿，很快就被冷酷的事实粉碎了。我们知道胡适不但同情革命、拥护民国，而且反对袁世凯。1912年11月21日，康乃尔大学邀请濮兰德（J. O. P. Bland）作演讲。濮兰德是一个英国人，在中国住了将近三十年，是一个所谓的"中国通"。他在中国海关、上海租界的工部局做过事，后来又担任英国有名的《泰晤士报》（The Times）驻中国的特派员。濮兰德当时在美国作巡回演说。到康乃尔以前，已经在纽约、波士顿等大城作了演讲。根据《纽约时报》的一篇报道，濮兰德建议美国不要承认中华民国。就是要，也必须慢慢来，一面交涉、一面观察。他说所谓的"民国"只是新瓶旧酒而已，中国仍然是同样一帮人在当家。美国人如果真想帮助中国，最好的方法就是敞开大门，让中国人全面移民。这保证可以迎刃解决所有中国的问题。濮兰德这个所谓的上上之策，其实是在吓退美国人。他当然知道在有"排华法案"之下的美国，对中国人大开移民之门，无疑是天方夜谭。他说，退而求其次，就是要美国在中国的传教士厉行扫除多妻、早婚的恶习。换句话说，濮兰德说中国问题的症结在于人口过剩。在人口过剩这个问题解决以前，其他都是枝节。

濮兰德说美国人的问题是轻信、太容易受骗，而且又太同情弱者。他劝美国人不要轻信中国留学生不知道自己只有几斤几两的空言与狂言。濮兰德用来嘲笑中国年轻人，特别是归国留学生的一句话，就是"少年中国"（Young China）。他嘲笑他们半吊子，西方没学成，却又忘了本，是画虎不成反类犬的典型。这"少年中国"也是留美时期的胡适所喜欢用的，只是他用的是正面的意义（见下文）。濮兰德还嘲笑中国人连自家门户都整不了，还侈言抗日拒俄。他说当前的急务，是去教中国人，让他们张开眼睛，看清楚面对强敌，他们完全是束手无策的。他要美国人不要被"共和"这两个字骗了。在民国的招牌之下，还是那群专权、贿赂公行、腐败、自私的官僚。② 讽刺的是，尽管濮兰德耻笑"少年中国"的言论，对胡适而言，是犹如芒刺在背，他对中国官僚的批判，却与留学时期的胡适的观点完全合辙。有关这点，详见本

---

① Suh Hu [Hu Shi], "A Republic for China,"《胡适全集》, 35:1-6.
② "Assert China Isn't Really a Republic," *The New York Times*, November 18, 1912, p. 4.

节后文的分析。

胡适在《留学日记》里说，濮兰德"今来美到处游说，诋毁吾民国甚至，读之甚愤。下午作一书，寄《纽约时报》（*N. Y. Times*）登之"。[①] 可惜，胡适这篇读者投书，《纽约时报》没有刊用。濮兰德 1912 年 11 月 21 日在康乃尔大学的演讲，题目是《中国当前动乱的原委》（The Causes of the Present Unrest in China）。为了反驳濮兰德，胡适特意去听了这个演讲。演讲结束开始发问的时候，胡适起立，质问濮兰德为什么反对美国承认中华民国。胡适说濮兰德的回答是："我们怎么能去承认一个连他自己的国民都还没承认的民国呢？"胡适反问濮兰德，问他说"中国人自己都还没承认民国"的证据何在？濮兰德的回答，根据胡适在《留学日记》里的纪录是："其人忽改口曰，吾固未尝作此语也。予告以君适作此语，何忽忘之？彼言实未作此语，吾自误会其意耳。实则此言人人皆闻之，不惟吾国学生之在座者皆闻之，即美国人在座者，事后告我亦谓皆闻之。其遁词可笑也。"[②] 胡适在次日的日记里又记："连日以 Bland［濮兰德］在各地演说，吾国学生都愤激不平，波市［波士顿］与纽约均有书来议进行之方，抵制之策。今日吾国学生会［康乃尔大学中国同学会］开特别会议事，余建议举一通信部，译英美各报反对吾国之言论，以告国中各报，以警吾国人士，冀可稍除党见之争、利禄之私，而为国家作救亡之计。"[③]

胡适不但同情革命、支持民国，而且同情后来的反袁革命。梅光迪在 1916 年 3 月 14 日给胡适的信里说："足下近来为民党发表意见乃至可佩之事。"又，3 月 19 日的信："得悉民军消息喜极，已以大书转示叔永，以慰其眷念祖国、日夜默祝共和再造之愿。迪已将孙洪伊书译就寄黄克强，又另为文一篇，并盛推足下，请其怂恿足下多为民党多为文字，以转移此邦清议。有'如胡君适之者，文兼中西，为留学界中绝无仅有之人也'等语，不知足下许我否？"[④] 1916 年 3 月的时候，胡适已经转学到纽约的哥伦比亚大学念

① 《胡适日记全集》，1:223.
② 《胡适日记全集》，1:223-224.
③ 《胡适日记全集》，1:224.
④ 梅光迪致胡适，［1916 年］3 月 14 日、3 月 19 日，《胡适遗稿及秘藏书信》，33:434, 437.

研究所了。胡适对革命党的同情，在他的《留学日记》里也有迹可寻。他还在旖色佳的时候，有一次在1915年1月去波士顿演讲。演讲过后去纽约。原本预期在纽约可以见到黄克强，不意黄克强当时已经去了费城。胡适在日记里说："不能一访之，甚怅。"[1] 很巧的是，他在2月中旬，因为美国各大专院校和平组织的活动又到了纽约。他在日记里描述了他在纽约唐人街的一家中国餐厅里巧遇黄克强的情形："在中西楼餐时，亦农、敬斋忽起立招呼外来数客，其一人乃黄克强元帅也。亦农绍介余与相见。克强颇胖，微有髭，面色黧黑，语作湘音。余前次来此，颇思访之，闻其南游而止，今日不意之中遇之，不可谓非幸事。"[2]

也就因为这是一件"幸事"，胡适当晚在火车上写给他的美国女友韦莲司的信里，就特别提起了他在纽约巧遇黄兴的事。

> 我这次"最快乐"的纽约之行，还添加了一件意想不到的快事，那就是我在一个餐厅遇见了黄兴将军。黄兴是辛亥革命时革命军的统帅。"二次革命"发生的时候，他又担任了革命军的统帅。我以前没见过他，虽然我们有许多共同的朋友。我上次在纽约的时候，他不在。今晚，我一起吃饭的朋友就把我介绍给他。他并不是一个伟人，但他是辛亥革命的大英雄。他现在是一个"落难的偶像"（fallen idol）。我听说威尔逊总统甚至拒绝接见他。但我非常高兴有幸能跟他有一面之缘。[3]

可惜我们没有胡适自己写下来的材料，让我们来了解他对革命的同情，以及他对"民党"的支持的理由与程度。我们从他在1916年11月黄兴过世以后，所写的挽诗，可以看得出来他对黄兴——他在中英文里都一直以"将军"、"元帅"来称呼他——的敬仰：

> 当年曾见将军之家书，

---

① 《胡适日记全集》，2:18.

② 《胡适日记全集》，2:47.

③ Hu Shi to Clifford Williams, February 14, 1915，《胡适全集》，40:52-53.

字迹飞动似大苏［苏轼］。

书中之言竟何如？

"一欧吾儿，努力杀贼"

八个大字，

读之使人感慨奋发而爱国。

呜呼将军，何可多得！①

然而，胡适对革命、对反袁的同情与支持是有他特定的思想脉络的；它有其国际的视野、宏观的脉络。胡适在这几年之间，花更多的时间去关切、思索的问题包括第一次世界大战、不争主义以及日本占领胶州湾、"二十一条"所引生出来的中日交涉等。这是胡适一生国际政治思想形成的发轫期。

洪宪帝制

胡适很早就体会到中国的问题必须从根作起，所谓"七年之病，当求三年之艾"。他在 1914 年 11 月 2 日给韦莲司的第一封信里，就自称为一个激进主义者。他解释说他所谓的"激进"，完全是就其英文字根的原意而言的："我是一个激进主义者，或者至少是心向往之。我所谓的'激进主义者'的意思，是指一个探本溯源的人；这是'激进'的字根的本意。"②韦莲司在 1915 年 2 月给胡适的一封信里，虽然并不完全排斥革命的必要，但强调那欲速其成的革命必须与百年树人的教育双管齐下，方能奏功。③ 1915 年 12 月 11 日，中国的参政院受"国民代表大会"的"托付"，上书推戴袁世凯为皇帝。当天晚上，胡适在纽约看到这则外电报道。第二天，他给韦莲司的信上加了下述这一段按语："周六晚从中国来的消息，让我如释重负。这一段时间来的种种虚伪、权谋让我恶心至极，这个令人作呕但终于打开天窗说亮

---

① 《胡适日记全集》，2:440.

② Hu Shi to Clifford Williams, November 2, 1914，《胡适全集》，40:5.

③ Clifford Williams to Hu Shi, February 22, [1915]，胡适外文档案，E-378.

话的推戴书一出来，反而使我平静了下来。"①

袁世凯在 12 月 12 日接受拥戴。25 日，蔡锷等在云南通电宣布独立，组织护国军讨袁。1916 年是洪宪元年。当时胡适在哥伦比亚大学念书，韦莲司也住在纽约。他们在 1 月 11 日见了面，可能讨论到了护国军的讨袁行动。胡适回宿舍以后，写了一封信给韦莲司，解释了他对革命的看法：

> 我恐怕我今天对妳说的话，会让妳误以为我**希望**现在就有一个革命来推翻现政府。我的确是**同情**革命党，但并不赞成此时此刻去革命。我现在的立场是：要政治清明（decency）、上轨道（efficiency）没有捷径可走。但这并不表示帝制是其必经的阶段，而不过是说没有一些必备的先决条件，就不可能有上轨道的政治。那些认为中国必须用帝制来巩固求强的人，跟那些认为共和制度可以创造奇迹的人，同样愚不可及。没有我所说的"先决条件"，帝制也好、共和也好，都救不了中国。而我们的任务，就是我先前对妳说过的，去为培养这些先决条件"造新因"。②

胡适对韦莲司说的这段话的主旨，后来出现在他在该月底写给国内好友许怡荪的信里：

> ……适近来劝人，不但勿以帝制撄心，即外患亡国亦不足虑。倘祖国有不能亡之资，则祖国决不至亡。倘其无之，则吾辈今日之纷纷，亦不能阻其不亡。不如打定主意，从根本下手，为祖国造不能亡之因，庶几犹有虽亡而终存之一日耳。
>
> ……适以为今日造因之道，首在树人；树人之道，端赖教育。故适近来别无奢望，但求归国后能以一张苦口，一支秃笔，从事于社会教育，以为百年树人之计：如是而已。
>
> ……明知树人乃最迂远之图。然近来洞见国事与天下事均非捷径所能为功。七年之病当求三年之艾。倘以三年之艾为迂远而不为，则终

---

① Hu Shi to Clifford Williams, November 2, 1914,《胡适全集》，40:143.
② Hu Shi to Clifford Williams, January 11, 1916,《胡适全集》，40:147.

亦必亡而已矣……①

　　尽管胡适对韦莲司说他并不赞成此时此刻革命，袁世凯的帝制运动对他来说纯粹是一个反动。他在给上引韦莲司的那封信里说："我谴责我那些帝制运动的朋友的地方，就在于他们把这个反动的政府，等同于他们所爱的国家，等同于我们大家共同所希冀的'清明的、上轨道的政府'。"蔡锷的护国军起事以后，胡适很可能觉得这个革命行动是一个必要之恶，而表示支持。我们很幸运地有一封他写给韦莲司父亲的信。他在这封信里，表明了他私心祝福讨袁的成功。同时，这也是他在留美时期对革命以及根本救国之道解释得最痛快淋漓的一封信：

　　　　我要特别感谢您关心我国前途所说的一些鼓励的话。当失败摆在眼前的时候，我一定会好好地记住您所说的这些充满智慧的话："旧的事物不可能在一夕之间就烟消雾散，固有的政治制度也只能一步一步地去改良，很少能立时翻新的，即使用革命的手段也是如此。"这点我一直就相信，现在也还是相信。我不谴责革命，因为我相信革命也是进化里必要的过程。死亡与凋谢，跟新生与成长，同样是有机的演进里必要的过程。

　　　　然而，我并不赞成**时机未成熟**的革命，因为那种革命通常是一种**浪费**，是无益的。中国有一句俗谚："瓜熟蒂落。"瓜还没熟就去摘，伤到的是瓜。基于这个理由，我并不看重目前的种种［讨袁的］革命行动，虽然我同情这些革命者。我个人宁愿从事的，是"从下往上"的建设工作。我相信要政治清明、上轨道，没有捷径可走。帝制运动者所想要的，并不是清明、上轨道的政治；革命者要清明、上轨道的政治，但他们想用革命走捷径。我私心希望他们成功，但我私下质疑他们的智慧。我个人目前对中国现状的态度是："会发生的就是会发生。让我们为未来的世代打好基础。让我们去教育民众。"这就是我所说的"从下往上"的

────────────

① 《胡适日记全集》，2:267-268.

370

建设之法。这自然是一个迂缓的作法，而人们是没有耐性的！然而，我认为不管是革命也好，自然演进也好，这迂缓的过程都是必要的。[①]

胡适是一个中英文都辩才无碍的人。他既然心向共和，反对袁世凯，就自然不会放弃任何机会宣陈他的立场和看法。胡适在1914学年度担任《中国留美学生月报》《国内新闻》（Home News）栏的编辑。他很技巧地利用其编辑的职权，在该年10月号的《国内新闻》栏里很含蓄但又一语中的地指出："任何细读了新约法的人，都会讶异为什么找不到总统选举法以及总统任期的规定。"[②] 接着，他又打铁趁热，在11月号的《国内新闻》栏里撰写短文，暗指民主的程序不保。他说有关选举法和总统任期的规定，修法机构互相推诿。参政院把它推给约法会议，而约法会议开了两个多月的会，还是没有头绪。[③] 等到1915年2月号出版的时候，木已成舟，他只须照本宣科就可以揭发那"司马昭之心"了：总统由"总统选举会"产生、任期十年、可以连任或者可以因政情的需要而无限期续任。[④]

古德诺在1913年接受袁世凯礼聘为法律顾问的时候，"全美中国学生联合会"把他捧上了天。古德诺重视行政权，正符合"全美中国学生联合会"行政权至上的立场。对袁世凯来说，有个美国名校校长、行政法权威从理论上加持，无异于如虎添翼。一直要到袁世凯的洪宪帝制搬上舞台，"全美中国学生联合会"才开始转而采取批判的立场。然而，即使如此，1916年1月号的《中国留美学生月报》仍然刊载了拥护帝制的文章。其中，两位拥护帝制者后来都成为"全美中国学生联合会"的会长：一位是哈佛大学的张福运，他是1916学年度"美东中国学生联合会"的会长，1917学年度"全美中国学生联合会"的会长，1923年还当过交通大学校长；另一位是维斯康辛

---

① Hu Shi to Henry Willliams, January 31, 1916,《胡适全集》，40:149-150. 请注意，《胡适全集》把这封信误植为胡适写给韦莲司的。

② [Suh Hu,] "Home News: Presidential Election and Tenure of Office," *The Chinese Students' Monthly*, X.1 (October 1914), p. 10.

③ [Suh Hu,] "Home News: To Consider System of Presidential Election," *The Chinese Students' Monthly*, X.2 (November 1914), p. 102.

④ [Suh Hu,] "Home News: Procedure of Presidential Election," *The Chinese Students' Monthly*, X.5 (February 1915), pp. 304-305.

大学的黄凤华，1918学年度"全美中国学生联合会"的会长。只有胡适自始至终，一贯地反对袁世凯以及他的帝制运动。他在1915年11月号《中国留美学生月报》发表的《中国反动势力的哲学家》（A Philosopher of Chinese Reactionism），很可能就是他在《留学日记》里所说的《古德诺与中国的反动势力》（Goodnow and Chinese Reactionism）。他把这篇文章投给美国当时最有名的进步期刊《新共和》（*The New Republic*）周刊，但他自己知道被刊出的希望不大，所以他在日记里说："不知能否注销否？"① 结果，《新共和》果然没有采用，于是胡适在稍改篇名以后，转投给《中国留美学生月报》。这是一篇论辩精彩的宏文。胡适说，袁世凯的帝制运动是否得到古德诺的支持或背书，根本就不是问题的症结所在。胡适对古德诺所作的一连串的指控，像连珠炮一样，各个击中要害：

> 古德诺俨然已经成为这个中国反动势力的代言人。如果他要怪任何人，笔者认为他只能怪自己。因为他——以及世界上其他几个宪法的权威——就是利用其权威地位，为这个中国的反动运动提供了政治哲学的人；因为他就是为虎作伥撕毁民国的第一部宪法，把他个人的观点写进现行宪法、以致于缔造成这般政府的人；因为他就是教导中国"政府的改组要重权力而轻自由、要重服从而轻民权、要重效率而轻民主"的人。

胡适对古德诺的批判，一针见血。他说古德诺有两个偏见。他的第一个偏见就是行政部门至上。其所造成的结果，是中国总统的权力比俄国的沙皇或德国的凯撒都要大得多。古德诺的偏见，反映了当代美国对十八世纪美国建国初期所订定的三权分立的制衡原则过当的反动。他的补救之道适合美国，用到中国，适足以为虎作伥；古德诺预言"权力一旦凝聚，自由就会滋生"，用到中国，就是滥权；古德诺说"巩固中央的权力，目的在防止国家的分崩离析"，用到中国，效果则刚好相反。他完全不了解中国要团结只有靠共和。

---

① 《胡适日记全集》，2:214-215.

这个反动势力的结果，造成的正好是中国的分崩离析，因为它违背了中国有志之士的理想和希冀。

古德诺的第二个偏见，是"历史观点"（historical point of view）的误用。他说当代中国的政治情况类似于近代以前的英国，因此近代以前的英国制度，就适用于当代的中国。胡适说，不管当代的中国像不像近代以前的英国，古德诺完全忽略了中国"已经受到英美民主国家的熏陶以及其实际经验的启发"。古德诺的"历史观点"的谬误，在于他坚持中国必须走欧洲的老路，那就仿佛是说人类不懂得从历史上学到任何教训一样。这种说法的荒谬，只要举一个现成的例子，就可以不攻自破了。胡适说："就好像一百年来人类在电学方面的进步，已经让现在的学生不需要重复从前吉尔伯特（William Gilbert）、富兰克林（Benjamin Franklin）和卡文迪戍（Henry Cavendish）等人所作的不成熟的实验一样。透过读史书以及文明进步的果实，也同样可以使得中国不需要再重复那些过时陈腐的制度。"

古德诺的"历史观点"的谬误，还有一个可畏的结果，用现在流行的术语来说，就是东方主义（Orientalism）的论述。而东方主义，不管是西方人去作陈述，还是中国人自我炒作，都是不折不扣的东方主义。古德诺说："一个国家的根本大法必须植根于其历史与传统。"中国的反动分子于是把这个传统一直追溯到"唐尧虞舜"。这种自我东方主义的架势是前无古人的。胡适嘲讽地说，"唐尧治世是在公元前二十四世纪，也就是说，在四千两百年前！"中国的反动分子自我陶醉在东方主义里，已经到了是可忍孰不可忍的地步了。更让胡适忧心的是，连他所期期必读甚至投稿的进步刊物《外观报》（The Outlook），都居然会在 1915 年 9 月 1 号那一期出现这样的论调：

> 这种（抛弃传统的政治理想而就现代的）转变，完全不像是一个温吞的、百依百顺到崇拜祖先、慎终追远的民族会去做的事。从这个传统出发，一个父权的君主政体似乎应该是一个逻辑的选择。

胡适说这种论点的谬误，在于完全不了解中国在那几十年之间，在思想上有着巨大的变化。他说，这个巨变简直就是一个思想上的革命。没有这个思想上的革命作基础，辛亥革命是不可能发生的。胡适认为古德诺助长了美国人这种谬误的中国观。如果东方主义这个名词当时就有，胡适一定会指斥古德诺的"历史观点"是一种东方主义的观点。胡适那个时代虽然没有这个术语，但他所揭开的面目就是不折不扣的东方主义："一个坚持历史观点，却又不准一个国家有权在新思想、新理想的影响下去从事改革或革命的人，就是一个不了解历史的真意何在的人。"①

在表面上，胡适这篇文章批判的是古德诺。然而，胡适所批判的实际上是所有西方的媒体，包括那些自命为进步的媒体。胡适在这篇文章里引《外观报》的社论：对于像中国这样一个崇拜祖先的国家来说，"一个父权的君主政体似乎应该是一个逻辑的选择"。胡适在《中国反动势力的哲学家》这篇文章里没有告诉我们的事实是：这篇社论批判的对象就是胡适。胡适在1915年9月1日的《外观报》发表了《中国与民主》（China and Democracy）。这时，袁世凯的帝制运动到了紧锣密鼓的阶段。胡适这篇文章的主旨在于强调帝制与否，根本无关于中国政治的现况；袁世凯的权力已经跟皇帝一样。这个论点，就是他在《中国反动势力的哲学家》里所复述的。亦即：袁世凯的权力比世界上任何一个皇帝都还大得多，包括俄国的沙皇和德国的凯撒。胡适所用的证据就是新约法里有关总统任期十年、可以无限期连任而且可以指定继承人的权力。胡适的重点在指出：在这种制度下，中国的最高领袖到底叫做"总统"或是"皇帝"又有什么分别呢？胡适把他的希望放在"少年中国"身上。他说：

> "少年中国"相信民主；它相信**通往民主的唯一途径，就是去实行民主**。政治是一种艺术，需要实习。这就好像我如果从来就不练习说英文，我就永远不会说英文一样。如果盎格鲁 - 撒克逊人在历史上从来就没有实行过民主，他们也就永远不会有现在所享有的民主。这种政治哲学，像古德诺教授那样的人，是永远不会了解的。古德诺教授和其他心意其实不坏的宪政权威认为东方人不能胜任民主政治，**因为他们从来就没有**

① Suh Hu [Hu Shi], "A philosopher of Chinese Reactionism," *The Chinese Students' Monthly*, XI.1 (November, 1915), pp. 16-19.

过民主。少年中国的想法恰恰相反；他们认为，正因为中国从来没有民主，所以它现在就需要民主。它相信如果中国的第一共和［注：从辛亥到"二次革命"］能延续久一点，到了今天，民主在中国就会有一点根基了。而且，四年的政治经验，即使再不能令人满意，也应该能使许多中国人了解共和政治。

可惜的是，中国的反动分子有外国权威来助他们的威风；有像有贺长雄和古德诺教授这样的宪政权威来替他们撑腰。胡适说有贺长雄会反对"少年中国"不足为奇。来自美利坚民主国的古德诺教授也说中国人不能胜任民主，这才是最致命的。胡适在这篇文章的结论下了他的"春秋"史笔："这些学者把他们的'权威'论调写进了中华民国的新宪法里，而此刻正是他们就要被他们拥立的中国皇帝授勋的前夕。"①

值得注意的是，《外观报》的主编一点都不同情胡适的论点。他特别写了一篇冗长的社论批驳胡适。他说《外观报》欢迎像胡适这样的"少年中国"的代表投稿，因为美国人很少有机会听到个别的"支那人"的想法。然而，对于胡适这个"支那人"的想法，他是难掩其鄙夷之气的。在列出了一长串的疑问以后，他说："除了受过西方教育的人，中国还有其他能无私奉公的人吗？"他说宣布共和不等于就有了共和，这完全是两码子的事。他认为中国的社会制度完全不适合民主政体。他说父权的君主政体适合中国这句话我们已经征引过了。他说同情中国的人都一致认为君主立宪比民主政治更适于中国，因为那能确保中国的稳定。而袁世凯就是那最适合从事君主立宪的人。袁世凯就像从前的拿破仑一样，有军人的支持，有外国人的认可，又有民心的拥护。这位主编的结论是：中国的未来，不只是一个政治的革新，而且是社会的更生。一个国家的政体必须要适合它的国民；而国民自己也必须能懂得上进到稍微像个样子（rise to new standards）才能配合。②

胡适是中国留学生里的一个异数，他不但反对袁世凯的独裁与帝制，而且敢于挺身而出，撰文批判，把他的反袁立论发表在《中国留美学生月报》，

---

① Suh Hu, "China and Democracy," *The Outlook*, September 1, 1915, pp. 27-28.

② "China: Republic or Monarchy," *The Outlook*, September 1, 1915, pp. 14-16.

以及其他美国的刊物上。袁世凯帝制成立以后，胡适于 1916 年 1 月 14 日在哥伦比亚大学的学生报《哥伦比亚每日旁观报》（*Columbia Daily Spectator*）上发表了《中国帝制复辟的分析》（Analysis of the Monarchical Restoration in China）。这篇文章再度显现出胡适的英文文笔以及他的论辩术的一流。他开宗明义就说：

> 我首先表示，我欢迎把民国改为帝制。我有一千零一个理由欢迎这个改变，但为了节省篇幅，就举出下述几个。第一，这一变等于没变，只是用正确的名称来称呼中国现有的政府。中华民国在两年前就夭折了。从那以后，中国的政府一直是一个以共和为名的专制帝制。现在，把政府的真面目给老实地说开了，这对"共和"美名的凌辱，终于可以不再。用正确的名字来称呼事物是极其重要的。我们的至圣孔子说："名不正则言不顺，言不顺则事不成。"
>
> 我欢迎这个改变的第二个理由是：它向全世界揭露了中国政府的本质；特别是，它向全世界揭露了袁世凯——美国人眼中的中国的"强人"、不久前才对天地立誓绝不背叛共和的人——的本质。这个中国的强人说："予之爱国，讵在人后？"他的"爱国"也许不在人后，因为布鲁托斯（Brutus）是一个正人君子〔注：胡适在此处是引马克·安东尼在莎士比亚的《凯撒》里反讽刺死凯撒的布鲁托斯〕。
>
> 第三个理由是前两者所必然的结果。中国的政治发展打开了美国舆论家的眼睛，因而让美国对袁世凯及其政府的舆论产生了些微的改变。任何注意美国主要报刊这几年来的社论的人，都不可能不会注意到这个改变。这种美国舆论的改变对"少年中国"而言，是具有非常重要的道德的意义的。中国的反动分子精心地污染了美国的舆论；他们甚至成功地把前哥伦比亚大学教授、现任约翰霍布金斯大学校长古德诺都拉了进去，自愿作为中国的反动势力的代言人。美国那些一知半解的舆论家对袁世凯的礼赞，读起来真是令人作呕。举个例来说，有一位作家说袁世凯设立了一个御史台来为他作谏诤。他说这可以证明袁世凯是一个多么伟大的人物；他说，世界上还有谁敢任命一批官员，他们的职责就

是专门来批判自己吗？这位袁迷浑然不知御史台在中国已经有了至少两千三百年的历史！这样的例子不胜枚举。简言之，会作这种礼赞的人，泰半是有心示好，只是观察不敏，知识有限。我很高兴许多美国的主编现在愿意"收回前言"，以袁世凯的真面目来对待袁世凯。"少年中国"所要求美国舆论界的，就是根据事实作无私、公允的判断。而这也就是中国当前的政治变化所开始造成了的。

胡适说他欢迎袁世凯宣布帝制，因为那终于使中国的政体名实相符。这当然是论辩策略上的一种反讽手法。作了反讽以后，他才说：对中国而言，袁世凯的帝制所代表的，当然是一个挫败、一个倒退。胡适说其所带来的祸害有四：第一，是皇戚与贵胄阶级的再现。他说，在举世走向民主、平等的潮流之下，这种开历史倒车的行径应该受到全世界的谴责。第二，帝制的再现会造成传统腐败官僚阶级的复辟。胡适说这个卖官鬻爵的官僚体制在中国历史上所造成的祸害，远比鸦片和小脚还严重。辛亥革命再怎么不济，光是把这批卖官鬻爵的腐败阶级送回老家"去坐冷板凳"，就已经是功德无量了。第三，帝制的复辟会带来动乱与革命。蔡锷的护国军只是一个开始。古德诺赞成帝制，说那可以"防止中国的分崩离析"。胡适说古德诺错了。帝制的结果适得其反，专权的反动政府所带来的，必然是分崩离析、必然是革命；第四，也是最不幸的，帝制的复辟带来的，是所有建设性工作与政策的中断。一方面，政府浪费其所有的资源去作帝制的宣传，镇压所有的反对声浪与行动。另一方面，年轻人在失望之余，也浪费了他们的青春与生命去从事革命。举国上下浪费精力、虚掷良机，就因为一介独夫和一些无耻政客的野心！①

护国军起义后，各省纷纷响应，袁世凯眼见大势已去，被迫在 1916 年 3 月 22 日宣布取消帝制，6 月 6 日因尿毒症而死。胡适在次日的《留学日记》里写下了他对袁世凯的盖棺论定：

---

① Suh Hu [Hu Shi], "Analysis of the Monarchical Restoration in China," *Columbia Daily Spectator*, January 14, 1916, p. 7;《胡适全集》，35:176-181.

袁世凯死于昨日。此间华人，真有手舞足蹈之概。此真可谓"千夫所指无病自死"者矣。吾对于袁氏一生，最痛恨者，惟其"坐失机会"一事。机会之来，瞬息即逝，不能待人。人生几何？能得几许好机会耶？袁氏之失机多矣：戊戌，一也；庚子，二也；辛亥壬子之间，三也；二次革命以后，四也。使戊戌政变不致推翻，则二十年之新政，或已致中国于富强。即不能至此，亦决无庚子之奇辱，可无疑矣。袁氏之卖康梁，其罪真不可胜诛矣。二十年来之精神财力人才，都消耗于互相打消之内讧，皆戊戌之失败有以致之也。辛壬之际，南方领袖倾心助袁，岂有私于一人哉？为国家计，姑与之以有为之机会以观其成耳。袁氏当是时，内揽大权，外得列强之赞助，倘彼果能善用此千载一时之机会，以致吾国于治安之域，则身荣死哀，固意中事耳。惜乎！袁氏昧于国中人心思想之趋向，力图私利，排异己，甚至用种种罪恶的手段以行其志，驯致一败涂地，不可收拾，今日之死晚矣。袁氏之罪，在于阻止中国二十年之进步。今日其一身之身败名裂，何足以赎其蔽天之辜乎！①

胡适不但在《留学日记》里写下他对袁世凯的盖棺论定，还用英文发表了他对袁世凯及其党羽捏造民意、策动帝制运动的来龙去脉。这就是他在1917 年的《种族发展季刊》（*The Journal of Race Development*）上发表的《捏造民意：最近中国帝制运动的文献史》（Manufacturing the Will of the People: A Documentary History of the Recent Monarchical Movement in China）。他的目的是从电文来分析"筹安会"设计、安排拥戴袁世凯为皇帝的过程。他一开始就画龙点睛地抖出了袁世凯及其党羽捏造民意的证据。他指出各省"国民代表大会"所上的拥戴电文，不管是从边远的甘肃来的还是从沿海富庶的江苏来的，都有这四十五个字："谨以国民公意，恭戴今大总统袁世凯为中华帝国皇帝，并以国家最上完全主权奉之于皇帝，承天建极，传之万世。"这在在地显示了整个帝制运动是由幕后的黑手在操纵主导的。

其实，胡适写这篇文章最大的目的，与其说是在为袁世凯作盖棺论定，

---

① 《胡适日记全集》，2:339-340.

不如说是在教训美国主持舆论的人，说他们"言者谆谆，听者藐藐"；更重要的是，他要强调历史的发展证明他一直是对的。他说：

> 作为一个中国人，我把这件事情的来龙去脉说给全世界听，并不是一件快意的事。虽然我很高兴这个易哄善欺的世界自己制造出来的冒牌神（false god）终于化为尘土，我的目的并不在于重复地去揭露袁世凯的"无德"。袁先生已经用他的行为写下他自己的墓志铭。而且，去杀一个已死的人，也不足以言勇。那真正促使我来写这一篇文章的，是一个信念：这整个事件带给全世界的是一个最新的证据，证明了中国对民主的向往、证明了中国对建立一个诚实开明政府的努力是绝对真心的。有一个美国作家说得很好。他说："我不认为中国的革命失败了，因为我相信它还没结束。"辛亥革命以后所建立的民国并没有失败，因为它一直没有机会一展身手；它虽然夭折了，即使袁世凯及其党羽的反动势力一直有计划、有组织地要消灭它，但它的精神仍在，而且继续茁壮。中国这几年来内部的政治搏斗，是"新中国"所从事的搏斗，是这四分之一世纪以来与那几千年来腐蚀、削弱中国的官僚体制从事殊死斗的思想革命的新生儿。

> 我在本文用文献来分析的这场帝制复辟的闹剧，充分说明了这个中国旧官僚体制的人员、其习气、及其所用的方法。它登峰造极的杰作，就发生在参政院宣布在 2043 个国民代表里，有 1993 名赞成即刻拥戴袁世凯为皇帝的那一天。然而，这个旧官僚体制错估了自己的实力，也误判了全国民心的向背。它完全没有了解当它须要装模作样地"征求国民之公意"，以取得支持以及其合法性的时候，它的丧钟已经响起，它的灭亡已经可期。它这最后的政治操作及其所彰显出来的彻底的腐败，适足以帮忙"新中国"的团结，适足以驱使温和派、甚至保守派，去走向革命的阵营。这第三次革命并不是孙中山那一派过激分子所鼓动的，而主要是由蔡锷、梁启超这些温和的领袖人物领导、而由激进派从旁协助的。对于这个稳如泰山的"新中国"，旧官僚体制是欲举无力的。它的败亡是可喜可贺的。

这个旧官僚体制当然不会就此罢休，中国的革命也尚未成功。但这个帝制运动让真正的问题凸显出来了：这是"新中国"与中国旧官僚体制之间的一场殊死战。我们祈愿本文的陈述会让全世界相信："少年中国"是全心全意地为民主与启蒙在奋斗着。①

　　胡适这几篇在留美时期所写的批判袁世凯帝制运动的文章有两点值得注意的地方。第一，通往民主的唯一途径，就是去实行民主。民主是须要学习、身体力行的。没有民主经验的国家想要民主，最好的方法就是去实行民主，然后从民主的实践，去把民主建立起来。这个观点是胡适一生所坚持的。他在 1930 年代所说的名言："民主政治是幼稚园的政治。"那句话固然有它特别的思想脉络，也就是他礼赞了二十几年的专家政治理念。（有关这点，我已在别处分析过。② 将来，我还会在本传后几部再作详细的分析。）然而，实行民主政治没有什么诀窍，只有老老实实地从头作起的信念，胡适在留美的时候就已经形成了。第二，辛亥革命所反映的，与其说是一个政治上的革命，不如说是一个思想上的革命。胡适在留美的时候，把这个思想的革命诠释为"新中国"、"少年中国"与旧官僚体制的搏斗的过程。他当时把这个旧官僚体制形容得比鸦片、小脚还要可怕，说它是中国的致命伤。留学归国以后的胡适会在这个诠释与着重点上作修正，但是，他所强调的"思想上的革命"将会成为他的中国文艺复兴论述的基调。

从民族主义者到以爱国为基础的世界主义者

　　胡适在为辛亥革命作辩护、在力挽美国媒体捧袁世凯的狂澜的时候，也正是他自己在政治思想上产生急剧而深远的变化的阶段。这个变化有几个转

---

① Suh Hu [Hu Shi], "Manufacturing the Will of the People: A Documentary History of the Recent Monarchical Movement in China," *The Journal of Race Development*, 7:3 (1917), pp. 319-328;《胡适全集》，35:204-221.

② 请参阅拙著，江勇振，《专家政治的礼赞：胡适挪用杜威的工具主义》，发表于台湾中央研究院近代史研究所 2009 年 5 月 4 日主办的"胡适与近代中国的追寻——纪念'五四'九十周年学术研讨会"。

折点，其轨迹在他的《留学日记》里还斑斑可寻。等胡适的蜕变完成以后，他先是一变，从他在上海求学时期所形成的狭隘的民族主义者，变成一个以爱国为基础的世界公民；再一变而成为一个超越国界的世界公民；从世界公民，他再变成一个绝对的不争主义者；最后，再变成一个国际仲裁主义者。

胡适从一个狭隘的民族主义者，蜕变成一个以爱国为基础的世界公民的过程并不是很平顺的，他内心挣扎了相当一段时间。这感情上的包袱，不是单纯理智上的认知与觉悟就可以把它弃之敝屣的。特别是在像民族主义与个人认同这些最能让人血气沸腾的问题上，感情所扮演的角色总是那抱残守缺的最后的"卫道者"。他在1912年10月25日的日记里，还认为罗马帝国的衰亡跟罗马人只知有天下，不知有国家的观念有关。换句话说，跟中国人犯的是同一个毛病：

> 下午在藏书楼读 Grote, *History of Greece*［格鲁特著《希腊史》］。此为世界有名历史之一，与吉本之《罗马衰亡史》齐名。忽念及罗马所以衰亡，亦以统一过久，人有天下思想而无国家观念，与吾国十年前同一病也。罗马先哲如 Epictetus［55-135，伊匹克提特司］and Marcus Aurelius［121-180，奥列里厄斯，著有《沉思录》］皆倡世界大同主义，虽其说未可厚非，然其影响所及，乃至见灭于戎狄，可念也。又耶教亦持天下一家之说，尊帝为父而不尊崇当日之国家，亦罗马衰亡之一原因也。注：吾作此言，并非毁耶，实是当日实情。后世之耶教始知有国家，其在当日，则但知有教宗（Church）耳。①

这段日记里最耐人寻味的是他说："世界大同主义，虽其说未可厚非，然其影响所及，乃至见灭于戎狄，可念也。"有谁能预料这个说出世界大同主义亡国论的胡适，两年后会变成一个绝对的不抵抗主义者呢！胡适写这则日记的时候，已经是康乃尔世界学生会一个活跃的会员了。他在1911年9月6日搬进世界学生会，1912年5月被选为1912学年度的纪录。再过一年，

---

① 《胡适日记全集》，1:210.

他当选为 1913 学年度康乃尔"世界学生会"的会长。世界主义的理想已在他的内心中滋长着，可是他的情感仍然在抗拒着。到了 1913 年 4 月，胡适在美国留学将近三年了。他还是持两端，试图在国家与世界之间找到一个可以让他安身立命的地方：

> 吾今年正月曾演说吾之世界观念，以为今日之世界主义，非复如古代 Cynics and Stoics［犬儒与禁欲派］哲学家所持之说。彼等不特知有世界而不知有国家，甚至深恶国家之说。其所期望在于为世界之人（a citizen of the world），而不认为某国之人。今人所持之世界主义则大异于是。今日稍有知识之人莫不知爱其国。故吾之世界观念之界说曰："世界主义者，爱国主义而柔之以人道主义者也。"顷读邓耐生（Tennyson）诗至 "Hands All Round" 篇有句云："That man's the best cosmopolite / Who loves his native country best"（彼爱其祖国最挚者，乃真世界公民也）。深喜其言与吾暗合。故识之。①

换句话说，直到 1913 年 4 月，胡适仍然认为希腊、罗马的哲学家囿于其希冀作为世界公民的盲点，反而不如现代稍有知识的人都莫不知爱国的道理。所以，他才会最喜欢邓耐生的诗句，说只有真正爱国的人，才可能成为一个真正的世界公民。

胡适刚刚觉得他已找到了爱国与世界大同并行不悖的交会点，但这个信念很快就受到了挑战。这个挑战的起因，是美国出兵干预墨西哥的革命。胡适在 1914 年 5 月 15 日的《留学日记》里说：

> 自美墨交衅以来，本城之 *Ithaca Journal*［《旖色佳新闻报》］揭一名言："吾国乎，吾愿其永永正直而是也，然曲耶，直耶，是耶，非耶，终为吾国耳。"（My Country——May it ever be right, but right or wrong, my country.）意言但论国界，不论是非也。此言揭诸报端已逾旬日，亦无

---

① 《胡适日记全集》，1:238.

人置辩。一日，同居世界学生会之各国学生谈论偶及之，有表同情者，亦有反对者，莫衷一是。余适过之，聆其言论，有所感触，故以所见作一书寄此报主笔。其人不敢登载，社中访事某女士坚请登之，乃载入新闻栏。昨日余往见前校长白博士之夫人，夫人盛称余书，以为正彼所欲言而未能言者。白博士曾两任使德大使，戊戌年海牙平和会，博士为美国代表团长，其功最多。夫妇都主张和平，故深恶此等极端之国家主义也。[①]

墨西哥在 1910 年革命以后，内战、割据持续了十年之久。美国威尔逊总统上任以后，拒绝承认用兵变上台的卫尔泰（Victoriano Huerta）。威尔逊不但施加压力要卫尔泰下台，而且考虑支持卫尔泰的内战敌手，试图把他拖垮。后来，终于给威尔逊找到机会了。1914 年 4 月 9 日，美国一些水兵在坦匹口（Tampico）上岸买东西的时候，被墨西哥军队逮捕。虽然墨西哥守卫司令很快就把他们释放并向美方道歉，美国舰队的少将司令认为美国的国旗已经受辱，要求墨西哥以放二十四礼炮向美国国旗致敬的方式致歉。墨西哥守卫司令拒绝。这时，美国又收到情报，说德国一批支援卫尔泰的军火，即将运抵墨西哥的卫勒库鲁司（Veracruz）港。威尔逊于是下令美国海军在 4 月 21 日占领卫勒库鲁司港的海关，没收那批德国军火。美国占领了海关以后，墨西哥开始反击。次日，美国的舰队驶入卫勒库鲁司港。经过了两天的激战，美国占领了卫勒库鲁司。这次战役，墨西哥阵亡人数在一百七十人之谱，美方阵亡人数十七。[②]

胡适在 1914 年 7 月 14 日的《留学日记》里说："墨西哥久为世界患，美政府持不干涉主义。至辱及国徽，忍无可忍，始令水兵在 Veracruz［卫勒库鲁司］登岸，据其城，以绝卫尔泰（今总统）军械来路。是役美兵死者数人。"[③] 表面上看来，胡适 7 月 4 日的这则日记，似乎与他 5 月 15 日那则批

---

① 《胡适日记全集》，1:310.

② John Cooper, Jr., *Woodrow Wilson: A Biography* (New York: Alfred A. Knopf, 2009), pp. 242-243; Lloyd Gardner, *Safe for Democracy: The Anglo-American Response to Revolution, 1913-1923* (New York: Oxford University Press, 1984), p. 60. Gardner 说美军阵亡人数为十九。

③ 《胡适日记全集》，1:407.

判"只论国界，不论是非"的日记立场歧异，其实不然。胡适人在美国，读惯了美国媒体对墨西哥的不屑与讥诮，以及终日喋喋于美国超然、虽为墨西哥的乱局扼腕、但雅不愿干涉云云等论调，不可能不受其影响。事实上，美国出兵干预墨西哥，只是导引胡适写 5 月 15 日那则日记的促因。他所关切的不是墨西哥，更不是美国出兵的问题，而是国界与是非的问题。

　　就像胡适说的，由于他的投书触及了太敏感的问题，害怕造成众怒，《旖色佳新闻报》不敢登，而用新闻报道的方式摘述了胡适的论点：

> 　　"世界学生会"的会长胡适觉得他找到了问题的核心。他的看法如下："我觉得'不管对错，总是我的国家'这句话的谬误，就在于它犯了道德上的双重标准。没有人会否认是非正义是有标准的——至少文明人是这样认为的。如果'我的国家'违宪向我征税，不法地没收我的财产，或者不经审判就把我拘禁，即使所有这一切都是以'我的国家'的法律为名，我一定会抗议。然而，当同样的问题出现在国际事务上的时候，我们立刻就把是非正义的标准抛诸脑后，而且还骄矜自喜地说：'不管对错，总是我的国家。'我应该没有说错吧？这就是双重标准：一个用在自己的同胞身上；另一个则用在外国人或'外夷'（outlandish people）身上。我认为除非我们用同一个是非正义的标准，不管对内或对外，我们就不可能有一个共同的讨论基础。"①

　　值得注意的是，胡适所关心的双重标准的问题，完全是一个抽象的原则问题。墨西哥的革命为何、如何？美国出兵干预如何？都不是他感兴趣的问题。他会用"墨西哥久为世界患，美政府持不干涉主义。至辱及国徽，忍无可忍"这样站在美国的立场、已经下了价值判断的字句来描述这个事件，就在在地表示他认定美国是在"忍无可忍"的情况下，被迫出师膺惩墨西哥的。美国的做法既然堂堂正正，他所关切的，只是美国人是否在舆论上也堂堂正正，而不是因为"国徽受辱"、群情激动，就可以说出"不管对错，总是我

---

① 《胡适日记全集》，1:311-312.

的国家"这种越了国界就不问是非的话。

由于胡适所提出的质疑不在于美国出兵干预墨西哥的革命对错与否，而是在于"不管对错，总是我的国家"这句话是否反映了双重的标准，争执点自然就环绕在这一句话的真谛，胡适也就难免于被批评他误解了这句话的真谛。7月22日，"世界学生会"有活动，来宾四百人。胡适是会长，作了"大同主义"的演说。有一位夫人在会后告诉胡适，说她对那句话的诠释跟胡适的不同。她说她自己不认为那句话是指"吾国所行即有非理，吾亦以为是"，而毋宁说是"无论吾国为是耶非耶，吾终不忍不爱之耳"。康乃尔大学英语系散蒲生（M. W. Sampson）教授当晚也在场。他说那句话其实可以作不同的诠释，不应该只取一义。他认为其本义是："父母之邦，虽有不义，不忍终弃。"他打了一个比方。有一对兄弟出门，弟弟因为喝醉了酒而得罪了一个路人，对方拔剑而起。做哥哥的是该维护喝醉了的弟弟，还是置之不顾，抑或是帮助受辱者来打自己的弟弟呢？哥哥明知弟弟不对，但他总不能弃骨肉之义于不顾吧？散蒲生教授最后又以十八世纪欧洲人移民来美国作为例子，来说明作判断的不易。他说："其去国之原因，大率以专制政府压制为多，然其悻悻然去之者，未必皆是也。"胡适觉得散蒲生教授说得有理，就在日记里检讨说："此言是也。吾但攻其狭义而没其广义。幸师友匡正之耳。"[1]

胡适扪心自问，发现自己也不可能免于骨肉、家国之义的羁绊。他在7月26日的日记里反省说：

> 孔子曰："父为子隐，子为父隐，直在其中矣。"仁人之言也。故孔子去鲁，迟迟其行，曰："去父母之国之道也。"其作《春秋》，多为鲁讳，则失之私矣。然其心可谅也。吾未尝无私，吾所谓"执笔报国之说"，何尝不时时为宗国讳也。是非之心，人皆有之。然是非之心能胜爱国之心否，则另是一问题。吾国与外国开衅以来，大小若干战矣，吾每读史至鸦片之役，英法之役之类，恒谓中国直也；至庚子之役，则吾终不谓拳匪直也。[2]

---

[1] 《胡适日记全集》，1:416.

[2] 《胡适日记全集》，1:416-417.

胡适这段话值得注意的地方，是他虽然承认人不可能完全没有私心，但仍然坚持归根究底，是非的标准还是存在的。因此，他虽然是中国人，但他不会说中国的"拳匪"是对的，八国联军是错的。"吾国乎，吾愿其永永正直而是也，然曲耶，直耶，是耶，非耶，终为吾国耳。"说这句话的，是美国十九世纪初的海军将领笛凯特（Stephen Decatur, 1779–1820）。胡适在 1914 年 11 月 25 日的日记里记下了它的出处。此外，他还引了其它意味相同的两句话："不管英国会变得如何，不管她的缺点有多少，她依然是我的国家"；"英国啊，英国！即使妳有缺点，我还是爱妳，我的国家。"①

从 1914 年 5 月，第一次读到"不管对错，总是我的国家"这句话开始，胡适显然一直在思索"国界"与"是非"的问题。尽管他说师友的匡正，让他理解到那句话可以有狭义和广义的诠释。学哲学的他，终究还是没有办法接受模棱两可的说法。是非正义是有标准的，这个标准就是"一致"。就像他在 10 月 26 日跟韦莲司所谈的："女士问：'人间伦理繁复难尽，有一言以蔽之者乎？'余答曰：'此不易言。无已，其惟"一致"（consistency）乎？'"换句话说，他所讲求的是：必也一致乎！双重标准的谬误，就在于其失于一致。他在跟韦莲司说一致之道的同一则日记里，也记下了他与美国"世界学生联合会"的会长讷司密斯（George Nasmyth）的谈话：

> 今日与讷博士谈。博士问："天然科学以归纳理论为术。今治伦理，小之至于个人，大之至于国际，亦有一以贯之之术乎？"余答曰："其唯一致乎？一致者，不独个人之言行一致也。己所不欲，勿施于人。所不欲施诸吾同国同种之人者，亦勿施诸异国异种之人也。此孔子所谓'恕'也，耶氏所谓'金律'也，康德所谓'无条件之命令'也……斯宾塞所谓'公道［justice］之律'也，弥尔［穆勒］所谓'自由以勿侵他人之自由为界'也。皆吾所谓一致也。一致之义大矣哉！"②

---

① 《胡适日记全集》，1:553-554.
② 《胡适日记全集》，1:525.

"其唯一致乎？"、"一致之义大矣哉！"这个《论语》子曰式的对白，说得多么肯定，多么充满自信。从表面上看来，胡适似乎找到了一个普世皆准的标准，可以不因国家与人种的畛域，而用来判定是非正义。其实，他不知道这是他以爱国为基础的世界主义的最后阶段。他仍然在挣扎着，挣扎着要试图去找出一个解决之道，让爱国与世界主义并行不悖，让他可以既爱国又不失为一个世界公民。这时候，第一次世界大战爆发了。对"一战"的观察与了解，终于粉碎了他的这个梦想。胡适一度成为一个试图超越国家的世界主义者。而这正是他绝对的不抵抗主义产生的背景。

胡适从一个狭隘的民族主义者，过渡到成为一个以爱国为基础的世界主义者，这个心路历程里还有一个有趣的注脚，那就是在美国1912年总统大选的时候，他支持的是希欧多尔·罗斯福（Theodore Roosevelt）——即老罗斯福——而不是他后来所景仰的威尔逊。他当时为什么会支持老罗斯福呢？很可惜，胡适从来就没有在《留学日记》里说明他支持老罗斯福的原因。虽然没有足够的资料来证明，但我们可以推测他当时为什么会支持老罗斯福，而且对于一个没有投票权的人来说，支持到佩戴着进步党公鹿的徽章在校园走动的狂热的地步。其理由无它，那就是1912年的胡适仍然处在民族主义的笼罩之下。

1912年10月30日，康乃尔的学生报《康乃尔太阳日报》在校园里举行了一个"模拟投票"（mock election）。这不是今天所说的"非正式投票"（straw polls），而是真正在校园里设了一个投票所，让大家去投票。[①] 胡适当天不但去投了票，他灵机一动，也在他所住的"世界学生会"里举行了一个"模拟投票"——胡适在日记里翻成"游戏投票"。有53个"世界学生会"的会员参加投票。投票结果，民主党的威尔逊得压倒性的最高票，34票；进步党的老罗斯福次之，13票；共和党的塔伏特，4票；社会党的德卜（Eugene Debs），2票。《康乃尔太阳日报》以全校为对象的"模拟投票"的结果在次日公布。胡适也在日记里表列出来：威尔逊得第一，969票；老罗斯福，850票；塔伏特，351票；德卜，37票。胡适在"世界学生会"的"模拟投票"之后，

---

① "Mock Election Is for Whole University," *Cornell Daily Sun*, XXXIII.32, October 29, 1912, p. 1.

在日记里写下了几段他认为"甚耐寻味"的几件事。其中之一是：

> 吾国人所择 Wilson［威尔逊］与 Roosevelt［老罗斯福］势力略相等，皆急进派也，而无人举 Taft［塔伏特］者。又举社会党者共二人，皆吾国人也；此则极端之急进派，又可想人心之趋向也。[①]

邵建读了这则日记，他看到胡适用"急进派"来形容威尔逊和老罗斯福，于是就自作演申：

> 很明显，由威尔逊代表的民主党是激进的，很能得中国学生的同情。共和党虽然是保守的，但从这个保守阵营中分化出来的罗斯福也是激进的（他的党号为进步党），因此也能得着中国学生的同情（这同时也是他们两人票数相伯仲的原因）。甚至更为激进亦即具有社会主义倾向的社会党也能得上两票，这仅有的两票都来自中国学生。而唯独代表保守势力的塔夫脱，在中国学生中却一票也没有。这，说明了什么？

邵建把这个中国留学生"模拟投票"的结果诠释成近代中国激进主义的滥觞。殊不知中国留美学生，像我在本章第一节所分析的，绝大多数是保守的。他愤然地说："'塔夫脱'［又］怎么了？保守难道不是一种价值，尤其在举国激进、一味偏斜时，它难道不是一种至少可以用来平衡的价值？"[②]

事实上，保守、自由、激进也者，有其历史的背景与意义，抽离了其社会、历史的脉络，这些名词完全没有意义。别的不说，光是"自由主义者"这个字眼，在今天早已失去了其描述或作为标签的功用。十八世纪的自由主义者异于十九世纪的自由主义者；十八、十九世纪的自由主义者又异于二十世纪的自由主义者。到了二十世纪下半叶，自由主义者，在美国已经变成是一个左右派都拿来骂人的字眼。1912 年美国大选时威尔逊、老罗斯福、塔

[①] 《胡适日记全集》，1:212.
[②] 邵建，《瞧，这人——日记、书信、年谱中的胡适》，页 66。

伏特在意识形态的光谱上各自所站的位置，还必须回到当时美国的社会脉络下来看。

邵建所犯的历史错误，就是一般所说的"时代错置的谬误"（anachronism），那就像是把古代的中国人穿上西装一样。他说："胡适所支持的威尔逊的民主党更是强调用政府力量来干涉一些个人事务用以推行积极自由。"他的错误，就在于把二十世纪下半叶美国两大政党的政纲，假定是"自古有之，于今为烈"。就以1912年的大选为例，当时塔伏特的共和党所代表的是财团的利益；从共和党分裂出来的老罗斯福所代表的进步党主张增强政府的权力；威尔逊所代表的民主党则反对给予政府太多的权力。比如说，邵建批评胡适支持征遗产税是违背了洛克"古典自由主义"的真谛。其实，所得税、遗产税、累进税率等等，都是老罗斯福在总统任内就已提出来的观念。1912年大选的时候，因为所得税已经由国会制定成法案而开始实施了，遗产税和累进税率都是老罗斯福所提出的竞选政见。威尔逊还是后来才跟进的。无论如何，政府所应扮演的角色该如何，民主党和共和党的立场开始对调，是从富兰克林·罗斯福（Franklin Roosevelt）——即小罗斯福——总统实施"新政"的时候开始的。但一直要到二十世纪下半叶，共和党才跟民主党的立场整个对调换过来。也就是说，变成共和党要削弱政府的权力，而民主党则要以政府的力量来执行社会政策。

美国的两大政党，没有一个是激进的。它们的基本立场都是在保持现状的基础上作调整。虽然今天的共和党比民主党保守，但两党都有其在意识形态上的左、右、中间分子。他们都可以跨党选其所支持的候选人。我们甚至可以说有些名为民主党的议员，以其意识形态、以其在议会的投票记录而言，只是民主党为名，共和党为实。换句话说，政党的政纲、意识形态会转变。所谓保守、自由也者，必须针对具体的政策而言，同时也必须放在其社会、历史的脉络之下。不能抽象地把它们当成是普世皆准的概念。

胡适为什么支持老罗斯福呢？归根究底，可能就是因为他是四个候选人里最知名的人物。老罗斯福是美国第26任总统。事实上，他在1912年参选的时候，实际上等于已经当了两任的总统了。1901年麦金莱总统被刺身亡，老罗斯福以副总统的身份继任为总统。1904年，他竞选连任成功。塔伏特是 1908 年当选的第 27 任总统。1912 年的大选，由于共和党分裂，大家公认实际上就是老罗斯福跟威尔逊之间的对决。老罗斯福不但是前任总统，美西战争的英雄，而且是一个具有戏剧性、对大众极有吸引力的人物；相较之下，威尔逊当时完全是一个新手。他是一个政治学家。一直到 1910 年为止，他是普林斯顿大学的校长。该年，他当选新泽西州的州长。那是他第一次进入政坛。

除了老罗斯福知名以外，唯一能够用来说明胡适当时崇拜他的原因，可能就是胡适还没有摆脱的民族主义的理念。老罗斯福的竞选理念是"新民族主义"（New Nationalism）；与之相对的，是威尔逊的"新自由"（New Freedom）。① 最耐人寻味的是，以后来胡适思想的发展来看，光是以两人的竞选理念来说，他应该支持威尔逊才对。无论如何，当时的他看到的只是老罗斯福的"新民族主义"，对于威尔逊的"新民主"，他视而不见。老罗斯福要美国人在强有力的领袖的领导之下，肩负起美国对世界的责任；老罗斯福要大家超越物质的诱惑、个人的利害以及地域的歧见，而为国家的利益来作奉献。这些都深深地感动了胡适。此外，老罗斯福虽然声音尖细，胡适形容"其声尖锐如女子叫声"，但他是一个演说大家。在胡适转而崇拜威尔逊、鄙夷老罗斯福以后，他仍然称赞老罗斯福在演说方面的才华："然思力明爽，恳切动人。又能庄能谐，能令人喜，能令人怒也。"② 老罗斯福发表政见演说的时候，其煽动的能力就像是一个宣道师。就像他那狮子吼："我们就站在世界末日、那善与恶的对决场上（Armageddon）。我们是为上帝而战。"胡适在留美的初期几乎受洗，后来在相当长的一段时间里参加查经班，还曾有过被宗教震撼的经历。有关这点，请看第七章。老罗斯福演说有宗教式的感染力，可能也是吸引胡适的一个地方。

胡适说老罗斯福"急进"，这是必须放在美国当时特定的政治脉络之下来看待的。他的"激进"，完全是相对于塔伏特以及共和党的大老而言的。

① 以下有关老罗斯福与威尔逊，以及他们的政见的分析，是根据 John Cooper, *The Warrior and the Priest: Woodrow Wilson and Theodore Roosevelt* (Cambridge, Mass.: The Belknap Press of Harvard University Press, 1983), pp. 69-88, 206-221; John Cooper, *Woodrow Wilson: A Biography*, pp. 15-181.
② 《胡适日记全集》，1:518。

老罗斯福有一句名言："我是一个急进派（radical）。我最热切希望看见的，是由保守派出面执行急进派的政纲。"这句话说明了一切。老罗斯福在他的政纲里说他要照顾小老百姓，支持工人的权益，禁止童工，要立法实行累进税率以及征遗产税。但他又要照顾大老板的权益。所以他说："我们可不能损害有钱人或公司的总裁……如果我们为了提升小老百姓的权益却损害了别人，那就是我们的不幸。"老罗斯福说他要对付托拉斯大公司集团。但他又说我们不能一味地想打托拉斯，结果把大公司的竞争力给削弱了。所以，最好的方法是用政府的力量去管制它们。老罗斯福的政纲当然有他吸引人的地方。他除了以捍卫小老百姓的权益作为竞选的口号，他的"进步党"还是当时唯一一个主张给予妇女参政权的政党。也正因为如此，老罗斯福在1912年大选的时候，吸引了许多进步分子的选票。

相对于老罗斯福的"新民族主义"，威尔逊的"新民主"其实在社会政策方面非常类似老罗斯福的"进步党"。当时的民主党是亲农民甚过于劳工。但是威尔逊明白地宣示，劳工权益的保障是与全民的福祉息息相关的。事实上，除了妇女参政权以外，威尔逊的社会政策跟老罗斯福是非常接近的。但在政府的角色以及政府跟企业的关系上，他们的观点有明显的不同。相对于老罗斯福所主张的强有力的政府，威尔逊的回答是："在民主国家里，要人民站到一边去，把政府交给专家去管理是一个不可思议的想法。如果我们不懂得如何参政，我们就不配作为自由的人民。"有关托拉斯，威尔逊说他并不反对大企业，他反对的是垄断。大企业的成功，并不表示它的竞争力大，而只不过是它的垄断杜绝了竞争。至于老罗斯福所主张的由政府来管制托拉斯的做法。威尔逊反诘说："一旦政府开始管制托拉斯，托拉斯会想出办法倒过来管制政府。"等胡适后来把他敬仰的对象从老罗斯福转到威尔逊身上以后，他在《留学日记》有两则他们两个人所说的话，就是最好的写照。老罗斯福说："我们必须去监督、指导公众事务。"威尔逊说："我们必须把大环境作好，以便人民能自由地管理其事务。"胡适在日记里下评断说："寥寥二言，实今日言自由政治者之大枢纽，不可不察……二者之中，吾从威氏。"[1]

---

① 《胡适日记全集》，1:404.

老罗斯福跟威尔逊的外交政策也不相同。老罗斯福主张备战。在他担任总统期间，美国的海军扩充了两倍。他认为文明国家有肩负起国际警察的责任。他在国会所报告的国情咨文里就说："干预野蛮或半开化的国家，是国际警察为了人类的福祉所必须扮演的角色。"在老罗斯福的心目中，中国就是一个野蛮或不文明的国家。老罗斯福在外交政策上有一句名言："假以辞色，巨棍伺候"（Speak softly and carry a big stick）。威尔逊的外交政策是大家比较熟悉的。我们只需援引胡适变成一个威尔逊服膺者（Wilsonian）以后的一则日记就可以了。1914年7月4日，威尔逊在费城演说，胡适形容该演说：

> 其言句句精警，语语肝胆照人，其论外交一段，尤痛快明爽。其得力所在，全在一"恕"字。在于"己所不欲勿施于人"八字。其言曰："独立者，非为吾人私囊中物也，将以与天下共之。"又曰："若吾人以国中所不敢行之事施诸他国，则吾亦不屑对吾美之国旗矣。"［比较达意的翻译是：如果我们以这面国旗为名，在国外作出了我们在国内不以为然的举动，我是会以其为耻的。]（此与吾前寄此间报馆论"My country, right or wrong"［不管对错，总是我的国家]之说同意，参看卷四第一五则）又曰："天下之国，有宁吃亏而不欲失信者，乃天下最可尊崇之国也。"……①

从胡适思想成长的轨迹来看，他在1912年美国的总统大选会支持老罗斯福似乎是一个脱轨的异象。然而，把它放在他思想成长的轨迹来看，我们才可以了解那不是一个脱轨的异象，而其实是一个自然而适切的选择。除了老罗斯福的知名度，除了老罗斯福"能令人喜，能令人怒"的演说长才以外，最根本的原因，就是老罗斯福的"新民族主义"跟胡适从中国所带来的民族主义、国家至上的观点是若合符节的。等胡适变成了一个绝对的不抵抗主义者以后，老罗斯福的观点对他而言，不但味如嚼腊，而简直就要让他反胃了。比如，他在1915年7月1日追记下节将会分析的"国际关系讨论会"的经过的日记结尾说："［老]罗斯福曰：'今之谈和平者，皆"unlovely persons"

---

① 《胡适日记全集》，1:404-405.

［惹人厌者］，"the most undesirable citizens"［最令人憎恶的公民］也。'嗟夫！罗斯福毫矣，休矣。"① 等到 1917 年胡适的思想再度转变以后，他对老罗斯福更无法忍受。所以，他在该年 1 月下旬的日记里居然直指其为小人、疯狗："罗斯福，小人也；其人可以处得志而不能处失志；失志则如疯狗不择人而噬矣。"②

绝对的不抵抗主义

第一次世界大战对胡适的冲击不是立即的。大战是在 1914 年 7 月底爆发的。胡适在 7 月 24 日的日记似乎是视世界为一家了。他在当天的日记里引了十八世纪英国巴特勒主教（Bishop Joseph Butler）对"吾邻"所下的定义："就是我们所看得见、知晓、能去影响、必须与之交会的那个部分的宇宙、人类与国家。"胡适说今天的世界还有什么地方不在"吾人直接视听之下乎？一弹轰于奥之一城，全世界皆闻之。一言发于英之议会，全世界亦皆闻之"。所以，他的结论是如果我们把巴特勒主教"吾邻"的定义"施诸今日，则全世界皆吾邻耳，世界大同之日不远矣"。③ 但是，两个星期后，他似乎又倒退了几步。8 月 9 日，胡适在日记里说他读到卡莱尔（Thomas Carlyle）的"爱国说，乃与吾平日所持相契合，录之"：

> 我们希望有一种爱国心是建立在比偏见更好的基础上；爱国又不须妥协自己的哲学；我们可以在喜爱、尊重其他国家的同时，更爱自己的祖国，更爱我们的国魂（Mind）所为我们缔造出来的悠久的社会与道德架构。④

换句话说，一直到这个时候为止，胡适所秉持的信念仍然是爱国与世界

---

① 《胡适日记全集》，2:144.
② 《胡适日记全集》，2:465.
③ 《胡适日记全集》，1:415-416.
④ 《胡适日记全集》，1:438.

主义不是矛盾的，是可以并行不悖的。然而，剧情急转直下。第一次世界大战爆发的时候正是暑假期间。当时，他已经上完了哲学研究所第一年的课。那年暑假，胡适第一次没有选暑期班的课。因此，他得以全神贯注地注意战事的发展。在《留学日记》里，他详尽地分析了大战的来龙去脉，甚至写下他对战后世界局势的预测。8月23日，《纽约时报》刊出了英国外交部关于欧战来往函电一百五十九件，胡适"读之，一字不肯放过。其兴味之浓，远胜市上新小说也"。[①]

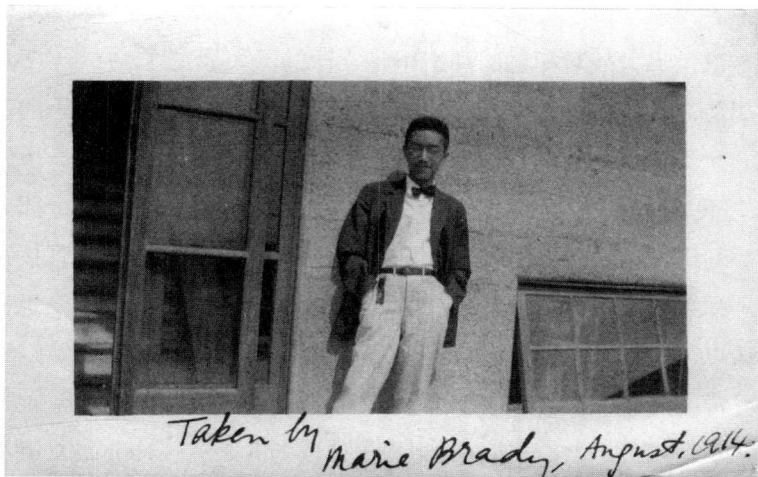

图 11　1914 年 8 月的照片。"Taken by Marie Brady, August, 1914."
（胡适纪念馆授权使用）

　　如果胡适在 8 月初读到卡莱尔"爱国说"的时候，还会说它与"吾平日所持相契合"，到了 10 月底，他的看法丕变。他开始认为战争的祸首不须外求，就是国家，就是那狭义的民族主义。10 月底，美国"世界学生联合会"的会长讷司密斯回旖色佳看望父亲的病。讷司密斯是康乃尔大学 1906 级的毕业生。26 日下午，他到"世界学生会"的寝室去看胡适。我们在上节提到的胡适的"一致之义大矣哉"的论点，就是他们当天谈话的一部分。胡适在当天的日记里，分了两则来记载。"一致论"是写在后一则。前一则是记

---

① 《胡适日记全集》，1:461.

录他转持不抵抗主义的第一篇重要的文献。任何读者想要了解胡适不抵抗主义的发轫，都必须仔细地研读这则日记。他在 10 月 26 日的第一则日记里，说讷司密斯到他的寝室，他们

> 谈国家主义及世界主义之沿革甚久。讷氏素推崇英人安吉尔（Norman Angell）。安氏之书《大幻觉》（*The Great Illusion*），以为列强之侵略政策毫无实在利益，但有损害耳。不惟损人，实乃损己。盖今日之世界为航路电线所联络，譬之血脉，一管破而全身皆受其影响。英即败德，不能无损其本国财政也。德之败英法亦然。能知斯义，自无战祸矣。其书颇风行一世，谓之安吉尔主义（Angellism）。余以为一面之辞耳。公等徒见其金钱生计之一方面，而不知此乃末事，而非根本之计也。今之英人、法人、德人岂为金钱而战耶？为"国家"而战耳。惟其为国家而战也，故男输生命，妇女输金钱奁饰以供军需。生命尚非所恤，何况金钱？故欲以生计之说弭兵者，愚也。[1]

胡适说安吉尔"愚"，其实只是凸显了他自己当时的天真、稚嫩与无知。安吉尔说战争是一种浪费，没有一个国家可以得利；英国即使打败了德国，对自己的财政也是不利，其结果是两败俱伤。胡适说安吉尔的这个说法是本末倒置。对当时的他来说，欧战的根源是大家的狭隘的民族主义在作祟。他说，当欧洲的人民为了狭隘的爱国心，视生命和金钱如草芥，两者皆可抛的时候，谁还会在乎经济？因此，胡适认为安吉尔所谓经济因素，等于是能明察秋毫，却不能见舆薪。其实，这个时候胡适自己还没读过安吉尔的《大幻觉》。他所犯的错误就是他所常批评的"以耳代目"的毛病。当时还在康乃尔唯心论大本营念哲学的他，一听说安吉尔是用经济的因素来宣扬弭兵论，就把他打入社会主义、物质主义者的阵营，所以嗤之以"愚"。一年后，胡适认识了安吉尔，读了《大幻觉》，他便收回了前言。比如，他在 1915 年 7 月 1 日追记的日记里说：

---

[1] 《胡适日记全集》，1:520-521.

吾初以安吉尔为一种唯物的理想家,今始知其不然。此君具大知识,读书甚富,经验极深。能思想,每遇人质问,随口应之,条例井然。其所主张,虽着意于经济一方面,然其所主以为思想乃制度之母,其根本主张与社会党大异。安吉尔志在改良今世关于国际伦理之种种谬说,其人盖今日第一流人物之一人。[1]

然而,这是胡适变成不抵抗主义者以后所说的话。1914 年 10 月,他自以为找到了欧战的根本起因。所以他在对安吉尔嗤之以"愚"以后,接着说:

　　今之大患,在于一种狭义的国家主义,以为我之国须凌驾他人之国;我之种须凌驾他人之种(德意志国歌有曰:"德意志,德意志,临御万方(über alles)",凡可以达此自私自利之目的者,虽灭人之国,歼人之种,非所恤也。凡国中人与人之间之所谓道德、法律、公理、是非、慈爱、和平者,至国与国交际,则一律置之脑后,以为国与国之间强权即公理耳,所谓"国际大法"四字,即弱肉强食是也……此真今日之大患。

胡适的治本之法,是"世界的国家主义"。六个月前,他还抨击希腊罗马的哲学家,说他们只知有世界,而不知有国家。他当时的想法还是以爱国为基础的世界主义,或者用他自己的话来说,是"世界主义者,爱国主义而柔之以人道主义者也"。现在,他把这个国家、世界的顺位刚好倒了过来,把国家放在世界的脉络之下:

　　吾辈醉心大同主义者,不可不自根本着手。根本者何?一种世界的国家主义是也。爱国是大好事,惟当知国家之上更有一大目的在,更有一更大之团体在,葛得宏·斯密斯(Goldwin Smith)所谓"万国之上,犹有人类在"(Above all Nations is Humanity)是也。[2]

---

① 《胡适日记全集》,2:138.
② 《胡适日记全集》,1:521.

1914 年 10 月 26 日的这则日记之所以重要，之所以能作为记录胡适政治思想发展轨迹的一篇重要文献，就是因为它记录了胡适不抵抗主义的发轫。这不抵抗主义跟胡适新揭橥的"世界的国家主义"是相辅相成的。在断定了狭义的民族主义是战争的祸根，在提出了"世界的国家主义"作为正本清源之法以后，他又发现了不抵抗主义的福音。原来，欧战初起之际，讷司密斯正在英国。比利时被德国攻下以后，讷司密斯冒险到欧洲去访察战情。他告诉胡适不抵抗主义在欧洲战场上成功实践的一个实例：

> 吾此次在大陆所见，令我益叹武力之无用。吾向不信托尔斯泰及耶稣教匮克派（Quakers）所持不抵抗主义（Nonresistance）（即老氏所谓"不争"是也），今始稍信其说之过人也。不观乎卢森堡以不抵抗而全，比利时以抵抗而残破乎？比利时之破也，鲁问（Louvain）［今译：鲁汶］之城以抗拒受屠，而卜路塞尔（Brussels）［今译：布鲁塞尔］之城独全。卜城之美国公使属匮克派，力劝卜城市长马克斯（M. Max）勿抗德师。市长从之，与德师约法而后降。今比之名城独卜鲁塞尔肖然独存耳。不争不抗之惠盖如此！博士之言如此。老子闻之，必曰是也。耶稣、释迦闻之，亦必曰是也。①

鲁汶因抗拒而受屠，布鲁塞尔因求降而独存。对胡适来说，这直如醍醐灌顶。他简直不能相信老子、耶稣那看似不切实际的教诲，居然可以在弱肉强食的国际关系里实践。胡适在留美以前就喜欢老子"柔弱胜刚强"的哲理。他留美的第一年几乎受洗成了基督徒，后来还参加读经班，着实地研读基督《圣经》。他非常佩服耶稣"人批其右颊，再以左颊就之"的道理。但这是第七章的主旨。无论如何，鲁汶和布鲁塞尔的故事，让胡适醍醐灌顶之余，突然好像一下子失去了进退的依据。他在引了老子"柔弱胜刚强"、耶稣"以左颊就之"的教诲以后，说："此二圣之言也。今之人则不然。其言曰：弱肉强食；曰：强权即公理；曰：竞争者，天演之公理也；曰：世界者，强有力者

---

① 《胡适日记全集》，1:523.

之世界也。此亦一是非也，彼亦一是非也。古今人之间，果孰是而孰非耶？"①

讷司密斯是目击者，而且言之凿凿。然而，布鲁塞尔居然可以在强权之下而得以瓦全的故事，胡适怎么想，都觉得像是天方夜谭，不可思议。他必须找到其它的目击者，他须要求证。11 月 13 日他终于如愿以偿：

> 今夜遇［康乃尔大学］休曼校长之子 Jacob G. Schurman, Jr.。其人当比利时被侵时适在布鲁塞尔，亲见鲁汶之残破及布鲁塞尔之获全。因询以讷博士告我之言是否确实。休曼君言布城之获全，实出美公使 Brand Whitlock［威洛克］之力。其时市长 M. Max［马克斯］有本市民兵二万，枪二万支，已决以兵力拒数倍之德师。赖美使力劝以抗拒之无益，乃降。余询以美使是否属匮克派［Quaker，不抵抗主义者］，休曼君答云："此则非所知也。"②

讷司密斯的故事既经证实，布鲁塞尔的故事说明了在强敌压境之下，不以卵击石的智慧。胡适觉得豁然开悟，他的不抵抗主义于焉肇始。11 月 17 日的日记，他记了他跟旖色佳监理会牧师的谈话。胡适说："今日世界物质上已成一家，航路、电线、铁道、无线电、海底电，皆团结全世界之利器也。而终不能致'大同'之治者，徒以精神上未能统一耳，徒以狭义之国家主义及种族成见之畛畦耳。"③ 11 月 25 日，胡适在日记里记下了几则"大同主义之先哲名言"：

> 亚里斯梯帕司（Aristippus）［公元前约 435-356，苏格拉底的学生］说："智者的国家就是世界"；
>
> 戴欧吉尼斯（Diogenes）［公元前约 404-323，犬儒派哲学家］："人问他是哪国人，他回答说：'我是世界公民'"；
>
> "苏格拉底说他不是雅典人，也不是希腊人，而是世界公民"；

---

① 《胡适日记全集》，1:524.
② 《胡适日记全集》，1:524-525.
③ 《胡适日记全集》，1:551.

培恩（Thomas Paine）[1737-1809，《人权》（Rights of Man）作者]
说："我的国家是世界，我的宗教是行善。"

葛里森（William Lloyd Garrison）说："世界是我的国家，人类是我的同胞。"①

值得注意的是，在胡适所引的这些格言里，国家都不再是一个认同因素；所有这些格言都超越了国家，都是仰天长啸的世界颂。

国家既然在世界大同主义者的认同里退位到次于世界、次于人类，则当国家的行为与全世界、全人类的福祉相抵触的时候，世界大同主义者所该效忠的就不是国家，而是世界。这包括不为不义之国执干戈的权利。胡适在"世界学生会"的朋友，德国人墨茨（John Mez），就是一个典型的例子。1913年"国际学生联合会"（Fédération Internationale des Étudiants, F.I.d.E.）在旖色佳开会，全美"世界学生会"议决加入"国际学生联合会"。当年"国际学生联合会"选出来的会长就是墨茨。胡适在1914年12月6日的日记里，描写墨茨凛然从德国遁入荷兰转道赴美拒绝从军的义举：

> 欧洲战事之起，博士在比利时，不欲牺牲其主义而从军。遂间关走荷兰，由荷至美。今自纽约来游，相见甚欢。博士乃理想家（idealist），能执其所谓"是"者，不为流俗所移。今天下大患，在于理想家之寥寥。今见博士，如闻凤鸣，如闻空谷之足音，喜何可言！博士之不从军，非不爱国也。其爱国之心，不如其爱主义之心之切也；其爱德国也，不如其爱人道之笃也。此其所以为理想家欤？②

到了1916年7月14日，胡适放弃不抵抗主义，而转向仲裁主义了。当天，他听说英国的哲学家罗素因鼓吹人民有权反战而拒服兵役，而被剑桥大学革职。他在《留学日记》里说：

---

① 《胡适日记全集》，1:553.
② 《胡适日记全集》，1:555-556.

英国哲学家罗素（Bertrand Russell）参加"反对强迫兵役会"（No-Conscription Fellowship），作文演说，鼓吹良心上的自由。法庭判他有违反"祖国防卫法"之罪，罚金。康桥大学［剑桥大学］前日革去他的名字及数学原理教职。"呜呼！爱国，天下几许罪恶假汝之名以行！"［赵］元任来书［注：是英文信］论此事，云："有什么蠢事是战争不能造成的！我们必须夙夜匪懈，否则布鲁诺（Bruno）［注：Giordano Bruno，1548-1600；意大利哲学家，反对太阳绕地球说，被绑在火刑柱上火刑］的年代会阴魂不散的。才把旧的给拱走了，它又会化身而回。"①

无论如何，从以上的分析，我们可以看出胡适的不抵抗主义发轫于1914 年 10、11 月之间。11 月的时候，韦莲司刚好回旖色佳探望父母。有一天，胡适和她在街头散步，话题谈到了第一次世界大战。韦莲司说："日本之犯中国之中立也，中国政府不之抗拒。自外人观之，似失国体。然果令中国政府以兵力拒之，如比利时所为，其得失损益虽不可逆料，然较之不抗拒之所损失，当更大千百倍，则可断言也。"② 胡适则以讷司密斯的故事相告，并援引他 1908 年在上海时写的一首七律《秋柳》："已见萧飕万木摧，尚余垂柳拂人来。凭君漫说柔条弱，也向西风舞一回。"③ 然而，即使在这个时候，他的不抵抗主义还只是一个雏形。我所以会这样说，是因为他还没有放弃中国应该具有能赖以自保的国防力量的想法。他在 8 月 5 日那则分析欧洲战祸的日记的结论里说："此役或竟波及亚洲，当其冲者，波斯与吾中国耳。吾国即宣告中立，而无兵力，何足以守之！不观乎比国乎？"④ 布鲁塞尔因为投降而得以瓦全的故事，表面上看来，似乎让他觉得作为弱国的中国也可以像柳条一样，在"萧飕万木摧"的情况下，"尚余垂柳拂人来"。

然而，事实证明胡适不抵抗主义的路才走了一半。他虽然重复着讷司密斯的故事，又把《秋柳》一诗的哲理添将进去，然而，我们与其说他想说服

---

① 《胡适日记全集》，2:366.
② 《胡适日记全集》，1:547.
③ 《胡适日记全集》，1:547. 这首诗后来收入胡适的诗集时，更改了几字，此处，根据他的《留学日记》。
④ 《胡适日记全集》，1:437.

韦莲司，不如说他想说服自己。不抵抗主义，他的嘴巴接受了，但他的心还在抗拒着。韦莲司在感恩节之前就回纽约去了。胡适在韦莲司父母家过了感恩节以后，在那个星期六，11 月 28 日，他由朋友开车到纽约州的西腊寇思（Syracuse）。当晚，他对西腊寇思的"国民兵"（National Guard）军官演讲，[1] 题目是："一个东方人对大战有感"（What An Oriental Sees in the Great War）。他说，作为一个中国人，他从欧战所得的教训有两个。一个是针对中国。他说日本对德宣战以后，占领了德国在山东的胶州租借地，以及租借地范围之外的胶济铁路。条约既已变成废纸，中国必须作最坏的打算。"未来会如何，只有上帝才知道！然而，不管结局如何，这一点可以确定：中国必须武装起来，不是为了侵略，而是为了维护她自己的生存和权利。"但是，这只是一个治标的办法。欧战的发生，显示了人类的文明出了问题。这是因为丛林的法则（law of the jungle）、强权就是公理这种哲学主宰了国际关系。欧战的第二个教训就是人类必须去求治本之道。人类的文明如果要有前途，就必须推翻丛林法则、强权就是公理的说法。"把我们的文明建立在人人都能享公道、正义与爱的基础上。这就是我所说的人道法则（law of Humanity）。"胡适说这不是什么新的道理，西方的耶稣，中国的墨子都早已说过。其原则就是毋用双重标准。正义、公道只有一个标准；事物无论大小、人无分国籍，对待之法必须一致。[2]

胡适这篇演讲，在在证明了他还是一个半吊子的不抵抗主义者。胡适后来也承认，自己在这篇演讲里"犹持两端"、"犹以为国防为不可缓"。[3] 然而，聪明、博览群书、领悟力强的胡适，很快就领悟到自己的不一致。而那终于让他茅塞顿开的，他 12 月 12 日在《公众》（The Public）周刊上读到的署名 S. D. 的作者写的一篇文章：《充足的国防》（Adequate Defense）。S. D. 是《公众》主编丹吉格（Samuel Danziger）的名字的缩写。这是他为《公众》周刊写的一篇社论。[4] 他批评某压力团体要在美国国会提出动议调查美国军备状况。

① Hu Shih to Clifford Williams, December 3, 1914,《胡适全集》40:14.

② 胡适，"What An Oriental Sees in the Great War,"《胡适全集》35:135-143.

③ 《胡适日记全集》，2:18.

④ "Editorial: Adequate Defense," *The Public*, XVII.871 (December 11, 1914), p. 1177. 在此特别向我任教的德堡大学图书馆的同事 Kathryn Millis 致谢，帮我找到这个周刊和这篇社论。

他说这其实就是要营造危机感，其目的在影响国会，以便增加美国的国防预算。S. D. 说，他们强调不是要扩充军备，而只是要有"充足的国防"。他反驳说战争如果发生，没有任何国防是充足的，除非它比敌人的强；而不充足的国防，有等于没有。问题是恶性循环：

> 要有"充足的国防"，我们的军备就必须比任何可能集结起来攻打我们的敌国都要强。那还只是一个开始而已。因为我们的假想敌可能会怀疑我们准备要打他们，就好像我们怀疑他们准备要打我们一样。他们一定会想在军备上超过我们。我们国家那些语不惊人死不休的主战派一定会抓住这点不放，于是激起疑惧之心，鼓吹增加预算。这种竞赛是毁灭性的。要终止这个竞赛，不是一方自愿退出，表白其和平的意向；就是一方乘最可能致胜的时机打败对方。欧洲的经验说明，后者是最可能的选择。备战只会导致战争。唯一可能充足的国防不在于军备，而在于公道地对待所有国家的人民。①

S. D. 这篇文章没指名的团体，就是该年 12 月 1 日在纽约成立的"国家安全联盟"(The National Security League)。② 该联盟获得《纽约时报》的支持，其目的在鼓吹备战，以免一旦战争发生，美国可能会措手不及。胡适读了这篇文章以后，茅塞顿开，他说："其言深可玩味。"接着，他作了详尽的演申。因此，1914 年 12 月 12 日这则日记，就成为记录胡适留美阶段政治思想发展轨迹的第二篇重要的文献，因为它记录了他不抵抗主义的底定。他先用 S. D. 军备竞赛恶性循环的论点，来说明所谓充足的国防对中国是缓不济急的：

> 即以吾国言之，今人皆知国防之不可缓。然何谓国防乎？海陆军与日本并驾，可以谓之国防乎？未可也。以日乃英之同盟国也。海陆军与日英合力之海陆军相等，足矣乎？未也。以日英又法俄之与国也。故今日而言国防，真非易事。惟浅人无识之徒始昌言增军备之为今日惟一

---

①　以下有关"充足的国防"的讨论，是根据《胡适日记全集》，1:565-568.

②　"Noted Men Demand We Arm for War," *The New York Times*, December 2, 1914, p. 1.

之急务耳。

胡适又说：

> 今之欲以增兵备救中国之亡者，其心未尝不可嘉也，独其愚不可
> 及也。试问二十年内，中国能有足以敌日俄英法之海陆军否？必不能也。
> 即令能矣，而日俄英法之必继长增高，无有已时。则吾国之步趋其后亦
> 无有已时，而战祸终不可免也，世界之和平终不可比也。

胡适的结论是："增军备，非根本之计也；根本之计，在于增进世界各国
之人道主义。"那么，中国的前途何在呢？胡适说：

> 根本之计奈何？兴吾教育、开吾地藏、进吾文明、治吾内政。此
> 对内之道也。对外则力持人道主义，以个人名义兼以国家名义，力斥西
> 方强权主义之非人道、非耶教之道；一面极力提出和平之说，与美国合
> 力鼓吹国际道德。国际道德进化，则世界始可谓真进化，而吾国始真能
> 享和平之福耳。
>
> 难者曰："此迂远之谈，不切实用也。"则将应之曰："此七年之病，
> 求三年之艾也。若以三年之期为迂远，则惟有坐视其死耳。吾诚以三年
> 之艾为独一无二之起死圣药也。"
>
> 此吾所以提倡大同主义也，此吾所以自附于此邦之"和平派"也，
> 此吾所以不惮烦而日夕为人道主义之研究也。吾岂好为迂远之谈哉？吾
> 不得已也。

这是胡适绝对的不抵抗主义时期的立场。这个绝对的不抵抗主义，用胡
适在《口述自传》里的话来说，是"激进的不抵抗主义"或者"极端的和平
主义"。[①] 从 S. D. 那篇文章，胡适领悟到即使对国力、生产力那么强大的美

---

① Hu Shih, "The Reminiscences of Dr. Hu Shih," pp. 61, 76.

国而言，真正万夫莫敌的"充足的国防"都是一个幻想，更遑论当时没有海军，陆军训练、装备两相落后的中国了！11月底在西腊寇思对"国民兵"军官作演讲的时候，他还有治标、治本的双重主张。现在，他连治标之道都扬弃了。这是因为从他现在所服膺的绝对的不抵抗主义的角度来看，他原来认为是对症下药的治标之道——自卫用的国防——本身也是毒药："今世界之大患为何？曰：非人道主义是已，强权主义是已。弱肉强食，禽兽之道，非人道也。以禽兽之道为人道，故成今日之世界。'武装和平'者，所谓'以暴制暴'之法也。以火治火，火乃益燃；以暴制暴，暴何能已？救世之道无他，以人道易兽道而已矣，以公理易强权而已矣。"

这段话里的关键词是："武装和平"和"以暴制暴"。"武装和平"这个词，显然是翻译他的校友大卫·乔丹（David Starr Jordan）在《纽约时报》上所用的"Armed Peace"，意思就是用军备来维持和平。大卫·乔丹是康乃尔大学1872级的毕业生，当过史丹福、印第安纳大学的校长，是一个反战的和平主义者。乔丹谴责用军备来维持和平的论调，他说那是遁词。他说第一次世界大战证明了："用枪、用军舰、用耀武扬威的方式来取得的武装和平，终于走到它注定的后果。武器就是用来打战用的。"[1] 胡适现在体认到"武装和平"的做法就是"以暴制暴"。其结果就是他所说的："以火治火，火乃益燃。"在接下来的一年当中，由于胡适服膺绝对的不抵抗主义，他完全不能接受任何"以暴制暴"的和平主张。这包括《独立》（*The Independent*）周刊的主编侯尔特（Hamilton Holt）所活跃于其中的"强制维持和平联盟"（The League to Enforce Peace）。

胡适在《口述自传》里谈到了这个1915年6月在费城成立的"强制维持和平联盟"。这又是胡适晚年改写历史的一个例子。胡适在回忆了安吉尔和杜威对他的影响以后，接着就谈"强制维持和平联盟"。第一次世界大战期间美国的和平运动真是众声喧哗、急流迭起、跌宕冲击，参与者退出、转变立场的所在多有。不了解其间复杂万象的人，很容易被胡适的回忆误导，误把"强制维持和平联盟"和安吉尔、杜威、胡适混同在一起。

---

[1] "The Meaning of the War," *The New York Times*, September 23, 1914, p. 8.

比如说，邵建就误把"强制维持和平联盟"视为和安吉尔、杜威"思想同步"的组织。[1] 我们先说胡适的回忆。他在说完安吉尔和杜威对他的影响以后，说：

> 就在安吉尔和杜威的这些思想影响我的时候，也正是一个新的具有建设性的世界主义运动产生的时刻。这个运动的发端是"强制维持和平联盟"，是我的老朋友，《独立》周刊的主编侯尔特先生所倡导组织的……1915 年 6 月，美国的一些公众领袖在费城独立厅召开了"强制维持和平联盟"的成立大会。我们必须谨记"强制维持和平联盟"，可以说在思想上孕育了未来的"国际联盟"。侯尔特影响了美国前总统塔伏特，他于是答应出任该联盟的主席。经由侯尔特和塔伏特的努力，威尔逊总统逐渐接受这个新的观念，而成为"国际联盟"的强力支持者。

胡适接着引了"强制维持和平联盟"的三个主张。其中，第三个主张是后来扬弃了绝对的不抵抗主义的胡适所服膺的：

> 第三（这是最重要的一条），条约签署国将集体采用经济与军事的力量，来制裁任何不把争端付诸仲裁，而迳自采取军事行动或任何敌对行为的签署国。[2]

胡适在《口述自传》里的这段回忆与他自己的心路历程不符。"强制维持和平联盟"的第三个主张，胡适在回忆的时候，还特别强调说是最重要的一条，即，用经济、军事的力量制裁侵略者。这是在当时持绝对的不抵抗主义的胡适所不能接受的"以暴制暴"的方法。我们记得在上述胡适演申的引文里，他强调他的根本之计："对外则力持人道主义……一面极力提出和平之说，与美国合力鼓吹国际道德。"有趣的是，等胡适在 1916 年蜕变成为一个国际仲裁主义者的时候，他却又跟"强制维持和平联盟"英雄所见略同了。

---

[1] 邵建，《瞧，这人——日记、书信、年谱中的胡适》，页 122。
[2] Hu Shih, "The Reminiscences of Dr. Hu Shih," pp. 75-76.

更有趣的是，等胡适终其一生秉持国际仲裁主义，作为他这个理论灵感来源的杜威，却早在第一次世界大战以后就把它束之高阁了。但这是后话。

总之，S. D. 在《公众》上的《充足的国防》那篇文章使胡适顿悟，幡然一改他到那时为止仍然心持两端的立场：既要和平、又要有自卫的武力的矛盾；用胡适当时最喜欢说的话来说，就是不一致。S. D. 的那篇文章，胡适是 12 月 12 日读到的。两个礼拜以后，他就有机会演练他这个用"必也一致乎"所推演出来的不抵抗主义。12 月底，他代表康乃尔大学的"世界学生会"，到俄亥俄州的哥伦布城去开"世界学生联合会"的年会。26 日举行欢迎晚会。当晚在大会上致辞的有五位，其中一位是伊利诺大学的俄利物（T. E. Oliver）教授，另一位就是胡适。①

胡适演讲的题目是《我们站在分岔口上》（At the Parting of the Way）。他在《留学日记》里说他那篇讲词，其实是在向俄利物教授提出挑战，是对他所下的一份"哀的米敦书"，即最后通牒。原因是这样的，"世界学生联合会"的总会有两派在角逐着。一派胡适称之为前进派，康乃尔的"世界学生会"属之，主张所有的和平团体，包括主张和平的学生团体，都属于"国际学生联合会"的份子，"世界学生联合会"应该与所有主张世界和平的团体合作。另一派，以伊利诺大学的"世界学生会"为代表，是保守派，认为世界和平属于政治问题，而学生不应该干预政治。他们认为讷司密斯、洛克纳这些主张和平的人都是被那些和平团体所利用了。胡适在日记里记下了他演说的大旨：

> 今日世界文明之基础所以不坚牢者，以其础石非人道也，乃兽道也。今日世界如道行之人至歧路之口，不知向左向右，而又不能不抉择：将循旧径而行兽道乎？抑将改途易辙而行人道也？世界如此，吾辈之世界会亦复如是，吾辈将前进耶？抑退缩耶？

胡适在日记里说，俄亥俄州大学校长汤生（William Thompson）是地主，当晚也致了欢迎词。在欢迎会的次日，校长夫人告诉胡适："昨夜君演说后，

---

① 以下有关"世界学生联合会"年会的叙述，是根据《胡适日记全集》，2:7-9.

本校法律院长内特先生谓余曰：'我完全没有对妳先生不敬的意思，但今晚的演说，胡适先生的最好。'［原句是英文］"① 胡适除了在欢迎会致辞的时候，向反对支持和平运动的保守派宣战以外，同时也在大会的决议案上力战保守派：

> 年会议事会始于廿八日，终于廿九日，二日而已。余为议案股（Committee on Resolutions）员长［主席］，为最重要之股员。廿八夜手写议案至三时始就寝，七时即起，睡三小时余耳。明日召本股股员会集，余竭力将所有议案一一通过。十时许议事会开会，余为第一人报告，所有议案二十条，除三、四条致谢议案外，皆总会中年来最重要问题之久悬不决者也。余报告自十时许至下午五时半始毕，盖除食时外凡六小时。每提一案，反对派辄起驳击。幸进行［进步］派居大多数，余所提议案皆一一通过。八年悬案，一朝豁然，俾全会知总会多数意向所在，不致为一二少数反对党所把持，此本届年会之大捷也。

胡适刚从俄亥俄州开的"世界学生联合会"年会"大捷"而归，1915年1月中，他又有东岸之游。这次，他是到波士顿去，为"布朗宁知音会"演讲《儒家与布朗宁》。演讲过后，他去了纽约。23日，他在纽约跟韦莲司见面，当面向韦莲司表示自己已经彻底大悟，"决心投身世界和平诸团体，作求三年之艾之计"，从此奉行不抵抗主义。我们记得这是他读了 S. D. 那篇文章以后的事。胡适过后在日记上说，韦莲司听了非常高兴，认为这是胡适"晚近第一大捷"，希望他能"力持此志勿懈"。②

胡适与韦莲司告别后，从纽约搭火车回绮色佳。在车上，他读了该期的《新共和》（*New Republic*）周刊，发现其中有一篇哥伦比亚大学学生的投书。这篇投书的名称是《不抵抗的道德》（Ethics of Non-Resistance），作者叫普耳（Frederick Pohl）。胡适读了觉得深获其心，立刻设法找到普耳的地址，写信给他。他对普耳说：

---

① 《胡适全集》里的日记的英文部分，凡编者所附中译都须慎用，因为错误累累。
② 《胡适日记全集》，2:18.

当今的世界所须要的，是把那过度强调自我至上的观念彻底地推翻。当代的道德太自我中心了。自保的观念几乎从来就没有被挑战过。因为如此，许多权宜之策、许多罪恶，都假自保之名而得以行之！为了要矫正这个积重难返的恶习，我们必须把现有的自我的观念推展至其极限。我们必须推翻那认为自保是我们最高的责任的迷信。我们采取不抵抗的态度，必须因为那是**正确的**，而只不是权宜之计；必须是出于自己的意志，而不是因为那是必要的。

普耳回信说他不相信不抵抗主义，因为它听起来太软弱无力了。他说他宁愿称之为"有效的抵抗"（effective resistance）。他说武力的抵抗是最没有效率的抵抗方式。人们总误以为只要不用武力，就是不抵抗；世人一想到抵抗，就只能想到物质、武力层面的抵抗。他说，事实上，精神上的抵抗，也就是说，宽恕敌人、"左脸被打，再赔上右脸"等等，才是最正面、最有效的抵抗。[①]

胡适才回到绮色佳，却又有了再游纽约的机会。这是因为"美国限制军备联盟"（American League to Limit Armaments），邀请美国东岸的一些大学，派代表到纽约开会，希望能在大学里组织限制军备的团体。胡适是康乃尔大学的代表，所以他在2月13日早上，又坐火车到了纽约。参加这个会议的代表在当晚议决成立一个组织，名为"废除军国主义大学联盟"（Collegiate League to Abolish Militarism）。胡适说这个名字是他取的。就在这第二次的纽约之行，胡适跟普耳见了面。两人相谈甚欢。只是，普耳不喜欢用"不抵抗主义"，而胡适不喜欢普耳用的"有效的抵抗"。胡适想到他康乃尔闪族语言系须密（N. Schmidt）教授所用的"消极的抵抗"（passive resistance），但还是觉得不理想。最后他建议用"道义的抵抗"（ethical resistance）这个字眼。普耳同意胡适的说法。跟普耳见了面以后，胡适接着见到了韦莲司，谈起他对普耳说的话，连韦莲司也觉得胡适说得很有道理。[②]

---

① 《胡适日记全集》，2:35-38.
② 《胡适日记全集》，2:44.

所谓"道义的抵抗"，其实就是绝对的不抵抗，因为那是"左脸被打，再赔上右脸"那种宽恕敌人的抵抗主义。其立论的基础是：这种"左脸被打，再赔上右脸"的抵抗方式，终于会让敌人羞惭、痛悔，然后幡然改悟，所以才会称之为"道义的抵抗"，因为那是用"道义"来作"不抵抗"的抵抗 。胡适既然已经成为一个绝对的不抵抗主义者，中国有没有国防，对他来说根本就只是末节。没有国立大学，没有文化机构，才真正是耻辱。他在 1915 年 2 月 20 日跟英语系的教授亚丹（J. Q. Adams）谈到大学："先生问：'中国有大学乎？'余无以对也。又问：'京师大学何如？'余以所闻对。先生曰：'如中国欲保固有之文明而创造新文明，非有国家的大学不可。一国之大学，乃一国文学思想之中心，无之则所谓新文学新知识皆无所附丽。国之先务，莫大于是。'"胡适在次日的日记里，更进一步地发挥："国无海军，不足耻也；国无陆军，不足耻也！国无大学，无公共藏书楼，无博物院，无美术馆，乃可耻耳。我国人其洗此耻哉！"[①]

　　胡适的不抵抗主义，很快就受到了现实的考验。1915 年 1 月，日本对中国提出了"二十一条"的要求。消息传到美国，引起留美学界大哗。各地同学会纷纷召开紧急会议，大家慷慨陈词。比较激烈的，还号召大家集体回国，投笔从戎。胡适写信给韦莲司，说大家都在讥笑他的不抵抗主义，讽刺他是亲日主义者，他说韦莲司一定可以想象他的心情。他引韦莲司在她前一封信里所说的一句话："我们真要竭尽所能，全力以赴。"他对韦莲司说，这是真知灼见。韦莲司的这句话，使他想起幼年时候看宗族里作祭祀，赞礼者会唱"执事者各司其事"。他感叹道，这七个字，用他当时给另一友人信里的话来说，是"救国金丹也"。[②] 韦莲司收到此信，很担心胡适的心情，立刻写了一封长信，用快递寄给胡适。她说她很能够想象在国难当头之际，要坚持那一定会被误解的理想，是一件多么困难的事情。她真希望中日两国，能派出高瞻远瞩的外交家来解决这个危机。她担心的是，中国政府可能已经被激昂的民气逼到墙角，而无余地先用外交方式来解决，然后再卧薪尝胆，用教

---

① 《胡适日记全集》，2:50-51.

② Hu to Williams, February 25, 1915;《胡适日记全集》，2:52；以下有关胡适因"二十一条"与中国留学生的辩论，请参阅拙作《星星・月亮・太阳》，页 49-53.

育与睿智，来避免历史的重演。① 胡适回信告诉韦莲司，说他能体会留学生的心情。但是他批评他们平时不作研究，事情发生后，才手足无措。② 胡适遭到留美学生围剿的处境并没有好转。2 月 25 日，在康乃尔大学中国同学会所开的特别会上，他虽然因事不克出席，还是发表了书面的意见，要大家镇静下来，以作长远的谋虑。会长代念他的意见时，全场一片嘘声。连他的好友任鸿隽，都私下摇头，说："胡适之的不争主义又来了！"③

CORNELL CLUB

First Row—C. Y. Leung, M. T. Hou, N. Shen, T. Wang, Y. T. Chen, C. Ping, Y. R. Chao.
Second Row—Y. C. Loh, D. Y. Key, H. C. Zen, C. F. Hou, B. H. Chin, W. Y. Chin, T. S. Kuo, C. K. Cheung.
Third Row—S. Z. Yang, K. C. Tsen, D. K. Wei, K. Z. Lin, K. S. Lee.
Fourth Row—C. S. Chen, W. W. Lau, J. Chow, I. T. Wang, T. T. Wang, W. S. Tong.
Fifth Row—M. K. Tsen, P. C. King, F. S. Chun, T. M. Yu, Y. C. Lo, K. L. Yen.
Sixth Row—C. Yang, P. W. Tsou, S. Hu.

图 12　1913 年春康乃尔大学中国同学会合照。以最后一排为第一排：

第一排：C. Y. Leung, M. T. Hou, N. Shen, T. Wang, Y. T. Chen, 秉志、赵元任

第二排：Y. C. Loh, D. Y. Key, 任鸿隽，C. F. Hou, B. H. Chin, W. Y. Chin, T. S. Kuo, C. K. Cheung

第三排：S. Z. Yang, K. C. Tsen, 韦颂冠，K. Z. Lin, 李观森

第四排：C. S. Chen, W. W. Lau, 周仁，I. T. Wang, T. T. Wang, W. S. Tong

第五排：陈茂康，金邦正，F. S. Chun, T. M. Yu, Y. C. Lo, K. L. Yen

第六排：杨铨，P. W. Tsou, 胡适

此照片亦刊登于：*The Chinese Students' Monthly*, VIII.8 (June 10, 1913), p. 549.

（胡适纪念馆授权使用）

---

① Williams to Hu, February 26, 1915.

② Hu to Williams, February 28, 1915.

③ 《胡适日记全集》，2:56.

3 月 19 日晚上，胡适看了三月份的《中国留美学生月报》里面一些慷慨激昂的言论以后，上床歇息，然而却辗转未能成眠。于是又起床，一气呵成写了一篇《莫让爱国冲昏头：告留美同学书》（A Plea for Patriotic Sanity: An Open Letter to All Chinese Students）。胡适在这篇投给《中国留美学生月报》的公开信里指责留学生已经失去了理智。例如，哥伦比亚大学的中国同学会致电袁世凯，要求他誓死抵抗。[①] 不但留学生如此，甚至连年长稳健的钟荣光，即"二次革命"以后流亡纽约的广东前教育厅长，也在他的文章里，呼吁中国要以比利时抵抗德国为榜样，宁可国破家亡，也不要像朝鲜一样亡于日本。[②] 胡适反问留学生：如果我们除了毁灭以外，没有任何一得，则所有拼命一夺的说法，都只是莽夫言勇！

胡适反问其他中国留学生：我们要用什么去跟日本打？他说："我以至诚和至爱中国之心告诉大家：说要打，但打的结果除了毁灭、毁灭，还是毁灭以外，什么都得不到的话，那就是纯然的瞎说和愚蠢。"既然留学生都爱以比利时为榜样，胡适就老实不客气地以比利时作为负面的教材回敬大家：

> 大家都在说比利时——喔，那勇敢的比利时！亲爱的弟兄们，我要披肝沥胆地向大家说：只手挽狂澜，算不得勇敢；以卵击石，也不算英雄。而且，比利时完全没想到他们会被彻底击败。大家只要读了比利时的查理・沙罗利（Charles Sarolea）博士所著的《比利时如何救了欧洲》（How Belgium Saved Europe），就可以知道比利时以为会得到英国和法国的援助与支持。同时，他们对号称是世界上最坚固的堡垒的列日（Liege）和安特卫普（Antwerp）充满了自信。所以，比利时用整个国家的命运，去换那英勇国家的"荣耀"！那算是真正的勇气吗？那算是真正的英雄气概吗？弟兄们，且看比利时，且看今天的比利时！为这种英勇的"荣耀"而牺牲，值得吗？我并不是在责难比利时人。我只是要

---

① "Japanese Demands Arouse Indignation," *The Chinese Students' Monthly*, X.6 (March, 1915), p. 400.

② W. K. Chung, "Korea or Belgium," *The Chinese Students' Monthly*, X.6 (March, 1915), p. 334.

指出比利时不值得我们仿效。任何要中国去蹈比利时覆辙的人，都是中华民族的罪人。

他对留学生的忠告很简单，那就是：大家应该力求镇静。用他自己的话来说："让我们先克尽己责，那就是求学。我们不要被新闻报道的鼎鼎沸沸冲昏了头，而忘却了我们严肃的使命。我们必须要严肃、心如止水、坚定不移地求学。我们必须要卧薪尝胆，以求振兴祖国——如果它能安然渡过这个危机的话。当然，我深信它一定能够；而即令祖国这次不幸而覆亡，我们也要让它从死里复活！"①

留美学生对胡适这封《告留美同学书》的激烈反应，是不言而喻的。根据他在日记里所作的综述，《中国留美学生月报》的总编辑邝煦坤，批评胡适"木石心肠，不爱国"。《战报》的主笔谌立则讥讽胡适在日本东亚大帝国成立后，可以等着封侯。还有一封托任鸿隽转交的信，由于文字说得太不堪，还被任鸿隽给撕了。② 胡适把他的《告留美同学书》寄给韦莲司，请她批评。韦莲司在回信里，说她觉得那封信确实是该写的，特别是有关学生的责任那一段话，确实说得鞭辟入里。但是，她也认为纵然一般留学生的态度不够明智，其所反映的却是股很宝贵的动力，因为它展现出来的是元气、生命力以及团结的倾向，这些征兆都很让人感到振奋。她建议胡适应该因势利导去引领这股动力，而不是去浇它的冷水。不要只是告诉留学生要冷静；她说，当那澎湃之气被激起的时候，我们只有透过行动——高标的的行动——才可能健全地进入冷静的境界；在还没有达到这个境界之前，一般人是听不进冷静这句话的。她觉得胡适提倡"恪尽己责"是一个积极的方案，但应该发挥得更透彻，才可以把它用来引导留学生心中被激起的能量。③

胡适回信谢谢韦莲司，说她的信字字珠玑。冷静确实是只有透过行动才能进入的境界；他回想起来，连他自己在写那封公开信的时候，都不够冷

---

① Suh Hu, "A Plea for Patriotic Sanity: An Open Letter to All Chinese Students," *The Chinese Students' Monthly*, X.7 (April, 1915), pp. 425-426;《胡适日记全集》，2:73-76.
② 《胡适日记全集》，2:89-90.
③ Williams to Hu, March 25, 1915.

静呢！胡适承认他只顾要求大家冷静，却完全没有去表扬这种群情愤慨所反映出来的正面精神。他说他会按照韦莲司的建议，去写第二封公开信。①根据胡适的说法，《中国留美学生月报》会在 5 月号发表他的第二封公开信。但不知道什么原因，这封信并没有被刊出。我们根据他寄给韦莲司的副本，可以清楚地看出他把韦莲司的建议都写进去了。这第二封没有被发表的公开信标题为：《何谓爱国理性？——再致留美同学》（What Is Patriotic Sanity?: Second Open Letter to All Chinese Students）。胡适开宗明义，强调批评他的人完全误解了他的立场，那就是：恪尽己责，以振兴邦国，即使我们必须让它从死里复生。他解释自己跟大家的目的是一致的，只是方法不同而已。日本的"二十一条"要求所激起的民气，是坦荡（noble）、健康的，但必须运用智慧，把这股民气导向有用、具有建设性的方向。总而言之，胡适呼吁大家不要徒然涕泗横流，而应该化悲愤为力量，个个期许做为中国的费希特（Fichte）、马志尼（Mazzini）、加富尔（Cavour）、格拉司东（Gladstone）、珍·亚当丝（Jane Addams）、布克·华盛顿（Booker T. Washington）或爱迪生（Thomas Edison）。②

胡适抱持绝对的不抵抗主义的巅峰是在 1915 年的夏天，也就是他转学到哥伦比亚大学之前的暑假。讽刺的是，他绝对的不抵抗主义的巅峰，也正是他再次转向的开始。这一切，都发生在该年 6 月在旖色佳召开的第一届"国际关系讨论会"（Conference on International Relations）。胡适在《留学日记》里作了很详尽的记录。这个会议是由"卡内基基金会"（Carnegie Endowment for International Peace）和"世界和平基金会"（World Peace Foundation）共同召开的。会期从 6 月 15 日到 30 日。我们很幸运地，除了胡适在《留学日记》里的记载以外，还有"世界和平基金会"出版的会议记录：《国际关系讨论会记录》（*Proceedings of the Conference on International Relations*）。③ 两相比较，就凸显出胡适之所重与所轻。对我们所要作的分析而言，最重要的不

---

① Hu to Williams, March 28, 1915.

② Hu to Williams, April 26, 1915, Enclosure.

③ World Peace Foundation, *Proceedings of the Conference on International Relations* (Boston: World Peace Foundation, 1916).

图 13　1915 年摄于绮色佳。照片背面有胡适题记："Suh Hu at Ithaca 1915."
（胡适纪念馆授权使用）

是胡适所着重的，而是他略过不提的。

　　胡适在日记里说，这个会议所集结的是各大学"国际关系讨论会"（International Polity Club）的成员，同时也是用来训练这些未来的世界和平运动的领袖。他列出了会中一些著名的和平运动的领袖：如安吉尔、讷司密斯、墨茨、洛克纳、麦克东纳（James McDonald）。他形容这些人："皆今日此邦和平主义之巨子也。"胡适此处的"此邦"之说是概而言之，他当然知道安吉尔是英国人。这个会议固然如胡适所说，是由和平主义者主办的，目的也是训练未来的和平运动的领袖。[1] 但是，胡适这则日记可能误导读者的，是他漏掉了大会特意邀请来的非和平主义者，目的在激荡与会学生的脑力，

————————

[1]　以下有关胡适对"国际关系讨论会"的记载，请参阅《胡适日记全集》，2:134-144.

以便训练他们成为未来的和平运动的领袖。讷司密斯在为《国际关系讨论会纪录》写的《前言》里说：

> 这个会议的中心思想是：要解决战争的问题，最急需的是要有一个开通的（enlightened）舆论；而未来舆论的主导者，必须在大学生里去找。秉持着这个目标，本会议的规划是约集来自二十所大学的代表，在专家的领导下，就最重要的国际关系原则从事密集的训练。在会议期间，我们坚守最自由的讨论。某些议题，比如说有关军备，我们特意请来了力主急剧增强军备的极端的强硬派，目的在给予与会代表机会去面对最严峻的思想修行（discipline）。①

胡适在日记里描述了与会的学生代表。他说：

> 赴讨论会之会员，皆自此邦各大学之"国际政策研究会"选送而来，其人皆英年，留意时事。吾每谓此邦学子不晓事，其所经意，独竞球之胜负，运动会之输赢而已耳；此次赴会诸人，皆足代表各校之第一流学子，他日政治界之领袖也。此次会员七十人，其中为 Φ B K ［Phi Beta Kappa，"费·倍塔·卡帕荣誉学生会"，胡适也是会员］会员者乃居半数，即此一端，可见其人皆经一番淘汰选择而来者也……会员中乃有持"不争主义"者二十余人……

会议在 6 月 15 日晚开欢迎会。胡适致欢迎词，安吉尔作主题演讲。16 日开始会议的议程。胡适在日记里记下了大会的议题：

> 国际法大纲（子题有四：国际法之成效、国际法之执行、海上战时公法、国际法院）；心理与战争；黄祸之真否；强权之哲学；海牙平和会；民权与兵祸；美国国防；耶稣教旨能否实行于国际政策；维持和平协会；

---

① George Nasmyth, "Preface," *Proceedings of the Conference on International Relations*, v.

战争与商务；门罗主义；兵力与万国公法；国际绝交与万国公法；殖民政策；国际债负；海之中立；美国国防；赔款。

胡适在这一长列的议题里所漏列的，最明显的有两项。第一项是社会主义的观点。发表社会主义观点的是倭令（William Walling）。倭令说，从马克思主义的角度来看，金融已经国际化了，特别是英国与法国。他说欧战的结果虽然还不明朗，但德国如果战败，其原因是德国的金融在国家的控制之下不够国际化。由于英法金融国际化的程度超过德国，它们有能力在向美国买军火的时候，比德国出更好的价码。德国如果战败，就是败在军火的不济。倭令说现代战争是军火的战争，换句话说，就是技术的战争。这个技术的战争的背后就是金融。因此，所有从政治的角度着眼的和平主义都注定会失败。这是因为他们只看到表面，而看不见背后的经济力量。所有和平主义的努力都注定会失败，如果它不了解政治和平之道，就像经济一样，必须先走上国际化的道路。他说："不国际化的民主，就不是真正的民主。任何一个把本国的需求放在别的国家之上的，都不配称自己为一个民主国家。"①

胡适在留美时期就不喜欢社会主义。我在上文引了一段胡适对安吉尔的描述。他起初以为安吉尔是一个唯物论者。一直到1915年6月开这个"国际关系讨论会"才发现他虽然着眼于经济的因素，但他的根本主张跟社会主义大相径庭。有趣的是，倭令在他的演说里，说虽然安吉尔对战争所作的经济分析跟社会主义者的分析有不谋而合的地方，但安吉尔是"布尔乔亚的和平主义者"。

如果胡适在日记里漏列了倭令，是因为他对社会主义完全没有兴趣，甚至可以说是敌视；那是意识形态作祟。他在"民权与兵祸"这个议题下只列了康乃尔政治学教授山姆·奥兹（Samuel Orth）。他不但略掉了倭令，也略掉了安吉尔反驳说欧战是资本家的阴谋的演说，还略掉了海斯（Alfred Hayes）教授关于欧战与社会问题的演说。

胡适在《留学日记》里所漏列的第二项，不是议题，而是一个与会演讲

① William Walling, "The Socialist Interpretation of the War," *Proceedings of the Conference on International Relations*, pp. 209-233，此处的引句在第 216 页。

来宾。漏列的原因跟意识形态没有关系，而可能是下意识地，想把他个人盛气所得的报应，从记忆里剪除。这个盛气跟他的脾气中有人所不知的"冲"的成份多少有点关系，但主要还是跟他当时所服膺的绝对不抵抗主义有关。只是，那绝对不抵抗主义的盛气让他在会场上"逾了矩"。胡适漏列的与会来宾，就是他在会上得罪了的哈德逊·马克辛爵士（Sir Hudson Maxim, 1853-1927）。马克辛是美国人，后来得到英国的爵士头衔。马克辛机关枪是他的哥哥海荣·马克辛（Sir Hiram Maxim, 1840-1916）爵士发明的。哈德逊·马克辛也是一个军火发明家。1912 年，他在一个实验中，因为雷汞爆炸，失去了左手。马克辛在 1915 年出版了一本书：《不设防的美国》（*Defenseless America*）。顾名思义，马克辛的主旨是美国必须增加军备以免为敌所乘。

马克辛在"国际关系讨论会"上的第一个演说的题目就是《不设防的美国》。他一开口就跟和平主义者挑衅。他说他把一万本《不设防的美国》，免费赠送给 1915 年大学应届毕业生，目的无它，就是要激怒和平主义者。他这篇演说，几乎没有任何立论，只是一个又一个故事、笑话或无稽之谈。就举几个例子：

> 我在我的书里说，速射炮是人类史上最救人命（life-saving）的大发明。这句话是真的。随着武器的射程和杀伤力的增加，敌对的双方就把他们军队的对峙点拉得更远、分散得越广、向地下挖战壕。在古代就不一样了。当人们用刀、矛、战斧来对打的时候，他们就像饿狼一样扑向对手。[1]

又：

> 今天在战场上受伤而死的人数要比从前少。这是因为伤兵马上就可以得到现代医学的照料。今天的士兵可以被打得满身是弹痕，却伤得一点都不严重。许多从战壕被送到医院里去的年轻人，得到的是能治百

---

[1] 以下有关马克辛的演说及发问，请参阅 Hudson Maxim, "Defenseless America," *Proceedings of the Conference on International Relations*, pp. 129-146.

病的贴心的照应。等他回到战壕里去的时候，他心里所想的，是照顾他的护士那温婉焦灼的眼神。他如果又需要被送回医院里去的话，其实是不怎么在乎的。

再：

高效炸药的性能太不为人了解了。当一颗炸弹在地上或任何坚固有抗力的物体上爆炸的时候，那白热的瓦斯是以一种倒圆锥形的方式反弹出去的。所以，在水平线上受到的影响并不大［亦即：没有什么杀伤力］。

等马克辛的第一场演讲结束，开始发问的时候，他还是没有立论，还是只有故事、笑话和无稽之谈，甚至用吓唬的伎俩来说明备战的必要。他说：

你们一定听说了［德军］在比利时的暴行。那些将来都会发生在我们身上。在座的一些年轻人，将会有机会因为抗拒外敌欺凌你们的妻子或甜心，而被杀死。我说的是实话。这些事情就会在我们身边发生。我们的家园将会被侵犯，我们的妻女将会在我们的眼前被蹂躏。那是一种更上一层楼的酷刑，敌人会强迫我们再不情愿也得眼睁睁地看着他们的淫行。

当一个与会代表说人类是越来越趋向合作，我们应该避免战争的时候，他反问道："你能不能举一个例子，来告诉我有哪一个战争的结果没有带来好处？"他说欧战不是因为备战而发生的。他说事实刚好相反。在开战以后，德国才发现它低估了三倍其所需的军备；协约国方面则短少了十倍。换句话说，欧战的起因是军备不够。他说如果英国能投下五十亿金元的国防经费，德国胆敢开战吗？安吉尔反诘说，德国就是有四倍大的海军，和平还是无望的。马克辛于是又反诘：

我几分钟前才问你们能不能举出任何一个大战，其结果没有带来

418

好处。我们不能不承认我们的内战打得好，它让黑奴获得自由。北方也许可以用买的，但并没有这样做。独立战争是不是一件好事？其结果当然是好的。回顾历史，你会发现很多战争都带来了好处。我并不是在为战争辩护。战争有两种，一种是好的，另一种是不好的。老战神有双重人格。侵略和掠夺的战争是不好的；反侵略、反掠夺的战争，这也就是说，自卫的战争是好的。

马克辛的嬉皮笑脸显然是故意的。他的目的就是要激怒听众里的和平主义者。讷司密斯虽然说大会特意请来一些极端的强硬派，目的是让学生有机会去面对最严峻的思想修行。但是，说比做容易。可以想见的，听众真的让马克辛给激怒了。连安吉尔都忍不住了，好几次诘问马克辛："你到底支持的是什么？是战争还是和平？"结果，最忍不住冲动的是胡适。他站起来发言：

> 我的印象是：这整个晚上，我们的演讲者在演讲里一个立论也没有。而我是非常认真地在听着。既然演讲者没有任何值得去反驳的论点，既然他保证他明天上午的演讲会给我们一些事实，而不只是笑话和俏皮话，我提议现在就散会。

胡适的动议，得到附议。但表决的结果没有通过。接着，有人提议向马克辛致歉。这个动议得到附议，表决的结果通过。这个在会场上由胡适惹出来的风波，虽然在会场上以致歉的方式平息了，没想到却居然继续延烧到《纽约时报》上。马克辛投书到《纽约时报》，抗议报纸的报道歪曲了他的意思。他说他并没有说战争是好的，而是说战争有好的跟不好的。他接着在这封读者投书里批评大会对他是不怀好意的。他说："大会给了我五十分钟演讲的时间，但却故意安排一个钟头的时间给闹场子的人（hecklers）问问题。他们以为这就可以给我难堪。他们低估了我，因为我一向就喜欢跟找渣子的和平主义者抬杠。"在这封信的尾端，他没指名，但说的就是胡适引起的风波：

> 有一个过激的和平主义的支那人也说了一些鲁莽的话……有理性

的听众于是提议向我道歉。过激的和平主义者试图用提议散会的方式来打断会议。他们输了，因此就投票表决是否要道歉。大约有三分之二的听众起立喝彩表示赞成。过激的和平主义者愤怒地站起来准备离席。然而，因为他们跟那些起立赞成向我道歉的人刚好都是站着，于是向我道歉的动议，就等于得到了听众全体一致的赞成。这以后会议又进行了半个钟头。会后，那个犯了错的支那人过来向我道歉。①

马克辛的读者投书引来了葛内特（Lewis Gannett）的反驳。葛内特就是当晚提议道歉的人。他是胡适的好朋友，也是一个和平主义者，后来是《国家》（The Nation）杂志的记者，北伐时去过中国采访。葛内特的读者投书主要在指出马克辛颠倒黑白。马克辛辩白说他没说过战争都是好的。葛内特说：就话论话，马克辛是没那么说；但是，他是要听众举个例子来证明世界上有不曾带来好处的战争。结果，当听众举出了克里米亚战争、巴尔干战争的时候，他就马上转移了话题。至于马克辛所描述的过激和平主义者行为的问题，葛内特说他根本就把提议散会跟提议道歉的顺序弄颠倒了：

> 马克辛先生说过激的和平主义者试图阻止道歉的动议通过，用提议散会来打断会议。投票赞成散会的是我，但提议道歉的也是我。我了解提这些动议时的气氛如何。道歉的动议是在散会的动议之后，不是在前。我觉得有些年轻人在表达他们真诚的意见——那些意见我完全赞同——的时候，他们对马克辛的银发有点不敬，而马克辛先生当时也激动异常。在那种气氛之下，继续讨论是徒劳无益的。致谦的动议是在那种气氛下提出而且通过的。

> 听众里有三分之二不能苟同马克辛先生的想法，几乎百分之百对演讲者抱有敌意，那是我生平仅见的一次。他演讲后的讨论就是最好的证明。没有一个人支持马克辛先生；但三分之二以上的听众都能一哂马克辛先生的机智、反唇相讥以及他那些引人发噱的牛头不对马嘴的故

---

① "Unbloodthirsty Mr. Maxim," *The New York Times*, July 2, 1915, p. 10.

事。马克辛先生没办法立论，但他知道怎么说故事。众所周知，马克辛先生主张立时大幅度地增加我们的海陆军，来作为一种"和平的保险"。当他歌颂战争到一半，被人打断，问："你到底是赞成和平还是为战争？"马克辛先生的回答是："让我告诉你一只小母鸡的故事。"①

　　这是 1915 年 6 月间的故事。胡适从这次的风波中学到了教训。怪不得他会在 1916 年 4 月，也就是我们在下文会提到的他写给韦莲司的信里说："我也一样觉得，想要把自己的想法强加到别人身上是愚蠢的做法。"然而，即使胡适在这个事件上学到了教训，这跟他在会后对马克辛道歉是两码子事。他的道歉显然只是礼貌上作个样子而已，完全没有实质上的意义。马克辛会后四处在报上投书，包括给绮色佳地方报写了两封，胡适的反应是除了不屑，还是不屑。他把那两封马克辛的信剪下来，附在 1915 年 7 月 15 日写给葛内特的信里。他说："对这种垃圾、鸡毛蒜皮事儿，我是不会再浪费时间和精力的了。"②

　　事实上，这个"国际关系讨论会"是胡适政治思想再一次的转捩点。一直到开这个会议的时候，胡适还是一个绝对的不抵抗主义者。这也是他在马克辛那场演说的发问时段闹出风波的理由。不只如此，胡适在会场上的几次发言以及他后来作的一次演说，都在在说明了他当时还是一个彻头彻尾的绝对不抵抗主义者。比如说，出版家帕特南（George Putnam）代表主张备战的"国家安全联盟"出席该会。他在演说中表示，"国家安全联盟"主张成立一个国际的联盟组织，由一个国际的最高法庭来仲裁国际纠纷。然而，不像当时已成立的海牙国际法院，这个国际的最高法院将有一个国际警卫队——陆海军都有——来作它的后盾。每个会员国都必须根据其人口和财富的多寡，按比例分配派兵参加这个国际警卫队。这个国际仲裁的观念，包括以国际的警卫队作为后盾，都是后来转为国际仲裁主义者的胡适所服膺的。然而，在"国际关系讨论会"期间，胡适还是一个绝对的不抵抗主义者。所以，帕特

---

① Lewis Gannett, "Mr. Maxim's Audience," *The New York Times*, July 4, 1915, p. 10.
② Hu Shih to Lewis Gannett, July 15, 1915, Lewis Gannett Papers, 1681-1966 (inclusive), 1900-1965 (bulk), MS Am 1888 (586), deposited at Houghton Library, Harvard University.

南演说提到国际仲裁这一点，胡适完全听而不见。在发问时段里，胡适出语尖锐，他所着眼的仍然是"以暴制暴，暴何能已"的立论：

> 帕特南少校［帕特南参加过美国内战，大家都叫他少校］一直在回避安吉尔先生所提出的问题：如果美国有一个更强大的海军，就可以保障"露西塔尼亚号"被击沉的事件不会发生。
>
> 什么叫做充足的国防？除了美国以外，每个列强都在觊觎中国；它们都是我们的敌人。我们的国防应如何呢？有一个跟日本一样强的陆军和海军？或者跟德国一样强？或者跟所有的加起来一样强，因为日本是英、法、俄的同盟国？假设中国决定要有充足的国防，要多强大才足以确保公道与正义？[1]

无论是从语言或立论来看，胡适这个发问完全是他 1914 年 12 月 12 日"充足的国防"那则日记所演绎出来的立场的延续。更有意味的是，胡适在晚年的《口述自传》里提到侯尔特所倡导组织的"强制维持和平联盟"。侯尔特后来成为胡适的朋友，然而胡适在记 1915 年 6 月开的"国际关系讨论会"的日记里，完全没提到侯尔特的名字。事实上，"强制维持和平联盟"成立的时间是 6 月 17 日，也就是"国际关系讨论会"召开之际。侯尔特在"国际关系讨论会"上的演说，没有会议记录。"国际关系讨论会"的会议记录出版的时候，用的是侯尔特在另一个会议所作的演说。两者据说内容雷同。胡适在《口述自传》里所列出来的"强制维持和平联盟"的三个主张，特别是第三条：经济和军事的制裁，都印在这篇文章的附注里。由于胡适当时对"强制维持和平联盟"没有兴趣，所以他在日记里只记录了它的成立及其主旨，没有任何评论："此邦名士如前总统塔虎脱［塔伏特］氏等，召一讨论会于费城之独立厅，决议建一维持和平协会，其大旨以列国组织协会以维持世界之和平。悖盟者各国协力惩之。"[2] 我们可以说，从胡适用"充足的国防"

---

① Major G. H. Putnam, "The Question of Increasing the Armaments of the United States," *Proceedings of the Conference on International Relations*, pp. 120, 129.
② 《胡适日记全集》，2:138.

那一则日记的立论来诘问帕特南少校的话来看，他当时还是反对"强制维持和平联盟"用武力、"以暴制暴"来维持和平。

胡适自己在会议最后一晚的演说，是他最后一篇绝对的不抵抗主义的宣言。胡适演说的题目，他在《留学日记》里翻成：《伦理与国际政策之关系》，原文是：《强权就是公理吗？国际关系与伦理》（Does Might Make Right? International Relations and Ethics）。胡适只翻译他演说的副标题是有道理的，因为他在演说里，开宗明义，说他想说的主旨就在副标题。胡适这篇演说的主旨有二：第一，舆论是最好的制裁工具。这是他在"充分的国防"那一则日记的演申："救世之道无他，以人道易兽道而已矣，以公理易强权而已矣"：

> 大家听了几天前麦克东纳教授关于国际法制裁的演说，都会记得他指出了几种制裁的方式：一、用军事力量；二、用经济的压力；三、用舆论。第三种方式是最重要的。我们遵守国家的法律，难道是因为法律的背后有警察吗？当然不是。我们每天遵守法律，完全没想到警察。
>
> 英国的大法官侯定（Lord Haldane）……指出法律最后的制裁力是黑格尔所说的"人伦"（Sittlichkeit）；中国人叫它作"礼"；卢梭称之为"公意"（general will）。由公议（public sentiment）、至上的道德、文学、社会制度等等所构成的"人伦"，是法律背后的力量，没有这个力量，法律就不可能存在。如果法律必须要时时靠警察才能执行，那我们还能和平地生活着吗？国际法最终赖以维持的是舆论，是迪肯森（Lowes Dickinson）称之为"和平的意志"的公议的形成。这种公意、"和平的意志"会让我们下意识地去遵守国家或国际的法律。这是最终、最有效的制裁方法。

这篇演说的第二个主旨，是哲学家或道德哲学家如何善尽他们的角色，来帮忙建立这个"最终、最有效的制裁方法"。胡适说可行之道有二。第一，是用功利主义的方法：

> 法律在以往一直被认为是绝对的。然而在十八、十九世纪的时候，

很多思想家开始怀疑法律哲学的绝对论。他们开始问：法律的目的究竟是什么？英国的边沁与德国的耶令（Jhering）试图去找出法律的"目的"（Zweck）。法律因此失去了其绝对性，而变成了达成目的的方法。这个目的是什么呢？功利主义者说，那就是功利、公益，就是最大多数人的最大幸福。他们试图用它作为衡量任何法律或制度的标准，看它们究竟是促进还是妨碍最大多数人的最大幸福，然后再决定究竟是支持还是反对那个法律或制度。

能适用于国家的，也可以适用于国际。在国际关系上，我们痛切地需要一个理性的标准来衡量政府的政策。就以军备为例，军备是否能促进一个国家最大的幸福呢？如果答案是肯定的，那么就让我们舍弃所有其它建设事业，而把全国的精力和资源都投入军备。如果我们坐下来想一想，过去和现在的国际关系最大的问题，就在于有太多的非理性的因素存在。如果我们能有一个标准来衡量一个国家真正利益的所在，我们就可以把它运用在每一个政策上，并且有理智地去评断它。这是道德哲学家可以做的第一个贡献。

道德哲学家可以做的第二个贡献，是去发展出一个超越国家之上的世界大同主义：

如果人类的历史教了我们什么，那就是人类的"吾邻"的概念一直在扩大中。十八世纪初年英国巴特勒主教有一篇"孰为吾邻"的讲道。他对"吾邻"定义："就是我们所看得见、知晓、能去影响、必须与之交会的那个部分的宇宙、人类与国家。"如果我们把这个定义用在今天，这整个世界就是吾邻。这是历史所告诉我们的趋向。我们这些对人类的进步具有信心的人，不能相信国家是人类最高的理想。道德哲学家的任务，就是要去指出并教导一种新的哲学，让整个世界知道爱国并不是人类最高的理念，人类完全可以奋力地向侯定爵士很适当地称之为"更高的国家"（higher nationality）的理想迈进。道德哲学家的责任，在教导人类不要以牺牲别的国家的权利与土地的方式，来尊崇自己的国

424

家，而毋宁是以这个"更高的国家"的福祉为目的来发展自己的国家。道德哲学家的责任在鼓励人类为那理想的世界国的境界来奋斗。用康德的话来说："每一个国家，即使是最小的国家的安全和权利，不是建立在其国力或自己所认为的权利之上，而是建立在一个国际联盟（foedus amphictionum）之上，建立在一个集合起来的力量之上，建立在一个遵循法律的共同的意志的决定之上。①

胡适的这篇演说有三点值得注意的地方。第一，我们记得开这个"国际关系讨论会"的夏天，就是胡适1936年在《留学日记》的《自序》里说他"发愤尽读杜威先生的著作"的那个暑假。然而，他这篇演说中缺席最明显的就是杜威的实验主义观点。第二，他在哲学观点上糅杂、挪用、调和的倾向在这里已经非常明显了。这时，他还没离开唯心论大本营的康乃尔大学。但是，他的演说里，已经挪用了功利主义跟康德的观点，交叉互补为用。第三，这是胡适绝对的不抵抗主义的最后一篇宣言。他这时还是不相信军事和经济的制裁，所以才会说："如果法律必须要时时靠警察才能执行，那我们还能和平地生活着吗？"无怪乎他相信舆论，相信靠舆论去凝聚起来的"和平的意志"，才是"最终、最有效的制裁方法"。

根据他在《留学日记》所记，讷司密斯在讨论会的最后一夜，"嘱余讲'伦理与国际政策之关系'。余略书所见，约十五分钟而毕。"② 信然！他这篇演说急就章的痕迹斑斑俱在，迥异于他一向行文与论述的洗练与周密。安吉尔对胡适征引功利主义的理论显然不能苟同。胡适演说完了以后，安吉尔作了一点短评。他说他只想点到为止。他说功利主义者的错误，在于假定道德就是自身利益（self-interest）的扩充。他说并不是所有的行为都是出于自身的利益。一个人决定要好好地教育他的孩子，可以完全是因为那攸关着他自身的利益，但也可以只是因为他就是想这样作而已。当然，安吉尔说，这两者并不必然起冲突，道德与自身利益可以并行不悖。只是，什么是自身利

---

① Suh Hu [Hu Shih], "Does Might Make Right? International Relations and Ethics," *Proceedings of the Conference on International Relations*, pp. 347-351.

② 《胡适日记全集》，2:140.

益呢？我们在考虑自身利益的时候，已经把同侪心、伙伴们对我们的好评等等不可捉摸的东西都剔除掉了。但这些都是很真实的人类的利益。如果你把这些也加进去，你会发现利益与道德的调和其实是一码事。但是，即使你证明了那一点，这并不等于你证明了功利主义的观点，亦即，我们行为的动机是自身的利益。安吉尔说："这形上学的话说够久了。"他于是就此打住。①

最耐人寻味的是，胡适是带着绝对的不抵抗主义来参加这个"国际关系讨论会"的。然而，他所敬仰的安吉尔以及他所佩服的讷司密斯，都走向以不同方式来制裁的道路了。欧战的发生，使原来投身于和平运动的讷司密斯彻底泄气。他于是参加了"强制维持和平联盟"，后来还担任该联盟麻省分会的秘书。安吉尔在这个"国际关系讨论会"已经开始主张用国际联盟的方式来维持和平。以往的军事联盟带来的是更多的战争，非军事联盟的组织，像海牙会议，又因为没有制裁力，而等于虚设。他主张成立一个国际组织，所有会员国承诺一致行动。如果有任何一个国家拒绝把争端付诸公决，所有会员国就拒绝与它往来。从前的杯葛、拒绝往来不成功，是因为那不是全面的。只有全球性的、全方位的杯葛、拒绝往来才能奏效。试想，有哪一个现代国家能够自外于全世界的其他国家，而得以生存呢？他认为这种非军事的制裁方式，远比军事的制裁方式要有效多了。②

更更耐人寻味，恐怕当时也让胡适震动莫名的，是大会最后所作的几项决议。那是一组主张国际仲裁的决议：

> 鉴于：最近所发生的事件在在显示了美国就是参战，也不可能确保美国及其它中立国家人民的生命，以及美国与它中立国家在海上行使商业的权利。这是因为交战的双方都在不同程度上曲解、违反了法律，而且它们对法律的诠释所造成的后果是，这些权利在未来无法得到适当的保障。

---

① Norman Angell, "Discussion Following Address by Mr. Hu," *Proceedings of the Conference on International Relations*, pp. 351-352.
② Norman Angell, "Non-Military Sanctions for International Law," *Proceedings of the Conference on International Relations*, pp. 177-194.

我们敬谨地认为，要保护美国的权利，就必须开发并改订现行的国际法，以便：

一、一个制定法律的国际立法机构；

二、一个公正诠释法律的国际法庭；

三、一个能视情况所需，使用最有效的经济或军事力量来执行法庭决定的国际组织。

我们更进一步地谨促美国政府——因为这是立时可行，而且可以作为达成这四［三？］项结果的第一步——邀请其他西半球的民主国家进行咨商，以探询它们是否愿意立约支持在战后的和平会议里，以协同一致的方式，去争取保障中立的权益。

这几项决议将呈递给威尔逊总统、国会议员以及泛美联盟（Pan American Union）的董事会。①

国际仲裁主义

胡适在《口述自传》里说："所以你［注：唐德刚］现在可以了解我是'强制维持和平联盟'一个早期的皈依者。"② 从字面来说，这句话当然不能算错，因为"早期"是一个相对的名词。多早才算是早期呢？"强制维持和平联盟"是在 1915 年 6 月 17 日成立的，而当时的胡适其实还是一个绝对的不抵抗主义者。然而，胡适是不是一个早期的皈依者并不是一个重要的问题。他所作的这个回忆，适足以掩盖另一个更重要的问题，那就是，他原来是反对"强制维持和平联盟"的一个人。

但是，就像我在前一节的分析里所指出的，"国际关系讨论会"是一个转捩点。"国际关系讨论会"所凝固起来的思维，最后是体现在大会结束时所作的决议，那就是国际仲裁的主张。这对胡适而言，一定是震动莫名的。然而，这对胡适来说并不是完全陌生的。毕竟，在他走到绝对不争主义的心

---

① "Resolutions," *Proceedings of the Conference on International Relations*, pp. 384-385.

② Hu Shih, "The Reminiscences of Dr. Hu Shih," p. 79.

路历程中，他的起点是狭隘的爱国主义。在他的思想渐次蜕变的历程中，他从一个狭隘的爱国主义者，先是转变成一个以爱国为基础的世界公民；再一变而成为一个超越国界的世界公民；从世界公民，他再变成一个绝对的不抵抗主义者。现在，是胡适再一次蜕变，成为一个国际仲裁主义者的肇端。这就是胡适仲裁主义思想的形成，是他此后一生所服膺奉行的。

在我们开始追寻胡适转向国际仲裁主义以前，我必须改正三个我自己先前所犯的错误。我在英文版的《男性与自我的扮相：胡适的爱情、躯体与隐私观》一文里说：胡适从一个"狂热的和平主义者"转变成一个国际仲裁主义者，这与其说是一个转变，不如说是他世界主义在逻辑上更进一步发展的自然结果。其次，我在那篇文章里，还认为胡适从绝对的不抵抗主义者转向成为一个国际仲裁主义者，主要的影响只有杜威。第三，我在那篇文章里完全没有提到安吉尔对胡适的影响。[①] 现在，这三点我都需要作修正。按照我在本书的分析，胡适转变成一个国际仲裁主义者，就意味着他扬弃了他之前所服膺的绝对的不抵抗主义。那不是他前一个阶段的立场的逻辑延伸，而是转向。因此，胡适在《口述自传》里说的是正确的；他说他"放弃了不抵抗主义，而开始接受这个比较新的、具有建设性的对力量的看法，这个用法律的条件来更有效、更经济地使用力量的哲学"。[②] 其次，从上节的讨论里，我们也可以看出胡适转向的契机是在他开"国际关系讨论会"的时候。安吉尔提出仲裁的主张很显然对胡适有极大的影响。这发生在他转学到哥伦比亚大学以前。杜威对胡适的影响，主要在于为他提供了分析的观念与语言。

我们在什么意义上可以说"国际关系讨论会"是胡适从绝对的不抵抗主义转向国际仲裁主义的转捩点呢？我们有足够的证据，来说明胡适在会期当中就意识到地层的移动。他在会议期间，6 月 21 日，给韦莲司的信上说："我在与会代表当中找到了几个不抵抗主义的支持者：一个匮克派的女性、一个天主教徒、还有妳离开旖色佳那个晚上所认识的洛克纳先生["世界学生联合会"秘书，始终是不抵抗主义者]、讷司密斯先生［后来变成"强制维持

---

① 请参阅拙著 "Performing Masculinity and the Self: Love, Body, and Privacy in Hu Shi," *The Journal of Asian Studies* (May, 2004), p. 320.

② Hu Shih, "The Reminiscences of Dr. Hu Shih," p. 74.

和平联盟"麻省分会秘书〕，甚至安吉尔（或许有所修正）、以及我自己。"[1]
他7月1日在会后追记的日记里还只用"不争主义者"来称呼自己及其同志：
"会员当中乃有持'不争主义'者二十余人。"但是，他在当天写给韦莲司
的信就把"道义的抵抗"加进去了："另外一个令人欣喜的特色，是有一大
批不抵抗主义或道义的抵抗的支持者。七十多个与会代表里，至少有二十个
是。"[2] 胡适在这封信里附了一些简报，可能也包括了"国际关系讨论会"在
会后所作的几项决议。

　　韦莲司在7月13日的回信，在在地说明了她跟胡适"智者"所见略同：

　　　　这自然让我在脑海里刻画出一个世界舞台的形象。其中，国际法
　　与法庭已经成为事实，反映了国际警卫队是实际的需要的信念。这至少
　　在教育能作得更深、更广以前必须如此。在群众暴动等等危急的情况之
　　下，道义的抵抗，如果没有一个显著的标志来作后盾，是不会有立竿见
　　影的效果的。我想这或许就是"强制维持和平联盟"的态度。我起初很
　　不喜欢那个联盟的名称。你的看法如何呢？[3]

胡适在次日给韦莲司的信，石破天惊，完全一反他绝对的不抵抗主义：

　　　　妳说国际关系在不久的将来（也许甚至在遥远的未来）都必须使
　　用武力，这句话是对的。旖色佳的讨论会有很多支持道义的抵抗的代
　　表。但是，当讨论会作决议的时候，**全体**一致地宣告说他们支持用军
　　事或经济的力量来做国际法的后盾。诺曼・安吉尔主义者（Norman
　　Angellists）〔胡适意指所有与会代表都是安吉尔的主张的支持者〕从来
　　就不主张裁军。[4]

---

①　Hu Shih to Clifford Williams, June 21, 1915，《胡适全集》，40:108.
②　Hu Shih to Clifford Williams, July 1, 1915，《胡适全集》，40:110.
③　Clifford Williams to Hu Shih, July 13, 1915，胡适外文档案，E378.
④　Hu Shih to Clifford Williams, July 14, 1915，《胡适全集》，40:115.

曾几何时，胡适居然从一个反对"以暴制暴"的绝对的不抵抗主义者，变成了一个"从来就不主张裁军"的人？我们记得在五个月前，也就是 2 月中，他还去参加了"美国限制军备联盟"在纽约召开的会议。当时成立的"废除军国主义大学联盟"的名字还是他取的呢！他的"必也一致乎"到哪儿去了？胡适在两个星期以前，也就是 7 月 1 日追记"国际关系讨论会"的日记里，还在歌颂"和平非攻"呢！他当时还说：

> 今之持和平之说者类多少年。一日余与克雷登先生谈，先生感叹世风之日下，以为古谚："老人谋国，少年主战"（Old men for counsel, young men for war），今乃反是。少年人乃争言和平非攻矣。余以为不然。今之少年人之主和平，初非以其框怯畏死也；独其思想进步，知战争之不可恃，而和平之重要，故不屑为守旧派之主战说所指挥耳……孟子言勇至矣："抚剑疾视，曰：'彼恶敢当我哉！'"此匹夫之勇也。孔子困于匡，厄于陈蔡而不拒；耶稣钉死于十字架而不怨；老氏不报怨：此大勇也。其勇在骨，其勇在神。[1]

我们有理由相信这时候的胡适已经乱了方寸。在他所景仰的安吉尔提出制裁的观念，在他的和平运动的同志讷司密斯转向"强制维持和平联盟"，在"国际关系讨论会"立下军事或经济的制裁的决议案以后，他的绝对不抵抗主义顿然进退失据。这是在不久前才成为绝对的不抵抗主义者的他，再一次的转向、蜕变成一个国际仲裁主义者的开始。然而，这个转变并不困难。从某个角度来说，这是倒退五十步的做法。制裁之道，从他之前所服膺的绝对的不抵抗主义的角度来看，是"以暴制暴"，或者说是"以霸道来制暴"。倒退了五十步以后，他大可以把它合理化，说成是"以王道之力来制暴"。当然，即使只是倒退了五十步，其所代表的是从"激进"倒退，在意识形态的光谱上向右移动了一大步。

胡适从绝对不抵抗主义转向国际仲裁主义的思想，不只反映在他给韦莲

---

① 《胡适日记全集》，2:143.

司的信上。我在前一节征引了他在"国际关系讨论会"结束半个月以后，也就是 1915 年 7 月 15 日给葛内特的一封信。那封长达十一页的信，就更具体地宣告了他从绝对不抵抗主义的立场转向，从而服膺"以王道之力来制暴"的理念。我在上节的分析里，提到他在大会期间，曾经尖锐地质问了代表主张备战的"国家安全联盟"的帕特南少校。胡适以中国为例，说："什么叫做充足的国防？除了美国以外，每个列强都觊觎中国；它们都是我们的敌人。我们的国防应如何呢？有一个跟日本一样强的陆军和海军？或者跟德国一样强？或者跟所有的加起来一样强，因为日本是英、法、俄的同盟国？假设中国决定要有充足的国防，要多强大才足以确保公道与正义？"

胡适当时的立论仍然是站在绝对不抵抗主义的伦理基础之上，亦即："以暴制暴，暴何能已？"然而，在"国际关系讨论会"开完以后，胡适转过来批判"以暴制暴，暴何能已"以及他从前所说的"救世之道无他，以人道易兽道而已矣，以公理易强权而已矣"，都只不过是空中楼阁式的世界观而已。他对葛内特说：

> 要希冀中国能有充足的国防来抵御她所有的敌人，就跟希冀这个世界能用更理性、更人道、更文明的方法来处理国际事务和关系是**同样——我们甚至可以说是更——没有指望的**。我也可以说，这两个愿望实现的**希望**和**可能性**，在概率上是一样的渺茫。去为中国的国防而奋斗，或者去为世界的改进而奋斗，可以说是愚昧的，也可以说是睿智的。然而，为后者（世界的改进）而奋斗是正面的、建设性的，而且是正义的，所以我决定投身于和平主义者的阵营。我祈愿和平主义者能够把当前低落的国际道德提升到一个较高的水平。和平主义者的鹄的（cause）如果能够实现，就意味着给予弱小国家一些保障。我在这里所说的"和平主义者的鹄的"，当然不是意指战争的消弭。我所意指的，是用一种比较理想的国际关系体系来取代战争。

换句话说，在开完"国际关系讨论会"以后的胡适，已经不再作孟子式的"以暴制暴，暴何能已"的道义之吼；他对"以人道易兽道"、"以公理易强权",也不再心存幻想。他不再侈言王道。他的新理念是我在前文所称的"王道之力"——当然,"王道"与"力",对绝对不抵抗主义时期的胡适而言是"不一致"、是两相矛盾、水火不容的两个名词和概念。他对葛内特说:

> 我不赞成裁军。如果备战是失之于偏颇,裁军之说也同样是失之于偏颇。这对中国来说,特别是如此。只要这世界上的强国把私利与己得摆在公理正义之上,只要中国所受的冤屈不得矫正,只要我们还没把列强予取予求、强权就是公理的滔天罪证从亚洲的地图上泯除,只要和平主义者没有权利、没有发言权去争取裁军,只要所有这些存在一天,我就绝对不会用我的话和笔去赞助增强军备的拥护者。但是,我也不会去阻止他们。其实,我也没有能力去阻止他们。就像我有一个晚上在会场上所说的,唯一能防止东方的军国主义兴起的方法,是去遏止西方的军国主义。我相信只有把我自己投身于国际组织以及国际正义与和平的旗帜之下,我才能直捣问题的核心。

投身于国际组织、国际正义与和平的旗帜之下,就意味着"力"的使用,只是这是"王道之力",而非暴力:

> 你从我上面的陈述,就可以了解我为什么反对"不抵抗"这个字眼。为什么不要抵抗邪恶?我们岂不是每天都在跟邪恶奋斗着吗?我们是一直在抵抗着,只是我们所用的方法不是暴力。道义的抵抗有两面。在消极的一面,它所教导的是:使用赤裸的力量来反抗是无益的。(这就是安吉尔所说的力与力互相抵消的道理)。在积极的一面,它所意指的是用智慧、预防、劝戒([美国威尔逊总统当政时的国务卿]布莱恩(Bryan)之语)、组织、谦卑(左颊被掴,再奉上右颊)、仁慈,等等方法去抵抗。

然而,胡适所要强调的是,道义的抵抗绝对不是消极被动的,而毋宁是要积极地采取行动。不但要防患未然、未雨绸缪,而且还要力主正义、膺惩罪凶：

> 道义的抵抗，就理论本身来说，并不反对采取仲裁的步骤，如警察、国际警察等等。非武力论，可以是一个二十世纪乌托邦主义者的理想。然而，要达到那个理想，仲裁是必经之道。零犯罪率，以及法庭、监狱与刑罚的废止，这些都可以是我们的理想。然而，我们不能不承认从私刑、血债血还的私了办法进展到法律制度和警力，是人类的一大进步。事实上，那些批判不抵抗主义者赞同使用警力是不一致的人，他们自己其实并不真正相信"必也一致乎"，他们只是好辩（argue for argument's sake）而已。①

胡适在晚年所作的《口述自传》里，形容他在变成一个国际仲裁主义者以前的和平主义或不抵抗主义是"极端"或"激进"型的。这确实是正确的夫子自道。当时的胡适所批判的不只是那些慷慨激昂，侈言宁为玉碎、不为瓦全的中国留学生。他所批判的还包括美国那些风声鹤唳，把欧战的风云说得仿佛就要席卷美国之势的人。美国在欧战之前，就产生了一个未雨绸缪的备战运动（preparedness movement）。欧战爆发以后，在军、政、经、舆论界领袖的鼓噪之下，这个运动倏然勃兴。1915 年 5 月 7 日"露西塔尼亚号"（Lusitania）邮轮在爱尔兰海岸被德国的潜艇击沉，1,198 个乘客死亡，其中有 139 个美国人。美国政府在五、六、七月三度对德国提出了警告。美国的主战派磨刀霍霍。到了秋天，备战运动如火如荼。各种民间的备战团体如雨后春笋一般地出现。已经下台的老罗斯福总统不但自告奋勇，愿意御驾亲征，率一师的自愿军上前线，他还主张全民练兵。已经退休的陆军参谋长伍德（Leonard Wood）将军，更组织了夏令练兵营，专门训练大学生。其中，最有名的是在纽约州北部普烈兹堡（Plattsburg）的夏令营。从 1915 年夏天开始，伍德将军在普烈兹堡的夏令营，顺应企业界的要求，在大学生的营期结

---

① Hu Shih to Lewis Gannett, July 15, 1915, Lewis Gannett Papers, 1681-1966 (inclusive), 1900-1965 (bulk), MS Am 1888 (586), deposited at Houghton Library, Harvard University.

束以后，增加了一期专门训练企业界人士。①

从他先前绝对不抵抗主义的立场来看，胡适对美国这个备战运动应该很不以为然才对。然而，他现在的反应却显得暧昧。他非常注意批判这个运动的文章。他在 1915 年 11 月 7 日给韦莲司的信里，附了一张《纽约时报》的剪报。这张剪报是康乃尔大学康福（W. W. Comfort）教授写给《纽约时报》编者的一封读者投书。康福教授是胡适在康乃尔时候的法文老师，也是他查经班的老师，后来当了费城黑沃佛学院（Haverford College）的校长。那是胡适的次子胡思度念过的学校。康福教授是匮克派的基督徒，黑沃佛学院是匮克派所办的一所大学。康福教授在这封长信里说：

> 基督教所服膺的，是精神的力量优于物质的力量。这不但是一个抽象的真理，也是一个实用的真理，是人类的历史和进步有案可稽的。去违背这个基督教以及我国所代表的原则，非同小可，其前景将是令人不寒而栗……一个武装的国家对外所显示的是一个永不失效的挑战。备战作得越好，和平的机会就越低……国人是否体认到备战的结果就是战争？我们国家面临着一个转捩点，我们就正要卖掉我们与生具有的权利［即和平安康］，去换取备战将会带给我们的混水。太多人想做好事，但是他们所走的路子是错的。我们就要开始长征了，因为那些专家硬是不告诉我们要备战到什么地步才能确保和平。他们不能告诉我们，因为以备战来迎接和平，违背了那万古弥新的律法。②

我们记得胡适是在 1915 年 9 月下旬转学到哥伦比亚大学去的。他读到康福教授这封读者投书，已经是在纽约了。值得注意的是，康福教授的这篇投书，从前的胡适可能会有很多赞成的话可说。然而，他在附寄这张简报的时候，只是不置可否地说："在经历了战争的实际以后，这是康福教授现在

---

① John Finnegan, *Against the Specter of a Dragon* (Westport, Conn.: Greenwood Press, 1974).

② W. W. Comfort, "Results of Preparedness," *The New York Times*, November 7, 1915, p. 20.

的立场。"① 很显然，胡适先前所服膺的绝对不抵抗主义已经开始松动。

美国的备战运动所鼓起的，是反德以及反和平运动的情绪。就像 2003 年的时候，由于法国反对美国侵略伊拉克，美国一些保守的国会议员把"法国炸薯条"（French fries）改名为"自由炸薯条"（Liberty fries）。有异曲同工之妙的是，欧战的时候，美国人把"德国泡菜"（sauerkraut）改名为"自由泡菜"（Liberty cabbage）。这种非理性的情绪也席卷了各大学，包括许多学生和教授。康乃尔大学也不例外。我们在前文提到康乃尔大学 1872 级的大卫·乔丹。因为他反战，后来又同情苏联的革命，康乃尔 1872 级的毕业生印制了一份传单，要求校董注销大卫·乔丹在康乃尔得到的学位。康乃尔的教授也爱国不落学生之后。有一百名教授组成了一连。胡适的史学教授布尔就是其中的一名。康乃尔大学这一教授连，在美国参战以后被编入纽约的民兵团。布尔教授是第四兵团 D 连的下士。布尔教授从 1915 年夏天开始，就去参加伍德将军在普烈兹堡给企业界人士所办的第一期训练夏令营。在康乃尔的校园里，学生还可以看到他裹着绑腿在校园里穿梭。② 1915 年，布尔教授 58 岁。

胡适的绝对不抵抗主义虽然开始松动，但是，人的情绪与理性并不一定是同步的。他冷眼看着那些康乃尔的老师，不齿他们的行径。他写信给大学时低他一班的同学舒母（Paul Schumm）。这位舒母就是胡适在 1916 年 11 月 9 日的日记里所说的："其人沉默好学能文，专治'风景工程'〔景观设计〕（landscape architecture），而以其余力拾取大学中征文悬赏，如诗歌奖金、文学奖金之类，以资助其日用。其人能思想不随人为是非……去年以君之绍介，得见其父母。其父持无政府主义，以蒲鲁东（Proudhon）、斯宾塞（Herbert Spencer）诸人之哲学自娱；而其人忠厚慈祥，望之不知其为持无政府主义者也。"③ 这则日记的最后一句话颇耐人寻味，难不成扬弃了绝对不抵抗主义以后的胡适，居然视无政府主义者为青筋暴露、眼冒金星者乎？

胡适在这封信里，一定是大肆批评了他从前那些在康乃尔大学的老师。

① Hu Shih to Clifford Williams, November 7, 1915，《胡适全集》，40:130.

② Lois Gibbons, ed., *George Lincoln Burr: His Life*, p. 110.

③ 《胡适日记全集》，2:440-441.

舒母在回信里说：

　　你对康乃尔练兵热的感慨，我完全能共鸣。事情发展到这个地步，比你所描述的还要过头。这很不幸，但是事实。"教授军事研究社"（Faculty Society for Military Study）已经成立，设有战略、操练、射击等小组。[英语系的]散蒲生（Sampson）教授是社长。我们这些老成持重、饱学的老师朋友们已经定了制服。我等不及看他们穿起来是什么个样子。那一定会是一个惨不忍睹的洋相；在制服之下，他们作为诚实的个人的个性、价值将会几近不存，而只不过是充为炮灰之用而已。对，布尔也是其中一个。他肩着枪、踢着正步。据说，他不绝如泉的精力，以及他把"史学方法"用在这个最不可思议的实验上所带给他的精准，是所有其它人的榜样……

　　你问我要不要当面质问布尔教授，这我真的是作不下[舒母当时是布尔教授的研究助理]。我相信如果他愿意说，听他的想法一定会是很有意思的，说不定还能有所启发呢。我不相信他会愿意说。而且，我一想到跟他谈话，我的心就往下一沉。每当我的想法和感觉让我激烈地反对大多数人的时候，我就自我与世隔绝，那就仿佛我突然间到了一个陌生之地，我无论说什么，路上来往的行人都听不懂我说的话一样。我一张口，布尔教授就会滔滔不绝地把我压得哑口无言。但是，我知道不管他或者任何其他人说什么，我都不会觉得他们是对的，而我是错的。①

胡适显然也跟韦莲司谈到了布尔。韦莲司在一封信里，详细地告诉胡适布尔教授的想法：

　　布尔教授有一个晚上来我们家，他跟我们谈了很久他对军训的看法。他说他一向就主张瑞士式的[注：全民皆兵的]军训；一向就主张大学生应该接受军训。他最后承认美国被侵略的可能性是微乎其微。然

---

① Paul Schumm to Hu Shih, January 20, 1916, 胡适外文档案，E-337-2.

而，因为他现在单身，而且不再年轻，同时又没有家累。现在既然有这个机会，他希望能在军训方面能对国家作点贡献。他说如果人家对他现在的行为感到讶异，那是因为他们从来就没有想去了解他对这个问题一向的看法。我不认为我所说的话，对他能提供什么新的观点。事实上，或许是因为懒，我越来越觉得我想知道别人在想什么，而不是去为他们提供另一种看法。

他说的一句话倒激起了我的好奇。他说如果德国（大概是用侵略的方式吧！）能拿下纽约，他会感到欣慰的。他认为他们也许可以有所作为，而他一点都不会以为忤。当然，他说整个美国都会揭竿而起，一定会乱成一团。因此，他必须挺身而出，说不定还可以救一些"有家室的年轻人"。至于他的影响力，他说他仍然全心戮力于人类的友爱与理解。他不觉得他现在的所作所为跟那有什么冲突。[1]

胡适在回信里说："我也一样觉得想要把自己的想法强加到别人身上是愚蠢的做法，而且，此后要努力去了解别人的想法。妳跟散蒲生教授谈过了吗？"然而，话锋一转，他又把箭头转向布尔："如果一个人觉得德国拿下纽约来统治，会是一件让他欣慰的事，我认为他就有责任告诉公众为什么他会感到欣慰。当公众了解了为什么以后，他们就不会再饶舌谈什么备战了。如果他觉得公众是难与言也，那就更是他的责任要试着去作。"[2]

事实上，胡适可能错怪了布尔。虽然布尔积极支持备战运动，但是他也坚决反对任何镇压反对意见的举动。在这点上，布尔的言行是一致的；毕竟，他在康乃尔教的一门课是"容忍之历史"。据说，当那位康乃尔大学1872级毕业生联名要注销其学位的大卫·乔丹，起草了一封要求美国出面调停欧战的联名信的时候，布尔找了他的一个学生帮忙找人联名。他在康乃尔大学战时的一个"世界文明讲座系列"里，公开谴责镇压自由言论。他说一个人要求有自由说良心话，不能被视为叛国。他说："当威尔逊总统说这个战争的目的是要使民主得以生存在这个世界上的时候，我认为他所说的不是那些用

---

① Clifford Williams to Hu Shih, April 18, 1916.

② Hu Shih to Clifford Williams, April 20, 1916，《胡适全集》，40:158.

来削弱战时的民主的自由，而是民主赖以生存的自由。如果我对这次战争的意义及其在历史上的地位的了解是正确的，那就是我们的抗议——抗议那种认为国家或一组国家，可以高于人类，可以比一个诚实的人跟自己、跟上帝的关系还要神圣的爱国主义。"①

其实，就在胡适跟舒母和韦莲司谈到布尔及其他康乃尔大学的教授的时候，他自己已经转向了。他不再是一个不抵抗主义者，而是一个国际仲裁主义者了。最具讽刺的是，从他先前服膺的绝对不抵抗主义的角度来看，国际仲裁主义者批判备战主义者，其实是五十步笑百步。胡适给韦莲司的信，也记录了他国际仲裁主义的观点。他在 1916 年 6 月底到俄亥俄州的克里夫兰开第二次的"国际关系讨论会"。这次会议其实是 6 月 21 日开始的。胡适16 日从纽约启程，先去了旖色佳，在韦莲司家住了八天，一直到 25 日才到会场。也许是在旖色佳开的第一次"国际关系讨论会"的教训，胡适告诉韦莲司说："这次，我给自己立了一个规定，那就是不把自己的意见强加到别人身上，连一个都不可以。而只是去观察、研究其它与会代表的意见和态度。"应邀与会来宾的演讲，他说泰半令人失望。最令胡适失望的，是俄亥俄州立大学校长汤生的演说。这位汤生校长就是六个月前跟胡适一起在"国际学生联合会"的欢迎会上演说，他夫人说法律学院院长说校长的演说不及胡适的那位校长。汤生校长是"强制维持和平联盟"俄亥俄州分会的主席。胡适说："他演说了一个钟头。结果，在滔滔雄辩之余，他声明该联盟所有的主张，除了第三项以外，他全都支持。一如妳所知的，第三项是唯一规定条约签署国用经济和军事的力量制裁违法国家的一条。"② 这则日记是胡适在 1916 年6 月扬弃了绝对不抵抗主义，而转向国际仲裁主义的明证。

胡适去旖色佳看韦莲司和她的父母，然后去克里夫兰开"国际关系讨论会"的时候，他又赢得了他在留美期间第二篇征文比赛的头奖。我们记得他第一篇征文得奖，《布朗宁的乐观主义赞》，是在 1914 年。这第二篇征文是在 1916 年 6 月得奖的。这篇论文名为：《国际关系有取代武力之道否？》(Is

① Lois Gibbons, ed., *George Lincoln Burr: His Life*, pp. 110-115.
② Hu Shih to Clifford Williams, June 28, 1916，《胡适全集》，40:160-161.

There a Substitute for Force in International Relations?）① 这是他参加 "美国国际调解会"（American Association for International Conciliation）1916 年征文比赛所写的。这篇文章确切的写作时间，我们并不知道。胡适在《口述自传》里说该年的征文题目是在年初公布的。他说："我着实花了心思去写那篇应征的文章。几个月后，我很喜出望外地得到了一百美元的奖金。"② 胡适在得奖以后，告诉比他低一班的康乃尔同学艾杰顿（William Edgerton）说他花了五个晚上的时间写那篇文章。所以艾杰顿在回信里说："五个晚上的工夫换来一百美元，这个收入可真不赖！"③

胡适得奖以后，也着实花了工夫去润饰这篇文章。韦莲司、艾杰顿等人，都是给他许多意见的好朋友。韦莲司给胡适的帮助主要是在观念上的。胡适在得奖后致信韦莲司，说这篇文章里的许多观点，"是妳我所共同持有的。坦白讲，我根本说不清有多少是因妳而得的。"④ 艾杰顿则在文字的润饰上帮助了胡适。他用胡适的校稿，逐句给了胡适他的意见。⑤

胡适在《口述自传》里说，他写《国际关系有取代武力之道否？》这篇文章受到启发最大的就是安吉尔和杜威。我们记得胡适 1915 年在旖色佳开 "国际关系讨论会" 以后，在他给韦莲司的信里，用诺曼·安吉尔主义者来描述他自己以及与会的其他代表。他在日记里、在给韦莲司的信里，都附了一段安吉尔的话。这段话后来变成了胡适国际仲裁主义的核心观念。安吉尔说：

> 一个人用力量把他的意志强加到别人身上，其结果就是反抗；于是，这两个能量就互相抵消，结果就是无用或浪费。即使其中一方胜利，其所造成的是两个奴隶；败者成为胜者之奴，胜者则成为维持其霸权以及为了防范败者的需要之奴。这种关系在经济上是浪费，在道德上是戕贼。这解释了为什么所有威逼、侵略的政策——不管是在一国之内的特权与

---

① Hu Shih, "The Reminiscences of Dr. Hu Shih's," p. 77.
② Bill [Edgerton] to Hu Shih, July 24, 1916, 胡适外文档案，E-130-2.
③ Hu Shih to Clifford Williams, July 9, 1916,《胡适全集》，40:163.
④ Bill [Edgerton] to Suh Hu, July 30, 1916, 胡适外文档案，E-130-2.
⑤ 《胡适日记全集》，2:138-139.

压迫，或者是国与国之间的征服与竞争——都是失败的。如果双方同意联合起来，为生命、为食物去跟自然界奋斗，双方就都会得到解放，就都会在这种合作的关系里找到最经济的做法。不仅如此，他们在这种关系里还能找到人类社会及其精神希望的真正的基础。人世间如果对约章、对权利没有基本的信心，所有的关系就都不可能存在。真正正确的国家或国际政策，就是大家同意联合起来对付共同的敌人——不管是来自大自然还是来自人类的野心和谬误的敌人。[1]

如果上述安吉尔的话是胡适国际仲裁主义的核心观念，杜威则提供了胡适他在立论上所须要的分析的概念和语言。胡适在《口述自传》里引了杜威在 1916 年发表的两篇文章。一篇是《力量、暴力、与法律》（Force, Violence and Law）；[2] 另一篇是《力量与制裁》（Force and Coercion）。[3] 胡适用了相当长的篇幅来摘述杜威在这两篇文章的大旨。我们可以简约地说，杜威这两篇文章的主旨在说明力量"所意味的，不外乎是让我们达成目的的诸条件的总和。任何政治或法律的理论，如果因为力量是残暴的、不道德的，就拒绝去处理它，就会落入了感情用事、冥想的窠臼"。他说，由于天下没有一件事情可以不用力量来完成，因此，我们没有理由去反对任何在政治、国际、法律、经济上借助力量来达成目的政策或行动。杜威说衡量这些政策或行动的标准，"在于这些工具在达成目的的效率及其所用的力量的多寡"。

换句话说，力量本身是中性的。凡事都须要运用力量，问题在于其运用。用来造桥、筑路、论辩、写书，是能量；用来杀人、破坏，是暴力；介于两者之间，排解仲裁纠纷，是制裁。我们可以看出杜威所用的比喻是来自法律的范畴。杜威说："法律是能量组织状况的表现。能量没有被组织起来，就会互相产生冲突。结果就是暴力，这也就是说，破坏或浪费。"他又说："法律可以被视为是用经济有效、浪费最少的方式来使用力量的方法。"杜威的

---

① John Dewey, "Force, Violence and Law" *The Middle Works, 1899-1924*, 10.211-215.

② John Dewey, "Force and Coercion" *The Middle Works, 1899-1924*, 10.244-251.

③ 以下分析的根据，请参见 Suh Hu, "Is There a Substitute for Force in International Relations?"《胡适全集》，35:189-203。

这种想法，是试图要用法律来订定如何使用力量，以及用制裁的方法来把混乱、浪费之力转化为社会所用。

胡适把他从安吉尔所得来的中心思想，用杜威的分析概念和语言，写出了一篇立论严谨、文字洗练的论文。胡适这篇文章用的是出奇制胜的写作策略。他在《口述自传》里说，他认为出"国际关系有取代武力之道否"这个征文题目的人，一定先假定答案是肯定的。他颇得意地回忆说，自己故意反其道而行，申论杜威"无力不成事"的观点：[1]

> "国际关系有取代武力之道否？"这个问题有非常严重的含混性。如果我们不在一开始就把它厘清，就会大大地阻碍我们了解真正的问题的所在。提出这个问题的人，他所指的一定不是力量本身，而是那习以为常、无限制地使用武力来解决国际争端的作法。然而，这个问题的问法，不但从逻辑的角度来看，已经预设了答案，而且严重地混淆了发问者的真意。这是因为"取代武力之道"，从措辞来看，它所寻求的似乎是与武力——不用任何力量——相反的东西。这种取代之道世间没有。

我们只需要举一个例子，就可以说明杜威对胡适的影响有多大了。如果我们把以上胡适的这段话拿来跟杜威在《力量、暴力与法律》的一段话相对照，就可以发现无论是在字句还是在论述上，胡适所说的都是杜威的。杜威说：

> 除非是我错了，再不然就是那些哓嚷着要"用法律来取代武力"的人把他们的语言弄混淆了。语言混淆很可能造成观念的混淆。人世间唯一能成就任何事物的，就是力量。严格来说，想要用法律来取代武力，其不通之处，就好比是想要用把效率都已经计算好了的数学方程式来运转引擎一样。毫无疑问地，说那句话的人，心地善良。他们是想要用某种方法来规约武力，才不会像目前的做法一样造成浪费。然而，字句上的混淆跟思想上的混淆常是息息相关的。许多人对武力这个字，打从心

---

[1] John Dewey, "Force, Violence and Law" *The Middle Works, 1899-1924*, 10.213.

里就有反感。他们一提到"力的哲学",就是鄙夷跟愤慨。这有点像如果有一个人,他是工程师,却又鄙视能量科学一样的矛盾。①

无论如何,胡适在用杜威的话语以及思考方式来说明人世间无力不成事的道理以后,他就在论文第一节的结论里说:

> 以上所述在于指出下列几点:一、想要找到一个不用武力的国际政策,无异于缘木求鱼;二、即使是所谓的不抵抗主义,其真正谴责的也不是力量本身;三、"取代武力之道"只可能意味着取代那最粗恶、最浪费的使用武力之道。

等胡适把问题从"取代武力之道"转变成"取代最粗恶、最浪费的武力之道"以后,他就进入主题了。他的立论还是基于杜威;他的写作策略,还是出奇制胜,把众口皆曰是的常理着实给颠覆了:

> 国际关系的问题不在于力之泛滥,而在于力之不行。在这次大战里,我们目睹了人类史上最惊天动地的力的展现。然而,这些惊人的武力的展现有什么成果? ……这些国家还没有学到如何用武力在国际关系上有所作为。他们只是用浪费最大、收益最低的方式在挥霍他们的力量。

这种浪费、挥霍的原因何在? 一言以蔽之,就是不懂得统合各国的力量:

> 这是因为力量没有被有效的运用,这是因为力量被浪费掉了。力之所以不行,是因为它是无组织、无纪律、无目标的。在现有的国际关系下,力量是用来抵抗力量的。或者,更确切地说,力量的使用给自己带来的,是一大堆反对的力量。其结果是力量的相互抵消;主动与被动双方都在相互的抵抗与抵消中浪费掉了。

---

① Hu Shih to John Dewey, 1940.03.02 (09620), *The Correspondence of John Dewey, Volume 3: 1940-1953*(光盘版)。

如果在现行的国际关系里，武力的使用所造成的是冲突、是浪费，解决之道何在呢？胡适说：

> 因此，我们的问题不是一味地去谴责武力，也不是去寻找一个不用武力的取代之道，而是去寻找一个方法，让力可以行诸国际关系之上，而避免因为滥用而造成自我的力穷与毁灭。解决之道，在于用最经济、最有效的方法，来把阻力或冲突减到最低。

胡适征引杜威对法律的诠释："法律是能量组织状况的表现，能量没有被组织起来，就会互相产生冲突，结果就是暴力，这也就是说，破坏或浪费。"胡适说杜威提出来的这个观念，人类已经懂得把它用在处理一国的事务上。这同一个理念，胡适说，人类必须懂得也拿来处理国际事务。他说："我们一定要把每个国家目前这种独立、互相冲突的能量，转化成一种有组织的能量，一种订立了相互的责任与权利的国际组织。"这个国际组织必须要有能仲裁国际纷争的机制。这也就是说，所有签署国集体一致用经济与军事的方法去制裁违法的国家。这个制裁的机制，胡适说有三个好处：

> 第一，这防止了不必要的重复与浪费。这是让全世界裁军不可或缺的条件，因为这样就没有一个国家可以有理由说它必须要有比其他国家更强的军备。第二，这会把武力的运用减到最低。当大家都了解使用武力的目的，套用一位作家的话来说：当"一切都和盘托出"的时候［注：这是杜威在《力量、暴力与法律》一文里说的话］，当违法会受到公共制裁的时候，我们就可以建立一个可靠的架构，来确保人类的文明不会再有突发、周期性的崩盘（breakdown）。第三，把全世界国家的武力结合起来以维持公法与和平的做法，或许还会有促进国际团结与亲善的教育功能。至少，这可以使每个国家从目前人为的障碍和偏见之中解放出来。

在这篇论文的篇末，胡适阐述了他的政治哲学。首先，是他的世界主义的哲学：

> 我们也必须在这种国际思考的演进过程中逐渐地修正我们的民族主义，不再接受"不管对错，总是我的国家"的思想。我们必须把国家视为不过是一个人所隶属的诸多团体里的一个。同时，用拉斯基（Harold Laski）教授的话来说，国家必须"像教会、种族或工会一样，必须要努力地争取我们对它的忠诚。而且，当冲突出现的时候，个人的抉择必须是在道德的基础上"。不再是我的国家要"驾驭万邦"的思想，我们必须把国家视为只是促进其所组成的个人的福祉与自由发展的工具而已。如果这个国际组织能增进国家的安全，不受外侮与征服，则它应该得到每一个爱国的公民的爱戴与拥护。

最后，是胡适的"专家政治"哲学的滥觞：

> 传统的政治手腕（statesmanship）——那种应时、循事而随波逐流的政治手腕——从来就没有像今天一样，对这个世界带来那么大的破坏与苦痛。人类可以用智慧与机智来策划、管制国际关系的可能性，也从来就没有像今天一样的大。我们要继续允许政客得过且过（muddle through），让自己被"事态的自然发展"（the march of events）拽着走，然后一边安慰自己，"到了我们的下一代，就会是太平盛世了"吗？［注：这是韦莲司推荐给胡适读的约翰·墨理（John Morley）在《论妥协》（On Compromise）里说的一句话，详见第七章］

胡适的《国际关系有取代武力之道否？》是篇杰作。这篇论文得奖的时候，他才二十四岁半！如果有心人愿意把他这篇论文跟杜威的《力量、暴力与法律》以及《力量与制裁》拿来作细致的比对，他们就可以很清楚地看出胡适是如何技巧地、成功地把杜威的论点用到他自己的文章里的。胡适在 1940 年 3 月 2 日写给杜威的信里，就指出了他那篇文章特别受到杜威影响的地方："您会注意到第三、第四部分几乎完全是根据您在 1916 年所写的两篇文章：《力量、暴力、与法律》以及《力量与制裁》……这两篇文章出版的时候对我的影响极大。我那篇得奖的文章《国际关系有取代武力之道否？》（Is There a Substitute for Force in International Relations? 1916 年 6 月，"国际调解会"特刊），就是试图要进一步发展您的论旨。我随信寄上这篇文章的抽印本，上面印的是我以前用的名字 Suh Hu。我一直不了解您为什么搁置了您在 1916 年写的这两篇文章的论点。您不会反对我现在把它们重新提出来吧？（从我这篇得奖的文章,您可以看出来您这两篇文章是我的旧爱！）"

胡适说杜威那两篇文章是他的"旧爱"。其实，他真正要说的，是他自己得奖的那篇《国际关系有取代武力之道否？》是他的"旧爱"。一直到 1940 年代，胡适还常把他二十四岁时写的这篇杰作送给人看。他在晚年所作的《口述自传》里，还用了很大的篇幅，津津乐道地谈了这一段光荣史。

也正由于《国际关系有取代武力之道否？》是胡适的"旧爱"，这篇文章奠定了胡适一生的政治哲学；它也奠定了胡适一生的国际关系的理念，更是固不待言。从这以后，胡适在国际关系上所秉持的是国际仲裁主义，至死不渝。同样地，杜威对效率、经济、规约、管制、人类的智慧的强调，也促使胡适去强调规划与控制。这也就是胡适"专家政治"哲学的滥觞。当然，这只是滥觞而已。胡适还须要一段酝酿期,才会经由"好人政治"发展出"专家政治"的理论。但这是后话，在此暂表不提。

胡适这篇《国际关系有取代武力之道否？》其实有中文版，那就是他回国以后所作的一篇演讲。1918 年 11 月 16 日，北京大学师生在天安门外举行庆祝第一次世界大战协约国胜利的演讲大会。胡适在会上作了《武力解决与解决武力》的演说。胡适在这篇演讲里说：

> 许多愚人还说这一次欧战的结果，完全是"武力解决"的功效，这是大错的。我说这一次协商国所以能完全大胜，不是"武力解决"的功效，乃是"解决武力"的功效。"武力解决"是说武力强权，可以解决一切争端。德国就是打这个主意的。我们中国也有许多人，是打这个主意的。"解决武力"是说武力是极危险的东西，是一切战争兵祸的根

苗，不可不想出一个怎样对付武力的办法。这一次协商国所以能大胜，全靠美国的帮助。美国所以加入战团，全是因为要寻一个"解决武力"的办法。协商国因为要得美国的助力，故也同心合意的赞成美大总统"解决武力"的政策。要不是这个"解决武力"的主意，美国决不加入。美国若不曾加入，协商国决不能得如此之大胜利。

历史的发展证明，胡适把美国的参战以及协约国的战胜说得太简单了，也太天真了。但在这一点上，胡适并不是特例，当时连他的老师杜威都不免。等他开始真正了解到实验主义的真谛以后，也许等他听到杜威对威尔逊的批评以后（当时杜威在中国访问），他会开始批判威尔逊。比如说，他在《三论问题与主义》里说：

> 威〔尔逊〕总统提出了许多好听的抽象名词——人道、民族自决、永久和平、公道正谊，等等——受了全世界人的崇拜。他的信徒，比释迦、耶稣在日多了无数倍，总算"效力非常之大"了。但是他一到了巴黎，遇着了克里蒙梭、鲁意乔治、牧野、奥兰多等等一班大奸雄，他们袖子里抽出无数现成的具体的方法，贴上"人道"、"民族自决"、"永久和平"的签条——于是威总统大失败了，连口都开不得。这就证明主义绝不可不含具体的主张，没有具体主张的"主义"，必致闹到扰乱失败的地位。[①]

回到《武力解决与解决武力》这篇文章。胡适说从前也有人想过"解决武力"的方法。一个是增加军备的方法；胡适在这篇文章里称为："以毒攻毒的法子。"另一个是不抵抗主义的方法；胡适在这篇文章里名之为："用不回手的法子。"毫无疑问地，胡适还是不赞成"以毒攻毒的法子"。最耐人寻味的是，他现在反对"不回手的法子"的理由：

> 不回手的法子，也是不行的。为什么呢？因为国家对国家，所关

---

① 胡适，《三论问题与主义》，《胡适全集》，1:351.

系的很大。不但关系自己国内几千万人或几万万人的生命财产，还要带累旁的国家。如这一次大战开始时，德国要通过比国去攻法国。比国是极小的国。若是不回手，就让德国通过。那时德国立刻就打到巴黎，英国法国多来不及防备，德国早就完全大胜了。幸而比国抵住一阵子，英法的兵队，方才有预备的工夫。只此一件事就可见不回手的法子，不但自己吃亏，还要连累别人。所以也是不行的。

胡适在这里的立场，正好跟他在 1915 年主张不抵抗主义的时候的立场相反。我们记得他当时认为布鲁塞尔决定不以卵击石，不抵抗德军是一个智慧的决定。他当时认为比利时为了英勇的虚名，螳臂当车去挡德军而残破，是愚昧的行为。他甚至在《莫让爱国冲昏头：告留美同学书》那篇文章里宣称："任何要中国去蹈比利时覆辙的人，都是中华民族的罪人。"

他在写《莫让爱国冲昏头》的时候，特别征引了查理·沙罗利所著的《比利时如何救了欧洲》。他当时的目的是要证明比利时"救了"欧洲，却无谓地牺牲了自己。不只是无谓的牺牲，胡适甚至暗指比利时被英、法背叛了，因为比利时一直以为它会得到英、法及时的支持。三年以后，胡适在《武力解决与解决武力》的立场作了一百八十度的转弯。比利时还是"救了"欧洲。只是，胡适现在认为那不是牺牲，而是必须的。因为只有让"极小国"的比利时牺牲，"英法的兵队，方才有预备的工夫"。如果当时比利时"不回手，就让德国通过"，那比利时就"不但自己吃亏，还要连累别人"了。

无论如何，胡适在批判了"以毒攻毒"、"不回手"的方法以后，他说第一次世界大战给了大家教训。各国要在巴黎和会的时候，把全世界的国家联合起来，组织一个和平大同盟。这个和平大同盟，全世界国家，无论大小强弱，都可加入；大家公举一个国际法庭来仲裁争端；如有不听国际法庭判决的国家，同盟国就联合起来去惩罚它；不通过法庭的仲裁就私自出兵的国家，也有同盟国联合用武力去惩罚；武力之外，还有拒绝通商往来的方法。胡适说："这个办法，把各国私有的武力变成了世界公有的武力，就是变成了世界公有的国际警察队了。这便是解决武力的办法。"[1]

---

[1] 胡适，《武力解决与解决武力》，《胡适全集》，21:155-158.

胡适在服膺绝对的不抵抗主义的时候，大概是他一生最为激进的时候。他扬弃了绝对的不抵抗主义而转向到国际仲裁主义，也就意味着他同时扬弃了激进的一面，从而在他的思想里种下了保守的胚芽。我在上文提到了帮他润饰论文的艾杰顿。艾杰顿是康乃尔 1915 级的毕业生，比胡适低一班。胡适在 1914 年 2 月 9 日的《留学日记》里说："有友人 Wm. F. Edgerton 思习汉文，余因授之读。"① 那个人就是艾杰顿。艾杰顿一家三兄弟，各个杰出。胡适在 1939 年 5 月 19 日的日记里称赞他们三兄弟："长兄 Franklin［富兰克林］是 Yale［耶鲁］的梵文教授；次 Henry［亨利］，是华盛顿特区美国最高法院的副大法官；最幼即 Will［William，威廉］是［芝加哥］的埃及学教授。"② 帮胡适润饰论文的就是最小的威廉·艾杰顿。艾杰顿也是一个和平主义者。胡适转向了，但艾杰顿没有。胡适在把他得奖的论文寄去给艾杰顿润饰以前，寄了杜威的《力量、暴力与法律》给艾杰顿看。艾杰顿在回信里的评语虽然对杜威来说是不正确的，然而对胡适的国际仲裁主义里的保守成分却是一语中的。他说：

> 用投资的赢利来养尊处优的人，以及靠劳力或心力来过活的人，这两个阶级之间的鸿沟，只要资本阶级存在一天，我认为是不可能弥平的。在今天这种情况之下，用法律来取代劳工斗争（industrial warfare），无异于是把工业界拱手让给资本家。这是因为资本家控制着国家的机器。例外存在，而且我相信例外的案例会逐渐增加。但是，你听说过罢工的时候，政府派去的兵保护的是罢工的工人，让他们不会被资方所雇的流氓打吗？这样的事，我不能铁定地说我不曾听说过。即使我听说过，我也忘了。两三年前，科罗拉多州的国民兵把拉德罗（Ludlow）和平罢工者的帐篷聚落摧毁［1914 年 4 月 20 日，国民兵用机关枪与纵火的方式攻击罢工者。有二十个人丧生，包括两名妇女跟十一名孩童。该矿区是洛克斐勒家族拥有的］。那是一个极端的例子。然而，再极端，那跟一般派国民兵去罢工区的做法只有程度上的不同，而不是性质上的不

---

① 《胡适日记全集》，1:283.
② 《胡适日记全集》，7:654.

同。如果所谓的法律是这样的法律，我宁可选择战争。

罢工当时是浪费。但同样地，资本家的法律也是浪费。我所指的，不是在法庭那种浪费的程序。那当然已经够糟了，但那只是枝节。我所指的，是资本阶级浪费的习性。他们浪费金钱，浪费生命。同时，资本阶级控制的国家保护他们浪费的权利。当然，有些资本家是在工作着，他们作到过劳死。但从我的角度看来，他们所作的工作不如不作。因为他们的目的就在积累更多的资本。而且，其结果是劫贫济富。

那种浪费，我要它结束。结束它的方法，我想不出还有什么方法会比劳工斗争更不浪费的作法。要用法律来终止它，我们就必须先控制法律。我希望而且相信总有一天劳工会控制法律。我衷心赞成所有能让那天早一点到来的努力。在那个愿望实现以前，我同情的是罢工的工人。

你在杜威那篇文章里划了线的那句话，我认为就是我们之间的歧见的根源："一般的和平主义者的做法，就好比像是为了避免在使用街道的时候发生冲突，就叫大家爱大家，而不是去设定使用道路的规则一样。"你想"设定使用道路的规则"，我但愿那是可行的。如果在路上冲突的两个人各有一辆篷车，我想那是可行的。问题是，目前只有一辆篷车，而有两个人争着要驾驶。一个说要往东；另外一个说要往西。道路使用的规则不可能让双方都满意。这个规则必须由双方来解决。不管这辆篷车最后是向东还是向西，输的一方一定会战。如果政府站在他的敌方，他就会与政府宣战……

要达成我所期望的目的，我不认为罢工是一个很有效的武器。一方面，罢工必须与政治行动配合；另一方面，罢工要有效，必须要用暴力、产业的破坏以及流血的方式。我不认为劳工使用暴力是聪明的作法。这是因为单纯的罢工，他们都赢不了资方，更何况是要动用枪支。然而，如果罢工发生，暴力永远是不可能避免的。我不会逃避责任。暴力是罪孽。然而，那是打击更大的罪孽的一个有效的武器，必然是与罢工如影随形的。①

---

① Bill [Edgerton] to Suh Hu, July 24, 1916，胡适外文档案，E-130-2.

艾杰顿在信上提到拉德罗罢工者的帐篷聚落，那是美国史书上所说的"拉德罗屠杀案"（Ludlow Massacre）。他用的语言诚然激烈，然而其所反映的，是二十世纪初年美国许多知识分子对劳资纠纷层出不穷的担忧与愤慨。杜威就是一个最好的例子。他并不像是艾杰顿所批评的，忽视了钱与权的结合。杜威深知社会上的不平等是必须用社会的力量去矫正的。他在 1916 年"全国教育协会"（National Education Association）的演讲里说："我们的学校现在是必须补偿社会里被剥夺了权益（disinherited）的大众的时候了。我们要有自觉的教育，要发挥他们个人的力量、技艺、能力以及主动权；去补偿由于地广人稀的开国时代已经一去而不复返、生机日蹙对他们所造成的打击。如果我们不如此作，权利就很可能会越来越集中在有钱阶级的手上，而且我们还会回到那知识、艺术文化与经济权力之间的近亲繁殖。这是财富给人类历史上每一个文明的诅咒。而这也是我们开国的元老囿于他们的民主的理想主义，以为我们的国家已经把它斩草除根了的。"[①] 杜威在 1917 年对"公众教育协会"（Public Education Association）所作的演讲里就直接触及到劳资斗争的问题。他抨击美国工业界对劳工的控制和教育是封建式的。他心目中理想的职业教育，是"让未来的工人知道他们作为民主社会的公民应有的权利，让他们了解眼前的经济斗争，只不过是人类争自由史上最新的一章"。[②]

艾杰顿诚然用辞激烈，然而他指出来的是问题的症结所在。社会要劳工守法，但如果法律是站在资方，劳工要守法，就永远没有翻身的一天。这点，胡适不是不知道。他在《洛克〈政府二论〉的研究》那篇学期报告里就引了洛克的话说："如果以法律之名而行不义，那还是暴力，还是伤害。受害者就只剩一条路可走，那就是'诉之于天'，那对洛克来说，就是起义的同义词。"胡适又说：

---

① John Dewey, "Nationalizing Education," *The Middle Works, 1899-1924*, 10.208.
② John Dewey, "Learning to Earn: The Place of Vocational Education in a Comprehensive Scheme of Public Education," *The Middle Works, 1899-1924*, 10.148.

反对"诉之于天"论的人说，其流弊是种下了起义频繁的酵母菌。洛克对这个诘难有三个答案。第一，这个假设跟其他的说法并没有什么不同。即使没有这个可以作为酵母菌的理论，人们在被戕贼的时候，总会找机会让自己从那重压下脱身。其次，人们不会因为管理稍微不善就革命。人们总是很有耐性的，他们会一直忍到忍无可忍为止。第三，人民有权为了自己的安全而成立一个新政府的理论，其实是革命最好的阻碍，是最能够阻止其发生的工具。这是因为如果主政者了解只要他们不负人民的付托，他们就可以安稳于其位，这世界上就很少会有那么愚蠢的主政者，会去践踏人民而自取灭亡。[①]

艾杰顿所说的"用法律来取代劳工斗争，无异于是把工业界拱手让给资本家"，杜威所说的"眼前的经济斗争，只不过是人类争自由史上最新的一章"，以及洛克的"诉之于天"的起义论，都在在地影响了胡适。直到1940年代初期，胡适仍然认为二十世纪的潮流是自由主义与社会主义的汇流。胡适在1926年说：

> 十九世纪以来，个人主义的趋势的流弊渐渐暴白于世了，资本主义之下的苦痛也渐渐明瞭了。远识的人知道自由竞争的经济制度不能达到真正"自由，平等，博爱"的目的。向资本家手里要求公道的待遇，等于"与虎谋皮"。

胡适说："救济的方法只有两条大路：一是国家利用其权力，实行裁制资本家，保障被压迫的阶级；一是被压迫的阶级团结起来，直接抵抗资本阶级的压迫与掠夺。"后者就是俄国走的路："俄国的劳农阶级竟做了全国的专政阶级。"前者所走的路，就是洛克所说的，主政者知道人民可以"诉之于天"。他们于是反其道而行，借势使力地把"诉之于天"的理论因势利导，把它变成了洛克所说的"革命最好的阻碍，最能够阻止其发生的工具"。于是乎，

[①] Suh Hu, "A Study of Locke's *Two Treatises on Government*," pp. 9-10, 24-25，胡适外文档案，E060-012.

有了"各国的'社会立法'（social legislation）的发达，工厂的视察，工厂卫生的改良，儿童工作与妇女工作的救济，红利分配制度的推行，缩短工作时间的实行，工人的保险，合作制之推行，最低工资（minimum wage）的运动，失业的救济，级进制的（progressive）所得税与遗产税的实行"。①

胡适在读了杜威 1916 年那两篇他的"旧爱"以后，写了他自己那篇得奖征文的"旧爱"。此后的二十五年之间，这三篇双重的"旧爱"就变成了胡适政治思想的基石。他的仲裁主义是建立在杜威所强调的规划、管理和控制的观念之上的。就在胡适增订、润饰他那篇得奖的"旧爱"的最后阶段，他在《留学日记》写了一段话。现在，我们可以很肯定地说：他这段话的灵感来源就是杜威那两篇他的"旧爱"。他在 7 月 20 日的日记里说：

> 吾国几十年来的政府，全无主意，全无方针，全无政策，大似船在海洋中，无有罗盘，不知方向，但能随风漂泊。这种漂泊（drift），最是大患。一人犯之，终身无成；一国犯之，终归灭亡……欲免漂泊，须定方针。吾尝以英文语人云："A bad decision is better than no decision at all."此话不知可有人说过；译言："打个坏主意，胜于没主意。"今日西方人常提"功效主义"（efficiency）。其实功效主义之第一着手处便是"筹划打算"……②

胡适这个从杜威新悟出来的"主意"、"方针"、"政策"，也就是他后来"专家政治"思想的来源。最耐人寻味的是，胡适停留在他 1916 年的双重的"旧爱"，杜威却早已离开了他的原点。我在上文提到胡适 1940 年 3 月 2 日给杜威的信。他问杜威："我一直不了解您为什么搁置了您在 1916 年写的这两篇文章的论点。"胡适会问这个问题，是因为他在几个月前写了一篇庆祝杜威八十寿辰的论文。他的基本立论用的还是杜威 1916 年的那两篇文章。杜威回答得很模棱两可，也很含蓄：

---

① 胡适，《我们对于西洋近代文明的态度》，《胡适全集》，3:10-11.
② 《胡适日记全集》，2:368.

你对我从前那两篇文章的评论，我也很有兴趣。只是我必须细加思考，才能回答你我为什么没有继续发展我当时的观点。毫无疑问地，那一定又跟"相对"是有关的！1916 年（是 1916 年吧？）的情况［指大战当中］当然会把力量的问题凸显到最显著的地位。然而，我可以确定那也不是全部的原因。[1]

杜威说得很含蓄。但是在含蓄中，他也透露了真话。换句话说，他把 1916 年那两篇文章的论点，"束之高阁"，并不纯粹只是因为战争结束了。第一次世界大战的经验对杜威来说是一个不堪回首的失败的实验。要详细分析这个问题，当然是逾越了我们的主题。简言之，杜威在战后彻底地修正了他在战时的立场。他原来是支持美国参战的，也是支持成立国际联盟的。现在，他觉得美国参战的做法是不正确、不彻底的。其结果是，所有希望用参战来达成的理想都没有实现。由于他认为在当时的政治结构之下，任何民主、和平的理想都不可能实现，所以他不但反对美国参加国际联盟，而且进一步地反对任何战争。他要禁绝（outlaw）战争。在这种非战的理念之下，即使武力的制裁也是非法的。[2] 换句话说，杜威从 1920 年代开始秉持着非战的理念，胡适却终其一生停留在 1916 年转而服膺的国际仲裁主义，主张在必要的时候用军事与经济的力量来作为制裁的武器。

其实，胡适在 1916 年的时候就没有完全了解杜威的立场，更何况是后来的杜威呢！他以为杜威既然主张用最经济、最有效率的方法来组织、统合力量，他的国际联盟的理想，应当像他在晚年的《口述自传》里所说的一样，跟"强制维持和平联盟"主张组成国际警卫队来维持和平的想法是一致的。事实上，杜威在《力量、暴力与法律》里，已经很清楚地批判了强制维持和平联盟的谬误与盲点：

① John Dewey to Hu Shih, 1940.03.06 (09621), *The Correspondence of John Dewey, Volume 3: 1940-1953*（光盘版）。

② Robert Westbrook, *John Dewey and American Democracy* (Ithaca: Cornell University Press, 1991), pp. 195-274.

组织一个国际的强制维持和平联盟、成立一个国际警卫队的想法，是触及到了实际。然而，力量在社会上要真正有效，就必须是来自于内在力量的组合，而不是外铄的。我们国家的人民之所以能利害共享、和平往来，并不是因为我们开国的元老缔造了美利坚联邦，给了它一个政府。美国之所以能成立，是因为利害共享、和平往来的事实已经存在了。毫无疑问地，联邦的成立更促进了这些所有的向心力。但政府的力量再大，都不可能用外在的力量把商业、往来、统一的传统和视野强加在那开国的十三州身上。所有这些，都靠它们原来已经存在的联合与组织。没有任何一个强制维持和平的联盟会成功，除非它是建立在已经存在的具体利益的基础上，然后再与之作建设性的调整与配合。①

胡适与杜威之间思想的异同点，本传会在接下去的几部里随着胡适思想的成长、演变而逐次分析。我在此处就只点出胡适和杜威在1916年的分歧点。胡适认为透过强制维持和平联盟或国际联盟制裁的纲领，"把各国私有的武力变成了世界公有的武力"以后，世界和平就指日可待了。杜威则认为，凡是没有透过民主来凝聚的民意作为基础的"强制"的和平都是缘木求鱼的妄想。只有当由下而上、由民主的民意作基础的和平理念已然成形，世界和平的运动才可能水到渠成。胡适的仲裁主义可以用在国际，也可以施之于国内。他所要制裁的是那些不按牌理出牌的分子。他的假定是"牌理"已经存在，已经得到公认。同时他也假定如果有人不服那"牌理"，大家可以坐下来和平地讨论"牌理"的修正。殊不知那"牌理"是谁定的、是谁想维持的、是不是坐下来谈的每一个人的谈判的筹码是均等的？就像胡适康乃尔的同学艾杰顿所打的比方，是谁可以驾那辆篷车？当胡适坚持大家按牌理出牌的时候，他下意识地倾向于维持现状。这也就是胡适思想里的保守的胚芽。杜威则反是。终其一生，杜威坚持民主是一个伦理、道德的理念。对杜威来说，形式上的民主、自由与平等是毫无意义的。民主必须由下而上，"牌理"是争来的，必须是由下而上来订定的，而且必须是与时并进、随时修正的。

———————

① John Dewey, "Force, Violence and Law," *The Middle Works, 1899-1924*, 10.215.

扬弃了绝对不抵抗主义、走入国际仲裁主义的胡适，在民族主义的问题上其实又经历了一个戏剧性的、抛物线式的转折。这个转折先是激进，激进到可以完全扬弃民族主义，激进到胡适愿意说："去无道而就有道"未尝不可以被诠释为"去本国之无道"而"迎外国之有道的王师"的地步。然而，这个激进显然只是在逻辑、论理的层面。很快地，胡适就回到现实主义的（realist）立场，承认当今的世界还是在民族主义思潮的宰制之下，任何政治措施都必须因应这个现实方才可能有效。从某个角度来说，我们可以说扬弃了绝对不抵抗主义、走入国际仲裁主义的胡适，又退回到了他服膺绝对不抵抗主义以前的原点，也就是说，以爱国为基础的世界主义者。

　　事实上，即使在胡适服膺绝对不抵抗主义的时候，他仍然坚持着自治的原则。比如说，他在1915年2月12日的日记里，记他读了2月6日《新共和》杂志上一篇署名为"支那一友"的作者所写的文章。这篇文章论远东的时局，认为"日本之在中国占优势，未始非中国之福"。他的理由是："中国的共和已完全失败，中国人不适于自治。日本之干涉，可使中国有好的政府。那会是中国之福，也是列强之福。"胡适说他"读之大不满意，作一书驳之"。①

　　胡适在这篇投书里说：

> 　　"支那一友"忽略了一个重要事实，那就是我们是生活在一个民族自觉的时代。他忘了即使菲律宾［当时是美国的殖民地］，即使美国的统治的确像是"仁政"，都不可能永远自甘于此。在二十世纪的今天，没有一个国家可以希望它能和平地统治或干涉他国的内政，不管这种统治或干涉是如何地对后者有利。中国的民族自觉已经终结了满族的统治，而且也会使他们永远反对外来的统治或"指导"。②

　　胡适在5月4日的日记，又记录了他给《旖色佳日报》主编的投书。这次投书的诱因是旖色佳一位久居日本的传教士格瑞菲司（W. E. Griffis）对日本的"二十一条"的看法。格瑞菲司是旖色佳人，是一个亲日派。根据胡适

---

① 《胡适日记全集》，2:43.
② 《胡适日记全集》，2:57.

的投书，格瑞菲司认为美国应该"放手让日本去引领中国的未来"，他认为"那是解决两国争端最为睿智的一条路"。胡适反对的原因无它，还是民族自觉。他不否认格瑞菲司对日本有很深的了解，但是他认为格瑞菲司

> 忽略了一个非常重要的因素。他看不出今天的东方已经不同于他在一二十年前所看到的东方。在这个民族自觉、种族团结的时代，没有一个国家能用"引领其未来"的方法去解决它与另一个国家之间的争端。

胡适在日记里说他后来收到格瑞菲司的来信，说他只是转述日本政府的观点。他说："你在报上所读到的，既不正确，也不是我个人的看法。"胡适加了一个按语："似是遁词。"①

到了 1916 年 1 月，当时的胡适已经扬弃了不抵抗主义，而服膺了国际仲裁主义。从韦莲司给胡适的信看来，他们（可能还包括郑莱）在那一段时间里显然讨论了自治与外来统治的问题。或者，用韦莲司的话来说，寻求一个能超越国家或民族（non national idea）的检验标准。韦莲司说他们还没有解决这个难题。她在 1 月 14 日的信里说："当我们要断定对一个民族来说，什么样的发展政策是最好的选择的时候，如果我们能找出一个对任何民族都适用的共同标准，则这似乎是唯一能使这个超越民族主义（non nationalism）（或者说，世界主义）异于自由开放、真诚的民族主义的地方。"②

1 月 21 日从波士顿回纽约以后，当晚胡适跟韦莲司见了面。他在 22 日写的信里回答了韦莲司的问题。这是胡适第一次推翻他到那时为止一直强调的"民族自觉"、"反对外来统治、干涉、指导"的理论。这是他第一次提出他自己所说的异端邪说：

> 如果我对妳的观点的了解是正确的，妳的意思是说：外来统治的问

---

① 《胡适日记全集》，2:97-99.
② Clifford Williams to Hu Shih, January 14, 1916, 胡适档案，E379.

题在于，统治者可能不知道什么样的发展政策对被治者是最好的；征服者有可能铸成的错误，是强加给被征服者他们并不真正须要的，而其结果正适足以斫丧真正能对他们"有益的发展"。这是妳的意思吗？

我的推断如果正确，则我要说那也就是为什么我在不久以前说民族主义**唯一能成立的理由**，只是因为**从长远的观点来看**，属于一个民族自己的政府最有可能找到最好的发展政策。请注意，我在这里是说："从长远的观点来看。"然而，我们还有待证明每一个民族**确实**能知道什么是对自己最好的。即使我们承认每一个民族**确实**能知道这点，我们还有待证明每一个民族都有能力去作到、而且能把这个理想付诸实施、**实现其潜力**。[然而，]我们有太多的证据可以来证明每一个民族都有其僵死的传统，那可以阻碍其醒觉、改革的**进取心**、以及发挥其潜力。妳同不同意？

反之，这是非常可能的：一个外国观察家可能（至少在短期内是如此）**更了解**一个民族所需要、而且迫切所需的是什么。一个有效率、开明的外来的政府，反而非常有可能替一个衰老、被成见所囿的民族提供它自己不幸所欠缺的进取心和原动力。妳同不同意？

我在这里所说的真是异端邪说！然而，妳促使我诚实、不畏缩地去作思考，而这就是其结果！"直捣其逻辑的尽头"常是很痛苦的一件事。大部分的人宁愿走到半途就找个退路。[①]

胡适后来在他的《留学日记》里，又再次引申了这个异端邪说。那就是他 1917 年 3 月 7 日的日记：

> 王壬丘［王闿运，1833-1916］死矣。十年前曾读其《湘绮楼笺启》，中有与子妇书云：
>
> "彼［八国联军］入京师而不能灭我，更何有瓜分之可言？即令瓜分，去无道而就有道，有何不可？"（今不能记其原文，其大旨如此耳。）

---

① Hu Shih to Clifford Williams, January 22, 1916，《胡适全集》，28:28-29. 请注意，《胡适全集》把这封信误植为 1915 年 1 月 22 日。

其时读之甚愤，以为此老不知爱国，乃作无耻语如此。十年以来，吾之思想亦已变更。今思"去无道而就有道，有何不可？"一语，惟不合今世纪之国家主义耳。平心论之，"去无道而就有道"，本吾国古代贤哲相传旧旨，吾辈岂可以十九世纪欧洲之异论责八十岁之旧学家乎？

换句话说，王闿运"去无道而就有道，有何不可？"是十九世纪民族主义兴起以前的观念。我们用二十世纪民族主义的观点去批判他，所犯的是时代错置的谬误。事实上，胡适要说的不只如此，他甚至认为王闿运的这句话其实有走在时代之前的睿智所在；是消解二十世纪猖獗的民族主义的一剂消炎良药。于是他开始申论半年前他给韦莲司信里的"异端邪说"：

吾尝谓国家主义（民族的国家主义）但有一个可立之根据，其它皆不足辩也。此惟一之根据为何？曰："一民族之自治，终可胜于他民族之治之"一前提而已。譬如我国之排满主义之所以能成立者，正以满族二百七十年来之历史已足证其不能治汉族耳。若去一满洲，得一袁世凯，未为彼善于此也。未为彼善于此，则不以其为同种而姑容之，此二、三次革命之所以起也。

若以袁世凯与威尔逊令人择之，则人必择威尔逊。其以威尔逊为异族而择袁世凯者，必中民族主义之毒之愚人也。此即"去无道而就有道"之意。

所以，胡适觉得他必须向有睿智的王闿运致敬。他说："吾尝冤枉王壬秋。今此老已死，故记此则以自赎。"

胡适接着解构自己从前为民族主义所设的前提，说那只是遁词：

若"一民族之自治，终可胜于他民族之治之"一前提不能成立，则民族主义、国家主义亦不能成立。此问题未可一概而论也。此前提之要点在一"终"字。终也者，今虽未必然，终久必然也。如此立论，驳无可驳，此无穷之遁词也。

民族主义的前提既然只是"遁词"，则我们必须去寻找另一个前提。胡适于是在威尔逊总统连任的就职演说里找到了另外一个前提：

> 威尔逊连任演说辞中有云："政府所享的合理的权力是来自于被治者的同意；任何其它来源的权力无论在思想、目的或权力上，都不应该得到世界各国的承认。"
>
> 此言："政府之权力生于被治者之承认。"此共和政治之说也，而亦可为民族主义之前提。如英国之在印度，若印度人不承认之，则革命可也。又如美国多欧人入籍者，今以二百万之德国人处于美国政府之下。若此二百万德人承认美国政府，则不革命也。
>
> 然被治者将何所据而"承认"与"不承认"乎？若云异族则不认之，同族则认之，是以民族主义为前提，而又以其断词为民族主义之前提也。此"环中"〔注：循环论证〕之逻辑也。若云当视政治良否，则仍回上文之前提，而终不能决耳。

换句话说，"去无道而就有道"的观念，如果以民族主义为前提，则是不兼容的。胡适可能自知这个"异端邪说"的颠覆之力，他在《留学日记》里只点破，不像他在给韦莲司的信里，"直捣其逻辑的尽头"。然而，他还是在日记的结论里用比拟法来作启发：

> 今之挟狭义的国家主义者，往往高谈爱国，而不知国之何以当爱；高谈民族主义，而不知民族主义究作何解。（甚至有以仇日本之故，而遂爱袁世凯且赞成其帝制运动者。）故记吾所见于此。欲人知民族主义不能单独成立。若非种皆必当锄去，则中国今日当为满族立国，又当为蒙藏立国矣。[①]

---

① 《胡适日记全集》，2:483-485.

然而，"直捣其逻辑的尽头"，说起来容易做起来难。其实在写"去无道而就有道，有何不可"这则日记的一年以前，胡适就开始从这个激进的论点撤退了。1916年6月底，胡适到俄亥俄州的克里夫兰开第二次的"国际关系讨论会"。胡适和当时在哈佛大学商学院读工商管理的夏威夷华侨郑莱一起发表了一篇关于"门户开放"政策的论文。我们今天可以在《胡适全集》里看到一篇题名为《门户开放政策的恋物癖》（The Fetish of the Open Door）的英文论文。这篇论文是由"美国联合基督公会"（Federal Council of the Christ in America）在1916年5月21日发稿的。稿件上只有胡适具名。我不能确定这跟胡适在第二次"国际关系讨论会"所发表的论文是不是同一篇，也不能确定这篇是不是胡适跟郑莱合写的。

《门户开放政策的恋物癖》是胡适一生中唯一一篇冷眼横眉批判美国的文章。如果胡适一生当中对美国的中国政策作过彻底的批判，这是唯一的一次。如果我们以这篇文章作为基点，胡适面对美国的中国政策，这是他最激进的高点，也是他的绝响；之后，就是每况愈下。等他担任中国驻美大使的时候，他对美国"门户开放"政策的诠释，已经走到了这篇文章的反对面。

在这篇论文里，胡适开宗明义就作了批判：

> 任何一个历史上的政策，一旦把它从其历史脉络抽离，就会很快退化成一个无意义的标语，而失去其真正的价值。[美国在]中国的"门户开放"政策，由于了解的人很少，美国人给予它过高的评价，其结果适足以混淆远东真正问题的所在，从而蒙蔽了美国人和中国人的想法，以致于使他们无法从比较有益、比较有建设性的方向去寻求解决的方法。我们应该好好地评估这个[美国的]传统政策，以便让我们来判定它是否仍然可以作为处理远东急剧变化的情势的指导原则。

胡适说他要坦诚地指出"门户开放"政策已经不足以作为一个建设性的中国政策。理由有三：第一，"门户开放"政策只有经济的考虑；第二，它对中国的独立与主权的维持只有象征、消极性的帮助；第三，它完全忽略了中国自身的权益。胡适接着一一分析这三个问题。首先，纯粹经济的考虑。

胡适说这个经济的考虑完全是着眼于列强。"门户开放"政策所顾全的是列强在中国的利益机会均等。胡适引后来出任美国驻华公使的芮恩施（Paul Reinsch）在 1900 年出版的《国际政治》一书里所作的观察："只要在这些［势力］范围内，［列强］有机会［均等］的自由；只要通商口岸开放，而且其数目持续增加，这基本上是符合'门户开放'政策的条件，即使在事实上中华帝国的管控根本是让列强所瓜分的。"[1] 换句话说，如果"门户开放"政策的目的只在维持列强在华利益的均等，则中国究竟是在英国或日本的控制之下，根本就只是一个枝节的问题。

其次，"门户开放"政策对中国主权和独立的保障只有象征和消极性的意义。这是因为它只维持现状。同时，这个现状的维持端赖于列强在华的均势。这个均势之局只要一旦不保，所谓"中国领土与主权"的保障云云，也就成为一张废纸。胡适举 1902 年"英日同盟"的条约为例。该条约中有保障"中华帝国与朝鲜帝国领土完整"［其实该条约第一条只说"中国与朝鲜的独立"］的字句。然而，等到日本在日俄战争取得朝鲜的控制权以后，这句"朝鲜的独立"就在 1905 年的续约里给剔除了。

第三，"门户开放"政策完全忽略了中国自身的权益。胡适说在"门户开放"政策之下，列强如果尊重中国的独立与主权以及所有其它国家在商业与工业上利益均等的原则，那完全只是因为那是对列强有利，而不是因为它们考虑到中国的权益。胡适愤慨地说：

> 所有到现在为止的"中国政策"——"门户开放"政策包括在内——的根本缺陷，就在其完全无视中国自己的利益与期望。中国问题的解决最终还是要靠中国自己。如果这个世界无法摆脱民族主义的情操，则有心成为强国的中国也应该有权要民族主义。任何拒绝正视这个崛起的民族意识所提出的合理要求的政策，都注定是要失败的，而这个世界也将为之而付出沉重的代价。

---

[1] Paul Reinsch, *World Politics at the End of the Nineteenth Century as Influenced by the Oriental Situation* (New York: The McMillan Company, 1902), p. 184.

美国对中国的新政策该如何呢？虽然胡适表面上说这要看美国政治家的智慧，但是他有两点建议。第一，这个新的中国政策必须以帮助中国建立一个良好、开明的民族主义的政府为方法，来解除所有国际的竞争与争端；第二，美国的新中国政策必须是一个国际的政策。这也就是说，它必须不只是去关注一个或几个国家的"特殊利益"，而是要以包括中国在内的整个世界的根本永恒利益为鹄的。这样的一个政策必须先让中国强起来。而要达到这个目标，列强就必须作一点牺牲，修正不平等条约，特别是关税自主权的问题。胡适在这篇论文的结论里说："简言之，不管什么样的新的'中国政策'都不足道也，除非它能有助于建立一个中国人有、中国人治、人类的共进所享的新中国。"①

这个把新的中国政策放在新的国际政策的架构里的论点，胡适还有一次公开演练的机会。那就是 1917 年 1 月 27 日他在费城黑沃佛学院校友会晚餐上的演说。胡适在 1917 年第 30 则的《留学日记》里记了这个演说的由来：

> 斐城［费城］之演说乃 Haverford College Alumni Association［黑沃佛学院校友会］年宴所招。此校新校长为前在康南耳之康福先生（William W. Comfort）。此次年宴席后演说者本为美国前总统塔虎脱氏，及康乃尔大学校长休曼氏。休曼校长辞不能来，康福先生荐适代之。适以其为异常优宠，却之不恭，故往赴之。此次所说为《美国能如何协助中国之发达》。稿另有刊本。塔总统所说为《维持和平同盟会》［强制维持和平联盟］。②

胡适这篇《美国能如何协助中国之发达》的演说，基本上就是发挥他在《门户开放政策的恋物癖》里的主旨。由于塔虎脱前总统的演说讲的是"强制维持和平联盟"。那个组织所倡导的不但是胡适已经服膺的国际仲裁主义，而且采用的是国际制裁的方法。于是胡适就借势用力，把它转借过来发挥他的国际架构下的新中国政策的理念。他说，虽然中国的民族主义者认为中国

---

① Suh Hu, "The Fetish of the Open Door,"《胡适全集》，35:182-188.
② 《胡适日记全集》，2:469.

的自强之道，在于建立一个没有任何国家或同盟所能击败的武力。他个人认为那是不可能的。他说，即使强大如英国或德国，都不可能单独对付整个世界。他强调中国问题已经成为世界的问题，必须用国际的政策来解决。他建议由美国总统出面来召开一个世界性的"中国会议"（China Congress）。他警告说，如果美国不未雨绸缪，等那么一天到来，等日本在第一次世界大战结束以后，成为世界上唯一没有被大战削弱的强国，它就会称雄东亚。他举日本的"二十一条"为例，说明日本在中国的野心终究会造成日本与西方列强的冲突。除了日本在中国的野心以外，他说中国的民族主义日益高涨也会造成问题。他说那一天终于会到来，中国人会再也不能忍受丧权与失地的外侮。他反问说，难道列强希望看到那么一天到来，等中国跟土耳其一样，铤而走险（desperate），用强力的手段收回利权吗？还是列强愿意用和平的方式自动归还中国利权？

要未雨绸缪，要避免日本称雄东亚而导致与西方列强的决裂，要避免中国铤而走险，胡适认为最好的方法莫过于他所倡议的"中国会议"。他说："为了整个世界的利益、为了中国的福祉着想，我们应该在不久的将来召开一个国际会议，来坦诚地讨论问题，议定出可以被国际认可和接受的解决方法，来让所有与会国去遵守。我衷心希望贵国的政府会为首促成这个会议。"

胡适说由美国来召开一个"中国会议"不是一个不切实际的想法。实际上美国已经开始在朝这个方向作努力。他说：

> 各位都听到了今晚的贵宾，"强制维持和平联盟"的会长，所作的激励人心的演说。这个正气凛然的运动，有塔虎脱先生的领导，有贵国伟大的威尔逊总统的支持，这种集结国际的力量来维持和平与公道的作法，会让中国以及世界上所有其他弱小的国家深受其惠。我深信像中国这样的国家，不可能生存在一个无政府状态、各个国家武装过头、随时有可能被侵略羞辱的世界。作为一个弱国的公民，我由衷恭祝塔虎脱与威尔逊先生所代表的这个运动日益壮大，我更由衷地欢迎威尔逊总统上星期一〔在参院〕所作的史无前例的宣言："权力不是各个国家之所独享，而必须是建立在世界上所有国家共有的基础上。"同样地，我也由

衷地欢迎塔虎脱先生在上星期以及今晚所宣扬的崇高的理想，亦即"强制维持和平联盟"有一天会成为一个国际性的组织，含括世界上所有的国家。那一天不到，它就不算成功。[①]

　　我在分析胡适与杜威政治思想的异同点的时候，说胡适在政治思想上，终其一生停留在他1916年的三个"旧爱"——杜威那两篇文章以及他自己得奖的征文。我说仲裁的理论假设"牌理"已经存在。如果有人有异议，大家可以坐下来讨论修改，但不能把"牌理"推翻。仲裁所要制裁的，就是不按牌理出牌者，不管那"牌理"有多不合理。我说这是胡适政治思想里的一个保守的胚芽。在胡适倡议把中国的问题国际化，由美国召开一个"中国会议"来解决的想法之下，这个保守的胚芽就开始孳萌了。我们记得胡适在1914年9月13日第30则《波士顿游记》里说："是日〔11日〕突厥〔土耳其〕政府宣言：凡自第十世纪以来至今日，突厥与外国所订条约，让与列强在突厥境内的有领事裁判权（extraterritorial rights），自十月一日为始，皆作为无效。嗟夫！吾读之，吾不禁面红耳热，为吾国愧也！嗟夫！孰谓突厥无人！"[②] 两年半以后，土耳其这个当时令他"面红耳赤"、"为吾国愧"的"霹雳手段"，却变成了他所谓的"铤而走险"、列强应该未雨绸缪防患未然的行径。等胡适回国多年以后，等他政治思想里的保守胚芽更加茁壮以后，这个"铤而走险"的行径会更进一步地变成他笔下所叱责的破坏"国际信用"、智者所不耻的捣乱行为。胡适的保守面于焉现形。但这是后话。

---

① "Proceedings of the Haverford Alumni Dinner," *Haverford College Bulletin*, XV.5 (March, 1917), pp. 36-43.
② 《胡适日记全集》，1:501.

第七章
励志进德，宗教人类

　　美国对胡适的影响是全方位的，而且是深远的。他在上海求学期间形成的思想、观念，有些固然继续秉持；然而，更多的是扬弃、更新与重组，更不用说新思想、新观念的吸收与发挥了。留学美国对胡适的影响不只是在思想的层面。同样深邃与全面的影响也及于他的为人、处世、眼界与心态。等胡适在美国完成学业回国的时候，他仿佛就像是脱胎换骨了一样，成为一个不可救药的乐观主义者（incurable optimist）。

　　胡适离开上海时，用他自己的话来形容，是一个未老先衰、悲观的少年郎。胡适说医好他的未老先衰症的，是美国人乐天达观的天性。有意味的是，他形容这种乐天的人生观就像一种良性"菌"一样。而他那未老先衰症，就是在这种良性菌的"感染"下自然痊愈的。胡适的回忆当然有他的真实性。毕竟，他的人生是由他自己感受与承受的。然而，胡适从未老先衰到转变成为一个不可救药的乐观主义者，其过程并不真的只是一个仿佛像呼吸一样自然、不知不觉的"感染"过程。其间的挣扎与矛盾，是有迹可寻的。胡适在上海求学时期的修身的焦虑，跟他一起到了美国。然而，基督教的介入使得一切改观。修身的焦虑，驱使胡适从基督教去寻求心灵的出路。基督教的魔力，加上胡适本身的宗教、圣人情怀，几乎使他成为一个基督徒。这条基督徒之路虽然中途而废，但它对胡适的影响是深远的。它不但提供了一个更宽广的视野去处理修身的问题，而且让胡适认真地去思索宗教哲学的问题，包括孔教。我在第五章的分析里说，胡适在康乃尔大学哲学系及哲学研究所读书的时候，总共选修了十四门哲学的课。其中，伦理学的课就占了五门。胡适对伦理学的兴趣绝对不是偶然的，是跟他的修身焦虑与宗教情怀息息相关的。

同样重要的是，留学美国七年的生涯拓展了胡适的视野。美国的种族问题、女性性别意识的觉醒以及各种政治社会思潮的激荡，都在触角敏锐、思绪细腻的胡适身上留下了不可磨灭的印记。胡适自诩他能以异乡人之身全心投入美国的政治社会运动，以至于视旖色佳甚至美国为第二家乡。在中国留学生里，能在政治、社会、文化、思想上以"人或嗤之，以为稚气，其实我颇以此自豪"[①]的心态溶入美国的，胡适是属于凤毛麟角的例子。也正由于如此，胡适才能深入美国社会。他所服膺的世界大同主义不是一个抽象的概念。他把它落实在实际的"世界学生会"以及和平不争的运动上，更把它身体力行在种族不分轩轾、和谐相处的日常生活当中。在性别问题上，他也能超越当时充斥在美国社会及中国留学生圈中的男性中心观。在社会政治思潮上，他能以未雨绸缪、推己及人之心，去细心思索如何弥补传统自由主义之缺失的方法。留学的精髓不只在于求得学位，而更在于知识的取得、视野的拓宽以及气质的变化。在这方面，胡适堪称留学生的典范。

励志修身

胡适在上海求学时期对反躬自省的执著，已经到了几近于宗教式的狂热的地步。他圈点格言，读励志进德的书，在日记里"三省其身"。这么一个对修身进德充满着焦虑感的年轻人，却又有那么一段颓唐的生活。胡适能在1910年考上庚款留美，是一个戏剧性的故事。试想他考上庚款留美的半年前，还过着今朝有酒今朝醉的生活。终于在3月下旬，他在妓坊里喝得烂醉，以

---

① 《胡适日记全集》，2:439.

至于在回家的路上跟巡捕打了架。一直要到他在巡捕房里睡到天明以后，才知道自己闯了什么祸。那个打击对他的震撼绝对是无可名状的。这可以说明为什么胡适在美国留学七年，居然可以做到滴酒不沾。当然，胡适留美期间禁酒运动方兴未艾，对他戒酒的自律是极有帮助的。美国这个禁酒运动，终于导致1919年通过宪法第十八款禁酒的修正案。

从表面上看来，喝酒以及其他日常生活上的嗜好，似乎跟一个人的德行没有什么直接的关系。然而，人类的宗教及道德体系，总是倾向于把肉体与灵魂对立起来。肉体与灵魂有着不可分割的关系，然而，也正由于前者为后者之器，所以肉体常被贬抑为灵魂的牢笼、负担和障碍。肉体上的享乐与嗜好的满足，常被视为是与德行的成长成反比的关系。因此，所有的宗教与道德体系都强调"克己"。而克己的第一步，就是视肉体上的享乐以及嗜好的满足为个人进德之敌。

胡适留美时期对酒敬谢不敏。他赞成美国的禁酒运动。美国的"妇人戒酒会"［注：即"基督教妇女禁酒联合会"（Woman's Christian Temperance Union）］，他在家信里形容是："妇人本不饮酒，此会以提倡禁绝酒业、禁沽、禁酿为宗旨，其风可敬也。"① 他在《留学日记》里还附了两则他从报纸上摘译下来的"奇文共赏"，也跟禁酒有关：

卖酒者与禁酒者的广告：

Newark［纽瓦克］报上登有卖酒业的广告一则，其文云："亚历山大爱喝啤酒。他征服世界时，还不满三十二岁。他若不喝啤酒，也许成功更早一点。可是谁知道呢？您还是别错过机会罢。"

隔了一两天，本地戒酒会把那条广告重印出来，旁边加上了一条广告：

"亚历山大醉后胡闹而死，死时只有三十三岁。您还是别冒险罢。"

离婚案："从一九一二年四月三日，到一九一三年四月三日，芝加哥的家庭关系法庭（Court of Domestic Relations）判决之因遗弃妻子或

① 胡适禀母亲，1914 年 7 月 23 日，《胡适全集》，23:64.

不能赡养而离婚之案，凡二千四百三十二件。其中百分之四十六是由于丈夫饮酒过度。"此一条是本地日报上所登戒酒运动的广告。[①]

胡适留美时期戒酒的成功，到了众人皆饮我独不沾的地步。他在1911年10月28日的日记里说："夜赴'学生会'，归赴'世界学生会'Smoker（'Smoker'者，无女宾，可以饮酒吸烟，故名。）是夜有诸人演说，侑以酒饼，至夜半始散。余助之行酒，以余不饮酒故也。"[②] 他在美国读的书，特别是他喜爱的"社会剧"或"问题剧"（problem plays），更加深了他戒酒的决心。比如说，他在1914年7月18日的日记里记：

> 上所举第二书 [《东方未明》（*Before Dawn*）] 乃现世德国文学泰斗赫仆特满（Gerhart Hauptmann, 1862-1946）最初所著社会剧。赫氏前年得诺贝尔奖金，推为世界文学巨子。此剧《东方未明》，意在戒饮酒也。德国人嗜饮，流毒极烈，赫氏故诤之。全书极动人，写田野富人家庭之龌龊，栩栩欲活，剧中主人 Loth and Helen 尤有生气。此书可与伊卜生 [易卜生] 社会剧相伯仲，较白里而（Eugène Brieux, 1858-1932）所作殆胜之。[③]

戒酒只是胡适整个励志修身的功课里的一环。延续他在上海读书时期对修身的执著，他在1911年8月13日的日记里说："演说会第四次会，余演说'克己'。"[④] 这个演说会是该年暑假期间他在康乃尔中国留学生当中所发起组织的。9月29日，他去听了康乃尔大学病理学教授演讲生理卫生："下午往听 Dr. [V. A.] Moore [穆尔] 演说'青年卫生'，注重花柳病，甚动人。"[⑤] 1915年5月29日他还去买了艾克斯纳（M. J. Exner）所著的《男人理性的性生活》（*The Rational Sex Life for Men*）。这本书现藏于北京大学图书馆，扉页上有胡适的签名和购买日期。

---

① 《胡适日记全集》，1:302-303.
② 《胡适日记全集》，1:190.
③ 《胡适日记全集》，1:409-410.
④ 《胡适日记全集》，1:171.
⑤ 《胡适日记全集》，1:200.

胡适在美国，而且终其一生，没能成功戒掉的，就是抽烟的习惯。当然，我们都知道吸烟草是会上瘾的，不是说戒就能戒的。更何况当时美国吸烟非常普遍，吸烟与男子气（masculinity）的关系俨然就是红花衬绿叶一般。他在1911年2月5日的《留学日记》里说："今日起戒吸纸烟。刘千里以电话邀打牌。"① 有趣的是，他在立志戒烟的同时，却接受邀约打牌。8月6日："自今日起不吸烟矣。余初吸最贱之烟卷，继复吸最贵之烟卷，后又吸烟草，今日始立誓绝之。"② 然而，即使打牌也是他不能接受的。因此，他在9月6日的日记里说："昨日与金涛君相戒不复打牌。"③

胡适很在意自己戒烟屡戒屡败。对他而言，戒烟的失败，反映了他意志的不坚。他在1912年10月24日的日记里说：

> 自警曰：胡适！汝在北田对胡君宣明作何语？汝忘之耶？汝许胡君此后决不吸纸烟。今几何时，而狙负约耶？故人虽不在汝侧，然汝将何以对故人？故人信汝为男子，守信誓，汝乃自欺耶？汝自信为志为学者且能高谈性理道德之学，而言不顾行如是，汝尚有何面目见天下士耶？自今以往，誓不再吸烟。又恐日久力懈也，志之以自警。

他还特别录下了两句话来勉励自己："唯一能避免不再后悔当初，就是不让它有发生的机会"（吉卜林）；"对人或对国家，有那抉择的片刻。真理与谬误的对决，善与恶之间你会选何者？"（娄沃，James Lowell, 1819–1891）他反问自己要做一个大丈夫，还是一个懦夫：

> 不知其过而不改，犹可言也。知而不改，此懦夫之行，丈夫之大耻。人即不知，汝独不内愧于心乎？汝乃自认为懦夫耶？知过而不能改者，天下最可耻之懦夫也。亏体辱亲，莫大于是矣。④

---

① 《胡适日记全集》，1:117.
② 《胡适日记全集》，1:170.
③ 《胡适日记全集》，1:177.
④ 《胡适日记全集》，1:209-210.

一直到 1914 年，当时他留美四年了，仍然在为戒烟而奋斗着。他在 1 月 24 日的日记里，录下了一段"世界学生联合会"秘书洛克纳劝他不要再吸烟的信：

我非常为你担心，因为爱奥华城（Iowa）的弟兄们告诉我说你健康的情形很糟。老兄，你抽烟还是抽得那么凶吗？去年夏天我很严肃地对你说，你那样一根接一根地抽烟是不好的。不抽烟的我认为你还是不抽烟的好。请不要以为我是在跟你说教或是想指使你。事实上，我很少跟一个外国朋友有像跟你一样那么亲密的关系。我是真心，一点都不是在哄你，相信你是一个少有的天才。我认为你要为社会好好地保全你的才智。为了这个理由，你一定要留心保持健康。如果你身体不好不是因为抽烟，那就去找出原因把它医好。①

在当年 7 月 18 日的日记里，他仍然痛心疾首地反求诸己为什么就是戒不了烟。他甚至引了赫仆特满剧作里的一句话来作格言以自勉：

吾年来志力之薄弱极矣，即戒纸烟一事，屡戒屡复为之，真是懦夫无志之为！吾去国以来，虽滴酒不入，然纸烟之恶影响仍不少。赫氏之书曰："I am absolutely determined to transmit undiminished to my posterity this heritage which is mine."（Before Dawn, Act I, p. 52）

记此为座右之铭。自今日始，决不再吸纸烟或烟斗之类。今日之言，墨在纸上，不可漫灭，吾不得自欺。

他在同一天的日记里又加了几句话，一方面把他引的赫仆特满那句话翻成中文，另一方面，再加上自己的注解："上所引赫氏之言，可译为：'吾今誓欲将吾所受于先人者，丝毫无亏损，留与吾之子孙。'此说今人谓之

---

① 《胡适日记全集》，1:261.

'种性遗传'，其实即中国古哲人'全受全归'之说加之以科学的根据而已耳。"①

胡适本人已经有"全受全归"的观念，要把自己受之于父母的身体的全部，毫无亏损地传给子孙。然而，看了白里而的《梅毒》一剧以后，他才完全了然花柳病的影响可以扩及整个社会，以至于亡国灭种。这对他震撼极大。他1914年2月3日的日记，记录了他去看这出戏的感想：

> 此间戏园 [Lyceum Theatre] 演法国名剧家白里而的《梅毒》（*Damaged Goods*）。余与叔永、仲藩同往观之。此为近日社会名剧之一，以花柳病为题，写此病之遗毒及于社会家庭之影响，为一最不易措手之题。而著者以极委婉之笔，曲折达之。全剧无一淫亵语，而于此病之大害——写出，令人观之，惊心动魄，真佳作也……伊卜生［易卜生］（Ibsen）之《鬼》剧（*Ghosts*）亦论此事，惟不如此剧之明白。伊氏作《鬼》剧时（一八八一），花柳病学尚未大明，其攻之者，犹以为花柳之病，流毒仅及其身及其子孙而已。三十年来，医学大进，始知花柳之毒传染之烈而易，不独为一家绝嗣灭宗之源，乃足为灭国弱种之毒。白里而氏（Brieux）此剧，盖得法国花柳病学巨子之助力，其言不独根据学理，又切中时势，宜其更动人也。②

无怪乎胡适会想要奋起而提倡禁嫖。一方面，他用禁嫖的观念来自忏，忏悔自己从前在上海叫局吃酒的日子；另一方面，他要唤醒中国人，不要再像传统的文人雅士，把嫖妓视为风流雅事，而必须要学习美国人，把嫖妓视为社会之恶，要铲而快之。他在1914年6月30日的日记里说：

> 又念及狎邪（嫖）一事，此邦上流人士视为大恶，方竞思善策禁遏之。虽不能绝，而中上社会皆知以此为大恶（vice）。其犯此者，社会争不之齿，亦无敢公然为之者。余谓即此一端，此邦道德，高出吾国

---

① 《胡适日记全集》，1:412-413.
② 《胡适日记全集》，1:279-281.

远矣。吾国人士从不知以狎邪为大恶。其上焉者，视之为风流雅事，著之诗歌小说。轻薄文士，至发行报章（小报），专为妓女妓记室登告白。其下者，视之为应酬不可免之事，以为逢场作戏，无伤道德。妓院女间，遂成宴客之场，议政之所。夫知此为大恶，知犯此为大耻，则他日终有绝迹之一日也；若上下争为之，而毫不以为恶，不以为耻，则真不可为矣。何也？以此种道德之观念已斫丧净尽，羞恶之心无由发生故也。今日急务，在于一种新道德，须先造成一种新舆论，令人人皆知皮肉生涯为人类大耻，令人人皆知女子堕落为天下最可怜之事，令人人皆知卖良为娼为人道大罪，令人人皆知狎妓为人道大恶，为社会大罪，则吾数千年文教之国，犹有自赎之一日也。吾在上海时，亦尝叫局吃酒，彼时亦不知耻也。今誓不复为，并誓提倡禁嫖之论，以自忏悔，以自赎罪，记此以记吾悔。①

胡适在留美时期给自己立下的许多戒律，他回到中国以后都破了戒。他立誓"提倡禁嫖之论"，当然没有执行。1922 年 6 月 25 日，他去北京新建的大森里堂子区拜访当时住在一家妓院里的哈佛大学毕业的唐钺。② 10 月 13 日，他在济南开第八届全国教育会联合会。当晚，他已经困到理发的时候都能睡着了，还要理发师用冷水浇头把他弄醒。尽管如此，他还要"到济源里去看看济南的窑子是个什么样子"。③ 1925 年 9 月底 10 月初他到武汉去作演讲，又跟朋友逛了两家窑子，还发表了奇论，说："娼妓中人阅历较深刻，从痛苦忧患中出来，往往 more capable of real romance［比较能动真情］，过于那些生长地安乐之中的女子。"④ 1926 年 2 月初，他留美期间认识的和平主义的战友葛内特被《国家》杂志派到中国观察采访。当时住在上海的胡适带他去杨兰春、桂姮两妓家。胡适以为他是让葛内特开开眼界，"看看中国情形"。惊异莫名的葛内特过后从北京写了一封长信来劝戒胡适。葛内特说上海是一个"蛇鼠之窟"（pest-hole），胡适在那里是虚掷生命，必须马上离开。

① 《胡适日记全集》，1:344-345.
② 《胡适日记全集》，3:647.
③ 《胡适日记全集》，3:864.
④ 《胡适日记全集》，4:314-315.

他说上天给中国的一个惩罚，是年轻人上巅峰快，然后就一路往下滑。他说胡适已经到了一个峰头，但还不是巅峰。他劝胡适"要严肃地作个人，认真地作番事业"。觉得愧对旧友的胡适，特别把葛内特的信附在日记里，"以记吾过，并记吾悔"。[1]

胡适回到中国以后诚然破了许多他在留美时期所立下的戒律，这与其说反映了他在修身进德方面的倒退，不如说反映了文化规范个人行为的力量。从这个角度来说，胡适在美国留学的时候，能不只推崇而且身体力行美国社会文化的行为规范；回到中国以后，又能优游自得地回归依循中国社会文化的行为规范。这就是胡适处世圆通高明的所在。就以喝酒为例，像胡适这样一位知名的思想界领袖，一定是各种饭局、集会争相邀请的对象。在这种场合里，喝酒是不可免的。江冬秀当然不喜欢胡适喝太多的酒。江冬秀的机智与坚毅，最痛快淋漓地展现在她与胡适一群爱喝酒的朋友的一场斗智角力赛之上。那是胡适四十岁的寿辰，他的一群爱喝酒的朋友，用优质的高丽纸写了一篇《胡适之寿酒米粮库》寿辞（当时胡适住米粮库 4 号），由魏建功作文、钱玄同书写。他们知道江冬秀不要胡适喝酒，所以特别在寿辞里写进这几句话："好比乡下老太婆念佛持斋，逢了喜庆，亲友来给他开了斋，好饱餐肉味一样。"没想到江冬秀料事如神，早有准备。钱玄同在日记里说："胡夫人赠以戒指与适之，刻'止酒'二字。吃得半中晦时，他受戒了。我过去看看，被胡夫人推为'证戒人'。"[2] 把那将胡适比为念佛持斋的老太婆，要他开戒，让他跟哥们儿好好喝几杯寿酒的起哄人，在酒都还没开封，就被抓去当"止酒戒"的"证戒人"，江冬秀真可谓"魔高一尺，道高一丈"！

这枚"止酒"的戒指当然没能阻止胡适继续喝酒。然而，每当他不想喝的时候，就把它祭出来作为挡箭牌。比如说，1931 年 1 月 27 日他在青岛大学访问。做主人的一群因为郁闷，大喝大醉，胡适于是祭出了他的"止酒"戒指，居然可以滴口不沾："到顺兴楼吃饭。青大诸友多感寂寞，无事可消遣，便多喝酒。连日在顺兴楼，他们都喝很多的酒。今午吃酒尤不宜，故醉倒了

---

① 《胡适日记全集》，4:351-353.

② 杨天石，《钱玄同与胡适》，李又宁编，《胡适与他的朋友》（纽约：天外出版社，1990），页 188-189。

李锦璋、邓仲纯、陈季超三人，锦璋甚至跪在地上不起来。我的戒酒戒指到了青岛才有大用处，居然可以一点不喝。"①

胡适回国以后虽然是回归到一个在自律上比较不那么严苛的社会文化规范模式，但是他对自己品格上的修行（discipline of the character）却丝毫没有放松。那种流露于他早年日记里在修身进德上的焦虑，从他留学晚期开始，已经蜕变成为品格锻炼的追求。他1915年2月18日的《留学日记》，就是一个典型的例子：

> 曾子曰："士不可以不弘毅：任重而道远。仁以为己任，不亦重乎？死而后已，不亦远乎？"此何等气象，何等之魄力！任重道远，不可不早为之计：第一，须有健全之身体；第二，须有不挠不屈之精神；第三，须有博大高深之学问。日月逝矣，三者一无所成，何以对日月？何以对吾身？
>
> 吾近来省察工夫全在消极一方面，未有积极工夫。今为积极之进行次序曰：
>
> 第一，卫生：每日七时起；每夜十一时必就寝；晨起作操半时。
>
> 第二，进德：表里一致——不自欺；言行一致——不欺人；对己与接物一致——恕；今昔一致——恒。
>
> 第三，勤学：每日至少读六时之书。读书以哲学为中坚，而以政治、宗教、文学、科学辅焉。主客既明，轻重自别。毋反客为主，须擒贼擒王。读书随手作记。②

品格的锻炼自然包括了对肉体的享乐和嗜好的满足的自律。然而，品格的锻炼是一种更宽广的进德功夫。用胡适的话来说，是一种"积极"的功夫。这种积极的进德的功夫，就是我在英文版的《男性与自我的扮相：胡适的爱情、躯体与隐私观》一文里所说的：代表了胡适在进德观念上一个根本的改变。从此以后，"修身进德不再像是先前的做法一样，只是等嗜欲的恣

---

① 《胡适日记全集》，6:474.

② 《胡适日记全集》，2:49-50.

纵（self-indulgence）发生以后，才被动地去律己，而是要积极地砥砺自己的品格以为社会所用。"① 换句话说，从胡适这个积极、宽广的砥砺品格为主轴的进德观念看去，"私"领域与"公"领域之间的界域并不是泾渭分明的，而其实是有交集的存在的。而这也就是他在这则日记里所说的"表里一致"、"言行一致"与"对己与接物一致"的意思。胡适在这里所谓的一致，就是指私领域与公领域的行为，是息息相关、有其共同的模式可循的。私领域里的行为，包括婚姻与爱情，与公领域里的行为，从待人接物、政治参与到国际关系，都必须遵循同样一个行为的准则，那就是：理性、法治、井然有序。胡适对自我的品格"表里"、"言行"一致的期许，和他私自期许的男性观是不可分割的。

胡适的男性观以及他对婚姻与爱情的处理方式，我已经在别处分析过了，在此不再赘述。② 有关胡适所领首的公领域的行为，请看本传的第二部。在结束本节的分析以前，且让我举一个我在《星星·月亮·太阳》所用的例子来说明胡适公、私两领域互渗、相映的观念。1916 年，美国总统威尔逊竞选连任的时候，很多美国人不愿意投他的票。他们的理由是，威尔逊总统在原配过世不到一年就再婚了。胡适批评这种思想是狭陋的清教徒主义。他在 11 月 18 日的日记里说：

> 余非谓政治公仆不当重私德也。私德亦自有别。如贪赃是私德上亦是公德上之罪恶，国人所当疾视者也。又如休弃贫贱之妻，而娶富贵之女以求幸进，此关于私德亦关于公德者也，国人鄙之可也。至于妻死再娶之迟早，则非他人所当问也。③

这段引文最值得注意的地方，是胡适认为"休弃贫贱之妻，而娶富贵之女以求幸进，此关于私德亦关于公德者也"。换句话说，胡适把他对婚约

---

① 请参阅拙著 "Performing Masculinity and the Self: Love, Body, and Privacy in Hu Shi" *The Journal of Asian Studies* (May, 2004), p. 319.
② 请参阅拙著 "Performing Masculinity and the Self: Love, Body, and Privacy in Hu Shi" *The Journal of Asian Studies* (May, 2004), pp. 322-329；以及《星星·月亮·太阳》，页 71-87。
③ 《胡适日记全集》，2:445；请参阅拙著《星星·月亮·太阳》，页 81-82。

的信守当成公德的一部分。他 1915 年 10 月 3 日的家信，澄清了他已经在美国另行娶妻的谣言，他说："儿若别娶，于法律上为罪人，于社会上为败类，儿将来之事业、名誉，岂不扫地以尽乎？此虽下愚所不为，而谓儿为之乎？"① 对胡适而言，如果他不信守他与江冬秀的婚姻，就如同"休弃贫贱之妻，而娶富贵之女以求幸进"一样，其私德之劣，已害及公德，"国人鄙之可也"。

宗教情怀与基督教

初抵美国的胡适，是一个未老先衰、悲观、充满修身进德的焦虑的年轻人。不只如此，我们甚至可以说，胡适的修身焦虑是具有宗教的色彩的。就是在这种心境之下，胡适在 1911 年的夏天几乎成为基督徒。换句话说，没有他这个宗教色彩的修身的焦虑，就不会有胡适在留美初期几乎成为基督教的故事。用他在 1931 年出版的英文自传《当代名人哲理·胡适篇》里的话来说："在我意气消沉的那些时日里，我对基督教产生了很大的兴趣，几乎看完了整本《圣经》。"② 我们更可以进一步大胆地作一个假设，那就是说，胡适因为有着修身的焦虑，因为悲观而几乎成为基督徒。他虽然最终没有成为一个基督徒，但这个宗教的经验不但使他摆脱了修身的焦虑，而且使他产生了"作圣"的抱负。我们记得胡适初入塾读书，读他父亲所编的《学为人诗》。其中有一句就是："以学为人，以期作圣。"如果胡适一生有过"以期作圣"的抱负，也就是在他差一点变成基督徒以后的那几年。

总之，1911 年康乃尔大学春季班的期末考在 6 月 10 日结束。13 日，胡适第一次离开旖色佳去参加"北美中国基督徒留学生协会"（the Chinese Students' Christian Association of North America）所举办的夏令营："出门旅行第一次，游 Pocono Pines［宾州的字可诺松林城］。十二时廿五分车行，下午五时半到。自 Ithaca［旖色佳］至此，计百四十七英里。'中国基督教学生会'

---

① 胡适禀母亲，1915 年 10 月 3 日，《胡适全集》，23:91-92.
② 胡适，"Essay in *Living Philosophies*,"《胡适全集》，36:515.

在此开夏令会，明日起至十九日止。今日华人到者十三人（到会者不全是基督徒）。"[1]

"北美中国基督徒留学生协会"是在 1909 年成立的。在组织的隶属关系以及经费的来源方面，该协会是依附于"北美基督教青年会"之下。作为留美中国学生的组织而言，其组织架构可以媲美"全美中国学生联合会"。它不但也有美东、中西部、美西三个地区的部门，而且也定期出版刊物，早期称之为《留美青年》，一年出四期。1918 年以后，改名为《留美中国基督教月刊》（*The Chinese Students' Christian Journal*），在学期当中以月刊的形式出版。两年以后再改名为《基督中国》（*Christian China*）。同时，像"全美中国学生联合会"一样，"北美中国基督徒留学生协会"也举办夏令营。宾州的孛可诺松林城、麻省的北田（Northfield），都经常是这个协会在美东选择的夏令营营地。其实，该协会为中国留学生举办的夏令营，其所用的营地就是"北美基督教青年会"的营地。而且，举办的时间也多半是在"北美基督教青年会"的夏令营之前。因此，中国留学生可以在参加完了"北美中国基督徒留学生协会"的夏令营以后，再由"北美基督教青年会"招待，参加它举办的夏令营。事实上，胡适在 1911 年 6 月到宾州的孛可诺松林城，就是先参加"北美中国基督徒留学生协会"的夏令营，然后再留下来参加"北美基督教青年会"头几天的夏令营。

"北美中国基督徒留学生协会"所举办的夏令营，参加者大多数是基督徒。然而，每年都会吸引一些非基督徒去参加。一方面，因为有"北美基督教青年会"的补贴，参加这个夏令营的费用并不高。另一方面，夏令营所在地都是风景优美的地方，留学生可以乘此机会消暑揽胜，一举两得，何乐不为呢！胡适不是基督徒，为什么在 1911 年去宾州的孛可诺松林城参加这个夏令营呢？他在 6 月 17 日写给章希吕的信上作了说明："[程]乐亭之噩耗，已于[许]怡荪书中知之。自是以后，日益无聊。又兼课毕，终日无事。每一静坐，辄念人生如是，亦复何乐？此次出门，大半为此，盖欲借彼中宗教之力，稍杀吾悲耳。"

---

① 《胡适日记全集》，1:152.

胡适给章希吕的这封信是 17 日晚上写的。当时美国的邮政服务好得惊人。当天，他在夏令营所在地收到了从旖色佳转来的章希吕给他的信。夏令营已经进行到第四天了。胡适的变化已经开始。他在回信上说："适连日聆诸名人演说，又观旧日友人受耶教感化，其变化气质之功，真令人可惊。适亦有奉行耶氏之意，现尚未能真心奉行，惟日读 *Bible*［《圣经》］，冀有所得耳。"①

夏令营的第五天，6 月 18 日，是关键。当晚，胡适在聚会的时候起立表白他愿意成为基督徒。他在当天的日记里记其经过：

> 第五日：讨论会，题为"祖先崇拜"（ancestral worship）。经课。Father Hutchington［哈庆顿牧师］说教，讲《马太福音》第二十章一至十六节，极明白动人。下午［陈］绍唐为余陈说耶稣大义约三时之久，余大为所动。自今日为始，余为耶稣信徒矣。是夜 Mr. Mercer［墨舍先生］演说其一身所历，甚动人，余为堕泪。听众亦皆堕泪。会终有七人起立自愿为耶稣信徒，其一人即我也。②

陈绍唐是胡适几乎成为基督徒的原因之一。胡适在三天后给许怡荪的信上作了解释：

> 方弟入中国公学时，有同学陈绍唐君（广西人）与弟同班。一年之后，此君忽然入守真堂专读英文，后遂受洗为耶教徒。他于前年来美。今于此相见。其人之言行，真如程、朱学者，令人望而敬爱。其人信道之笃，真令人可惊。然其人之学问见识非不如吾辈也。此可见宗教之能变化气质矣。

基督教有如此惊人的变化气质的功效，使他从前的同学陈绍唐能"如程、朱学者，令人望而敬爱"。这是从修身进德、从智性上感动了胡适。当晚，

---

① 胡适致章希吕，1911 年 6 月 17 日，《胡适全集》，23:31.
② 《胡适日记全集》，1:153.

墨舍所作的见证，则是从情感上征服了胡适：

> 昨日之夜，有 Mercer〔墨舍〕者，为 Mott〔John Mott, 1865-1955,
> 穆德，基督教青年会领袖，1946 年诺贝尔和平奖得主〕之副。其人自
> 言在大学时染有种种恶习（美国大学学生之风俗有时真如地狱），无所
> 不为。其父遂摒弃之，逐之于外。后此人流落四方，贫不能自活，遂自
> 投于河。适为水上巡警所救，得不死，而送之于一善堂。堂中人劝令奉
> 耶教。从此此人大悔前行，遂力行善以自赎。数年之后，一日有会集，
> 此君偶自述其一生所历，有一报纸为揭登其词。其父于千里之外偶阅
> 是报，知为其子，遂自往觅之。既至，知其果能改行，遂为父子如初。
> 此君现卒成善士，知名于时。此君之父为甚富之律师，其戚即美国前
> 任总统也。此君幼时育于白宫（总统之宫），则所受教育不言可知。而
> 卒至于此，一旦以宗教之力，乃举一切教育所不能助，财产所不能助，
> 家世所不能助，友朋所不能助，贫穷所不能助之恶德而一扫空之，此其
> 功力岂可言喻！方此君述其父再见其子时，抱之于怀而呼曰："My boy,
> My boy…"〔我的孩子，我的孩子……〕予为之堕泪，听众亦无不堕泪。
> 会终有七人（此是中国学生会会员，大抵皆教中人，惟八九人未为教徒
> 耳）起立，自言愿为耶教信徒，其一人即我也。①

值得指出的是，穆德是美国十九世纪末基督教复兴（revivalist）运动和
"学生志愿宣教运动"（Student Volunteer Movement）一个主要的领导人物。
其宣教方式是狂热的，其目标是"在这一世代内将福音传遍全世界"。胡适
后来把他当时给章希吕和许怡荪的这两封信都附在《留学日记》里。1919
年 10 月他还附了一个"追记"："此书所云'遂为耶氏之徒'一层，后竟不
成事实。然此书所记他们用'感情的'手段来捉人，实是真情。后来我细想
此事，深恨其玩这种'把戏'，故起一种反动。"② 可惜的是，胡适在这段"追
记"里只说："后竟不成事实。"我们不知道他所说的"后"是后到什么时候。

---

① 胡适致许怡荪，1911 年 6 月 21 日，《胡适全集》，23:33.
② 《胡适日记全集》，1:157.

然而，可以确定的是，胡适所谓他"起一种反动"，是相当一段时间以后的事，因为他不但在 1912 年又去参加了"北美中国基督徒留学生协会"在麻省的北田举办的夏令营，而且从他的《留学日记》里，我们知道他至少在往后一年半的时间里，固定参加查经班、读《圣经》、听礼拜。

很多人都不知道，胡适是一个具有宗教情怀的人。他在宾州孛可诺松林城这个夏令营的宗教经验，用他在四年以后形容给韦莲司的话来说，是"我第一次的宗教的感应（religious emotions）"。[①] 胡适在 6 月 23 日离开宾州孛可诺松林城的夏令营。途中在水牛城（Buffalo）过夜。第二天，游尼加拉大瀑布。最后在 24 日晚上十点回到旖色佳。休息几天以后，胡适开始每天读《新约圣经》。6 月 30 日，他读了《马太福音》的第一到第五章。7 月 2 日，他又有了一次"宗教的感应"。当天，他读了《马太福音》的第八章跟第九章。读到第九章 36 至 38 节的经文时，他感动得泪流满面：

> 他［耶稣］看见许多的人，就怜悯他们；因为他们困苦流离，如同羊没有牧人一般。于是对门徒说：要收的庄稼多，做工的人少。所以，你们当求庄稼的主打发工人出去收他的庄稼。

胡适这一次"宗教的感应"，他在 1936 年 1 月 9 日给周作人的信上作了描述："少年时初次读《新约》，见耶稣在山上看见人多，叹息道：'收成是很多的，可惜工作的人太少了！'我读此语，不觉泪流满面。至今时时不能忘此一段经验。"[②] 这个回忆，胡适 1957 年 10 月 15 日也在信里跟陈之藩提起，并把它跟孔子的精神联系起来："我二十岁时初次读《新约》，到耶稣在山上［注：其实当时耶稣已经下山了］，看见大众前来，他大感动，说：'收成是丰盛的，可惜作工的人太少了。'我不觉掉下泪来。那时我想起《论语》里：'士不可不弘毅，任重而道远'那一段话，和《马太福音》此段的精神相似。"[③] 同样的回忆，他后来也跟胡颂平说过："《圣经》上有句话：'收成

①　Hu Shih to Clifford Williams, December 21, 1915,《胡适全集》，40:145.

②　胡适致周作人，1936 年 1 月 9 日，《胡适全集》，24:285.

③　胡适致陈之藩，1957 年 10 月 15 日，《胡适全集》，26:120-121.

是好的，收成是很多的，可惜做工的人太少了。'我二十多岁初读到这几句话的时候，感动得落泪；明年就是七十岁了，还是感觉'可惜做工的人太少了'。"①

胡适二十岁不到初读《马太福音》这一段经文，是否联想到《论语》里"士不可不弘毅，任重而道远"这句话，当然是值得存疑的。我们可以祭出胡适、顾颉刚的"层累地造成的古史观"，以其人之道来还治其人。《马太福音》这一段经文是胡适终其一生所常常征引的。他征引最为频繁的时候，是在 1920 年代。比如说，他在 1924 年 9 月 9 日写给《晨报副刊》记者的一封信里说："[《努力周报》停刊以后] 听说有一位萧先生提出三个疑问：畏威？灰心？畏难？我是不畏威，也不容易灰心的人。至于畏难，确有一点。耶稣说的好：'收成是好的，只是工作的人怎样少啊！'同工者向那里去找呀！"②

1926 年 5 月 24 日，胡适为了帮鲁迅、周作人、陈源（陈西滢）三人调停，劝他们停止三个月来的笔战。他说："我觉得我们现在应该做的事业多着咧！耶稣说的好：'收成是很丰足的，可惜做工的人太少了！'国内只有这些可以做工的人，大家努力'有一分热，发一分光'，还怕干不了千万分之一的工作——我们岂可自己相猜疑，相残害，减损我们自己的光和热吗？"③ 1932年 6 月 27 日，胡适在《赠与今年的大学毕业生》一文里说："我们要深信：今日的失败，都由于过去的不努力。我们要深信：今日的努力，必定有将来的大收成。佛典里有一句话：'福不唐捐。'唐捐就是白白地丢了。我们也应该说：'功不唐捐！'没有一点努力是会白白地丢了的。在我们看不见想不到的时候，在我们看不见想不到的方向，你瞧！你下的种子早已生根发叶开花结果了！"④ 换句话说，一直到 1930 年代为止，胡适每次提起《马太福音》这一段经文的时候，都没有连带地提起《论语》，而只是执著于它宗教情怀——亦即奉献——的一面。

① 胡颂平编著，《胡适之先生年谱长编初稿》（台北：联经出版公司，1990），8.3033.
② 胡适，《致〈晨报副刊〉》，《胡适全集》，23:440-441.
③ 胡适致鲁迅、周作人、陈源，1926 年 5 月 24 日，《胡适全集》，23:487.
④ 胡适，《赠与今年的大学毕业生》，《胡适全集》，4:550-551.

这是"层累地造成的胡适之读《马太福音》泪流满面的故事"。胡适到了晚年会把"收成是很多的,可惜工作的人太少了"这一段《马太福音》的经文跟《论语》"士不可不弘毅,任重而道远"联在一起,当然是可以言之成理的。这是因为耶道与儒道之间可以在修身进德上找到相通的地方。然而,这个"层累地造成的"故事却巧妙地改写了胡适"宗教感应"的历史。等胡适晚年把宗教感应的因素给神不知鬼不觉地抽离了以后,这个"胡适之读《马太福音》泪流满面的故事"就完全变成一个"入世"、"了无宗教色彩"(secularized)的故事了。

　　事实上,"胡适之读《马太福音》泪流满面的故事",根本就是具有宗教情怀的胡适所经历的一个"宗教感应"的经验。《马太福音》第九章的经文是在《圣山宝训》之后。当时,耶稣下了山。他在第八章里,驱鬼治病;斥责狂风暴浪,使海面回归平静;并在加大拉(Gadarenes),把附在两个人身上的鬼,赶到一群猪里,再让这群猪冲下山崖,淹死在海里。值得一提的是,这个加大拉赶猪驱鬼的故事,是后来胡适崇拜的赫胥黎所作的《圣经》批判的一个范例。当时的胡适还没读过赫胥黎的文章,所以不会知道赫胥黎批判这个故事的无稽。总之,在《马太福音》的第九章,耶稣还是继续一路治病,一路借着批判法利赛人(Pharisees)的伪善,来教导他的门徒。这一章的经文里有许多故事会让胡适感动、泪流满面:耶稣的悲悯之心;他为穷苦无依、瞎眼、瘫痪、麻疯、被鬼附身的人治病,还告诉他们不要张扬。像耶稣所说的:"健康的人不需要医生,生病的才需要";"我来找的不是义人,而是悔改的罪人";他摩顶放踵,"走遍各城各乡,在会堂里教训人,宣讲天国的福音,又医治各样的病症"。

　　胡适的宗教情怀,曾被南开大学的校长张伯苓一语道破。1922年8月6日胡适在天津。他在当天的日记里描写他与基督徒张伯苓的谈话:"我说:'我不相信有白丢了的工作。如果一种工作——努力——是思想考虑的结果,他总不会不发生效果的;不过有迟早罢了:迟的也许在十年、二十年之后,也许在百年之后;但早的往往超过我们的意料之外。我平生的经验使我深信,我们努力的结果往往比我们预料的多的得多。'伯苓说:'这是你的宗教!你竟比我更宗教的了!……信仰将来,信仰现在看不见或将来仍看不见的东西,是宗教的要素。'"①

　　让我们把故事拉回到 1911 年的夏天，胡适从夏令营回来以后开始读《新约圣经》。等胡适开始上暑期班的课以后，他还持续着读《圣经》。他在他所倡议设立的"演说会"里演讲"克己"就是在这个时候。9 月底开学以后，他日记里记有一次他去康乃尔大学教堂听礼拜。10 月，他几乎每次都去参加了康福教授在礼拜天所带领的查经班。可惜，他此后的日记缺了一年。

图 14　1913 年康乃尔大学文学院中国留学生读经班师生合照。自左至右：秉志、韦颂冠、金邦正、康福教授（W. W. Comfort）、李观森、周仁、陈茂康、胡适。照片背后有胡适题记："读经班民国二年（1913）。康福先生主讲此班三年于兹矣，本年所研究者为保罗传及其所著述。适"（胡适纪念馆授权使用）

　　然而，我们可以从梅光迪写给他的信，推断胡适是继续上查经班的。从胡适在图 14 背面的题记，我们知道他至少到 1913 年为止，还是继续参加康福教授所主持的查经班。不但如此，他还搜寻各种修身进德的书。梅光迪在1910 年胡适所参加的那一届庚款考试考到备取，所以后来先进了清华学堂，到 1911 年才放洋。胡适与梅光迪认识，是在 1910 年夏天。他们刚好都搭了

① 《胡适日记全集》，3:701.

"新铭"轮到北京去考庚款留美考试。那是他们订交的开始。胡适留美以后，他们开始互相通信。梅光迪在 1911 年放洋，先是进了维斯康辛大学。他们从 9 月底到 11 月之间，为了程朱与颜元、宋儒与明儒的高下，往来作了论辩。1912 年 1 月 17 日梅光迪给胡适的信上说：

> 足下有志于立言，弟当以昌黎之说进："无望其速成，无诱于势利。养其根而俟其实，加其膏而希其光。"所评省克法当即奉命。富兰克林之《自传》，今年在都门曾见过，迪此次即略师其意；惟 *Imitation of Christ*［《效法基督》］未见，当求一读之。其实吾国言修己之书，汗牛充栋，远过西人。独吾人多知之而不能行，反令西人以道德教我（此间亦有 Bible Class［查经班］），似若吾国哲人许多道德之书，不如一神鬼荒诞腐烂鄙俚之《圣书》，殊可耻也。①

这封信值得我们注意的地方，在于它透露出那个时候的胡适，仍然未能挣脱修身进德的焦虑。胡适一定是在信上跟梅光迪谈到了修身进德的方法与

图 15 与康乃尔师生合照。中排左一：胡适；最后一排左一：陈茂康，左二：周仁；第一排左一：金邦正；中排坐者右一：康福（W. W. Comfort）教授。（胡适纪念馆授权使用）

---

① 梅光迪致胡适，［1912 年］正月 17 日，《胡适遗稿及秘藏书信》，33:336-337.

励志的书籍。这封信透露了三点极为重要的事实。第一，他显然也跟梅光迪要了他修身自省的方法，所以梅光迪才会说："所评省克法当即奉命。"梅光迪在下一封未注明日期的信里说："兹将其日课寄上，以求有道君子之提诲。则区区将来之或能有成，以无负其初志，是皆有道君子之所赐也。省克法十八条如下"：起居有时、饮食有节、处世有序、立志、勤学、敦品、主敬、乐天、寡欲、坚苦、习劳、谨细、谦让、慎言、择交、爱人、惜阴、节用。梅光迪说："以上十八条，于每夜作日记前考查一日之事。如有违犯某条者，即以'×'号书于日记中，以期改悔。不知足下以为何如？迪拟今后彼此日记互相观看。迪甚愿良友多多益我。"[①]

　　第二，梅光迪在这封信里回应胡适所提到的修身必读的书。其中一本是富兰克林的《自传》。梅光迪说："富兰克林之《自传》，今年在都门曾见过，迪此次即略师其意。"梅光迪说他自己的"省克法十八条""即略师其意"。这是因为富兰克林在《自传》里列下了他的"日省十三条"：节制、沉默、有序、坚毅、节俭、勤勉、真诚、公正、中庸、整洁、沉稳、节欲、谦逊。富兰克林特别为自己作了一本小册子来记录他的"日省十三条"，以作为格过之用。这很类似中国传统也有的"功过格"。唯一不同的地方，是富兰克林的格子里没有"功格"而只有"过格"。请参阅表7.1所附的一页例子。这可能就是梅光迪"略师其意"模仿制订的。富兰克林说："我用红墨水在每页上划出七栏，每周的一天一栏，每栏顶端都有周日的字母缩写。每栏又分成十三格，每格都有一个德行的第一个字母的缩写。我每天反省的时候，凡违反了一个德行的过错，其次数都会在该德行的格内用黑点作记号。"[②]

　　第三，梅光迪在这封信里提到了胡适所力荐的《效法基督》（*The Imitation of Christ*）。《效法基督》是肯匹司的汤姆斯（Thomas à Kempis,1379/80-1471）所写的。肯匹司的汤姆斯的原名是汤姆斯·黑末肯（Thomas Haemerken），出生于现在德国靠近杜塞多夫（Düsseldorf）的肯盆（Kempen）。肯匹司的汤姆斯是一个修士。《效法基督》原文是用拉丁文写的，

---

①　梅光迪致胡适，[1912年1月下旬]，《胡适遗稿及秘藏书信》，33:396-397.

②　Albert Symth, ed., *The Autobiography of Benjamin Franklin* (New York: American Book Co., 1907), pp. 155-156.

表 7.1 富兰克林《自传》"日省十三条"格过表

Form of the pages

TEMPERANCE.							
RAT NOT TO DULLNESS; DRINK NOT TO RLEVATION.							
	S.	M.	T.	W.	T.	F.	S.
T.							
S.	*	*		*		*	
O.	* *	*	*		*	*	*
R.			*			*	
F.		*			*		
I.			*				
S.							
J.							
M.							
C.							
T.							
C.							
H.							

引自 Albert Symth, ed., *The Autobiography of Benjamin Franklin*
(New York: American Book Co., 1907) , p. 156.

1418 年首次印刷出版。据说这本书在世界上流传阅读的数量仅次于《圣经》。《效法基督》,也可以翻成《追随基督》。顾名思义,是以耶稣基督作为典范,教导基督徒如何作灵修的工夫。汤姆斯博览群书,说理细腻又深入浅出。加以文字简洁隽永,可以让人吟咏朗诵。书中可以作为格言来身体力行的文句俯拾皆是。

　　《效法基督》这本书,当时饱受修身的焦虑煎熬的胡适会喜欢,是不难想象的。这本书里有许多教诲对胡适来说,其实是相当熟悉的。然而,可能也正由于"东海有圣人焉,西海有圣人焉,此心同,此理同",它更让胡适爱不释手。比如说:

"克己"——《效法基督》说："有谁的奋斗会比克己难？"①

"择善固执"——《效法基督》说："听从智者、善者的话语；访求贤于己者的指引，而不是但执己见。"②

"君子不以言举人，不以人废言"——《效法基督》说："不要让说话人的身份和地位来影响你，不管其学问的高下，唯求真是问；不要去问：'这是谁说的？'只问说的是什么。"③

"防微杜渐"——《效法基督》说："杜邪念于初心，斩恶习，以防后患。"④

"严于责人，宽以律己"——《效法基督》说："我们意欲别人受到严谴，却不愿自己受到纠正。"⑤

"一日三省吾身"——《效法基督》说："每天上午立定目标，在夜里反省一天的行为、所说所作，看有否违逆上帝以及邻居的所在。"⑥

然而，我们有理由相信《效法基督》吸引胡适的地方，绝对不只是修身进德的格言。如果《效法基督》对胡适的吸引力只在于修身进德，那就像梅光迪在信中所指出的："其实吾国言修己之书，汗牛充栋，远过西人。独吾人多知之而不能行，反令西人以道德教我。"然而，梅光迪有所不知。胡适不是不知道梅光迪忿忿然所说的话："此间亦有 Bible Class［查经班］，似若吾国哲人许多道德之书，不如一神鬼荒诞腐烂鄙俚之《圣书》，殊可耻也。"《效法基督》对胡适的震撼，不在于道德、修身、进德，而正是那宗教式的狂热以及绝对与彻底的奉献；是那要求信徒反求诸己，反省自己是否只是以信奉基督为名，避难就易、求福避凶、贪生畏死的假信徒；《效法基督》对胡适的震撼是那当头棒喝，反问信徒是否能绝对、无条件、匍匐谦卑、无怨

① Thomas à Kempis, *The Imitation of Christ*, tr., Leo Sherley-Price (Penguin Books, 1952), p. 31.
② Thomas à Kempis, *The Imitation of Christ*, p. 32.
③ Thomas à Kempis, *The Imitation of Christ*, p. 33.
④ Thomas à Kempis, *The Imitation of Christ*, p. 38.
⑤ Thomas à Kempis, *The Imitation of Christ*, p. 44.
⑥ Thomas à Kempis, *The Imitation of Christ*, p. 49.

无悔地学习基督的受难：

> 耶稣有许多爱祂的天国的信徒，但只有很少背祂的十字架的信徒；有许多人求慰藉，但很少人求劳苦；有许多人要祂的宴席，但很少人要祂的斋戒；每一个人都要祂的喜悦，但很少愿意为他受苦；有许多人追随耶稣擘饼，但很少人愿意喝他受难的杯；有许多人赞美他的神迹，但很少人追随祂十字架的屈辱；许多人只要不受苦，就能爱耶稣；只要他们能得到祂的慰藉，许多人都会感谢赞美祂；但只要耶稣稍一隐退，他们就只知抱怨和沮丧。
>
> 真正爱耶稣的人爱的是耶稣，而不是因为耶稣给他们的慰藉；他们感谢赞美耶稣。在受到试炼、煎熬的时候如此，在喜悦时也是如此；而且即使耶稣永远不给他们慰藉，他们还是会永远感谢赞美祂。[①]

问题是，《效法基督》那绝对、无条件、匍匐谦卑、无怨无悔地学习基督的受难的精神的教诲，诚然可以变化气质，诚然可以造就像圣人一般无私奉献的人，然而，它有其反智的一面。胡适虽然有宗教的情怀，但也有爱智的心性。对胡适而言，那个反智的代价未免太高了。《效法基督》说："去饶舌论辩那些高深、隐晦的问题有什么价值呢！特别是当那审判的日子到来的时候，这些知识并不是审判的标准。天下之至愚，是把有用、紧要之事置之不顾，而执意去探究那些奇技淫巧（curious）、有害的东西。那真的就是《圣经》里所说的'有眼无珠'了：真的，那些所谓类别（genera）、物种（species）什么的［即，科学知识］，跟我们有什么相干呢！"[②]

我们不知道胡适对《效法基督》的喜爱持续了多久。但是，我们知道他对基督教的兴趣，或者说，对用基督教来修身、救国的兴趣持续了相当长的一段时间。1912 年 5 月 10 日出版的《中国留美学生月报》报道说，胡适跟另外一个中国同学在康乃尔大学为美国学生主持了一个"传道班"（Mission

---

① Thomas à Kempis, *The Imitation of Christ*, p. 83.

② Thomas à Kempis, *The Imitation of Christ*, p. 30.

Class），其讨论的主题是"提升中国"（The Uplift of China）。① 好奇的梅光迪在信上问胡适："闻《学生月报》称足下与某君设一 Mission Class［传道班］，不知内情如何及用意所在，尚乞示知。"② 胡适的回信今已不存，幸好我们有该年 10 月 8 日《康乃尔太阳日报》的报道。虽然这可能是秋季新的一期的"传道班"，因为另一个主持人跟《中国留美学生月报》所报道的不同，但内容应当类似。根据这篇报道，"康乃尔大学基督教青年会"已经定案成立六个传道班，专门讨论几个国外传道区的经济、社会情况。讨论的主题包括国情、居民以及生活方式。讨论的地点在芭痕院，一星期一次，从 10 月 13日开始，一共八次，在圣诞节前结束。这六个班所讨论的地区有五个：中国、印度、非洲、菲律宾群岛、南美洲。第六班讨论的是"世界之光"，比较世界上几个主要宗教的优缺点。中国"传道班"的时间是在星期日下午四点半，讨论的是中国的历史，以及辛亥革命发生以前、期间及以后的情况。③

胡适不但在康乃尔大学为有志出国传教的美国学生主持"传道班"，在1912 年夏天，他还再度参加"北美中国基督徒留学生协会"在美东麻省的北田举办的夏令营，开营时间是 6 月 25 日到 30 日。像往年一样，该协会举办的夏令营有意跟"北美基督教青年会"的夏令营错开了几天，以便中国留学生也有机会去参加后者的营会。1912 年"北美基督教青年会"的夏令营早开始五天，从 6 月 21 日到 30 日。所以，胡适该年夏天，是先去参加"北美基督教青年会"的夏令营的头几天，然后去参加"北美中国基督徒留学生协会"的夏令营。胡适在该年 6 月的一封家信里说："儿现大考已毕，已在暑假中矣。今年暑假拟稍事旅行，以增见闻。本月 21 日拟往游'北田'，约住十日可归。七月中当居此，有撰文之事⋯⋯八月十几当往游维廉城，赴吾国学生大会。归途至纽约一游⋯⋯自纽约归时约在八月之末，九月中当闭户读书。"④ 他抵达北田次日，又写了一封信报平安："昨日来时，坐火车终日

① "The Student World: Cornell," *The Chinese Students' Monthly*, VII.7 (May 10, 1912), p. 578

② 梅光迪致胡适，［1912 年］6 月 5 日，《胡适遗稿及秘藏书信》，33:371.

③ "C. U. C. A. Classes on Foreign Conditions," *Cornell Daily Sun*, XXXIII.14, October 8, 191, p. 3.

④ 胡适禀母亲，1912 年 6 月，《胡适全集》，23:40.

THE WILLIAMSTOWN CONFERENCE

图 16　胡适 1912 年参加"美东中国学生联合会"举办的第八届夏令营。时间从 8 月 21 日到 28 日，地点在麻省维廉城（Williamstown）的威廉斯学院（Williams College）。前排坐者左三是胡适。（胡适纪念馆授权使用）

始达，计程三百余英里，约吾国千一百里。"[①]

　　我在分析胡适去北田参加"北美基督教青年会"及"北美中国基督徒留学生协会"举办的夏令营以前，要先说明一下他在那封家信提起的"八月十几当往游维廉城，赴吾国学生大会"一事。这"吾国学生大会"所指的，就是"美东中国学生联合会"每年举办的夏令营，这是中国留学生每年夏天一个重要的联谊活动。1911 年夏天是胡适在美国的第一个暑假，他没去参加这个夏令营。该年的夏令营是在新泽西州的普林斯顿大学举行的。胡适在 8 月 17 日的《留学日记》里说："此间国人十去其九，皆赴中国东美学生年会者也。"[②]　胡适 1912 年去维廉城参加的夏令营，是"美东中国学生联合会"从 8 月 21 日到 28 日在麻省维廉城（Williamstown）有名的威廉斯学院（Williams College）举行的第八届夏令营。胡适在这届夏令营参加了中文

---

① 　胡适禀母亲，1912 年 6 月 22 日，《胡适全集》，23:41.
② 　《胡适日记全集》，1:172.

490

演讲比赛。比赛的日子是 8 月 24 日晚。胡适得了亚军，冠军是麻省理工学院学造船的邢契莘。[①] 可惜我们不知道胡适参加这个演讲比赛的题目是什么。当时中国留学生所重视的是英文演讲比赛。不但参加比赛的人多，观众多，而且过后的大会报告也详尽，包括所有得奖演讲的题目。中文演讲比赛则不然。参赛的人少，观众也少。会后甚至连比赛的结果都没有。所以，我们完全不知道胡适当年参加比赛的题目是什么。

有趣的是，也许是好奇，也许是受了胡适的影响，当时在维斯康辛大学念书的梅光迪在该年夏天也去参加了"北美中国基督徒留学生协会"在中西部举办的夏令营。1912 年，该协会在中西部举办的夏令营的地点在维斯康辛州的日内瓦湖（Lake Geneva），时间是从 6 月 18 日到 23 日。跟该年美东的夏令营一样，"北美基督教青年会"在中西部的夏令营，也比"北美中国基督徒留学生协会"的早几天开始（14 日到 23 日）。跟胡适不一样，梅光迪并没有全程参与夏令营："迪以事迁延，至廿一日始赴青年会，廿四日乃归。此去所得颇足以自慰，其中人物虽未与之细谈，其会中组织虽未细究，然耶教之精神已能窥见其一斑，胜读十年书矣。迪对于此会感触至深，自此一行顿觉有一千钧重任置于我肩上，然此重任愿与足下共荷之也。盖今后始知耶教之真可贵，始知耶教与孔教真是一家，于是迪向来崇拜孔教之心，今后更有以自信，于是今后提倡孔教之心更觉不容已，此所谓千钧重任者也。"[②]

梅光迪在这封信里所提到的孔教的问题，我们留待专节处理。在这里值得指出的，是当时"北美基督教青年会"及"北美中国基督徒留学生协会"办理夏令营的成功。其成功的程度，能使胡适当场起立，表达他想成为基督徒的心愿。连梅光迪这样一位对基督教、对《圣经》有先入为主的成见的人，在参加夏令营以后，都会说出"始知耶教之真可贵，始知耶教与孔教真是一家"这样的话。

胡适在北田参加夏令营的时候写了日记。他在日记里应当是记下了他对

① Chimin Chu Fuh, "The Eighth Annual Conference of the Eastern Section of the Chinese Students' Alliance in U.S.A.," *The Chinese Students' Monthly*, VIII.4 (February 10, 1913), pp. 254-255; and "Cornell Chinese Students Won Laurels for Cornell," *Cornell Daily Sun*, XXXIII.8, October 1, 1912, p. 4.
② 梅光迪致胡适，［1912 年］6 月 25 日，《胡适遗稿及秘藏书信》，33:373.

基督教的想法。可惜,他的《北田日记》现已不存。胡适把他的《北田日记》寄给梅光迪看。梅光迪在回信里说:"得来片,又得《北田日记》,读之,喜何可言……《北田日记》拟留此数日再寄还。迪亦不以示他人,因此间人不好看祖国文字,亦不喜研究此等宗教上之问题也。"[①] 梅光迪虽然说他新读胡适《北田日记》的时候,"喜何可言"。然而,等他把日记奉还的时候,他的看法显然已经有所不同:"大著、日记三册均奉上。《北田日记》有极精到处,其间虽亦有与鄙见不同者,然吾又何忍以细微之点与足下开笔战致伤彼此之情。"[②]

胡适 1912 年夏天在北田参加了基督教的夏令营。秋天开学以后,他仍然偶尔星期天上教堂,并继续参加康福教授在每周日领导的查经班。他参加查经班是认真地读、认真地思考。比如说,他在 10 月 27 日,"晨,赴康福先生经课,讲保罗悔过改行一节。其言曰:'保罗改过之勇为不可及,然Ananias[亚拿尼亚,耶稣门徒,耶稣显灵派他去医好保罗的盲眼,并为他受洗信耶稣]知保罗怀叵测之心以来,将得新教之徒而甘心焉,乃敢坦然往见保罗,说以大义,则其人诚独为其难,尤不可及也。'此说甚新,予读此节时,乃未思至此,何也?"[③]

然而,作为一种宗教,基督教对胡适而言,已经失去了它的吸引力。最重要的证据,是胡适 1912 年 12 月 11 日的日记:"有人来与余言宗教事,甚有趣。余告以吾不信耶教洗礼及圣餐之类,辩论久之,亦不得归宿。"[④] 把洗礼以及圣餐排除,基督教作为宗教的基础就完全失去了。两个礼拜后的圣诞夜,胡适去一个天主教堂看弥撒。他在日记里写下来的感想,已经完全是从一个教外旁观者的角度去观察了:

> 有人告诉我今夜天主教堂有弥撒礼(Mass),因往观之。入门,座已满,幸得坐处。坐定审视,堂上有塑像甚多,中列十字架,上刻耶稣

① 梅光迪致胡适,[1912 年]7 月 8 日,《胡适遗稿及秘藏书信》,33:380.
② 梅光迪致胡适,[1912 年]9 月 15 日,《胡适遗稿及秘藏书信》,33:382-383.
③ 《胡适日记全集》,1:221.
④ 《胡适日记全集》,1:228.

裸体钉死之像。像后有四像,似系四使徒也。两庑各有像,右为耶稣之母。其左侧之像有髭,不知为何人,疑是耶稣之父也〔胡适的推测正确,是圣若瑟,或译为约瑟〕。此等偶像,与吾国神像何异?虽有识之士,初不以偶像祷祀之,然蚩蚩之氓,则固有尊敬顶礼迷信为具体之神明者矣。教中男女来者,将入座,先屈一膝(如吾国请安之礼)行礼,然后入座。座前有木板,人皆长跪其上,良久然后起坐。有儿童数十人,结队高歌颂神之歌。坛上牧师合十行礼,俨如佛教僧徒,跪拜起立,杳杳可厌。其所用经文及颂祷之词,都不可解,久之,始辨为拉丁文也。吾敢言座中男女十人中无二、三能解其词义者。此与佛教中之经呪何异乎?(佛经中梵文名词都直译其音,即如"南无阿弥陀佛",今有几人能言其义耶?)始行礼时,已十一时。礼毕,则已一点半矣。子夜风雪中坐此庄严之土,闻肃穆之乐歌,感人特深,宗教之魔力正在此耳,正在此耳。"宗庙之中,不使民以敬而民自敬",古人知之熟矣。[1]

胡适这段日记,跟他在两年以后写给韦莲司的一封信有异曲同工的地方。在那封信里,他写的也是他去了一个天主教堂以后的感想:

> 我跟〔塔克(Tuck)〕一家人同去教堂。他们都是天主教徒。当我听着神父讲解创造天地、出伊甸园〔注:即人的堕落(the Fall of Man)〕、耶稣降生(Advent)的时候,我是坐着,其他人则是跪着——其中一位还是大学教授,其他两位是大学毕业生!我眼看着仪式,我大多不懂,因为是用拉丁文,我心中有着一种无以名状的感觉——怜悯、骄傲(真不该!)、愤慨,整个都交织在一起。[2]

毫无疑问地,胡适对基督教的态度,已经产生了一个根本的改变。基督教作为一个伦理道德的系统,他能继续激赏和服膺。就像他在《口述自传》里所说的:"我读完了《圣经》。我非常喜欢《对观福音书》(Synoptic

---

① 《胡适日记全集》,1:230-231.
② Hu Shih to Clifford Williams, December 3, 1914,《胡适全集》,40:15.

Gospels）［注：即《马太》、《马可》、《路加》三福音］、《使徒行传》以及保罗书信的一部分。我一直就喜欢《圣经》。"①胡适一生最喜欢征引的，就是耶稣的《圣山宝训》（Sermon on the Mount）。然而，基督教作为宗教体制，已经变成胡适批判的对象。

胡适在对基督教失去了宗教上的顶礼心以后，他的批判常集中在其迷信、无知的一面。比如说，他在 1912 年 10 月 12 日的日记里说："夜，金仲藩来语余，有中国女子李君过此，寓 Mrs. Treman［崔曼夫人］家，因与同访之。座间有一人为 Methodist Church［卫理公会］经课讲员，为余略叙讲经之法，其言荒谬迷惑，大似我国村妪说地狱事，可见此邦自有此一流人，真不可解也。"②1914 年 9 月初，胡适到麻省的安谋司去参加"美东中国学生联合会"举办的夏令营。夏令营结束以后，胡适去波士顿游览。他在波士顿参观的地方，包括基督教科学教会（The First Church of Christ, Scientist）。他在日记里写下参观后的感想：

> 颇怪此宗派为耶氏各派中之最近迷信者。其以信仰治病，与道家之符箓治病何异？而此派之哲学，乃近极端之唯心派，其理玄妙，非凡愚所能洞晓。吾国道教亦最迷信，乃以老子为教祖，以《道德经》为教典，其理玄妙，尤非凡愚所能洞晓。余据此二事观之，疑迷信之教宗，与玄奥之哲理，二者之间，当有无形之关系。其关系为何？曰，反比例是也。宗教迷信愈深，则其所傅会之哲学愈玄妙。彼昌明之耶教、孔教，皆无有奥妙难解之哲理为之根据也。（此仅余一时臆说，不知当否？）③

胡适不仅不能接受他认为是迷信、无知的宗教理论，还相信宗教必须与时俱进，特别是在科学昌明的今天，更须要接受科学文明的洗礼。就像他在1913 年 10 月 8 日写的《道德观念之变迁》一则日记里所说的。那学期他正选了一门狄理教授开的"哲学 26：伦理学进阶"。他说：

① Hu Shih, "The Reminiscences of Dr. Hu Shih," p. 33.
② 《胡适日记全集》，1:205.
③ 《胡适日记全集》，1:475-476.

道德学课论道德观念之变迁：古代所谓是者，今有为吾人所不屑道者矣。古人所谓卫道而攻异端，诛杀异己，如欧洲中古教宗（Church）焚戮邪说，以为卫道所应为也，今人决不为此矣。耶教经典［注意：胡适不是用《圣经》这个字眼］以为上帝为男子而造女子，非为女子而造男子，故女子宜屈服于男子，此说今人争嗤笑之矣……即同一宗教之人，亦有支派之异：天主旧教多繁文缛礼，后人苦之而创新教。然新旧教都以耶稣为帝子，神也，死而复生，没而永存，于是有三尊之论（Trinity）。三尊者，天帝为父，耶稣为子，又有"灵"焉（Holy Spirit）。近人疑之，于是有创为一尊之教（Unitarianism），以上帝为一尊，耶稣则人也。凡此之类，都以示道德是非之变迁。是故道德者，亦循天演公理而演进者也。①

基督教给胡适的震撼发生在 1911 年 6 月。基督教的"感化、变化气质之功"，墨舍在夏令营那一场赚人热泪的见证，让他感动得"自言愿为耶教信徒"。然而，一年半以后，他的"宗教震荡"已经销蚀殆尽。到了 1912 年秋天，他还为"康乃尔大学基督教青年会"主持"传道班"。然而，他 1913 年 2 月 2 日在旖色佳"第一浸礼教堂"（the First Baptist Church）演讲的时候，不但认为"传道班"是本末倒置，而且反映的根本就是西方中心主义。胡适这篇演讲的题目是：《理想的传教士》（The Ideal Missionary）。他开宗明义地说："今天几乎所有全国的教会都开设了'传道班'来教育年轻人，希望他们当中有些人将来会去'替主作收成的人'［引《马太福音》第九章第 36 到 38 节文］。"

传教士究竟应该具备什么样的资格呢？胡适说《康乃尔太阳日报》登载了"学生志愿宣教运动"的征才启事。条件是：未婚、大学程度、参与过社团以及运动项目。胡适说，在他来看，这些都不是必备的条件。他开出的条件有三：第一，必须是一个好的基督徒；第二，必须是一个好学生；第三，必须不教条。胡适说第一个条件是不须辞费的。所以他要集中讨论后两个条

---

① 《胡适日记全集》，1:238-239.

件。他说，好学生的定义并不是指成绩要好："我的意思是指他到了传教区以后，必须是一个亟于**学习**的人。中国的哲学家孟子说：'人之患在好为人师。'基督教会送出去了太多的老师，太少的学生。传教士也许拥有他亟欲于宣导给人的信仰，但他必须承认他有许多事情须要学习。"他必须学那个国家的语言、文学、历史、习俗、制度和宗教。最重要的是，他必须学习如何与当地人交往——不只是跟没受过教育的人交往，还必须跟受过教育的人交往：

　　很不幸地，有些人带到国外去的，是那种打死也改不了的观点。那就是，他们是要去提升——不，是要去**开化**——野蛮人！对待我们，他们的气焰是高等民族的傲慢与施惠的举止。他们拒绝学习。他们认为他们的宗教是唯一的宗教、唯一的救赎之道、唯一的文明。他们的想法也许是对的。但用这样的态度，他们怎么有办法去感化外邦人呢？这种无心学习的态度所造成的结果，就是传教士几乎接触不到上层阶级，这也就是说，知识阶级。他们只能网罗到那些不经大脑就接受基督教的那种人，就像从前不经大脑去地接受佛教、道教或其他宗教的那种人。

胡适开出的第三个条件是要不教条：

　　你们传统的仪式与教义如何，知识阶级的中国人觉得完全是无关紧要的。就举你们那些不同教派之间的异同为例。我们几乎无法想象为什么在一个共同的信仰之下的人，在教义与仪式上，会有那么多的歧异。那些对你们可能有历史上的意义，但对我们而言意义何在呢？而且，连你们自己对这些教义都有着不同、甚至是互相矛盾的诠释与仪式。赎罪、三位一体（Trinity）、洗礼的仪式，你们有着不同的理论……我们所想了解的，以及你们所想宣道的，并不是这些枝节上的歧异，而是根本的真理。

胡适接着说，中国人有中国人自己的传统与信念。比如说，基督徒相信原罪；可是中国人相信性善。孰是孰非，不是重点。重点是：传统与信念可以化为己用。如果从前的圣奥古斯丁（St. Augustine）、卡尔文（John Calvin）可以创立新的教义，为什么现代的传教士不能把其他国家大哲的智能结晶挪为己用呢？最后，胡适以保罗在《歌林多前书》第九章19至22节的一番话作为这篇演讲的总结。他称赞保罗是世界上最伟大的传教士：他是最好的学生，而且一点也不教条。胡适说保罗深得传教的三昧，他知道如何做一个理想的传教士：

> 虽然我是自由的，不隶属于任何人，然而我要作众人之仆，以求取更大的收获。对犹太人，我就变成犹太人，以便赢得更多的犹太人；对遵守律法的人，我就作遵守律法的人，以便赢得更多遵守律法的人；对不遵守律法的人，我就变成不遵守律法的人——我遵守基督其实就等于是遵守神的律法——以便赢得更多不遵守律法的人；对软弱的人，我就变成软弱的人，以便赢得更多软弱的人。对什么样的人，我就变成什么样的人，以便我可以救更多的人。①

其实，胡适的个性里，有人所不知的极端的一面。这可能是具有宗教情怀、容易有宗教感应、易于冲动的人的通性。所以，他才会在1912年秋天的时候还主持中国"传道班"，但到了1913年初却开始抨击那想要"提升"、"开化"外邦"野蛮人"的传道作风。这种钟摆式的摆荡，也就是胡适自己所说的"反动"。他在"理想的传教士"这篇演讲里有他的难言之隐。毕竟他是在对教会的人演讲，他实在说不出口，说他反对传教士到中国传教。所以，他只好让有慧根的人来听出那篇演讲的弦外之音，质言之，"理想的传教士"就是"不传教的传教士"。到了1914年夏天，胡适的态度又转变了。他在8月10日的日记里说：

> 有某夫人问余对于耶教徒在中国传道一举，意见何若。答曰："吾前此颇反对此举，以为'人之患在好为人师'。英文所谓 proselyting〔传

---

① Hu Shih, "The Ideal Missionary,"《胡适全集》，35:7-13.

教］者是也。年来颇觉传道之士，正亦未可厚非。彼等自信其所信，又以为其所信足以济人淑世也，故必与世人共之，欲令人人皆信其所信，其用心良可敬也。《新约》之《马太书［福音］》有云：'未有燃烛而以斛覆之者也，皆欲插之檠上，令室中之人毕受其光耳。且令汝之光照耀人前，俾人人皆知汝之事业而尊荣汝在天之父（上帝也）。'（《马太》五篇十五、十六节）此传道之旨也。顾传道之士，未必人人皆知此义耳。"某夫人极以为然。①

随着胡适走向和平不争、绝对不抵抗主义的立场，他对基督教的批判也跟着越来越严厉。如果早在 1912 年的秋冬之际，作为宗教的基督教已经对胡适失去了吸引力，到了 1915 年，作为伦理道德系统的基督教，也被胡适宣告破产了。2 月 8 日晚上，胡适在旖色佳的两个教堂作了演讲。第一个是在一尊教会（Unitarian Church）的晚餐演讲；第二个则是在卫理公会教堂的餐后演讲。胡适在写给韦莲司的信里描写了两个教会的听众不同，反应也迥异。他说一尊教会是年轻人，卫理公会的听众则以白发居多。两个演讲的主旨相同。胡适说他"非常坦率地告诉两处的听众，从基督教的真谛，从其最根本的教义来说，基督教已经彻底失败了"。他说，一尊教会的听众"和颜悦色地接受我的看法——他们是'新生代'"。卫理公会的听众，胡适说："一定是目瞪口呆了。我没等他们发问就离开了。但我已经先对他们声明过了，我不能接受邀请而不说实话。"胡适告诉韦莲司，说他可能会把那篇演讲写成一篇长文，名为："基督教正被考验着"（Christianity on Trial）。②

胡适显然没把这篇文章写出来。所以，我们不知道他的论点是什么。幸好胡适 2 月 21 日又在卫理公会的教堂作了一个演讲。他在 2 月 25 日给韦莲司的信上附了一张"报道非常不正确"的剪报。③ 虽然这张剪报很可惜今已不存，但因为这个演讲，引来了胡适跟韦莲司母亲的一场辩论。过后，胡适在信上向韦莲司作了报告。我们因此得以管窥胡适那个演讲的大旨。这封信

① 《胡适日记全集》，1:440.
② Hu Shih to Clifford Williams, February 9, 1915，《胡适全集》，40:47.
③ Hu Shih to Clifford Williams, February 25, 1915，《胡适全集》，40:62.

没有注明日期，只说是写于 3 月的一个礼拜天。我认为这封信是 2 月 28 日星期天过了半夜以后写的，写的时候已是 3 月 1 日清晨。理由有三：第一，胡适在信里说当晚"月当圆"。2 月 28 日是农历 1 月 15 日，下一个月圆的日子是 3 月 15 日，不是星期日，是星期一；第二，胡适在信里说韦莲司的母亲提起他上星期天在卫理公会教堂所作的演讲，亦即 2 月 21 日。所以他们之间的辩论是在一个星期以后发生的事，亦即 2 月 28 日晚；第三，韦莲司在 3 月 10 日的回信里提到了胡适跟她母亲以及以下引文里会提到的客鸾女士的谈话。总之，胡适在信上描述了他跟韦莲司母亲这场辩论的来龙去脉。胡适在演讲里、在与韦莲司母亲的辩论里所摆出的姿态，比他所谓的基督徒更基督徒：

> 我今晚 7:45 到妳家去。不久以后，哲学系的研究生客鸾（Marian Crane）女士也来了。我们有了一个**非常**激动的谈话。妳母亲听说了我上星期天在卫理公会教堂的演讲，她非常激动。她上星期天从教堂回来的路上，听到一个年轻人跟一个朋友在交谈。他提到我的名字，说我说"这场［世界］大战是基督教的考验"。她要那个年轻人告诉她我说了什么。他就从头说了一遍。她听了大为震惊。她急着要我解释我的立场。
>
> 所以，我就重复了我那天演讲所说的话。我说只要基督教这些根本的教义——"不能杀人"、"不要垂涎邻居的所有物"、"爱你的邻居"、"爱你的敌人"、"不抵抗恶人"、"左脸被打，再赔上右脸"——只要这些教义没有被实践，基督教就算是失败了。
>
> 接着我们辩论了很久。我很坦率地说，如果《圣经》里有任何真正能"激励人心"、"字字珠玑"（literally true）的话，那就是《圣山宝训》。妳母亲说"不抵抗主义"不能照字面来诠释。她举了一个例子，她说有一次跟妳在纽约搭地铁，碰到一个女扒手。我对她说，如果她是一个真正的基督徒，她不但应该把钱包让那个女扒手给扒走，还应该把身上所有的钱都给她。因为那有可能感化那个扒手，变化她的气质。
>
> 她不能接受这种"极端"的言论。她说那不合常理。我说：耶稣的伟大，就在于他超乎"常理"，他要把人类带到比常理更高的道德层次。

499

换句话说，我说她心目中的伦理道德不能算是真正基督徒的伦理道德。说这些话，我心里很难过。但是如果我没对我的好友、妳的母亲、我所敬爱的人说真话，我会更难过。

她这时还不能同意我的看法。但是，对坦诚的论辩终究会带来益处，这一点我是有着无比的信心。我私自相信总有一天，她会了解我的看法是正确的。我建议她读雨果的《孤星泪》。她答应我一定会去找来读。对我的看法，她震惊莫名，但并没有恼怒。这让我很感激。

客鸾女士也参加了辩论，大部分是站在我这边。她跟我十点钟离开妳家。我们一起走了一段路。她也是一个非常坦诚，思想上非常真诚的人。她有一个康乃尔大学女生的查经班，她希望我能去她的班上谈我今晚说的话。①

其实，胡适很了解韦莲司的母亲是一个主见很强的人。他们当晚的辩论有没有恼怒韦莲司的母亲暂且不论，但要改变她的想法，则难如登天。我在《星星·月亮·太阳》里，有一段描写韦莲司母亲的片断，可以供还没读过的读者参考："认识她的人，说她无论在长相或行径上，都酷似英国的维多利亚女王。她以捍卫'礼仪'、'教养'为己任，最看不惯年轻女士一边上电车，一边慢条斯理地戴上她们的长手套；只要被她撞见，一定挨骂。还有一件更耐人寻味的轶事。据说，她搭电车的时候，很爱指挥驾驶员。有一个驾驶受不了长期疲劳的轰炸，干脆作了一个玩具电车，亲自送上府，咬牙切齿地告诉她，这样她就有一辆可以自己全权管理的电车了。"②

胡适在旖色佳本来就很有名了，既有征文得奖的成绩，又有演讲大家的荣衔。现在又加上了批判第一次世界大战语惊四座的"极端"言论。一个月后，他又在旖色佳的长老教会作了一个演讲。这个演讲，当地的报纸刊出了，胡适把它登录在《留学日记》里。因此，让我们有机会知道他当时对基督教的批判。根据《康乃尔太阳日报》的报道，胡适的演讲是长老教会所举办的一系列的演讲，名为"人世间职业的精神意义"（The Spiritual Significance of

① Hu Shih to Clifford Williams, March 1915，《胡适全集》，40:71-73.
② 请参考拙著《星星·月亮·太阳》，页21。

Secular Callings）。这个系列的演讲共有七个，胡适的演讲是第四个。最后三个演讲者，一个是法学教授，一个是前农学院院长，一个是"康乃尔大学基督教青年会"的秘书。演讲的对象是大学生，但其他听众也欢迎。①

胡适这篇演讲的题名叫《基督教在中国的机会》。他开门见山就当头棒喝：

> 在捐献慈善，在日常的公私生活面上，基督徒可以称得上是基督徒。可是在国际关系上，他们就不能算是基督徒了。他们"懂得把蚊蚋给挑出来，却把偌大的骆驼给吞了下去"[《马太福音》第二十三章 24 节]。只要自诩为基督教的国家只认"铁拳"，只要他们不尊重弱小国家的权益，只要他们把自己国家、商业上的利益以及领土上的野心，放在公理与正义之上，基督教就永远不可能成为世界的权力中枢；所有传教的工作也永远不可能永续，只要战神一发号，就会马上土崩瓦解。
>
> 如果基督教想要成为一个世界性的宗教，那就是每一个基督徒、每一个教会的责任，去提升国际道德的标准。你们大多理所当然地认为你们所号称的"文明"[注：西方文明]是建立在基督教的盘石之上的。可是，我要出以至诚地告诉你们：眼前这个文明不是建立在基督的爱与公理之上，而是建立在丛林——强权就是公理——的法则之上。我们闭上眼想一下，就在当下，有多少基督教的国家正在教堂里对它们的基督祈祷，祈求祂保佑它们可以成功地摧毁其他基督徒！然后，我们再反思这些基督的戒律："要彼此相爱"；"爱你的仇敌、不抵抗恶人"。

胡适说传教士有三条路可走：第一，收信徒；第二，传播基督教的观念与理想；第三，从事实际的社会服务：

> 从前传教士收入的多寡，是取决于他们收了多少信徒。但那不是中国所需要的，也不应该是教会派传教士所应注重的。比较重要的，是去传播基督教的精义；这精义，我指的不是基督乃童贞女所生、原罪、

<hr>

① "Suh Hu, '14, to Speak on Secular Callings," *Cornell Daily Sun*, XXXV.132, March 20, 1915, p. 1.

赎罪，等等教条，而是指那些基督教的真髓：爱、爱汝邻居、爱你的敌人、不抵抗、宽恕、牺牲、奉献，等等。传教士应该用最合适的方法，去对当地人传播这些基督教的理念。他不应当注重教会的会众是否增加了，而是让这些理念在人们的心中生根结果。

传教士所可走的第三条、也是最重要的路，是从事实际的社会服务，包括教育、社会改革、医疗与手术的服务。传教士在这方面已经有了很大的成就，特别是在医疗方面，我认为这是传教事业至高无上的光荣与胜利。

外国传教士最有价值的地方，就在于像一个归国留学生一样，他具有新的观点，具有批判的精神，那是当地人由于生于斯长于斯而习而不察的，却又是任何改革运动所必须的。

胡适在录下了这张剪报的内容以后，在《留学日记》里加了一段按语："昨日星期，此间十六七所教堂之讲演无一见诸报章者，独我之演说词几占全栏，不可谓非'阔'也，一笑。首末两段自谓大有真理存焉。"[①]

胡适自诩"首末两段自谓大有真理存焉"。第一段的论点，其实就是我在第六章分析过的，也就是从他的世界大同主义到绝对的不抵抗主义思想的发挥。最后一段，把传教士和归国留学生相比拟的说法是别有意味的。且不论这个比拟是否恰当，且不论这个说法是否太抬举了归国留学生，仿佛留了学就一定会有"新观点和批判精神"一样。胡适的这段话不但是他的夫子自道，而且是他对所有归国留学生的期许。他刚回国的那几年最喜欢说的一句话就是："吾辈已返，尔等且拭目以待！"（You shall know the difference now that we are back again.）但这是后话。

事实上，胡适在这个演讲里所说的话，真正奠定了他日后对基督教传道事业的看法的，既不是第一段也不是最后一段，而是他建议传教士所走的第三条路，亦即从事实际的社会服务。胡适在回到中国以后，特别是在1920年代，与教会以及教会大学人士有过多次客气但不留情面的交锋。他多次预

---

① 《胡适日记全集》，2:78-81.

言基督教在中国寿终正寝可期。他给教会人士的建议，就是奉劝他们不要再浪费心神、财力去作救人上天堂那种科学昌明以前所遗留下来的迷信，而专心致志于社会改良的现代事业。

　　胡适会有这种要基督徒放弃远在天边的天国迷梦、"回头是岸"、耕耘在地上的"天国"的想法，绝对不是痴人说梦。他留美刚满二十三岁的时候，就成功地扮演过像天主教神父为信徒作忏悔一样的告解（confession），为一个牧师作了他的忏悔式。这位牧师就是胡适在《留学日记》里所提到的节克生牧师（Rev. Henry Jackson）。节克生牧师是普林斯顿大学神学院毕业的神职人员，比胡适大二十二岁。胡适认识节克生是他1914年9月初到麻省的安谋司参加"美东中国学生联合会"所举办的夏令营的时候。胡适在11月7日的日记里说："吾在安谋司赴美东学生会时遇美国人节克生君，与谈甚相得。"① 人的记忆不可靠，这里又是一个例子。胡适1939年4月22日在报上看到节克生的讣闻。当时，胡适是中国驻美大使。他在当天的日记里就把他们订交的地点给弄错了。他说："他在1914年到Cornell去讲演，我偶然听了他的讲演，写信去和他讨论一个问题，以后，我们通信多次，成了朋友。他请我到他家去住过。去年［1938年］他到旅馆来看我。他说，我们的通信对他脱离教会的事颇有影响。这也是'无心插柳柳成荫'的一个例子。"② 胡适二十五年后的这个回忆是错误的。他当年的日记说他们是在"美东中国学生联合会"的夏令营认识的记录才是正确的。

　　总之，胡适与节克生在"美东中国学生联合会"的夏令营认识以后，他们一见如故。此后，他们开始通信。节克生送了胡适一本他所著的《十字架的真谛》（*The Meaning of the Cross*），请胡适批评。《十字架的真谛》是1911年出版的，是节克生在新泽西州曼克雷尔（Montclair）的"联合公理会教堂"（Union Congregational Church）所作的布道。③ 胡适在1914年11月7日的日记里节录了他给节克生的意见：

---

① 《胡适日记全集》，1:537.

② 《胡适日记全集》，7:645.

③ Henry Jackson, *The Meaning of the Cross* (New York: Fleming H. Revell Company, 1911).

你不只一次比较了苏格拉底与耶稣之死。坦白说，柏拉图所描述的苏格拉底之死，和《对观福音书》里所描述的耶稣之死，前者让我所受到的感动要远超过后者。我认为一个人必须已经有了基督徒的观点，才会说耶稣被钉在十字架上要比苏格拉底之死来得伟大和高尚……我想我可以说你可能自己不自觉，但你还是不公平地贬低了苏格拉底之死吧？

你说："耶稣的行为在在地证明了他是上帝之子。而就因为他是神的儿子，所以他的行为亦若是。"我觉得你作了循环论证而不自知。你已经先作了基督徒的假设，说耶稣是神的儿子。对心中没有这种假设的我而言，耶稣被钉在十字架上的种种并不能证明他是神的儿子，就好像苏格拉底之死以及司提反之死（《使徒行传》第六章）也不能证明苏格拉底或司提反是神的儿子一样。

从某个角度而言，我是一个一尊信徒，虽然我从来就没有为我的宗教命过名。如果耶稣只是一个凡人而不是神的儿子，我对他的景仰会更大。作为神的儿子，耶稣的所作所为并不特别伟大。然而，如果耶稣只是一个凡人，则他就不但在过去，而且在将来会永远是一个了不起的人。

简言之，用你自己的话来说，你"是成功地把耶稣之死的道理从狭隘的神学理论里解放出来了"，就差有一点没作到，那就是耶稣是神的儿子的理论。这个理论也需要证明。[1]

节克生在收到胡适的意见以后，显然又寄了另一本他的著作给胡适，那就是他在 1910 年出版的《用油画杰作来作德育》（*Great Pictures as Moral Teachers*）。[2] 节克生在这本书里选取了二十幅描写《圣经》故事的油画杰作，每一幅杰作，都附有一篇他写的诠释。其中一幅是赫夫曼（Heinrich

---

[1] 《胡适日记全集》，1:537-539.

[2] Henry Jackson, *Great Pictures as Moral Teachers* (Philadelphia: The John C. Winston Company, 1910).

Hofmann, 1824-1911）的《客西马尼园里的耶稣》(*Christ in Gethesmane*)，节克生的诠释的题名是：《耶稣的勇气》(The Heroism of Jesus)。节克生在这篇诠释里，一开始就用苏格拉底之死来对比耶稣之死：

> 如果我们只看表面，同样是面对死亡，客西马尼园里的耶稣，比不上监牢里的苏格拉底。苏格拉底相当"欣然和悦"地喝下他的毒药；耶稣则痛苦地恳求解脱。在雅典的死牢里，苏格拉底沉稳和悦地面对他最后的试炼；在客西马尼园里，耶稣则汗出如血、断续的祈祷、生气、无比的沮丧、精神崩溃。福音书的作者所用的形容是"被忧伤缠绕着"。在这样的对比之下，耶稣如何能被敬仰为一个至人呢？难道牠不配得享基督徒心中给牠的地位吗？难道牠不比苏格拉底勇敢吗？[①]

节克生对他自己的反问句的答案当然是否定的。他说苏格拉底之死跟耶稣之死，根本就属于不同的层次。"对苏格拉底而言，他的死只是他个人的问题；对耶稣而言，则牵涉到罪与宽恕的问题。"他说，"耶稣的痛苦，一部分是因为牠对罪直观、敏锐的了解。客西马尼园所象征的真理就是这一点。耶稣越爱世人，世人的罪——那使被爱的世人堕落的罪——越发撕裂着牠流血的心。"[②]

胡适把自己的回信摘录在12月11日的《留学日记》里。在这封回信里，胡适进一步引申了他苏格拉底之死比耶稣之死伟大、高尚之论：

> 你问我："如果在耶稣的生命里，没有比苏格拉底之死更要有价值的作为，我们如何解释在世人的心目中，耶稣之死要远胜于苏格拉底之死的意义呢？""在世人的心目中？"在教徒的心目中，也许耶稣之死占有较重要的地位。然而，在哲学世界里，苏格拉底之死无疑地跟耶稣之死占有同样重要、甚或更重要的地位。耶稣之死造成了一个宗教；苏格拉底之死则造就了哲学。这个哲学对希腊、罗马世界，以及我们当代

---

① Henry Jackson, *Great Pictures as Moral Teachers*, pp. 175-176.
② Henry Jackson, *Great Pictures as Moral Teachers*, pp. 176, 177.

这个世界产生了深远的影响。现代世界的理想已经不再是基督教那种自我否定（self-abnegation），而是希腊那种自我实现（self-development）的理想；不再是基督教信仰的理想，而是苏格拉底追求真理的理想——也就是苏格拉底为之而死的真理！……［原文就有的删节号］

我承认对基督徒而言，耶稣之死远比苏格拉底之死重要。原因无他，就是因为这么多世纪以来的传统使其然也……［原文就有的删节号］其差别就在于传统加诸信徒的。那完全是主观的，没有一点客观的价值。

你（在《用油画杰作来作德育》里的《耶稣的勇气》篇）说："对苏格拉底而言，他的死只是他个人的问题；对耶稣而言，则牵涉到罪与宽恕的问题。"那不正确。苏格拉底的问题不只是他个人之死。

苏格拉底为真理而死；他为求真而死。他得罪了［雅典］那些德高望重的人士，因为他要探究他们的行为和道德；因为他相信"未经检视的人生不值得活"。他被迫害的方法和罪名跟耶稣并没有什么不同。在他死以前，他的朋友要帮忙他逃走，但他拒绝。他用他的死来作身教，教导我们："只有真善美的生命——不是所有的生命——才值得去珍惜的；只有不义、不法——而不是死——才是必须避之唯恐不及的。"……［原文就有的删节号］

如果希腊人跟犹太人一样富有宗教情怀，如果克里托（Crito）、斐多（Phaedo）、柏拉图跟加利利的渔人一样头脑简单，如果苏格拉底的学说多注重一点神灵方面，说不定苏格拉底学说也可能变成一个宗教，苏格拉底说不定也可能变成一个神……［原文就有的删节号］

我并不否认耶稣的勇气，但我也不能坐视苏格拉底被贬低。[①]

节克生牧师在跟胡适通信以前，已经对基督教产生了许多疑问，已经有了离开教会的念头。胡适的雄辩使他萌生破釜沉舟的决心。根据胡适在1939年4月22日的日记所附的讣闻，节克生牧师确实是在1915年脱离了教会，从事社会服务，特别是教育与社区的服务。他后来出任设立在纽约的

---

① 《胡适日记全集》，1:562-564.

"社会工程研究所"（Social Engineering Institute）的所长，^① 积极从事研究、批判与游说联邦社会立法的工作。这正应验了韦莲司对胡适说的一句至理名言："你应该理解我们之所以会接纳别人意见的诀窍在哪里。当一个人愿意去请教别人的时候，他实际上已经有了四分之三的答案。在这种情形出现以前，说得再多，都只是徒然用自己的头去撞墙壁而已。我常觉得一个人比较愿意去向自家以外的人倾吐、聆听他们的意见，这其实是相当理性的本能。"^② 这句至理名言是韦莲司从她跟她母亲困难的关系里悟出来的。

无论如何，胡适在 1915 年 1 月底到纽约去的时候，在节克生牧师的坚邀之下，在 22 日坐火车到节克生在新泽西州北曼克雷尔（Upper Montclair）的家去住了一个晚上。胡适在《留学日记》里记说："夜与此君谈宗教问题甚久。此君亦不满意于此邦之宗教团体（organized Christianity）。以为专事虚文，不求真际。今之所谓宗教家，但知赴教堂作礼拜，而于耶稣所传真理则视为具文。"^③ 他们当晚的谈话一定是感动了节克生。胡适 1 月 24 日傍晚回到绮色佳，节克生在第二天晚上就迢迢地到绮色佳去找胡适长谈。胡适在给韦莲司的信上作了一个非常赋有宗教意味的描述。他把自己描写成作告解（confession）的神父，接受节克生牧师的忏悔：

今晚，我跟节克生牧师（就是我最近跟妳提起的那位）在我的房间里谈得很好。我当了听他告解的神父，听他诉说所有他内心里到底是要说真话还是妥协——或者用他自己的话来说，是要"［追随］耶稣还是［要当］耶稣会辩士"（Jesus vs Jesuitism）——之间的挣扎。他对基督教有很多意见；他对教会体制下的基督教不满意已经有相当一段时间了。但是他一直没有勇气公开说出他心中看见的事实；他一直在作妥协。他的教会，或者应该说，他教会里的一部分人，不愿意看到改变。

他现在已经决定离开教会。不久以后，他就要把他对基督教和教会的看法公之于世。他想要作一个自由的人，自由地去说和写他所相信

① 《胡适日记全集》，7:646-647.
② Clifford Williams to Hu, April 23, 1915；请参见拙著《星星·月亮·太阳》，页 62。
③ 《胡适日记全集》，2:17.

的真理。他要在七月以后搬来旖色佳住。我读了一段约翰·墨理（John Morley）在《论妥协》（*On Compromise*）［韦莲司在两个月前推荐给胡适读的书］的话，即"世人的微笑值多少呢？而为了赢得它［我们得牺牲我们的道德勇气；还有那世人的皱眉又值多少呢？而我们对它的恐惧居然远胜于真理的萎缩以及我们内心灵魂之光的渐行渐熄。页197。］"开头的那句话。他很喜欢这段话。他说他需要像这样的书来作他的道德良药。所以，我就把"这本我送给我自己的生日礼物"［即墨理的《论妥协》］借给他。我同时也借给他易卜生的《国民公敌》。①

这一场由无神论的胡适扮演告解神父，听节克生牧师忏悔的真实戏可能是宗教史上的第一出。这也是胡适留美时期在宗教上所经历的心路历程的高潮。超越了基督教的宗教感应的胡适在这里所刻意营造的，是一个挪用；是一个彻底颠覆的挪用；是由无神论的他去告解一个即将宣告脱离教会的牧师。用教会里的人的话来说，胡适的做法是亵渎神圣的（sacrilege）。然而，胡适会用天主教仪式的语言来还制基督教，来叙述一个脱教的行为，其意义不只是我在前边所说的，显示出他比所谓的基督徒更基督徒，不只是显示出他对耶稣教义的真髓的服膺要远胜于所谓的基督徒，它更意味着胡适"作圣"的抱负。胡适从在上海求学到美国留学的初期，一直有着修身的焦虑。讽刺的是，经过、然后超越了基督教的宗教感应的他，一扫他那一直如影随形的修身的焦虑。不仅如此，由于他有那比基督徒还基督徒的信心，由于他有那比基督徒还更服膺耶稣教义的真髓的优越感，如果胡适曾经有过"以期作圣"的抱负，就正是此时也！

言归正传，回到胡适跟节克生牧师辩论耶稣和苏格拉底。胡适在留美的时候，多次读了柏拉图所写的苏格拉底。他第一次在《留学日记》里提到柏拉图和苏格拉底是在1911年7月4日："读 Plato's *Apology of Socrates*［苏格拉底的申辩。］"② 显然是自修，因为当时暑期班还没开学。1912年秋天，他有几次提到他在读柏拉图的《共和国》。最值得注意的，是11月5日的

---

① Hu Shih to Clifford Williams, January 25, 1915，《胡适全集》，40:34-35.
② 《胡适日记全集》，1:161.

日记："是日重读 Plato's Apology, Crito, and Phaedo［《申辩》、《克里托》、《斐多》］三书，益喜之。" ① 这可能还是他课外的自修。当然，也可能是他在狄理教授的"伦理学"课上的读物。现在北京大学所藏的胡适藏书里，有胡适在 1915 年 11 月买的三本书。当时胡适已经在哥伦比亚大学了。这三本书的扉页都有胡适的签名，内文都划得密密麻麻的，作笺注的地方所在多有。一本是《苏格拉底对话：柏拉图与色诺芬作》(*Socratic Discourses by Plato and Xenophon*)。② 这本书的最后一页还有胡适的英文注记："1915 年 11 月 26 日，再次读完。"第二本是《柏拉图五大对话：与诗兴相关者》(*Five Dialogues of Plato bearing on Poetic Inspiration*)。③ 第三本是《柏拉图五大对话》(*Five Dialogues of Plato*)，在这本书的《斐德拉司》(Phaedrus) 篇末有胡适的注记："吾尝谓此篇与 Symposium［飨宴篇］相伯仲而难为尹邢。昨张仲述［彭春］告我以此在伯氏文中为第一。今夜重读之，果然。四年［1915］十一月廿三夜，适。"

我在这里想要说的重点是，胡适对苏格拉底、柏拉图是下过工夫的。他对节克生牧师所说的话不是信口雌黄，而是多年精读苏格拉底、深思熟虑以后所说的话。有趣的是，胡适对基督教的反动，或者说，对所有宗教的反感，也在在地反映在他对苏格拉底的评价上——先是顶礼膜拜，而后失望透顶。1926 年，胡适到英国去开英国退还庚款的会议。11 月中，他访问北爱尔兰的贝尔法斯特 (Belfast) 大学的时候，该校的副校长李文思敦 (R. W. Livingstone) 爵士送给他一本他所编的《希腊的经典选萃》(*The Pageant of Greece*)。④ 胡适在回程的火车上翻阅了这本书。最有意味的，是他 12 月 20 日在日记里所写下的一段话：

晚上想起 Socrates［苏格拉底］临死时说：

Crito, I owe a cock to Asclepius; will you remember to pay the debt?［克

---

① 《胡适日记全集》，1:217, 221, 224.

② *Socratic Discourses by Plato and Xenophon* (London: J. M. Dent & Sons, 1913).

③ *Five Dialogues of Plato bearing on Poetic Inspiration* (London: J. M. Dent & Sons, 1913).

④ R. W. Livingstone, ed., The Pageant of Greece (Oxford at the Clarendon Press, 1923).

里托！我欠艾司克里匹厄司一只公鸡。你能记得替我还这个债吗？〕

我初以为 Asclepius〔艾司克里匹厄司〕是一个人。上月在 Belfast〔贝尔法斯特〕承 Dr. R. W. Livingstone〔李文思敦博士〕送我一部 *Pageant of Greece*〔《希腊的经典选萃》〕，在火车上看见页 148 引此段，注云：

Cocks were sacrificed to Asclepius, in whose temples the sick slept for treatment. 'Socrates hopes to awake cured like these'（Burnet）〔公鸡是用来献祭给艾司克里匹厄司的。病人睡在艾司克里匹厄司的庙里，在睡梦中接受治疗。"苏格拉底希望醒来以后能够痊愈"（根据伯内特的诠释）〕

始知 Asclepius〔艾司克里匹厄司〕是一个神。p. 149〔页〕载有"祭献 Asclepius〔艾司克里匹厄司〕& Hygeia〔海姬娅〕石刻像"。十几年的一个误解，方才明白！译书之难如此！记此以自警。

依 Burnet〔伯内特〕的说法，Socrates〔苏格拉底〕临死时许愿，以一只鸡献 A〔艾司克里匹厄司〕神，希冀苏醒来时无恙。此说似有理。然一个绝代好汉，到头来这样露出小家相来，未免煞风景！时代影响之深入人心如此！[①]

其实，胡适完全误解了伯内特那句话的意思。苏格拉底临终所说的这句话是什么意思，到现在为止并没有定论。伯内特的说法代表了大多数学者的看法，但完全不是胡适所理解的那样。伯内特所谓的苏格拉底希望醒来以后能够"痊愈"——不是胡适说的"无恙"——是有它特定的意涵的；是跟苏格拉底的"灵魂不灭论"息息相关的。所以，伯内特的那句话，意思刚好跟胡适的理解相反，并不是苏格拉底想要复活的意思，而其实是寓意的说法。伯内特所谓的"痊愈"是意指：活着是病，死才是痊愈；苏格拉底是要谢谢艾司克里匹厄司用死亡治疗法来医好他的活命病。这个诠释是为最多学者接受的。

这个诠释让人信服的地方，是我们可以在《斐多》篇里找到苏格拉底所说的话来作佐证。苏格拉底说身体是灵魂的桎梏，身体是灵修的障碍：

---

① 《胡适日记全集》，4:600.

经验证明，如果我们要有纯粹的知识，我们就必须摆脱我们的身体——灵魂必须亲自去透视事物的本身。只有如此，我们才能得到我们自诩为爱智者所希冀的智慧；只有我们死后，而不是我们活着的时候，这才有可能。只要身体亦步亦趋一天，灵魂就不可能会有纯粹的知识，其结果只有两个：要么知识是永远不可企及的；要么在人死后才可能企及。这是因为，只有在人死了以后，灵魂才可能离开身体而独立存在。

苏格拉底安慰那些在死牢里陪他度过人生最后时刻的朋友和弟子说：

我的好朋友！如果上面所说的话是正确的，那么我们有理由相信，在我人生旅途的尽头，我可以在我要去的地方找到我一生所追求的东西。因此，我要兴高采烈地上路。其实，不只是我，每一个相信他的心已经准备好了，而且相信他已经被涤净了的人都应该用如此的心情上路。①

胡适会有这样的误解，是很可理解的。一方面，胡适读柏拉图已是十几年前的事了，他不一定还记得苏格拉底的"灵魂不灭论"。另一方面，李文思敦爵士只引了这句话，没有作任何引申。况且胡适毕竟不是专门研究柏拉图或希腊哲学的人，不见得会知道学者对苏格拉底临终那句话的诠释与争论。因此，在乍读了伯内特那句话，说："病人睡在艾司克里匹厄司的庙里，在睡梦中接受治疗"；胡适就把它诠释为："苏格拉底希望醒来以后能够痊愈。"于是，胡适十几年来心目中的"生命诚可贵，真理价更高"的英雄，顿然从天堕地。所以他才会大失所望地说："一个绝代好汉，到头来这样露出小家相来！"

苏格拉底临终那句话有另外一个诠释，虽然没有多少学者附和，但还是颇值一提的。根据这个说法，苏格拉底所要献祭的公鸡，是要用来谢谢艾司

---

① "Phaedo," in B. Jowett tr., Louis Loomis, ed., *Plato* (New York: Classics Club, 1942), pp. 96-97.

克里匹厄司医好了柏拉图的病。这个说法虽然没有证据，但很值得玩味。我们知道描写苏格拉底之死的《斐多》篇是柏拉图写的。苏格拉底被处死当天，柏拉图因为生病没有在场。柏拉图很技巧地在《斐多》篇开始不久，就由斐多口中提到柏拉图因为生病而不在场。柏拉图的病一定很严重，否则他不可能不去陪苏格拉底走完他在人间的最后一程。苏格拉底咽气之前突然冒出来要一只公鸡的事，其他什么都没说，诚然让人丈二金刚摸不着头脑。然而，如果我们把它放在柏拉图痊愈，放在苏格拉底相信人死之前有通灵的能力的脉络下来看，苏格拉底是已经看见柏拉图终会痊愈，因此，他要克里托带一只公鸡去献祭给艾司克里匹厄司。苏格拉底在咽气前还会想到柏拉图，当然会让柏拉图感激莫名。更重要的是这在学术传承上所作的暗示的意义。那就仿佛是苏格拉底透过了他的遗命宣示：柏拉图不死，苏格拉底的哲学就会有其传承，不会成为绝学。不管是因为柏拉图自谦，还是因为他自大，抑或因为他是第一流的写作高手，他把这个传承的故事的伏笔都安好了，只差没有点破而已。[①]

孔教运动：从支持到批判

胡适对孔教运动的态度一直为人误解。这再次说明，为什么我们必须对先入为主的观念保持戒慎的态度。在一般人的印象里，留学归国以后的胡适跟提倡打倒孔家店的《新青年》是站在同一战线上的，所以人们总认为胡适一向就是反对孔教运动的。事实上，胡适跟基督教就有过一段先亲和、后拒斥的心路历程。而且，即使在他对基督教的宗教情怀冷却以后，胡适虽然终其一生批判、甚至是憎恶作为宗教体制的基督教，但这丝毫没有减损他的宗教情怀，更不妨碍他敬佩耶稣的伦理道德教训。同样地，胡适对孔子和儒家或儒教的态度，也有几乎完全雷同的心路历程以及几乎完全雷同的分殊。换句话说，胡适对儒教也经过了一段宗教上的探索，尽管这个探索是在智性的

---

① Glenn Most, "A Cock for Asclepius," *The Classical Quarterly*, New Series, Vol. 43.1 (1993), pp. 96-111.

层面，而完全没有牵涉到任何宗教感应的情愫。同样地，等他对儒教作为一个宗教运动的可取与可行性作出否定的结论以后，对于孔子和个别儒学大家的"知其不可为而为之"的宗教情怀、以及"格物致知"的执著，胡适仍存有他的崇敬与顶礼。然而，对儒家体制，特别是与国家政权比附的儒家体制，胡适是睥睨以视之的。

胡适对儒家作为思想道德的理念与儒家作为一个权威体制之间所作的分殊，在在地反映在他 1959 年春天所接受的一个访问里。当时在美国华盛顿州西雅图华盛顿大学任教的施友忠，到台北南港中央研究院，也就是现在"胡适纪念馆"所在的"胡适故居"访问胡适。这篇用英文发表的访问稿，在约略介绍了胡适的生平思想以后，摘述了胡适对他一生参与的一些重大事件的回顾，其中之一有关儒家。胡适强调他并没有参加五四时期"打倒孔家店"的运动。相反地，他说他在《中国哲学史大纲》里，对孔子的逻辑思想给了相当高的评价。他回想起来，觉得他当时实在太抬举孔子了。他说在那之前，他刚刚研究了孔德。施友忠说："孔德的实证主义和人文主义也是胡适信念的一部分。"胡适解释说他所以支持吴虞，愿意替他的文录写序，是因为他有意要用平等的眼光来评判先秦诸子。"这个意念，再加上他作为一个人文主义者和实证主义者的态度，使他成为那些历来被冷落的诸子——特别是墨子——的拥护者，同时也对独尊孔子的做法予以当头棒喝。"①

胡适在这个访问里提到孔德，同时又以实证主义者自居，对习于视胡适为实验主义者的人而言，固然可以语惊四座。然而，这完全符合我在第五章所说的，胡适在哲学思想上有糅杂、调和、挪用的倾向。无论如何，这个访问的重点在于说明胡适所批判的，不是儒家的本身，而是儒家与国家、社会、知识权力之间互利共生的关系。胡适在留美时期对儒教的合离过程，就是他这个亲和宗教情操、憎恶体制权力的分殊历程最好的写照。

胡适第一次在《留学日记》里谈到他在康乃尔大学演讲"孔教"，是在 1912 年 12 月 1 日："昨夜二时始就寝，今晨七时已起，作一文为今日演说之用。十二时下山，至车站迎任叔永（鸿隽），同来者杨宏甫（铨），皆中国公

---

① Vincent Y. C. Shih, "A Talk with Hu Shih," *The China Quarterly*, 10 (April-June, 1962), pp. 158-159.

学同学也。二君皆为南京政府秘书。叔永尝主天津《民意报》。然二君志在求学，故乞政府资遣来此邦……下午四时在 Barnes Hall［芭痕院］演说'孔教'，一时毕，有质问者，复与谈半小时……"[1] 这很可能是胡适给他所主持的"传道班"的学生所作的演讲。我在本章上一节提到胡适为"康乃尔大学基督教青年会"主持了一个"传道班"。这个"中国传道班"上课的时间就是星期天下午四点半，地点就在芭痕院。有趣的是，根据《康乃尔太阳日报》的报道，胡适演讲的题目是"儒家与道教"(Confucianism and Taoism)。[2] 当然，报纸的报道经常是错误百出的。所以我们并不能确定胡适当天的演讲究竟是只讲儒家还是也讲了道家。然而，值得注意的是，胡适是把"Confucianism"翻成"孔教"，而不是儒家。我们很可惜不知道胡适这篇演讲的内容。然而，拥护孔教的梅光迪在 1913 年 2 月 5 日给胡适写的信上说："读孔教演稿，倾倒之至。"[3]

我们不知道胡适这篇"孔教"的演讲的主旨为何。然而，他能让梅光迪"倾倒之至"，则一定不会是梅光迪所不能认可的。梅光迪在此之前已经屡次在信上跟胡适谈过孔教的问题。我在本章前一节提到，梅光迪 1912 年 6 月下旬，去参加了"北美中国基督徒留学生协会"在维斯康辛州的日内瓦湖所举办的夏令营。跟胡适一样在基督教夏令营受到震荡的梅光迪，在回学校以后写给胡适的信上说："迪对于此会感触至深，自此一行顿觉有一千钧重任置于我肩上，然此重任愿与足下共荷之也。盖今后始知耶教之真可贵，始知耶教与孔教真是一家，于是迪向来崇拜孔教之心，今后更有以自信，于是今后提倡孔教之心更觉不容已，此所谓千钧重任者也。"梅光迪又接着说：

> 迪自来此邦，益信孔教之有用。前与足下已屡言之：欲得真孔教，非推倒秦汉以来诸儒之腐说不可。此意又足下所素表同情者。然国人知此意者绝少，海外同人更无人提及。此乃最可痛哭者耳。迪谓吾国政治问题已解决，其次急欲待解决者即宗教问题。

---

① 《胡适日记全集》，1:225.

② "Sunday, December 1," *Cornell Daily Sun*, XXXIII.58, November 30 1912, p. 5.

③ 梅光迪致胡适，［1913 年 2 月］5 日，《胡适遗稿及秘藏书信》，33:403.

梅光迪说:"吾国政治问题已解决。"这不只是他一个人一相情愿的想法。当时的留学生里有这样想法的所在多有。在他的理想里,孔教与基督教的结合与互补,将是解决人类宗教问题的锁钥。然而,在达到这个目标以前,中国人自己必须先昌明孔教。在教义与制度上,把孔教提升到与基督教不相伯仲的程度。这也就是梅光迪从日内瓦湖的基督教夏令营回来以后,会在信上告诉胡适说他有"千钧重任"之感的原因:

> 吾辈今日之责在昌明真孔教,在昌明孔耶相同之说。一面为使本国人消除仇视耶教之见,一面使外国人消除仇视孔教之见。两教合一,而后吾国之宗教问题解决矣。今日偶与韩安君谈及此事,韩君极赞吾说,并嘱迪发起一"孔教研究会"与同志者讨论。将来发行书报,中英文并列。迪思此事为莫大之业,且刻不容缓,晚与许肇南、朱达善两君谈及,两君亦极赞成。故即函商吾子,不知以为何如?若吾子表同情,东来后当与吾子细谈此事及商定章程办法。吾子通人,又热心复兴古学之士,谅必有以教我。迪极信孔、耶一家。孔教兴则耶教自兴;且孔、耶亦各有缺点,必互相比较,截长补短而后能美满无憾。将来孔耶两教合一,通行世界,非徒吾国之福,亦各国之福也。

梅光迪这封信里,还有一段非常重要的论点,跟一年半以后,胡适在康乃尔大学的演讲有雷同的地方。这个论点是有关中国古代的宗教。梅光迪说:

> 吾国宗教原于古代鬼神卜筮之说。又崇拜偶像起于《传》[《礼记:〈祭法〉》]所谓"以勋死事则祀之"一语。在古人之意不过备其学说之端及崇德报功之意,并无所谓迷信,无所谓因果祸福。后世教育不讲,民智日卑,而鬼神祸福之说乘势以张。又自暴秦坑儒专制体成,诵经之士乃以尊君为学。西汉诸儒咬文嚼字,牵强附会,务以求合时主心理,盖不如是不足以进身取容也。

最后，梅光迪在这封长信里提到了陈焕章的书。他说："近者，陈焕章出一书，名曰 *The Economic Principles of Confucius and His School* [《孔子及其学派的经济原理》]，乃奇书。迪虽未见之，然观某报评语，其内容可知。足下曾见此书否？陈君真豪杰之士，不愧为孔教功臣。将来'孔教研究会'成立，陈君必能为会中尽力也。"①

胡适的回信可惜现已不存。然而，从梅光迪接着所写的信看来，他认为胡适是大体赞成他在那封长信里的论点的："足下对于迪前函谅表赞成，尚望将所作数百言而中心之书寄下，以观足下高论之一斑也。"② 从梅光迪过后又写的另外一封信，我们可以推测他们之间即使有歧见，至少梅光迪认为他们已经大致有了共识："吾子匡我甚是，然吾二人所见大致已无异矣。"事实上，梅光迪自己了解他跟胡适之间有一个关键性的歧见存在，那就在于孔教是否为宗教的问题："近得见陈焕章之书（藏书楼中有之），推阐孔教真理极多，可谓推倒一世。望足下一读之也。惟陈君亦以孔教为宗教，若以吾子之说绳之，亦有缺憾，尚望吾子有以告我。"③ 这个歧见是一个关键，也可能就是胡适后来转而批判孔教的一个重要的原因。这点，请详见下文。

1913 学年度，"康乃尔大学基督教青年会"举办了一个"宗教之比较研究"（Comparative Study of Religions）系列的演讲，分一整学年讲完。根据胡适在 1914 年 1 月 28 日《留学日记》的记载，这个系列的演讲一共有二十三次。从宗教史、原始宗教、犹太教、印度教、佛教、基督教、孔教、道教到日本的神道。胡适在日记里说：

> 主讲者多校中大师，或其它校名宿。余亦受招主讲三题：一、中国古代之国教；二、孔教；三、道教。余之滥竽其间，殊为荣幸。故顾兢兢自惕，以不称事为惧。此三题至需四星期之预备始敢发言。第一题尤难，以材料寥落，无从掇拾也。然预备此诸题时，得益殊不少；于第一题尤有心得。盖吾人向所谓知者，约略领会而已。即如孔教究竟何谓耶？今

① 梅光迪致胡适，[1912 年] 6 月 25 日，《胡适遗稿及秘藏书信》，33:373-378.
② 梅光迪致胡适，[1912 年] 7 月 3 日，《胡适遗稿及秘藏书信》，33:379.
③ 梅光迪致胡适，[1912 年] 7 月 8 日，《胡适遗稿及秘藏书信》，33:381.

欲演说，则非将从前所约略知识者一一条析论列之，——以明白易解之言疏说之不可。向之所模糊领会者，经此一番炉冶，都成有统系的学识矣。余之得益正坐此耳。此演说之大益，所谓教学相长者是也。①

　　胡适的这三个演讲是这一系列演讲的第四、五、六次的演讲，一口气在三个星期内讲完，演讲的日子在星期四。他的《中国古代之国教》是在1913年11月6日下午4点45分开讲的。根据《康乃尔太阳日报》当天的报道，胡适的这篇演讲会从公元前二十三世纪，也就是胡适所说的中国信史的开始说起。可惜我们不知道胡适这个中国信史开始的年代的根据是什么。这篇报道说，胡适会分析中国古代之国教与儒家的不同，并指出其对后来的道教的影响。演讲的第一个部分将着重于历史跟宗教的形式；第二部分，则在分析其哲学及其根本的教条，包括古代中国对来生的看法。②

　　胡适演讲过后的第二天，《康乃尔太阳日报》又写了一篇报道。根据这篇报道，胡适说一般西方人以为中国的国教不是儒、就是释、再不然就是道，或者是这三教的混合。他说这个了解是错误的，其实中国古代的国教早在孔子、老子出生以前的十八、二十个世纪就已经存在了。不但如此，这个国教到今天还存在。它跟儒教、道教的关系，很类似犹太教和基督教之间的关系。古代中国人心目中的上帝虽然不是宇宙的造物者，但他也是万能和公正的。古代的中国人所相信的是现世报。他们认为一个人有两个灵魂。其中一个是在人死以后，就跟着一起死了；另外一个则升天。人死了以后，灵魂的处境如何，并没有确切的说法。有一派认为人没有来世。另外有一派则相信立功的不朽。由于这种哲学的观点没有办法满足一般人的要求，所以当佛教传入中国的时候，中国人是张开双臂去迎接的。胡适说：据报道，中国国教里的天坛，可能会变成农业部的农业实验站。他说如果这个报道正确，那就意味着中国的国教终于将随着帝制的灭亡而走入历史。③

---

① 《胡适日记全集》，1:264-265.

② "Lecture on 'State Religion of China,'" *Cornell Daily Sun*, XXXIV.40, November 6, 1913, p. 6.

③ "State Religion of China Now History," *Cornell Daily Sun*, XXXIV.41, November 7, 1913, p. 2.

胡适在这篇《中国古代之国教》演讲里说古代中国人相信一个人有两个灵魂，一个灵魂随形之死而死，另一个则升天。这显然是根据《礼记:〈郊特牲〉》:"魂气归于天，形魄归于地。"随着形而死的灵魂叫做"魄"，升天之灵叫做"魂"。孔颖达在《左传:〈昭公七年〉》的注疏里说:"人之生也，始变化为形，形之灵者名之曰魄也。既生魄矣，魄内自有阳气。气之神者，名之曰魂也。"这一升一降的原因，孔颖达解释为:"以魂本附气，气必上浮，故言'魂气归于天';魄本归形，形既入土，故言'形魄归于地'。"

胡适在这篇演讲里又说中国古代没有来世说，只有现世报，相信立功的不朽。我们记得在上文所引梅光迪 1912 年 6 月 25 日的那一封长信。梅光迪在那封信里说:《礼记:〈祭法〉》里有"以勋死事则祀之"一语，其寓意只不过是在崇德报功，无所谓迷信，无所谓因果祸福。这跟胡适在这篇演讲的立论雷同。我们不知道这是他们"英雄所见略同"，还是胡适受了梅光迪的启发。无论如何，胡适在这篇《中国古代之国教》演讲里所作的立论，他在日后会继续发挥。但这是后话。

胡适接着在 11 月 13 日讲"孔教"。根据《康乃尔太阳日报》在演讲当天的预告，胡适在演讲里会说明为什么孔子是人类历史上最伟大的改革家;而且也会用孔子的人格特性，来说明他为什么能成为一个伟大的领导者，以及他为什么与其他改革家不同。① 在胡适演讲的次日，《康乃尔太阳日报》又有一篇报道摘述胡适演讲的内容。该报道说:胡适在"孔教"的演讲里说孔子不但是一个伟大的哲学家、老师、政治家，最重要的是，他还是一个伟大的改革家。他说孔子生在乱世。那个乱世，他说用孟子在《滕文公下》篇的话来形容，是:"世衰道微，邪说暴行有作。臣弑其君者有之，子弑其父者有之。"孔子认为他的使命就在救世新民。终其一生，胡适说孔子不改其救世新民的初衷。他周游的列国，凡七十之多。其目的在于寻找机会把他的学说付诸实际以裨益人类。胡适说孔子的执著，引来那些保持着出世哲学的人的嘲讽、嗟叹与讪笑。胡适说有一个隐者说得最好，他形容孔子:"是知其不可为而为之者与？"胡适说孔子常说天下无道。他的志向是要让这个无道

---

① "Chinese Student to Tell of Confucianism," *Cornell Daily Sun*, XXXIV.46, November 13, 1913, p. 3.

的世界回到有道。胡适说孔子的时代是儒家的黄金时代（Golden Age），是人间乐土（Heaven on Earth），是人间天堂（Paradise of Man）。①这篇报道的最后这几句话有点不知所云，即使胡适确实说了这几个句子，也可能是让记者给断章取义了。重点是胡适在这篇演讲里的主旨。从胡适说孔子是一个改革家这个论点来看，康有为的《孔子改制考》对他的影响是呼之欲出。

胡适演讲"道教"是在 11 月 20 日。可惜《康乃尔太阳日报》只有当天演讲之前的报道，而没有演讲过后的摘述。根据这篇预告，胡适这个演讲分成两个部分。在第一个部分里，胡适会描述老子的生平，说明老子返璞归真的道理，然后再详细地分析他无为、柔弱胜刚强的理论。在演讲的第二个部分，胡适将会讨论道教作为宗教的发展。胡适说道教其实只是后来的人把老子学说穿凿附会地拿来利用。他会在演讲里描述道教每况愈下，以至于沦落到当代荒谬不堪的境地。②

胡适对孔教的问题显然是用了心神去作思索的。他演讲孔教是在 1913 年 11 月 13 日。到了 1914 年 1 月 23 日，他仍然被这个问题困扰着，还是没找到立论的基点。他在当天的《留学日记》里说：

今人多言宗教问题，有倡以孔教为国教者，近来余颇以此事萦心。昨覆许怡荪书，设问题若干，亦不能自行解决也，录之供后日研思：

一、立国究须宗教否？

二、中国究须宗教否？

三、如须有宗教，则以何教为宜？

　　1. 孔教耶？　2. 佛教耶？　3. 耶教耶？

四、如复兴孔教，究竟何者是孔教？

　　1. 孔教之经典是何书？

　　（1）《诗》；（2）《书》；（3）《易》；（4）《春秋》；

---

① "Confucius A Great Chinese Reformer," *Cornell Daily Sun*, XXXIV.47, November 14, 1913, p. 3.

② "Suh Hu, '13, to Speak on 'Taoism,'" *Cornell Daily Sun*, XXXIV.52, November 20, 1913, p. 7.

（5）《礼记》;（6）《论语》;（7）《孟子》;（8）《大学》;

（9）《中庸》;（10）《周礼》;（11）《仪礼》;（12）《孝经》

2.孔教二字所包何物?

（1）专指《五经》、《四书》之精义耶?（2）《三礼》耶?

（3）古代之宗教耶（祭祀）?（4）并及宋明理学耶?

（5）并及二千五百年来之历史习惯耶?

五、今日所谓复兴孔教者,将为二千五百年来之孔教软? 抑为革新之孔教软?

六、苟欲革新孔教,其道何由?

1.学说之革新耶? 2.礼制之革新耶? 3.并二者为一耶?

4.何以改之? 从何入手? 以何者为根据?

七、吾国古代之学说,如管子、墨子、荀子,独不可与孔、孟并尊耶?

八、如不当有宗教,则将何以易之?

1.伦理学说耶? 东方之学说耶? 西方之学说耶?

2.法律政治耶?①

值得注意的是,胡适在这封存录在日记里的信,都是他所设的问题,而没有解答。换句话说,胡适在这个时候仍然在挣扎着。立国须不须要有宗教? 中国须不须要有国教? 这个国教应该是哪一个宗教:孔教、佛教,还是耶教? 如果是孔教,则孔教指的又是什么? 如果孔教须要革新和复兴,则革新、复兴之道为何? 为什么只独尊孔孟? 其他先秦诸子呢? 相反地,如果立国不应当有宗教,则该取代的又是什么呢? 这则日记重要的地方,就在告诉我们至迟到1914年年初,胡适对所有这些问题,包括孔教的问题,仍然没有定论。

然而,胡适在此处为孔教的问题"萦心",并不像邵建所想象的,是因为胡适不懂美国政教分离的立国精神。邵建说胡适提出国教的问题"叫人出冷汗"。胡适会提出国教的问题,他认为是"表明胡适至少不熟悉美国的立国宪法,尤其是它的宪法修正案",所以他替胡适下了一个盖棺的论定:"胡

---

① 《胡适日记全集》,1:256-257.

适虽然浸泡在以自由为标志的北美文化中，但这并不等于胡适就吃透了自由。"① 事实上，美国宪法政教分离的原则是一个常识，这个道理在美国是连小学生都知道的。胡适对美国开国的历史一直有着浓厚的兴趣。他对美国从邦联到联邦的发展历程有着非常透彻的了解。就举胡适在《留学日记》里所记的两个例子来作说明，他在 1915 年 2 月 27 日致《新共和》杂志主编的信里征引了费思科（John Fiske）的《美国历史的转捩点》（*The Critical Period of American History, 1783-1789*）。② 这本书处理的重点就是美国立国的关键期，以及美国宪法制定的经过。胡适在 1916 年 2 月 29 日的日记：《美国初期的政府的基础》里引了有名的哥伦比亚大学史学教授毕尔德（Charles Beard）论开国元老汉密尔顿（Alexander Hamilton）的一段话。那段话的出处是毕尔德所著的《杰佛逊派民主的经济基础》（*Economic Origins of Jeffersonian Democracy*）。③ 杰佛逊就是美国的开国元勋之一的汤姆斯·杰佛逊。而所谓的"杰佛逊派的民主"的核心价值之一就是政教分离。

邵建以胡适的日记来读胡适，是一个非常具有慧眼的方法。可惜他往往忽略了胡适在日记里有意为日后替他立传者植入的一些关键的资料。邵建以为胡适不了解美国立国政教分离这个常识，他完全忘却了胡适不但是一个以觇国者自诩的人，而且是一个会投身浸淫于当地的政治、社会、文化，暂把他乡作吾乡以求深入了解的人。就像他在 1916 年 11 月 9 日的《留学日记》里所说的：

> 余每居一地，辄视其地之政治社会事业如吾乡吾邑之政治社会事业。以故每逢其地有政治活动，社会改良之事，辄喜与闻之。不独与闻之也，又将投身其中，研究其利害是非，自附于吾所以为近是之一派，与之同其得失喜惧……若不自认为此社会之一分子，决不能知其中人士之观察点，即有所见及，终是皮毛耳。若自认为其中之一人，以其人之

① 邵建，《瞧，这人——日记、书信、年谱中的胡适》，页 142。
② 《胡适日记全集》，2:57.
③ 《胡适日记全集》，2:284；Charles Beard, *Economic Origins of Jeffersonian Democracy* (New York: The MacMillan Company, 1915), p. 131.

事业利害,认为吾之事业利害,则观察之点既同,观察之结果自更亲切矣。且此种阅历,可养成一种留心公益事业之习惯,今人身居一地,乃视其地之利害得失若不相关,则其人他日回国,岂遽尔便能热心于其一乡一邑之利害得失乎?①

我们把胡适对孔教"萦心"、反复深思的审慎态度,跟当时在中国请愿立孔教作为国教的运动相对比,就更有意味了。1913 年 8 月 15 日,"孔教会"代表陈焕章、严复、梁启超等人向参议院和众议院请愿,请于宪法中明文规定孔教为国教。他们在《孔教会请愿书》中说:中国"一切典章制度、政治法律,皆以孔子之经义为根据。一切义理学术、礼俗习惯,皆以孔子之教化为依归。此孔子为国教教主之由来也"。对于宗教自由跟国教的订立,他们认为两者可以并行不悖:"信教自由者,消极政策也;特立国教者,积极政策也。二者并行不悖,相资为用……适当新定宪法之时,则不得不明著条文,定孔教为国教,然后世道人心方有所维系,政治法律方有可施行。"②

有趣的是,当"宪法起草委员会"在 1913 年 10 月 13 日审议时,这三个赞成孔教运动的提案都没有得到法定三分之二的赞成票。"立孔教为国教的议案",在出席者四十人当中,只有八人赞成;"中华民国以孔教为人伦风化之大本",赞成者十五人;"中华民国以孔教为人伦风化之大本,但其它宗教不害公安,人民得自由信仰",赞成者十一人。一直要到 10 月 28 日,《天坛宪草》已二读通过,汪荣宝提出在十九条第一项之后加上"国民教育以孔子之道为伦理之大本",又引起争议,最后修正为"国民教育以孔子之道为修身之大本",有三十一人赞成,获得通过。③从这三个提案的表决结果,我们可以看出争议的关键在于孔教究竟是不是宗教,以及中国是否应该在宪法里订立国教。

同样的争议,也出现在中国留美学生之间。"全美中国学生联合会"出

---

① 《胡适日记全集》,2:438-439.
② 干春松,《从康有为到陈焕章——从孔教会看儒教在近代中国的发展之第二部分》,http://www.reader8.cn/data/2008/0803/article_139957_6.html,2010 年 3 月 12 日上网。
③ 黄克武,《民国初年孔教问题之争论》,《国立台湾师范大学历史学报》,期 12（1984）,页 206-210。

版的《中国留美学生月报》的官方立场是反对定孔教为国教。《中国留美学生月报》1913 学年度主编魏文彬在 11 月号的《社论》里，以美国宪法政教分离的规定为例，说定孔教为国教的运动是一个 "反动的运动，违反了我国新共和政体的自由精神"。[1] 魏文彬在 1914 年 1 月号的《社论》里再度声明："因为我们不愿意见到我们的民国把宗教变成政治的问题，我们一向就反对任何形式的国教。我们认为孔教运动的领袖可以对社会作出贡献的地方不在于把孔教变成国教，因为那样不好；而是在于用孔教来对儒家注以新生命，赋予它生气，这对国家、对儒家本身都会有好处。"[2] 徐承宗在 1913 年 12 月号的《中国留美学生月报》他所负责编辑的《时事短评》栏里揶揄陈焕章。他说："儒家究竟是伦理、习俗、道德、还是宗教？诸多博士都还在争辩着。但陈焕章博士要你相信儒家是一个宗教。"徐承宗认为儒家要把自己现代化都已经自顾不暇了，遑论其他："光是重写《礼记》或是把儒家作品里多妻的记录给剔除掉，本身就是一大工程。"他嗤笑陈焕章一方面要定国教，另一方面又侈言宗教自由："'确立国教，但准许人民信教自由'这个矛盾，谁也骗不了。"[3]

《中国留美学生月报》1913 学年度负责《文艺栏》的副主编是哈佛大学的张福运，他后来担任 1916 学年度 "美东联合会" 的会长、1917 学年度 "全美中国学生联合会" 的会长。张福运也特别写了一篇《儒家与国教》（Confucianism and State Religion）的文章，反对立孔教作为国教。他说他了解忧时之士希望透过宗教，来力挽辛亥革命以后中国社会的狂澜。同时，他也了解儒家面临空前的挑战，但把孔教作为国教并不是解决之道。首先，他认为儒家不是宗教，而完全是一个理性的思想系统。其次，他担心把孔教定为国教在政治上的后遗症。他说外蒙古都已经利用辛亥革命而独立了。万一把孔教定为国教，那是否会被西藏、新疆、内蒙古那些不信奉儒家的人找来

① [Wen Pin Wei], "Religion and State," *The Chinese Students' Monthly*, IX.1 (November 10, 1913), p. 4.
② [Wen Pin Wei], "A Typical Example of Ignorance," *The Chinese Students' Monthly*, IX.3 (January 10, 1914), p. 176.
③ [Zuntsoon Zee], "Dr. Chen's New Confucianism," *The Chinese Students' Monthly*, IX.2 (December 10, 1913), p. 111.

当借口而宣布独立？因此，张福运认为把孔教定为国教是不智之举。至于儒家的未来，他认为最好的方法就是从教育入手。他说可以由政府制定政策，规定儒家经典为全国学校的必修课。①

当然，不是所有的留学生都反对孔教作为国教的运动。当时在哥伦比亚大学念书的邓宗瀛，读了徐承宗揶揄陈焕章的文章以后，就写了一篇长文支持孔教国教运动。他说虽然其他国家的经验说明了一个国家有国教可能会带来弊病，但中国社会从辛亥革命以后所产生的"心灵乱象"（mental chaos）已经到了无法让人忍受的地步。他认为只有靠国教的订立，才可能把人民从这个乱象之中带领出来。他说只有孔教才可能扮演这个国教的角色，因为它自古就是士绅与庶民的宗教。为了表明他不是一个狭隘的文化民族主义者，他还特别征引了西方学者的诠释来作注脚。他说连美国的毕海澜（Harlan Beach, 1854-1933）都承认"孔子是占全人类四分之一的人口，两千五百年来心目中的'素王'"。当然，他也认为孔教须要现代化；须要修正、须要重新诠释；不合当代社会的，应该被淘汰；留下来的，也必须要更新；有不足的地方，还须要从外引进。②

作为《中国留美学生月报》副主编的徐承宗当然反驳。邓宗瀛既然挟洋自重，徐承宗也不甘示弱。他征引了《中国评论》（*China Review*）［可能是伦敦出版的传教士的刊物］里"一个饱学的作者"的说法，说"儒家**压根儿**……就不是一个宗教。儒家的本质不是伦理，而是一种对传统礼仪酸腐（antiquarian）的执著；不是宗教，而是对人与神之间的关系采取一种存疑的否定；鼓励人去祭祀人中的英杰，然后再配合上专制的政治理论。"即使是牛津大学的学术权威理雅各（James Legge, 1815-1897），也只是在特定的意义之下称儒家为宗教，这也就是说，儒家是孔圣的学说加上孔子以前的一神教的组合。③

① F. Chang, "Confucianism and State Religion," *The Chinese Students' Monthly*, IX.3 (January 10, 1914), pp. 224-227.

② T. I. Dunn, "A Reply to 'Dr. Chen's New Confucianism,'" *The Chinese Students' Monthly*, IX.4 (February 10, 1914), pp. 331-337.

③ Zuntsoon Zee, "Dr. Chen's New Confucianism: A Rejoinder," *The Chinese Students' Monthly*, IX.4 (February 10, 1914), pp. 338-341.

《中国留美学生月报》上的这些争论引来了胡适的一篇文章，那就是他发表在该杂志 1914 年 5 月号上的《中国的孔教运动：其历史与批判》（The Confucianist Movement in China: An Historical Account and Criticism）。这篇文章的珍贵，在于它表露了当时的胡适对孔教运动极为正面的看法。胡适在这篇文章里先用"历史的眼光"——注意：胡适这"历史的眼光"的提出，还是在他发现杜威的"史前史时代"——把孔教运动追溯到 1880 年代的康有为。他说康有为用"变"或进步的眼光，也就是《春秋》《公羊传》"三世"之义——"据乱世"、"升平世"、"太平世"——以及《礼记》里的"小康"、"大同"的概念去重新诠释儒家。胡适说，以康有为为代表的这些人"不但称孔子为'素王'，而且说孟子是中国的卢梭。孟子的学说在从前是被用来提倡专制仁政（benevolent despotism）的诫训（precepts），现在则摇身一变成为人民至上论（Supremacy of the People）。在这种新的诠释之下，孔教就具有了现代和国际的意义"。

胡适说这个孔教运动震动士林，上从内阁大臣，下到举人、秀才，支持者所在多有。他们对政治、社会改革的理想促成了"百日维新"。虽然"戊戌政变"使这个运动顿挫，但儒教学者一直就没有停止用这个新的观点来诠释孔子的学说。最重要的是，中国思想界变化的速率远远超过了政治上的变化。胡适说：

> 戊戌以后的十五年之间，中国经历了一场巨大的思想革命。在戊戌年间，谁敢谈君主立宪，谁就会被迫害或斩首。然而，到了这个阶段的尾声，也就是 1913 年，没有人敢再谈君主立宪了；因为那太保守、太过时了。人们所谈的是妇女参政和［亨利·乔治的］土地单一税！由于篇幅所限，本文不可能分析造成这个巨变的因素。简言之，思想的革命既然已经进行了那么多年，辛亥的政治革命就是不可避免的了。1776 年［的美国革命］以及 1789 年［的法国革命］所代表的理想彻底地战胜了东方的保守主义。传统的迷信破产了，取而代之的是以新的道德面貌出现的新迷信。这个新道德是什么呢？那就是：要自由，但不尊重其它人的自由；争平等，但不计个人的才能与贡献；说民主，但实际是暴

民的统治！以爱国为名，军人可以我行我素；以自由为口实，而可以作放荡淫纵之行！暗杀已经成为常见的复仇手段！

在这样的社会情况下，胡适说忧时之士很自然地认为他们必须力挽狂澜，以免整个社会的沉沦：

> 上述这些情况使年龄稍长与有心之士感到忧心。他们体会到中国的"全盘"破坏（iconoclasm）之路走过了头。他们认为这个国家如果没有一个高远、稳重的道德，就会不保。就是在这种忧国忧时的心态之下，才会出现为中国找一个国教的想法。这个至重至要的问题的解决之道，有两个最为人所接受的做法：一个是孔教的复兴；另一个则是基督教的引介。但基督教有很多问题。在现阶段把基督教拿来作为国教，就意味着另外一个破坏的灾难。因此，复兴孔教的运动逐渐地获得了人民的支持。

以上是胡适对孔教运动的历史叙述。他说西方人对这个孔教运动存在太多先入为主的偏见。他特别拈出两点来作指正。首先，孔教运动不是一个反动的运动，而是一个进步的、具有正面意义的运动：

> 在西方，特别是在美国，很多人把这个运动看成是中国在进步当中的一个倒退的例子。这是一个带有偏见的看法。孔教运动不算退步，就好像袁世凯先生请基督教会为中国祈福不等于进步一样。后者，比诸〔袁世凯〕后来的咨文，也许可以说只是一个外交上的手腕（hypocrisy）而已。然而，目前的孔教运动是由真正进步的人士在领导着。举个例来说，《孔教公会宣言》的作者是严复，他所翻译的亚当·斯密、孟德斯鸠、穆勒与史宾塞的书都已成了中国的经典。孔教公会的创始人当中，还有梁启超。他是"戊戌政变"的流亡者之一，他用他极其有力清晰的文笔把西方的观念与理想介绍传播给中国人。我们只须要指出这两个人的名字，就可以很清楚地证明这个运动绝对不是一个退步的运动。

其次，孔教运动一点都不会妨碍基督教在中国的传播。相反地，孔教的复兴将会为基督教在中国作深耕的工作，从而给予基督教一个沃壤，让基督教更适合中国的环境，从而得以在中国扎根：

> 另外一个误解，是把这个运动视为是对其他宗教，特别是在中国新兴的基督教的威胁。这是无稽之谈。我的信念是：如果基督教要在中国有任何的影响力，它必须要把基督的观念移植到儒家伦理思想的土壤里。因此，孔教的改造与复兴，其实是先在本土的土壤上从事耕犁、施肥的工作，以便准备培植外国的种子。而且，我认为基督教需要有一个对手，至少在中国是如此。在西方，基督教已经有了科学这个劲敌；科学已经强迫基督教修正它的教义与仪式，以适应当代的思潮。在东方，基督教还没有遇到任何有组织的对手。我认为改革之后的孔教，在不久的将来可以成为基督教的一个有用的模仿对象，可以促使基督教去修正它的一些教义与仪式，让它更适合东方的环境。

当然，在胡适的眼光里，孔教运动还有很长的一段路要走，才能作到能与基督教抗衡的地位。从胡适对基督教历史的了解，从胡适的宗教情怀以及他对宗教的兴趣来说，这意味着，孔教运动必须经过类似基督教的宗教改革运动方才有复兴的可能。胡适说：

> 这个运动在目前当然是有很多瑕疵的。它最大的问题是，我们与其说它是一个"改革"运动，不如说它只是孔教"复兴"的运动。那些真正能对新儒教从事诠释的人只占少数，对整个思想体系的全盘改造很难有多大的影响力。其他的人附和这个运动，只不过是因为它高举着孔教的旗帜。真正的"孔教改革"还没有发生。孔教运动者所面临的重要的、攸关其存亡的问题很多，跟那些问题相比，去获得政府承认其为国教其实只是末节。

这些重要的、攸关其存亡的问题是什么问题呢？就是他在 1914 年 1 月

23 日的《留学日记》里摘录下来的，他写给许怡荪的信里所设定的问题。唯一的不同，而且也是关键性的不同，在于他这时对国教的问题有了定论。换句话说，孔教的"宗教改革"才是正题，成为国教与否只是末节。所以，他原先在日记里所问的立国是否须要宗教的问题，也就自然地被他剔除了。因此，在《中国的孔教运动：其历史与批判》这篇文章里，胡适所关切的问题，只剩下孔教的性质、定义、内容、复兴之道及其传播的方法：

一、"孔教"指的是什么呢？它只包括儒家的经典吗？还是它也应该包括那在孔子之前就已存在，而经常被大家与儒家思想里的宗教成分笼统地混在一起看的中国古代的国教？或者它是否也应该包括宋明的理学？

二、哪些才可以算是孔教真正的经籍呢？我们是接受现有的经典，还是先用现代历史研究与批判所发展出来的科学方法去整理它们，以便确定哪些是可信的？

三、这新的孔教究竟应该是中国传统意义之下的宗教——这也就是说，"教"，亦即最宽广的教育——还是西方意义的宗教？换句话说，我们是止于重新诠释儒家的伦理政治思想，还是去改造孔子对"天"以及生死的看法，以便使儒家既是一个超自然、超越现世的灵粮，又是一个在日常生活与人伦关系里的向导？

四、我们应该用什么样的方法、透过什么样的管道去传播儒家的思想呢？我们应该如何把儒家的思想教育给民众呢？我们如何使儒家的思想适应当代的需要与变迁呢？

胡适说这些问题，每一个都是难题。解决之道也各自不同，有的须要集合学者从事筚路蓝缕、皓首穷经的工作，有的则须要有宗教革命的领袖，绝对不是一蹴可几的，而且也绝对没有近路可走的：

这些问题，例如，用历史研究和批判的方法来研究儒家的经典，就须要好几十年，甚至是几个世纪的工夫。其他的问题则需要像马丁·路德或乔治·福克斯（George Fox, 1624-1691）[注：匮克派的创始人]那种具有宗教的信念与感应（inspiration）的人。但这些都是真实、关键性的问题，是值得每一个中国学生，不管他相信不相信孔教，都必须去仔细严肃地探讨的。否则，不管是用政府的力量去制定祭祀之法也好，或是用宪法或法规的制定也好，或者是在学校里重新读经的方法也好，孔教都永远不可能复兴。因此，我认为我们没有必要浪费精力去争论孔教是否应该成为国教。大家难道不觉得我们好好地坐下来研究，仔细地去推敲我以上所提出来的问题，要远比去征引理雅各、毕海澜以及《中国评论》里的"饱学的作者"赞成或反对孔教的文章要更有裨益吗？①

胡适的这段结论有四个值得注意的地方。第一，就是他后来一再强调的"历史的眼光"。所以他才会说要"用历史研究和批判的方法来研究儒家的经典"。从这个角度来看，胡适这篇《中国的孔教运动：其历史与批判》仿佛就是他一生的历史研究的计划书。第二，孔教的问题不在复兴，而是在改革。除了必须要用历史的眼光去作研究以外，孔教须要有像马丁·路德或乔治·福克斯那种具有宗教的信念与感应的领袖来作孔教的"宗教革命"。胡适曾否私心以马丁·路德或乔治·福克斯自任，"以期作圣"？虽然没有答案，但这是一个耐人寻味的问题。第三，胡适对孔教运动的看法于焉底定。孔教运动如果要有前途，根本之道就是用科学的、历史的、批判的方法去作研究整理的工作。不只如此，孔教如果要成就为一个真正的宗教，它就必须要经过它自己的"宗教革命"。所有其他的做法都是末节。孔教运动想用宪法定孔教为国教，固然是舍本逐末。哈佛大学的留学生张福运在《儒家与国教》里主张在学校里读经的方法，胡适同样认为是末节。当然，胡适抨击得最为严厉的还是袁世凯。他说"用政府的力量去制定祭祀之法"指的就是他在 1914 年 2 月 4 日的日记里所说的："报载'政治会议'通过大总统郊天祀孔法案。此种政策，可谓舍本逐末，天下本无事，庸人自扰之耳。"②

---

① Suh Hu, "The Confucianist Movement in China: An Historical Account and Criticism," *The Chinese Students' Monthly*, IX.7 (May 10, 1914), pp. 533-536.
② 《胡适日记全集》，1:283.

胡适在 1914 年 11 月 16 日的日记里批判《袁氏尊孔令》。邵建批评胡适，说他打蛇无方，不知直击其"七寸"之所在。他批评胡适"视而不见"《袁氏尊孔令》的"七寸"就在于袁世凯想借用宗教的力量来扩张他的权力。邵建认为胡适的"不察"，证明了他"当时的眼力"不够。[①] 其实，所谓的袁世凯的这个"七寸"，何止是"舆薪"！根本就是"司马昭之心，路人皆知"。用胡适在另外一则日记里的话来形容，是："不打自招之供状，不须驳也。"如果明察秋毫如胡适者，会看不出这个"七寸"，也未免枉费邵建花费心思用胡适的日记来作尼采式的"瞧，这人"了！邵建自己不察。袁世凯的帝制梦，胡适有专文批判（见第六章），他在这则日记里的批判完全是从学理、从历史的眼光着眼。所以他才会不惮其烦地指出它的七大谬误：

> 此令有大误之处七事。如言吾国政俗"无一非先圣学说发皇流衍"，不知孔子之前之文教、孔子之后之学说（老、佛、杨、墨），皆有关于吾国政俗者也。其谬一。今日之"纲常沦斁，人欲横流"，非一朝一夕之故，岂可尽以归咎于国体变更以后二三年中之自由平等之流祸乎？其谬二。"政体虽取革新，礼俗要当保守"。礼俗独不当革新耶？（此言大足代表今日之守旧派）其谬三。一面说立国精神，忽作结语曰"故尊崇至圣"云云，不合论理。其谬四。明是提倡宗教，而必为之辞曰绝非提倡宗教。其谬五。"孔子之道，亘古常新，与天无极。"满口大言，毫无历史观念。"与天无极"尤不通。其谬六。"位天地，育万物。为往圣继绝学，为万世开太平，苟有心知血气之伦，胥在范围曲成之内。"一片空言，全无意义。口头谰言，可笑可叹。其谬七。嗟夫！此国家法令也，执笔一叹！[②]

用胡适 1919 年所写的《新思潮的意义》的话来说，所谓孔教的问题其实就是一个用评判的态度来重新为孔教估价的问题："我以为现在所谓'新思潮'，无论怎样不一致，根本上同有这公共的一点：评判的态度。孔教的

---

① 邵建，《瞧，这人——日记、书信、年谱中的胡适》，页 146。
② 《胡适日记全集》，1:550.

讨论只是要重新估定孔教的价值。"从事孔教运动的人不懂得胡适所说的根本之道，无怪乎孔教运动终究只成为一个迷梦：

> 例如孔教的问题，向来不成什么问题；后来东方文化与西方文化接近，孔教的势力渐渐衰微，于是有一班信仰孔教的人妄想要用政府法令的势力来恢复孔教的尊严；却不知道这种高压的手段恰好挑起一种怀疑的反动。因此，民国四五年的时候，孔教会的活动最大，反对孔教的人也最多。孔教成为问题就在这个时候。现在大多数明白事理的人，已打破了孔教的迷梦，这个问题又渐渐的不成问题，故安福部的议员通过孔教为修身大本的议案时，国内竟没有人睬他们了！[①]

胡适这篇《中国的孔教运动：其历史与批判》的结论第四个值得注意的地方，就在于他奉劝中国留学生自己坐下来作研究、推敲，而不是动辄征引西方的"饱学的作者"。这就是胡适日后叫大家不要被东西圣人、权威牵着鼻子走的那句名言的先声。我们记得胡适在《介绍我自己的思想》里说：

> 少年的朋友们，用这个方法来做学问，可以无大差失；用这种态度来做人处事，可以不至于被人蒙着眼睛牵着鼻子走。从前禅宗和尚曾说："菩提达摩东来，只要寻一个不受人惑的人。"我这里千言万语，也只要教人一个不受人惑的方法。被孔丘、朱熹牵着鼻子走，固然不算高明；被马克思、列宁、斯大林牵着鼻子走，也算不得好汉。我自己决不想牵着谁的鼻子走。我只希望尽我的微薄的能力，教我的少年朋友们学一点防身的本领，努力做一个不受人惑的人。[②]

胡适这篇《中国的孔教运动》，是他对儒家作为一个宗教运动最后的沉思。他在离开美国以前所写的一篇书评，就充分地显示出他对儒家作为宗教已经完全不再措意。这篇书评评的是道森（Miles Dawson）所著的《孔子

---

① 胡适，《新思潮的意义》，《胡适全集》，1:693, 694.
② 胡适，《介绍我自己的思想》，《胡适全集》，4:673.

的伦理：孔子及其弟子论"君子"》（*The Ethics of Confucius: The Sayings of the Master and His Disciples upon the Conduct of the "Superior Man"*），发表在 1917 年 1 月号的《一元论者》（*The Monist*）杂志上。胡适称赞道森的这本书是自理雅各翻译四书以来，第一本用客观的态度诠释儒家思想的著作。他认为道森这本书最成功的地方是第一和第二章：前者讨论君子，后者分析修身。胡适说在古典儒家的定义里，君子"迥异于希腊的智者；他也不希冀佛教的涅槃；他更不像基督教的理想一样，企盼与上帝结合"。他说："孔子的理想仅止于如何使人生更善、更美（richer）。而其入手之道是透过个人的弘毅（reticence），以及身体力行社会上的道德规范，也就是'礼'——或用黑格尔的话来说，'德行'（Sittlichkeit）。"① 当然，道森的这本书讨论的是孔子的伦理。胡适在书评里所着眼的自然只及于伦理。然而，从我们所引的这段话看来，胡适说得很明白，孔子不同于佛家、基督教或其他任何宗教，他的学说与理想是入世的。

孔教最终只成为一个迷梦。这不但是因为胡适最终选择要作一个学者，而不是选择作为孔教的马丁·路德或乔治·福克斯。孔教运动的不幸，也正因为胡适最终决定不走"以期作圣"的道路，也正因为它最终还是没有出现像胡适所说的马丁·路德或乔治·福克斯那样的人物，来从事儒教的"宗教改革"。

种族不分轩轾

对许多二十世纪初年的中国留学生来说，美国无异于一个人间天堂。他们在邮轮上的经验，只不过是一个小小的甜头。出了海关，一切都是新鲜的。所有旅客的行李，都按照旅客姓氏字母的顺序，有条不紊地在大厅摆开。大家无须争先恐后，只需要走到标示着自己姓氏字母的地区，就可以很快地找到自己的行李。② 这种秩序井然的作风，很令留学生啧啧称奇。在自助餐厅

---

① Suh Hu, "Classical Confucianism," *The Monist*, XXVII.1 (January, 1917), p. 158.
② 以下的描述是根据 Siegan K. Chou［周先庚］, "America Through Chinese Eyes," *The Chinese Students' Monthly*, XXIV.1 (November, 1928), pp. 81-84.

吃饭，大家按次序排队，各自拿自己要用的刀叉、纸餐巾，放在餐盘上，随序前进，直到拿到菜，找到座位为止。用清华1924级的周先庚的话来说："这种做法叫做排队的制度，人人遵循……到戏院买票要遵循，到学校注册要遵循，到任何公共场合都得遵循。"除了秩序井然以外，留学生还注意到美国是一个自动化的国家。从买口香糖、量体重到搭公共汽车，都可以利用自动投币机来处理。

对当时的留学生来说，进电影院就像是进"大观园"一样。电影院除了提供视觉幻影上的快感以外，也是美国物质生活富裕舒适最好的写照：

> 我一走进大厅或廊道，就可以看见在那昏暗的灯光下，每一个进戏院的门口都站着一位小姐。她们一动也不动、裸露（nakedness）的程度就像是完美的雕像一样。如果我没注意到她用一只手指向戏院的入口，我会以为那是一尊女装部里的假人模特儿。我之所以能好端端地坐在座位上，是因为有一位既没套围裙（apron）、也没穿长裙（skirt）的带位小姐把我带到了那里。喔！那座位有多舒软、那地毯多有弹性啊！每一个座位都是软的，每一寸走道都铺了地毯。

美国虽然像是天堂，但并不是中国人的天堂。在《排华法案》之下，华工固然不能进美国，中国人也依法没有资格入籍美国。二十世纪初期到美国去留学的中国学生，入境面对移民局官员可以说是谈虎变色的经验。令他们恼怒的是，通过了移民局那一关，并不表示一切就天下太平了。歧视与羞辱似乎如影随形地跟随着他们。不是房东拒绝把房子租给他们，就是餐厅或理发厅拒绝为他们服务。用1915年在波士顿大学拿到博士学位的陈维屏的话来说："其投宿客栈也，非最上等，即最下等。上等者价值过昂；下等者卑污难堪。中等之栈，又多不留华人。理发所不为华人理发，中上饭店不应酬华人饮食……美国学校又无宿舍。就学者，必寄食宿于他处。倘寄宿于民家，则中央［中西部］及东方［东岸］，愿留华人者甚少。"[1] 由于这些不愉快的

———————
① 陈维屏，《留美中国学生》，《中华基督教会年鉴》，1917年，页137。

例子似乎在加州发生的最多，一个美国传教士甚至建议在加州排华的气氛减低以前，中国学生最好是到美国的中西部或东部留学。[①]

这种歧视华人的行为到了 1920 年代仍然存在，但是大部分的中国留学生似乎养成了淡然处之的态度。用当时在史丹佛大学念书的周先庚的话来说："所有这些所谓种族歧视的行为已经极为罕见，而且也只有那些极其敏感多心的人才会对之大惊小怪。"[②] 从某个角度来说，中国留学生对他们在美国社会所遭受到的屈辱与歧视，会采淡然处之的态度，是一种本能的生存策略；否则，他们在美国的留学生涯就会是一个炼狱。但是，最重要的，是因为屈辱与歧视并不像家常便饭一样，天天或处处发生。特别重要的是，他们所上的大学，或者私立中学，至少在体制上并没有对中国人采取种族隔离或歧视的政策。从这个角度看去，二十世纪初年的中国留美学生，基本上是生活在象牙塔里。

从某个角度来说，当时的中国留学生，跟法农（Franz Fanon）笔下的安地列斯群岛人（Antilleans）有许多相似的地方。就像从前法属殖民地的安地列斯群岛人，他们"一心一意要到法国去证明自己是个白人，会在那儿发现自己的真面目"。同样地，中国留学生发现人在美国，"迫使他们去面对一些他们从前连做梦都想不到的问题"。[③] 中国学生的问题与其说是他们以为自己是白人，或者说，跟白人一样的好，不如说是他们发现在白人眼中，他们是属于猥琐、劣等的民族。当然，在法农的笔下，安地列斯群岛人所象征的是被殖民的命运，他们的"自卑错综是他们的文化被灭绝以后的产物"。[④] 反之，中国学生自认为有高度的文化，而且他们原来也有根深蒂固的天朝中心观。然而，他们跟安地列斯群岛人同病相怜的地方，在于他们怎么也想不通为什么宗主国（metropole）的人会视他们为异类。对中国留学生来说，那是一个当头棒喝，让他们知道在美国白人的眼里，他们的名字就是中国人，至于他们个人的才能如何，他们的出身家境如何，都是不相干的。不管安地

---

① Arthur Rugh, "Chinese Students Abroad," *The Chinese Recorder* (March, 1917), 151.

② Siegen K. Chou, "America Through Chinese Eyes," *The Chinese Students' Monthly*, XXIV.1 (November, 1928), 83.

③ Franz Fanon, *Black Skin, White Masks* (New York: Grove Press, 1967), p. 153 and n. 16.

④ Franz Fanon, *Black Skin, White Masks*, p. 18.

列斯群岛人的法语说得多地道，不管他打从骨子里就是法国文化的产物，那并不会使法国人就接受他。同样地，不管中国留学生对自己的传统文明的自视有多高，不管他对自己的出身有多自傲，他都没有办法让美国人更看得起他。

面对歧视，中国留学生在百思不解之余，常把问题归罪于美国人的无知与误解。这无知与误解的来源有二：第一，是传教士为了获得更多教友的支持，刻意丑化中国；第二，美国人错把唐人街与华工当做中国人的典型。他们深信美国人的偏见归根究底是一个阶级的问题，而不是种族的问题。许多中国留学生认为歧视的行为是阶级的问题，是"下等"、没有知识的人的偏见；"上等"的美国人是没有种族歧视的。因此，他们认为解铃之道，在于直取系铃人。换句话说，就是去影响舆论的主导者。而要影响舆论，最有效的方法就是由留学生自己来作最好的宣传，把自己呈现给美国的"上等"阶级，让他们见识到"真正"的中国人。

胡适没有留下任何因种族歧视所带来的不快的经验的纪录。说不定胡适留美的经验了无被歧视的不快。无论如何，他跟许多其他的中国留学生一样，认为自己有责任去让美国人省悟（disabuse）他们的偏见。我在第二章就征引过胡适1915年3月22日写给他母亲的家信，说明了他三年来演讲了七十余次，而却能乐此不疲的原因："此邦人士多不深晓吾国国情民风，不可不有人详告之。盖恒人心目中之中国，但以为举国皆苦力、洗衣工，不知何者为中国之真文明也。吾有此机会，可以消除此种恶感，岂可坐失之乎？"[1]

此外，胡适也跟许多其他中国留学生一样，认为"上等"阶级白人对中国人其实是很友善的。他在1913年4月30日写的家信里说：

> 儿居此极平安，惟苦甚忙，大有日不暇给之势。此外则事事如意，颇不觉苦。且儿居此已久，对于此间几有游子第二故乡之概，友朋亦日多。此间有上等人家，常招儿至其家坐谈，有即饭于其家。其家人以儿去家日久，故深相体恤，视儿如一家之人。中有一老人名白特生，夫妇二人

---

[1] 胡适禀母亲，1915年3月22日，《胡适全集》，23:78.

都五十余岁，相待尤恳挚。前日儿以吾母影片示之，彼等甚喜，并嘱儿写家信时，代问吾母安否。儿去家万里，得此亦少可慰吾离愁耳。[①]

然而，胡适跟许多中国留学生不同的地方，在于他没有用"上等"白人的眼光去看其他种族跟肤色的人。当然，有人可能会说这不是一件很困难的事，因为胡适自己就是一个有色人种。事实上，有色人种里，除了肤色不白，其他都白的人所在多有，也就是俗称的"黑白夹心饼干"（Oreo）、"香蕉"——或者用亚裔美人流行的说法，"黄白夹心饼干"（Twinkie）。关键在于一个人能不能推己及人，己所不欲勿施于人，或者用胡适所爱说的话来说，一致。

胡适在留美初期，就非常注意种族歧视的问题。比如说，他在1911年4月10日的《留学日记》里记载了康乃尔大学女生宿舍"赛姬院"排斥黑人女学生的新闻："前此传言女生宿舍中女子联名禀大学校长，请拒绝有色人种女子住校。今悉此禀签名者共二百六十九人之多。另有一禀反对此举，签名者卅二人。幸校长 Schurman［休曼］君不阿附多数，以书拒绝之。"[②] 这是确有其事，连《康乃尔校友通讯》都报道了这件事。胡适唯一记载不确的地方，是签署反对排斥黑人女学生的人数是三十六人。休曼校长拒绝排斥黑人女学生的呈情书，他义正词严地说："康乃尔大学的大门必须对所有学生开放，不论其种族、肤色、宗教信仰、社会地位或经济条件。"[③]

1914年，胡适"康乃尔大学世界学生会"会长的任期结束，他在5月19日作了卸职演说。胡适在次日的日记里说："余于昨夜'世界会'年终别宴作卸职之演说，题为《世界和平及种族界限》二大问题，听者颇为动容。有人谓此为余演说之最动人者。有本城晚报主笔 Funnell［法内耳］者亦在

---

① 胡适禀母亲，1913年4月30日，《胡适全集》，23:39. 胡适在这封信尾写4月31日，当是笔误。《胡适全集》系为1912年4月21日。胡适在这封信里提起他拿他母亲的照片给白特生夫妇看。胡适母亲寄全家福给胡适是在1913年2月7日，参见杜春和编，《胡适家书》，页434。根据胡适1915年2月28日给韦莲司的信，那是他到美国以后收到的唯一一张全家福照片，参见 Hu Shih to Clifford Williams, February 28, 1915,《胡适全集》，40:65. 所以，我判定胡适这封信是1913年4月30日写的。
② 《胡适日记全集》，1:133.
③ "The University's Attitude Toward Colored Students," *Cornell Alumni News*, XIII.27 (April 12, 1911), p. 314.

座，今日此报记余演说甚详。"^① 胡适这篇演说的题名是《永志不忘》（Lest We Forget）。就像胡适在日记里所说明的，第一部分讨论的就是他当时所服膺的和平运动。第二部分就是针对种族歧视的问题。胡适说：

> 常有人对我说"世界学生会"有太多的犹太人。有些人对会务失去兴趣，因为他们说我们会里有太多犹太人。今年，我邀请了一个黑人学生来参加我们的活动。我听说有人批评，说这对我们"世界学生会"的社会地位会有负面的影响。我所举的这些是具体的例子；其他的例子还多着呢。总之，这意味着种族偏见是根深蒂固的，即使在我们这个奉"国家之上还有人类"为金言的会里。我亲爱的"世界会友们"！我们不能再容忍这种恶事存在。一面高举"四海皆兄弟也"的旗帜，一面却行种族歧视，而且是以世界主义为名行歧视之实，这是伪善。

胡适呼吁"世界会"的会员要能有特立独行的勇气。他说："如果人家说你们会里有太多不好的犹太人，太多不好的中国人，或者太多不好的美国人，则你们是该担心。但是，如果人家告诉你们说，你们会里有太多犹太人或黑人，就只是因为他们是犹太人或黑人，则你们应该以你们的会为傲，因为这表示这是唯一一个'属于世界'的学生团体，接纳会员不分肤色、出身、宗教或经济条件。同时，你们应该告诉那带有种族偏见的朋友，说他才是我们这个会里不该有的会员。"^②

1914 年秋季班开学的时候，康乃尔大学的女生宿舍，也就是赛姬院，又发生了种族歧视的事件。根据胡适在 10 月 19 日的记载，当时有两名黑人女学生住在赛姬院。白人女学生鼓动，联名上书校长，要这两名黑人女生搬出去。三年前发生类似事件的时候，休曼校长还义正词严地说："康乃尔大学的大门必须对所有学生开放，不论其种族、肤色、宗教信仰、社会地位或经济条件。"这次的鼓动，校长居然提出了一个折中的办法，要她们搬到楼下，而且不让她们与白人学生同用浴室。胡适说休曼校长的这个办法，就是美国

---

① 《胡适日记全集》，1:313.
② 胡适，"Lest We Forget,"《胡适全集》，35:17-23.

南方所谓的"畛域政策"（segregation），也就是今天所说的"种族隔离"政策。胡适说这两位黑人女学生

一出贫家，力薄，以半工作供膳费，故无力与校中当道抗。其一出自富家（父亦此校毕业生，曾留学牛津及德国海德堡（Heidelberg）两大学，归国后为哈佛大学教师者数年），今遭此不公之取缔，大愤，而莫知所为。有人告以亥叟［C. W. Heizer，旖色佳一尊教会的牧师，康乃尔"世界学生会"的创始会员］之慷慨好义，常常为人打抱不平，遂偕其母造谒求助。时亥叟已卧病，闻之一愤几绝，适其友乔治（William R. George，"乔治少年共和国"［George Junior Republic，设立在旖色佳附近的自由村（Freeville）的"少年收容感化院"，命名的用意在以美利坚共和国的雏形自勉］之创始者——"Daddy" George）在侧，扶之归卧。亥叟乃乞乔治君邀余及金洛伯（Robert King）母子及大学有名教师须密［康乃尔大学闪族语言文化教授］先生同至其家。余等至时，二女皆在，因得悉兹事始末。余以亥叟知我最痛恶种族恶感，故招余与闻此事，遂自任为二女作不平之鸣，即作书与本校日报 *Cornell Daily Sun*［《康乃尔太阳日报》］。

胡适所写的信，内容如下：

三年前，有二百多名女学生联名上书，不准黑人女生住赛姬院。休曼校长在回信里说：康乃尔大学的大门必须对所有学生开放，不论其肤色、种族、国籍、宗教或经济条件。［胡适所引与我从《康乃尔校友通讯》所引稍有不同］问题于是解决。

许多读到休曼校长那封信的人，现在都已离开本校，可是那根深蒂固的种族偏见又再度阴魂不散。根据可靠的消息，有一些赛姬院的女学生向校方抗议，不要和一个黑人女学生同住一层楼。这位黑人女生，我听说她的父亲是康乃尔 1894 级校友，曾任哈佛大学历史系教授数年。我听说她和另一位黑人女生已经奉命搬出她们的房间，住到宿舍一个被

隔离的角落。

作为一个民主、大同主义的信徒，作为一个忠诚的康乃尔人，我要抗议任何容许种族偏见在创校者的初衷是让"人人皆可来读"的本校复活的举措。

这件事情的解决还颇曲折。胡适亲自把这封信带到了《康乃尔太阳日报》社。结果主编客来鸥（William Kleitz）刚好不在，胡适于是就把他的投书留在报社。当晚，主编客来鸥打电话给胡适，说这件事情关系大学的名誉，不敢遽然刊登。他邀胡适第二天晚上一道晚餐面谈。胡适在面谈的时候，表明他的本意不在张扬学校的丑事，而只是为了公道。如果不用登报而解决问题，他那么这封信可以不登。胡适建议客来鸥去见校长，告诉他有人投书，如果校长愿意主持公道，投书人愿意收回投书。第二天，客来鸥打电话告诉胡适，说问题解决了。校长说即使白人学生集体迁出，也在所不惜。胡适在日记里说该事件圆满落幕，那两名黑人女学生得以不迁，白人学生也没有一个因此罢住。①

胡适的反种族歧视是一致的。他不仅反对歧视黑人，也反对歧视犹太人。因此，胡适常常很自豪地说他的许多好朋友是犹太人。他在 1914 年 11 月 15 日的日记里，记他前一天去参加康乃尔大学哲学俱乐部的"辟克匿克"，即野餐。他说那个烤肉是哲学俱乐部第四次的会。"同行男女各七人，皆犹太人。以余素无种族界限，故见招。"②

在反种族歧视这方面，胡适确实是走在众人之前。试想，在二十一世纪的今天，亚洲人当中继续以"香蕉"或"黄白夹心饼干"自傲的人仍然所在多有。反之，胡适在二十世纪初年不但能反对种族之间的畛域，而且能以推己及人之心，仗义执言，与种族歧视相抗衡。胡适最难能可贵的地方，在于他不但能坐而言，而且还能起而行。这也是胡适最了不起的地方。

唯一令人玩味的是，"必也一致乎"的胡适，在种族歧视指向中国人的

---

① 《胡适日记全集》，1:514-516. 胡适未刊的投书，请参见 Suh Hu, "To the *Cornell Daily Sun*,"《胡适全集》，40:1-2.

② 《胡适日记全集》，1:548.

图 17 旖色佳郊游照片，时间地点不详。（胡适纪念馆授权使用）

时候，他的触角却仿佛冬眠了一般。胡适谈论种族歧视时，提到了黑人、犹太人。值得注意的是，他从来没有提过当时也被歧视的中国人。事实上，中国人是在美国历史上唯一被指名道姓地立法禁止入境、入籍的种族。我在本节启始说过，也许胡适留美的时候从来就没有亲身遭遇被歧视的经验，或者从来就没听说过中国人被歧视的例子。然而，报章杂志呢？最令人玩味的是，胡适在 1914 年 7 月 12 日的《留学日记》里附载了四十五幅时事卡通漫画。他在那则日记里说："偶检旧箧，得年来所藏各报之《讽刺画》（讽刺之名殊不当，以其不专事讽刺也），即《时事画》（cartoon），展玩数四，不忍弃去，择其佳者附载于是册。"这四十五幅卡通漫画里，有三幅描写的是辛亥革命后的中国：

　　第 12 幅：《难不成自由女神变成支那人的新偶像》（Can It Be That Statue of Liberty Has Become the Chinaman's New Joss!），是当时美国有名的漫画家漫诺（Robert Minor, 1884-1952）作的。胡适在日记里对这幅漫画的说明是："《中国人之新神像》：为中国革命作。图为一中国人手持自由女神，审视把玩。此图出，各国争转载之，漫氏之名遂大著。"

PROTEST
...or in St. Louis *Post-Dispatch*

（12）

CAN IT BE THAT STATUE OF LIBERTY HAS
BECOME THE CHINAMAN'S NEW JOSS!
From the *Post-Dispatch*(St. Louis)

图 18　第 12 幅:《难不成自由女神变成支那人的新偶像》。
（胡适纪念馆授权使用）

第 25 幅:《中国的自由女神》(The Chinese Goddess of Liberty)，原刊载在《暴撞迸裂》(*Kladderadatsch*)［德国从十九世纪中到第二次世界大战之间最有名的讽刺刊物］。胡适在日记里的说明是:"中国之自由神（参看第 12 图）。此图疑本于漫氏之作，何其相似也！"

THE CHINESE GODDESS OF LIBERTY.
—*Kladderadatsch*(Berlin).

图 19　第 25 幅:《中国的自由女神》。（胡适纪念馆授权使用）

第 31 幅:《最新成员:"欢迎! 欢迎! 小不点儿!"》(The Latest Arrival: "Welcome, Welcome, Little Man"),原刊载在《阿姆斯特丹人》(Amsterdammer)上。胡适在日记里的说明是:"世界共和国欢迎新中国之图。此图亦极有名,世界争载之。"

THE LATEST ARRIVAL.
"Welcome, welcome, little man!"
—Amsterdammer

图 20　第 31 幅:《最新成员:"欢迎! 欢迎! 小不点儿!"》。
(胡适纪念馆授权使用)

也许胡适久浸淫于美国微妙的种族歧视的氛围之下,习而不察;也许胡适陶醉于新共和中国的诞生之余,能看到西方的舆论家把中国与共和或自由女神联在一起,感激都还来不及,怎会想到用批判的眼光来挑剔呢! 我们记得胡适当时听到美国人用"支那人"来称呼中国人,不但不以为忤,而且还常以"支那人"自称。这三幅漫画确实画得惟妙惟肖,但是,从受过二十世纪中叶以来的种族意识洗礼的我们的角度来看,那种族歧视的意味却是再清楚也不过了。在"白人至上观"之下,刻画出来的"劣等民族"有几个刻板的特色:女性化、婴儿化、肤色黝黑、表情贪婪猥琐、衣着褴褛、行为乖张。[1]第 12 幅的"支那人"的肤色黝黑、表情猥琐;辫子缠绕在头顶上,左侧可见的眼睛圆睁、嘴巴张开,贪婪之色毕现;他左手圈握着白皙的自由女神的底部,蓄着尖长、弯钩指甲的右手眼看着就要碰到女神的腰臀。第 25 幅的《中国的自由女神》,那自由女神的性别不明,而且被变脸成为一个双眼只有眯

---

① John Johnson, *Latin America in Caricature* (Austin: University of Texas Press, 1980).

缝大小的中国人，完全是美国人取笑中国人的刻板画像。火炬、皇冠、宽袍、律书都配备了，只是她是盘腿而坐。最刺眼的，是火炬下垂着的一条辫子！第 31 幅的背景是"联合共和国"的客厅，蓄着山羊胡的美国山姆叔是唯一一个男性。其它瑞士、法国、巴西、葡萄牙都是女性，她们的相貌依其成为共和的先后，越浅越年轻。葡萄牙的革命是 1910 年，比辛亥革命早一年。然而，葡萄牙已经是一个女生的模样，中国的"小不点儿"身高还不到葡萄牙的一半，左手的拇指还插在嘴里吮吸着。[①]

性别观点与女性交谊

女性交谊对留美时期的胡适是一个很敏感的问题。用他在家信里形容自己的话来说，他是一个"已聘未婚"的人。可能就因为如此，每当他触及到女性交谊的时候，他的做法常显示出心里有鬼的过当反应（defensive）。最耐人寻味的，是他在 1914 年 6 月 8 日的《留学日记》里记他第一次去女生宿舍的记载。他不但要声明那是他第一次去女生宿舍，还觉得他必须要从"开天辟地"开始，交代他那偏枯但无辜又无邪的身世。首先，是他在妇人社会中成长的幼年：

> 吾之去妇人之社会也，为日久矣。吾母为妇人中之豪杰，二十二岁而寡，为后母。吾三兄皆长矣，吾母以一人撑拒艰难，其困苦有非笔墨所能尽者。而吾母治家有法，内外交称为贤母。吾母虽爱余，而督责甚严，有过失未尝宽假。每日黎明，吾母即令起坐，每为余道吾父行实，勉以毋忝所生。吾少时稍有所异于群儿，未尝非吾母所赐也。吾诸姊中惟大姊最贤而多才，吾母时咨询以家事。大姊亦爱余。丁未〔1907〕，余归省，往见大姊，每谈辄至夜分。吾外祖母亦极爱余。吾母两妹皆敏而能，视余如子。余少时不与诸儿伍，师友中惟四叔介如公、禹臣兄、近仁叔切磋指导之功为最，此外则惟上所述诸妇人（吾母、吾外祖母、

---

① 《胡适日记全集》，1:363, 365, 366, 377, 387, 392.

诸姨、大姊）陶冶之功耳。

接着，胡适说他在性别上偏颇的社交圈像钟摆一样，从纯粹的女性社会摆向了纯粹的男性社会。于是，他逐渐褪去了腼腆如女子的一面：

> 吾久处妇人社会，故十三岁出门乃怯惴如妇人女子，见人辄面红耳赤，一揖而外不敢出一言，有问则答一二言而已。吾入澄衷学堂以后，始稍稍得朋友之乐。居澄衷之第二年，已敢结会演说，是为投身社会之始。及入中国公学，同学多老成人，来自川、陕、粤、桂诸省，其经历思想都已成熟，余于世故人情所有经验皆得于是。前此少时所受妇人之影响，至是脱除几尽。

然而，由于长年生活在这个只知有男性而不知有女性的社会里，胡适说，他结果是付出了一个沉重的代价。从前他离开家乡到上海求学的时候，乍入男子的社会，他形容自己腼腆如女子。现在，久习于只有男性的社会，对于女子，他却心生畏惧，裹足不前。更严重的是，没有女性的社交生活，使他的人生失衡，失之于偏颇。他赢得了男性世界所特有的"智性"的生活，而失去了女性所专擅的"感性"的生活；他赢得了男性特有的"敏锐的思想"，却失去了女性的"温和之气"所能给予他的"陶冶"：

> 盖余甲辰〔1904〕去家，至今年甲寅〔1914〕，十年之中，未尝与贤妇人交际。即在此邦，所识亦多中年以上之妇人，吾但以长者目之耳。于青年女子之社会，乃几裹足不敢入焉。其结果遂令余成一社会中人，深于世故，思想颇锐，而未尝不用权术；天真未全漓，而无高尚纯洁之思想，亦无灵敏之感情。吾十年之进境，盖全偏于智识（intellect）一方面，而于感情（emotion）一方面几全行忘却。清夜自思，几成一冷血之世故中人，其不为全用权术之奸雄者，幸也。然而危矣！念悬崖勒马，犹未为晚。拟今后当注重吾感情一方面之发达。吾在此邦，处男女共同教育之校，宜利用此时机，与有教育之女子交际，得其陶冶之益，减吾

孤冷之性，庶吾未全漓之天真，犹有古井作波之一日。吾自顾但有机警之才，而无温和之气，更无论温柔儿女之情矣。此实一大病，不可不药。吾其求和缓于此邦之青年有教育之女子乎！

胡适说他一向自夸来了美国四年，从来没去过"赛姬院"的女子宿舍。他的几个好朋友都苦口婆心地劝他，要他善用女性的陶冶之力。固执的他，不解他们话中的至理，反而笑他们不要陶冶不成，却落入情障。现在，他知道自己错了，决定以女性的温和陶冶之气为医治自己智性过头的药石：

> 吾在此四年，所识大学女生无算，而终不往访之。吾四年未尝入 Sage College［赛姬院］（女子宿舍）访女友，时以自夸，至今思之，但足以自悔耳。今夜始往访一女子，拟来年常为之。记此以叙所怀，初非以自文饰也。
>
> 吾前和叔永诗云："何必麻姑［传说中仙女］为搔背，应有洪崖［传说中仙人］笑拍肩。"犹是自夸之意。盖吾虽不深交女子，而同学中交游极广，故颇沾沾自喜也。附志于此，亦以自嘲也。
>
> 朋友中如南非 J. C. Faure［佛尔］、如郑莱君，皆以此相劝。梅觐庄［光迪］月前致书，亦言女子陶冶之势力。余答觐庄书，尚戏之，规以莫堕情障。觐庄以为庄语，颇以为忤。今觐庄将东来，当以此记示之，不知觐庄其谓之何？①

胡适在这则日记里说："盖余甲辰［1904］去家，至今年甲寅［1914］，十年之中，未尝与贤妇人交际。"这句话所说的当然不是实情。事实上，胡适这句不是实情的话，多说了几次以后，连他自己都会相信是真的。他在 1915 年 2 月 1 日给韦莲司的信也这么说。他说："我在上海的六年生活里，我不认为我跟任何一个女人说过十个字以上的话。我当时生活的周遭都是男人，多半都是比我年纪大的。妳可以想象这种'不正常'的教育所

① 《胡适日记全集》，1:328-330.

带来的根深蒂固的坏影响。然而，我可以学习！实际上，妳已经教了我许多了。"①　胡适写这封信是因为他跟韦莲司独处一室惹出了一场风波。他当时刚从纽约回来。他到纽约之前，先去了波士顿，为波士顿的"布朗宁知音会"（Browning Society）演讲儒家与罗伯·布朗宁。他在 1 月 22 日到了纽约，先是跟韦莲司参观了大都会美术馆，然后去她在纽约的公寓里她单独相处了一个下午。韦莲司的母亲知道以后，掀起了一场大风波。②

胡适对韦莲司说："我在上海的六年生活里，我不认为我跟任何一个女人说过十个字以上的话。"这当然也不是实情。他在上海的时候，曾经有过一小段"叫局吃酒"，连他自己都说是"不知耻"的日子。③周质平用同情扼腕的口气说，这是胡适与韦莲司独处的当天下午不敢有"大胆作风"，让韦莲司感到失望，因而编出来的饰词。④　其实，胡适说这句话的时候，在性别观上有他自己很清楚的立足点。他在我前一段所引的日记里，说他从上海到美国的十年间，"未尝与贤妇人交际"。这里的重点是"贤妇人"这三个字。换句话说，在他的眼光里，妓女是男人逢场作戏时狎玩的堕落女子，不是"贤妇人"。因此，他可以理直气壮地相信他在中国的时候，确实从来没有跟任何"良家妇女"说过十个字以上的话。有趣的是，即使如此诠释，胡适在此所说的还不是真话。他在认识韦莲司的同时，已经结识了连续两年到康乃尔大学去选暑期班课的瘦琴（Nellie Sergent），并开始相当殷勤地通信。瘦琴会在胡适 1927 年再访美国的时候，成为他的第一颗美国星星。⑤

胡适在这则日记里提到女性的温和之气，说他要借"此邦之青年有教育之女子"来"求和缓"、陶冶之益。他还提到梅光迪在信上力赞"女子陶冶之势力"。可惜这封信现已不存，我们不知道胡适这些留美的友朋所说的"女子陶冶之势力"究竟指的是什么。幸好梅光迪在 1917 年 5 月号的《中国留美学生月报》上发表了一篇《新的中国学者：一、作为人的学者》（The New Chinese Scholar: I. The Scholar As Man）。这篇没刊登完的文章在第一部分末

---

① Hu Shih to Clifford Williams, February 1, 1915,《胡适全集》，40:40.

② 请参阅拙著《星星·月亮·太阳》，页 10-14。

③ 《胡适日记全集》，1:345.

④ 周质平，《胡适与韦莲司：深情五十年》（北京：北京大学出版社，1998），页 27。

⑤ 请参阅拙著《星星·月亮·太阳》，页 164-173。

尾讨论的就是女性陶冶的力量。梅光迪说：

> 文学史家告诉我们，十七、十八世纪法国学者之所以变得雅致
> （urbanity），主要是沙龙客厅里的女性的功劳。在那以前，学者总是邋
> 遢的，言语也很粗暴。简言之，他们从前是枯燥、不登大雅之堂的学究
> （pedants）。然而，沙龙客厅里那些文雅的女性，把他们调教得文质彬彬、
> 稳重练达。我们从近代最伟大的文学批评家圣·博夫（Sainte-Beuve）笔
> 下那些名媛给予学者的优雅的熏陶，就可以知道女性的影响有多大。直
> 到今天，法国女性在文化圈还是很有势力，法国学者也是世界上最优雅
> 的。当今美国人文主义巨擘、法国文学权威白璧德（Irving Babbitt）教授，
> 在分析人文学者，亦即学者、君子（法文说"honnête homme"）的时候说：
> "一般说来，我们完全是拜法国的影响之赐，今天的学术才得以与学究
> 分道扬镳，变得雅致与优美；人文与处世的标准也得以合而为一。"

> 歌德说："与女性同游（society），是举止得体的初步。"我想我们都
> 有目共睹，美国男人的温和（humane）的行为完全是靠女性来维持的。
> 没有女性的熏陶，男人就好凌霸、欺压、倨傲。传统中国的学者向来邋遢、
> 暴躁、古怪，再也没有人比他们更需要优雅的女性雅致的熏陶了。与女性
> 同游，可以让我们学得温和之气，以及我们最缺乏的举止得体之礼（savoir
> vivre）。而我们跟她们交往绝对不像有些人所想象的，只是一种社交上的
> 乐事，那其实是一种严肃的磨炼，是一种削去我们棱角的磨炼。①

胡适与他的这些友朋，好强调女性的"陶冶之势力"。胡适自己在此处
所征引的日记里分智性与感性的领域，然后又把女性的温和之气比拟为医治
其智性过头的药石。凡此种种，很容易让人怀疑他宣扬的仍然是美国十九
世纪流行的"纯美的女性"（true womanhood）的观点。事实上，在二十世
纪初期留美的中国学生里，很多人所心向往之的，确实是"纯美的女性"观
的现代版。比如，胡适在《留学日记》里提到的胡彬夏，她后来跟哈佛大学

---

① K. T. May, "The New Chinese Scholar: I. The Scholar As Man," *The Chinese Students'*
Monthly, XII.7 (May, 1917), p. 350.

毕业的朱庭祺结婚。胡彬夏心目中的现代"纯美的女性"的典型是: 在美国
土生土长、白人、中上阶级、妇女俱乐部的成员, 既可以把家里整理得井井
有条、一尘不染, 又能游刃有余地热心公益。①

　　胡适在《留学日记》里的一则日记, 也可以用来作这种观点的注脚。他
在 1914 年 11 月 22 日的日记里记他跟橡树街 (Oak Street)120 号的室友聊天,
谈到了婚姻的问题。这个室友是康乃尔大学的法学助教, 胡适给他的译名叫
卜葛特。他们的共同结论是: 在知识上, 要夫妻互相唱和, 简直比登天还难。
可是, 对中国的男留学生来说, 他们理想中的妻子并不是在知识上能唱和的
伴侣。胡适说他的友朋都不喜欢找学问太多的女性结婚:

　　　　意中人 (the ideal woman) 终不可遽得, 久之终不得不勉强迁就
　　(compromise) 而求其次也。先生为此邦女子至是程度殊不甚高, 即以
　　大学女生而论, 其真能有高尚智识, 谈辨时能启发心思者, 真不可多得。
　　若以"智识平等"为求耦之准则, 则吾人终身鳏居无疑矣。实则择妇之
　　道, 除智识外, 尚有多数问题, 如身体之健康, 容貌之不陋恶, 性行之
　　不乖戾, 皆不可不注意, 未可独重智识一方面也。智识上之伴侣, 不可
　　得之家庭, 犹可得之于友朋。此吾所以不反对吾之婚事也。以吾所见此
　　间人士家庭, 其真能夫妇智识相匹者, 虽大学名教师中亦不可多得。友
　　辈中择耦, 恒不喜其所谓"博士派" (Ph. D. type) 之女子, 以其学问
　　太多也。此则未免矫枉过直。其"博士派"之女子, 大抵年皆稍长, 然
　　亦未尝不可为良妻贤母耳。②

　　胡适的优点是他没有一个死板的观点。比如说, 他在 1914 年年底到俄
亥俄州的哥伦布城去开"世界学生会"的年会, 顺道去尼加拉瀑布市访问
了曾在中国教书的卜郎夫妇。卜郎夫妇的同甘共苦, 让他敬佩得所谓"相敬
如宾"、"举案齐眉"、"为妇画眉"等等都是何足道哉。于是他在日记里反思

---

① 请参阅拙著 Yung-chen Chiang, "Womanhood, Motherhood and Biology: The Early
Phases of *The Ladies' Journal*," *Gender & History*, 18.3 (November 2006), pp. 527-528.
② 《胡适日记全集》, 1:552.

他在美国见过的几种不同类型的家庭。卜郎夫妇没有孩子，在旖色佳待胡适如子的白特生夫妇也没有孩子。这是一种类型的家庭。他的法文老师康福教授，则"子女盈膝"，又是另一种类型的家庭。哲学系的老师克雷登和艾尔比（Ernest Albee）教授，"诸家夫妇皆博学相敬爱，子女有无，初不关心。则又一种家庭也。"①

等到几个美国朋友也开始谈婚论嫁，胡适更有机会观察与他同龄的美国好友的对象。比如，他在1916年8月21日追记的日记里提到他在葛内特的父母家见到了葛内特的未婚妻："根［葛］君新识一女子，与同事者。爱之，遂订婚嫁，家中人不知也。葛君在纽约为《世界报》作访员。此次乞假休憩，与余同归，始告其家人。因以电邀此女来其家一游。女得电，果来。女姓Ross［罗丝］，名Mary［玛丽］，亦藩萨［瓦萨女子学院，说"亦"是因为葛内特的姐姐也是瓦萨毕业的］毕业生也。其人似甚有才干，可为吾友良配。"② 1916年11月9日的日记，胡适又记了他在康乃尔的好友舒母的妻子："一日，余得一书，书末署名为鲁本女士（Carmen S. Reuben）。书中自言为吾友舒母之妻。已结婚矣，以自命为'新妇人'［新女性］（New Woman），故不从夫姓而用其本姓（通例，妇人当从夫姓，如Carmen Reuben Schumm）。此次以尝闻其夫及其翁称道及余，又知余尚在纽约，故以书邀余相见。余往见之，女士端好能思想，好女子也，诚足为吾友佳偶。尝与吾友同学，故相识。今年结婚。婚后吾友回旖色佳理旧业；女士则留纽约以打字自给，夜间则专治音乐。自此以后，吾与之相见数次，深敬其为人，此真'新妇人'也。"③

眼看着美国朋友拥有在知识上相匹配的伴侣，胡适是否有所感触呢？我在《星星·月亮·太阳》里详细地分析了这个问题。简言之，胡适对他媒妁之言的婚姻当然有着错综复杂的情绪。他在接受与抗拒之间的矛盾一定不是外人所能想象的。我认为胡适在留美期间，如果曾经有过反悔他媒妁之言的婚约，那就是在1915年夏秋之间。这一段时间，是他对韦莲司最为相思的

---

① 《胡适日记全集》，2:5-6.
② 《胡适日记全集》，2:398.
③ 《胡适日记全集》，2:441.

时候。他为韦莲司所作的三首艳诗《满庭芳》、《临江仙》、《相思》，都是这个时候的作品。反之，对江冬秀，胡适则写了一首令人读之怵目惊心的英诗《今别离》（Absence），赤裸裸地道出了他的心境，说那造成"妳"和"我"形同陌路的，不只是"那偌大的半个地球"，而是那心灵的阻隔。[①] 到了 1916 年胡适记葛内特以及舒母的婚姻的时候，或许他已接受了自己的婚姻，心情也已平静了。

根据胡适在 1915 年 10 月 30 日的《留学日记》里的反省，他对女性的看法在认识韦莲司以后，产上了极大的转变：

> 吾自识吾友韦女士以来，生平对于女子之见解为之大变，对于男女交际之关系，亦为之大变。女子教育，吾向所深信者也。惟昔所注意，乃在为国人造良妻贤母以为家庭教育之预备，今始知女子教育之最上目的乃在造成一种能自由能独立之女子。国有能自由独立之女子，然后可以增进其国人之道德，高尚其人格。盖女子有一种感化力，善用之可以振衰起懦，可以化民成俗，爱国者不可不知所以保存发扬之，不可不知所以因势利用之。[②]

胡适在这里说："女子有一种感化力，善用之可以振衰起懦，可以化民成俗，爱国者不可不知所以保存发扬之，不可不知所以因势利用之。"这句话当然有语病，仿佛女性的价值在于其可为爱国者的工具——"因势利用"，来"振衰起懦"、"化民成俗"。留美时期的胡适，在各式各样的思潮（包括新女性的思潮）的冲击下，可以说是眼花缭乱、应接不暇。如果他在思想上有混淆、糅杂甚至从某些思潮的角度来看是"反动"的地方，也是很可理解的。

如果我们把胡适跟当时其他中国男留学生相比，他的前进真是不可以以道里计的。当时的中国男留学生泰半是反"新女性"的。举个例来说，《中国留美学生月报》就是反"新女性"的大本营。留学哈佛大学、后来精神失

---

① 请参阅拙著《星星·月亮·太阳》，页 35-43，63-87。
② 《胡适日记全集》，2:245.

常的徐承宗就在 1914 年一篇小品文里，用一群哈佛大学生在壁炉边与舍监教授长（Master）的谈笑，来讪笑妇女参政主义者（suffragists）。舍监教授长说只要妇女参政主义者继续用绝食的方法来争取参政权，他就要继续他的单身汉罢婚。[①]《中国留美学生月报》1916 学年度的主编莫介福，则以短篇小说的形式描写了一个美丽的妇女参政主义者"改邪归正"的故事。莉蒂雅（Lydia）疯妇女参政运动疯过了头，连毕业都顾不得了。她跑到布达佩斯特去参加了世界妇女大会，然后到伦敦去向英国激进的妇女参政者取经。结果证明了那是上帝的安排。莉蒂雅在伦敦遇到了一个少年英俊的男爵，两人一见钟情、闪电结婚。在连生了两个孩子以后，母性使莉蒂雅醒悟了她从前的愚昧，于是反过来成为一个反妇女参政主义者（anti-suffragist）。莫介福说他去访问了在家相夫教子的莉蒂雅。莉蒂雅告诉他说生物界的公律，雌总是小于雄。所以女性天生就是男性的内助与配偶，男性就是女性的保护者。莫介福说，他听了莉蒂雅作为过来人的省思以后，才终于领悟到为什么老处女远比光棍儿更让人避之唯恐不及的道理。[②]

老处女，用胡适在日记里的委婉语来说，就是"'博士派'之女子"。胡适说她们"大抵年皆稍长，然亦未尝不可为良妻贤母耳"。问题是，中国男留学生所谈虎色变的就是老处女。《中国留美学生月报》1926 学年度的主编、清华 1923 级的周明衡说得再尖酸刻薄不过了。周明衡没有再取笑妇女参政运动者，因为当时妇女参政权已经成为事实了。美国宪法第十九条给予妇女参政权的修正案已经于 1920 年通过了。然而，对中国男留学生来说，问题的症结在于女性的不安于其"性别之分"。好不容易送走了妇女参政主义者，又来了性别平等者。周明衡说，上帝给予女性几年的美丽与青春，但其代价是丑瘪的余生；男性为了一亲她们这几年的美丽与青春的芳泽，就得负起供养她们一辈子的代价。遗憾的是，周明衡说：

---

① Z. Z., "Merry Making," *The Chinese Stuents' Monthly*, IX.3 (January 10, 1914), p. 248. 以下有关二十世纪初年中国男留学生反"新女性"的言论，是根据笔者关于中国留美学生的未刊书稿，"Educating 'Pillars of State' in the 'Land of the Free': Chinese Students in the United States, 1905-1931," Chapter 6: "'After College in the U.S., What? For Women'."
② Kai F. Mok, "Lydia and Her Experience," *The Chinese Students' Monthly*, IX.2 (December 10, 1913), pp. 140-143.

除了少数几个例外以外，大多数的中国女留学生既没有青春也没有美貌可言，她们所拥有的本来就是让人不敢恭维的过去的残余。然而，这些被所谓的性别平等的观念——那条顿民族、基督徒至愚之说——冲昏了头的华夏女士们，也不先照一下镜子，就厚着脸皮在希腊女神的雕像座上搔首弄姿起来了。

对中国女留学生，周明衡嗤之以鼻。他说：女人"在思想上近视，她们只能对近在眼前的东西有本能性的了解。她们的视野很窄，视见短浅"。最可怕的是，她们不忠："当伙伴嘛，她们太自私；当朋友嘛，她们又太不可信赖。太多的哥们儿栽在她们的手中，惨遭当绿帽乌龟的命运［原文用 cuckoo（杜鹃），当是想用 cuckold（戴绿帽）之误］。"周明衡说花心思在她们身上是不值得的："她们的心扉是不对爱而开的。说她们是维纳斯，她们又不配。"他劝告男留学生："小伙子！回中国去找个青春貌美的女朋友吧！担心个什么教育呢？两个人在一起生活的时候，用头脑的不总是只有一个吗！"①

中国女留学生当然不会坐视这种轻佻的言论。她们的反击不但得体、机智、诙谐，而且能借势使力，四两拨千斤，轻松利落地就把射向她们的毒言棘语反手甩回，而且镖镖中的。最好的例子莫过于清华 1921 年资送留美的黄倩仪。黄倩仪后来获得芝加哥大学的学士学位、哥伦比亚大学的硕士学位。"全美中国学生联合会"中西部分会在 1923 年所举办的夏令会，她以最高票当选该届"夏令会之花"。据说，她还写了一出中文歌剧，由她在波士顿"新英格兰音乐学院"学音乐的姐姐或妹妹 Grace 谱曲。黄倩仪后来的先生是戏剧家余上沅。据说他们在波士顿排演过一出《此恨绵绵》，剧中的杨贵妃就是黄倩仪饰演的。莫非该剧是黄倩仪写的？总之，黄倩仪是哥伦比亚大学中国教育学俱乐部的副会长，《中国留美学生月报》1924 学年

① Thomas Ming-heng Chao, "Cabbages and Onions: On Love, Taxi, Marriage and Other follies," *The Chinese Students' Montly*, XXII.6 (April, 1927), pp. 77-78.

度的副主编。① 黄倩仪说周明衡的论点"既不得体，也缺乏品味，更没有内容"。她说这种文字透露出来的，就是酸葡萄的心理；作者不是恨女性成性，就一定是永远的光棍儿。她说中国留学生如果交男女朋友不顺遂，该怪的不是女性，也不是男性，而是传统的习俗，还有那学校的教育。她说："不管一个女性有多厉害，她不可能让一个真正的男子汉变成一只乌龟。他如果是乌龟，那他一定生来就是一只乌龟，或者就该怪他的老师。我希望人类社会里不会有这种动物存在。不过，如果不幸人类社会果真有这种动物存在，我还真不知道除了以乌龟之道对待他们以外，还有什么更适合的法子。"②

说胡适不一样，他就是不一样。在性别观念上，他就是能特立独行。不像其他中国留学生，人云亦云地拾社会上流行的男性中心观的唾余。1915年7月27日，胡适写了一封读者抗议的投书给《康乃尔太阳日报》。他在日记里解释了抗议的原因："昨日本校日刊作社论，评纽约拳术比赛场中有妇女侵入强作宣传妇女参政之演说。其论甚刻薄，吾作书驳之。"

> 即使是夏日的艳阳也有它冰霜的一面。《一出高贵的闹剧》(A Noble Spectacle)那篇社论所充斥的保守的气息令人齿冷。
>
> 一群妇女参政主义者侵入拳击赛场去宣扬阁下很适切地描写为"理想"(cause)的行为，会引来一些聪明人的愤慨与嘲讽——贵报的社论就是一个例子——我觉得这是一件不可思议的事情。我个人的看法是——如果阁下允许我说说个人的看法——比起那些没有任何"理想"，球赛也好，舞会也好，任人摆布的女性而言，我更钦佩你们所讥诋的这些女性。拳击这种野蛮的竞技场，把它转借来作为宣扬妇女参政的所在，比起二十世纪一所卓越的大学的学生报被拿来宣传反妇女参政或反女性的言论，我觉得前者更为堂堂正正。

---

① "Student World: The Mid-West Conference," *The Chinese Students' Monthly*, XIX.1 (November, 1923), p. 61; "Personal News," *The Chinese Students' Monthly*, XIX.5 (March, 1924), p. 76; and "Student World: The Chinese Educational Club of Columbia University," *The Chinese Students' Monthly*, XX.4 (February, 1925), p. 63.
② Dorothy T. Wong [Huang Qianyi], "Cabbages and Onions: Pickles," *CSM*, XXII.8 (June, 1927), pp. 61-62.

我想我可以不用辞费。妇女参政主义者之所以要想尽办法争取注意力，一方面是因为大众漠不关心，另一方面是因为有些"理应较有见识"的报纸不可饶恕的反动言论，其中之一［指《纽约时报》？］，贵报还曾经比拟成"偶尔会从奥林帕斯山上下来与凡人一起犯错"的神祉。

胡某人（"WHO"）

胡适这封投书写得很诙谐。他说："吾与此报主者 Maurice W. Hows［郝司］雅相友善，故投此书戏之耳。"① 主编姓"Hows"，胡适就戏签名为"WHO"；既与自己的姓同音，又与主编的姓谐音。

胡适留美时期来往通信最勤的女性，第一是韦莲司，第二是瘦琴。瘦琴在当时完全只是一个异性的朋友。胡适跟她从1914年开始通信，一年之间，她写给胡适的信，用胡适自己的话来说，厚度"几盈一寸"。② 然而，在胡适留美期间，他们确实只是朋友。韦莲司就不同了。我在《星星·月亮·太阳》里，由于没有太多的证据，只能说胡适对韦莲司有单相思的感情；韦莲司则是在胡适回到中国跟江冬秀结婚以后，才幡然醒悟她其实已经爱上了胡适。③ 问题的症结就在证据。我们目前唯一能见到的证据就是他们的来往书信。韦莲司给胡适的信的原件在北京；胡适给韦莲司的，则是韦莲司后来誊写或用打字机过滤之后的副本。毫无疑问地，韦莲司的信没有经过任何誊写的处理，最为可靠。除了遗失的以外，完全是原貌。

我在《星星·月亮·太阳》里提到，韦莲司是在1927年4月17日的信里第一次说她爱上了胡适。这是他们分手十年之后的事。当时，胡适在一个月前去旖色佳看过韦莲司和她的母亲。这是韦莲司第一次透露她在胡适1917年回国以后，发现自己爱上了胡适：

我今天重读旧信，读到那封宣布你即将结婚的信［即胡适1917年11月21日的信］，又再次让我体会到，对我来说，那是多么巨大的一个

---

① 《胡适日记全集》，2:166-167.
② 《胡适日记全集》，2:210.
③ 请参阅拙著《星星·月亮·太阳》，页35-43，210。

图 21　1913 年胡适母亲冯顺弟与家人合影。后排右二是江冬秀——韦莲司在 1915 年的信上说她"面带戚容",看起来像是胡适口中的"表妹"(见拙著《星星·月亮·太阳》,页 48)。(胡适纪念馆授权使用)

割舍。我想,我当时完全没有想跟你结婚的念头。然而,从许多方面来说,我们〔在精神上〕根本老早就已经结了婚了。因此,你回国离我而去,我就整个崩溃了。〔韦莲司在信纸空白处加写了一句话〕自从接到你 1917 年 11 月的那封信以后,我就再也没有勇气去重读你的旧信了。①

　　不只韦莲司和胡适的爱意的表露,我们需要看韦莲司的信才知道。胡适跟韦莲司在 1933 年胡适第三次赴美的时候变成灵肉合一的恋人,我们知道这个事实,也是因为有韦莲司的信为证,尽管韦莲司写得很含蓄。我们之所以必须从韦莲司的信来勾画胡适跟韦莲司之间的关系的轨迹,这在在显示的,就是胡适的矜持,矜持到连在"情书"里都吝于表露爱意的程度。当然,我们想要知道胡适在给韦莲司的信上究竟矜持到什么地步,唯一能找到答案的方式,就是去看胡适给韦莲司的信的原件。

　　胡适给韦莲司的信,我们目前所能看到的并不是原件,而是韦莲司整理

① Clifford Williams to Hu Shih, April 17, 1927.

过的。我在《星星·月亮·太阳》里说明了这批经过韦莲司重新打字或手写誊抄的信其实有两个版本：第一个版本是韦莲司在 1933 年用打字机过滤打好寄到北京给胡适的，目前藏在北京的近代史研究所。第二个版本则是胡适过世以前请韦莲司整理送到台北的，现藏台北的"胡适纪念馆"。原件据说已经由胡祖望带回华盛顿。我在《星星·月亮·太阳》里说韦莲司删节过的地方都作了删节号的注记。[①] 然而，等我现在有机会把两个誊写、打字版本作了初步的对比以后，我发现并不尽然。韦莲司有些地方作了删节，但并没有作删节的记号。比如说，胡适跟韦莲司在发生"独处一室"那件风波以后，胡适 1915 年 2 月 1 日那封长信，其实还有他在 2 月 2 日加写的三小段安慰、称赞韦莲司"能宽容"、有"爱心"的话。胡适 1915 年 3 月 28 日的信，提到韦莲司思索经济独立的问题。这两处都被韦莲司在重新誊打的时候给删掉了，而且没加删节号。

"胡适纪念馆"版的胡适在 1915 年 12 月 8 日给韦莲司的信有三处加了删节号。比对了"北京近代史所"版以后，我发现前两个删节处是比较重要的。第一个删节处，提到胡适等待韦莲司寄给他她亲手制作的干燥玫瑰花瓣的雀跃之情。第二个删节处提到了 12 月 5 日晚发生的事情。可惜我们不知道到底发生了什么事情。韦莲司在 12 月 6 日写的信为自己当晚"不礼貌"的行为道歉，说她很后悔。她请胡适不要再提起当晚的事。[②] 在被韦莲司删掉的那一段信里，胡适则为自己的行为道歉。他说直到第二天才发现自己当时已经感冒了。第三个删节处是胡适说他很高兴知道韦莲司当时在作的画进展得很顺利。

这些韦莲司所作的删节告诉了我们什么呢？韦莲司删节掉的，恐怕远超出我们所能想象到的。换句话说，如果胡适写给韦莲司的信里，有些确实是情书，除非能看到原件，否则我们永远都不会知道。我为什么会猜测胡适写过情书给韦莲司呢？韦莲司不见得比胡适不矜持。她自然有她的自尊与矜持。就像她在 1939 年对胡适所说的："你去年夏天告诉我你是一个害羞的人。其

---

① 请参阅拙著《星星·月亮·太阳》，页 296-298。
② Clifford Williams to Hu Shih, December 6, 1915.

实我也一样；我远比你所想象的还更害羞。"①韦莲司告诉胡适这些话，因为当时胡适把一套他的《留学日记》送给她，还特别为她勾出了他在这套日记里提到她的地方。如果胡适先前没写过情书给韦莲司，有着女性自尊与矜持的她不会在 1927 年 4 月 17 日的信里告诉胡适，她在他回国以后，才发现自己已经爱上了他。换句话说，在当时的性别关系之下，我们有理由相信如果胡适没有先表明他对韦莲司的爱慕，韦莲司是不可能主动示爱的。然而，这一切都必须等我们看到胡适给韦莲司的信的原件以后才可证明。

人类文明的展望

胡适在留美期间对人类文明的展望也逐渐发展出了他自己的看法。其中，最重要的，影响他一生的政治思想一直到 1940 年代的，就是他从社会立法的角度来救济传统自由主义的不足的想法。最典型的一个叙述，就是胡适在 1914 年 9 月 9 日游波士顿时跟哈佛大学留学生孙恒的谈话。孙恒认为当时中国的问题在于中国人"不知自由平等之益"，他说那是"救国金丹"。胡适的看法则不同。他认为中国"病不在于无自由平等之所说，乃在不知诸字之真谛"。胡适对孙恒说："今人所持平等自由之说，已非复十八世纪学者所持之平等自由。"他进一步作了解释：

> 向谓"人生而自由"（*L'homme est né libre*——Rousseau［卢梭］）。果尔，则初生之婴孩亦自由矣。又曰："人生而平等"。此尤大谬。人生有贤愚能否；有生而癫狂者、神经钝废者；有生具慧资者；又安得谓为平等也？今之所谓自由者，一人之自由，以他人之自由为界。但不侵越此界，则个人得随所欲为。然有时并此项自由亦不可得。如饮酒，未为侵犯他人之自由也，而今人皆知饮酒足以戕身；戕贼之身，对社会为失才，对子孙为弱种。故有倡禁酒之说者，不得以自由为口实也。今所谓平等之说者，非人生而平等也。人虽有智愚能不能，而其为人则一也。

---

① Clifford Williams to Hu Shih, June 4, 1939.

故处法律之下则平等。

胡适接着引申了他的社会政治哲学。这也就是说，胡适把人生而不平等归咎于天，亦即老子所说的"天地不仁"。"天地不仁"，可以由人治，亦即由社会立法来补救：

> 夫云法律之下，则人为而非天生明矣。天生群动，天生万民，等差万千，其强弱相倾相食，天道也。老子曰："天地不仁"，此之谓耳。人治则不然。以平等为人类进化之鹄，而合群力以赴之。法律之下贫富无别，人治之力也。余又言今日西方政治学说之趋向，乃由放任主义（Laissez faire）而趣干涉主义；由个人主义而趣社会主义。不观乎取缔"托拉斯"之政策乎？不观乎取缔婚姻之律令乎（今之所谓传种改良法（eugenic laws），禁癫狂及有遗传病者相婚娶，又令婚嫁者须得医士证明其无恶疾）？不观乎禁酒之令乎（此邦行禁酒令之省甚多）？不观乎遗产税乎？盖西方今日已渐见十八世纪学者所持任天而治（放任主义）之弊。今方力求补救，奈何吾人犹拾人唾余，而不深思明辨之也。①

其实，这并不是胡适第一次引申这个"天生"与"人治"对立，或者，更确切地说，用"人治"来补救"天生"的社会政治哲学。他在 1914 年 7 月 28 日的日记里，就透过描写人类用工程技术凿径筑桥，让人人都能得享大自然之美的做法，来宣扬人定胜天、以人工来弥补天地不仁的做法：

> 廿五日往游活铿谷（Watkins Glen, N.Y.），此地真天地之奇境也……此地近由纽约省收为公园，依山开径，跨壑通梁，其险处皆护以铁栏，故自山脚至巅，毫无攀援之艰，亦无颠踬之虞。视前游英菲儿山探险之奇之乐，迥乎不侔矣。然"佳境每深藏，不与浅人看。勿惜几两屐，何畏山神悭？要知寻山乐，不在花鸟妍"。其缺憾所在，在于不均。天下

---

① 《胡适日记全集》，1:492-493.

能有几许人不惜寻山之展，不畏攀援之艰耶？今国家为凿径筑桥，坐令天险化为坦途，妇孺叟孩皆可享登临之乐，游观之美，不亦均乎！此中亦有至理存焉。英菲儿山任天而治者也，探险者各以其才力之强弱，定所入之浅深及所见之多寡；惟其杰出能坚忍不拔者，乃能登峰造极，尽收其地之奇胜；而其弱不能深入或半途而止者，均王介甫所谓"不得极夫游之乐"者也。其登峰造极者，所谓英雄伟人也：敌国之富人、百胜之名将、功名盖世之豪杰、立德立言之圣贤，均此类也。其畏而不敢入者，凡民也。入而不能深者，失败之英雄也。所谓优胜劣败，天行之治是也。活铿之山则不然，盖人治也、人择也（rational selection）。以人事夺天行之酷（天地不仁，以万物为刍狗，此吾所谓天行之酷也）。人之智慧材力不能均也，天也，而人力可以均之。均之者何也？除其艰险，减其障碍，俾曩之惟圣且智乃可至者，今则匹夫匹妇皆可至焉；曩之所谓殊勋上赏以待不世出之英杰者，今则人人皆可跻及焉。以人事之仁，补天行之不仁，不亦休乎！不亦仁乎！[①]

胡适在这两则日记里的立论，其理论基础实际上就是一个历史的进化论。活铿谷和英菲儿山瀑布（Enfield Falls）代表的是"天行"与"人择"的两个模式。英菲儿山瀑布是"任天而治者也，探险者各以其才力之强弱，定所入之浅深及所见之多寡"。活铿谷则不然，纽约省把它"收为公园，依山开径，跨壑通梁，其险处皆护以铁栏"。其结果是连"妇孺叟孩皆可享登临之乐，游观之美"。英菲儿山瀑布和活铿谷诚然都是奇境美景。然而，英菲儿山瀑布只有年轻力强、富有冒险精神的人方能得以欣赏；反之，活铿谷因为经过了人工的整治，人人都得以享之。把这两个天然的奇景拿来作比喻，"十八世纪学者所持的任天而治（放任主义）"就像是英菲儿山瀑布；活铿谷就像是胡适所说的二十世纪的"干涉主义"与"社会主义"。前者是天行之治的典型；后者则是人择的典型。从胡适的角度来看，去拥抱"十八世纪学者所持的任天而治（放任主义）"不啻于是"拾人唾余"。莫若二十世纪的

---

① 《胡适日记全集》，1:417-427.

"干涉主义"与"社会主义","以人事之仁，补天行之不仁，不亦休乎！不亦仁乎！"

胡适所持的这种"干涉主义"和"社会主义"是有他思想的来源的。他在康乃尔的老师不只一位是持这种观点的。其中，胡适所敬爱的康乃尔大学创校的白校长就是一个最好的例子。在胡适在日记里演申他的"天行"与"人择"的理论的一年之前，白校长就在 1913 年 5 月 29 日在"费·倍塔·卡帕荣誉学生会"（Phi Beta Kappa）和"理学会"（Ethics Club）联合主办的会里作了一个演讲。我们记得胡适在该年 3 月被选为"费·倍塔·卡帕荣誉学生会"的会员。白校长这个演讲的题目是《演化与革命的对比：从政治上来观察》（Evolution vs. Revolution in Politics）。这个题目是白校长从十九世纪末年开始就常公开演讲的一个题目。

革命与演化对比，白校长称前者为"灾难带动的发展模式"（development by catastrophe）；后者为"有秩序的发展模式"（orderly development）。革命的例子不胜枚举，墨西哥的革命以及所有历史上的革命都属于此类。白校长说大家的眼前就正在上演着一出革命的闹剧。他的例子就是当时英国的妇女参政运动。他说在妇女参政运动者演出全武打以前，英国的下院其实有大多数的议员愿意投票支持。然而，在妇女参政运动者用暴力的手段去宣扬她们的"理想"以后，有一个德高望重的议员就表明说他不再支持了，因为他如果支持，不就等于说他赞成任何用暴力的手段来达成目的的行为吗！

白校长保守的态度在在地表现在他对美国独立革命的评价，以及他对非盎格鲁—撒克逊移民的嫌恶上。他说：

> 美国独立革命发生以前，如果比较稳健的人得以当道，[北美十三州]的殖民地就很有可能跟母国维持更久的一段关系。如果历史的发展是那个样子，则英格兰、苏格兰的人，就可以继续以移民的方式来给我们的文明注入新的活力，而不是被导到别的方向去；等[殖民地与母国]分家的时候，很可能是和平的方式；而到了分家的时候，这些州的人民里也就会有较高比例的盎格鲁—撒克逊种，那就会有助于同化那些后来蜂拥而来的较劣的人种。我们如果不立法限制这些劣等的种族进来

560

的话，他们很可能就会是一声不响的蛮人大迁徙，那是会毁掉这个国家的，就好像历史上前一波的蛮人大迁徙导致罗马帝国的覆亡一样。

从白校长的角度看来，大学是把革命杜绝于未萌的最佳堡垒。有一个企业界领袖说美国的大学没有尽到培养企业人才的责任。白校长说这是误解。他说美国大学毕业生只占美国人口的百分之零点五，可是他们握有将近百分之六十全国最重要的职位。最令人痛心的是，白校长说那些用欺诈之术（scoundrelism）积攒巨富的人，没有一个是大学毕业生。他说有钱人要散财，最好的方法莫过于捐钱在大学里设立或扩展其历史、政治、社会科学的科系。这是为演化作铺路最正确的方法，因为演化最能够用来杜绝革命于未萌的基础。[1]

除了白校长以外，康乃尔大学闪族语言教授须密（N. Schmidt）先生也忧心革命的破坏，而主张用开明立法的方式消弭革命于未萌之前。须密教授在 1913 年 10 月 7 日在"理学会"作了一个演讲。他的题目是：《抗争：以违法来争取合法权》（Militancy: Law-Breaking as a Means of Gaining Legal Rights）。须密教授认为不遵守法律就是不道德的行为。这是因为我们都遵从权威：从父母、老师、社会、法律到个人所遵奉的道德或神祇的最高权威。激进者无视习俗或法律，只有两种解释：一是他们是罪犯；二是他们的所见超乎现行的法律，他们怀抱着更高的理想。须密教授说，当时在抗争的妇女参政运动者属于后者。他说历史上用违法的方式来争取权益的例子很多：瑞士、荷兰、瑞典、希腊和中国史上都有这些例子。

激进者用破坏的手段的用意亦同。那是因为他们知道他们无法举兵来争取他们的权益，社会上的大多数者太有力了，任何武力的抗争等于是以卵击石。于是，他们改采纠缠、游击、骚扰、折磨敌人的方法。这些方法有时候相当有效。争取妇女参政权的女性所用的方法就是如此。她们并没有在井里下毒或者砸烂机器。但她们砸破玻璃、放火烧屋、揪住英国首相的大衣后摆、对准他的耳朵高呼："给妇女投票权。"

---

① "Social Study Will Forestall Revolution," *Cornell Daily Sun*, XXXIII.183, May 30, 1913, p. 1.

须密教授认为有两种更好的方法：第一种是由下而上的，是用不抵抗的方法，或者用胡适引须密教授所说的"消极的抵抗"（passive resistance）（见第六章）的潜移默化的方法。这是基督、佛祖、宗教改革和匮克派的方法。也就是后来甘地用的方法。那是一种消极的屈服，虽屈服于不公不义，然抗议犹在。须密教授认为抗争者也许最好采用这种方式，因为从历史上来看，用这种方式的人最终都在某种程度上达到了他们所争取的目的。另一种则是由上而下的做法。也就是说，已经享有特权或权益的人要开明、要有远见，主动立法让社会上的其它人也得以分享特权或权益。须密教授说，依他个人的看法，这是消弭革命于未萌最好、最有效的的方法。①

在 1913 年听取白校长和须密教授演讲的时候，胡适在思想上还是一个不成熟的青年，他还没进入绝对不抵抗主义的阶段。然而，即使他后来在意识形态上要比白校长前进得多了，即使他后来扬弃了绝对的不抵抗主义，这种用社会立法的方式，来补"天地之不仁"、"天行之酷"的想法——不管是出自博爱、推己及人之心；或者是出自未雨绸缪、为人为世作设想；或者是出自阶级自保之心——一直成为胡适社会政治哲学的基点。等胡适从杜威1916 年那两篇文章里悟出"规划"、"管理"和"控制"的道理以后，那只有更坚定他对社会立法的信念。

胡适这个用社会立法来从事改革以避免革命的信念是非常坚定的。即使1917 年俄国的二月革命使他振奋而为之赋诗，但这个坚定的信念却从未动摇。他在 1917 年 3 月 21 日的《留学日记》里录下了一段剪报，记载了俄国的学生、起义的士兵以及社会不同阶层的人士，不分党派异见，大家革命与共，在街头上并肩齐进的气象：

> 一群群的学生——很容易识别，因为他们蓝色的帽子和深色的制服——加入了衣着褴褛的叛军的行列；各色各样的人士也陆续加入。一时之间，[革命]的理想超越了党派的异见，把大家团结在一起。②

---

① "Wise Legislation Best Avenue to Justice," *Cornell Daily Sun*, XXXIV.15, October 8, 1913, p. 1.
② 《胡适日记全集》，2:490-491.

胡适读报有感，特别为之填了一首《沁园春》，写了半阕。直到三个礼拜以后，他才有时间把下阕填好。他先写了一个序：

> 吾前作《沁园春》词记俄国大革命，仅成半阕。今读报记俄国临时政府大赦旧以革命暗杀受罪之囚犯。其自西伯利亚赦归者盖十万人云。夫囚拘十万志士于西伯利亚，此俄之所以不振，而罗曼那夫皇朝之所以必倒也。而爱自由谋革命者乃至十万人之多，囚拘流徙，摧辱残杀而无悔，此革命之所以终成，而"新俄"之未来所以正未可量也。

词曰：

> 客子何思？冻雪层冰，北国名都。看乌衣蓝帽，轩昂少年，指挥杀贼，万众欢呼。去独夫"沙"，张自由帜，此意如今果不虚。论代价，有百年文字，多少头颅。
>
> 冰天十万囚徒，一万里飞来大赦书。本为自由来，今同他去；与民贼战，毕竟谁输！拍手高歌，"新俄万岁"！狂态君休笑老胡。从今后，看这般快事，后起谁欤？[1]

即使胡适在此为"十万囚徒"庆幸，为之高歌"新俄万岁"，这并不表示胡适就像邵建所说的，是赞同革命的。[2] 他在这首词里说得非常痛心而且透彻："论代价，有百年文字，多少头颅。"他在《序》里说得非常清楚："夫囚拘十万志士于西伯利亚，此俄之所以不振，而罗曼那夫皇朝之所以必倒也。"正由于罗曼那夫皇朝的愚蠢，不懂得未雨绸缪、断尾求生，用改革、立法的方式，来因势利导那汹涌澎湃的争自由之心，"罗曼那夫皇朝之所以必倒也"。俄国的罗曼诺夫皇朝之倒也，不足惜、不足悯，因为倒的是一家、一朝、一独夫。论代价，是整个社会、整个国家的人才、生命、资源的浪费。

---

① 《胡适日记全集》，2:507-508.
② 邵建，《瞧，这人——日记、书信、年谱中的胡适》，页177.

胡适之所以会颂赞"新俄万岁"，他所颂赞的与其说是革命，而毋宁说是"沙俄"的终结，"新俄"的开始；他所颂赞的，是社会的浪费的终止，他所希冀的是"规划"、"管理"和"控制"的开始。胡适对"新俄"的期待或许是一相情愿，不过那不是重点。没有人可以预见未来。任何人如果用后见之明来讥诋胡适的不能有先见之明，只是暴露了自己的浅见，没有领悟出胡适颂赞的重点。

第八章
诗国革命，造新文学

　　胡适在中国近代史上最重要、最不朽的贡献，恐怕就是新文学运动了。这个新文学运动的发源地在美国的旖色佳。它的来龙去脉，可以在胡适的《留学日记》里寻得痕迹。胡适后来又用很生动的文笔留下了一个非常重要的历史文献。这就是他在 1934 年写的《逼上梁山——文学革命的开始》，后来收为他的《四十自述》的附录。胡适晚年在纽约的哥伦比亚大学所作的《口述自传》，很可惜没有添增任何新的资料或历史的回顾。根据唐德刚的的回忆，胡适《口述自传》里相关的四节，是他跟胡适从《逼上梁山》那一章翻译成英文的。[①]

　　胡适一辈子爱说他是一个"有历史癖"的人；[②] 他又爱说自己是一个有"历史眼光"（historically minded）的人。[③] 然而，每当说到自己的时候，特别是关系到他思想发展上的关键问题的时候，胡适却常又为德不卒，不能贯彻他这个追本溯源的态度。其结果常是驱使旁人去猜谜。如果他愿意夫子自

---

① 《胡适口述自传》，《胡适全集》，18:316 注 1.
② 例如胡适，《〈国语月刊汉字改革号〉卷头言》，《胡适全集》，2:852.
③ 例如 Hu Shih, "The Reminiscences of Dr. Hu Shih," p. 128.

道，许多有关他的争议就不会成为历史的公案。可惜，他常在关键点上卖关子。人家"上穷碧落下黄泉，动手动脚找文章"，硬是吹皱了一池春水，他胡博本人却逍遥在一旁，不置可否。白话文学运动的缘起，就是一个典型的例子。从胡适留美的时代开始到今天，胡适的文学革命的灵感来源就一直是个聚讼纷纭的论题。到现在，还有人错误地说胡适文学革命的灵感来源是西方的近代文学潮流，特别是意象派（Imagism）；有的人则同样错误地把它归为是本土的。

只有傅云博（Daniel Fried）最具慧眼。他独排众议，说胡适的诗学革命的灵感来源不是"近代"的，而是"传统"的。他说："胡适所没有透露的，大多数读者所没有发现的，就是《尝试集》里的新诗之所以看起来会是'现代'的，完全是因为语言上的错置（dislocation）[所引起的错觉]。事实上相当讽刺的是，胡适的诗体所用的典范很明显的是传统的英诗。在康乃尔大学以及后来在哥伦比亚大学，胡适所念的诗主要就是当时美国大学生读的标准教材：伊丽莎白时期、浪漫主义、维多利亚时期，特别是布朗宁（Browning）和邓耐生（Tennyson）的诗。即使胡适当时读了当代的英诗，他所读的也是发表在通俗杂志里的一些文体相当传统的诗，而不是发表在那些现在已经成为经典的现代主义的刊物里的诗。他所涉猎的都留下了印记：不管是从用字遣词、意象、主题还是音律来看，胡适所写的诗都非常接近那些传统英诗的范例。"①

傅云博接着从用字遣词、意象、主题、音律来分析了几首胡适体的新诗和胡适翻译的几首英诗。他同时也注意到胡适留美时期所写的英诗。在这两相对比之下，其结论是相当令人信服的。傅云博说，我们不须要去寻找胡适新诗的灵感究竟是从哪一位大师那儿得来的。胡适在美国留学的时候学会了作英诗。他的中文新诗就是从他实地的英诗写作的经验中转借、挪用过来的。最其讽刺的是，胡适所学、所写的英诗，放在英文的语境里，也充满了其所自有的陈腔、对仗和套语。那跟胡适立意推翻的传统诗词里的陈腔、对仗和套语，其实有异曲同工的意味。"然而，对胡适来说，学习这些章法来写英

---

① Daniel Fried, "Beijing's Crypto-Victorian: Traditionalist Influences on Hu Shi's Poetic Practice," *Comparative Critical Studies* 3.3 (2006), p. 372.

诗一定是一个很新鲜的经验。同时，把那些章法运用到白话诗上，对读者来说一定是一件更新鲜的事情。从这个角度来说，梅光迪跟其他批胡者说胡适的诗学革命严格来说不是他的发明，他们的批评是正确的。只是，革命这个名词变成了一个路障，使他们都找错了门路：影响胡适的不是《诗刊》那一类杂志里的激进理论家所写的诗，而主要是维多利亚体的诗。不管那对美国的现代派诗人来说是多么的陈腐，对写英诗是新手、而他本人又身在英诗的体制之外的胡适来说，却是很具革命性的。"①

逼上梁山？

《逼上梁山——文学革命的开始》。所谓"逼上梁山"者也，就是"予不得已也"的意思。胡适在《口述自传》里解释给英文读者说：被逼上梁山作"好汉"，是"中国的一句成语，意味着一个人在违反初衷之下，被迫铤而走险"。② 我们当然可以说，"逼上梁山"只不过是一个比喻，即使形容过当，似乎也没有特别去吹毛求疵的必要。然而，从历史的眼光来看，这个比喻失当的地方，就在于它适足以抹杀了历史——胡适自己的心路历程史——而把他的文学革命，截断其流，硬是把它产生的缘由给斩断了。更重要的是，白话文学革命的历史跟胡适个人的文学教育过程是不可分割的。没有胡适在康乃尔大学所受的英国文学教育，也就不会有白话文学革命。胡适所提倡的诗国革命绝对不是逼上梁山，而是经由他自己实地实验——包括英诗的写作——以后所取得的经验、心得与信念的发挥。他不但不是被"逼上梁山"，而且，即使他是上了"梁山"，那也绝对不是违反初衷，而其实是梦想成真。胡适为什么会把他的文学革命的缘起作了这个截流的举措呢？他为什么会把他私心企盼的文学革命说成是"逼上梁山"的结果呢？也许，这又是他丢给后日为他立传的历史家的挑战。即使后日为他立传的人不去找他在康乃尔选修的英文课，光是他在《留学日记》里留下来的资料，就足够历史家去按图

---

① Daniel Fried, "Beijing's Crypto-Victorian: Traditionalist Influences on Hu Shi's Poetic Practice," p. 388.

② Hu Shih, "The Reminiscences of Dr. Hu Shih," pp. 129-130.

索骥了。

胡适自己说得好："大凡一种学说，决不是劈空从天上掉下来的。我们如果能仔细研究，定可寻出那种学说有许多前因……这个前因，所含不止一事。第一是那时代政治社会的状态。第二是那时代的思想潮流。"[①] 这段话当然不完全适用在他自己身上，因为他毕竟不是美国人；作为一个外国学生，他对美国政治、社会、思想的了解主要是透过美国大学的这面棱镜，这包括他选修的课以及他的交友圈。换句话说，留学生其实是生活在象牙塔里的。然而，胡适在这段话里所强调的"寻因"，则是完全适用于研究文学革命的缘起的。

胡适在《逼上梁山》里，为文学革命说了一个缘起的故事。他说当时清华驻华盛顿的学生监督处有一个英文秘书，是上海的圣约翰大学毕业的，名叫钟文鳌。胡适说他是个怪人。他每个月寄支票给庚款生的时候，总要在信封里夹一些他自己印制的宣传品。内容大致是："不满二十五岁不娶妻"、"废除汉字，取用字母"、"多种树，种树有益"等等。他说庚款生平时收到这些小传单，总是顺手把它向字纸篓里一丢就算了。可是有一天，胡适说大概是1915 年吧，他又收到一张传单，说中国应该改用字母拼音；他说要教育普及，非得用字母不可。胡适说他一时动了气，就写了一封短信去骂他，说不通汉文的人，不配谈改良中国文字的问题。那封信寄出以后，胡适就有点懊悔了。他后来觉得："我既然说钟先生不够资格讨论此事，我们够资格的人就应该用点心思才力去研究这个问题。"

胡适虽然没有明确地说这是他后来所倡导的文学革命的缘起，但他很明显是把这件事作为促因。他说：

> 那一年恰好东美的中国学生会新成立了一个"文学科学研究部"（Institute of Arts and Sciences）。我是文学股的委员，负有准备年会时分股讨论的责任。我就同赵元任先生商量，"把中国文字的问题"作为本年文学股的论题，由他和我两个人分做两篇论文，讨论这个问题的两个

---

① 胡适，《中国哲学史大纲》，《胡适全集》，5:221.

方面：赵君专论《吾国文字能否采用字母制及其进行方法》；我的题目是《如何可使吾国文言易于教授》。①

人的记忆不可靠，这里又提供了一个实例。胡适在这里所说的"文学科学研究部"的由来，用当时留学生的翻译是"中国学会留美支会"。顾名思义，是虚位以待，让总会将来设在中国。而且它的英文名字不是"Institute of Arts and Sciences"，而是"The Chinese Academy of Arts and Sciences"。这个"中国学会留美支会"设立的时间是 1910 年，也就是"美东中国学生联合会"该年在康涅迪克州哈德佛市（Hartford）的三一学院（Trinity College）举办的第六届夏令营时成立的。② "中国学会留美支会"的第一届年会（1911），是在"美东中国学生联合会"举办的第七届夏令会中举行的，地点是普林斯顿大学。③ 由于留美学生所组织的学会团体叠床架屋，美东、美中西以及美西的联合会在 1911 年统合成"全美中国留学生联合会"以后，就出现了合并学会团体的呼声。1913 学年度"全美中国留学生联合会"会长郑莱宣布"中国学会留美支会"与"留美工程学会"以及"留美农林学会"已经成功地合并。其合并以后的名称，用胡适的译名来说是"学生同业会"（Vocational Groups）。④

从这个合并、改组的意义上来说，胡适在《逼上梁山》里说这个"文学科学研究部"是新成立的，这并不能算完全不正确。至于他说他是文学股的委员，就太过谦逊了。根据胡适在《留学日记》里的记载："四日晨，赴习文艺科学生同业会（Vocational Conference of the Arts and Sciences Students）。郑君莱主席。先议明年本部同业会办法。众推举余为明年东部总会长，力辞不获，允之，又添一重担子矣。"⑤ 这时间是在 1914 年 9 月 4 日。当时他去

① 胡适，《逼上梁山——文学革命的开始》，《胡适全集》，18:99-100.
② "The Chinese Academy of Arts and Science," *The Chinese Students' Monthly*, VI.2 (December 1910), pp. 180-193.
③ Pingsa Hu, "Chinese Academy of Arts and Science," *The Chinese Students' Monthly*, VII.2 (December 10, 1911), pp. 185-189.
④ Loy Chang, "The President's Message," *The Chinese Students' Monthly*, IX.2 (December, 1913), p. 159.
⑤ 《胡适日记全集》，1:472.

参加"美东中国学生联合会"在安谋司举办的第十届夏令会。有关他的职称，胡适在《口述自传》里的回忆才是正确的。他说："我碰巧是该部门［'文学科学研究部'］的会长。"然而，他说他和赵元任都在留学生的夏令会上宣读了论文，则又犯了语焉不详的毛病。① "美东中国学生联合会"举办的第十一届夏令营，是 1915 年 8 月底到 9 月初在康涅迪克州中城（Middletown）的卫思理言大学（Wesleyan University）召开的。当时，胡适由于准备转学到纽约的哥伦比亚大学去，他并没有参加。他在 8 月 26 日的《留学日记》里所记载的才是正确的："作一文（英文）论《如何可使吾国文言易于教授》，将乞赵君元任于今年东美学生年会时读之。"②

胡适在《逼上梁山》里的这一段回忆，最大的问题，就在于他误导读者，以为钟文鳌的中文拉丁化的传单，就是他倡导白话文学革命的灵感或促因。《逼上梁山》是在 1933 年 12 月 3 日脱稿的，次年 1 月 1 日初次发表在《东方杂志》上。当时白话文学革命早已是功成圆满了。胡适在文中摘述了他在《如何可使吾国文言易于教授》一文里的要点。其中，旧的汉文教授法有四弊，第一句话就是："汉文乃是半死之文字。"任何读者读到这句话，自然就会联想到胡适在倡导文学革命时说文言文是"死的文字"的宣言。读者很容易就会作这种跳跃式的结论，以为胡适在 1915 年写这篇论文的时候已经在倡导白话文。人的注意力是有选择性的，而且是受到先入为主的观念指引着的。《逼上梁山》的读者既然已经有了胡适说过文言文是死的文字的观念，他们就很容易忽略胡适后来所说的一句话："而我那时还没有想到白话可以完全替代文言，所以我那时想要改良文言的教授方法，使汉文容易教授。"③

当然，我们可以说读者被误导是读者自己的问题，因为胡适已经声明他当时还没有想到白话可以完全替代文言。然而，我认为这个误导是胡适的写作策略有意产生的结果。胡适在《逼上梁山》里所作的摘述也是选择性的。他刻意淡化了他当时把文言的不普及归罪于教学方法的不良，而不是文言已

---

① Hu Shih, "The Reminiscences of Dr. Hu Shih," p. 131.
② 《胡适日记全集》，2:207.
③ 胡适，《逼上梁山——文学革命的开始》，《胡适全集》，18:102.

死的事实。胡适在《留学日记》里摘述了他那篇论文的四点大旨：一、在拼音字母还没制成以前，"今之文言，终不可废置"，因为那是全国说不同方言的人之间唯一能藉以交流的媒介，是当时的教育所唯一能使用的教学工具。二、汉文的中心问题，在于它是否可以作为教育的利器。三、"汉文所以不易普及者，其故不在汉文，而在教之之术之不完。同一文字也，甲以讲书之故而通文，能读书作文；乙以徒事诵读，不求讲解之故，而终身不能读书作文。可知受病之源，在于教法。"第三点是关键，因为他说汉文之不易普及之罪不在汉文，而在教学法之不当。而其补救之法完全是他后来在《四十自述》里的夫子自道。这也就是说，那就是他小时候由于他母亲多付几倍学费，要塾师逐字讲解古文，所以让他能了解文意的教学法。四、旧教学法之弊，有四点：（一）"汉文乃是半死之文字，不当以教活文字之法教之。"（二）"汉文乃是视官的文字，非听官的文字。凡象形会意之文字，乃视官的文字；而字母谐声之文字，皆听官的文字也。"视官文字的教学法应该强调字源学。对启蒙的学童来说，这就意指从简单的象形、指事字入手，再渐次及于会意，以至于形声字。胡适说这种教学法除了能帮助学生了解汉字的来源以外，还可增加学童识字的兴趣，可谓一举两得。（三）自古以来，中国人从不讲究文法，不知文法乃教授文字语言之捷径。（四）不用标点符号，以至文字不易普及，文法也不讲求。[①]

　　胡适请赵元任在"美东中国学生联合会"第十一届（1915年）夏令营所宣读的《如何可使吾国文言易于教授》一文，其中一段发表在1916年4月号的《中国留美学生月报》上。这段文章附在赵元任所撰的《中国语言的问题》（The Problem of the Chinese Language）里。赵元任的这篇文章共分四节，第三节是胡适写的，子题为：《现行汉文的教学法》（The Teaching of Chinese As It Is）。[②] 对于想要了解胡适文学革命的心路历程的人来说，这篇英文论文比胡适在《留学日记》里所作的摘述要重要多了。虽然论点和胡适在日记里所作的摘述大致吻合，但其中有一些是后来宣扬文学革命的胡适绝对不会漏

[①] 《胡适日记全集》，2:207-208.

[②] Suh Hu, "The Problem of the Chinese Language (Concluded): III, The Teaching of Chinese As It Is," *The Chinese Students' Monthly*, XI.6 (April 1916), pp. 567-572.

列的要点。这篇英文论文有四个重点。一、开宗明义，矛头对准了钟文鳌。胡适说，那些哓哓然要推动中文拉丁化的人，完全不了解中文的问题就在于我们从来没用正确、科学的教学法来教中文。胡适不但"乐意承认拉丁化了以后的中文或许优于中文"，而且表示这是一个值得用科学的方法来研究的问题。然而，在用科学的研究证明它的优越性，然后再推广普及以前，现行中文应该如何教学，才是更重要的课题。这理由很简单，因为现行的中国文字"是用来记录我国的历史和文明的语言，是省际之间［说不同方言的人］所能藉以交流的唯一媒介，也是全国教育的唯一工具"。

胡适在这篇论文里的第二个重点是：

> 文言是一个几乎完全死了的语言。这死了的意思，是指已经没有人说了。那就像是中古欧洲的拉丁文一样。事实上，它比拉丁文还要更死（如果死也能分程度的话）。这是因为拉丁文还能说、还能听懂，而文言则不然。除非是人人耳熟能详的成语，或者是听者已经多少知道讲者所要表达的意思，文言即使在知识阶级当中都已经不是能用听的方式来理解的语言了。

胡适的第三个重点是：

> 我们必须把自己从传统的观点里解放出来。那传统的观点认为白话的字词与语法很"俗"。其实中文里的"俗"字，意指的是"约定俗成"（customary）的意思，其字义本身并没有"鄙俚"（vulgarity）的意思。事实上，许多我们日常所用的词汇是非常能表意，因此是非常美丽的。衡量字词、言辞的标准，应该在于其是否生气盎然以及有表意的能力，而不在于其是否合于道统（orthodox）的标准。白话是国人日常的语言：它表达了人们日常的需要，本身就是美丽的，而且具备创造一个伟大的、活蹦的文学的条件。［历史上］那些用俗文字所写的伟大的小说，就是最好的明证。

胡适承认他说文言已死、而白话则生气盎然又美丽，这两个论点是几近武断的概括论断（sweeping generalizations）。然而，他要读者了解他自己其实是一个大梦初醒的过来人。他说：

我只能要求读者了解，作了这两个概括论断的我自己，如果在几年前听到有人说文言是一个已死的语言，一定是会要跟他决斗的。如果我在此处所说的是正确的，那我们就可以用下述的话语来说明我们眼前的问题：我们该用什么样的方法来教授现行的汉文，以便使它能履行它的功能？我们应该如何教授这个已死的语言，以便让它从死里复活？

胡适这段话的重要性在两方面。一、才几年前，胡适自己还是一个听到文言已死论就会跟人拼命的卫道者。二、胡适到这个时候，还没有放弃让文言死而复生的努力。

胡适在这篇英文论文里的第四个重点，就是开出让文言能死而复生的妙药。他的药方有七：第一剂药方，是要有一套发音的字母。胡适说，为了要帮助发音，并使其标准化，就必须要用科学的方法去制订一套发音的字母，在学校里教授使用。第二剂药方，是用"活字"。小学读本必须用"活字"、去"死字"。所谓"活字"，就是能上口的字；所谓"死字"，就是说出来人听不懂的字。学"活字"的优点有三：有用；上口即懂，不似"死字"需要解释；白话一旦打进了庙堂，就可望成为国语。第三剂药方，是教"死字"的方法。这也就是他在《留学日记》的摘述里所说的，"汉文乃是视官的文字，非听官的文字"。其教学法，应从简单的象形、指事字入手。

第四剂药方，是要提升白话文。胡适说：

我一方面鼓吹用活文字的新血，去灌注到文言的血脉里，以期让它起死回生。另一方面，我也要强调白话文必须更加丰富、更加精练。文学的［新］名词和词语，只要现有的白话文里没有，或者比白话文里的更美、更能表意的，就应该引进。

胡适认为在引介或铸造文学名词的时候，复音词要优于单音词。他说单音词太容易混淆，不适合在口语上运用。反之，复音词在口语上易听易懂。他举例说，像"宪法"、"民国"、"革命"、"国会"这些新造的名词，都已经成为日常词汇的一部分了。

胡适的第五剂药方，是要大家去读俗文学。他说在不久的将来，教科书应该可以选收一些用白话文写的小说和戏曲。这理由很多。一、对学童来说，白话小说和戏曲要远比"子曰"和老掉了牙的道德教谕要有趣多多了。二、这些小说、戏曲、歌谣和语录，是我们仅有的"活文学"。我们的教科书没有理由弃而不用。三、胡适说他那一代的人，许多人都可以用自己成长的经验来作见证，证明阅读这些作品——特别是小说——所带给他们的在文字上的训练，要比阅读正规（orthodox）的书籍有效得多。四、由于不可能完全禁阻孩子读小说，我们不妨就因势利导，挑选最好的，屏除淫秽的，教导他们如何从中得益。

第六剂药方，是要教文法。胡适说汉文文法之不修，是已经到了令人扼腕的地步。他说中国人不讲究文法，可能是因为汉文没有词类的变化，在文法上比其它世界上进步的语言要简单多了。然而，他认为正由于中文的文法和句法简单，才更应该讲究其教学法，以便使人人都能学会语言。讲究文法之道无他。第一，所有教科书的文字都应该合于文法。令人嗟叹的是，这个最基本的要求，当时中国几大教科书出版社居然一点都不措意。第二，文法书必须配合读本，并以之为基础。第三，白话与文言的文法必须同时讲究。第四，白话与文言文法之间的差异，在许多方面是相当显著的，都必须表明出来，为学生讲解。因此，白话与文言文法的比较研究是必须的。第五，文法的教学必须从小学到大学都是必修的。

第七剂药方，是要使用标点符号。胡适说，与文法的教学同样不可或缺的，是要有一个统一的标点符号系统。当时的汉文不用标点符号，其弊病有多端：一、文意常被误解。二、知识的推广产生窒碍。三、没有标点符号，文法科学就难以建立。这是因为如果没有标点符号的帮助，一个复杂句子的内部结构及其各个组成要素之间的关系都很难解释清楚。胡适说他觉得可喜的是，有几家大的出版社，例如商务印书馆，已经开始在它们印行的小学教科书里使用了更多的标点符号，而不只是［在句尾］加上句号而已。

这篇《现行汉文的教学法》的重要性是不言而喻的。胡适在这篇文章里，不但没有反对中文拉丁化，而且开宗明义地表示他乐意承认拉丁化了以后的中文或许优于中文。事实上，就像我在本章结尾会指出的，中文拉丁化后来会变成青壮年时代的胡适所期许的长程目标。但这是后话。在1915年写《现行汉文的教学法》的胡适还没走到那一程。当时的他还认为中文拉丁化虽然是必须严肃地去研究的问题，但兹事体大，既不是一个迎刃可解的问题，也不是一个一蹴可几的目标。于是他把分析的重点放在"现行汉文"的讨论上。更重要的是，就像胡适后来在《逼上梁山》里所说的："而我那时还没有想到白话可以完全替代文言，所以我那时想要改良文言的教授方法，使汉文容易教授。"胡适在《现行汉文的教学法》里的主旨，就是寻求新的教学法，包括"用活文字的新血，去灌注到文言的血脉里"的方法，以期让那已死的文言从死里复活。换句话说，所谓钟文鳌的中文拉丁化传单的事件也者，其实跟胡适后来的文学革命之间的关系是微乎其微的。这篇《现行汉文的教学法》的重要性，就在于它是胡适走向文学革命的心路历程中的一个里程碑。这时候还处于胡适走向文学革命的史前史时代。因此，钟文鳌的中文拉丁化的传单促使他讨论的，是中国文字的问题，而不是中国文学的问题。

如果说胡适在《逼上梁山》里从钟文鳌的中文拉丁化的传单谈起是一个误导，那么他在文章的第二节里把文学革命的发端定在1915年夏天，则是相当正确的。胡适说：

> 那个夏天，任叔永（鸿隽）、梅觐庄（光迪）、杨杏佛（铨）、唐擘黄（钺）都在旖色佳（Ithaca）过夏，我们常常在讨论中国文学的问题。从中国文字问题转到中国文学问题。这是一个大转变。这一班人中，最守旧的是梅觐庄。他绝对不承认中国古文是半死或全死的文字。因为他的反驳，我不能不细细想过我自己的立场。他越驳越守旧，我倒渐渐变得更激烈了。我那时常提到中国文学必须经过一场革命；"文学革命"的口号，就是那个夏天我们乱谈出来的。
>
> 梅觐庄新从芝加哥附近的西北大学毕业出来，在旖色佳过了夏，

要往哈佛大学去。九月十七日，我做了一首长诗送他。诗中有这两段很大胆的宣言：

> 梅生梅生毋自鄙！神州文学久枯馁，百年未有健者起。新潮之来不可止；文学革命其时矣！吾辈势不容坐视。且复号召二三子，革命军前杖马棰，鞭笞驱除一车鬼，再拜迎入新世纪！以此报国未云菲：缩地戡天差可拟。梅生梅生毋自鄙！①

"以此报国未云菲：缩地戡天差可拟。"把文学革命比作科学"缩地戡天"之术对人类的贡献！无怪乎胡适说他在这首诗里作了大胆的宣言。胡适说因为他在这首长诗里用了十一个外国字的译音，其中十个是人名，如牛顿、爱迪生、培根，等等，另外一个是抽象名词，"烟士披里纯"，即"inspiration"，是梁启超用音译英文"灵感"一字。这引来了任鸿隽一首打油诗，笑他"鞭笞一车鬼〔洋鬼子〕"。9 月 20 日，胡适坐火车离开旖色佳，转学到哥伦比亚大学去。在火车上他用任鸿隽打油诗的韵脚，写了一首答诗。就在这首《和叔永戏赠诗》里，胡适第一次用了"诗国革命"的字眼：

> 诗国革命何自始？要须作诗如作文。
> 琢镂粉饰丧元气，貌似未必诗之纯。
> 小人行文颇大胆，诸公一一皆人英。
> 愿共僇力莫相笑，我辈不作腐儒生。

然而，胡适说由于当时"我初到纽约，觐庄初到康桥，各人都很忙，没有打笔墨官司的余暇。但这只是暂时的停战"。②

从胡适在《留学日记》里所留下来的资料，以及他在《逼上梁山》里所作的回忆，我们其实可以重建出一个文学革命萌芽的端倪。如果胡适在 1915 年 8 月 26 日写完《如何可使吾国文言易于教授》一文的时候，不但没有想到白话可以替代文言，而且还认为文言的问题不在于文言本身，而在于

---

① 胡适，《逼上梁山——文学革命的开始》，《胡适全集》，18:103-104.
② 胡适，《逼上梁山——文学革命的开始》，《胡适全集》，18:103-106.

文言的教授法，这就意味着，一直到他转学到哥伦比亚大学的前夕，胡适还没有走到白话文学革命的门栏。胡适在离开旖色佳之前的那个夏天，跟任鸿隽、梅光迪、杨铨、唐钺等人讨论中国文学的问题，如果他提到了文学或诗国革命的想法，这应该会反映在他跟任鸿隽、杨铨赠别唱和的诗里。然而，他们的赠别诗里，都没有文学或诗国革命的命意。任鸿隽的赠别诗有句云：

今日复赠君，我言将何似？不期君以古，古人不足伍。
不期君今人，今人何足伦？丈夫志远大，岂屑眼前名？
一读卢（骚）马（志尼）书，千载气峥嵘。[①]

胡适在 8 月 29 日回赠的诗则云：

君期我作玛志尼（Mazzini），
我祝君为倭斯袜（Wilhelm Ostwald）［德国化学家］。
国事今成遍体疮，治头治脚俱所急。
勉之勉之我友任，归来与君同僇力。
临别赠言止此耳，更有私意为君说：
寄此学者可千人，我诗君文两无敌。
颇似孟德语豫州，语虽似夸而纪实。
"秋云丽天海如田"，直欲与我争此席。
我今避君一千里，收拾诗料非关怯。
此邦邮传疾无比，月月诗筒未应绝。[②]

从胡适和任鸿隽唱和的赠别诗来看，在任鸿隽的理解里，胡适的志向是要作中国的马志尼。只是，胡适在祝祷任鸿隽成为中国的倭斯袜的同时，还有"私意"告诉任鸿隽，说在美国上千的中国留学生里，他和任鸿隽是"我诗君文两无敌"。由于任鸿隽的诗也极佳，胡适谦称他转学到纽约去是"避

① 《胡适日记全集》，2:203.
② 《胡适日记全集》，2:214.

君一千里"。然而，胡适允诺说，借着美国"疾无比"的邮政服务，他们的唱和将会是"月月诗筒未应绝"。值得注意的是，胡适说到写诗唱和，却一无诗国革命的痕迹。

胡适和杨铨的赠别唱和则连诗都不提了。胡适在9月2日的《留学日记》里说：

> 杏佛赠别词有"三稔不相见，一笑遇他乡。暗惊狂奴非故，收束入名场"之句。实则杏佛亦扬州梦醒之杜牧之耳。其词又有"欲共斯民温饱，此愿几时偿"之语。余既喜吾与杏佛今皆能放弃故我，重修学立身，又壮其志愿之宏，故造此词奉答，即以为别。

> 朔国秋风，汝远东来，过存老胡。正相看一笑，使君与我，春申江上，两个狂奴。万里相逢，殷勤问字，不似黄垆旧酒徒。还相问："岂胸中块垒，今尽消乎？"君言："是何言欤！祗壮志新来与昔殊。原乘风役电，截

图22 康乃尔大学时期的师生合影。从左到右：李观森（H. S. Lee）、金邦正、胡适、杨铨、Mason教授、Jacoby教授、任鸿隽、陈茂康（M. K. Tsen）。（胡适纪念馆授权使用）

天缩地（科学之目的在于征服天行以利人事），颇思瓦特（James Watt），不羡公输。户有余粝，人无菜色，此业何尝属腐儒。吾狂甚，欲斯民温饱，此意何如？"①

为什么在胡适所有的赠别诗里，唯独他写给梅光迪的谈到文学革命呢？这其实不难解释。胡适在《逼上梁山》里说得很明白：他们1915年夏天在旖色佳常相聚谈的"这一班人中，最守旧的是梅觐庄。他绝对不承认中国古文是半死或全死的文字。因为他的反驳，我不能不细细想过我自己的立场。他越驳越守旧，我倒渐渐变得更激烈了"。

为什么胡适在跟任鸿隽酬别唱和的时候没提起文学或诗国革命，反倒在任鸿隽和他送梅光迪往哈佛大学的打油诗以后，他才在《和叔永戏赠诗》里谈起诗国革命呢？这也容易解释，因为任鸿隽在他的打油诗里已经先提起了文学的革命：

> 牛敦、爱迭孙、培根、客尔文、索虏与霍桑，"烟士披里纯"。鞭笞一车鬼，为君生琼英。文学今革命，作歌送胡生。②

既然任鸿隽在打油诗里，用胡适送给梅光迪的"文学革命"、"鞭笞驱除一车鬼"，还治胡适，戏谑他想"鞭笞一车洋鬼子"来造文学革命。无怪乎胡适干脆豁了出去，仰天长啸地宣称："诗国革命何自始？要须作诗如作文。"

胡适说，他在9月20日晚从旖色佳到纽约的夜车上写了这首《和叔永戏赠诗》以后，接下来的是暂时的停战。事实上，连说"暂时的停战"都算是夸张的说法，因为这时候其实还是在战争的前夕。在此之前，胡适即使跟他在旖色佳的朋友讨论了中国文字与文学的问题，文学革命的大旗，他当时还没举起呢！换句话说，这还是胡适被"逼上梁山"的史前史时期。胡适在这个时候还不认为白话文可以完全取代文言文，更遑论诗国革命了！然而，等到文学革命、诗国革命这个旌旗一旦祭出，战争就无法避免了。更重要的

---

① 《胡适日记全集》，2:216.
② 《胡适日记全集》，2:231.

是，胡适连诗国革命的行动纲领都已经讲出来了："诗国革命何自始？要须作诗如作文。"

从作英诗到作白话诗

胡适在《口述自传》里说，虽然他写下了"诗国革命何自始？要须作诗如作文"这一诗句，但到底如何"作诗如作文"，他其实只有一个很模糊的概念。[①] 这可真印证了我在第二章征引的韦莲司1938年对胡适的批评。她说："你在朋友圈里，会轻率地说出你对公众或社会事物的看法。你这样作是因为你脑筋很快，而不是因为你有了理由充分的意见。因此，当你在矛盾之海泅泳的时候，你也许看到了某些字句（相信它们是对的），就说：'我宁愿我是对的。'"[②] 这是许多人所不知的胡适年轻气盛的一面。

如果胡适在写下"诗国革命何自始？要须作诗如作文"这样的豪语的时候，他其实对如何进行"诗国革命"，还只有一个很模糊的概念，那么，他的灵感究竟是从哪里来的？胡适在他所留下来的资料里，有几次触及了这个问题，但最后还是吝于吐露真言。比如说，当胡适在1916年跟梅光迪笔战正酣的时候，梅光迪就讥诋他，说他的文学观是"偷得"十九世纪功利主义以及托尔斯泰的余绪；[③] 其文学技巧、形式，则是"剿窃"当时美国流行的"不值钱的新潮流"。[④] 梅光迪所说的这些"新潮流"为何？以文学、美术为例：其"最著者有所谓Futurism［未来主义］、Imagism［意象主义］、Free Verse［自由诗］，及各种decadent movements in literature and arts［文学艺术的颓废运动］；美术界如Symbolism［象征主义］、Cubism［立体主义］、Impressionism［印象主义］等等。"[⑤]

对于梅光迪说他是"偷得"十九世纪功利主义与托尔斯泰的馀绪的指控，胡适说："余闻之大笑不已。夫吾之论中国文学，全从中国一方面着想，

---

① Hu Shih, "The Reminiscences of Dr. Hu Shih," p. 135.
② Williams to Hu, August 31, 1938。转引自拙著《星星・月亮・太阳》，页281。
③ 《胡适日记全集》，2:365.
④ 《胡适日记全集》，2:383.
⑤ 梅光迪致胡适，［1916年7月］廿四日，《胡适遗稿及秘藏书信》，33:446.

初不管欧西批评家发何议论。吾言而是也，其为 Utilitarian［功利主义］，其为 Tolstoian［托尔斯泰式的］，又何损其为是。吾言而非是也，但当攻其所以非之处，不必问其为 Utilitarian，抑为 Tolstoian 也。"① 至于梅光迪说他"剽窃"当时美国流行的"新潮流"，胡适反诘：

> 来书云："所谓'新潮流'、'新潮流'者，耳已闻之熟矣。"此一语中含有足下一生大病。盖足下往往以"耳已闻之熟"自足，而不求真知灼见。即如来书所称诸"新潮流"，其中大有人在，大有物在，非门外汉所能肆口诋毁者也……足下痛诋"新潮流"尚可恕。至于谓"今之美国之通行小说、杂志、戏曲，乃其最著者"，则未免厚诬"新潮流"矣……足下岂不知此诸"新潮流"皆未尝有"通行"之光宠乎？岂不知其皆为最"不通行"（unpopular）之物乎？其所以不通行者，正为天下不少如足下之人，以"新潮流"为"人间最不祥之物"而痛绝之故耳。②

对我们而言，胡适的反诘一点帮助都没有。这是因为对梅光迪的指控，他完全没有回答。梅光迪说他"偷得"十九世纪功利主义与托尔斯泰的余绪，他的回答是他只管中国的需要，不论西方批评家的议论；至于梅光迪说他"剽窃"美国当时流行的"新潮流"，他不直接回答，而是反过来讥诋梅光迪对"新潮流"的理解不是去亲自领略的，而是用"耳闻"的。我们知道胡适对"新潮流"，特别是艺术的"新潮流"，即使是不了解，至少是会敬而远之的。他当时所爱慕的韦莲司就是一个前卫艺术家。这不是胡适第一次批评梅光迪习于接受"第二手"的知识。他在这之前就当面说过梅光迪。他在 1916 年 7 月 13 日追记的日记里说："觐庄治文学有一大病：则喜读文学批评家之言，而未能多读所批评之文学家原著是也。此如道听途说，拾人牙慧，终无大成矣。此次与觐庄谈，即以直告之，甚望其能改也。"③

当然，胡适没有正面回答梅光迪的指控，最终还是不重要的。这是因为

---

① 《胡适日记全集》，2:365.
② 《胡适日记全集》，2:383-384.
③ 《胡适日记全集》，2:364.

无论是十九世纪的功利主义、托尔斯泰的余绪，还是美国当时流行的"新潮流"，都不是胡适文学与诗国革命的灵感来源。胡适唯一一次透露他的诗国革命灵感的来源，是在《尝试集》自序里："在旖色佳五年，我虽不专治文学，但也颇读了一些西方文学书籍，无形之中，总受了不少的影响。"[①] 这是胡适相当不老实的地方，他所受到的西方文学的影响，绝对不是"无形之中"的，而是他留心思考、揣摩、转借、挪用、演练出来的结果。

我在第五章分析了胡适在康乃尔大学所接受的人文素养的基础教育。我们记得胡适在康乃尔有三个专业：哲学、英国文学及政治经济。英国文学是他非常喜欢的一个专业。为了叙述的方便，让我们摘述他选过的英文课程：

大一："英文一"
大二："英文二：十九世纪散文"；"英文 38b：十八世纪英诗"
大三："英文 41：到 1642 年的英国戏剧"；"英文 52：维多利亚文学"
大三暑期班："英文 K：莎士比亚悲剧"
大四："英文 52：维多利亚文学"

我们从这个课程表可以看出，胡适在康乃尔大学选的英文课以时间上论，主要是从十七世纪到十九世纪，而以十九世纪的维多利亚时期为主轴。这正印证了我在本章启始所征引的傅云博的论点：胡适"所念的诗主要就是当时美国大学生读的标准教材：伊丽莎白时期、浪漫主义、维多利亚时期，特别是布朗宁和邓耐生所写的诗"。这就是傅云博高明的地方。他虽然没见过胡适在康乃尔大学的课程表，但他从胡适的《留学日记》还是看出了端倪。以文体来说，胡适在康乃尔所选修的英文课，散文、小说、诗歌、戏剧都兼顾到了。莎士比亚的戏剧，胡适在大一选"英文一"的时候，就读了好几出。他所选修的这些英国文学课程，再加上他在课外所读的一些作品，就是胡适白话文学革命的灵感来源。

以诗歌来说，胡适选修的这些课对他的影响有多大呢？我们记得胡适

---

① 胡适，《〈尝试集〉自序》，《胡适全集》，1:181.

在上海中国公学的时候就有"少年诗人"的称号。他在离开旖色佳之前写给任鸿隽的赠别诗里就有"我诗君文两无敌"的豪言，可以想见他是一个自诩有诗才的人。他在康乃尔选修英国文学的课程，难免技痒，也试作起英诗来。他在 1911 年 5 月 29 日的日记里说："夜作一英文小诗（Sonnet），题为"Farewell to English I"[《挥别"英文一"》]，自视较前作之《归梦》稍胜矣。"[①] 这两首诗现在大概都已散佚。但从这则日记里，我们知道胡适在大一的时候，就开始练习作英诗了。胡适所说的小诗（Sonnet），他在别的地方译为"桑纳"，二十世纪初年有人翻成"商籁"，现在一般翻成"十四行诗"。"十四行诗"源起于意大利，是在十六世纪初年传入英国的，有其相当繁琐的体例与规则。胡适在 1914 年 12 月 22 日的《留学日记》里作了说明："此体名'桑纳'（Sonnet）体，英文之'律诗'也。'律'也者，为体裁所限制之谓也。此体之限制有数端：一、共十四行；二、行十音五'尺'（尺者（foot），诗中音节之单位。吾国之'平平仄仄平平仄'，平平为一尺，仄仄为一尺，此七音凡三尺有半，其第四尺不完也）；三、每'尺'为'平仄'调（Iambic）……四、十四行分段法有两种 [甲、乙] ……五、用韵法有数 [七] 种……"[②]

　　胡适在 12 月 22 日的这则日记里作这么详尽的解释，是因为他所住的"康乃尔大学世界学生会"将庆祝成立十周年。胡适特地写了一首十四行诗来庆祝。这时胡适写英诗的程度已渐趋成熟，他开了一夜的夜车就写成了。而且，当他把诗稿请朋友（包括一个英国文学老师）删改时，"皆无大去取"。只有英语系的散蒲生教授给胡适提了几个他"极以为是"的建议。这首《纪念康乃尔世界学生会十周年十四行诗》如下：

> "Let here begin a Brotherhood of Man,
> 　Where in the West shall freely meet the East,
> 　　And man greet man as man—greatest as least.
> 　To know and love each other is our plan."

---

① 《胡适日记全集》，1:147.
② 《胡适日记全集》，1:572-537.

So spoke our Founders; so our work began:

    We made no place for pleasant dance and feast,

    But each man of us vowed to serve as priest

In Mankind's holy war and lead the van.

What have we done in ten years passed away?

    Little, perhaps; no one grain salts the sea.

    But we have faith that come it will—that Day—

When these our dreams no longer dreams shall be,

And every nation on the earth shall say:

    "ABOVE ALL NATIONS IS HUMANITY!"

胡适觉得自己已经得了写十四行诗的三昧。他说:"吾所用者,为乙式〔分段法〕寅〔第三种韵法〕调也。吾此诗为第三次用此体,前二次皆用甲式,以其用韵少稍易为也。"[①] 胡适所指的"乙式寅调",即该诗十四行的韵脚依序排列为: *abba|abba|cdc|dcd|*。

胡适写完了《纪念康乃尔世界学生会十周年十四行诗》,但他并不没有马上就在庆祝会中朗诵。这是因为庆祝会要在 1915 年 1 月上旬才开。胡适在圣诞节过后,到俄亥俄州的哥伦布城去开"世界学生会"第八届年会。在回程的火车上,"车中无事,复作一诗,题为《告马斯》。马斯(Mars)者,古代神话所谓战斗之神也。此诗盖感欧洲战祸而作。"[②] 这首诗用的也是"乙式寅调"。

傅云博说得很有道理。他说胡适写白话诗的训练不只来自于他所读的英诗,更是来自于他的英诗写作。他说为什么大家都认为胡适的白话诗是受到现代诗的影响呢?原因很简单,就是因为大家已经有了一个先入为主的观念,

---

① 《胡适日记全集》,1:573.

② 《胡适日记全集》,2:3.

认为胡适既然反的是传统诗，他一定是受到了现代诗的影响。傅云博说："胡适研究的问题是：[五四] 被赋予的经典式的'革命'性，使大家只知专注研究胡适'文学革命'的性质、特征、来源与角色，而完全不去问其所谓的断裂究竟有多显著。"① 傅云博这个对历来胡适研究的批评，跟我在上文所引的胡适反诘梅光迪的话有异曲同工之处："吾言而是也，其为 Utilitarian ［功利主义］，其为 Tolstoian ［托尔斯泰式的］，又何损其为是。吾言而非是也，但当攻其所以非之处，不必问其为 Utilitarian，抑为 Tolstoian 也。"

试问十四行诗的体例是否比传统中国诗词灵活自由？它在行数、格式、平仄、押韵、起承转合上都有严格的限制。胡适的"八不主义"，至少有四项可以用在十四行诗上：不模仿古人、务去滥调套语、不用典、不讲对仗。事实上，连胡适的美国老师都建议他不要用十四行诗的诗体，因为拘束太多了。他把《纪念康乃尔世界学生会十周年十四行诗》和《告马斯》这两首诗呈给他在农学院时的院长，请他删改。胡适在 1915 年 1 月 7 日追记的日记里说："夜往见前农院院长裴立（Liberty Hyde Bailey）先生。先生为此邦农学泰斗，著书真足等身，有暇则为诗歌，亦极可诵。余以所作二诗乞正。先生以第一诗为佳作；第二诗末六句太弱，谓命意甚佳，可改作；用他体较易发挥，'桑纳'体太拘，不适用也。"② 胡适接受了裴立教授的建议，在 3 月上旬连日修改他的《告马斯》。他在 3 月 19 日的日记里说：前稿"颇限于体制，不能畅达，故改作之"。③ 在这个改稿里，他放弃了十四行诗的诗体，一共是二十行。然而，韵脚则不脱十四行诗的窠臼。他这篇改稿所用的韵脚是：*abba|cddc|effe|gffg|hiih|*。

"'桑纳'体太拘"，无怪乎胡适后来学了十九世纪维多利亚时期的英诗以后就不再作十四行诗了。然而，值得玩味的是，即使如此，胡适所写的英诗，一直没有打破维多利亚时期英诗体例的遗风：套语、对仗与押韵。比如说，我在《星星·月亮·太阳》里所分析的那首 "Absence"（《今别离》）。这首

---

① Daniel Fried, "Beijing's Crypto-Victorian: Traditionalist Influences on Hu Shi's Poetic Practice," pp. 374, 386.

② 《胡适日记全集》，2:10.

③ 《胡适日记全集》，2:71-73.

他录在 1915 年 7 月 26 日的日记里的诗，我形容它令人怵目惊心，因为它赤裸裸地道出了胡适的心境。它先叙说他对江冬秀曾经有过的情丝，连山川都阻隔不了；那妳我心心相系，已经到了"月传妳我心"的地步。然而，这些情丝以及那赖以传情的月亮都已成过去。胡适所用的时态是过去式，所以他说："当'彼'月圆时，月传妳我心；'彼'情只有妳我知。"第二段则急转直下，用的时态是现在式，说现在造成"妳"和"我"形同陌路的，不只是"那偌大的半个地球"，而是那心灵的阻隔；"妳"和"我"不但所见的星斗不同，连那当年还可以传心的月亮，也因为彼此各自处在昼夜颠倒的世界里——亦即，思想不同的世界里——而传情不再。① "Absence" 的词云：

> Those years of absence I recall,
>> When mountains parted thee and me,
> And rivers, too. But that was all.
>> The same fair moon which shone on thee
> Shone, too, on me, tho' far apart;
>> And when 'twas full, as it is now,
> We read in it each other's heart,
>> As only thou and I knew how.
>
> And now the moon is full once more!——
>> But parting thee and me there lies
> One half the earth; nor as before
>> Do these same stars adorn thy skies.
> Nor can we now our thoughts impart
>> Each to the other through the moon,
> For o'er the valley where thou art,
>> There reigns the summer sun at noon.

---

① 请参阅拙著《星星·月亮·太阳》，页 82-85；《胡适日记全集》，2:165-166.

这首英诗的韵脚是：*abab|cdcd|efef|cgcg|*。

胡适在 1915 年 7 月作的 "Crossing the Harbor"（《港渡》）也不例外。

As on the deck half-sheltered from the rain

We hasten to the wintry wind's wild roars,

And hear the slow waves beat

Against the metropolic shores;

And as we search the stars of Earth

Which shine so staringly

Against the vast, dark firmament, –

There –

Pedestalled upon a sphere of radiancy,

One Light stands forth pre-eminent.

And my comrade whispers to me,

'There is "Liberty"！'

王润华把胡适这首《港渡》拿来跟美国现代派诗人桑德堡（Carl
Sandburg, 1878-1967）的 "The Harbor"《海港》的第二节作对比：

Long lake waves breaking under the sun

On a spray-flung curve of shore;

And a fluttering storm of gulls,

Masses of great gray wings

And flying white bellies

Veering and wheeling free in the open.

虽然胡适这首诗在押韵上比其它几首诗要自由多了，然而他受到传统英
诗影响的痕迹依然呼之欲出。傅云博说得很有道理，他说这两首诗相似的地

方只是篇名。他说他怀疑王润华会认为这两首诗有相似的地方，完全是因为他先入为主的观念，即胡适的白话诗受到美国现代诗派的影响。傅云博说这两首诗正好可以拿来对比胡适与现代派诗的不同：

　　　　胡适注重押韵，桑德堡则不然；胡适用英诗里的套语，如"寒风"、"无垠的夜空"，桑德堡则不然；最重要的是，胡适用自然的景观来衬托这首诗的物质与情感的轴心，他所要营造的气氛是在"自由女神"出现的那一刹那，同时凸显出"自由"的伟大（他显然觉得他必须用惊叹号来作强调，虽然"那就是自由女神"这句话是在他耳边低语的）。反之，桑德堡的语气就内敛多了。而且他所关注的是朴实的，近在眼前的，是那看见湖鸥翱翔的喜悦。他用字素朴，大异于胡适——"鸟肚"比任何其他字眼更引人注目。[1]

　　胡适练习写作英诗，甚至还摸索出其中的三昧。可以想见，他一定也会技痒，把英诗中译。胡适在英诗中译上，也经过了一段摸索、演进的历程。翻译可以是一个突破和解放。这是因为译者很清楚，完全忠于原文是不可得之的。也就因为如此，译者可能尝试寻找比较有弹性的表现方式，以便让原文的精义呈现在自己的母语里。胡适最先尝试的，是用骚体来翻译英诗。比如说，他在 1914 年 1 月 29 日的日记，记他用骚体翻译了一段布朗宁的诗句，即我在第四章所征引的"吾寐以复醒兮，亦再蹶以再起"那首。他说："此诗以骚体译说理之诗，殊不费气力而辞旨都畅达，他日当再试为之。今日之译稿，可谓为我辟一译界新殖民地也。"[2] 胡适用骚体翻英诗，得意自己为译界辟了一个"新殖民地"。几天以后，2 月 3 日，他用了四个钟头的时间，再用骚体翻译了拜伦（Byron）的《哀希腊歌》（The Isles of Greece）。他在 7 月 13 日把这首诗的译稿誊好，作记曰："写所译裴伦《哀希腊歌》，不能作序，因作《译余剩墨》数则弁之。其一则论译诗择体之难，略曰：'译诗者，命

---

[1] Daniel Fried, "Beijing's Crypto-Victorian: Traditionalist Influences on Hu Shi's Poetic Practice," p. 387.
[2] 《胡适日记全集》，1:268-270.

意已为原文所限，若更限于体裁，则动辄掣肘，决不能得惬心之作也。'此意乃阅历所得，译诗者不可不理会。"① 换句话说，用骚体翻译英诗，对胡适来说是一种解放。这是因为骚体的句式在长短、节奏、形式上都比较灵活自由。无怪乎胡适 1915 年 4 月 12 日翻译柯强（Arthur Ketchum）在《纽约晚邮报》（*New York Evening Post*）上发表的《墓门行》（Roadsie Rest），用的还是骚体。②

胡适既然用骚体来翻译英诗，从用骚体到用散文体来译诗，则只是再走出一步而已。1914 年 9 月初，胡适到波士顿一游，7 日他去了康可（Concord），到睡乡丛冢（The Sleepy Hollow）凭吊了霍桑、爱默生的墓。他在当天的日记里录了第一、三章爱默生的《大梵天》（Brahma）：

> If the red slayer think he slays,
>
> Or if the slain think he is slain,
>
> They know not well the subtle ways
>
> I keep, and pass, and turn again.
>
>
> They reckon ill who leave me out;
>
> When me they fly, I am the wings;
>
> I am the doubter and the doubt,
>
> And I the hymn the Brahmin sings.

这两章的韵脚都是 abab，胡适的翻译就完全摆脱了韵脚的限制。他用散文体把这两章翻成：

> 杀人者自谓能死人，
>
> 见杀者自谓死于人，
>
> 两者皆未深知吾所运用周行之大道者也。
>
> （吾，天自谓也。下同。）

---

① 《胡适日记全集》，1:405.

② 《胡适日记全集》，2:87-88.

老子曰："常有司杀者杀。夫代司杀者杀，是谓代大匠斫。夫代大匠斫者，希存不伤其手者灾。"

弃我者，其为计拙也。

背我而高飞者，不知我即其高飞之翼也。

疑我者，不知疑亦我也，疑我者亦我也。

其歌颂我者，不知其歌亦我也。[①]

1914 年 5 月 31 日，胡适作了进一步的尝试，把自己的文言诗翻成英文。他在当天早上作了一首《春朝》：

叶香清不厌，鸟语韵无嚚。柳絮随风舞，榆钱作雨飘。

何须乞糟粕，即此是醇醪。天地真有趣，会心殊未遥。

胡适把这首诗译成英文。序曰："试以此诗译为英文。余作英文诗甚少，记诵亦寡，故不能佳，然亦一时雅事，故记之。"

Amidst the fragrance of the leaves comes Spring,

When tunefully the sweet birds sing.

And on the winds oft fly the willow-flowers,

And fast the elm-seeds fall in showers.

Oh! Leave the "ancients' dregs" however fine,

And learn that here is Nature's wine!

Drink deeply, and her beauty contemplate,

Now that Spring's here and will not wait.[②]

胡适这首英诗用的是两句转韵体：*aabbccdd*。

---

① 《胡适日记全集》，1:481-482.
② 《胡适日记全集》，1:319-320.

除了把自己的诗译成英文，胡适也尝试着把别人的诗翻成英文。比如说，他在 1914 年 12 月 3 日的日记里记他翻译了《诗经》里的《木瓜》："偶思及《木瓜》之诗，检英人所译观之，殊未惬心，因译之如下：'投我以木桃，报之以琼瑶；匪报也，永以为好也。' Peaches were the gifts which to me you made, / And I gave you back a piece of jade— / Not to compensate Your kindness, friend, / But to celebrate Our friendship which shall never end."[①] 胡适在这首英译短诗用的押韵是：*aabb*。

从写作英诗、翻译英诗，到转借、挪用英诗的体例、押韵来写中文诗，只不过是那顺理成章的下一步罢了。胡适在《尝试集》的《自序》里说，他在康乃尔大学所选的英文课给了他一些"无形之中"的影响："所以我那几年的诗，胆子已大得多。《去国集》里的《耶稣诞节歌》和《久雪后大风作歌》都带有试验意味。"[②] 其实，在这之前胡适就已经注意到英诗在韵脚上，要比文言诗自由一点。他在 1913 年 10 月 16 日的日记里就说："西文诗歌多换韵，其少全篇一韵者。"[③] 他写《久雪后大风作歌》就是一个挪用英诗转韵体的尝试。他在 1914 年 1 月 29 日的日记里说："此诗用三句转韵体，乃西文诗中常见之格，在吾国诗中，自谓此为创见矣。"胡适后来把这首诗给许先甲看。许先甲回信告诉他，"三句转韵体，古诗中亦有之"，他引岑参《走马川行》为证。胡适找出来读了以后说："此诗后五韵三句一转，惟起数句不然，则亦未为全用此体也。"[④] 胡适显然写了文字发表在《留美学生年报》上，以自己从英诗里挪用过来的三句转韵体诗为创见。结果又引来了张准的批评，张准的证据是元稹的《大唐中兴颂》，但胡适一直没能读到这首诗。几个月后，胡适读到黄庭坚的三句转韵体诗《观伯时画马》，于是在 5 月 31 日的日记里自责："吾久自悔吾前此之失言（见《年报》第三年），读书不多而与妄为论议，宜其见讥于博雅君子也。"[⑤]

从胡适的英诗写作，到他的诗歌翻译，不管是英翻中还是中翻英，我们

① 《胡适日记全集》，1:554-555.

② 胡适，《〈尝试集〉自序》，《胡适全集》，1:181.

③ 《胡适日记全集》，1:244.

④ 《胡适日记全集》，1:268.

⑤ 《胡适日记全集》，1:321.

发现胡适是非常重视押韵和音节的。1915年上半年，在他和任鸿隽、梅光迪等人在那年夏天讨论中国文学与文字之前，也就是他被"逼上梁山"的前夕，他在日记里常记录的是他对诗词押韵的钻研。他除了认为三句转韵体是一种比较自由的诗体以外，同时更认为词是诗的进化。例如6月6日的日记："词乃诗之进化，即如上所引［秦少游的］《八六子》半阕，万非诗所能道。吾国诗句之长短、韵之变化不出数途。又每句必顿住，故甚不能达曲折之意，传婉转顿挫之神。至词则不然。"[①] 同一天的日记又比较南宋陈亮的诗与词："陈同甫，天下奇士，其文为有宋一代作手。吾读其《龙川集》，仅得数诗，无一佳者，其词则无一首不佳。此岂以诗之不自由而词之自由欤？"[②]

在8月3日的日记里，胡适更进一步地赞美词调变化的神奇。他根据自己读词、填词的经验，给初学者提供了读词、填词的门径：

> 年来阅历所得，以为读词须用逐调分读之法。每调选读若干首，一调读毕，然后再读他调。每读一调，须以同调各首互校，玩其变化无穷仪态万方之旨，然后不致为调所拘，流入死板一路。即如《水调歌头》，稼轩［辛弃疾］一人曾作三十五阕，其变化之神奇，足开拓初学者心胸不少。今试举数例以明之。此调凡八韵。第一韵与第八韵，皆十字两截，或排或不排……第二韵与第六韵……
>
> 稼轩有《贺新郎》二十二首、《念奴娇》十九首、《沁园春》十三首、《满江红》三十三首、《水龙吟》十三首、《水调歌头》三十五首，最便初学。初学者，宜用吾上所记之法，比较同调诸词，细心领会其文法变化，看其魄力之雄伟，词胆之大，词律之细，然后可读他家词。[③]

从胡适自诩为留学生当中他跟任鸿隽是"我诗君文两无敌"的背景来看，胡适会注重诗词的押韵与音节其实是相当自然的事。事实上，胡适在留美期间，甚至在回到中国的前两年，都还没有办法摆脱押韵与音节的桎梏。

---

① 《胡适日记全集》，2:127.
② 《胡适日记全集》，2:128.
③ 《胡适日记全集》，2:172-176.

我们不妨听听他的夫子自道：

> 我做白话诗，比较的可算最早，但是我的诗变化最迟缓……［《尝试集》］第一编的诗，除了《蝴蝶》和《他》两首之外，实在不过是一些刷洗过的旧诗。作到后来的《朋友篇》、《文学篇》，简直又可以进《去国集》了［即他的文言诗］！第二编的诗，虽然打破了五言七言的整齐句法，虽然改成长短不整齐的句子，但是初作的几首，如《一念》、《鸽子》、《新婚杂诗》、《四月二十五夜》，都还脱不了词曲的气味与声调……故这个时期——六年［1917］秋天到七年［1918］底——还只是一个自由变化的词调时期。自此以后，我的诗方才渐渐做到"新诗"的地位。《关不住了》一首是我的"新诗"成立的纪元……自此以后，《威权》、《乐观》、《上山》、《周岁》、《一颗遭劫的星》，都极自由、极自然，可算得我自己的"新诗"进化的最高一步。①

如果我们把胡适在摆脱了押韵与音节的桎梏以后的观点，来对比他留学时期写诗、译诗的做法，就更别有意味了。比如说，他在《四十自述》里激烈地抨击了律诗。他说他在中国公学学会了作律诗以后方才醒悟："作惯律诗之后，我才明白这种体裁是似难而实易的把戏；不必有内容，不必有情绪，不必有意思，只要会变戏法，会搬运典故，会调音节，会对对子，就可以诌成一首律诗。"②胡适当然不会承认，但他从英诗那儿转借、挪用过来的调音节、对对子的把戏，其实跟律诗相比，不过是五十步笑百步而已。在异文化里习作、从异文化转借过来的翻译，甚至只是从异文化转借过来的新名词，都可以是新鲜甚至是很"酷"（cool）的，特别是从所谓"酷"的文化转借、挪用过来的新名词。

胡适说："《关不住了》一首是我的'新诗'成立的纪元。"这是胡适翻译美国抒情诗人绨丝黛儿（Sara Teasdale, 1884-1933）的《屋顶上》（Over the Roofs）的一部分。绨丝黛儿的第一本诗集是十四行诗集，是 1907 年出版的。

---

① 胡适，《〈尝试集〉再版自序》，《胡适全集》，1:197-198.
② 胡适，《四十自述》，《胡适全集》，18:80.

她以写情诗闻名。《关不住了》是翻译《屋顶上》的第四节：

I said, "I have shut my heart

As one shuts an open door,

That Love may starve therein

And trouble me no more."

But over the roofs there came

The wet new wind of May,

And a tune blew up from the curb

Where the street-pianos play.

My room was white with the sun

And Love cried out in me,

"I am strong, I will break your heart

Unless you set me free."

胡适的译文是：

我说，"我把心收起，

　　像人家把门关了，

叫爱情生生的饿死，

　　也许不再和我为难了。"

但是五月的湿风，

　　时时从屋顶上吹来；

还有那街心的琴调

　　一阵阵的飞来。

一屋里都是太阳光，

　　这时候爱情有点醉了，

他说，"我是关不住的，

　　我要把你的心打碎了！"

傅云博说得好，他说这首《关不住了》的体例是胡适体形成后的诗的典型：押韵与音节是西方的，而不是中国的；措词白简；拟人化的类比法甚于象征的意象；用句读来调节顿挫与感情。讽刺的是，这些相当传统的英诗的体例，变成了胡适白话诗革命性的创意。傅云博的证据是用原诗与胡适的译文来作比较分析：

　　我们来看原诗与译文的押韵与音节。很显然地，胡适采用了绨丝黛儿的 *abcb* 韵脚。然而，这跟传统中国诗的作法并没有不同到可以说是进口货的地步。比较有趣的，是胡适用两个音节来作的押韵：关了／难了；吹来／飞来；醉了／碎了。这点，胡适是从其它英诗，而不是从绨丝黛儿那儿转借来的。然而，重点是这是从外国进口的押韵法：是西方传统，而不是本土的创新。

　　然而，这个译文最有意味的地方是胡适模仿绨丝黛儿的音节。绨丝黛儿这首诗用的是抑扬三音格（iambic trimetre）：每行有三个重音，中间隔着的是一个轻音节。偶尔，用一个额外的轻音，来营造一种急促、席卷的力道的意象。胡适模仿这种音格，模仿得维妙维肖。他用中文的平仄以及中文句法里自然的抑扬顿挫，来作出与绨丝黛儿类似的三音格。更令人折服的是，胡适甚至有办法在重音字前后加进介词或轻音字，以此来模仿绨丝黛儿所用的轻／轻／重的三音格（anapests）。从文法上看，在四韵尾加上"了"字对现在式的诗句来说是不必要的，然而，那给胡适的诗带来了些许原诗所具有的轻盈、急促的意味。①

---

① Daniel Fried, "Beijing's Crypto-Victorian: Traditionalist Influences on Hu Shi's Poetic Practice," pp. 384-385.

如果作为胡适所自诩的胡适体"'新诗'成立的纪元"的《关不住了》这首诗，其押韵、音节、象征手法在英诗的体例里实际上都很传统，这就印证了傅云博的论点。他说胡适所受的影响不是许多学者因先入为主的观念而想象的现代诗，其实是维多利亚时期的传统英诗及其遗风。《关不住了》是胡适在 1919 年 2 月 26 日翻译的。当时他回国已经一年零五个月了。如果连作为胡适体新诗成立的纪元的诗都脱不了传统西方诗词的窠臼，更遑论还在留学阶段甚至是"逼上梁山"前夕的胡适了。事实上，二十世纪新诗在西方的潮流为何？胡适说得很清楚。他在 1918 年写的《论短篇小说》里说："最近世界文学的趋势，都是由长趋短，由繁多趋简要。"表现在戏剧上，是"独幕剧"；表现在小说上，是"短篇小说"；表现在诗歌上，则是"抒情短诗"（Lyrical Poetry）。[①] 这也是胡适对绲丝黛儿这样的抒情诗人格外钟情的原因。

　　我在《星星·月亮·太阳》里强调胡适并不像周质平所说的，是一个没有艺术细胞的人。就像我所强调的，只要肯用心，胡适自有他分析、鉴赏艺术的能力。[②] 然而，胡适在艺术上的品味是保守的，是属于十九世纪、是属于维多利亚时代的，尽管他同情"新潮流"、而且也颇能体会韦莲司的前卫作品。他对前卫艺术的态度是同情和容忍的混合。就像他第二次去参观韦莲司参展的"独立艺术家协会"（Society of Independent Artists）以后，在 1917 年 5 月 4 日的日记里所说的："吾两次往观之，虽不能深得其意味，但觉其中'空气'皆含有'实地试验'之精神。其所造作或未必多有永久之价值者，然此'试验'之精神大足令人起舞也。"[③] 任鸿隽就举韦莲司为例，来说明新文体跟新艺术一样，不是人人都能欣赏的："今人倡新体的，动以'自然'二字为护身符。殊不知'自然'也要有点研究。不然，我以为自然的，人家不以为自然，又将奈何？足下记得尊友威廉［韦莲司］女士的新画'Two Rhythms'［《双旋律》］，足下看了，也是'莫名其妙'。再差一点，对于此种新美术素乏信仰的，就少不得要皱眉了。但是画画的人，岂不以为其画为自然得很吗？所以我说'自然'二字也要加以研究，才有一个公共的理

---

① 胡适，《论短篇小说》，《胡适全集》，1:135-136.
② 请参阅拙著《星星·月亮·太阳》，页 55-58。
③ 《胡适日记全集》，2:510-511.

解。"①

同样地，胡适对现代诗的态度是敬而远之的。最值得玩味的是他1931年3月5日的一则日记：

晚上与志摩谈。他拿 T. S. Eliot［艾略特，1888-1965］的一本诗集给我读，我读了几首，如"The Hollow Men"［空洞的人］等，丝毫不懂得，并且不觉得是诗。志摩又拿 Joyce［James Joyce, 1882-1941，乔伊斯，爱尔兰作家］等人的东西给我看，我更不懂。又看了 E. E. Cummings［坎冥思，1894-1962］的"Is 5"，连志摩也承认不很懂了。其中的诗，有这样的例子：

Ta

ta
ppin
g
toe

hip
popot
amus Back

gen
teel-ly lugu
bri ous

eyes

---

① 胡适，《答任叔永》，《胡适全集》，1:88.

LOOPTHELOOP

as

fathandsbangrag

这［也算］是一首诗！

志摩说，这些新诗人有些经验是我们没有的，所以我们不能用平
常标准来评判他们的作品。我想,他们也许有他们的特殊经验,［可是,］
到底他们不曾把他们的经验写出来。

志摩历举现代名人之推许 T. S. Eliot,终不能叫我心服。我对他说:"不
要忘了，小脚可以受一千年的人们的赞美，八股可以笼罩五百年的士大
夫的心思！"

孔二先生说:"知之为知之，不知为不知，是知也。"这是不可磨灭
的格言，可以防身。[①]

坎冥思这首"Ta"诗，据说它所要捕捉的是一个瞬间的意象：一个肥胖
的、像一只硕大的河马的男人，在弹奏爵士乐钢琴时的动作和形象。[②] 坎冥
思这首《打拍子》("Ta")可以试译如下：

打

拍子

的

趾头儿

河马

背

---

① 《胡适日记全集》，6:516-517.

② Rushworth M. Kidder, "Cummings and Cubism: The Influence of the Visual Arts
on Cummings' Early Poetry," *Journal of Modern Literature*, 7.2 (April, 1979), p. 287;
Edmund Spenser, "Cummings's Ta," *The Explicator*, Vol. 31, 1972, http://www.questia.com/
googleScholar.qst?docId=96618028, 2010 年 4 月 13 日上网。

温

驯的

愁

眸儿

溜儿～转儿～溜儿

肥肥的大手敲打着键儿

胡适对这首诗嗤之以鼻。这就印证了任鸿隽所说的话："殊不知'自然'也要有点研究。不然，我以为自然的，人家不以为自然，又将奈何？"讽刺的是，任鸿隽说这句话的用意，是在告诉胡适：白话诗是须要研究和实验的，才能让人们了解和接受，不是一蹴可几的。我们可以借任鸿隽的话，来回敬对坎冥思的这首现代意象诗吹胡瞪眼的胡适。胡适说："他们不曾把他们的经验写出来。"我们可以回敬胡适说：问题不在于"他们不曾把他们的经验写出来"，而在于"我们"是否试图去揣摩、理解徐志摩所说的"他们的特殊经验"，在于我们是否能像他自己在《留学日记》里所说的，要对他们"'实地试验'之精神"肃然起敬；或者像他在 1922 年替汪静之《蕙的风》作序时说的，这个社会要有"容忍的态度"、要给"我们初做新诗"的人，以及"现在这些少年新诗人"，"一个自由尝试的权利"。①

许多学者认为胡适的诗国革命是受美国现代诗或意象派诗的影响，但事实刚好相反，胡适就是不喜欢现代诗，对意象派的诗也颇有微词。他独独钟情用传统格律写抒情诗的绵丝黛儿。胡适在翻译了她的《关不住了》以后，还跟她通了信，在 1922 年 3 月 6 日的日记里，他特别记下自己当天收到了绵丝黛儿从纽约给他的信。② 可惜，这封信今天已经不存，不在《胡适档案》里。一直到 1938 年胡适人在纽约，在他即将出任中国驻美大使的前夕，他

① 胡适，《〈蕙的风〉序》，《胡适全集》，2:824.
② 《胡适日记全集》，3:455.

还是不喜欢现代诗。他在 4 月 15 日的日记里说：

> 在 345 E. 77ᵗʰ［东 77 街 345 号］吃饭，见着 Edgar Lee Masters［马司特斯］，二十年前他是新诗人的一个领袖。一九一五年四月间他的 *Spoon River Anthology*［《汤匙河选集》］出版，开一个新风气，扫除当日影像主义［意象派］（Imagist）的纤细风尚。
>
> Masters 也不赞成今日的新诗人 T. S. Eliot & E. E. Cummings［艾略特与坎冥思］之流。他说，他们都没有思想，又没有感情，故都站不住的。
>
> 他曾作 Vachel Lindsay［林赛］的传记，与 Lindsay 及 Sara Teasdale［绨丝黛儿］很相熟。他说，Teasdale 离婚后，其夫甚感伤，死在中国；她与 Lindsay 甚相投，但不愿意结婚。Lindsay 自杀后一年，她也自杀了。（我去冬买得新出的 Sara Teasdale《全集》，竟无一篇短传记。）①

换句话说，胡适援引马司特斯对艾略特与坎冥思"没有思想"、"没有感情"的批评，来作为他鄙夷"艾略特与坎冥思之流"的佐证。胡适从马司特斯那里听来的故事有点不确。绨丝黛儿跟林赛相恋是在她结婚以前，但她决定选择嫁给一个富有的出口商。然而，绨丝黛儿的婚姻不快乐，最后还是跟她先生在 1929 年离婚。林赛在 1931 年自杀；两年后——不是一年，绨丝黛儿自杀。

胡适就是喜欢不起来艾略特和坎冥思。年轻时候的他说前卫艺术的"实地试验"的精神"大足令人起舞"。只是，年齿渐长的胡适，对那些让他摸不着头脑的前卫艺术的"实地试验"却越来越没有耐性。1931 年他跟徐志摩谈到艾略特和坎冥思，徐志摩说这两位现代诗人也许有他们特殊的经验，胡适反诘说：他们容或有特殊的经验，问题是他们并没有能够把特殊的经验表达出来给我们看。

胡适对现代诗的排斥其实是有始有终的。这跟他所秉持的新诗理论是息息相关的。他在 1922 年写的《评新诗集》里说："我们知道诗的一个大原则是要能深入而浅出；感想（impression）不嫌深，而表现（expression）不嫌浅。"②

---

① 《胡适日记全集》，7:525.
② 胡适，《评新诗集》，《胡适全集》，2:809-810.

他在 1936 年写的《谈谈"胡适之体"的诗》还是同样的立场。他在这篇文章里，谈到"所谓'胡适之体'，也只是我自己戒约自己的结果"。他有三条戒约，其中，最重要的是第一条戒律：

> 说话要明白清楚……意旨不嫌深远，而言语必须明白清楚……我们今日用活的语言作诗，若还叫人看不懂，岂不应该责备我们自己的技术太笨吗？我并不说，明白清楚就是好诗；我只要说，凡是好诗没有不是明白清楚的。至少"胡适之体"的第一条戒律是要人看得懂。[①]

如果胡适一向排斥现代诗，前卫诗就更不是他所能接受的了。胡适年轻的时候，要人家容忍。他在 1922 年替汪静之《蕙的风》作序的时候劝诫别人：

> 四五年前，我们初做新诗的时候，我们对社会只要求一个自由尝试的权利；现在这些少年新诗人对社会要求的也只是一个自由尝试的权利。为社会的多方面的发达起见，我们对于一切文学的尝试者，美术的尝试者，生活的尝试者，都应该承认他们的尝试的自由。这个态度，叫做容忍的态度。容忍加上研究的态度，便可到了解与欣赏。社会进步的大阻力是冷酷的不容忍。[②]

讽刺的是，年岁渐长的胡适，对前卫艺术的态度就作不到"容忍加上研究的态度"了。当他反诘徐志摩，说那些前卫诗人并没有把特殊的经验表达出来给我们看，他就跟他们留美时任鸿隽批评他的态度完全一样了。当时胡适提倡"作诗如作文"，任鸿隽不以为然，说：你先证明给我看。换句话说，用功成名就、捍卫写实主义典范的胡适的话来说，就是你先要证明你能把特殊经验表达出来给我们看。对前卫艺术，胡适也许还能作到容忍，但他已经不再肯去"研究"，更别谈"了解与欣赏"了。中年以后的胡适的立场仿佛已经变成是：前卫艺术家必须自己去"研究"如何"把特殊的经验表达出

---

① 胡适，《谈谈"胡适之体"的诗》，《胡适全集》，2:343.
② 胡适，《〈蕙的风〉序》，《胡适全集》，2:824.

来"，以便于我们"了解与欣赏"。

胡适注定永远不会喜欢艾略特的诗。可是他再怎么不喜欢艾略特的诗，也影响不了艾略特作为美国现代诗的巨擘的事实，而且他还必须眼睁睁地看着艾略特在 1948 年获得诺贝尔文学奖的殊荣。

"作诗如作文"

像胡适这么一个对诗词的韵调、音节、句法作过琢磨、省思，甚至挪用、转借英诗的体例的人，要他走到"作诗如作文"并不是一件容易的事。如果对胡适这样一个已经透过实地试验，把英诗的体例成功地拿来挪用转借的人，在走上"作诗如作文"的道路，都还须要挣扎、都还须要经过脱胎换骨的过程才作得到，那就更遑论他那些没有经过这个过程的朋友了！在胡适提出这个口号以前，他的《老树行》就因为末尾"作诗如作文"的两句，逗得他那批友朋笑得前仰后翻。胡适虽然了解三句转韵体不是他的发明，但他显然因为这个诗体比较自由而喜欢上了。这首《老树行》，他录在 1915 年 4 月 26 日的日记里，也是三句转韵体。胡适虽然自谦，但也放出豪言："虽非佳构，然末二语决非今日诗人所敢道也。"[①] 那最后两句是："既鸟语所不能媚，亦不为风易高致。"

胡适所自傲的这两句正是他的朋友忍俊不禁的所在。他在 6 月 23 日的日记里说：

> 前作《老树行》，有"既鸟语所不能媚，亦不为风易高致"之语。侪辈争传，以为不当以入诗。杨杏佛（铨）一日戏和叔永《春日诗》"灰"韵一联云："既柳眼所不能媚，岂大作能燃死灰？"余大笑曰："果然青出于蓝而胜于蓝！"盖杏佛尝从余习英文也。今晨叔永见芙蓉盛开而无人赏之，为口占曰："既非看花人能媚，亦不因无人而不开"，亦效胡适之体也。余谓不如"既非看花任所能媚兮，亦不因无人而不开。"

---

① 《胡适日记全集》，2:94-95.

此一"所"字、一"而"字，文法上决不可少，以"兮"字顿挫之，便不觉其为硬语矣。①

胡适体的诗，嬉笑为之，他的友朋可以共乐之。然而，作为一个文学主张，就不是他们所能苟同的了。胡适这句"作诗如作文"的誓师宣言，是他在 1915 年 9 月 20 日晚从旖色佳到纽约的夜车上写的。然而，由于他和梅光迪都是刚刚转了学，所以战火一直要到次年的二月才展开。梅光迪在信中对胡适说：

> 足下谓诗国革命始于"作诗如作文"，迪颇不以为然。诗文截然两途。诗之文字（poetic diction）与文之文字（prose diction），自有诗文以来（无论中西），已分道而驰。足下为诗界革命家，改良"诗之文字"则可。若仅移"文之文字"于诗，即谓之为革命，则不可也……一言以蔽之，吾国求诗界革命，当于诗中求之，与文无涉也。若移"文之文字"于诗，即谓之革命，则诗界革命不成问题矣，以其太易也。②

胡适当然反对梅光迪把诗、文分途的说法。他认为"诗之文字"并不异于"文之文字"，就好像诗之文法也不应该异于文之文法一样。胡适更进一步地说："今日文学大病，在于徒有形式而无精神，徒有文而无质，徒有铿锵之韵貌似之辞而已。今欲救此文胜之弊，宜从三事入手：第一，须言之有物；第二，须讲文法；第三，当用'文之文字'时不可避之。三者皆以质救文胜之弊也。"

胡适把他对梅光迪的反驳同时寄给了任鸿隽。只可惜任鸿隽也不赞成。他说："无论诗文，皆当有质。有文无质，则成吾国近世萎靡腐朽之文学，吾人正当廓而清之。然使以文学革命自命者，乃言之无文，欲其行远，得乎？近来颇思吾国文学不振，其最大原因，乃在文人无学。救之之法，当从绩学

---

① 《胡适日记全集》，2:134.
② 以下的讨论，除非另有注明，是根据胡适，《逼上梁山——文学革命的开始》，《胡适全集》，18:106-132；胡适，《〈尝试集〉自序》，《胡适全集》，1:183-196.

入手。徒于文字形式上讨论，无当也。"任鸿隽在这封信里着重于批评胡适"作诗如作文"的说法是舍本逐末，而他的看法跟梅光迪一样，认为"文之文字"是不可以入诗的。

胡适的问题是他当时所说的"诗之文字"与"文之文字"都还停留在文言的范畴里。就像他在《逼上梁山》里所回忆的："我那时的答案还没有敢想到白话上去，我只敢说'不避文的文字'而已。但这样胆小的提议，我的一班朋友都还不能了解。"然而，胡适很快就有了新的看法。在《逼上梁山》里，胡适回忆说："从二月到三月，我的思想上起了一个根本的新觉悟。我曾彻底想过：一部中国文学史只是一部文字形式（工具）新陈代谢的历史，只是'活文学'随时起来代替了'死文学'的历史。文学的生命全靠能用一个时代的活的工具来表现一个时代的情感与思想。工具僵化了，必须另换新的、活的，这就是'文学革命'。"

胡适这段回忆，把他的新觉悟定在1916年二三月间，这大致上是正确的。他在4月5日的《留学日记》里说：

> 文学革命，在吾国史上非创见也。即以韵文而论：《三百篇》变而为《骚》，一大革命也；又变为五言、七言、古诗，二大革命也；赋之变为无韵之骈文，三大革命也；古诗之变为律诗，四大革命也；诗之变为词，五大革命也；词之变为曲、为剧本，六大革命也。何独于吾所持文学革命论而疑之？

中国历史上不只有诗国革命，还有"文国革命"：

> 文亦遭几许革命矣。孔子以前无论矣。孔子至于秦汉，中国文体始臻完备……六朝之文亦有绝妙之作……然其时骈俪之体大盛，文以工巧雕琢见长，文法遂衰。韩退之"文起八代之衰"，其功在于恢复散文，讲求文法，一洗六朝人骈俪纤巧之习，此亦一革命也……宋人谈哲理者似悟古文之不适于用，于是语录体兴焉。语录体者，以俚语说理记事……此亦一大革命也。至元人之小说，此体始臻极盛……总之，文学革命至

元代而登峰造极。其时之词也、曲也、小说也，皆第一流之文学，而皆以俚语为之。其时吾国真可谓有一种"活文学"出现。傥此革命潮流（革命潮流，即天演进化之迹。自其异者言之，谓之"革命"。自其循序渐进之迹言之，即谓之"进化"可也），不遭明代八股之劫，不受明初七子诸文人复古之劫，则吾国之文学已成俚语的文学；而吾国之语言早成为言文一致的语言，无可疑也。

顺着胡适这个思路推演下去，中国历史上的文学革命，理应是世界上国语文学——以别于已死的拉丁文学——兴起的潮流里的一部分。可惜的是，中国的白话文学——胡适在这则日记里称为"俚语文学"——受到明初反动之害，而顿然中挫：

但丁（Dante）之创意大利文［学］，却叟（Chaucer）诸人之创英吉利文［学］，马丁·路得（Martin Luther）之创德意志文［学］，未足独有千古矣。惜乎五百余年来，半死之古文，半死之诗词，复夺此"活文学"之席，而"半死文学"遂苟延残喘以至于今日……文学革命何可更缓耶！何可更缓耶！

这一则日记的重要，在于它是胡适白话文学革命思想成型的纪录。他的文学革命古已有之论、文学进化论、"活文学"取代"死文学"的世界潮流论等等，都可以在这则日记里找到踪迹。我们可以说，胡适白话文学革命的理论于焉形成。接下来的，就是透过他跟他在美国友朋论辩的激荡、他自己的阅读和思索，来进一步地理出他的白话文学革命论。

胡适的文学革命理论既然奠定，豪气干云的他，就在 4 月 13 日填了一首《沁园春》，作为他提倡文学革命的誓词。胡适这首《沁园春》前后修改约有十次，最后还是觉得初稿最好。这首词云：

更不伤春，更不悲秋，以此誓诗。任花开也好，花飞也好；月圆固好，日落何悲？我闻之曰，"从天而颂，敦与制天而用之？"更安用为苍天歌哭，作彼奴为！

　　文章革命何疑！且准备搴旗作健儿。要前空千古，下开百世，收他臭腐，还我神奇。为大中华，造新文学，此业吾曹欲让谁？诗材料，有簇新世界，供我驱驰。①

　　有关《沁园春》，胡适又在 4 月 17 日的日记里作了进一步引申，他说："吾国文学大病在三：一曰无病而呻。哀声乃亡国之征，况无所为哀耶？二曰摹仿古人。文求似左史，诗求似李杜，词求似苏辛。不知古人作古，吾辈正须求新。即论毕肖古人，亦何异行尸腐鼎？……三曰言之无物。"胡适说他所填的《沁园春》其实就是"专攻此三弊。岂徒责人，亦以自誓耳"。② 在往后两个月的日记里，胡适记录了他对文法与中国历史上"活文学"的阅读与省思。其中，最重要的是他 5 月间有关"谈话文学"的一则日记。在这则日记里，他已经认定了某些文体是中国"活文学"的样本："适每谓吾国'活文学'仅有宋人语录、元人杂剧院本、章回小说及元以来之剧本、小说而已。吾辈有志文学者，当从此处下手。"③

　　胡适的白话文学革命理论一旦奠定，他与友朋之间的笔战其实已经到了一触即发的地步。1916 年 6 月底胡适到俄亥俄州的克里夫兰开第二次的"国际关系讨论会"。这次会议其实是 6 月 21 日开始的。胡适 16 日从纽约启程，先去了绮色佳，在韦莲司家住了八天，一直到 25 日才到会场。在绮色佳的时候，胡适就向他的那一批友朋，包括梅光迪在内，发表了他的白话文学革命论。胡适在《逼上梁山》里说：他在绮色佳八天，常和任鸿隽、杨杏佛、唐钺谈论改良中国文学的方法。有趣的是，当时梅光迪也在绮色佳，胡适也跟他讨论过。但在此处，他独独漏列了梅光迪。胡适说，这时候他已有了具体的方案，就是用白话作文、作诗、作戏曲。日记里记有他谈话的九点大意：

　　一、今日之文言乃是一种半死的文字。

---

① 《胡适日记全集》，2:312.
② 《胡适日记全集》，2:316.
③ 《胡适日记全集》，2:327.

二、今日之白话是一种活的语言。

三、白话并不鄙俗，俗儒乃谓之俗耳。

四、白话不但不鄙俗，而且甚优美适用。凡语言要以达意为主，其不能达意者，则为不美。如说："赵老头回过身来，爬在街上，扑通扑通的磕了三个头。"若译作文言，更有何趣味。

五、凡文言之所长，白话皆有之。而白话之所长，则文言未必能及之。

六、白话并非文言之退化，乃是文言之进化。其进化之迹，略如下述：

1，从单音的进而为复音的。

2，从不自然的文法进而为自然的文法……

3，文法由繁趋简……

4，文言之所无，白话皆有以补充……

七、白话可以产生第一流文学。白话已产生小说、戏剧、语录、诗词，此四者皆有史事可证。

八、白话的文学为中国千年来仅有之文学。其非白话的文学，如古文、如八股、如笔记小说，皆不足与于第一流文学之列。

九、文言的文字可读而听不懂；白话的文字既可读，又听得懂。凡演说、讲学、笔记、文言决不能应用……

从这九项白话优于文言的论点，我们可以看出胡适白话文学革命理论的渐趋成熟。胡适在同一则日记里说："此一席话亦未尝无效果。叔永后告诉我，谓将以白话作科学社年会演说稿。叔永乃留学界中第一古文家，今亦决然作此实地试验，可喜也。"相对地，他在 7 月 13 日追记的日记里说，梅光迪"大攻我'活文学'之说"。[①] 事实上，后来的发展证明，任鸿隽虽然表明他"将以白话作科学社年会演说稿"，但那并不表示他赞成胡适其它的文学革命纲领，特别是胡适诗国革命的主张。

把胡适和任鸿隽的根本分歧点凸显出来的，就是凯约嘉湖（Cayuga Lake）翻船事件。胡适在《逼上梁山》里回忆说："我回到纽约之后不久，

---

① 《胡适日记全集》，2:364.

牖色佳的朋友们遇着了一件小小的不幸事故，产生了一首诗，引起了一场笔战，竟把我逼上了决心试做白话诗的路上去。"7月8日，任鸿隽、陈衡哲、梅光迪、杨杏佛、唐钺在凯约嘉湖上泛舟，近岸时翻了船，又遇着大雨，但没有发生任何意外，只是大家的衣服都弄湿了。任鸿隽作了一首《泛湖即事诗》寄给胡适。胡适在《逼上梁山》里，说他批评任鸿隽诗中所用的"猜谜赌胜，载笑载言"，前者是二十世纪之活字，后者则是三千年前之死句。在《留学日记》里，胡适还批评了任鸿隽的诗句："行行忘远，息楫崖根。忽逢波怒，鼍掣鲸奔。岸逼流回，石斜浪翻。翩翩一叶，冯夷所吞。"胡适笑任鸿隽："写覆舟一段，未免小题大做。读者方疑为巨洋大海，否则亦当是鄱阳洞庭。"①

胡适的批评引来了梅光迪的路见不平。他去信对胡适说：

> 足下所自矜为"文学革命"真谛者，不外乎用"活字"以入文，于叔永诗中稍古之字，皆所不取。以为非"二十世纪之活字"……夫文学革新须洗去旧日腔套，务去陈言，固也。然此非尽屏古人所用之字，而另以俗语白话代之之谓也……足下以俗语白话为向来文学上不用之字，骤以入文，似觉新奇而美，实则无永久价值。因其向未经美术家锻炼，徒诿诸愚夫愚妇，无美术观念者之口，历世相传，愈趋愈下，鄙俚乃不可言。

胡适说他过后写了一首一千多字的打油诗打趣梅光迪，模仿梅光迪生气的神情，"一半是少年朋友的游戏，一半是我有意试做白话的韵文"。其中有诗句如下：

> "人闲天又凉"，老梅上战场。
> 拍桌骂胡适，"说话太荒唐。
> 说什么'中国要有活文学！'
> 说什么'须用白话做文章！'

---

① 《胡适日记全集》，2:378.

文字岂有死活！白话俗不可当！

把《水浒》来比《史记》，

好似麻雀来比凤凰。

说'二十世纪的活字，

胜于三千年的死字'，

岂非瞎了眼睛，

定是丧心病狂！

老梅牢骚发了，老胡呵呵大笑。

"且请平心静气，这是什么论调！

文字没有古今，却有死活可道。

古人叫做'欲'，今人叫做'要'。

古人叫做'至'，今人叫做'到'。

古人叫做'溺'，今人叫做'尿'。

本来同是一字，声音少许变了。

并无雅俗可言，何必纷纷胡闹？

……

今我苦口哓舌，算来却是为何？

正要求今日文学大家，

把那些活泼泼的白话，

拿来'锻炼'，拿来琢磨，

拿来作文演说，作曲作歌：——

出几个白话的嚣俄［雨果］，

和几个白话的东坡，

那不是"活文学"是什么？

那不是"活文学"是什么？①

胡适的这首打油诗，不消说，当然没有讨得梅光迪的欢心。连任鸿隽也

---

① 《胡适日记全集》，2:372-377.

大不以为然。他说："足下此次试验结果，乃完全失败；盖足下所作，白话则诚白话矣，韵则有韵矣，然却不可谓之诗。盖诗词之为物，除有韵之外，须有和谐之音调，审美之辞句，非如宝玉所云：'押韵就好'也。"胡适当然不服气，他在7月26日回了一封三千余言的长信给任鸿隽，说他那首打油诗没有一句是"凑韵"而已，其实有许多"极妙之韵"，包括"尿"韵。他还认为自己的打油诗里有十余句，"若一口气读下去，便知其声调之佳，抑扬顿挫之妙"。至于"审美"，他举了若干句，说："此诸句哪一字不'审'？哪一字不'美'？"最后，他宣誓他自此不再作文言诗词："嗟夫，叔永！吾岂好立异以为高哉？徒以'心所谓是，不敢不为'。吾志决矣。吾自此以后，不更作文言诗词。吾之《去国集》乃是吾绝笔的文言韵文也。"①

胡适唯一遗憾的是，他这个白话的"诗国革命"是孤独的，是他必须单枪匹马去作的尝试。他在8月4日再给任鸿隽的信里说：

> 我自信颇能用白话作散文，但尚未能用之于韵文。私心颇欲以数年之力，实地练习之。倘数年之后，竟能用白话作文作诗，无不随心所欲，岂非一大快事？我此时练习白话韵文，颇似新习一国语言，又似新辟一文学殖民地。可惜须单身匹马而往，不能多得同志，结伴同行。然吾去志已决。公等假我数年之期。倘此新国尽是沙碛不毛之地，则我或终归老于"文言诗国"亦未可知。倘幸而有成，则辟除荆棘之后，当开放门户迎公等同来莅止耳。"狂言 人道臣当烹，我自不吐定不快，人言未足为轻重。"足下定笑我狂耳。②

这是胡适白话"诗国革命"的第一声。他在1916年8月3日给韦莲司的信里，也向她报告了这个里程碑：

> 我与旖色佳朋友的笔战暂时告了一个段落。结局我相当满意：我被迫必须为我以白话作文学工具的立场作辩护。为了挑战我的朋友们的保

---

① 《胡适日记全集》，2:386, 393.
② 《胡适日记全集》，2:395.

守立场，我宣布我从此再也不用中国的"死文字"来作诗。往后的几年，我将用白话写诗来作实验。①

8月21日，胡适在写给朱经农的信里，写下了他"文学革命的八条件"："一、不用典；二、不用陈套语；三、不讲对仗；四、不避俗字俗语（不嫌以白话作诗词）；五、须讲求文法。以上为形式的方面。六、不作无病之呻吟；七、不摹仿古人；八、须言之有物。以上为精神（内容）的方面。"② 这就是胡适的"八不主义"。

9月3日，胡适从陆游的诗里挪用了他的"尝试成功自古无"的诗句，写了一首《尝试歌》：

> "尝试成功自古无"，放翁这话未必是。
> 我今为下一转语："自古成功在尝试！"
> 请看药圣尝百草，尝了一味又一味。
> 又如名医试丹药，何嫌"六百零六"［花柳病药］次？
> 莫想小试便成功，天下无此容易事！
> 有时试到千百回，始知前功尽抛弃。
> 即使如此已无愧，即此失败便足记。
> 告人"此路不通行"，可使脚力莫枉费。
> 我生求师二十年，今得"尝试"两个字。
> 作诗做事要如此，虽未能到颇有志。
> 作"尝试歌"颂吾师：愿吾师千万岁！③

胡适是在1916年10月中把他的"八不主义"写给陈独秀的。他说，不到一个月，他又写了《文学改良刍议》，举例演申了他的"八不主义"。这"八不主义"不但责人也责己。胡适说得很清楚，他说他为提倡文学革命所填的

---

① Hu Shih to Clifford Williams,《胡适全集》，40:172.
② 《胡适日记全集》，2:399-400.
③ 《胡适日记全集》，2:413.

《沁园春》那首誓诗，其用意"岂徒责人，亦以自誓耳"。比如说，他在《文学改良刍议》"第四：不作无病之呻吟"条说："吾惟愿今之文学家作费舒特、作玛志尼，而不愿其为贾生、王粲、屈原、谢皋羽也。"这句话既是劝诫他的读者，也是"今日之我"的胡适自己的写照。我们记得胡适在 1915 年 8 月 29 日赠别任鸿隽的诗里说："君期我作玛志尼。"

这个时候的胡适早已脱离了悲观的"昨日之我"。我在第三章分析胡适在上海求学时候写的诗，就提到他当时写的许多诗都违反了他后来所提倡的"八不主义"。其中最明显的就是无病呻吟。无病呻吟的毛病是他当时悲观的心态的反照。胡适要大家不要引"贾生、王粲、屈原、谢皋羽"，其实就是用"今日之我"埋葬"昨日之我"。他在 1907 年 10 月初所写的《西台行》有句云："皋羽登临曾恸哭，伤哉爱国情靡已。"他同年所作的《送石蕴山归湘》也说："尽多亡国飘零恨，此去应先吊汨罗。"他在留美初期，1911 年 5 月 19 日所写的《孟夏》则引了王粲："信美非吾土，我思王仲宣。"

《文学改良刍议》"第六：不用典"更是胡适对自己的期许与挑战。胡适在留美期间所写的诗，用典的俯拾皆是。他在提倡文学革命以前固然如此，比如说，我在第七章引了他 1914 年 5 月 26 日和任鸿隽的诗里有句云："何必麻姑为搔背，应有洪崖笑拍肩。"最令人玩味的是，他在举起了文学革命的大旗以后，还是不能完全挣脱用典的桎梏。比如说，他在 1916 年 9 月 16 日的日记里记录他改两首出国以前写的旧诗。第一首是《读大仲马〈侠隐记〉〈续侠隐记〉》："从来桀纣多材武，未必武汤皆圣贤。太白南巢一回首，恨无仲马为称冤。"由于他说"吾近主张不用典"，所以他把"太白"、"南巢"这两个典都给去掉了，把它改写成："从来桀纣多材武，未必武汤真圣贤。哪得中国生仲马，一笔翻案三千年！"胡适显然相当满意。具有讽刺意味的是，胡适去掉了传统的典，却引进了西洋的典——仲马——而不自知。这岂不是和他在《介绍我自己的思想》里说的话有异曲同工之妙："被孔丘、朱熹牵着鼻子走，固然不算高明；被马克思、列宁、斯大林牵着鼻子走，也算不得好汉。"①

---

① 胡适，《介绍我自己的思想》，《胡适全集》，4:673.

如果胡适改第一首旧诗还满意，第二首《读〈十字军英雄记〉》："岂有酖人羊叔子？焉知微服武灵王！炎风大漠荒凉甚，谁更持矛望夕阳？"他怎么想也想不出如何换掉"羊叔子"、"武灵王"这两个典。最后还是保留了这两个典："岂有酖人羊叔子，焉知微服赵主父，十字军真儿戏耳，独此两人可千古。"当时的他还严于责人，宽于律己，说："第一首可入《尝试集》，第二首但可入《去国集》。"等到他写《文学改良刍议》的时候，自知不能有双重标准，"必也一致乎"，于是他说：

> 吾十年前尝有《读〈十字军英雄记〉》一诗云："岂有酖人羊叔子，焉知微服赵主父，十字军真儿戏耳，独此两人可千古。"以两典包尽全书，当时颇沾沾自喜，其实此种诗，尽可不作也。

胡适这一段话有两点有趣且值得指出的地方。第一，他举他这首十年前写的诗，可他用的是他一年前所改定的稿子。第二，胡适说典有广、狭之典。前者最好的代表是成语，不在禁用之列。狭义之典则是他主张不用的。但狭义之典也有工拙之别，"其工者偶一用之，未为不可，其拙者则当痛绝之。"[1] 他举了一些"工者"的狭义之典来作例子。他自己的《读〈十字军英雄记〉》就属于"工者"。

《文学改良刍议》是胡适文学革命的主张公之于世的宣言。有趣的是，胡适自己说，由于他"在美国的朋友的反对"，他写这篇文章的时候，比起他在1916年4月5日在《留学日记》里所写的文学革命论，"胆子变小了，态度变谦虚了。"事实上，胡适所谓的"胆子变小了，态度变谦虚了"，绝对不只是因为他"在美国的朋友的反对"。他是有他的考虑与顾虑的。他把"八不主义"的次第作了一点调整。他在《逼上梁山》里说："这个新次第是有意改动的，我把'不避俗字俗语'一件放在最后，标题只是很委婉的说'不避俗字俗语'，其实是很郑重的提出我的白话文学的主张。"[2] 换句话说，在原先的"八不主义"里，"不避俗字俗语"是第四"不"，在《文学改良刍议

---

[1] 胡适，《文学改良刍议》，《胡适全集》，1:9-12.
[2] 胡适，《逼上梁山》，《胡适全集》，18:128.

议》里，退居为第八"不"。而且原来在标题的括号里有"不嫌以白话作诗词"的话。胡适担心有读者看到这句话生气而拒看，于是就把它给删去了，让读者先看了内文的论述，以便说服他们。不但如此，胡适这篇《文学改良刍议》是用文言文写的，完全跟他提倡白话文的命意是相背的。然而，这也可以看出胡适持重或知人知世的一面。无论如何，《文学改良刍议》一文在1917年1月出版。胡适万万没想到他的白话文学革命居然像星火燎原一样，在几年之间就变成了一个莫然可御的运动。

文学进化论

胡适在1917年5月写的《历史的文学观念论》里说："一时代有一时代之文学。此时代与彼时代之间，虽皆有承前启后之关系，而决不容完全钞袭；其完全钞袭者，决不成为真文学。愚惟深情此理，故以为古人已造古人之文学，今人当造今人之文学。"[①] 胡适这个"一时代有一时代之文学"的说法，并不是单纯的历史主义。也就是说，文学与其时代的背景有不可分割的关系存在。这句话其实还有文学是随着时代而演进的意思。比如说，他在1916年8月21日给陈独秀的信里说："足下言曰：'吾国文艺犹在古典主义（Classism）、理想主义（Romanticism）时代，今后当趋向写实主义。'此言是也。"[②]

写实主义是最新的潮流这个观念，胡适在1915年8月3日的日记里说得更为透彻。他说，文学大致可以分为两派：一为理想主义（Idealism）；一为实际主义［写实主义］（Realism）。

> 理想主义者，以理想为主，不为事物之真境所拘域；但随意之所及、心之所感，或逍遥而放言，或感愤而咏叹；论人则托诸往昔人物，言事则设为乌托之邦，咏物则驱使故实，假借譬喻："楚宫倾国"，以喻蔷薇；"昭君环佩"，以状梅花。是理想派之文学也。

---

① 胡适，《历史的文学观念论》，《胡适全集》，1:30；《胡适日记全集》，2:400.
② 胡适致陈独秀，《胡适全集》，1:1.

实际主义者，以事物之真实境状为主，以为文者，所以写真、纪实、昭信、状物，而不可苟同者。是故其为文也，即物而状之，即事而纪之；不隐恶而扬善，不取美而遗丑；是则是，非则非。举凡是非、美恶、疾苦、欢乐之境，一本乎事物之固然，而不以作者心境之去取，渲染影响之。是实际派之文学也。

胡适作这理想主义与实际主义——亦即，写实主义——文学的分野，是他读了白居易与元微之（元稹，799-831）论诗文一信的感想。胡适这时所用的译名还不是很一致，"Romanticism"以及"Idealism"都翻成"理想主义"。然而，此处的重点在写实主义。胡适引白居易的话："自登朝以来，年齿渐长，阅事渐多。每与人言，多询时务；每读书史，多求治道。始知文章合为时而著，歌诗合为事而作。"胡适说这是写实主义者所说的话。白居易引孟子"穷则独善其身，达则兼济天下"的话来作为文学的作用的理论基础。他认为文学的作用在济世。因此，任何诗词，不管再美丽、再情动于衷、再发之于情，如果没有济世之用，则只能算是独善，没有流传的价值：

仆志在兼济，行在独善。奉而始终之，则为道；言而发明之，则为诗。谓之讽谕诗，兼济之志也；谓之闲适诗，独善之义也。故览仆诗者，知仆之道焉。其余杂律诗，或诱于一时一物，发于一笑一吟，率然成章，非平生所尚者，但以亲朋合散之际，取其释恨佐欢。今铨次之间未能删去。他时有为我编集斯文者，略之可也。

胡适称白居易这封给元稹论诗文的信为："可作实际派文学家宣告主义之檄文读也。"他说唐代的写实主义文学，当以杜甫与白居易为泰斗。不同的是，杜甫是天才，他可以随所感所遇而为之，不期然而自然地作出写实的文学。白居易则是有意于"扶起""诗道之崩坏"。他毕生的精力所注，以及他希望能传世不朽的就是写实的文学。[①]

---

① 《胡适日记全集》，2:176-181.

胡适认为白居易这种写实主义的观点有点过分偏颇。他在 8 月 18 日的日记里又进一步地引申。他反问说文学的优劣真能够用"济世"与否来作标准吗？他说文学有两种类型：一种是有所为而为之者；另一种是无所为而为之者。前者是功利的，后者是超功利的；前者是以讽喻、或以规谏、或以感事、或以淑世；后者则是"情动于衷，而形于言"。他的结论是："作诗文者能兼两美，上也。其情之所动，发而为言，或一笔一花之微，一吟一觞之细，苟不涉于粗鄙淫秽之道，皆不可不谓非文学。"他用这个结论一方面来批评白居易"抹倒一切无所讽喻之诗，殊失之隘"；另一方面也用来反省自己年少时跟白居易一样的偏颇："吾十六七岁时自言不作无关世道之文字（语见《竞业旬报》中所载余所作小说《真如岛》），此亦知其一不知其二之过也。"[①]

尽管胡适超越了他青少年时期狭隘的文以载道的理念，但他对写实主义优于理想主义或浪漫主义的信念是不移的。他不但认为写实主义是文学从理想主义、浪漫主义进化的更高层次，而且认为写实主义本身也是继续在进化的。比如，他在 1915 年 2 月 21 日的日记里说：

> 赴"巨册大［误。应为：小］版会"［Tome and Tablet］，会员某君于下列四书中选读若干则：
>
> 一、Theophrastus（B.C. ?–287?）［狄奥佛拉司特斯］:*Characters* [《人物论》]
>
> 二、Sir Thomas Overbury（1581-1613）［欧佛伯里］: *Characters* [《人物论》]
>
> 三、John Earle（1601-1665）［俄尔］: *Microcosmography* [《作为宇宙缩影的人类》]
>
> 四、Samuel Butler（1612-1680）［巴特勒］: *Characters* [《人物论》]
>
> 皆写生之作（写生者，英文 characterization）。此诸书皆相似，同属抽象派。抽象派者，举一恶德或一善行为题而描写之，如 Theophrastus 之《谄人》["The Flatterer"，《人物论》（*The Characters*）中的一篇]，其

---

① 《胡适日记全集》，2:189-192.

所写可施诸天下之诹人也。后之写生者则不然，其所写者乃是个人，非复统类。如莎士比亚之 Hamlet［哈姆雷特］、如易卜生之 Nora［娜拉］，如 Thackeray［撒克里，1811-1863］之 Rebecca Sharp［贝姬·夏普，注：《浮华世界》（*Vanity Fair*）里的女主角］。天下古今仅有一 Hamlet、一 Nora、一 Rebecca Sharp，其所状写，不可移易也。此古今写生文字之进化，不可不知。①

胡适的文学进化论是梅光迪所不能接受的。梅光迪在 1916 年 8 月 9 日的一封信里批评胡适："足下崇拜今世纪太甚，是一大病根。以为人类一切文明皆是进化的，此弟所不谓然者也。科学与社会上实用知识（如 politics［政治］，economics［经济］），可以进化，至于美术、文艺、道德则否。若以为 Imagist Poetry［意象派诗］，及各种美术上'新潮流'，以其新出必能胜过古人，或与之敌，则稍治美术、文学者，闻之必哑然失笑也。足下于文学、美术乃深有研究者，甚望出言稍慎，无贻知者以口实则得矣。"②

胡适的文学进化论自然必须放在他试图矫正中国文化的"崇古"或"尚古"的脉络下来看。然而，胡适对写实主义的服膺绝对不只是工具性的，而完全是心悦诚服的。比如说，他在 1921 年 6 月 3 日的日记里说：

> 赴卓克（Zucker）［A. E. Zucker，当时在燕京大学教英文］的午饭。饭后闲谈甚久。卓克说，易卜生的《娜拉》一剧写娜拉颇不近人情，太头脑简单了。此说有理。但天下古今多少社会革新家大概多有头脑简单的特性；头脑太细密的人，顾前顾后，顾此顾彼，决不配做革命家。娜拉因为头脑简单，故能决然跑了；阿尔闻夫人［《群鬼》里女主人翁］因为头脑细密，故一次跑出复回之后，只能作虚伪的涂饰，不能再有跑去的勇气了。易卜生的《娜拉》，以剧本论，缺点甚多，远不如《国民之敌》、《海妲》等剧。
>
> 我们又泛论到三百年来——自萧士比亚到萧伯纳——的戏剧的进

---

① 《胡适日记全集》，2:51.
② 梅光迪致胡适，［1916 年 8 月］19 日，《胡适遗稿及秘藏书信》，33:445.

步。我说萧士比亚在当日与伊里沙白女王一朝的戏曲家比起来，自然是一代的圣手了；但在今日平心而论，萧士比亚实多不能满人意的地方，实远不如近代的戏剧家。现代的人若虚心细读萧士比亚的戏剧，至多不过能赏识某折某幕某段的文辞绝妙——正如我们赏识元明戏曲中的某段曲文——决不觉得这人可与近代的戏剧大家相比。他那几本"最大"的哀剧［悲剧］，其实只当得今世的平常"刺激剧"。如 *Othello*［《奥塞罗》］一本，近代的大家决不做这样的丑剧！又如那举世钦仰的 *Hamlet*［《哈姆雷特》，胡适自己的分析详见下文］，我实在看不出什么好处来！*Hamlet* 真是一个大傻子！此话卓克初不以为然，后来他也承认了。

戏剧所以进步，最大的原因是由于十九世纪中欧洲文学受了写实主义的洗礼。到了今日，虽有神秘的象征戏如梅特林（Maeterlinck）的名剧，也不能不带写实主义的色彩，也不能不用写实主义做底子。现在的妄人以为写实主义已成过去，以为今日的新文学应该"新浪漫主义"了！这种懒人真不可救药！①

不但写实主义是最近世界文学的趋势，胡适还认为文学的体例也是顺应着现代人类生活步调的加快以及繁忙，而由长趋短、由繁趋简。他在1918年写的《论短篇小说》里说：

最近世界文学的趋势，都是由长趋短，由繁多趋简要——"简"与"略"不同，故这句话与上文说"由略而详"［注：指情节］的进步，并无冲突——诗的一方面，所重的在于"抒情短诗"（Lyrical Poetry，或译"抒情诗"），像 Homer［荷马］、Milton［弥尔敦］及 Dante［但丁］那些几十万字的长诗，几乎没有人做了；就有人做（十九世纪尚多此种），也很少人读了。

戏剧一方面，萧士比亚的戏，有时竟长到五出二十幕（此所指乃 *Hamlet*［《哈姆雷特》］也），后来变到五出五幕。又渐渐变成三出三幕；

———————————
① 《胡适日记全集》，3:76-77.

如今最注重的是"独幕戏"了。小说一方面，自十九世纪中段以来，最通行的是"短篇小说"。长篇小说如 Tolstoy［托尔斯泰］的《战争与和平》，竟是绝无而仅有的了。所以我们简直可以说，"写情短诗"、"独幕剧"、"短篇小说"三项，代表世界文学最新的趋向。

这种趋向的原因，不止一种。一、世界的生活竞争一天忙似一天，时间越宝贵了，文学也不能不讲究"经济"；若不经济，只配给那些吃了饭没事做的老爷太太们看，不配给那些在社会上做事的人看了。二、文学自身的进步，与文学的"经济"有密切关系。斯宾塞说，论文章的方法，千言万语，只是"经济"一件事。文学越进步，自然越讲求"经济"的方法。有此两种原因，所以世界的文学都趋向这三种"最经济"的体裁。[①]

西洋近代戏剧

从某个角度来说，胡适对十九世纪的西洋戏剧情有独钟。他在 1916 年秋天致《甲寅》编者的信说：

适在此邦，所专治者伦理、哲学，稍稍旁及政治、文学、历史及国际法，以广胸襟而已。学生生涯颇需日力，未能时时作有用文字，正坐此故。前寄小说一种，乃暑假中消遣之作，又以随笔迻译，不费时力，亦不费思力故耳。更有暇暑，当译小说及戏剧一二种。近五十年来，欧洲文字最有势力者，厥唯戏剧，而诗与小说皆退居第二流。名家如挪威之 Ibsen［易卜生］、德之 Hauptmann［赫仆特满］、法之 Brieux［白里而］、瑞典之 Strindberg［施吞堡］、英之 Bernard Shaw［萧伯纳］及 John Galsworthy［高尔华绥］、比之 [Maurice] Maeterlinck［梅脱林克］，皆以剧著声全世界。今吾国剧界，正当过渡时期，需世界名著为范本，颇思译 Ibsen 之 A Doll's House［《玩偶之家》］或 *An Enemy of the People*

［①］ 胡适，《论短篇小说》，《胡适全集》，1:135-136.

[《国民公敌》]，惟何时脱稿，尚未可料。[①]

　　胡适在这封信里所说的戏剧都是十九世纪末以来的西洋近代戏剧。最有意味的是，这些戏剧大概都是他在课外（特别是在暑期当中）读的。然而，胡适在课外选读的这些戏剧，并不是完全没有人指导的。从胡适的《留学日记》，我们知道有许多戏剧，他都在学校或旖色佳的剧场看过了，如白里而的剧作。此外，康乃尔大学有着各式各样的演讲，除了下一节会专门分析的易卜生以外，我们知道胡适对其他近代戏剧巨擘的了解，也得益于学校老师的演讲。比如说，英语系在 1914 年的春季班就举办了诗歌、小说、戏剧的朗诵欣赏会，每星期四次。该学期主持的是英语系有名的威廉·斯特朗克（William Strunk）和胡适常去请益的散蒲生教授。斯特朗克朗诵的是现代诗；散蒲生选读的是现代戏剧。[②]

　　我们知道散蒲生教授在 1913 年 10 月 18 日，就在胡适所住的"康乃尔世界学生会"演讲过"现代戏剧"（Modern Drama）。[③] 1914 年 2 月 10 日，散蒲生教授又在"康乃尔世界学生会"演讲梅脱林克。[④] 我们不知道胡适是什么时候接触到德国剧作家赫仆特满的。然而，我们知道艾尔司特（Ernest Elster）教授在 1914 年 3 月 27 日的演讲，讲的就是赫仆特满。艾尔司特是从德国来的访问教授，他在康乃尔的访问期间开了两门课："诗人海涅"以及"十九世纪德国主要剧作家"。[⑤] 艾尔司特教授的课我们不知道胡适是否去旁听了。然而，最有可能的是，胡适是在 1914 年春季班"现代戏剧"课上

① 胡适致《甲寅》编者，无日期［1916 年秋］，《胡适全集》，23:82-83. 请注意，《胡适全集》主编系此信为"约 7 月左右"，误。胡适在信尾签名："胡适白自纽约"。胡适是在 9 月 20 日搭夜车离开旖色佳的，次晨抵纽约，搬进哥伦比亚大学。换句话说，这封发自纽约的信只有可能是该年秋天写的。

② "English Professors to Give Readings," *Cornell Daily Sun*, XXXIV.100, February 14, 1914, p. 8.

③ "Professor Sampson On "The Modern Drama," *Cornell Daily Sun*, XXXIV.24, October 18, 1913, p. 1.

④ "Professor Sampson to Discuss Maeterlinck," *Cornell Daily Sun*, XXXIV.95, February 9, 1914, p. 4.

⑤ "Schiff to Introduce Prof. Ernst Elster," *Cornell Daily Sun*, XXXIV.95, February 9, 1914, p. 1; "Hauptmann a Leader of Naturalist School," *Cornell Daily Sun*, XXXIV.136, March 28, 1914, p. 2.

接触赫仆特满的，该课由散蒲生教授讲授。我的推想是，他在听了散蒲生教授的导读和诠释以后，就在该年的暑假，也就是 7 月 18 日、20 日，连续读了赫仆特满的《东方未明》(*Before Dawn*)、《织工》(*The Weavers*) 以及《獭裘》(*The Beaver Coat*)。他在 7 月 29 日的日记里记了散蒲生教授对赫仆特满几出戏剧的分析：

闻英文教长散蒲生 (M. W. Sampson) 讲赫仆特满所著剧之长处。其论《獭裘》与《放火记》(*The Conflagration*) 也，曰："此二剧相为始末。前剧之主人 Mrs. Wolff［伍夫夫人］今再嫁为 Mrs. Tietitz［梯提慈夫人］，老矣。虽贼智犹存，而坚忍不逮。奸雄末路，令人叹息。赫氏长处在于无有一定之结构经营，无有坚强之布局，读者但觉一片模糊世界，一片模糊社会。——逼真，无一毫文人矫揉造作之痕也。"此种剧不以布局胜，自赫氏始也。

其论《织工》也，曰："此剧有二大异点：一、全剧不特无有主人［翁］，乃无一特异之角色。读《獭裘》及《放火记》者，虽十年后，必不能忘剧中之贼婆伍媪及巡检卫而汗 (Wehrhahn)，犹读《哈姆雷特》(*Hamlet*，萧士璧［莎士比亚］名剧) 者之不忘剧中之王子也。此剧《织工》则不然，读者心中但有织工之受虐，资本家之不仁，劳动家之贫饿，怨毒入人心之深，独不见一特异动人之人物 (此言确也。吾读此才数日耳，而已不能举书中之事实耳)，盖此书所志不在状人，而在状一种困苦无告之人群，其中本无有出类拔萃之人物也。二、剧中主人既是一群无告之识工，其人皆如无头之蛇、丧家之犬，东冲四突，莫知所届。读者但觉其可怜可哀，独不知其人所欲究属何物，此其与他剧大异之处也。读《西柴》［《恺撒》］者，知布鲁佗［Brutus，刺杀恺撒者］所欲何事，亦知高西厄司［Cassius，刺杀恺撒阴谋主导者］所欲何事。读《割肉记》(*Merchant of Venice*) 者，知休洛克［Shylock，以放高利贷致富的犹太人］所欲何事。读《哈姆雷特》者，知［此］丹［麦］王子所欲何事。独读此剧者但见一片模糊血泪，但闻几许怨声，但见饿乡，但见众斗，但见抢劫，但见格斗，但见一股怨毒之气随地爆发，不可遏抑。然试问彼聚众之工人所要求者何事、所志在何事,则读者瞠不能答也。盖此剧所写为一般愚贫之工人,其识不足以知其所欲何事,其言尤不足以自白其所志何在也。"此种体近人颇用之,俄国大剧家契可夫(Tchekofv〔Chekhov〕)尤工此。①

　　胡适对十九世纪西洋戏剧的兴趣,主要在于其写实主义的角度。用胡适在日记里所用的名词来说,就是问题剧。他在记录他读赫仆特满的《东方未明》的同一天,也就是 1914 年 7 月 18 日的日记里说:"自伊卜生〔易卜生〕(Ibsen)以来,欧洲戏剧巨子多重社会剧,又名'问题剧'(Problem Play),以其每剧意在讨论今日社会重要之问题也。业此最著者,在昔有伊卜生(挪威人),今死矣。今日名手在德为赫氏,在英为萧伯纳(Bernard Shaw)氏,在法为白里而氏。"②

　　在留美学生里,像胡适这么用功、兴趣这么广泛的人是不多见的。他不但自己读书、勤于听演讲,还组织读书会跟同学一起砥砺讨论。比如说,胡适在 1914 年 7 月 18 日的日记还记他组织了一个读英文文学名著的读书会:"发起一会曰读书会,会员每周最少须读英文文学书一部,每周之末日相聚讨论一次。会员不多,其名如下:任鸿隽、梅光迪、张耘、郭荫棠、胡适。余第一周所读二书:Hawthorne, *The House of Seven Gables*〔霍桑,《七个尖角屋顶之屋》〕;Hauptmann, *Before Dawn*〔赫仆特满,《东方未明》〕。"③

　　除了听演讲、组织读书会,胡适还勤作笔记。光是在 7 月 18 日,他就记下了两本剧本的读后感:

　　　　上所举第二书〔《东方未明》(*Before Dawn*)〕乃现世德国文学泰斗赫仆特满(Gerhart Hauptmann, 1862-1946)最初所著社会剧。赫氏前年得诺贝尔奖金,推为世界文学巨子。此剧《东方未明》,意在戒饮酒也。德国人嗜饮,流毒极烈,赫氏故诤之。全书极动人,写田野富人家庭之龌龊,

---

① 《胡适日记全集》,1:427-428.
② 《胡适日记全集》,1:410.
③ 《胡适日记全集》,1:409.

622

栩栩欲活，剧中主人 Loth and Helen 尤有生气。此书可与伊卜生社会剧相伯仲，较白里而（Eugène Brieux, 1858-1932）所作殆胜之。①

又：

今日又读一剧，亦赫氏著，曰《织工》（The Weavers），为赫氏最著之作，写贫富之不均。中写织工之贫况，真足令人泪下。书凡五出：第一出，织工缴所织布时受主者种种苛刻虐待，令人发指。第二出，写一织工家中妻女穷饿之状。妻女日夜织而所得不足供衣食，至不能得芋（芋最贱也）。儿啼索食，母织无烛，有犬来投之不去，遂杀以为食。种种惨状，令人泪下。第三出，写反动之动机。兽穷则反噬，固也。第四出，织工叛矣。叛之原因，以主者减工值，工人哀恳之。主者曰："不能得芋，何不食草？"（此有"何不食肉糜"风味。）工人遂叛，围主者之家，主者狼狈脱去，遂毁其宅。读之令人大快。第五出，写一老织工信天安命，虽穷饿犹日夕祈祷，以为今生苦，死后有极乐国，人但安命可矣。此为过去时代之工人代表。今之工党决不作如此想也。此老之子妇独不甘束手忍受，及工人叛，妇持斧从之。其子犹豫未去，闻门外兵士放枪击工人之声，始大怒，持刀奔出从之。老工人犹喃喃坐织门外，枪弹穿户入，中此老，仆机上死。俄顷，其幼孙奔入，欢呼工党大捷矣。幕遂下。此一幕写新旧二时代之工人心理，两两对映，耐人寻味。令人有今昔之感。"天实为之，谓之何哉！"此旧时代之心理也。"人实为之，天何与焉？""但问人事，安问天意？""贫富之不均，人实为之，人亦可除之。"此新时代之心理也。今工人知集群力之可以制资本家死命也，故有同盟罢工之举，岂得已哉！谁实迫之而使至于此耶！此剧大类 Mrs. Gaskell's "Mary Barton"［盖丝蔻，《玛丽·芭屯》，描写维多利亚时代的下层社会］，布局命意，大抵相类，二书皆不朽之作也。②

---

① 《胡适日记全集》，1:409-410.
② 《胡适日记全集》，1:411-412.

7月30日，他又读了"瑞典戏剧巨子施吞堡（Strindberg）短剧名《线索者》（*The Link*），论法律之弊，发人深省。伊卜生亦切齿法律之弊，以为不近人情，其所著《玩物》（*A Doll's House* 或译《娜拉》）中之娜拉与奸人克洛司达一席话，皆论此题也。"[①]1914年12月，秋季班结束放圣诞节假的时候，胡适又读了七个剧本。他在12月20日的日记里说：

> 连日读赫仆特满（Hauptmann）两剧：一、《韩谢儿》（*Fuhrmann Henschel*）；二、《彭玫瑰》（*Rose Bernd*）。又读梅脱林克（Maurice Maeterlinck，梅氏为比利时文学泰斗，为世界大文豪之一）四剧：一、*Alladine and Palomides*［《爱乐婷与帕洛米底司》］；二、*The Intruder*［《不速之客》］；三、*Interior*［《屋内》］；四、*Death of Tintagiles*［《婷绨凯之死》］。又读泰戈尔（Tagore，印度诗人）一剧：*The Post Office*［《邮局》］。三人皆世界文学巨子也。[②]

胡适对戏剧的涉猎让他对戏剧的品评颇有自信。这个自信甚至在他广泛地涉猎十九世纪西洋戏剧以前就已经有了。比如说，我在第四章分析过他可能是在大三上学期所写的读书报告：《哈姆雷特：一出没有英雄的悲剧》。他在这篇报告的结论说：

> 我们在本文里追溯了哈姆雷特的一生，发现他——用我在本文启始所说的话来说——一丁点儿英雄的气概也没有。让我再征引歌德的话来说："他有一个优美、清纯、高贵、道德的本质，但没有作为一个英雄所应有的勇气；他心中的重负［母亲跟毒死自己父亲的叔叔结婚］压跨了他，他既担不起又放不下。他所面对的是作不到的——不是作不到，而是他作不到。"对他来说是太难了。我们听到他呼号着：
>
> 这整个世界都脱序了。喔！真是厄运，
>
> 让我来这世间就是要我去拨乱反正！

① 《胡适日记全集》，1:430.
② 《胡适日记全集》，1:569-570.

这就是哈姆雷特，就是一出没有英雄的悲剧里的"英雄"。

不只是哈姆雷特不够英雄，这出戏里没有一个称得上是英雄的人物。那乱伦、杀人的克劳底尔司（Claudius），用麦考莱的话来形容，"整个人就是匕首与面具"，最后死在自己的"回头箭"下。皇后呢！就像哈姆雷特对她说的：

喔！不要脸！妳的羞耻心到哪儿去了？

至于娥蜚（Ophelia），她既没有蔻黛丽（Cordelis）[《李尔王》的幺女]优雅的顽强，也没有茱丽叶狂热的爱，也没有马克白夫人的"不男不女"（unsexedness）。她的柔弱几近于曲承。[剧中的]莱提司（Laertes）呢！海司里特（Hazlitt）说他"有点好自吹自擂"。可他顺从克劳底尔司的诡计要去害哈姆雷特。还有那鄱罗尼尔司（Polonius）[胡适在《留学日记》里翻成"潘老丈"]，那个最圆滑的笨伯，他深谙人世间所有的教训，却栽在不知"好管闲事会惹祸"的道理[这是哈姆雷特在第三幕第四景刺死鄱罗尼尔司以后说的话]。

喔！好一群傀儡、笨伯和丑角！喔！真是一出没有英雄的悲剧！然而，大家都喜欢这出戏。看着《哈姆雷特》里的这些傀儡、笨伯、丑角在那儿扯淡、蒙骗、说谎、毙命，大家都为之欢呼、落泪、叫好、拍手。人人都说莎士比亚最绝妙的作品是《哈姆雷特》。这原因何在呢？我觉得理由很简单。这个世界本身就是一个充斥着傀儡、笨伯与丑角的舞台。傀儡、笨伯与丑角是众多、遍在、近在眼前的；英雄则是少见、稀有的。怯懦之行天天可见；英雄事迹则仿如凤毛麟爪。我们喜欢司各特（Scott）[Walter Scott, 1771-1832]的小说，因为小说中有英雄人物。我们喜欢阿拉丁[《十字军英雄记续》里的人物]、犹太女子萝蓓卡[《艾凡赫》里的人物]，因为他们是英雄、稀有的。然而，我们更喜欢撒克里小说里的贝姬、斗宾少尉[《浮华世界》里的人物]和艾斯蒙[《艾斯蒙传》]，正因为他们不是英雄、正因为他们像你我他一样的实际、平凡和所在皆是。就像虚荣的女性喜欢顾影自喜一样，这平凡的世界在这出莎士比的杰作里看到的是自己的写照——那没有英雄的悲剧。[①]

如果我们觉得《哈姆雷特：一出没有英雄的悲剧》的结论颇为熟悉，那就是胡适众人皆醉我独醒的《易卜生主义》思想的雏形。胡适的思想里自有他精英主义的部分，虽然他也深信民主制度的功用与价值。但这都是后话。胡适显然相信在人类社会里，大多数都是平凡的芸芸众生，特立独行的英雄乃是少数。这些"英雄"用他在写给梅光迪的一封信里的话来说，是"天生的贵族"（natural aristocrats），以别于那些命好，生在帝王、将相世家的贵族。这些"天生的贵族"是带领社会进步的要素。可惜胡适这封信现已不存。我们只能从梅光迪的回信推测胡适信中的大意：

> 来书所主张之实际主义［写实主义］，与弟所恃之 humanism（姑译之为"人学主义"可乎）似多合处。足下之第一条，迪极赞同。第二条亦无所置议。惟第三条就字面论之，似有不能全然了解处，请再一言之可乎？迪谓今世风行社会学说（social philosophy），似多分"社会"与"个人"为二物，尤有流弊者，乃在偏重社会方面。有个人作奸犯科，自命为社会改良者，乃归其过于社会，以为社会上某某制度、某某法律若革去，则其社会中份子自可皆归于善。此种改良，以迪观之，乃倒行逆施耳。故今之西方社会上，其改良家愈多，其社会腐败乃愈甚。此非悲观之言，乃实境也。何则？由其个人（社会分子）腐败也。故言"人学主义"者，主张改良社会，在从个人做起，使社会上多有善良个人，其社会自善良矣。孔子之言曰：君子修其身，而后能齐其家，齐其家而后能治其国……欲改良社会，非由个人修其身，其道安由？足下所称之 "natural aristocrats"［天然贵族］，即弟之所谓 humanists（人学主义家）也。此种人无论何时，只居社会中少数。不过一社会之良否，当视此种人之多寡。[②]

---

① Suh Hu [Hu Shi], "Hamlet: A Tragedy without A Hero." 现藏于中国社会科学院近代史研究所，"胡适档案"编号：E-59-2.
② 梅光迪致胡适，［1916 年］12 月 28 日，《胡适遗稿及秘藏书信》，33:464-465.

梅光迪对许多社会学说——包括胡适——把"社会"与"个人"一分为二的批判是有见地的。然而，他也为成见所囿，总是把社会问题归结于个人的问题，用他的话来说，是个人的腐败。这是传统儒家从修身出发的政治社会哲学的一支，与典型的十九世纪末二十世纪初社会达尔文主义观点汇流。用胡适的话来说，就是传统个人主义的观点。从留美到 1940 年代初期的胡适，一方面想用社会立法来救济传统自由主义的不足与缺失，一方面又要确保少数特立独行的个人不被社会上平庸的大多数所迫害、淹没与埋葬。这种"社会"与"个人"之间所存在的紧张与矛盾如何取得创造性的均衡，是胡适在他人生不同的阶段、扮演不同的身份、面临不同的事例时，所必须权衡、加持或割舍的。在他留美的后期，胡适着重的是他从易卜生的戏剧所悟出来的特立独行的个人。

易卜生

在所有可能已经遗失的胡适的文件里，最可惜的大概就是英文版《易卜生主义》了。根据胡适自己的回忆："《易卜生主义》一篇写的最早，最初的英文稿是民国三年［1914］在康奈尔大学哲学会宣读的，中文稿是民国七年［1918］写的。"[1] 我们知道胡适在世的时候，手头一直存有这篇英文稿。比如说，他在 1931 年 1 月 15 日的日记里说："到英美烟公司，把十六年前做的《易卜生主义》英文原稿交 A. T. Henckendorff［亨肯朵夫］带给他的夫人看。"[2] 同月 18 日的日记："在 A. T. Henckendorff 家吃饭，与他们夫妇畅谈。其夫人最表同情于我的《易卜生主义》一文。"[3] 又，同月 23 日的日记："在［沈］昆三家吃饭。他说：Mr. A. T. Henckendorff 说挪威公使要把我的《易卜生主义》打二份，送入 Ibsenianan［Ibseniana，易卜生汇辑］中去。我说可以。"[4] 可惜，

---

① 胡适，《介绍我自己的思想》，《胡适全集》，4:662.

② 《胡适日记全集》，6:439.

③ 《胡适日记全集》，6:448.

④ 《胡适日记全集》，6:469.

现存北京近代史研究所的"胡适档案"没有这篇文章，康乃尔大学的档案馆也没有，挪威的"易卜生中心"也没有。

胡适 1914 年写的《易卜生主义》英文稿的遗失特别可惜，在于我们不能用他在 1918 年写的中文稿来还原他四年前所写的英文稿的观点。这主要是因为这四年之间，是胡适思想变化的一个关键期。他在 1914 年写《易卜生主义》的时候，还没有接触到实验主义。1918 年写中文稿的时候，他已经写完了《先秦名学史》的博士论文。我在第五章已经分析了，他在《先秦名学史》里对实验主义有诸多附会、误解的地方。我认为回到中国以后的胡适，因为下了工夫，开始对实验主义有比较深刻的了解。他在撰写《易卜生主义》的中文稿之前，至少重温了易卜生的一出剧本，还跟朋友谈了易卜生。我们知道他在 1917 年 12 月 11 日重读了易卜生的《国民公敌》。他在《老鸦》一诗的序里说："六年十二月十一日重读易卜生《国民公敌》戏本，欲作一诗题之。是夜梦中做一诗，醒时乃并其题而忘之。出门见空中鸽子，始忆梦中诗为《咏鸽与鸦》，然终不能举其词。因为补作成二章。"[1] 1918 年 2 月 10日，他在陶孟和家谈易卜生。他在《新青年》四卷三号上发表的《除夕》一诗，描写他除夕在陶孟和家吃年夜饭。问谈些什么事？他说"像是谈易卜生和白里欧（Ibsen and Brieux），这本戏和那本戏"。[2] 他的《易卜生主义》的中文稿是在该年 6 月四卷六号《新青年》的"易卜生专号"发表的。换句话说，如果能找到胡适在 1914 年写的《易卜生主义》的英文稿，我们必须把他在1918 年写的中文稿放在他回国以后的思想脉络里来分析。

所幸的是，有关胡适在留美时期对易卜生的了解，我们并不是完全一无所知的。胡适在 1921 年 5 月 19 日的日记里说："他［散蒲生（M. W. Sampson）教授］的话，我深信不疑。因为我第一次做成一篇《易卜生主义》时，我拿去请教他，我并不是他的学生，而且我们已做了一年多的朋友，他竟全不客气，说我不应该强作'什么主义'、'什么主义'的分别；他替我改了好几处，直到后半篇，他才说一两句赞辞。这种态度，使我敬畏。"[3]

---

[1] 胡适，《老鸦》，《胡适诗存》，页 177。
[2] 胡适，《除夕》，《新青年》四卷三号（1918 年 3 月 15 日），页 229-230。
[3] 《胡适日记全集》，3:52.

胡适会把他写的《易卜生主义》拿去向散蒲生教授请教是很自然的事。我在上文提过散蒲生教授在 1914 年的春季班跟另外一位英语系的教授合开了一门诗歌与现代戏剧的课。胡适在留美时期不是在课堂上接触到易卜生的。他第一次认识易卜生可能是在 1912 年的春天。那年的春季班，康乃尔大学的"理学会"举办了两次"易卜生的伦理"（The Ethics of Ibsen）的演讲会。演讲者是康乃尔大学教闪族语言的须密（N. Schmidt）教授。3 月 11 日的演讲在胡适住的"康乃尔世界学生会"举行，3 月 25 日的演讲则是在疤痕院。①

须密教授在演讲之前先开了一个建议听讲者阅读的书目。我们如果把这个书目跟胡适在《易卜生主义》里所征引的剧本相对比，就会发现两者的雷同。须密教授所开的书目如下：

> 易卜生戏剧:《布兰德》（*Brand*）、《社会的栋梁》（*Pillars of Society*）、《国民公敌》（*Enemy of the People*）、《玩偶之家》（*A Doll's House*）、《罗斯马庄》（*Rosmersholm*）、《海上夫人》（*The Lady from the Sea*）、《大匠》（*The Master Builder*）。
>
> 他人著作: Jaeger, Henrick Ibsen: *A Critical Biography*［杰格,《易卜生评传》］、Brandes, *Henrick Ibsen*［布兰笛司,《易卜生》］、萧伯纳, *The Quintessence of Ibsenism*［《易卜生主义精义》］、Archer, "The Real Ibsen"［阿确,《真正的易卜生》］②

虽然现在还没找到胡适 1914 年的《易卜生主义》的英文稿，但我们可以用他 1918 年的中文稿来作参考。他在这篇中文稿里所征引的易卜生的剧作，包括他的尺牍，如下：

> 《死而复苏》（*When We Dead Awaken*）、《玩偶之家》、《群鬼》（*Ghosts*）、《罗斯马庄》、《社会的栋梁》、《野雁》（*The Wild Duck*）、《博

---

① "Program for Ethical Club," *Cornell Daily Sun*, XXXII.91, January 24, 1912, p. 1.
② "Ethical Club Reading," *Cornell Daily Sun*, XXXII.119, March 7, 1912, p. 7.

克曼》（*John Gabriel Borkman*）、《国民公敌》、《海上夫人》、《尺牍》
（*Letters*）。[1]

　　须密教授所开的书单跟胡适《易卜生主义》的中文稿里所征引的有相
当多重叠的部分。当然，我们不知道易卜生的剧作，胡适在当时读了几出。
我们知道易卜生的《海妲传》（*Hedda Gabler*）与《大匠》，胡适是在 1914 年
3 月 14 日买的。这两本书现都藏在北京大学图书馆，扉页有胡适的签名和
他翻译的中文书名。《海妲传》胡适一直要到该年 8 月 8 日才读了。他在次
日的日记里说："昨日读伊卜生［易卜生］名剧《海妲传》（*Hedda Gabler*），
极喜之。此书非问题剧也，但写生耳。海妲为世界文学中第一女蜮，其可畏
之手段，较之萧氏之麦克伯妃（Lady Macbeth）但有过之无不及也。"[2]

　　同时，由于胡适除了在征引易卜生的剧作和尺牍以外，没有作任何引注，
我们很难确切地做追溯的工作，看胡适究竟受到哪些易卜生研究者的影响。
由于萧伯纳的《易卜生主义精义》与胡适的《易卜生主义》非常接近，很容
易让人觉得胡适一定受到萧伯纳的影响。然而，就像胡适在哲学理论上有糅
杂、调和的倾向，他的《易卜生主义》也是糅杂、调和了许多易卜生研究者
的产物。但这是后话。

　　须密教授在 1912 年 3 月的两次演讲到底说了什么？他对胡适的影响如
何呢？可惜的是，我们唯一的根据是《康乃尔太阳日报》记者的报道。这两
篇报道大概是我在本书所征引的报道里最拙劣、最不知所云的。然而，由于
没有别的资料可用，我别无选择。根据这篇报道，须密教授在 3 月 11 日的
演讲里说：易卜生的戏剧处理的是"国家、家庭与宗教的道德问题"。须密
教授说，易卜生用自然写实的方法把人生的许多道德问题都勾画了出来。这
些问题，易卜生透过他不同的剧本来表达。因此，须密教授强调，我们必须
要把易卜生的几本戏剧同时拿来阅读，方才能够真正体会到他的观点。须密
教授说，在政治上，易卜生期待的是一种无政府的状态。这是因为从易卜生
的立场来看，任何形式的政府都会干涉到个人自由的发展。也正因为如此，

---

① 胡适，《易卜生主义》，《胡适全集》，1:599-617.
② 《胡适日记全集》，1:438.

须密教授认为易卜生对社会的批判破坏多于建设。

易卜生对家庭问题的剖析，须密教授认为也必须要把几本剧本同时拿来阅读，我们方才能够真正了解易卜生的立场。他认为易卜生对家庭问题的看法是很一致的。易卜生认为一对夫妻要能长久结合，并一起营造一个对他俩、对社会都有益的共同生活，所必须的不只是爱。他们两个人的灵魂必须要有一种宗教式的、富有创造性的动机把他们结合在一起。他说："易卜生认为婚姻必须建立在两个基础之上：开诚布公（truth）和独立（independence）。有了自由，就有了责任；一切开诚布公，夫妻的关系才可臻理想。"①

须密教授在 3 月 25 日的第二个演讲里，讨论了易卜生对国家以及家庭问题的看法。须密教授在这个演讲里说易卜生所强调的是个人的权利。人类的生活，依易卜生的看法，必须建立在自由与坦诚的基础之上。他说，如果易卜生看起来好像是反对所有的政治社会组织，那是因为他认为所有组织都有桎梏人类自由的倾向。须密教授说易卜生就像是用他写的戏剧来问问题一样。他所要追问的，是我们能否在政治、宗教和家庭生活里找到比较健全、有弹性的关系，让个人能够开诚布公，并以之作为人生的准则。根据《康乃尔太阳日报》的报道，须密教授演讲过后的讨论是集中在妇女参政权。须密教授认为妇女得到参政权对妇女、对社会都会有好处。这是因为妇女如果对家庭以外的事务有兴趣，她们教养孩子就会比较成功。反之，她们抚育出来的孩子就会像玩偶一样，而不是未来的公民。《康乃尔太阳日报》的记者说，后来，讨论又集中到离婚的议题上。记者说易卜生的看法是婚姻里的自由愈多，夫妻的关系就愈坚固。易卜生不相信任何用高压的手段来稳住婚姻的方法。维持婚姻关系最好的方法，就是给予自由以及个人因为自由而必须肩负起的责任。最后，记者说讨论转到了女性会不会变得越来越中性、既不男又不女的问题。记者说须密教授认为随着文明的演进，男女之间的异同会逐渐缩小。然而，他认为在精神的层面，男女的不同是会永远存在的。②

须密教授对易卜生的分析反映了当时许多欣赏易卜生的评者的共识。我们当然也不可以迳从须密教授的分析来断定胡适是受到他的影响。只是，这

① "Criticism Negative However," *Cornell Daily Sun*, XXXII.123, March 12, 1912, p. 1.
② "Woman's Suffrage Discussed," *Cornell Daily Sun*, XXXII.135, March 26, 1912, p. 3.

很有可能是胡适第一次有系统地接触到易卜生，其可能造成的印象是不能忽略的。其中，最明显的有两方面：一是个人与社会的对立；另一个是自由与责任在婚姻生活中的重要性。我们知道在胡适 1918 年的《易卜生主义》一文里，虽千万人吾往矣的特立独行的个人是全篇最凸出的主旨。由自由而带来责任感的重要性也是胡适在该文所坚持的。不管是《玩偶之家》里的娜拉，还是《海上夫人》里的哀梨姐，都是胡适用来凸显在婚姻里追求自由与承担责任的女性的代表。当然，我在此处也必须指出，胡适在 1918 年写的《易卜生主义》跟须密教授的看法有不一样的地方。须密教授批评易卜生在剧本里所阐明的观点是破坏多于建设。① 胡适则不这么觉得。他说易卜生主义："表面上看去，像是破坏的，其实完全是建设的。"②

　　胡适留美所得的最高学位是在哲学方面。然而，他也是在文学、特别是英国文学方面有所造诣的归国留学生。胡适在结束留美的学业以后，返回中国担任北京大学的教授。他所教授的课程在哲学与英国文学方面。这可以说是用才得宜的安排。胡适在北大的第一年所开的课，曹伯言跟欧阳哲生都根据《北京大学日刊》的记载胪列出来，只是稍有些许出入。根据曹伯言，胡适在 1917 学年度第一学期的课程如下："中国哲学"、"中国哲学史"、"英国文学"与"英译亚洲文学名著"；第二学期的课则为："中国哲学史"、"西洋哲学史"、"英诗"以及"英译欧洲文学名著"。③ 根据欧阳哲生，胡适在 1917 学年度第一学期所开的课是："英国文学"、"英译亚洲文学"、"欧洲文学史"以及"中国名学钩沉"；第二学期的课则是："中国哲学史大纲"、"西洋哲学史大纲"、"英诗"以及"英译欧洲文学名著"。④ 换句话说，胡适在北大的第一年所开的课程，哲学与西洋文学是各占一半。

　　根据胡适在 1917 年 11 月 21 日写给韦莲司的信，他在北大的第一个学期所开的四门课又跟《北京大学日刊》的记载有点出入。他说他开的课是："中国哲学"、"英译欧洲文学名著"、"英诗"、"中国历史研究法"。他

① "Criticism Negative However," *Cornell Daily Sun*, XXXII.123, March 12, 1912, p. 1.
② 胡适，《易卜生主义》，《胡适全集》，1:612.
③ 转引自曹伯言等编，《胡适年谱》（合肥：安徽教育出版社，无年月），页 122，125。
④ 欧阳哲生，《胡适与北京大学》，《新文化的传统——五四人物与思想研究》（广州：广东人民出版社，2004 年），页 294 注 3。

还说他正在筹组北大的历史研究所，成立以后，他将担任历史研究所的主任。[①] 很意外地，胡适向韦莲司报告的这四门课里不包括西洋哲学史，反而包括了"中国历史研究法"。然而，即使如此，其所反映的，仍是北大用才的得宜，因为哲学史、西洋文学与历史研究法都是胡适在美国下过工夫的学科。根据他康乃尔的同学艾杰顿在 1918 年 5 月 11 日给他的信，我们知道胡适既是哲学系的教授，也是英语系的代系主任。[②] 到了 1918 年秋天，根据欧阳哲生所搜集的资料显示，胡适担任了三个系所部门的主任：英文部教授会主任、哲学研究所主任以及英文学研究所主任。[③]

胡适是一个对文学创作有兴趣的人。他读英诗，以至于技痒也写起英诗来。他所读过的十九世纪西洋戏剧，数目之多、了解之深刻，在中国留学生当中应当是数一数二的。他的朋友张彭春，也就是南开教育系统的创办人兼校长的张伯苓的弟弟，留美期间就着手写作剧本了。胡适对他的剧本赞誉有加，但难免也有自己对戏剧颇有浸淫，却让别人专美于前之叹。他在 1915 年 2 月有该年二度的纽约之行，他在 14 日的日记里说："十四日，星期［天］，至哥伦比亚大学访友……下午访张仲述。仲述喜戏曲文字，已著短剧数篇，近复著一剧，名曰《外侮》，影射时事而作也。结构甚精，而用心亦可取，不可谓非佳作。吾读剧甚多，而未尝敢操觚自为之，遂令祖生先我着鞭，一笑。"[④]

当然，戏剧不比诗词，工程浩大，不是开个夜车或用一两天的工夫就可以竟工的。然而，这并不表示胡适作不到。比如说，他在 1919 年写的英文独幕剧《终身大事》，他自己说是人家限他一天之内写成的。[⑤] 更重要的原因，可能是胡适认为翻译比创作重要。我在上文征引了他在 1916 年秋天致《甲寅》编者的信。在那封信里，他说欧洲最新的潮流是戏剧，是问题剧。其潮流之所趋使得小说与诗歌都不得不退居第二流。他举易卜生、赫仆特满、白里而、施吞堡、萧伯纳、高尔华绥、梅脱林克为例，然后说："今吾国剧界，正当过渡时期，需世界名著为范本，颇思译 Ibsen 之 *A Doll's*

---

① Hu Shih to Clifford Williams, November 21, 1917，《胡适全集》，40:204.
② Bill [William Edgerton] to Hu, May 11, 1918，胡适外文档案，E-130-2.
③ 欧阳哲生，《胡适与北京大学》，《新文化的传统——五四人物与思想研究》，页 297。
④ 《胡适日记全集》，2:47.
⑤ 胡适，《〈终身大事——游戏的喜剧〉序》，1919 年 3 月 15 日《新青年》六卷三号。

House［《玩偶之家》］或 *An Enemy of the People*［《国民公敌》］，惟何时脱稿，尚未可料。"

同样的话，胡适在该年 2 月就跟陈独秀说过。他在 2 月 3 日的信上说："今日欲庶祖国造新文学，宜从输入欧西名著入手，使国中人士有所取法、有所观摩，然后乃有自己创造之新文学可言也。"然而，翻译不是人人可得而为之的："译事正未易言。倘不经意为之，将令奇文瑰宝化为粪壤，岂徒唐突西施而已乎？与其译而失真，不如不译。此适所以自律，而亦颇欲以律人者也。"不但如此，译书是必须讲求次第的，是必须有选择的。如果不经思索而贸然从之，可能反而得到反效果。所以胡适接着说：

> 译书须择其与国人心理接近者先译之，未容躐等也。贵报（《青年杂志》）所载王尔德之《意中人》（Oscar Wilde's *The Ideal Husband*）虽佳，然似非吾国今日士夫所能领会也。以适观之，即译此书者尚未能领会是书佳处，况其它乎？而遽译之，岂非冤枉王尔德耶。①

这个翻译比创作重要，或者更确切地说，这个以"世界名著为范本"的观念，胡适一直秉持着。比如说，他在 1919 年写的《论译戏剧——答 T. F. C.》里说：

> 来书所说对于译剧的怀疑，我以为尽可不必顾虑。第一，我们译戏剧的宗旨本在于排演。我们也知道此时还不配排演《娜拉》一类的新剧。第二，我们的宗旨在于借戏剧输入这些戏剧里的思想。足下试看我们那本《易卜生专号》，便知道我们注意的易卜生并不是艺术家的易卜生，乃是社会改革家的易卜生。第三，在文学的方面，我们译剧的宗旨在于输入"范本"。范本的需要，想足下也是承认的。第四，还有一层理由：我们一般同志都是百忙中人，不能译长篇小说。我们最喜欢翻译短篇小说，也是因为这个原故。戏剧的长短介于短篇小说与长篇小说之

---

① 《胡适日记全集》，2:278.

间，所以我们也还可以勉强腾出工夫来翻译他。①

1925 年 11 月 10 日胡适写信向北大校长蒋梦麟辞职。当时，胡适在上海医治痔疾。他在信上说译书要远比他在讲堂上所能得到的效果更大：

> 我这回走了几省，见了不少的青年，得着一个教训。国中的青年确有求知的欲望，只可惜我们不能供给他们的需求。耶稣说："年成是狠好的，只是做工的人太少了！"我每回受青年人的欢迎，心里总觉得十分惭愧，惭愧我自己不努力。前不多日，我从南京回来，车中我忽得一个感想。我想不教书了，专做著作的事，每日定一个日程要翻译一千字，著作一千字，需时约四个钟头。每年以三百计，可译三十万字，著三十万字。每年可出五部书，十年可得五十部书。我的书至少有两万人读，这个影响多么大？倘使我能于十年之中介绍二十部世界名著给中国青年，这点成绩，不胜于每日在讲堂给一百五十个学生制造文凭吗？所以我决定脱离教书生活了。②

胡适还把这个信念说给徐志摩听了。他在 1928 年 4 月 25 日的日记里说："昨晚与志摩及余上沅谈翻译西洋文学名著，成一部大规模的《世界文学丛书》。此事其实不难，只要有恒心，十年可得一二百种名著，岂不远胜于许多浅薄无聊的创作？"③

所谓翻译西洋近代文学名著、输入"范本"的意思，其实不只是体例的问题，而更牵涉到思想的内容。胡适在上引《论译戏剧——答 T. F. C.》一文里说得再清楚也不过："足下试看我们那本《易卜生专号》，便知道我们注意的易卜生并不是艺术家的易卜生，乃是社会改革家的易卜生。"这个几近于"文以载道"的理念，胡适一直没有放弃。他在 1935 年写的《〈中国新文学大系·建设理论集〉导言》，说得很清楚：

---

① 胡适，《论译戏剧——答 T. F. C.》，《胡适全集》，12:31.
② 胡适致蒋梦麟，1925 年 11 月 10 日，《胡适全集》，23:475.
③ 《胡适日记全集》，5:68.

我们开始也曾顾到文学的内容革新的讨论。但当那个时期，我们还没有法子谈到新文学应该有怎样的内容。世界的新文艺都还没有踏进中国的大门里。社会上所有的西洋文学作品不过是林纾翻译的一些十九世纪前的作品，其中最高的思想不过是迭更司的几部社会小说；至于代表十九世纪后期的革新思想的作品都是国内人士所不曾梦见。所以在那个贫乏的时期，我们实在不配谈文学内容的革新，因为文学内容是不能悬空谈的，悬空谈了也决不会发生有力的影响。①

　　事实上，不但内容与体例，连中国的"国语"都必须透过"欧化"才可能变得更严密、更丰富、更活泼。胡适说二十世纪初年的作家，包括在上海求学时期学作白话文的自己在内，都是从中国传统的白话小说里学到写白话文的技巧。他说："那些小说是我们的白话老师，是我们的国语模范文，是我们的国语'无师自通'速成学校。"然而，传统中国旧小说的白话太简单了，不足以作为创造现代中国文学的工具。胡适说，傅斯年的白话文"欧化"论，为中国人提供了一条走出这个死胡同的出路。他指的就是傅斯年在《新潮》上发表的《怎样做白话文》一文。他说傅斯年在这篇文章里提出了两条最重要的修正案：第一，白话文必须根据我们说的活语言，必须先讲究说话。话说好了，自然能做好的白话文；第二，白话文必不能避免"欧化"，只有欧化的白话方才能够应付新时代的新需要。"欧化的白话文就是充分吸收西洋语言的细密的结构，使我们的文字能够传达复杂的思想、曲折的理论。"胡适更进一步地断定欧化是有些作家特别成功的一个重要原因：

　　凡具有充分吸收西洋文学的法度的技巧的作家，他们的成绩往往特别好，他们的作风往往特别可爱。所以欧化白话文的趋势可以说是在白话文学的初期已开始了。

---

① 以下讨论的引文，请参见胡适，《〈中国新文学大系·建设理论集〉导言》，《胡适全集》，12:294-300.

根本来说，白话文学只是一个过渡。对年轻到壮年时期的胡适而言，最终的目的是废汉字改用拼音。所以胡适说：

> 在文学革命的初期提出的那些个别的问题之中，只有一个问题还没有得着充分的注意，也没有多大的进展，那就是废汉字改用音标文字的问题……拼音文字只可以拼活的白话，不能拼古文；在那个古文学权威没有丝毫动摇的时代，大家看不起白话，更没有用拼音文字的决心，所以音标文字的运动不会有成功的希望。如果因为白话文学的奠定和古文学的权威的崩溃，音标文字在那不很辽远的将来能够替代了那方块的汉字做中国四万万人的教育工具和文学工具了，那才可以说是中国文学革命的最大的收获了。

胡适这个汉字拉丁化的最终理念，我们不知道他是否最终放弃了。根据唐德刚的回忆，他 1950 年代在纽约问胡适："胡先生，汉字要不要改革？""一定要简化！一定要简化！"唐德刚说当时中国每出一张"简字表"，胡适一定要他马上送给他看。他说，每次胡适在认真评阅以后，总是称赞不止。可是，他有时间胡适："汉字要不要拉丁化呢？"胡适的回答就不一样了。他总是说："兹事体大！兹事体大！"不置可否地回答他。[1]

然而，胡适是否最终放弃了汉字拉丁化的理念并不是关键的问题。中国的文学，乃至于艺术，都像科学一样，须要向西方引进灵感、方法与技巧，是胡适一生所信守不渝的。他在 1930 年写的《介绍我自己的思想》里说："我们必须承认我们自己百事不如人。不但物质机械上不如人，不但政治制度不如人，并且道德不如人，知识不如人，文学不如人，音乐不如人，艺术不如人，身体不如人。"[2] 这个中国事事不如人的看法，他至死不渝。1961 年 11 月，胡适在台北作了一个英文演讲《社会变迁与科学》（Social Changes and Science）。在这个他一生最后一次的公开演讲里，胡适再次摘述他从 1920 年

---

① 唐德刚，《胡适杂忆》，页 145-146。
② 胡适，《介绍我自己的思想》，《胡适全集》，4:667.

代开始就一直歌颂西方近代科学文明的话。他说三十五年过去了，他还是觉得自己的看法是正确的。他要亚洲人彻头彻尾地承认自己不如人，从而在思想上起一番革命，否则科学永远不会在亚洲生根，亚洲人也永远不会悠然自得地徜徉于现代的世界里。①

---

① 胡适，"Social Changes and Science,"《胡适全集》，39:671-678.

幕间小结

　　胡适在 1917 年 5 月 22 日考过他的博士论文口试。29 日向杜威辞行。他在纽约最后的住处是位于海文街（Haven Avenue）92 号的公寓。那原来是韦莲司租住的。1915 年 4 月，韦莲司回旖色佳探望生病的父亲，结果注定是永久留下来与父母同住。于是，胡适就在该年夏天，和他哥大的同学卢锡荣顶租了韦莲司的公寓。胡适在回国以前，除了忙着整理行装，接待特地从华盛顿、剑桥等地赶来与他饯别的中国同学以外，还帮韦莲司收拾她留在公寓里的书籍、信件、画作、椅子等物件。然后，再由搬运公司把这些打包好了的东西寄回旖色佳给韦莲司。①

　　两年前，胡适从旖色佳坐夜车转学到纽约的哥伦比亚大学。两年后的 6 月 9 日，胡适反向行走。他在当晚坐夜车离开纽约，到旖色佳去与韦莲司一家人告别。在旖色佳的五天，胡适就住在韦莲司家。胡适在日记里说："连日往见此间师友，奔走极忙。在旖五日（十日至十四日），殊难别去。韦夫人与韦女士见待如家人骨肉，犹难为别。"② 胡适回国订好的船票是 6 月 21

---

① Hu Shih to Clifford Williams, November 21, 1917，《胡适全集》，40:187.
② 《胡适日记全集》，2:519.

日从加拿大的温哥华航向日本的"日本皇后号"（Empress of Japan）。这艘邮轮是加拿大"太平洋航运公司"（Canadian Pacific Ocean Services）所有的。当时从旖色佳到温哥华的火车路线，是要几次进出美国和加拿大的国境。所以胡适在离开纽约之前，就已经向清华驻美的留学生监督黄鼎询问有关移民方面的规定。黄鼎告诉他，必须向加拿大的移民总监申请入关手续。也许是因为太忙，胡适自己疏忽了，没有处理这件事情。他在临行前向中国驻纽约的领事馆询问，领事馆告诉胡适，他只要有领事馆所发的证明就可以通行无阻。于是胡适拿了领事馆发给他的证件就上路了。

胡适之所以需要加拿大移民局的证件，重点并不是要签证，而是为了豁免"人头税"（Head Tax）。很多读者都听说过美国在1882年通过的"排华法案"。其实，加拿大也有"排华法案"，虽然那是1923年才制定的。加拿大的"排华法案"可以追溯到1885年。那时，"加拿大太平洋铁路"（Canadian Pacific Railroad）已经完工，不再需要华工。加拿大为了限制中国人入境，在1885年制定法律，向每一个入境的中国人征收五十加币的"人头税"。这个"人头税"在1900年增为一百元；在1903年再增为五百元。五百元相当于当时华工两年的工资。据估计，加拿大政府光是向华人征收"人头税"，就可获得两千三百万的收入。[①] 由于胡适是学生，又只是过境回国，可以豁免那五百元的"人头税"，所以他须要得到加拿大移民局验明正身，以方便入境并免缴"人头税"。

胡适在6月14日下午坐火车离开旖色佳。当晚，车抵水牛城。半夜，到尼加拉大瀑布。在进入加拿大国境之前，胡适把中国驻纽约领事馆所发给的证书交给火车上的工作人员，然后脱衣就寝。凌晨两点钟的时候，加拿大海关人员把胡适叫醒，说他的证件不齐，不得入境。胡适说他有中国纽约领事馆发的证件。海关人员说他只认加拿大政府的命令，中国领事馆的证件不算数。胡适知道争辩无益，于是在问了该海关人员的姓名以后，穿上衣服下车。胡适幸好得了一警察的帮助，为他叫了一辆车子，把他载到一间旅馆。

匆匆地睡了三个钟头以后，胡适起床打电报给加拿大的移民总监以及中

---

① http://www.ccnc.ca/redress/history.html，2010年5月7日上网。

国驻纽约领事馆。打了电报以后，胡适给韦莲司写了一封信：

> 昨晚在边境被加拿大移民官员拦下。现在还在等渥太华来电许可入境。这完全怪我自己的疏忽。我希望今晚十二点可以顺利成行。我希望告诉妳这件事不至于让妳操心。这其实是一个蛮有趣的经验，我以后再向妳说明。
>
> 买了一份《七艺》（*The Seven Arts*）［1917 年 6 月号，胡适在《留学日记：归国记》里说：是晨读 *Seven Arts* 六月份一册。］此为美国新刊月报，价值最高。中有 Randolph Bourne［波恩］之 "The War and the Intellectuals"［《第一次世界大战与知识分子》］。其以此次美国之加入战团归罪此邦之学者，其言甚辩。又有一文述杜威之学说，亦佳。[①]看了一下午。现在寄给妳分享。
>
> 如果我等的电报没到，我想我下午会去我三年没去过的瀑布游览。
>
> 天气好极了。相当凉——一早的时候几乎可以说是太冷了。
>
> 我还有的是时间。即使必须等到明晚才可以成行，我还是可以及时赶到温哥华上船。
>
> 对那些可能会为我作不必要的忧虑的人，就请不要告诉他们我被拦下的事。
>
> 寄上我对妳和妳母亲的想念。
>
> 胡适上　星期五［6 月 15 日］中午[②]

胡适寄出他给韦莲司的信以后，当天下午，他就得到加拿大移民总监的回电，要他向加拿大驻尼加拉瀑布的移民检察官提出入境申请。由于加拿大驻尼加拉瀑布的移民检察官也已收到了移民总监的电报，所以胡适到了以后，马上就把手续办妥了。当晚的半夜，胡适搭了跟前一天同一班的火车顺利地进了加拿大国境。火车在进了加拿大国境以后，又在当天（16 日）从密执安州的犹龙口（Port Huron）进入美国。当天下午抵达芝加哥。在芝加哥停

---

① 《胡适日记全集》，2:520.

② Hu Shih to Clifford Williams, November 21, 1917，《胡适全集》，40:190.

留了两个小时。想见的几个朋友都没见成。傍晚六点半开车。

　　6月17日，火车抵达明尼苏达州的圣保罗。胡适在车上认识了新完成学业的许传音和当时在耶鲁大学任教的日本学者朝河贯一。在圣保罗换车，胡适换上了头等车。"车尾有'观览车'，明窗大椅，又有书报，甚方便也。"他在车上读了爱尔兰作家丹山尼勋爵（Lord Dunsany）的剧本五种。胡适在日记里描述了他在火车上看芝加哥以西大平原的风景：

　　　　自芝加哥以西，为"大平原"（The Prairies），千里旷野，四望空阔，凡三日余，不见一丘一山。十七日尚时时见小林，俗名"风屏"（windbreak）者。十八日乃几终日不见一树，使人不欢。幸青天绿野，亦自有佳趣。时见小湖水色蓝艳，令我思赫贞河上之清晨风景。有时黄牛骊马，啮草平原，日光映之，牛马皆成红色，亦足观也。此数千里之平野乃新大陆之"大中原"，今尚未经人力之经营，百年之后，当呈新象矣。①

　　6月18日晨，火车抵达北达科他州的门关（Portal），重入加拿大境。这是胡适离开美国的最后一刻，他不禁在日记里感伤地说："从此去美国矣。不知何年更入此境？人生离合聚散，来踪去迹，如此如此，思之惘然。"② 19日早上六点，火车进入加拿大的落矶山脉。胡适在日记里描述这一段旅程："落矶山贯穿合众国及加拿大。吾来时仅见南段之山，今去此乃见北段耳。落矶（Rocky）者，山石荦确之意。其高峰皆石峰无土，不生树木。山巅积雪，终古不化，风景绝佳。"③

　　胡适搭乘的火车在6月20日上午抵达温哥华。他原先约好一起回国的张慰慈，两天前就到了，他还到车站接了胡适。张慰慈是胡适从前在上海澄衷读书时的同学。胡适从轮船公司那儿收到了朋友的几封信："读 C.W.［韦

---

①《胡适日记全集》，2:522.
②《胡适日记全集》，2:522.
③《胡适日记全集》，2:522.

莲司]一短书及 N.B.S. [瘦琴] 一长书，使我感慨。"① 可惜，这两封信现都已不存。胡适给韦莲司的回信说：

> 衷心感谢妳在我今晨抵达时迎接我的信。
>
> 离开旖色佳，对我来说不是一件容易的事。我一直觉得我的朋友的所在，就是我的家乡。此刻，我就要离开我所营造出来的家乡，而回到我父母给我的家乡！
>
> 喔！我所要别离的妳！妳给我的友谊丰润并深化了我的人生。每想到妳、每与妳一起作思考，就是喜悦！
>
> 我希望我们在往后的日子里会永远保持联系。
>
> 请在信上告诉我妳的健康和工作的情况。**一定要去度假**。我这几天一直为我们那天所谈的事情记挂着。妳去度假的时候，请寄张明信片给我。在此敬祝妳会有一个完全放松而愉快的假期！
>
> 我明天启航。在此怀着对妳与妳家人最美丽的回忆，并奉上最诚挚的祝福。
>
> 妳的朋友胡适②

胡适在 6 月 21 日登上"日本皇后号"邮轮。他坐的是二等舱，同舱的五人是：许传音、郑乃文、永屋龙雄、张慰慈，以及胡适自己。从温哥华到日本横滨，两个礼拜的航程，天气一直不好。快到横滨的前两天，也就是 7 月 3 日晚上，他们才见到月亮。船行的颠簸以及海水的壮阔美丽，胡适 6 月 30 日在邮轮上写给韦莲司的信，有一段非常优美的描述：

> 前两天海上颠簸得极为厉害，但现在已经平静下来了。此刻的海是最美丽也不过了：三天来，这是第一次夕阳洒下它最迷人的余晖；海水蓝极了！那此起彼落的小白浪花更为之作了点缀。没有浪花的海洋会

---

① 《胡适日记全集》，2:529.
② Hu Shih to Clifford Williams, June 20, 1917，《胡适全集》，40:192.

是多么的单调与无趣啊！我们的邮轮仍然颠簸得很厉害，但我受得了。到现在为止，我还没晕过船，没停过一餐饭，也没被迫放下我的书本。①

我们记得胡适在 1917 年俄国二月革命以后，写了一首颂赞"新俄万岁"的《沁园春》。很巧的是，他在"日本皇后号"邮轮上，就碰到了一群俄国革命后"衣锦还乡"的流亡的革命分子。胡适在日记里几次提到他们，不掩其鄙夷之色：

> 二等舱中有俄国人六十余名，皆从前之亡命，革命后为政府召回者也。闻自美洲召回者，有一万五千人之多。其人多粗野不学，而好为大言。每见人，无论相识不相识，便高谈其所谓"社会主义"或"无政府主义"者。然所谈大抵皆一知半解之理论而已。其尤狂妄者，自夸此次俄国革命之成功。每见人辄劝其归国革命，"效吾国人所为"。其气概之浅陋可厌也。其中亦似有沉静深思之士，然何其少也！②

胡适在写给韦莲司的信里，话说得一样的重。他说这些俄国人："几乎全是无政府主义者，现在被政府召回。我原先期待能跟这些流亡人士有一些有意味的交流，结果是大失所望。相信我说的话，他们是令人讨厌的一群！我一点都没夸张。"③ 他说他最鄙夷的，是他们的浅薄与浮夸：

> 在这群男女里，有些是我毕生所见最肤浅、最封闭之徒。再恶心的举止我都可以忍受。然而，浮夸、张着眼睛说谎话，才真是孰可忍孰不可忍！我一想到这些"过气的革命家"（revolutionist emeritus [revolutionists emeriti]）是由俄国政府付他们的川资，回国的时候可能还

---

① Hu Shih to Clifford Williams, June 30, 1917，《胡适全集》，40:193.
② 《胡适日记全集》，2:531.
③ 《胡适日记全集》，2:511-512.

会受到凯旋式的欢迎，我就感到无比的悲哀。①

胡适嘲笑这批前此流亡的"革命分子"连"罢吃"一顿饭都坚持不了，还侈言什么革命：

> 二等舱里的俄国人嫌饭食不好，前天［6 月 28 日］开会讨论，举代表去见船主，说这种饭是吃不得的。船主没有睬他们。昨夜竟全体"罢饭"，不来餐堂。餐时过了，侍者们把饭菜都收了。到了九点钟，他们饿了。问厨房要些面包、牛油、干酪、咖啡，大吃一顿。②

他在给韦莲司的信上批评这批俄国人太过挑剔，嗤笑他们天生就没有娇生惯养的命，却贪图在邮轮上当几天的美食主义者：

> 事实上，二等舱的伙食是出奇得好，比我们这些住在大学城住食两包的地方的伙食要好得多，说不定也远比这些"罢食者"在美国所能吃得到的饭菜要好得多多了。我怀疑他们回到此刻食物正短缺的俄国以后要怎么过活呢！③

这六十几个俄国人当中，只有少数几个胡适愿意美言几句。他说：

> 头等客中有托尔斯泰之子伊惹·托尔斯泰公爵（Count Ilya Tolstoy）。一夜，二等舱之俄人请其来演说其父之学说。演说后，有讨论甚激烈。皆用俄语，非吾辈所能懂。明夜，又有其中一女子名 Gurenvitch[谷仁维奇] 者，演说非攻主义，亦用俄语。吾往听之，虽不能懂，但亦觉其人能辩论工演说也。演毕，亦有讨论甚烈。后闻其中人言，此一群人中多持非攻主义，故反对一切战争。惟少数人承认此次之战为

---

① Hu Shih to Clifford Williams, June 30, 1917，《胡适全集》，40:196.
② 《胡适日记全集》，2:535-536.
③ Hu Shih to Clifford Williams, July 7, 1917，《胡适全集》，40:197.

出于不得已。①

我们记得胡适在 1915 年间一度成为一个绝对不抵抗的非攻主义者。我在第六章追溯他在 1916 年又从绝对的不抵抗主义者蜕变成一个国际仲裁主义者。我们记得胡适所活跃于其中的"世界学生会"，在 1913 年加入"国际学生联合会"。该年"国际学生联合会"所选出来的会长是德国人墨茨。1914 年第一次世界大战爆发以后，墨茨因为拒绝从军当炮灰，遁入荷兰转道赴美。胡适当时称赞墨茨不牺牲其和平主义，"不为流俗所移"，毅然遁走的行为，"犹如空谷之足音"，是一个理想家。等胡适变成一个国际仲裁主义者，赞成武力制裁以后，他就转而批评不愿从军者是不能牺牲小我、完成大我了。他甚而暗讽他们跟古时私自折臂成残以逃避兵役者都是一丘之貉：

> ［1917 年］四月廿八日，美国议会通过"选择的征兵制"。此亦强迫兵制之一种也。
>
> 自此以来，吾与吾友之非攻者谈，每及此事，辄有论难。诸友中如 Paul Schumm［舒母］，Bill Edgerton［艾杰顿］，Elmer Beller［贝勒］，Charles Duncan［邓肯，韦莲司前男朋友］皆不愿从军。昨与贝勒（Beller）君谈。君言已决意不应征调，虽受囚拘而不悔。吾劝其勿如此，不从军可也，然亦可作他事自效，徒与政府抵抗未尝不可，然于一己所主张实无裨益。
>
> 吾今日所主张已全脱消极的平和主义。吾惟赞成国际的联合，以为平和之后援。故不反对美国之加入［第一次世界大战］，亦不反对中国之加入也。
>
> 然吾对于此种"良心的非攻者"（Conscientious objectors），但有敬爱之心，初无鄙薄之意；但惜其不能从国际组合的一方面观此邦之加入战团耳。
>
> 因念白香山［居易］《新丰老人折臂歌》：

---

① 《胡适日记全集》，2:531

无何天宝大征兵，户有三丁点一丁。

……

是时翁年二十四，兵部牒中有名字。

夜深不敢使人知，偷将大石椎折臂。

向之宁折臂而不当兵者，与今之宁受囚拘而不愿从军者，正同一境地也。①

　　胡适搭乘的"日本皇后号"在 7 月 5 日下午进日本的横滨港。他原来的计划是在横滨下船，到东京一游。然后，再从东京搭火车到长崎赶搭继续驶向上海的"日本皇后号"。后来，因为邮轮在横滨和长崎停留的时间都很短暂，遂决定作罢论。② 然而，等他和张慰慈在横滨下岸寄信买报的时候，因为朋友的坚邀，于是坐电车到东京去。在东京，胡适、张慰慈跟几位旧友和新识在一家中国餐馆吃了晚餐。几位朋友邀请他们在东京住一两天，然后坐火车到长崎赶船。胡适和张慰慈"以不欲坐火车，故不能留"。于是，"是夜九时，与诸君别，回横滨。半夜船行"。③

　　7 月 7 日早上，邮轮抵达神户。胡适与张慰慈上岸一游。胡适在神户给韦莲司写了一张明信片："五日在东京。和几个旧友一晤。报载中国局势大不妙［指张勋复辟］。再及。"④ 7 月 8 日，到长崎。胡适和张慰慈没上岸。胡适在日记里描写了沿岸绝美的景色：

　　八日，自神户到长崎。舟行内海中，两旁皆小岛屿，风景极佳。美洲圣洛能司河（St. Lawrence River）中有所谓"千岛"［Thousand Islands］者。舟行无数小岛之间，以风景著称于世。吾未尝见之。今此一日海程所经，亦可称亚洲之"千岛"耳。⑤

①　《胡适日记全集》，2:511-512.

②　Hu Shih to Clifford Williams, June 30, 1917，《胡适全集》，40:196.

③　《胡适日记全集》，2:535-536.

④　Hu Shih to Clifford Williams, July 7, 1917，《胡适全集》，40:197.

⑤　《胡适日记全集》，2:537-538.

7月10日，"日本皇后号"抵达中国上海。胡适在日记里说："二哥、节公、聪侄、汪孟邹、章洛声，皆在码头相待。二哥年四十一耳，而须发皆已花白。甚矣，境遇之易老人也！聪侄十一年不见，今年十八而已如吾长。节公亦老态苍然，行步艰难，非复十年前日行六十里（丁未年［1907］吾与节公归里，吾坐轿而节公步行）之节公矣。"[1] 胡适在抵达上海当天给韦莲司的信上，报告了他立时的观感：

> 上海没变！仍然跟从前一样地纵情声色、一样地浮华。都市的面貌是有了极大的改变——新的交通工具、新的酒店、剪了辫子的男人。我还没时间去逛书店。但从一天来的所谈所见来看，我一点都乐观不起来。我会再写信告诉妳。

> 短暂的帝制已经是过眼云烟了——就只有一个星期的寿命［指张勋复辟］。然而，整个国家都为之而在扰攘中。几乎所有的国会议员现在都在上海。明天我会去找其中几位谈谈，看他们的想法如何。现在全国分成了好几派。帝制复辟是现在正要上演的闹剧里最不重要的一幕罢了。我预料会有进一步的斗争与摊牌，即使不是立时，也就在不久的将来。我个人是希望那越快发生越好。这点，我也会在下封信里再告诉妳。

> 我现在住在一间旅店里。会回家几天。我在等北京来的朋友谈些北大的事。

> 我回国以前对大局就没有抱太大的期望，所以我对国事与我的同胞也就不会大失所望。[2]

有关张勋复辟的消息，胡适是在船抵横滨上岸买报纸的时候看到的。他在日记里说：

> 七月五日下午四时船进横滨港，始知张勋拥宣统复辟之消息。复辟之无成，固可断言。然所可虑的，今日之武人派名为反对帝政复辟，

---

① 《胡适日记全集》，2:538.
② Hu Shih to Clifford Williams, July 10, 1917，《胡适全集》，40:198-199.

实为祸乱根苗。此时之稳健派似欲利用武人派之反对复辟者以除张勋一派，暂时或有较大的联合，他日终将决裂。如此祸乱因仍，坐失建设之时会，世界将不能待我矣。[①]

诚然，"如此祸乱因仍，坐失建设之时会，世界将不能待我矣"，这在在说明了胡适留学归国时的想法。他在留学日记的最后一则《归国记》的启始就说：

> 吾数月以来,但安排归去后之建设事业。以为破坏事业已粗粗就绪,可不须吾与闻矣。何意日来国中警电纷至,南北之纷争已成事实,时势似不许我归来作建设事。倪嗣冲在安徽或竟使我不得归里。北京为倡乱武人所据,或竟使我不能北上。此一扰乱乃使我尽捣吾数月来之筹划,思之怅然。[②]

然而，尽管国事不堪，学成归国的胡适已经不复是十年前出国时悲观、未老先衰的胡适。我们记得胡适在1910年临出国时所写的《去国行》。其中的一首云：

> 扣舷一凝睇，一发是中原。扬冠与汝别，征衫有泪痕。
> 高邱岂无女，狰狞百鬼蹲。兰蕙日荒秽，群盗满国门。
> 褰裳渡重海，何地招汝魂！挥泪重致词：祝汝长寿年！

这种令人触目惊心的"百鬼"、"群盗"、"荒秽"、"招魂"、"挥泪"等等"陈腔滥调"，当然已经不再是留学归国以后倡导文学革命的胡适的词汇的一部分。更重要的是，胡适的心态已经不变，他再也写不出这样颓唐、丧志的诗句。如果比较杨杏佛《再送适之》的诗，就可以看出胡适的许多朋友在诗情、诗意、诗兴上还停留在十年前胡适还未出国时的模式里：

---

① 《胡适日记全集》，2:535.
② 《胡适日记全集》，2:520.

遥泪送君去，故园寇正深。共和已三死，造化独何心？
腐鼠持旌节，饥鸟满树林。归人工治国，何以慰呻吟？①

学成归国的胡适则不然，乐观、朝气是他的座右铭。他在 1917 年 5 月 29 日所改作的绝句云：

五月西风特地寒，高枫叶细当花看。
忽然一夜催花雨，春气明朝满树间。②

他在 6 月 1 日赠别如任鸿隽、杨杏佛、梅光迪的《文学篇》的末句云：

暂别不须悲，诸君会当归。作诗与君期：明年荷花时，
春申江之湄，有酒盈清卮，无客不能诗，同赋归来辞！③

即使他从温哥华回国的航程天候一直不好，海上波涛汹涌，船身颠簸终日。一直到"七月三夜月色甚好。在海上十余日，此为第一次见月。与慰慈诸君闲步甲板上赏月，有怀美洲诸友。明日作一词邮寄叔永、杏佛、经农、亦农、衡哲诸君"。这就是他的《百字令》：

几天风雾，险些儿把月圆时孤负。
待得他来，又苦被如许浮云遮住。
多谢天风，吹开孤照，万顷银波怒。
孤舟带月，海天冲浪西去。
遥想天外来时，新洲曾照我故人眉宇。
别后相思如此月，绕遍人寰无数。

---

① 《胡适日记全集》，2:533.
② 《胡适日记全集》，2:516.
③ 《胡适日记全集》，2:518.

几点疏星，长天清迥，有湿衣凉露。

凭阑自语。吾乡真在何处？①

胡适这种"暂别不须悲"、"多谢天风，吹开孤照"的乐观心态，一如他自己所说的，是他在留美期间的一大斩获。在这种乐观的心态之下，国事再不堪，他都可以以"死马当活马医"的决心去扭转乾坤，让死灰复燃。他在1916年1月4日的日记里说：

> 吾尝以为今日国事坏败，不可收拾，决非剜肉补疮所能收效。要须打定主意，从根本下手，努力造因，庶犹有死灰复燃之一日。若事事为目前小节细故所牵制，事事但就目前设想，事事作敷衍了事、得过且过之计，则大事终无一成耳。
>
> 吾国古谚曰："死马作活马医。"言明知其无望，而不忍决绝之，故尽心力而为之是也。吾欲易之曰："活马作死马医。"活马虽有一息之尚存，不如斩钉截铁，认作已死，然后敢拔本清源，然后忍斩草除根。若以其尚活也，而不忍痛治之，而不敢痛治之，则姑息苟安，终于必死而已矣。②

胡适这个不可救药的乐观主义者，在1917年春天读了欧拉（S. L. Ollard）所写的英国宗教复兴的《牛津运动简史》（*A Short History of the Oxford Movement*）。他喜欢该运动的领袖牛曼（John Henry Newman; Cardinal Newman, 1801-1890），也就是后来的牛曼大主教，引荷马史诗的一句话："You shall know the difference now that we are back again."［吾辈已返，尔等且拭目以待！］这时的胡适虽然憎恨任何宗教，但他很喜欢这句话。他说："其气象可想。此亦可作吾辈留学生之先锋旗也。"③

"吾辈已返，尔等且拭目以待！"这是胡适返国的几年间，一再在演讲

---

① 《胡适日记全集》，2:534.
② 《胡适日记全集》，2:256.
③ 《胡适日记全集》，2:486.

以及归国留学生的聚会上所征引的一句话。雄心万丈的他，心中充满的是许许多多的建设事业。然而，他恐怕从来没有预想到，几年之间，自己就会成为全中国思想界最具影响力的人物。事实上，在 1917 年回到中国的胡适，往后的十年，是他一生的日正当中。

图书在版编目（CIP）数据

舍我其谁：胡适（第一部：璞玉成璧，1891-1917）/（美）江勇振著.
—北京：新星出版社，2011.6
　ISBN 978-7-5133-0214-2

　Ⅰ.①舍… Ⅱ.①江… Ⅲ.①胡适（1891～1962）－传记
　Ⅳ.①K825.4
中国版本图书馆CIP数据核字(2011)第029175号

舍我其谁：胡适(第一部)

璞玉成璧，1891-1917

（美）江勇振　著

策划编辑：饶佳荣
责任编辑：饶佳荣
责任印制：韦　舰
装帧设计：九　一

出版发行：新星出版社
出 版 人：谢　刚
社　　址：北京市西城区车公庄大街丙3号楼　100044
网　　址：www.newstarpress.com
电　　话：010-88310888
传　　真：010-88310899
法律顾问：北京市大成律师事务所

读者服务：010-88310800　service@newstarpress.com
邮购地址：北京市西城区车公庄大街丙3号楼　　100044

印　　刷：北京国彩印刷有限公司
开　　本：787×1092　1/16
印　　张：42.5
字　　数：647千字
版　　次：2011年4月第一版　2011年6月第二次印刷
书　　号：ISBN 978-7-5133-0214-2
定　　价：88.00元

薛仁明 著

孔子随喜

台湾的"中国文化体践者"、朱天文口中的"武士"
薛仁明 首部简体版作品

专文作序——
朱天文（著名作家）
林谷芳（台湾佛光大学艺术研究所所长）
牛陇菲（西北高人，兰州学者）

两岸名家诚意推荐
杨泽（台湾《中国时报·人间副刊》主任）
宇文正（台湾《联合报》副刊组主任）
刘必荣（台湾东吴大学政治系教授）
曾文祺（明基全球策划中心总经理）
柏桦（著名诗人）
杨键（华语文学传媒奖"年度诗人"）

　　薛仁明谈孔子，就像在替相识已久的老朋友讲几句公道话，而且经常把他摆在今日的现实情况里来比拟，所以不必说理，就能使人因"同情"而接纳之。也只有真正的知音，能把早已概念化的孔子描述成如此有趣、清新、通达且生机活泼的寻常人物。通过薛仁明所看到的那个亲切的孔子，再重新看过《论语》，从前认为尽是大道理的"古训"，竟如此易解，读来令人神清气爽、趣味盎然且气象万千。
　　——倪再沁（北京大学客座教授，前台湾美术馆馆长，现任东海大学美术系教授）